高等院校精品课程系列教材

广东省一流本科课程教材
广东省高等教育教学改革项目成果

# 生产与运作管理

|第5版|

PRODUCTION AND
OPERATIONS MANAGEMENT

陈志祥 编著

本书秉持系统和发展的思想，面向中国式现代化国家发展战略，理论与实践紧密结合，全面系统地介绍生产与运作管理的理论、方法和应用，构筑生产与运作管理的"三知"知识体系——基本知识、前沿知识、实践知识。全书共分为15章，在介绍生产与运作管理基本概念和战略（2章）之后，围绕生产与运作系统设计和组织（3章）、生产与运作系统计划和控制（6章）、生产与运作系统维护和改进（3章）等核心内容展开，最后介绍生产与运作管理的挑战和创新（1章）。

本书立足国情，紧跟时代步伐，把握"数智时代"和"可持续发展"时代脉搏，将"数智化"（数字化和智能化）运作管理的理论和实践融合到每章内容之中；同时，使基于可持续发展理念的绿色、低碳运作管理理论和实践贯穿全书。第5版在部分章中增加了引导读者联系国家重大战略需求、政策法规、企业模范人物故事等思考运作管理相关问题的课程思政学习单元——实践思考专栏；同时，提供本书原创的特色数字化教辅材料——企业现场教学专题片，大大丰富了教学内容和形式。

本书可作为高等院校管理学类各专业本科生、学术型硕士研究生，以及MBA等专业学位研究生的"生产与运作管理"或"运营管理"等相关课程的教材，也可供企业管理人员参考阅读。

### 图书在版编目（CIP）数据

生产与运作管理/陈志祥编著. —5版. —北京：机械工业出版社，2023.11
（2024.12重印）
高等院校精品课程系列教材
ISBN 978-7-111-74293-7

Ⅰ.①生⋯　Ⅱ.①陈⋯　Ⅲ.①生产管理-高等学校-教材　Ⅳ.①F273

中国国家版本馆 CIP 数据核字（2023）第 223394 号

机械工业出版社（北京市百万庄大街22号　邮政编码100037）
策划编辑：吴亚军　　　　　　　　　责任编辑：吴亚军　李晓敏
责任校对：肖　琳　薄萌钰　韩雪清　责任印制：郜　敏
北京富资园科技发展有限公司印刷
2024年12月第5版第4次印刷
185mm×260mm・27.5印张・664千字
标准书号：ISBN 978-7-111-74293-7
定价：59.00元

电话服务　　　　　　　　　　网络服务
客服电话：010-88361066　　　机　工　官　网：www.cmpbook.com
　　　　　010-88379833　　　机　工　官　博：weibo.com/cmp1952
　　　　　010-68326294　　　金　书　网：www.golden-book.com
封底无防伪标均为盗版　　　　机工教育服务网：www.cmpedu.com

# 序　言
## FOREWORD

　　教材是教学内容的知识载体和教学工具，教材质量是人才培养质量的重要保障。"生产与运作管理"是高等院校管理专业的核心课程。以往，西方学者把制造有形产品的生产过程叫作"production"，把提供劳务的服务过程叫作"operations"。现在，他们把两者均称为"operations"。因此，"生产与运作管理"（production and operations management），或者简称"运作管理"（operations management）介绍的是通过生产运作系统把输入转化为输出、向顾客提供产品和（或）服务，从而创造价值的一系列计划、组织和控制等管理活动，它是一门实用性强的应用管理科学。

　　编写一本好的生产与运作管理教材，需要对本学科专业知识及发展状况以及最新进展有深刻而全面的理解，需要掌握学科建设和人才培养对教材和教学的要求，适时地根据环境的变化调整、修改教材内容。

　　由机械工业出版社出版、陈志祥编写的《生产与运作管理 第5版》这本教材，有如下几点显著特色。

　　（1）及时响应科学技术和经济环境的变化对运作管理的影响，与时俱进地更新教材内容。近年来，新技术不断出现，特别是人工智能技术、云计算等得到广泛应用。同时，气候和环境的变化、能源短缺等问题日益突出，世界各国政府都出台政策鼓励企业采用新技术进行数字化和智能化转型，实施节能减排措施和推行可持续发展战略。该教材除了最后一章专门介绍绿色、低碳生产运作管理和数字化生产运作管理的内容外，几乎每一章都有涉及这些时代特征的理论阐述和案例介绍。

　　（2）把服务业的运作管理问题有机融合到教材的各个章节中，或通过理论阐述，或通过案例研究，揭示服务业和制造业的管理共性。当今，服务业发展很快，仅仅介绍制造业生产管理内容不能满足学生就业和职业发展的需要，该教材把制造业的生产和服务业的运作的管理融合在各个章节中，阐述了它们的共性；同时，又区别对待，把制造业和服务业的作业计划与控制的内容分设两章，反映它们各自独特的作业计划管理特征。

（3）理论与实践紧密结合，案例丰富。生产与运作管理是一门实践性很强的课程，如果纯粹介绍理论、方法和工具，内容会比较枯燥，也不便于学生理解和掌握。该教材采用在理论介绍过程中穿插"运作聚焦"等企业经验案例的做法来说明管理理论和方法的应用，使理论通俗易懂，内容也更接地气。

该教材还有一些其他特色，作者在前言中做了介绍，此处不赘述。总体来看，该教材是作者长期教学和科研心血的结晶，展现了作者在运作管理教材建设中勇于创新的精神和所取得的成果。同时，也必须看到，任何教材都会有不足之处，希望读者在使用过程中不断提出宝贵意见。"良药苦口利于病，忠言逆耳利于行"，期待读者、作者、出版者共同努力，不断改进丰富教材内容，提高教材质量，为我国运作管理教学做出更大贡献。

陈荣秋
2023 年 11 月 1 日

# 前言
PREFACE

## 奋进在中国式现代化征程上,创新中国特色管理理论

2022年金秋时节,中国共产党第二十次全国代表大会胜利召开,吹响了在新时代中国特色社会主义征程上实现"中国式现代化"的伟大号角,全党全国各族人民在以习近平同志为核心的党中央的领导下,满怀豪情地朝着"十四五"规划和国家"2035年远景目标"迈进,并为实现"两个一百年"的第二个百年奋斗目标而努力。中国制造强国梦在一步一步实现,我国企业的创新能力和国际竞争力不断增强,企业管理现代化水平稳步提升。

在国家的大好发展形势下,我编写的教材《生产与运作管理》先后在2009年、2014年、2017年、2020年由机械工业出版社推出了4版,深受读者好评和欢迎。

许多教师对本教材给予很高评价。比如,山东某大学教师提到:"①较为系统地将服务管理的内容融入教材,而不是单纯介绍制造业的生产管理,使得内容更为全面;②按照生产流程的顺序进行介绍,读者较容易理解和学习;③加入了引例和讨论案例,对理论学习很有帮助,也便于课堂讨论。"江苏某大学教师提到:"应该说这本书在国内的运作管理教材中还是相当突出的,尤其是丰富的本土案例,体现了一定的特色;运作管理的知识点比较全面,所以可作为本科生、研究生和MBA学员的教材,教师只需要安排不同的教学内容和课时长度即可。"黑龙江某高校教师提到:"①体系比较全面;②案例丰富;③讲解比较细致;④能与实践结合。"浙江某高校教师提到:"比较全面,内容比较完整,提供了较多的案例,有利于教学。"广西某大学教师提到:"感觉此书的编写很有特色,适合在我校本科生和在职研究生中使用。"

还有一些使用过本教材的老师向我和出版社提出了反馈意见和建议。比如,浙江和广东的两位教师,曾经向我指出他们在使用中发现的错漏之处,甚至小到某幅图的线条位置都给出了修改意见。我由衷感谢以上这些老师给予的高度评价和提出的修改建议。本书就是这样在作者、读者和出版社三方的共同努力下,经过一次次修订再版、不断完善的结果。

"文章合为时而著,歌诗合为事而作"([唐]白居易)。在奋进的"中国式现代化"征程上，中国企业迫切需要符合国情的、有中国特色的管理理论指导。本教材从第 1 版开始就坚持"特色、质量和创新"的宗旨，努力使"中国情境、中国人文、中国智慧和中国实践"的中国管理特色贯穿全书，在此基础上，从内容到形式都努力打造特色，日臻完善。而今，乘着党的二十大东风，在习近平新时代中国特色社会主义思想的指导下，因应理论的发展和教学的需求，我在第 4 版出版后不久就开始谋划修订工作，于 2021 年暑假着手进行新教辅材料"企业现场教学专题片"的制作，收集和准备新的案例材料等。同时，本人先后到一些大学进行教学调研考察和开展教学交流活动，了解其他大学同行的教学情况，倾听同行的意见。经过近两年的打磨，第 5 版于 2023 年 6 月完成修订。在成书过程中，书稿经本人多次细致校对，于 2024 年 3 月完成校对工作。

## 本书特色

### 1. 立足国情，体现中国特色

本书将西方经典的生产运作管理理论和中国企业经营结合，并融合我国在生产运作管理领域的理论贡献和实践经验，中国特色管理思想贯穿全书。

（1）中国情境。生产运作管理的理论应用和国情以及企业管理水平相关，本书在阐述有关管理理论和方法的应用时都联系中国国情和企业的管理水平这个大背景，不盲目照搬西方教科书的做法。

（2）中国人文。管理需要科学，也需要人文精神。生产运作管理起源于西方，其理念是将科学方法应用于管理并形成管理科学。科学讲究精确和结构解剖，东方的人文精神讲究的则是系统性和整体性，本书努力把这两种理念结合起来。

（3）中国智慧。我国学者经过长期努力也为生产运作管理领域贡献了自己的智慧，我们要传承和发展前辈积淀下来的杰出管理智慧。本书对我国学者的理论成果也进行了介绍。

（4）中国实践。我国企业在生产实践中总结出许多好的经验做法，本书在阐述理论的同时，穿插了大量的中国企业实践案例，也介绍了中国优秀企业的管理经验。

### 2. 体例灵活多样，自主学习引导性强

本书写作体例灵活多样，增强学生的学习兴趣，有效引导学生自主学习。本书体例设计主要体现在以下几方面。

（1）在精心安排的理论知识介绍中穿插了引例、运作聚焦、应用范例等内容，拓宽学生的视野，增强学习兴趣。

（2）为了让学生明确学习目标和重点，每一章的开头都设计了学习目标，每一章章末都有本章小结和关键术语。

（3）为了检验学习效果，章末设计了延伸阅读、选择题、论述题、计算题、实践思考和讨论案例等多种形式的课后复习资源。

### 3. 制造与服务有机融合，重点突出

随着实践的发展，生产运作管理理论广泛涉及制造和服务领域，考虑到教学时间的限制，

本书重点介绍生产运作管理体系中最核心、最经典的理论和方法。

（1）把制造生产和服务运作有机融合在一起，除了有独立的一章专门介绍服务作业计划与控制，其他一些章节也同时考虑了制造业和服务业来组织教材内容，体现了理论和方法如何在服务业中应用，有基于服务业的范例、案例、习题等，使制造业和服务业有机融合在一个完整的运作管理体系中。

（2）按照生产运作管理的知识体系结构，依据生产运作系统价值创造过程的输入和输出关系，把系统设计和组织、系统计划与控制、系统维护与改进作为核心内容，层层展开，体系完整。本书重点介绍生产运作管理的理论、方法和工具，尽量减少和其他课程内容交叉，力求重点突出。

### 4. 理论结合实践，内容不断创新

生产与运作管理的理论和实践在不同时代有不同的要求，本教材每一次修订都坚持理论结合实践，紧跟时代步伐，不断充实新理论、新思想和新实践，主要体现在以下几个方面。

（1）理论结合实践，介绍那些实用性和操作性强的成熟的管理理论和方法，使本书易学、易用。

（2）紧跟新兴信息技术对生产运作管理的影响，增加了新技术（如数字化和智能化）环境下的生产运作管理新思想和新方法的应用，及时反映这些新技术对生产运作管理的影响。

（3）紧跟企业经营环境和企业实践需求的变化，比如，根据可持续发展的需求，进一步强化企业社会责任和可持续发展相关的管理概念在生产运作管理中的应用，增加绿色、低碳生产运作管理等内容。

## 第5版修订内容

本次修订在保持内容结构和篇幅基本不变的前提下，对部分引例、运作聚焦和讨论案例进行了更新；修改了某些章的学习目标、关键术语和练习题；增加了引导读者联系国家重大战略需求、政策法规等思考生产运作管理相关问题的课程思政学习单元——实践思考；根据读者意见，删掉了个别难度较大的例题和理论介绍。

本书主要内容调整如下。

（1）第4章：删掉了设施选址的运输模型法的介绍和设备布置的从-至表法；增加了"服务设施布置的特殊技巧"一节。

（2）第8章：对"库存管理概述"一节内容进行了补充，补充了库存周转问题、库存ABC分类管理、服务业的特殊库存问题等；对MRP原理相关内容做了补充和修订。

（3）第9章：压缩原来介绍单间车间作业计划的内容。

（4）第10章：扩充"服务排队管理"一节的内容。

（5）第13章：删掉了原"六西格玛质量改善"一节。

（6）第15章：删掉了原来的"约束理论"和"业务流程再造"两节；补充丰富了"大量定制"一节的内容并改为"大规模定制生产与服务"，增加了数字化大规模定制和大规模定制在服务业的应用；增加了"企业数字化转型与生产运作管理"一节。

第 5 版修订最突出的工作是**增加了数字化新教辅材料"企业现场教学专题片"**。这是本人开展校企合作研究的教学改革成果。这种理论紧密联系实践的教学资源让传统的平面教学变为立体化教学，使学生足不出户即可身临其境学习新理论并了解先进的企业管理实践。

本书是广东省一流本科课程、中山大学校级精品课程、中山大学工商管理立体化教学改革项目、国家级一流学科本科教学质量工程建设项目（教材类）等多项教学研究项目的建设成果，是广东省高等教育教学改革项目"'数智时代'基于'双创'能力培养的工商管理本科"运作管理"立体化教学模式创新研究"的阶段成果，也是我 20 多年教学经验的总结。书中内容融入了我和其他学者在生产与运作管理领域的管理思想和研究成果；在借鉴国内外优秀教材的基础上，吸收了世界优秀企业，特别是我国优秀企业生产管理的实践经验。可以说，本书基本上展现了当前国内外生产运作管理的新思想、新理论和新方法。

特别感谢我的恩师，我国著名生产管理学家、华中科技大学管理学院原院长陈荣秋教授不顾年逾八十欣然答应审阅本书并为本书写序，陈荣秋教授数十年来在生产管理领域长期的奋斗精神和取得的成就是引领我事业前进的灯塔与难以逾越的丰碑，也是激励我不断修订完善本书的动力。

感谢机械工业出版社从第 1 版开始就负责本教材的出版工作，编辑团队长期以来为本教材的策划、营销和读者信息反馈等做了大量工作。机械工业出版社的编辑团队认真负责，精益求精，使本教材得以高质量出版。感谢选用本教材的广大师生，特别是在使用过程中发现错漏和提出修改意见的教师，他们的反馈意见对本次修订和完善很有帮助。

由于水平有限，书中难免有不足之处，敬请读者批评指正。

陈志祥

2023 年 6 月修订，2024 年 3 月校对于广州中山大学管理学院

# 教学建议
## SUGGESTIONS

## 目标读者

本书按照我国管理类本科教学大纲的基本要求编写，兼顾 MBA、工业工程硕士等相关学生的课程要求，因此本书可作为我国高等院校工商管理、市场营销、信息管理与信息系统、管理科学、工业工程、物流管理、电子商务、财务管理等管理类各专业本科生、研究生、MBA 学员的教材，也可作为非管理类专业学生相关选修课的参考书，还可作为从事生产管理工作的企业管理人员的参考读物。

## 知识结构体系

生产运作管理涵盖的知识非常丰富，由于教学学时限制，本书突出重点，着重介绍生产运作系统运行管理的核心内容，生产运作系统的其他辅助功能管理知识在本书中不再赘述。基于这种指导思想，本书以生产运作系统设计和运行管理作为核心知识体系，以系统设计和组织、系统计划与控制、系统维护与改进为主体，逐步展开。本书的知识结构体系如图 0-1 所示，根据这一知识结构体系，各章的内容安排如图 0-2 所示。

## 教学内容和学时建议

本书适用于"生产与运作管理""运营管理""运作管理"等课程的教学，不同专业的教学学时不同，教学内容需要依时调整。2021 年，作者对全国近 300 所高校的管理学院（商学院）进行了生产与运作管理（运营管理）课程开设情况的调查。经过调查发现，不同专业的教学学时差别比较大，目前课程学时有以下几种：30 学时、32 学时、36 学时、40 学时、48 学时、54 学时、56 学时、60 学时等（极少数是 72 学时）。一般工商管理专业设置为 3 学分，48~60 学时；其他专业或者选修课程设置为 2 学分，30~48 学时。个别学校设置为 3.5 学分和 4 学分。**根据国内大学的授课情况，推荐 60 学时和 40 学时这两类课程内容安排，任课老师可以根据教学学时，参考表 0-1 来进行选择性教学。**

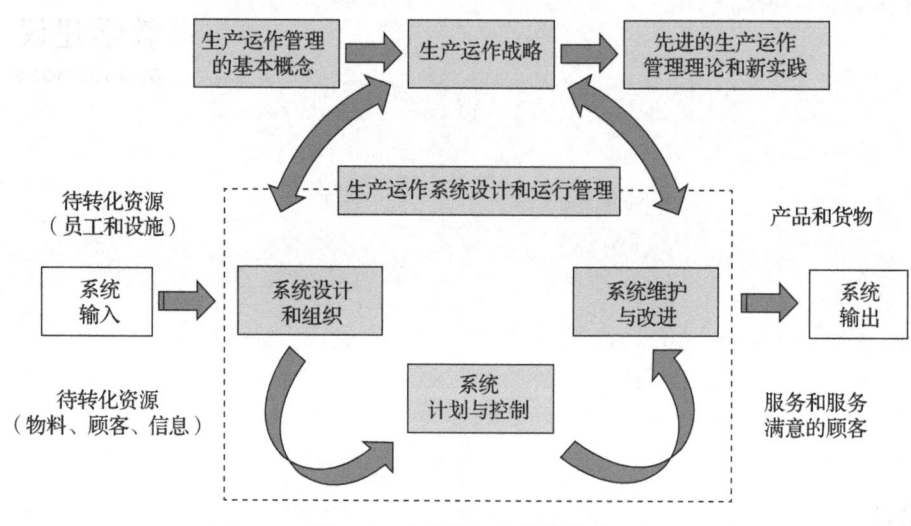

图 0-1　本书的知识结构体系

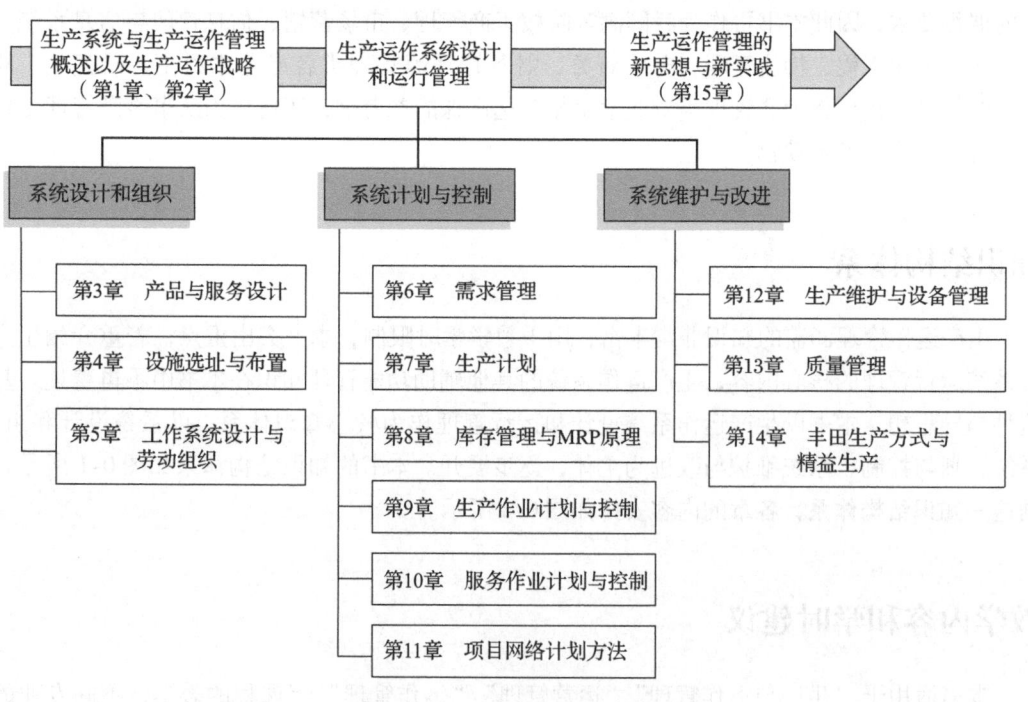

图 0-2　本书各章的内容安排

表 0-1　教学内容与学时建议

| 教学内容 | 知识要点 | 课程内容安排 | |
|---|---|---|---|
| | | 60 学时<br>(20 周, 3 学时/周) | 40 学时<br>(20 周, 2 学时/周) |
| 第 1 章<br>生产系统与<br>生产运作管理概述 | 1. 生产系统组成要素与功能<br>2. 生产类型与特征<br>3. 生产运作管理的目标、任务与决策<br>4. 服务运作系统与管理<br>5. 生产运作管理的发展与未来趋势 | 3 学时<br>教学知识要点：<br>1, 2, 3, 4, 5 | 2 学时<br>教学知识要点：<br>1, 2, 3, 4 |
| 第 2 章<br>生产运作战略 | 1. 生产率<br>2. 生产运作竞争力<br>3. 生产运作战略内容与决策<br>4. 生产运作战略实施 | 3 学时<br>教学知识要点：<br>1, 2, 3 | 2 学时<br>教学知识要点：<br>1, 2 |
| 第 3 章<br>产品与服务设计 | 1. 产品开发概述<br>2. 工业产品设计<br>3. 服务产品及流程设计<br>4. 先进的产品开发管理方法 | 3 学时<br>教学知识要点：<br>1, 2, 3, 4 | 2 学时<br>教学知识要点：<br>1, 2, 3 |
| 第 4 章<br>设施选址与布置 | 1. 设施选址<br>2. 设施布置问题<br>3. 设施布置的方法<br>4. 装配线平衡<br>5. 服务设施布置的特殊技巧 | 3 学时<br>教学知识要点：<br>1, 2, 3, 4, 5 | 2 学时<br>教学知识要点：<br>1, 2, 3, 4, 5 |
| 第 5 章<br>工作系统设计与劳动组织 | 1. 工作方法研究<br>2. 工作测量与作业工时标准<br>3. 劳动组织 | 3 学时<br>教学知识要点：<br>1, 2, 3 | 2 学时<br>教学知识要点：<br>1, 2 |
| 第 6 章<br>需求管理 | 1. 需求管理策略<br>2. 需求预测方法<br>3. 需求预测控制 | 3 学时<br>教学知识要点：<br>1, 2, 3 | 2 学时<br>教学知识要点：<br>1, 2 |
| 第 7 章<br>生产计划 | 1. 生产计划概述<br>2. 综合生产计划的编制<br>3. 生产能力规划<br>4. 服务业的生产计划 | 6 学时<br>教学知识要点：<br>1, 2, 3, 4 | 4 学时<br>教学知识要点：<br>1, 2, 4 |
| 第 8 章<br>库存管理与 MRP 原理 | 1. 独立库存管理方法<br>2. MRP 原理 | 6 学时<br>教学知识要点：<br>1, 2 | 4 学时<br>教学知识要点：<br>1, 2 |
| 第 9 章<br>生产作业计划与控制 | 1. 作业计划期量标准<br>2. 作业排序方法<br>3. 生产控制 | 4 学时<br>教学知识要点：<br>1, 2, 3 | 2 学时<br>教学知识要点：<br>1, 2 |
| 第 10 章<br>服务作业计划与控制 | 1. 服务排队模型<br>2. 服务员工轮班计划<br>3. 服务作业控制 | 3 学时<br>教学知识要点：<br>1, 2, 3 | 2 学时<br>教学知识要点：<br>1, 2, 3 |
| 第 11 章<br>项目网络计划方法 | 1. 项目与项目管理概述<br>2. 网络计划方法<br>3. 网络时间参数的计算<br>4. 网络计划的优化 | 4 学时<br>教学知识要点：<br>1, 2, 3, 4 | 4 学时<br>教学知识要点：<br>1, 2, 3, 4 |
| 第 12 章<br>生产维护与设备管理 | 1. 设备可靠性原理与设备故障<br>2. 设备维护决策<br>3. 全员生产维护（TPM） | 2 学时<br>教学知识要点：<br>1, 2, 3 | 2 学时<br>教学知识要点：<br>1, 2, 3 |

（续）

| 教学内容 | 知识要点 | 课程内容安排 | |
|---|---|---|---|
| | | 60 学时<br>(20 周, 3 学时/周) | 40 学时<br>(20 周, 2 学时/周) |
| 第 13 章<br>质量管理 | 1. 质量管理基本概念<br>2. 质量管理工具<br>3. 工序能力分析<br>4. 抽样检验方法<br>5. 质量成本管理 | 5 学时<br>教学知识要点：<br>1，2，3，4，5 | 4 学时<br>教学知识要点：<br>1，2，3，5 |
| 第 14 章<br>丰田生产方式<br>与精益生产 | 1. 丰田生产方式的基本理念<br>2. 丰田生产方式的方法体系<br>3. 精益生产思想<br>4. 价值流分析<br>5. 精益生产思想在非制造业中的应用 | 3 学时<br>教学知识要点：<br>1，2，3，4，5 | 2 学时<br>教学知识要点：<br>1，2，3，5 |
| 第 15 章<br>生产运作管理的<br>新思想与新实践 | 1. 大规模定制生产与服务<br>2. 绿色与可持续生产运作管理<br>3. 全球化生产运作管理<br>4. 数字化转型与生产运作管理 | 3 学时<br>教学知识要点：<br>1，2，3，4 | 选学 |
| 理论授课学时 | | 54 学时 | 36 学时 |
| 案例讨论/课外活动/学生小组展示等学时 | | 4 学时 | 2 学时 |
| 考试学时 | | 2 学时 | 2 学时 |

# 教学手段和教辅材料及使用方法

为了方便教学，本书提供 PPT 课件、案例点评、习题参考答案等教辅材料，供用书教师教学参考。第 5 版增加了新的特色教学辅助材料"企业现场教学专题片"，助力教师进行立体化教学。第 5 版教辅 PPT 经专业制作全新改版，图文并茂，内容丰富，视觉效果炫目。

经过本书作者和其他大学教师多年的教学检验，本书是一本理论紧密联系实践的教材，教材内容和教辅材料可以满足理论结合实践教学的需要。根据作者的经验，课程教学活动可以分为五个模块（见图 0-3）。

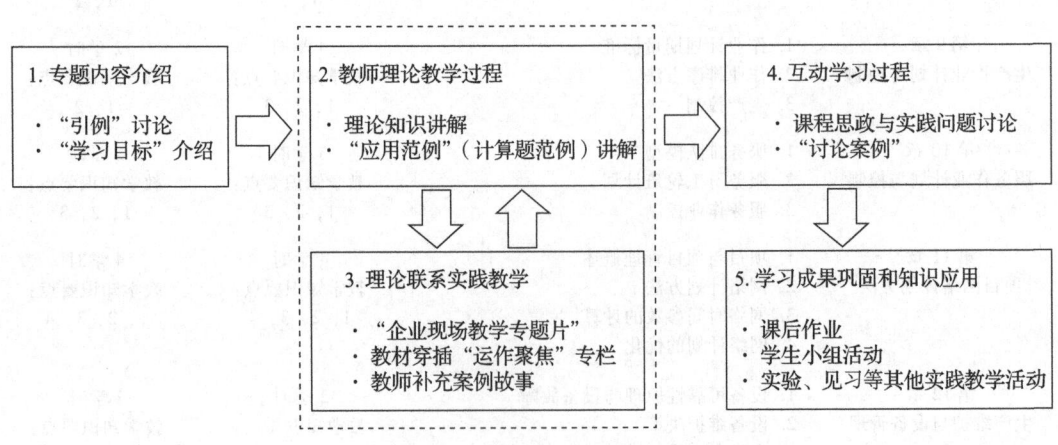

图 0-3　课程教学活动模块

# 第5版新增数字化教辅材料介绍

为顺应数字化教学改革的时代要求,作者通过校企合作制作了企业运作管理现场教学专题片。这些企业现场教学专题片,融生产运作管理的理论精华和企业的管理实践经验于一体,深化和丰富了生产运作管理课堂教学内容与形式,使课程教学有一个新的平台和工具,提高了学生学习生产运作管理的兴趣和效果。

专题片以课程中比较重要和实践中最为常见的管理实践活动作为录像内容。每个专题片长度为15~20分钟,由两部分构成:理论讲解和企业现场教学。一般理论讲解占30%,企业现场教学占70%,以企业现场教学为主。理论讲解力求不与教材内容重复,基本上每个专题的理论讲解内容中都有现有的教材中没有的新思想、新观点,是作者在生产运作管理领域长期的教学和研究中对国内外教材相关理论核心内容的提炼、总结和升华,并结合自己的研究成果形成了独特的理论视角,可以让学生拓宽思路、开阔眼界。企业现场教学部分形式多样,包括人物采访、工作内容介绍、点评等内容。每个专题片的最后有学习思考题,让学生观看以后思考复习。参与拍摄的剧中人物以企业管理者为主,作者为嘉宾参与其中。

以全面质量管理专题为例,专题片以一家制药企业为背景,介绍制药企业生产过程质量管理的实践(见图0-4),观看专题片使学生了解制药企业质量管理的独特性,让学生懂得,质量管理理论和方法在具有通用性的同时也要具体情况具体分析,因地制宜,不同行业及不同企业的特点不同,需要不同的管理理论和方法。

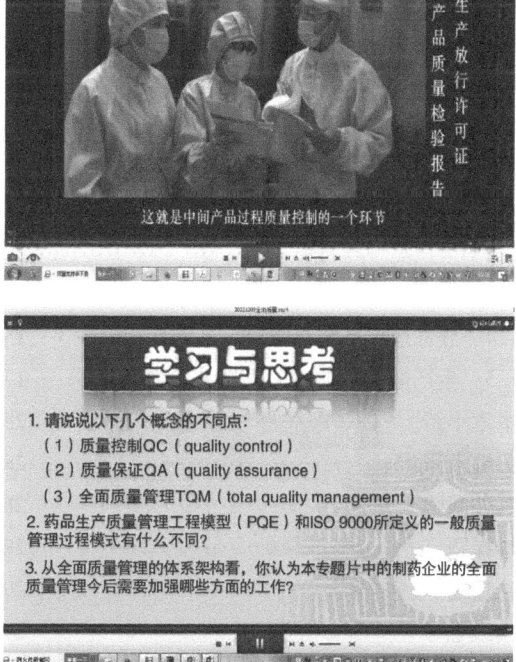

图0-4 专题片画面

# 目 录
## CONTENTS

序　言
前　言
教学建议

## 第一篇　生产与运作管理基本概念与战略

### 第 1 章　生产系统与生产运作管理概述 …… 1
引例　数字孪生：智慧工厂和智慧服务管理
　　　新技术与新模式 …………………… 2
1.1　生产系统组成要素与功能 …………… 4
1.2　生产类型与特征 ……………………… 6
1.3　生产运作管理的目标、任务与决策 … 9
1.4　服务运作系统与管理 ………………… 15
1.5　生产运作管理的发展与未来趋势 …… 17
本章小结 …………………………………… 28
关键术语 …………………………………… 28
延伸阅读 …………………………………… 28
选择题 ……………………………………… 28
论述题 ……………………………………… 29
实践思考 …………………………………… 29
讨论案例　纺织"巨头"溢达立足"双碳"
　　　　　目标，实现可持续发展 ……… 29

### 第 2 章　生产运作战略 …………………… 33
引例　"5S压榨一级花生油"：鲁花的竞争
　　　战略与生产运作 ……………………… 33
2.1　生产率与生产运作能力在企业
　　　竞争力中的地位 …………………… 34
2.2　生产运作竞争力 ……………………… 38
2.3　生产运作战略内容与决策 …………… 42
2.4　生产运作战略实施 …………………… 48
本章小结 …………………………………… 50
关键术语 …………………………………… 50
延伸阅读 …………………………………… 50
选择题 ……………………………………… 50
论述题 ……………………………………… 51
计算题 ……………………………………… 51
讨论案例　李宁公司自建生产基地，开始垂直
　　　　　整合供应链战略 ……………… 51

## 第二篇　生产与运作系统设计和组织

### 第 3 章　产品与服务设计 ………………… 54
引例　西门子公司的供应链协同产品开发 … 54
3.1　产品开发概述 ………………………… 55

| | |
|---|---|
| 3.2 工业产品设计 …………………… 61 | 计算题 ……………………………… 127 |
| 3.3 服务产品及流程设计 …………… 69 | 实践思考 …………………………… 128 |
| 3.4 先进的产品开发管理模式 ……… 73 | 讨论案例 美达公司的生产流程改善 …… 128 |
| 本章小结 ……………………………… 77 | |
| 关键术语 ……………………………… 77 | **第三篇 生产与运作系统计划和控制** |
| 延伸阅读 ……………………………… 77 | |
| 选择题 ………………………………… 78 | **第6章 需求管理** …………………… 132 |
| 论述题 ………………………………… 78 | 引例 大数据驱动智能制造：美的依靠 |
| 讨论案例 并行工程在牙膏产品开发中的 | 大数据实现顾客需求有效响应 …… 132 |
| 应用 ……………………………… 78 | 6.1 需求管理在生产运作管理中的作用 |
| | 与地位 …………………………… 133 |
| **第4章 设施选址与布置** ……………… 81 | 6.2 需求管理策略 …………………… 134 |
| 引例 为什么世界500强企业霍尼韦尔要 | 6.3 需求预测的程序和方法 ………… 135 |
| 选址武汉 ………………………… 81 | 6.4 需求预测误差与控制 …………… 142 |
| 4.1 设施选址 ………………………… 82 | 本章小结 …………………………… 144 |
| 4.2 设施布置问题 …………………… 89 | 关键术语 …………………………… 144 |
| 4.3 设施布置的方法 ………………… 91 | 延伸阅读 …………………………… 144 |
| 4.4 装配线平衡 ……………………… 94 | 选择题 ……………………………… 144 |
| 4.5 服务设施布置的特殊技巧 ……… 96 | 论述题 ……………………………… 145 |
| 本章小结 ……………………………… 97 | 计算题 ……………………………… 145 |
| 关键术语 ……………………………… 97 | 实践思考 …………………………… 146 |
| 延伸阅读 ……………………………… 97 | 讨论案例 某电子厂的需求预测 …… 146 |
| 选择题 ………………………………… 97 | |
| 论述题 ………………………………… 98 | **第7章 生产计划** …………………… 148 |
| 计算题 ………………………………… 98 | 引例 某集团公司的生产计划流程与 |
| 实践思考 …………………………… 100 | 缺货问题 ………………………… 148 |
| 讨论案例 某服装公司生产线布置 … 100 | 7.1 生产计划概述 …………………… 149 |
| | 7.2 综合生产计划的编制 …………… 154 |
| **第5章 工作系统设计与劳动组织** … 103 | 7.3 生产能力需求与规划 …………… 171 |
| 引例 高铁工匠：中车株洲电机动车 | 7.4 服务业的生产计划 ……………… 177 |
| 组装班的学习型班组 …………… 103 | 本章小结 …………………………… 183 |
| 5.1 工作系统设计概述 …………… 105 | 关键术语 …………………………… 183 |
| 5.2 工作方法分析与标准化 ……… 108 | 延伸阅读 …………………………… 183 |
| 5.3 工作测量与工时定额 ………… 111 | 选择题 ……………………………… 183 |
| 5.4 劳动分工与定员管理 ………… 122 | 论述题 ……………………………… 184 |
| 本章小结 …………………………… 126 | 计算题 ……………………………… 184 |
| 关键术语 …………………………… 126 | 讨论案例 生产计划、出产计划 …… 185 |
| 延伸阅读 …………………………… 126 | |
| 选择题 ……………………………… 126 | **第8章 库存管理与MRP原理** ……… 188 |
| 论述题 ……………………………… 127 | 引例 RFID和无人机的结合：开启库存 |
| | 管理新时代 ……………………… 188 |

8.1　库存管理概述 ………………………………… 189
8.2　独立需求库存模型 …………………………… 194
8.3　相关需求库存与MRP原理 …………………… 204
8.4　MRP Ⅱ与ERP ………………………………… 217
本章小结 …………………………………………… 219
关键术语 …………………………………………… 219
延伸阅读 …………………………………………… 220
选择题 ……………………………………………… 220
论述题 ……………………………………………… 220
计算题 ……………………………………………… 220
讨论案例　JP公司的库存管理问题 …………… 221

## 第9章　生产作业计划与控制 ………………… 226

引例　制造执行系统帮了小陈的大忙 ………… 226
9.1　生产作业计划与控制概述 …………………… 227
9.2　生产作业计划编制的工作基础：
　　　期量标准 ………………………………… 230
9.3　作业排序理论 ………………………………… 235
9.4　生产控制 ……………………………………… 245
9.5　智能制造环境下的生产控制 ………………… 251
本章小结 …………………………………………… 252
关键术语 …………………………………………… 253
延伸阅读 …………………………………………… 253
选择题 ……………………………………………… 253
论述题 ……………………………………………… 253
计算题 ……………………………………………… 253
实践思考 …………………………………………… 254
讨论案例　中海无纺布制造有限公司的
　　　　　生产控制 …………………………… 255

## 第10章　服务作业计划与控制 ………………… 259

引例　破解住院排队等待的难题：病床
　　　"跨科共享" …………………………… 259
10.1　服务作业计划的特点 ……………………… 260
10.2　服务排队管理 ……………………………… 261
10.3　工作轮班计划 ……………………………… 268
10.4　服务作业控制 ……………………………… 273
10.5　数字化、自动化与智能化服务及其
　　　相关管理问题 …………………………… 278
本章小结 …………………………………………… 280
关键术语 …………………………………………… 280
延伸阅读 …………………………………………… 280
选择题 ……………………………………………… 280
论述题 ……………………………………………… 280
计算题 ……………………………………………… 280
讨论案例　某邮局的排队现象 ………………… 281

## 第11章　项目网络计划方法 …………………… 284

引例　北京大兴国际机场项目建设进度快、
　　　质量优 …………………………………… 284
11.1　项目与项目管理概述 ……………………… 285
11.2　网络计划方法 ……………………………… 289
11.3　网络计划的优化 …………………………… 295
本章小结 …………………………………………… 300
关键术语 …………………………………………… 300
延伸阅读 …………………………………………… 300
选择题 ……………………………………………… 301
论述题 ……………………………………………… 301
计算题 ……………………………………………… 301
讨论案例　CT灯具公司新产品导入项目
　　　　　进度计划 …………………………… 303

# 第四篇　生产与运作系统维护和改进

## 第12章　生产维护与设备管理 ………………… 308

引例　打牢生产基础：首钢通钢推进
　　　全员生产维护管理 ……………………… 308
12.1　设备管理在制造与服务系统中的
　　　作用和地位 ……………………………… 310
12.2　设备可靠性原理 …………………………… 310
12.3　零件磨损与设备故障规律 ………………… 314
12.4　基本设备维护决策 ………………………… 315
12.5　设备维修制度 ……………………………… 317
本章小结 …………………………………………… 323
关键术语 …………………………………………… 323
延伸阅读 …………………………………………… 323
选择题 ……………………………………………… 323
论述题 ……………………………………………… 324
计算题 ……………………………………………… 324
讨论案例　"数智"如何赋能地铁设备
　　　　　运维 ………………………………… 324

# 第 13 章　质量管理 ··········· 326

引例　两次 737 MAX 空难背后的质量
　　　管理问题 ················ 326
13.1　质量管理概述 ············ 327
13.2　质量管理工具 ············ 330
13.3　工序能力分析 ············ 340
13.4　产品抽样检验 ············ 341
13.5　质量成本管理 ············ 347
本章小结 ······················ 349
关键术语 ······················ 350
延伸阅读 ······················ 350
选择题 ························ 350
论述题 ························ 350
计算题 ························ 351
实践思考 ······················ 352
讨论案例　上汽通用的卓越品质管理 ······· 353

# 第 14 章　丰田生产方式与精益生产 ··· 356

引例　中车大同公司首条精益生产线
　　　"出炉" ················ 356
14.1　丰田生产方式的起源与精髓 ········ 357
14.2　丰田生产方式的方法体系 ········ 359
14.3　精益生产 ················ 370
14.4　价值流图分析 ············ 374
14.5　精益生产理念在非制造业中的运用 ··· 377
本章小结 ······················ 382
关键术语 ······················ 383

延伸阅读 ······················ 383
选择题 ························ 383
论述题 ························ 383
计算题 ························ 383
讨论案例　精益生产在 VS 公司的应用
　　　　　实践 ················ 384

# 第五篇　生产与运作管理的挑战和创新

# 第 15 章　生产运作管理的新思想与
## 　　　　新实践 ··········· 388

引例　数字化大规模定制：上汽大通与
　　　顾客共创价值 ············ 388
15.1　大规模定制生产与服务 ········ 389
15.2　绿色与可持续生产运作管理 ······ 395
15.3　全球化生产运作管理 ········ 405
15.4　企业数字化转型与生产运作管理 ··· 411
本章小结 ······················ 416
关键术语 ······················ 416
延伸阅读 ······················ 416
论述题 ························ 416
讨论案例　吉利的全球化运作 ············ 416

附录 A　标准正态分布表 ············ 418

附录 B　抽样检验表 ················ 419

参考文献 ······················ 421

# 第一篇
PART1

# 生产与运作管理基本概念与战略

第1章　生产系统与生产运作管理概述
第2章　生产运作战略

# 第 1 章
CHAPTER 1

# 生产系统与生产运作管理概述

## § 学习目标

- 了解生产系统的基本要素。
- 熟悉各种生产类型的主要特征。
- 熟悉生产运作管理的目标与主要工作内容。
- 熟悉服务的特点及服务运作系统的主要特征。
- 了解生产运作管理的发展过程和趋势。

## § 引例

### 数字孪生：智慧工厂和智慧服务管理新技术与新模式

数字化流程、数据驱动决策、人机协同作业、智能化控制——这些是未来"数智时代"的智慧工厂和智慧服务的特征。"数字孪生"是最近几年企业数字化过程中的一个时髦词语，英文是"digital twin"，国内有的人也将它翻译为"数字双胞胎"。数字孪生是指充分利用物理模型、传感器、运行历史等数据，集成多学科、多尺度的仿真过程。它所呈现的结果作为虚拟空间中对实体产品的镜像，反映了相对应物理实体产品的全生命周期过程。数字孪生像一面镜子，可以建立与真实世界一样的虚拟世界，具有高保真的特性。但数字孪生又不仅仅是一面镜子，因为它具有交互性，它通过物理世

资料来源：网易号：科技见闻网（2022-01-06, https://www.163.com/dy/article/GT1H1ESB0550SN9F.html）。

界的映射可以真实地感知、验证以及预测物理世界的系统运行状态，不断优化直到系统最优。

数字孪生可以为行业赋能。数字孪生技术可以应用于制造业，也可以应用于服务业，应用实例如智慧工厂、智慧医疗、智慧电厂、智慧水厂、智慧城市、区域应急、智慧园区、智慧监所、数字流域、智慧交通、智慧机场管理、智慧文旅等。

数字孪生技术在制造业应用，可以实现产品从设计、生产到维护全过程的数字化，通过信息集成实现生产过程的可视化，形成从分析到控制再到分析的闭合回路，优化生产工艺和流程。目前，实际使用数字孪生技术的有产品设计、工厂设计、新产品导入、生产过程监控、员工培训等领域。

有人认为，对应用数字孪生技术的智能制造工厂而言：数据和智能赋予工厂以"生命"，而数字孪生则是智慧工厂的"灵魂"。通过对工厂运行过程的数字孪生模型进行分析，进而进行优化和调度，管理者可以控制工厂，使其更智能、更高效地运行。

在服务业领域，数字孪生技术也可以提高服务的精准性、可靠性和效率。比如，智慧医疗运营管理系统以数字孪生为依托，助力医院实现信息聚合、数字建模，通过三维映射，搭建一个智能化数字空间，依托数据治理、知识图谱、轻量建模技术，提升医院的运营管理效率。依托数字孪生技术的智慧医院的一般功能主要包括线上查房、移动护理、住院服务等，具有实现信息化、提升医护效率、促进医患沟通和改善住院条件等优势。

资料来源：根据美国机械工程学师学会网站（2021-05-17，https://www.asme.org/topics-resources/content/7-digital-twin-applications-for-manufacturing）和搜狐网（2022-12-15，https://www.sohu.com/a/617621649_121320738）资料整理编写。

思考与讨论：1. "数智时代"的智慧管理特征是什么？
2. 数字化技术对智慧工厂和服务的"赋能"作用体现在哪些方面？

生产活动是人类创造财富的活动，生产管理学是研究企业如何将人、设备、材料、资金和信息等有限生产资源加以有效组织和利用，优化生产的战略、战术和策略，提高生产率，实现企业经营目标，创造最大价值的一门实用企业管理科学。生产资源的利用与生产组织方式是随着时代的变化而变化的。近年来，企业经营环境不断变化，新的制造技术、新的管理思想与概念不断出现，比如，互联网+制造、云制造、服务型制造、3D打印、众包设计、物联网等。在这种大背景下，企业生产方式不断转变，生产与运作管理的理论和实践不断发展及创新。作为企业的管理者，需要不断吸收新思想、新理念，不断更新管理方法，提高企业的竞争力。

站在现代企业管理理论的发展高度，我们需要对生产的概念有一个全新的理解。

（1）**系统观**。系统的思想是现代生产的核心。生产系统是一个人机复合系统，是一个开放的动态系统。生产的系统观体现为生产的全局性、层次性和协同性。生产的全局性是由于生产需要服务于企业大系统，服务于企业发展战略，因此处理生产问题需要企业拥有全局眼光，要考虑企业整体的利益，使生产工作和企业的其他子系统协调一致。生产的层次性是因为生产系统具有权责分明的层次功能关系，如职能上的层次关系——车间、工序、工段，计划上的层次关系——高、中、低层计划。生产的协同性反映了生产工作的完成需要多部门、多系统的合作，比如材料采购、生产计划与执行、质量控制、设备维修与保养等的协同，这样才能使生产系统获得最大的产出。

（2）**集成观**。集成的概念在现代生产中越来越重要。生产是人、技术、管理的综合集成。只有通过集成，生产资源才能发挥各自的优势；只有通过集成，才能实现资源的最佳利用。现代集成制造系统是建立在企业高度综合集成的基础上的现代生产系统。现代企业生产资源的集成已经跨越了传统的企业边界，从局部集成向整体集成、从内部集成向外部集成演变。集成化管理是当今企业生产管理发展的一个重要方向，计算机集成制造系统（CIMS）、集成化供应链管理、精益生产、敏捷制造，实际上就是制造资源集成的不同表现形式。

（3）**信息观**。信息技术在现代企业生产中发挥着越来越重要的作用。1973年，约瑟夫·哈林顿（Joseph Harrington）在提出计算机集成制造时就提出了企业生产经营过程的信息观，他认为企业的生产过程实际上是一个信息采集、加工、转化和传递的过程。现代市场竞争更加强调生产过程中信息的作用，生产计划能不能迅速捕捉市场信息、反映市场信息，使计划具有动态响应能力，是衡量生产系统是否有效的一个重要指标。现代信息技术的发展为企业掌握市场需求信息、把握生产过程的状态、及时调整生产提供了方便。全球化生产的发展进一步强化了企业生产信息化的作用。制造资源计划（MRP Ⅱ）和企业资源计划（ERP）在生产管理中发挥着越来越重要的作用，成为现代企业生产的主要辅助工具。今天，移动互联网技术、5G技术等成为生产管理中越来越重要的技术。

（4）**服务观**。服务观包括两方面的含义。一方面，以顾客为中心的服务理念渗透到生产制造系统，把生产过程看作服务过程。"下道工序就是用户"的服务理念已经成为现代制造企业生产管理的一个基本理念。服务观另一方面的含义是，随着服务业的兴起，"生产"（production）的概念从制造业扩展和延伸到服务业。比如，我国铁路等交通服务部门每年开展"交通安全生产大检查"和"交通安全生产月"活动。人类不仅仅生产物质产品，也生产精神产品。例如，新闻的采编和制作、教材的编写和出版、影视作品的制作、游戏软件的生产等，这些都是人类的"智力型生产"活动。目前火爆的"生成式人工智能"，如ChatGPT，可以代替人类生产许多知识产品——作诗、绘画、开处方等。但是也有很多服务部门是仅仅提供劳务服务活动的，比如超市、银行、医院等。不过，不管是生产服务产品或者提供劳务服务活动，服务业都需要运用制造企业先进的生产管理思想来提高服务生产率。

由于以上变化，基于发展的观点，把制造和服务融合在一起，把传统的生产管理学扩展应用到服务业，用统一的理论框架来阐述它们的共同管理原理和策略是实践的需求，也是历史的必然。因此，从20世纪80年代开始，西方生产管理类教科书就开始将传统的生产管理学扩展成"生产与运作管理"（production and operations management），或者简称"运作管理"（也叫"运营管理"）（operations management）。我们把制造生产过程管理和服务过程管理统一归纳为：**组织把输入转化为输出，高效（efficiently）和有效（effectively）地提高产品生产或者服务过程的生产率（productivity），创造价值（value）和满足需求的一系列业务流程的管理**，这是生产与运作管理的核心思想。

本章将介绍生产系统组成要素与功能，生产类型与特征，生产运作管理的目标、任务与决策，服务运作系统与管理，生产运作管理的发展与未来趋势。

## 1.1　生产系统组成要素与功能

### 1. 生产系统组成要素

按照业务过程，生产系统由输入、处理（价值转化）、输出三个环节组成。生产系统的输入可以是"物"，如材料、燃料、动力、资金、人力等；也可以是信息，如生产指令、标准等。生产系统的输出也有两方面的内容：一是产品或者劳务（服务），二是信息（如生产报表与统计资料等）。

不同的组织，其输入和输出的要素与转化方式不同，主要的转化形式有如下几种：①形态转化,把有形的原材料和无形的信息转化为符合顾客需要的使用价值;② 时间转化,通过物品在时间上的停留获得价值的变化,如一般产品经过储存以后价值发生改变;③ 场所转化,通过运输等方式改变产品或者服务的位置,获得价值的改变;④ 功能转化,通过对输入的原料进行加工,产生具有新功能的产品。以下是典型组织的输入与输出的转化关系(见表1-1)。

表1-1 典型组织的输入与输出的转化关系

| 组织 | 主要输入 | 转化资源 | 价值转化方式 | 主要输出 |
| --- | --- | --- | --- | --- |
| 制造企业 | 材料 | 工具、设备、工人 | 加工 | 产品 |
| 医院 | 患者 | 医生与护士 | 诊断治疗与护理 | 恢复健康的人 |
| 大学 | 高中毕业生 | 教师、教材、教室 | 教学 | 高级专门人才 |
| 运输公司 | 发货地物资 | 运输设备 | 搬运 | 接收地物资 |
| 百货商店 | 购买者 | 商品、柜台、售货员 | 吸引顾客、推销 | 满意的顾客 |
| 餐馆 | 需要就餐的顾客 | 食物、厨师、服务员 | 食品制作、服务 | 满意的顾客 |
| 邮局 | 待投邮件 | 邮递工具、邮递员 | 分发、邮递 | 接收邮件 |
| 报社 | 信息 | 记者、编辑 | 编辑与排版 | 新闻 |

上面所讲的生产系统的组成是从过程角度来划分的,另外,生产系统的组成还可以从要素组成的角度来划分。按照马克思的观点,劳动者、劳动工具与劳动对象构成了生产力三要素。这是一个最简单的关于生产系统要素的说法,是从经济学的角度来看生产问题,说明任何生产系统都具有这三大要素。

从运作管理的角度看,任何一个生产系统都具有5个基本要素(也称为5P要素),即人(people)、工厂或设施(plant)、产品或零件(product, part)、工艺流程(process)、生产计划与控制系统(production planning and control system)。马克思讲的生产力三要素是不涉及管理层面的,只是生产的基本要素,这里的5个要素则是从管理的角度增加了生产计划与控制系统的要素。这就是生产系统的"5P"学说。

五大要素构成生产运作管理的两个子系统:管理系统与执行系统。管理系统就是生产计划与控制系统,执行系统是在生产计划与控制系统的指挥下,通过人、机、物、工艺来执行管理系统下达的生产计划指令,实现既定的经营目标。图1-1显示了生产系统的5个要素的构成关系。

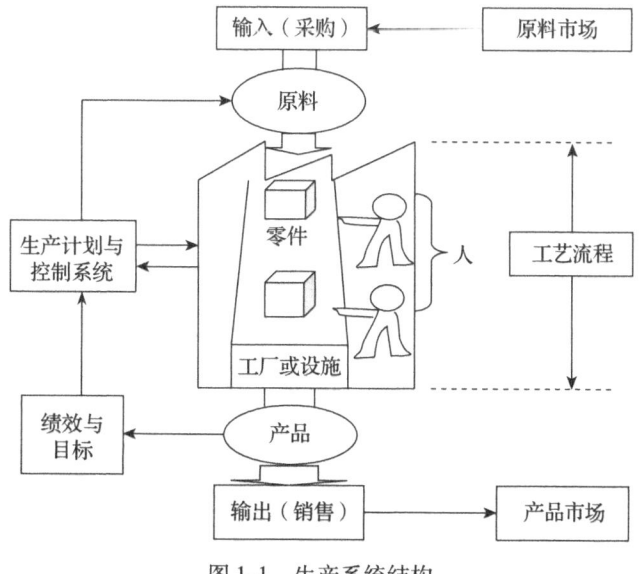

图1-1 生产系统结构

### 2. 生产系统功能

生产系统是实现价值转化的一个企业子系统，它通过为顾客提供价值来实现企业价值增值，这是生产系统最本质的功能。价值增值的功能是多维度的，而这种多维度与顾客需求有关。因为企业生产系统是通过满足顾客的需求来实现企业价值的，这是生产系统存在的基础。基于这种关系，理解企业生产系统的功能必须从理解顾客需求开始。

顾客对产品的需求，也就是市场对生产系统的功能需求。一般而言，顾客对产品的需求体现在品种、数量、交货、价格与服务等方面。随着市场的发展与变化，顾客对产品提出的需求越来越多，也越来越高。

企业在进行生产管理前，需要把顾客对产品的需求转化为对生产系统的功能需求，这些功能需求如下。

（1）产品创新功能。一个生产系统必须能够不断推出新产品，以满足日益增长的顾客需求。要提高生产系统的产品创新功能，企业就要不断更新生产工艺与生产装备，采用先进的产品开发策略，加快产品开发速度。

（2）质量保证功能。生产系统必须向顾客提供合格的产品与服务的质量保证，只有达到甚至超过顾客对产品或服务的质量要求，生产系统才有竞争力。

（3）市场应变功能。生产系统必须具有根据顾客需求的变化而灵活调整生产要素，改变生产组织方式来适应需求的变化能力。灵活应变能力是未来市场竞争中生产系统具有竞争力的重要标志。

（4）交货保证功能。生产系统必须按照顾客交货要求来组织生产，按照交货期交货，这是企业参与竞争的基本条件。能否按时交货取决于生产系统的生产组织与控制能力的高低，随着市场竞争加剧，基于时间竞争的压力增加，对生产系统这种按时交货能力的要求也越来越高。

（5）成本控制功能。企业产品的大部分成本是在生产过程中产生的。为了降低产品价格，提高产品的市场竞争力，必须不断降低成本，而降低成本的关键是降低生产成本。因此，生产系统必须具有控制成本的能力。

（6）服务保障功能。企业产品销售出去以后，顾客在使用产品的过程中会面临各种问题，如零件更换、维修等，因此，生产系统要提供各种服务保障，如提供备件与备品、提供安装服务、提供使用培训等。

## 1.2 生产类型与特征

不同的生产类型有不同的具体特征，不同的生产类型的生产管理方法是不同的，因此，了解不同的生产类型的特征对从事生产管理有好处。

生产类型有很多划分方法，比较典型的划分方法有：①按照产品特征划分；②按照需求特征划分；③按照工艺特征划分。

### 1. 按照产品特征划分的生产类型

按照产品特征划分生产类型，可以分为如下几种。

**(1) 单件生产**。单件生产的产品品种多、批量很小，极端情况下批量为1，多数情况下是少量多品种的生产，蛋糕生产就是典型的单件生产。一般来说，大型工业设备的生产是单件生产，如船舶、大型机电设备。另外，其他非制造业如建筑施工也算是一种单件生产（项目式生产也可以归为单件生产）。

单件生产的组织、生产计划与控制、质量控制方式、劳动力组织等都比较复杂，变化比较大，对管理要求比较高，额外的管理比较多。

单件生产需要根据顾客的需求组织生产，产品设计能力、生产工艺装备与人员的工艺操作水平、部门之间的协调与配合是决定单件生产的重要因素。

**(2) 批量生产**。当生产的产品品种比较多，但是批量大于1时，就是多品种批量生产。根据批量的大小，批量生产又可以分为小批量、中小批量生产等类型，大多数工业企业的生产类型属于批量生产。

与单件生产不同的是，批量生产是在同一生产线上生产不同的产品，生产重复性增加，为此需要在不同的产品之间进行工艺转换（即换产）。产品之间工艺转换的能力会影响到生产批量的大小，因此有一个经济生产批量的决策问题。

日本丰田公司通过长期的努力缩短产品工艺转换时间，减少生产批量，减少在制品库存，从而减少浪费，这就是准时化⊖（just in time，JIT）生产方式。

**(3) 大量生产**。当生产的产品批量很大时，企业的生产设备可以长期生产某一品种或者少数几个品种的产品，这种情况就是大量生产。大量生产的生产工艺过程自动化程度高、劳动效率高、单件成本低，福特公司早期采用的就是大量生产方式。化工厂、蔗糖厂、炼油厂、食品厂、酒厂等的生产多为大量生产。

大量生产的标准化程度高，因此劳动组织比较简单，生产效率高，但是由于缺乏柔性，顾客满意度较低。

大量生产一般采用高度自动化的设备密集型生产工艺，因此，保证设备的可靠性与设备维护对大量生产非常重要。另外，成本控制、保证物资的供应与员工队伍的稳定也是大量生产管理中的重点。表1-2是三种生产类型的特征比较。

表1-2 单件生产、批量生产与大量生产的特征

| 特征 | 单件生产 | 批量生产 | 大量生产 |
| --- | --- | --- | --- |
| 产品顾客化程度 | 高 | 低 | 很低 |
| 生产品种 | 很多 | 多 | 少 |
| 生产批量 | 单件 | 较小 | 大 |
| 生产能力调整 | 容易 | 一般 | 困难 |
| 自动化程度 | 低 | 一般 | 很高 |
| 劳动组织 | 复杂 | 较复杂 | 简单 |
| 工作标准化程度 | 很低 | 一般 | 很高 |
| 生产柔性 | 高 | 一般 | 低 |
| 生产效率 | 低 | 中等 | 很高 |
| 单件成本 | 高 | 中等 | 低 |

---

⊖ 又叫准时制。

### 2. 按照需求特征划分的生产类型

需求的变化也会对生产组织方式造成影响。根据需求特征可以把生产分为**备货型生产**（make to stock，MTS）与**订货型生产**（make to order，MTO）。

**（1）备货型生产**。备货型生产按照预测来安排生产任务，维持一定量的库存来满足顾客需求。大量生产方式一般是备货型生产。

备货型生产比较适合产品已经有一定的市场销路、有相对稳定的销量等情况。由于备货型生产组织管理比较方便，有利于生产系统的持续改进、生产率的提高，同时交货期比较短，因此对生产管理部门来说，这是比较好的生产方式，因为它们的工作压力比订货型生产要小得多。但是对销售部门来说，这不是好的生产方式，它们更喜欢订货型生产，这样它们可以根据顾客的需求交货。

**（2）订货型生产**。随着市场的变化，越来越多的企业按照订单来组织产品的生产，因此订货型生产已经成为企业生产的主流。

订货型生产的特点是先有订单再组织生产，因此，与备货型生产不同，订货型生产的品种与数量波动比较大，而且生产组织复杂性增加、生产计划调整频繁、生产调度工作任务繁重。

从产品特征看，面向库存的备货型生产是标准化的生产，可以预先生产产品，一旦顾客需要就可以交货。从这个角度讲，标准化生产能够快速交货，标准化、系列化与通用化（简称"三化"）是提升交货能力的一个有效策略。

如果生产太标准化，产品的个性特征就没有了，两者是互相矛盾的，因此必须找出一个既能满足快速交货的要求又不牺牲个性的方法。一种方法就是把零件做成标准的，按照标准生产工艺生产零件，但产品是多样化的，就是用标准零件通过组合的方式生产不同的产品，采用推拉结合的生产方式，这种方法叫作大规模定制生产，或者大量定制（mass customization）生产。"推"的生产过程，也就是公共件的生产过程，按照预测组织生产，即备货型生产，而"拉"的生产过程采用订货型生产。这种方式在一定程度上解决了目前顾客需求个性化与要求生产时间短之间的矛盾。表1-3为备货型生产与订货型生产特征的比较。

表1-3 备货型生产与订货型生产特征的比较

| 特征 | 备货型生产 | 订货型生产 |
| --- | --- | --- |
| 产品特征 | 需求稳定 | 需求波动大 |
| 生产组织 | 按照预测组织生产 | 按照订单组织生产 |
| 市场适应性 | 不灵活 | 灵活 |
| 交货速度 | 快 | 慢 |
| 人员技能要求 | 专业化 | 多能化 |
| 工艺与设备 | 多采用专用设备 | 柔性制造系统 |
| 资源利用率 | 高 | 低 |

### 3. 按照工艺特征划分的生产类型

按照工艺特征，生产类型可以分为连续生产与离散生产（加工装配生产）两种。

**（1）连续生产**。连续生产系统也叫流程工业生产系统。这种生产类型的特点是生产线按照产品加工的工艺路线组织生产设备与人员，生产过程不中断，如化工工业、钢铁工业、造纸工业等的生产类型都属于连续生产。

连续生产的特点是装备密集、生产设备自动化程度高、生产能力调整困难。由于生产投资规模大，因此连续生产一般生产批量大、生产品种单一。

（2）**离散生产**。离散生产系统也叫加工装配生产系统，机械工业、电子工业、玩具工业、服装加工业的生产类型都属于离散生产。

离散生产由于产品零件比较多、加工工艺过程复杂，因此生产组织比较困难，生产控制与协调也很困难。另外，离散生产系统中存在很多手工或者半手工生产过程，因此人的因素对生产过程有较大的影响。

与连续生产系统不同，离散生产系统的另一个重要特点是企业供应商比较多，存在比较多的外协与外包现象，因此物资供应管理难度也大大增加。

表1-4列举了连续生产与离散生产的主要特征。

表1-4 连续生产与离散生产的主要特征

| 特征 | 连续生产 | 离散生产 |
| --- | --- | --- |
| 产品品种数 | 相对较少 | 相对较多 |
| 产品标准化程度 | 较多标准化产品 | 较多差异化产品 |
| 生产能力调整难度 | 比较困难 | 比较容易 |
| 扩充能力的周期 | 比较长 | 比较短 |
| 自动化程度 | 比较高 | 比较低 |
| 生产系统柔性 | 比较低 | 比较高 |
| 生产过程组织 | 比较简单 | 比较复杂 |

## 1.3 生产运作管理的目标、任务与决策

### 1.3.1 生产运作管理的目标与任务

#### 1. 生产运作管理的目标

生产运作管理的目标随着历史的演进而不断变化。在20世纪早期，生产运作管理的目标是实现低成本生产，向顾客提供价廉物美的产品。后来，随着人们生活水平的提高，高品质成为人们生活的追求，生产运作管理的目标增加了更多的要求，比如快速交货、提高质量等。最近几年，随着人们环保意识的增强，生产的目的不仅仅是满足顾客的需求，企业组织还要承担社会责任和环境保护责任。企业对生产运作管理的要求就增加了，除了按照顾客需求生产产品、提高企业的竞争力、满足日益增长的顾客需求以外，还需要承担更多责任（经济责任、社会责任和环境责任），实现经济、社会与环境协调发展。

因此，当代企业的生产运作管理的基本目标就是：灵活、高效、准时、低耗、环保地生产出满足顾客需求的产品或服务。

（1）**灵活**。企业要适应市场的变化，不断调整生产要素的组合，根据顾客的需求进行生产，

以提高生产系统对顾客需求的响应能力。

(2) **高效**。提高效率是生产始终追求的一个基本目标。在激烈的市场竞争中，企业只有不断提高效率，才能迅速响应顾客的需求，为此需要采用先进的技术装备，改进工作方法，合理制定管理制度，提高员工素质，等等。

(3) **准时**。准时是指在顾客需要的时候，按照需要的数量，提供其需要的产品或服务。准时是现代生产的一个基本要求，准时生产可以减少企业的浪费，从而降低生产成本，提高响应能力。

(4) **低耗**。低耗是指当提供相同数量和质量的产品或服务时消耗的人、财、物的量最少，通过降低消耗，可以降低成本，而成本降低又使企业具有价格的竞争优势。

(5) **环保**。环保就是保护环境，这里有两方面的含义：第一个含义是对资源的使用量减少，比如对煤炭、钢铁、石油等不可再生的自然资源的使用量减少；第二个含义是没有破坏环境（没有污染），三废（废气、废水、固体废弃物）的排放量少。

### 2. 生产运作管理的任务

在1.1节中，我们已经介绍了生产系统的5P要素，生产管理实际上就是对5个要素的管理。根据管理活动的特征，生产管理活动可以分为两个层次：生产系统设计与组织活动、生产系统运行管理活动。

(1) 生产系统设计与组织活动。生产系统设计与组织活动包括对一次性生产基础设施的投资和建设与生产过程组织活动，具体来讲包括以下这些活动：

- 选址与设施布置；
- 产品开发、工艺与技术组织；
- 劳动分工与组织机构的设置；
- 设备与工具投资及规划管理；
- 作业标准与规程设计；
- 附属生产设施与后勤保障的组织。

(2) 生产系统运行管理活动。生产系统运行管理活动是生产管理者的日常工作，其中最主要的是生产计划与控制工作，具体来讲包括以下几个方面：

- 需求分析与预测；
- 生产策略与生产计划；
- 库存控制；
- 生产统计与调度活动；
- 现场管理活动；
- 质量控制活动；
- 物资供应与采购活动；
- 设备运行与维护管理；
- 外协与分供方业务管理；
- 生产绩效的评价与改善活动。

以上列举的是一般工业企业的生产管理活动的主要内容，服务性企业的生产活动与制造业有很大的不同，即使同样是制造业，生产管理的侧重点也有不同，视具体行业而定。随着企业经营环境的变化，企业生产管理活动的内容会增加，比如原来的生产管理局限在一个工厂内部，但是随着现代生产管理的发展，企业的生产系统从单一工厂发展为多工厂甚至全球化供应链系统，因此生产管理者的任务从横向来讲就扩大了。另外，从纵向来讲，生产管理者原来的管理任务主要是车间管理，不太涉及高层管理，但是现在需要参与高层的决策，这就需要其具备战略思维与眼光。

## 1.3.2 生产运作管理的决策问题与决策方法

著名管理学家、经济学家西蒙认为，管理就是决策。生产运作管理就是要通过各种问题的决策与执行来完成企业经济活动，从而获得利润，因此生产管理者必须明确需要做哪些决策。

### 1. 生产运作管理的决策问题

要完成生产任务，实现企业的经营目标，生产管理者每天都需要做各种各样的决策，归纳起来，生产管理者需要做的决策包括如下几类。

（1）"什么"（what）。生产管理者首先需要明确要生产什么产品、采购什么原料、购买什么设备、用什么工具来生产等。

（2）"谁"（who）。生产管理者每天在做这样的决策：我们给谁生产产品（服务）、我们需要谁来生产这样的产品（服务）、谁来管理这个生产线等。

（3）"何时"（when）。生产管理者需要有时间概念，做生产计划必须确定何时开始生产、何时交货，对这些时间点的概念必须非常清楚。

（4）"哪里"（where）。生产管理者需要有位置的概念，在哪个工厂生产、在哪条生产线上生产、工人应该安排在哪个岗位等。

（5）"怎样"（how）。生产管理者要知道怎样组织生产、怎样解决问题、怎样分配工作、怎样调动人的积极性等方法论问题。

然而，对于以上问题，不同的生产管理者，决策的范围与方法是不同的，我们进一步把生产运作管理的决策细分为以下三个层次。

- **战略性－长期的决策**（strategic-long term decision）。在生产运作系统决策问题中，有些是涉及全局（整个企业的利益）的，而且是经过较长时间才能做出的决策，这种决策叫作战略性生产决策。比如生产设备的更新改造、新生产线的投资建设、生产资源的供应来源、生产选址与布置、员工的薪酬制度等，这些决策是长期的、全局性的。当然，这些决策不是每个生产管理者都需要经历的，只有最高层管理者才有机会涉及这些问题，中下层生产管理者一般不会在日常工作中碰到这些决策问题。
- **战术性－中期的决策**（tactic-intermediate term decision）。战术性决策是局部的、部门的，时间是中期的。比如生产计划决策是一个战术性决策，物料计划决策也是一个战术性决策。中层生产管理者负责的就是这种战术性决策，这些决策是在生产管理部门中进行的，一般不需要最高决策者（企业领导层）参与。战术性决策比较有规律，比如每周一次、每月一次等，通过有规律的决策来指导生产性活动。

- **操作性（作业性）- 短期的决策**（operational-short term decision）。操作性或者作业性的决策是生产系统中最低层次的决策问题，也是在最短时间内做出的局部决策。操作性的决策可以是定期的，比如按照计划下达的生产指令、每天一次的工作安排、任务分派等。同时，操作性的决策有比较多的例外决策、突发性的临时决策，比如临时加班、取消生产任务等。最基层的管理者如班（组）长每天做出的决策就是这种决策。

### 2. 生产运作管理的决策方法

决策方法既是领导艺术，也是科学。不同的问题，决策方法不同。

**（1）定性的决策方法。** 在生产运作管理活动中，有些决策问题需要通过定性的判断（经验性）来做出决策，这种决策在高层战略性构想与分析中经常出现。比如"头脑风暴"这种思考方法在管理者的决策思维中就发挥着重要的作用，特别是在问题决策的初试阶段，定性的决策分析是十分有效的。

**（2）定量的决策方法。** 战术性与操作性的决策需要更多地采用定量决策方法，比如运筹学与统计学的决策方法。通过数据来说明问题是中层管理者需要掌握的管理决策技巧，当然对模型的运用要恰到好处，理论模型与现实总存在差距，管理越简单越好，因此使用模型决策应该体现简单化与实用化的原则。

**（3）系统分析方法。** 管理决策需要从系统的决策来分析，要有系统的观点，要考虑全局与局部的关系。比如生产决策往往影响到其他部门（如营销、供应、技术等部门）的决策，要把握好这种内外的关系。奖励员工要考虑不同班组之间的利益关系，调整一种产品的生产进度要考虑其他产品的生产。生产管理者需要用系统的思考方法做出适当的决策。

| 运作聚焦 |

### 中车株洲所的智能制造

中车株洲所一直把握时代脉搏，引领时代潮流，以智能制造"三向集成"为发展思路，从智能产品、智能生产、智能物流、智能服务四大维度着手，相互交叉耦合，全方位推进智能制造，正实现高铁核心生产环节的智能化蜕变。

中车株洲所变流模块智能制造样板线，是轨道交通行业全球首条按照智能制造标准打造的生产线，整条生产线由自动化工位、人工工位组合构成，通过信息化和自动化手段升级，从人、机、料、法、环、测的维度进行全面质量管理，促进

资料来源：微信公众号——美丽株所。

基础管理与技术的提升和优化，实现生产过程和生产管理的智能化。在质量方面，中车株洲所一次交调合格率已达到99%以上。

**生产线基本实现了"无人化"**

智能工厂就是利用各种现代化的技术，实现工厂的办公、管理及生产自动化，达到加强及规范企业管理、减少工作失误、堵塞各种漏洞、提高工作效率、进行安全生产、提供决策参考、加强外界联系、拓宽国际市场的目的。

中车株洲所时代电气制造中心，有全球首条按照智能制造标准打造的变流模块生产线。该生产线运用AGV（自动导引车）、机器视觉、自动化技术，实现紧固、涂覆、测试等关键工序的全自动化和拉动式节拍化的自动配送，基于人机工程学，采用自动化、防呆、防错技术，实现智能化助力、省力作业和职业安全防护。

在电动智能工厂，每台设备都与执行系统相连，从客户订单到产品仿真设计、制造过程仿真，再到交付后的产品智能运营及智能维护，各个环节可以清晰地收到工作指令。

在中车株洲所时代新材最新引进的自动配料生产线上，除一名物料输送员外，只有机械手整齐、有序地忙碌着。每天有近10吨的混炼胶要在这里完成关键物料的配置与称量。除去前期的原材料储备和后期的物料运输，生产线基本实现了"无人化"，减少了约22%的人力成本。

自动配料系统的引进，让中车株洲所实现了从精确称量、自动配料、自动校核到自动制袋和自动包装的流水线生产。依据配方的不同，中车株洲所每天可完成配料1 000～1 500袋，与人工配料相比，不仅称量更加精确、稳定，还能实现24小时不间断生产。自动配料系统在提高终端产品质量稳定性的同时，还减少了粉尘危害。

**2台机器人完成7名工人的打磨任务**

随着规模化生产需要的增加，越来越多的工业机器人进入车间，成为高效、高质量的"明星员工"。

在电动涂装车间，有这样几位特别的新"员工"，它们有着运转灵活的手臂，可以做复杂的轨迹运动，能够按照指定程序完成打磨工作。身怀"绝技"的它们，不惧高温，也不需要休息。这就是株洲所中车电动的打磨机器人。

以10米车体为例，人工打磨需要7名熟练工人打磨半小时，而机器人打磨系统可以连续作业，只需要1名员工在作业间外操作系统，2台机器人便可以完成7名工人的打磨任务。此外，自动化的设备可以做到始终如一地按照设定工艺参数进行打磨，打磨力度是恒定的，在打磨一致性、工艺可再现性等方面显著优于人工作业。

**机器人几分钟完成一个员工几小时的工作**

中车株洲所时代新材最近来了位"新员工"——它几分钟能完成一个员工几小时的工作，资产核算效率提升75%，时效性和准确率大幅提高。

它是一个虚拟智慧型机器人，它所涉及的机器人流程自动化（RPA）是一种企业级软件自动化解决方案，RPA能够利用"虚拟员工"在不同业务系统的用户界面进行切换，高质、高效地处理大批量的重复性工作。

2023年3月，工业和信息化部发布"2022年度智能制造示范工厂揭榜单位和优秀场景名单"，中车株洲电力机车有限公司入选2022年度智能制造示范工厂揭榜单位名单。"十四五"期间，中车株洲电力机车有限公司优化并推广智能制造新模式，已经先后启动实施转向架城轨构架整合升级、涂装布局优化及智能化改造、数字化管线车间等智能制造项目建设，启动企业数据治理等数字化转型工作。

资料来源：根据株洲新闻网发文（2018-07-17，http://zzwb.zznews.gov.cn/content/c1437902.html）和中车株洲电力机车有限公司网站资料（2023-01-04，https://www.crrcgc.cc/zjsj/g19429/s35565/t338003.aspx）等整理编写。

## 1.3.3　生产运作管理与其他职能管理的关系

企业组织不同，职能划分就不同。通常，企业有生产、技术、财务、人事、销售、后勤等多种职能部门，生产是企业经营管理的一个基本职能，它与其他职能系统紧密相连，形成企业经营管理的大系统。下面分析销售、财务、人事、技术、物资供应与采购等部门与生产的关系。

（1）销售部门。销售部门与生产的关系主要体现在如下几个方面。

- 提供销售预测：正确的销售预测以及市场需求变动分析可以帮助生产部门有效规划未来的生产并调整生产要素，使生产与需求保持同步。
- 提供销售订单的资料：销售部门应随时提供给生产部门有关销售订单的情况，使其了解生产的品种、数量、交货期，以利于安排生产。
- 提供顾客对质量要求的反馈：销售人员需要经常把顾客对产品质量的要求反馈给生产部门，以便生产部门改进产品质量。生产部门也应经常把有关订单的完成情况、质量状态反映给销售部门，由其进一步反馈给顾客。

（2）财务部门。财务部门的作用是为企业经营提供必要的资金筹措支持并管理企业资产，其与生产部门有关的业务有如下几个方面。

- 投资分析，即企业在进行工厂的扩建与设备投资时，需要财务部门提供相应的财务分析。
- 根据生产能力和库存确定资金的筹措与资产的管理。
- 提供工厂经营状况资料，财务部门编制各种财务报表，如资产负债表、利润表等，生产部门可以从这些报表中了解生产与公司经营目标的配合情况。

（3）人事部门。人事部门与生产部门的关系表现在如下几个方面。

- 员工招聘：人事部门在招聘生产员工时应根据生产岗位、工作的性质来选择合适的新员工，因此，人事部门应对企业的生产业务有所了解，这样才能成为一个好"伯乐"。
- 员工培训：与生产有关的员工培训需要人事部门来主持，人事部门要根据生产的需要进行员工的岗位技能培训和生产安全培训、组织劳动竞赛等。
- 处理劳工纠纷：生产过程中出现的各种劳工纠纷都需要人事部门来处理。

（4）技术部门。技术部门对生产部门的影响表现在如下几个方面。

- 技术部门为生产部门提供生产图纸与工具要求。
- 技术部门应及时把设计变更通知生产部门，以便生产部门做好生产变更准备。
- 生产部门根据生产经验向技术部门提供设计改进建议。
- 技术部门应经常深入生产第一线，了解新产品的生产制造过程，与生产部门共同探讨并不断改进产品设计。

(5) 物资供应与采购部门。生产运作管理离不开物资供应与后勤保障，生产计划的制订需要物资供应部门提供物资库存状态信息和物资采购信息，同时，物资供应部门根据生产部门的生产计划和物料需求计划制订物资采购计划，保证物资按时入库，确保生产的连续性和平稳性。

## 1.4 服务运作系统与管理

服务业的发展是历史发展的必然趋势。哈佛大学社会学教授丹尼尔·贝尔把人类社会分为前工业化社会、工业化社会、后工业化社会。服务业属于后工业化社会的产物，即第三产业。促使服务业发展的原因有很多，主要包括：① 为了支持工业化的发展，服务业得到自然的发展，如物流服务与公用事业；② 由于生产过程中省工设备的引入，更多的人开始从事保养与维修等非生产性劳动；③ 人口增长与物质的大量消费促进了批发和零售业的发展，银行、房地产及保险等行业也随之发展；④ 随着收入的增加，食品与生活必需品消费比例下降，休闲与娱乐等其他服务消费增加。

由于服务业的发展，服务管理的需求在增加，因此把制造业的生产管理技术应用到服务业中来提高服务生产率是一个新趋势。麦当劳是第一个把福特流水生产线思想运用到服务业中的成功代表。因为大多数服务企业只提供劳务作业而没有生产产品（少数服务企业如饭店是生产产品的），所以其过程管理一般被称为服务运作或服务运营（service operations）。

### 1. 服务的特点

服务与产品有不同的特点，这些不同的特点决定了服务运作管理和生产管理的差别。服务的特点有无形性（intangibility）、同步性（simultaneity）、异质性（heterogeneity）、易逝性（perishable）。

(1) **无形性**。服务不像实物产品，它不是实体的东西，而是无形的、不能触摸的，通常表现为一种感觉、一种过程体验。这种无形性特点使服务过程的控制比较困难。

(2) **同步性**。服务者和顾客同时出现，他们是不能分离的。服务者可以是人，可以是机器（如银行的自动柜员机），也可以是一个系统（信息系统，如网上订票系统）。但是，不管服务者是什么，在提供服务时其与顾客都必须同时出现，否则服务就不存在。

(3) **异质性**。异质性也叫波动性，是指相同的服务在不同的时间、地点和面对不同的顾客时具有不同的效果。这种异质性导致服务需求、服务质量很难用统一的方法和标准来管理，因此需要差异性的管理方法。

(4) **易逝性**。由于服务需求具有时效性，因此服务能力的时间敏感性较高，当顾客没有出现的时候，服务能力就丧失了，没有存储的价值。这种易逝性导致服务决策更加倾向于采用短期决策。

### 2. 服务业与制造业生产的不同点

虽然许多生产管理原理可以运用到服务业中，但是由于服务的独特性，服务业的作业过程与制造业的生产过程有着本质的不同。

(1) 大多数服务业生产过程与营销过程是同时发生的。由于服务的同步性特征，多数服务业的生产过程与营销过程是同时发生的，服务过程实际上就是营销过程，这种生产活动与营销的同时性导致服务业的生产率大大低于制造业。

（2）服务过程中与顾客的接触程度要高于制造业。制造业的产品，其生产与消费可分离，因此制造过程在选择工作方法、运作计划、运作控制等方面都有比较大的自主权。而服务业多是过程导向的，服务人员与顾客接触，需要比较多的顾客交互，服务生产运作线与顾客接触程度高，对运作控制的自主权受到限制。

（3）服务业运作的投入比制造业运作的投入具有更大的不确定性，即生产能力具有更大的弹性。制造业通常通过严格地控制投入变化使产出的变化尽可能小，从而提高运作效率。而服务业讲究的是服务的个性化，比如不同的患者需要不同的医疗方法与护理，每一辆待修理的汽车需要检查之后方可采取具体措施，因此，服务业的投入一致性低。

（4）需求的强度与工作要求的多变性，使服务业的生产率相对难测量。比如医生的患者特征不同，律师的辩护对象不同，这些都会造成服务业的生产率难以测量。

（5）服务业对质量要求更高，同时质量控制的难度更大。由于服务的提供与消费同时进行，因而顾客对服务的质量要求高，但是投入的不确定性大又导致质量控制难度加大。

（6）服务不能用库存来调节。银行和超市要么是顾客排队等待服务，要么是银行和超市的职员坐等顾客的到来，一般情况下，服务是不能储备的。

### 3. 服务运作系统与理论基础

服务运作系统的核心是顾客，根据美国学者罗伯特·雅各布斯（Robert Jacobs）和理查德·蔡斯（Richard Chase）的观点，一个服务运作系统有三个核心要素，即服务战略、服务支持系统、服务员工，三者构成一个三角形，叫服务三角形，如图1-2所示。在这个服务三角形中，顾客处于中心位置；服务战略是服务策略，包括目标、服务的业务模式等，它是指导服务系统设计和服务运作的基础；服务支持系统包括服务的设施和流程等资源；服务员工是多方面的，任何与服务过程有关的企业人员都是服务员工。这个服务三角形很好地揭示了服务的本质。

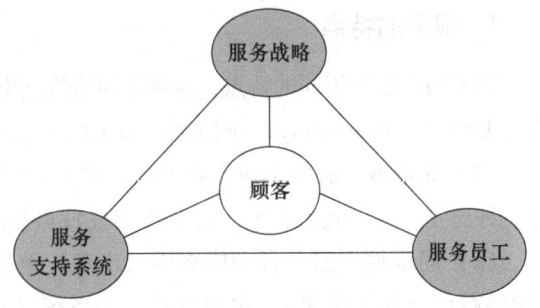

图1-2 服务三角形

资料来源：雅各布斯，蔡斯. 运营管理：第14版 [M].
任建标，译. 北京：机械工业出版社，2015.

服务运作系统需要考虑以下主要决策问题。

（1）**顾客定位**。不同服务的顾客定位对服务系统设计和运作要求不同，比如酒店根据不同的顾客要求提供不同的服务。

（2）**服务标准**。明确的服务标准对于保证自身服务质量和顾客了解服务有所帮助，没有服务标准，企业就无法改善服务。

（3）**服务系统设计与运作**。服务系统设计与运作包括服务组织、服务流程、服务员工、服务计划和质量控制等。

服务运作系统的特点导致服务业运作管理的理论基础与制造业生产管理的理论基础不同。除了运筹学等一些经典的数学方法可以用来指导服务系统设计和优化之外，在服务运作过程中，主要运用如下两个理论基础。

**（1）营销学理论。** 由于服务的生产和营销是同时发生的，而且服务对象是顾客、消费者，因此服务过程实际上就是营销过程，而营销过程的运作就需要用到营销学理论，包括价格决策理论、消费者行为理论等。

**（2）行为科学理论。** 服务的对象是人，服务的主体主要是服务人员，而且多数服务企业是人力密集型企业，因此服务运作管理需要行为科学理论作为设计管理方法和策略的理论依据。

## 1.5 生产运作管理的发展与未来趋势

在工业革命之前，人类社会处于农耕文明社会，人类所需要的物品（商品）是通过家庭作坊式的手工生产方式生产的，没有计划性，劳动生产率低。生产的主要目的是解决"吃"和"住"的问题。工厂化生产管理思想产生于第一次工业革命之后，历经两百多年的历史，不断演进、丰富和发展，生产运作管理的理论、方法、工具不断涌现，形成今天丰富多彩的生产运作管理理论体系。

### 1.5.1 生产运作管理的发展历史

#### 1. 第一次工业革命和早期工厂管理

第一次工业革命起源于 18 世纪 60 年代的英国，以 1765 年英国的詹姆斯·哈格里夫斯（James Hargreaves）发明的珍妮纺纱机和 1776 年发明家詹姆斯·瓦特（James Watt）发明的蒸汽机为代表。这次工业革命于 19 世纪扩展到美国和其他国家，在美国，工业革命从纺织业延伸到铁路交通运输等行业。1799 年，美国商人伊莱·惠特尼（Eli Whitney）采用零件互换的方法组装军工产品，实现了生产零件的标准化，大大提高了生产的效率。从第一次工业革命开始到 19 世纪中期的 100 多年时间里，人类生产从手工生产转变为机械化生产。第一次工业革命从管理上建立了以劳动分工为基础的工厂组织制度，产生了批量生产和标准化生产等管理思想。与此同时，第一次工业革命以后，资本、管理成为继土地和劳动力之后新的生产要素。

**（1）劳动分工理论对工厂生产组织的影响。** 1776 年，英国著名政治经济学家亚当·斯密（Adam Smith，1723—1790）的著作《国富论》出版，第一次提出了劳动分工观点，系统地阐述了劳动分工对提高生产率和促进国民财富的巨大作用。他在书中这样写道，"同样数量的劳动者何以因为劳动分工就能完成更多的工作呢？其间，可以说有三个原因：第一，每一个劳动者的熟练程度提高了；第二，节省了通常从一种工作转换到另一种工作所浪费的时间；第三，发明了许多机械，简化和减少了劳动，使得一个人能够完成许多人的工作"。劳动分工在极大提高生产率的同时，也令早期工厂遇到了劳动力招募、培训和激励等一系列组织相关的问题，催生了"对合理地计划、组织和控制早期工厂的生产活动的需要"[○]。

**（2）管理思想萌芽。** 第一次工业革命以后，由于工厂化组织生产活动的需要，产生许多管理问题，管理作为新的生产要素被认识和重视，在这一时期，经验管理思想得以萌芽。英国工业革

---

○ 雷恩，贝德安. 管理思想史（第6版）[M]. 孙健敏，黄小勇，李原，译. 北京：中国人民大学出版社，2014.

命建立的工厂制度催生了一些朴素的管理思想，多位管理思想先驱在这一时期出现。比如查尔斯·巴贝奇（Charles Babbage，1792—1871）在 1832 年出版的作品《论机器和制造业的经济》（On the Economy of Machinery and Manufactures）中讨论了制造业的经济原则，他还认识到激励制度（奖金）在工厂管理中的作用。

第一次工业革命之后，工厂化的生产管理思想开始出现，但是思想和方法往往是零散的，综合的生产运作管理理论体系还没有出现。

### 2. 科学管理原理与福特生产方式

19 世纪末，电灯、电报、电信、电话、电影、电力机车等与电有关的新事物出现，人类进入电气时代。这一时代科学管理原理、运筹学和管理科学、工业心理学和行为科学等诞生并应用于生产实践，同时诞生了福特生产模式。

20 世纪初，科学化管理运动发源美国。科学管理的创始人是弗雷德里克·泰勒（Frederick Taylor，1856—1915）。他是一位工程师和效率专家，被称为"科学管理之父"。泰勒实现了亚当·斯密的理论设想，他把工作分成两类：一类是操作工人从事的工作，另一类是主管人员或监督人员从事的工作。泰勒系统研究了车间作业和衡量方法，创立了时间研究（time study）方法，改进操作，科学制定劳动定额，建立了工时标准和工人激励机制，等等。泰勒的著作有《计件工资制》（1895）、《车间管理》（1903）、《科学管理原理》（1911）等。

泰勒思想的精髓是：①利用科学管理原理对工人的作业进行研究，建立工作标准和绩效标准；②科学挑选、培训和教育工人，使之成长；③建立任务管理系统，管理者的责任就是为工人找到最合适的工作，使他们成为"一等工人"，工人的责任则是无条件地执行管理者的命令；④建立工人和管理者的合作关系，实现共同的目标。

在泰勒时代，对科学管理做出贡献的还有多位先驱，他们和泰勒一起奠定了后来的工业工程的基础。亨利·L. 甘特（1861—1919）与泰勒是同时代的人物。甘特对劳资关系、工人选拔和激励等问题都有独特的贡献，其最重要的贡献是提出著名的作业工具——甘特图。弗兰克·吉尔布雷斯（1868—1924）和莉莲·吉尔布雷斯（1878—1972）夫妇也是科学管理时代的重要人物。弗兰克·吉尔布雷斯是一位工程师，他的夫人是心理学家。他们的主要贡献是开创了动作研究（motion study）的科学研究方法。1912 年他们进一步改进动作研究方法，把工人操作时的动作拍成影片，创造了影片分析方法，对动作进行细致的研究。1921 年，他们又创造了工序图，为分析和建立良好的工作顺序提供了工具。

亨利·福特（Henry Ford，1863—1947）是第一位将科学管理原理应用于实践中的企业家。他发明的流水生产线拉开了现代大量生产的序幕。福特的流水生产线方式有几个特点：①机器和操作工人按仔细规划的作业顺序排列；②每一个工人被指定做一种高度专业化的工作；③生产严格按节拍进行。福特汽车公司按照劳动分工理论和零件标准化生产的原理，利用大规模流水生产线长期生产 T 型汽车，获得了巨大成功，成为 20 世纪最伟大的企业之一。

科学管理的主要特点有：①以提高生产效率为目标，泰勒等人的科学管理研究都是以提高生产率为目标；②以科学、求实的态度进行调查研究，例如，泰勒进行了搬运铁块实验、金属切削试验，吉尔布雷斯进行了砌砖试验，等等；③强调以个人为研究对象，重视个人积极性的发挥；④强调规章制度的重要性。泰勒等人通过大量的调查研究总结出一套科学的管理方法，如劳动定额、操作规程、作业标准化、奖励工资等。

泰勒的科学管理原理和福特生产方式在传播与推广过程中,也出现了一些负面效应,受到批评,这就是工人的工作机械化、工作枯燥和单调,积极性难以有效提高。由美国著名电影演员卓别林主演的电影《摩登时代》真实反映了 20 世纪 30 年代美国制造业的工人的生活情景。在泰勒等人的科学管理方法推广的同时,关注工人生产率提升的行为因素的行为科学家开始用科学方法研究人的工作动机、人的关系对生产率和组织的影响,开创了科学管理时代的另一个流派。比如,20 世纪二三十年代(大约为 1924 年到 1932 年),美国哈佛大学的梅奥(Mayo,1880—1949)等人在西方电器公司霍桑工厂做了一系列心理学相关的实验(即著名的霍桑实验)。1933 年,梅奥出版了著作《工业文明的人类问题》(*The Human Problems of An Industrial Civilization*)。

工业心理学和人际关系理论的发展标志着科学管理时代从"经济人"向"社会人"的过渡。生产运作管理研究从单纯关注生产效率提升的技术方法,向综合考虑"硬系统"和"软系统"的社会技术系统方法转变。

### 3. 运筹学与管理科学的应用

20 世纪 20 年代到 60 年代,数学作为一种工具开始大量应用生产运作管理。特别是第二次世界大战以后,运筹学(之后发展为管理科学)及其在生产管理中的应用给生产管理带来了惊人的变化。存储理论、线性规划方法、网络计划方法、排序方法等一系列定量化工具在生产管理中获得应用。

1913 年,F. W. 哈里斯(F. W. Harris)提出了第一个经济订货批量模型,之后大量关于库存的数学模型不断出现(如经济生产批量模型),在降低物资库存成本中发挥了重要作用。库存方法形成运筹学的分支——存储理论(inventory theory)。1931 年,沃尔特·A. 休哈特(Walter A. Shewhart,1891—1967)提出统计过程质量控制思想,并首创统计质量控制工具——控制图。1935 年,道奇和罗米格提出质量抽样检验理论。1935 年,苏联数学家坎托维奇发表了《生产组织与计划中的数学方法》,开创了将线性规划应用于生产管理的先河。1954 年,美国运筹学家约翰逊(Johnson)提出了第一个两机器作业排序的数学算法,此后排序论也成为运筹学的一个重要分支。

在生产与运作管理中,运筹学和统计学的理论与方法发挥了举足轻重的作用,主要应用包括以下方面。

(1)计划和调度问题的优化求解。利用线性规划、整数规划、模拟方法等制订适应需求的生产、存储和劳动力安排计划,以及解决配料、作业编制、日程安排等问题。

(2)库存管理。库存问题是生产管理中的一个核心问题,而库存问题的要点在于多长时间检查一次库存、何时补充库存、每次补给量是多少。利用存储理论建立相应的数学模型可以解决上述问题。

(3)质量控制。统计和随机过程数学方法广泛应用于质量管理,如正交试验方法、抽样检验、多元诊断、控制图法等。

(4)厂址的选择。厂址的选择是新厂建设或老厂改造时一个重要的决策问题。在这方面,运筹学中的线性规划方法、运输模型都可以有所作为。

(5)设备维修规划。设备维修是一项基础工作,设备的维护决策、机器的可靠性分析都需要统计和运筹学知识。

(6) 服务运作系统设计和优化。运筹学的排队论、线性规划广泛应用于服务系统设计和优化。

未来运筹学在企业中应用的发展趋势是多学科交叉的，比如与模糊方法、人工智能方法的结合，同时增加软系统方法应用。现在，数据驱动的数学分析方法，如神经网络、机器学习等正在深入到企业生产与运作管理中。

经过科学管理和管理科学阶段，20 世纪中叶，生产运作管理理论体系逐渐形成，独立的生产运作管理教科书出现。作为管理科学学派的代表人物之一，美国著名生产管理学家埃尔伍德·斯潘塞·伯法（Elwood Spencer Buffa）1961 年出版了《现代生产管理》(*Modern Production Management*)，该书涵盖了至今一直在使用的内容，包括生产流程、设施选址和布置、工作设计、质量控制等。这本书是生产运作管理学经典教科书，多次修订再版，伯法也被誉为影响管理学进程的 100 位西方管理学大师之一。

### 4. 计算机与信息技术的应用

第二次世界大战以后，科学技术得到飞速发展，特别是半导体技术、原子能技术、计算机技术、信息技术等不断发展，到 20 世纪 70 年代，工业生产进入一个新的时代——自动化和信息化时代。从此，生产运作管理在科学管理原理、管理科学运动之后又发生了一次本质的飞跃——计算机广泛应用于生产运作管理。20 世纪 70—80 年代产生的系统论、控制论、信息论（称为"三论"）广泛应用于科学技术及生产实践，"三论"的思想在生产运作管理中也发挥重要作用。20 世纪 90 年代，生产运作管理进入网络化和智能化技术的应用时代。

20 世纪 70 年代，美国 IBM 公司的约瑟夫·奥尔利茨基（Joseph Orlicky）和奥利弗·怀特（Oliver Wight）用计算机编制物料需求计划（MRP），80 年代演变为制造资源计划（MRP Ⅱ），20 世纪 90 年代，在制造资源计划基础上又发展出一种新的计算机辅助生产管理软件——企业资源计划（ERP）。企业资源计划从更广泛的资源空间进行资源的优化，实现供应链整体资源优化。

基于信息技术的应用，生产运作领域出现了一些新的管理思想和策略，如虚拟企业、业务外包、敏捷制造、流程再造（BPR）等。

20 世纪 70 年代，美籍以色列物理学家及企业管理大师艾利·M. 高德拉特（Eliyahu M. Goldratt）提出了最优生产技术（optimized production technology，OPT）。OPT 是基于一种保密算法的计算机支持下的强有力的生产计划与控制工具。20 世纪 80 年代以后，OPT 进一步发展成为约束理论（theory of constraints，TOC）。约束理论是一种系统思考方法，其核心是关于流程的瓶颈资源和非瓶颈资源的管理思想，也就是瓶颈管理的"五步思维"方法。后来，诸多学者研究 TOC/OPT 和 MRP 结合的生产管理策略。

1990 年，美国麻省理工学院的教授哈默（Hammer）在《哈佛商业评论》上提出了业务流程再造（BPR）的思想，1993 年，他与咨询顾问詹姆斯·钱皮合著了《企业再造：企业革命的宣言书》，系统阐述流程再造的思想和理论。他们认为，在信息时代，亚当·斯密的劳动分工理论已经过时，企业需要建立基于信息技术的新的扁平组织和柔性、敏捷流程模式。90 年代，学者们掀起一股业务流程再造的研究浪潮。

最近 20 年，信息技术的发展进一步推动生产运作管理的发展，工业互联网、移动互联网、云计算等先进的信息技术广泛应用于生产运作管理。

计算机和信息技术在生产实践中的应用，不仅实现了生产效率的提高和经营成本的降低，还推动了生产运作管理思想的创新和发展。

**(1) 集成管理思想的形成**。通过信息技术把企业内外资源集成起来，最大限度提高资源利用率和同步化运作水平，这是计算机和信息技术应用带给企业的最大变化。美国学者哈林顿最先提出了计算机集成制造系统（CIMS）的概念。计算机集成制造把企业生产的各个环节，包括从市场分析、产品设计、加工制造、经营管理到售后服务的全部生产活动，整合成一个不可分割的整体。

从发展历史看，基于计算机和信息技术的生产运作管理的集成化管理主要经历了以下发展历程。

- 企业内部部门的局部集成：1970—1980 年，生产部门和物料供应部门集成，如 MRP 出现。
- 企业范围内部的整体集成：1980—1990 年，利用企业内部网络技术和企业资源计划 ERP，实现企业范围的资源集成。
- 企业与企业的供应链集成：1990—2010 年，集成空间扩展到企业与企业之间，也就是企业与供应商和分销商等的集成供应链概念出现。
- 企业与顾客和环境的集成：2010 年以后，集成空间进一步扩展到企业与顾客之间（全面顾客参与），以及企业与环境之间（可持续供应链管理）。

**(2) 生产力要素的变化**。20 世纪 70 年代以前，生产力要素主要是土地、劳动力、资本、管理。进入信息时代后，信息成为一种新的生产力要素。最近几年，企业数字化转型使人们认识到数据的重要性，"数据驱动"的管理思想出现，数据被赋予资产的功能，作为一种新的无形资产（数据资产），成为新的生产力要素。

生产运作管理理论体系进一步丰富和发展，在这一背景下，第一部有代表性的生产运作管理教科书是美国的小埃弗里特·E. 亚当（Everett E. Adam Jr.）和罗纳德·J. 埃伯特（Ronald J. Ebert）1978 年出版的《生产与运作管理》（*Production and Operations management*）[一]。两位作者都是管理过程学派代表人物。系统思想和控制论思想在该书中得到充分体现。该书把生产运作系统分为计划、组织和控制三大领域进行论述，同时加入了 MRP 等计算机辅助生产的内容。该书还讨论了运作管理中人的行为问题，并讨论了如何将生产管理思想和方法扩展到服务业机构和组织，如银行、医院、图书馆、非营利组织等。

### 5. 日本管理模式的影响和运作战略理论的发展

20 世纪 80 年代，日本的汽车产量超过了美国，成为世界上汽车产量最大的国家。大量价廉质优的日本汽车进入美国，使美国在其国内汽车市场的占有率由 100% 下降到 64%。这样的结果源于日本汽车工业采用了不同于福特的新的生产方式，即丰田公司的生产方式——准时化生产制。准时化生产，是日本丰田公司从 20 世纪 50 年代开始经过 30 年的历史磨炼，逐渐形成的一种

---

[一] 该书中文翻译版于 1985 年由中国社会科学出版社出版，书名翻译为《生产与经营管理》。

新的适应市场需求变化的小批量生产、拉动生产方式。

在丰田公司在创立和推行准时生产制的同时，以丰田为代表的一大批日本企业从20世纪50年代开始开展质量改善运动。首先是在美国质量管理大师戴明和朱兰等人的指导下学习统计质量管理技术，然后是学习美国的全面质量控制（TQC），开展了全面质量管理（TQM）运动。

20世纪80年代，日本产品在世界上知名度大增，成了市场上优质品的代名词。20世纪80年代，美国广播公司NBC曾经播出一档特别节目"如果日本能……为什么我们不能？"，来唤醒美国企业，使其重视质量，向日本企业学习质量管理。1987年，美国设立了波多里奇国家质量奖。在管理模式得到世界的公认的同时，日本也诞生了石川馨和田口玄一等世界级质量管理大师。

20世纪90年代，美国麻省理工学院的詹姆斯·P. 沃麦克等学者合著了一本介绍丰田生产方式的著作《改变世界的机器》（*The Machine that Changed the World*），其中将丰田公司的生产方式命名为精益生产（lean production）。

20世纪80—90年代，丰田的准时化生产、精益生产和日本企业的全面质量管理等先进的管理模式和思想在全世界得到广泛的传播和推广。日本管理模式的特点归纳如下。

- 重视人的因素在提高生产率中的作用。西方企业提高生产率主要是通过技术与设备的自动化与现代化水平来实现的，但是日本企业更多通过人的因素，依靠人的改善精神来实现生产率的提高。
- 重视团队活动在生产活动中的作用。日本企业在生产管理中包含比较多的团队组织活动，如改善团队、创造团队等活动。
- 精细化思想。在生产管理中，以丰田公司为代表的日本企业形成的生产管理模式，其基本特征是工作精细化、追求高质量和持续改善。

20世纪80年代，日本企业通过生产制造水平的提升获得了巨大成功，日本制造业逐渐超越美国。这使得美国运作管理学术界开始思考一个问题：造成这个结果，是由于美国企业对生产制造的重要性认识存在战略性缺失，那么美国应该如何夺回制造业领导地位？由此点燃了关于制造战略的讨论和研究的火苗。因此20世纪80年代，运作管理领域出现了一次革命性发展——运作战略理论的形成和发展。

运作战略（operations strategy）从制造战略演变而来。早在1969年，著名的制造战略学家、哈佛大学的威克汉姆·斯金纳（Wickham Skinner）教授就在《哈佛商业评论》上发表文章，指出制造职能的战略性决策对企业的重要性，并首次提出了制造战略思想。但是学术界对制造战略的大规模思考和研究出现在20世纪80年代。海斯（Hays）、惠尔赖特（Wheelwright）、施罗德（Schroeder）等美国学者先后对制造战略问题进行深入研究，提出了许多关于制造战略的思想和策略。1984年，海斯和惠尔赖特合作出版了著作《重塑我们的竞争优势：通过制造竞争》（*Restoring Our Competitive Edge*：*Competing Through Manufacturing*）。真正把制造战略理论和决策框架、实施策略作为一个整体，系统地介绍其内容的第一部制造战略领域专著是英国学者特里·希尔（Terry Hill）于1989年出版的《制造战略：教程和案例》（*Manufacturing Strategy*：*Text and Cases*）。该书首次提出了著名的订单赢得要素和订单资格要素的概念，提出了基于竞争优先权下的运作战略决策框架模型。此后该书多次再版，成为国际上研究制造战略的一本经典参考书。英国另一位运作战略学家奈杰尔·斯莱克（Nigel Slack）于2001年出版了《运作战略》（*Operations Strategy*）一书，进一步丰富和发展了运作战略理论。

从 20 世纪 80 年代后期开始，越来越多的生产与运作管理教科书中加入了运作战略相关内容，从此，生产与运作管理进入战略性运作管理时代。

┊运作聚焦┊

**海尔的管理模式：OEC 管理法**

海尔学习西方国家的管理方法，并创造出 OEC 管理法，从提高人的素质入手，扬弃泰勒的"科学管理"，把"自主管理"引入其生产管理中，成为有中国特色的管理模式。

OEC 管理法中的"O"代表"overall"，意为"全面的"；"E"代表"everyone, everything, every day"，意为"每个人、每件事、每一天"；"C"代表"control and clear"，意为"控制和清理"。OEC 管理法的含义是全方位对每个人每一天所做的每一件事进行"控制和清理"，做到"日清日毕，日清日高"，每天的工作质量都有一点提高（1%），从车间工人到集团总部的每一位干部都知道自己每天干了些什么，甚至可以自己考核自己的工作，领取自己该得到的那份报酬。OEC 管理法的思想可以概括为五个方面：总账不漏项，事事有人管，人人都管事，管事凭效果，管人凭考核。

## 6. 以顾客为中心的大规模定制生产运作与供应链协同运作管理思想

一些学者认为 21 世纪顾客需求个性化更明显，产品生命周期缩短，顾客参与性明显，甚至将进入下一个新的被称为体验经济的时代。大量定制（大规模定制）是 20 世纪 90 年代出现的一种新的生产方式。大规模定制生产把大规模生产和定制生产两种生产方式的特点结合起来，既有大规模生产的资源利用效率，同时具有定制生产的顾客化程度，如图 1-3 所示。

（1）顾客化程度。顾客化程度反映了产品实现的多样性和柔性，这是范围经济问题。顾客化程度越高，企业实现的顾客价值就越高。古典的手工作坊生产方式的顾客化程度最高，也就是实现的顾客价值最高；相反，福特公司的大规模生产流水线作业，其采用标准化产品生产，顾客化程度很低。

（2）资源利用效率。资源利用效率一直是生产的一个主要目标，作坊式的定制生产，其生产资源利用效率很低，而大规模生产的资源利用效率很高，大规模定制生产结合定制生产和大规模生产的特点，因此其资源利用效率也比较高。

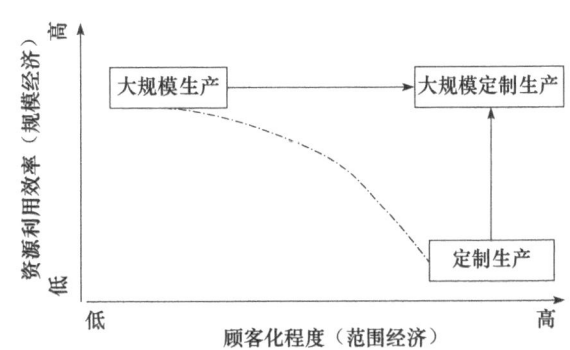

图 1-3 大规模生产、定制生产和大规模定制生产的关系

在大规模定制生产思想的启发下，最近几年，我国学者在大规模定制生产的基础上提出了即时顾客化定制的新概念。[○] 即时顾客化定制的主要思想包括个性化预测、全面顾客参与、零时间组

---

○ 陈荣秋，胡蓓. 即时顾客化定制［M］. 北京：科学出版社，2008.

织等。在"互联网+"环境下,即时顾客化定制的思想获得了强大的技术支持和社会支持,因为在"互联网+"环境下,顾客可以通过移动互联网等先进的信息技术参与到产品设计、生产和销售的各个环节中,社会化协同生产也保证了即时顾客化定制的实现。

除了大规模定制,20世纪90年代生产与运作管理理论的最大变化是供应链管理思想的出现。企业的竞争从单一企业的竞争转变为供应链之间的竞争,由此,多企业协同运作的生产与运作管理理论开始出现。

### 1.5.2 生产运作管理的未来趋势

在21世纪的今天,生产运作管理随着社会经济和技术的变革而出现了一些新趋势,归纳如下。

#### 1. 企业社会责任与可持续发展战略对生产运作的影响

长期以来,人们对企业的理解都是基于经济视角,即认为企业作为一个经济组织,其存在与发展的主要动力来源于其对利润的获取能力。然而,进入21世纪以后,社会对企业的要求不仅仅是创造就业机会、增加企业利润,还要求企业承担更多的社会责任。企业要关心员工的身心健康、注重产品公共安全、支持社会公益事业等。企业要做一个负责任的社会组织。

与此同时,随着社会经济的发展,环境问题也引起政府和企业的高度重视。经济发展导致了环境污染、资源浪费,因此绿色制造和可持续发展战略成为最近十年来国际社会普遍关注的话题。绿色制造与可持续发展供应链要求企业在生产过程与供应链过程中减少对自然资源的消耗,充分利用可循环、可再生的资源,减少对大气产生污染、对环境有破坏作用的有害物质的排放。绿色制造包括了从产品设计、生产到产品用后处理等一系列全生命周期的管理概念。在政府的大力倡导与推动下,绿色制造与可持续发展供应链的思想日益深入到企业生产运作中,面向绿色制造与可持续发展供应链的管理问题成为理论界新的热点。

2021年我国政府制定的《中华人民共和国国民经济和社会发展第十四个五年规划和2035年远景目标纲要》(简称纲要)中提出了"**坚持生态优先、绿色发展,推进资源总量管理、科学配置、全面节约、循环利用,协同推进经济高质量发展和生态环境高水平保护**"的绿色发展理念。为了积极应对气候变化,纲要明确提出实现2030年前"碳达峰"与2060年前"碳中和"目标(称为"双碳"目标)。纲要提出全面推行循环经济理念,构建多层次资源高效循环利用体系,规范发展再制造产业,推行生产企业"逆向回收"等模式,拓展生产者责任延伸制度覆盖范围,推进快递包装减量化、标准化、循环化等绿色转型举措。这些国家战略和方针对于未来企业的生产运作具有重要指导意义。

| 运作聚焦 |

**格力绿色发展再获认可,入选"气候领袖企业"**

2019年1月8日,由能源基金会发起、中国能效经济委员会作为项目秘书处组织实施的"气候领袖企业"项目年度颁奖盛典在北京举行,格力电器是首批入选企业之一。

在典礼现场，中国能效经济委员会主任桑晶对格力电器的绿色发展案例给予了充分肯定，她表示，格力电器作为中国制造的典范，将绿色战略置于公司发展战略中，致力于打造设备节能、运行节能、系统节能的绿色产品，积极推动了绿色智能技术和设备的革新，是"中国制造"的榜样。

这是继入选国家绿色设计产品名单后，格力在相关领域再获认可。在格力当时的 24 项国际领先技术中，有 22 项与节能降耗有关。

格力董事长董明珠不止一次公开表示，格力的发展以社会发展需求为指导，对消费者、对国家、对社会都是负责的。

资料来源：搜狐网，2019-01-11，https://www.sohu.com/a/288374629_813972。

### 2. 工业 4.0 和智能制造

工业 4.0 是德国政府为了保持德国制造业优势、提升国际竞争力而提出的一个制造战略，被称为第四次工业革命。它是指利用物联信息系统（cyber-physical system，CPS）将生产中的供应、制造、销售信息数据化、智慧化，最后实现快速、有效、个性化的产品供应。

按照技术推动工业生产变革的阶段划分，第一次工业革命发生在 18 世纪的英国，由于蒸汽机的发明，蒸汽动力改变了千百年来手工生产的低效率，使工业生产从手工生产向机器生产转变，第一次工业革命以英国纺织工业为代表。第二次工业革命发生在 19 世纪末和 20 世纪初的美国，由于电的发明，工业生产从机械化向电气化生产转变。第三次工业革命也起源于美国，20 世纪中期，由于计算机技术的出现，电子和 IT 技术在工业生产中得到普及，实现了自动化和信息化生产。第四次工业革命出现在德国，将使人类步入以智能制造为主导的时代，第四次工业革命又称为工业 4.0。

工业 4.0 主要分为三大主题：一是**"智能工厂"**，重点研究智能化生产系统、过程以及网络化分布式生产设施的实现；二是**"智能生产"**，主要涉及整个企业的生产物流管理、人机互动以及 3D 技术在工业生产过程中的应用等，该计划特别注重吸引中小企业参与，力图使中小企业成为新一代智能化生产技术的使用者和受益者，同时成为先进工业生产技术的创造者和供应者；三是**"智能物流"**，主要通过互联网、物联网、物流网整合物流资源，充分发挥现有物流资源供应方的效率，而需求方则能够快速获得服务匹配，得到物流支持。

工业 4.0 将给企业带来巨大的发展潜力：①满足顾客个性化需求；②增加灵活性；③优化决策；④资源生产率和效率提高；⑤通过新服务创造价值机遇；⑥应对劳动力结构的变化。企业向工业 4.0 转型升级，需要运用先进的物联网和服务联网渗入工业生产的各个环节，从而形成高度灵活、个性化、智能化的产品和服务生产模式。

工业 4.0 引领世界制造业的发展方向，要求从过去的"人脑分析＋机器生产制造"的人操作机器的生产方式向"机器分析判断＋机器生产制造"的机器人操作机器的智能化生产方式转变。实现智能生产需要大数据、云计算、物联网等相关技术的支持。工业 4.0 将推动业务流程再造和组织再造，并基于物联信息系统（CPS）智能工厂的普及进一步推动业务流程和组织再造。

### 3. 互联网商务模式对运作管理的影响

最近几年，互联网商务在中国如火如荼地发展起来，这种"互联网＋"的商务思维已经进入制造业，"互联网＋制造"的商业模式也在改变着制造业的生产方式和管理模式。"互联网＋制造"也是工业 4.0 的一个主要应用。

按照阿里研究院提出的"互联网+制造"的商业模式的概念[⊖]，互联网的商业模式是 C2B（顾客需求驱动的商务模式），它和传统的企业推动的 B2C 商业模式不同，C2B 商业模式的特征是个性化营销、社会化供应链和柔性化生产。"互联网+制造"的商业模式使企业具备如下几个方面的新运作能力。

（1）互联网商业模式可以实现精准满足个性化需求。在互联网商业模式下，移动互联网技术帮助企业实现个性化营销（如通过手机微信营销等方式），汇集零散的个性化需求信息，然后利用大数据分析，准确地将顾客需求分解成产品需求，按照顾客的需求组织生产和销售，实现精准满足顾客需求。

（2）互联网商业模式可以实现顾客全面参与产品设计。最近几年在互联网商业模式下出现了一种被称为众包设计的新的产品设计外包模式，在一些时尚行业，如工艺品、服装、玩具等行业，通过互联网可以实现顾客全面参与产品设计，以提高产品的顾客满意度。

（3）互联网商业模式可以实现快速响应顾客需求。在传统的 B2C 零售商业模式下，制造企业生产出来的产品通过各级分销渠道才能和消费者见面，这种生产－销售的推动模式响应顾客的速度比较慢。而在互联网商业模式下，O2O（线上到线下）等新的在线销售模式，大大缩短了企业响应顾客的时间，提高了生产和市场的联动性。

（4）互联网商业模式可以实现模块化和社会化协同生产。互联网商业模式下的生产是一种社会化协同生产，某些有生产能力从事合同生产的企业，可以将其生产线和生产能力作为一种可出售的服务放在网上，一旦出现需求，其可以快速在网上寻找合适的生产合作伙伴，承担某个产品生产任务的其中一个或者几个模块。这种与动态的社会资源的协同，大大提高了社会生产资源和物流资源的利用效率。

（5）互联网商业模式可以降低供应链协作成本。在传统的商业模式下，由于信息不对称、社会关系的复杂性和不透明性，供应链协作成本比较高。而基于互联网商业的供应链是一种开放性的网络化组织，"共享平台+多元应用"的分布式决策，使得供应链成员之间能快速协商和传递信息，协作成本大大降低。

### 4. 服务型制造和制造与服务的融合

随着服务业的发展，社会经济从以工业为主转向以服务为主，制造业的制造模式正在悄悄发生转变。制造业也不再单纯生产和销售产品，而是更加面向顾客，以服务顾客的理念来实现自身的价值。目前关于服务型制造的概念没有统一的认识。一般认为，服务型制造就是制造与服务的融合，制造企业和服务企业以产品制造与服务提供为依托，为顾客提供需求调研、产品设计、工程、制造、交付、售后服务、产品回收及再制造等产品服务系统全生命周期增值活动。目前，服务型制造的理念已渐渐被人熟知，我国政府明确提出"推动生产型制造向服务型制造转变"。

服务型制造要求企业转变经营思想，通过创新生产组织形式和商业模式，从传统的以产品制造为核心的经营模式，向为顾客提供有服务内涵的产品和依托产品的服务转变，直到为顾客提供整体解决方案。服务型制造要求不断增加服务要素在投入和产出中的比重，从而实现从单纯地出

---

⊖ 阿里研究院. 互联网+：从 IT 到 DT [M]. 北京：机械工业出版社，2015.

售产品向出售"产品+服务"转变。服务型制造强调以顾客为中心,强调顾客参与性——顾客参与产品设计、顾客参与产品的制造过程、顾客参与服务等。服务型制造是社会化制造,强调社会资源的共享和协作。通过互联网等社会服务资源,制造企业可以有效、快速地响应顾客的需求。

服务型制造的业务模式主要有如下几种。

(1) 以服务为导向定制生产与销售产品。采取这种业务模式的企业仍以产品的生产和销售为主,但生产是以服务为导向的,通过顾客产品定制的形式进行生产以服务于顾客。顾客可以参与到产品设计和生产过程中,产品的生产过程是一个企业和顾客共创价值的过程。通过"互联网+"的定制方法,为消费者提供具有个性化的产品,这是目前比较流行的服务导向型的服务型制造模式。

(2) 提供产品的同时提供附加服务。例如,IBM 在提供服务器这种产品的同时提供整体解决方案;一些娱乐性产品的制造企业,通常为客户提供与产品有关的整体的娱乐解决方案;华为也在提供产品的同时为顾客提供一系列的产品安装和产品应用解决方案;霍尼韦尔公司在提供飞机发动机的同时提供飞机故障诊断和信息管理系统。

(3) 依托制造发展关联性服务业务。这种服务型制造是多元化战略的一种,也就是在生产和销售产品的同时进入服务领域,比如,发展与制造有关的生产性服务业务(如第三方物流服务、产品设计服务、技术专利授权),参与工程承包与运营,提供产品租赁服务、融资租赁服务、管理咨询,等等。

(4) 为其他制造型企业提供生产性服务。利用本企业在制造技术方面的优势,为其他制造企业提供生产性服务,如提供生产线设计与安装、设备维护与检测、生产流程与产品质量管理改善服务等。

服务型制造是制造业转型升级的一个战略,是制造业高级化的一个阶段,有利于提升企业的竞争力,拓展企业的价值链和发展空间。服务型制造不是离开制造业,而是制造业价值链的重组,在制造的基础上面向服务发展制造业,提高制造业的附加价值,实现从简单的低价值加工生产向高附加值的服务导向制造以及制造与服务融合发展的转变。

| 运作聚焦 |

## "未来工厂"与"灯塔工厂"的生产运作

2022 年初,世界经济论坛和麦肯锡咨询公司宣布该年度有 13 家新工厂加入全球灯塔网络。从 2018 年至 2022 年,世界经济论坛和麦肯锡咨询公司共分 8 个批次在全球范围内认证了 103 家"灯塔工厂"。其中 37 家位于中国,涵盖电子产品、家用电器、汽车、工业设备、消费品、医疗设备、钢铁制品等行业,占比超过 1/3,总数为世界第一。

"灯塔工厂"主要分为三类。"端到端灯塔工厂"是指工厂在供应链、产品、服务等方面实现了端到端的数字化和智能化。"制造灯塔工厂"是指工厂将自动化、数字化和智能化有机结合,显著提升产品品质和效率等。"可持续灯塔工厂"是指工厂在以上基础上,还要履行对环境可持续性的承诺。入选"灯塔工厂",意味着企业在采用第四次工业革命技术推动工厂、价值链和商业模式转型中具备卓越的领导力。业内人士指出,"灯塔工厂"最大的特点是实现智能化、数字化、自动化等技术的集成与综合运用，其评价标准主要包括是否大量采用自动化、工业互联网、云计算、大数据、5G等第四次工业革命中的新技术，并综合运用这些新技术实现商业模式、产品研发模式、生产模式、质量管理模式和消费者服务模式等全方位变革，促进效率提升、节能减排和经营优化。"灯塔工厂"是科技含量高、创新性强、劳动生产率高、经济效益好、绿色低碳发展的"代名词"，是智能制造和数字化转型的先锋模范。

资料来源：电子信息产业网，2022-04-02，http://www.cena.com.cn/ha/20220401/115711.html。

## ◼ 本章小结

本章介绍了生产与运作管理的基本知识。对生产管理的基本理念、生产管理在企业经营管理中的作用、生产管理的发展等进行了比较全面的论述。1.1节介绍了生产系统组成要素与功能，包括生产系统组成要素、生产系统功能等；1.2节介绍了生产类型与特征，包括如何按照不同划分方法划分生产类型以及各种生产类型的特征；1.3节介绍了生产运作管理的目标、任务与决策；1.4节介绍了服务运作系统与管理；1.5节介绍了生产运作管理的发展与未来趋势，包括生产运作管理的发展历史、生产运作管理的未来趋势等。

## ◼ 关键术语

生产（production）
生产系统（production system）
订货型生产（make to order，MTO）

服务（service）
备货型生产（make to stock，MTS）
价值转化（value transformation）

## ◼ 延伸阅读

1. 阅读指南：要了解更多有关生产与运作管理的知识，请阅读《科学管理原理》（泰勒，机械工业出版社，2013）、《大规模定制》（B. 约瑟夫·派恩，中国人民大学出版社，2000）和《生产运作管理的理论与实践》（陈荣秋、周水银，中国人民大学出版社，2002）。
2. 网络资源：登录 http://www.cppc.org.cn/（中国生产力促进中心协会），了解国家促进企业生产力的有关政策与企业案例。

## ◼ 选择题①

1. 单件生产的特征是（　　）。
   A. 批量大
   B. 产品顾客化程度低
   C. 单位成本高
   D. 生产能力调整困难
2. 连续生产的特征是（　　）。
   A. 柔性比较高
   B. 产品品种较多
   C. 生产能力调整容易
   D. 自动化程度比较高
3. 订货型生产的特征是（　　）。
   A. 品种波动大
   B. 生产组织简单
   C. 产量波动小
   D. 生产计划调整少

---

① 各章章末选择题均为单选题。

## 论述题

1. 举例说明备货型生产与订货型生产的不同管理重点。
2. 泰勒的科学管理思想的核心是什么？用发展的观点谈谈其在当今工业生产中所起的作用。
3. 描述下列机构的运作系统的输入与输出及转化过程。

   图书馆　　　　航空公司
   快餐厅　　　　保险公司
   银行　　　　　咨询公司

4. 对环保的要求使人们对企业生产过程的要求提高了，企业应如何适应这种要求的变化？
5. 服务业的生产活动与制造业的相比有什么特点？
6. 简述服务三角形的内涵和服务运作系统的主要内容。
7. 服务型制造的内涵是什么？它和传统的制造相比有什么新的特点？

## 实践思考

深入实施智能制造和绿色制造工程，发展服务型制造新模式，推动制造业高端化智能化绿色化。培育先进制造业集群，推动集成电路、航空航天、船舶与海洋工程装备、机器人、先进轨道交通装备、先进电力装备、工程机械、高端数控机床、医药及医疗设备等产业创新发展。改造提升传统产业，推动石化、钢铁、有色、建材等原材料产业布局优化和结构调整，扩大轻工、纺织等优质产品供给，加快化工、造纸等重点行业企业改造升级，完善绿色制造体系。深入实施增强制造业核心竞争力和技术改造专项，鼓励企业应用先进适用技术、加强设备更新和新产品规模化应用。建设智能制造示范工厂，完善智能制造标准体系。深入实施质量提升行动，推动制造业产品"增品种、提品质、创品牌"。——《中华人民共和国国民经济和社会发展第十四个五年规划和2035年远景目标纲要》（第八章　深入实施制造强国战略）

讨论问题：

企业的经营活动要顺势而为。不管是制造业还是服务业，生产运作系统的要素构成、组织形式和运作模式都需要不断调整，适应时代的需求。请结合《中华人民共和国国民经济和社会发展第十四个五年规划和2035年远景目标纲要》，讨论我国企业适应国家战略需求，加强制造业转型升级，深入实施智能制造和绿色制造工程，发展服务型制造新模式的意义。

## 讨论案例

### 纺织"巨头"溢达立足"双碳"目标，实现可持续发展

**溢达产业：从棉籽到衬衫**

总部位于香港地区湾仔港湾道的溢达集团（简称溢达）堪称中国纺织业界的旗舰企业：其每年为数十个世界知名品牌生产的纯棉衬衫超过1亿件，每分钟就有400件衬衫在生产线上完成，位列全球第一。

1978年杨元龙创立溢达集团，首个办公室设于香港尖沙咀。之后溢达集团收购马来西亚槟城的东方制衣厂，收购毛里求斯的Textiles Industries Limited，1983年入股斯里兰卡Polytex Garments Limited，1988年在广东省佛山市高明区建立合资企业高丰纺织染联合企业有限公司。该厂于1996年成为溢达的独资企业，并于2000年易名为广东溢达。

溢达集团一直在沿着整个衬衫生产的供应链布局。

溢达集团的原料来自新疆,为确保稳定的优质棉花供应,溢达集团开始研究和种植棉花,因为高档纯棉衬衫所用的纱线和面料,需要使用被称为长绒棉的优质棉花制作而成。

之后溢达集团使用特纺技术,开发出全球最细的纱线,以及一系列棉与羊绒、丝、牦牛绒混纺而成的特纺纱线。通过科学研究和与当地棉农合作,溢达集团能够生产出高达 700 英支①的全球最细的纱线。

位于新疆昌吉的全流程智能化新式棉纺厂拥有 30 000 纱锭(通常用纱锭的数目来表示纺纱厂的规模),仅由 45 名员工控制。如果以传统方式运营如此规模的棉纺厂,一般需要约 150 名工人来操作。

溢达集团的针织面料年产能达 23 000 吨,梭织面料年产能达 1.4 亿码②,这些面料会被运送到多个生产基地,制作成 1.1 亿件衬衫。

溢达集团控制整个供应链,通过不同的洗水整理工序,打造出各种不同类型的商务和休闲衬衫,把产品供给拉夫·劳伦(Ralph Lauren)、汤米·希尔费格(Tommy Hilfiger)、耐克(Nike)、雨果·博斯(Hugo Boss)、鳄鱼(Lacoste)、丹麦(Bestseller)、无印良品(Muji)、安踏和李宁等品牌方。

**可持续发展四大战略支柱**

溢达集团是全球领先的知识创新型纺织服装企业,也是绿色低碳可持续制造业的先行者、创新者。多年来,溢达先后被评为全国"绿色工厂""绿色供应链管理示范企业"等,并连续多年被评为广东省"绿牌"环保诚信企业。2021 年 11 月,溢达集团公开发布"净零排放"承诺,称集团矢志在 2050 年实现温室气体净零排放,并在 2035 年减排百分之五十。

为了实现可持续发展目标,溢达确立了可持续发展的四大战略支柱:赋能员工、保护环境、完善产品、共促社区。

**赋能员工**

员工是企业发展的根本,溢达把"为所有员工创造优质就业机会,以及良好的职业发展前景"作为企业对员工的一个承诺,落实到每一项工作中。这意味着企业除了优先考虑员工及其家人的安全与福祉这一基本的权利,还通过赋予员工适当的技能、工具以及现代化工作体验,来投资于每一位员工的成长。通过这种方式,溢达不仅促进创新,提高了生产效率,还实现了高质量发展,更重要的是切切实实地提高了员工的技能,增加了员工的收入,从而改善了他们的生活质量。

溢达通过赋能员工实现员工和企业的可持续协调发展。据溢达的管理人员介绍:"我们从来不是用机器代替人,而是通过人机协作,提升员工的生产力,从而提升他们的收入。就拿我们生产高档优质纱线的纺织工艺展示中心来讲,除了安装最先进的智能化生产设备之外,我们还大胆聘用跨学科的技术工程人员进行管理运营,开创了'现场管理工程师'的人才培养模式,令他们可同时具备设备操作和团队管理能力。"据统计,过去十年在持续提升效率、减少加班的情况下,桂林溢达员工收入年均增幅为 8%,最高涨幅可达 17%。"我们希望把员工,特别是一线员工都培养成技术人员,让他们和企业共同成长,成为更紧密的利益共同体;鼓励员工发挥更多更大的价值,参与到企业的创新转型升级中,汇聚每一个小技改、小点子、小建议,为公司带来大改变。"溢达内部,这样在服务企业中实现自身提升和

---

① 英支是一种定重制的纤度单位。
② 1 码 = 0.914 4 米。

发展的员工案例不胜枚举。这或许也可以看作溢达践行共同富裕理念的具体路径之一。

**保护环境**

人与自然和谐共存是绿色可持续发展的一个核心理念。减少能源消耗，减少废气、废水、废料等排放都是保护环境、实现可持续发展的内容。溢达集团深明企业尤其是制造企业在保护环境中发挥的重要作用，致力于增强气候适应力及促进人类与自然和谐共存。为此，溢达从有效的资源管理着手，积极动员全球3.5万名员工朝着这一目标共同努力；与此同时，溢达进一步加强投资和创新，以减少消耗为重点，与各级机构携手合作，制定更完善的行业标准，来最大限度地减少生产对环境的影响。从棉籽到衬衫，溢达积极应对行业面临的最大环境挑战，尤其是有关水资源、能源和排放、化学品以及废料处理的问题。

立足"双碳"目标，溢达集团采取了一系列净零排放策略，如图1-4所示。

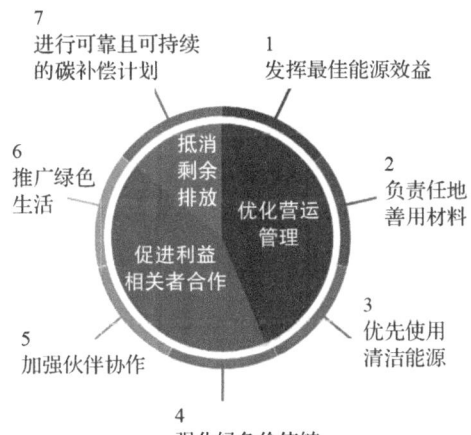

图 1-4　溢达集团的净零排放策略

资料来源：溢达集团官网。

**完善产品**

生产和销售绿色优质产品是溢达可持续发展的支柱之一。溢达人认为，越来越多的消费者有意识地将需求转向更绿色环保的产品，但仅凭"绿色"并不能解决问题。要使"负责任的"生产和消费从小众转变为主流，就要开发更多能够满足利益相关者和市场需求的优质产品。为了保持竞争力，溢达人不断追求卓越，大量投资于研发和创新，致力于提高产品的质量、功能、性能和多元化，同时减少碳足迹。为打造优质产品，溢达确保稳定高质的产品供应，材料采购符合道德标准。而高吸水性、耐用性及环保无化学助剂的天然纤维是溢达研发战略的核心。制造业面临的挑战是重新设计不同生产流程，在提高效率、生产力和质量的同时负责任地运用资源和资产。在这方面，溢达的目标是成为行业的领跑者。溢达以"人才+科技"的方式不断提升制造流程，将质量和生产力与员工需求和环境相融合。例如，员工发展计划引入自动化和数字化项目，使溢达员工能够从事知识型工作，从而让他们从劳动密集型的体力劳动中得以解脱。此外，溢达还使可持续发展理念渗透包装及辅料各个方面，例如采用循环再用材料制作服装吊牌，将废弃的织物制成袋子和商标，以及探索可回收和生物降解的塑料，令一件成品里里外外都充满可持续性。

**共促社区**

过去几十年，尽管全球经济快速增长，但发展带来的利益并没有得到平均分配，贫富差距过大仍然是全球性重大问题，而社会的系统性瓶颈进一步加剧了贫困地区的恶性循环。应对气候变化和缩小贫富差距是溢达"励志笃行，有所作为"使命不可分割的一部分。溢达积极寻找机会，通过与客户、合作伙伴、政府、非政府组织以及学术界的合作，促进包容性增长，增强社区活力，培育可持续发展的社区。

溢达通过"溢达杨元龙教育基金"赋能青年力量，促进所在社区发展。基金会以"鼓励学习精神"为使命，自2003年以来，针对一些贫困地区开展了一系列助力教育的项目，帮助儿童获得更好的教育机会，为他们提供便利的学习工具，激发他们的学习兴趣，进而拓宽他们的视野，照亮美好未来。为了使所在社区通过教育而繁荣发展，保障社区福祉，溢达的慈善基金会致力于在课堂之外为偏远山区的儿童提供有保障的学习和发展环境。多年来，基金会持续为当地儿童和他们的家庭提供视力筛查和健康教育等方面的帮扶措施，并继续探索各种途径，加大对社区其他弱势群体的帮扶力度。

资料来源：根据溢达集团网站资料（https://www.esquel.com/zhhans/sustainability）和搜狐新闻发文《溢达集团携手环思，共建纺织服装企业双碳发展新路径》（2022-07-25，http://news.sohu.com/a/571400507_121206318）整理编写。

## 讨论

1. 溢达是一家从纱线生产到服装加工一体的纵向一体化经营的企业，从本章介绍的生产类型来看，纺纱生产流程和服装生产流程各自有什么特点？
2. 溢达可持续发展战略的四大支柱有哪些？溢达采取的净零排放措施有哪些？
3. 你认为溢达在企业社会责任方面做得怎么样？

# 第 2 章
CHAPTER 2

# 生产运作战略

## § 学习目标

- 熟悉生产率的含义和测定方法。
- 熟悉生产运作竞争力的含义及订单赢得要素与订单资格要素的概念。
- 熟悉生产运作战略的内容。
- 了解生产运作战略的实施步骤。

## § 引例

### "5S 压榨一级花生油"：鲁花的竞争战略与生产运作

鲁花花生油在市场中是一个响亮的名字。山东鲁花集团（简称鲁花）作为一家具有全国影响力的食用油生产企业，用那句消费者耳熟能详的"中国味，鲁花香""5S 压榨一级花生油"营销广告语将鲁花的市场竞争和生产运作联系了起来。用生产工艺作为销售广告词，不仅在中国，就是在世界范围内都少见。这种把生产运作技术和市场竞争行为联系起来的经营策略，说明了鲁花对自己的产品生产过程的重视和自信，也是差异化市场竞争战略和基于质量竞争的运作战略的体现。

鲁花是"5S 压榨工艺"的开拓者。"5S 压榨工艺"是鲁花独创的一种食用油生产工艺，这套工艺由选料、焙炒、压榨、过滤、存储五大环节组成，是整个食用油加工工艺技术的核心部

分，简称5S。生产工艺全程无化学添加剂，也不存在溶剂残留，既保住了花生的原香，又除去了磷脂和黄曲霉毒素，生产出的油具有很高的品质。

5S压榨工艺推出后，在业内引起轰动，尤其是去除黄曲霉毒素的成果，更是令全世界专家大为震惊。此后，国家对5S压榨工艺进行鉴定，并参照鲁花的工艺，重新修订了花生油国家标准。这对于一家民营企业来讲，是一种莫大的荣誉。鲁花凭借这一核心工艺，获得了国家科学技术进步奖。

创始人孙孟全在创业之初，就把品质放在第一位。当时，国内很多企业都往欧洲出口花生，大多数人没把质量太当回事，但孙孟全却小心翼翼，每次都挑选最好的花生，慢慢获得了客户的信任。到后来，欧洲客商点名要他的货。

这件事更加坚定了孙孟全对质量的信仰。创办鲁花后，他向全厂下达了"绝不让消费者食用一滴不健康的油"的"死命令"，并把它落实到鲁花的每一个生产环节中。

为了管控品质，鲁花从源头抓起，在每个工厂都设有原料信息员，这些人每年会到各地的花生种植源头去考察，跟踪花生的长势。鲁花还斥巨资，引进全球最先进的花生综合检测仪。这种仪器全球只有五家企业在用，在中国仅鲁花一家。

进入鲁花的原料，在加工时都有详细的跟踪记录，以确保每一个批次都可以溯源。在生产过程中，鲁花只榨取第一道花生原汁。出产后的油还要经过严格检测，每批必检。

三十多年来，鲁花把质量兴企放在首位，提出了"追求一个大目标——提高人类生命质量；贯彻一个大纲领——传承爱心创新文化；发展一个'大同盟'——带动农民增收致富；抓住一个大根本——创立企业美好信誉；夯实一个大基础——严格产品质量管理"的经营理念。鲁花以质量铸造品牌，以品牌引领企业，产品合格率达到100%。

资料来源：根据鲁花集团网站资料（http://www.luhua.cn/About/Brandstory/）和搜狐网发文《鲁花是这样炼成的》（2016-10-29，https://www.sohu.com/a/117581885_465192）整理编写。

思考与讨论：1. 鲁花集团是如何打造基于质量的竞争战略的？
2. 怎样理解市场竞争中"品牌"和"质量"的关系？

## 2.1 生产率与生产运作能力在企业竞争力中的地位

### 2.1.1 生产率

#### 1. 生产率的含义

生产率衡量的是投入与产出的关系，投入的资源越少，获得的有效价值越多，则生产率越高。生产率是一个企业综合要素的效率与效益水平，是衡量企业竞争力的重要指标，甚至是一个国家或地区经济发展水平的标志。

关于生产率的含义，可以从如下几个方面理解。

（1）生产率是资源利用的能力。生产是利用资源来获得产出的价值转化过程，因此，生产率反映了企业对资源的利用能力。

（2）生产率是综合生产要素的效用。生产率是劳动力、资本、技术投入与管理等要素的综合反映，即生产率是多要素的综合效用。当然，不同行业的生产要素做出的贡献不同，同一行业不同时期的生产要素做出的贡献也不同。

(3) 生产率是一个动态概念。生产率会随着国民经济、企业管理水平与技术发展而改变,因此,生产率是动态的。

### 2. 生产率的测定

简单地说,生产率就是产出与投入的比率:

$$生产率 = 产出 / 投入 \tag{2-1}$$

对生产率的测定,理论界有不同的方法,技术经济学有另一种计算方法,计算公式比较复杂,与式(2-1)不同,而且一般是用全行业统计数据得到行业平均生产率,不针对个别企业。本书讲的生产率的测定方法是从管理学角度出发的,用单一企业生产系统的投入与产出的关系来衡量一家企业的生产率。

根据一家企业的投入与产出来衡量生产率也有不同的方法,如单因素生产率、多因素综合生产率等测定方法。

(1) 单因素生产率测定方法。单因素生产率测定就是用单因素的投入量计算其产出效用。例如,用劳动力、机器、资本、能源等单独计算其产出效用,如表2-1所示。

(2) 多因素综合生产率测定方法。多因素综合生产率测定就是考虑不同因素的投入量所获得的产出来计算生产率。

$$多因素综合生产率 = 总产出量/各种因素的投入总量 \tag{2-2}$$

表2-1 单因素生产率测定方法举例

| 生产率 | 应用举例 |
| --- | --- |
| 劳动力生产率 | 每个工人每小时的产出量或产值 |
| 机器生产率 | 每台机器的产出量或产值 |
| 资本生产率 | 每百元的投入获得的产出量或产值 |
| 能源生产率 | 每度①电的产出量或产值 |

① 度是千瓦·时的俗称,1度即1千瓦时。

要注意的是,在利用多因素综合生产率测定方法时,各种因素的投入量必须转化为统一的单位,如都用货币单位表示。

### 应用范例2-1

某家具生产企业有10名工人,每人每天工作8小时,工作成本是每人每天40元,管理费用为每天500元,工人每天生产家具100套,单价是500元/套,每制造一套家具需要木材2米$^3$,木材成本是100元/米$^3$。企业每天用电100千瓦·时,电费为0.5元/(千瓦·时)。

1. 劳动生产率

用产量计算劳动生产率 = 100套/(10人×8时/人) = 1.25套/时

用产值计算劳动生产率 = 100套×500(元/套)/(10人×8时/人) = 625元/时

劳动生产率表示每个工人每小时可生产1.25套产品,或者说每小时劳动可获得625元的产值。

2. 能源生产率

用产值计算能源生产率 = 100套×500(元/套)/100千瓦·时 = 500元/(千瓦·时)

能源生产率表示每千瓦·时电能带来500元的产值。

3. 多因素综合生产率

产值综合生产率 = 100套×500(元/套)/(10×40+500+100×2×100+100×0.5)元 = 2.39

该企业的产值综合生产率是2.39,意味着该企业每投入1元可获得2.39元的产值。

### 3. 服务业的生产率

服务业的生产率与制造业相比，有两个特点。

第一，通常服务的生产率比较难以测定，原因是：①服务产出难以定义，并与服务质量水平有关；②服务过程个性化特征明显；③服务业多数属于劳动密集型；④服务的可变性大。

第二，与制造业相比，服务业的生产率通常要低一些，如果按照单位人均产值算，服务业的生产率通常比制造业低20%～30%。但是也有个别的服务业生产率比较高，在互联网和数字经济时代，一些服务业的生产率得到了极大的提高。

大力发展服务业，是我国经济发展的一项重要战略举措。如何提高服务业的生产率是发展服务业面临的一个重要问题。

## 2.1.2 生产运作能力在企业竞争力中的作用

企业的生产运作能力对于企业的竞争起到什么样的作用呢？根据海斯（Hayes）和惠尔赖特（Wheelwright）两位学者提出的生产运作在企业竞争力地位演变的四阶段理论，可以把生产运作能力在企业竞争力中的地位用一个四阶段模型来描述⊖，如图2-1所示。

在这个模型中，生产运作对企业竞争力的贡献分为四个阶段。①拖企业的后腿。在这个阶段，企业生产运作系统的能力比较弱，它在企业竞争力中没有做出贡献，反而成了累赘。②处于中立位置。在这个阶段，生产运作对于企业竞争力而言处于中立位置，既无贡献也不拖后腿。③促进企业竞争力。在这个阶段，生产运作对于企业竞争力具有促进作用，也就是说，企业的生产运作系统具有一定的竞争力了，可以促进企业竞争力的提高。④成为企业竞争优势。在这个阶段，生产运作是企业竞争优势的主要源泉，因此企业可以把生产运作作为一种竞争力的优势来发挥。

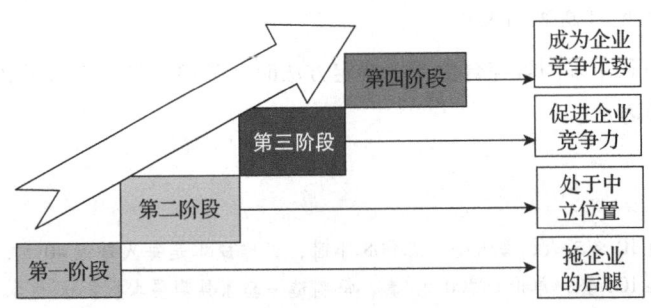

图2-1　生产运作对企业竞争力的贡献

在产业分工与协作的大生产环境下，不同的企业通过竞争力的差别化形成自己的核心能力，于是在市场竞争中自然形成了两类不同的企业经营模型——哑铃型企业模型与橄榄型企业模型（见图2-2）。这两种类型的企业，其生产运作对企业的贡献不同。哑铃型企业的主要特点是业务核心能力集中在研发和营销两个方面，即专注于两头，而中间的生产活动显得比较薄弱。这种企业的生产资源没有优势，生产运作能力比较低，没有办法给企业提供竞争优势，因此转向了研发

---

⊖　HAYES R H, WHEELWRIGHT S C. Restoring our competitive edge: competing through manufacturing [M]. New York: John Wiley & Sons, 1984.

和营销。比如，IBM 选择放弃生产，把 PC 业务转给中国的联想公司；同样，耐克公司也选择放弃生产业务，专攻品牌经营与技术开发领域。

与哑铃型企业相反，橄榄型企业在资源分配上两头（研发和营销）相对比较少，而中间（生产）位置的资源投入比较大。现实中只有少数企业是哑铃型的，大多数制造企业都是橄榄型企业或者类似橄榄型的企业，大量的资源都集中在生产环节，通过生产运作创造企业竞争优势。世界上有许多具有相当竞争优势的企业都属于橄榄型企业，丰田公司就是一个典范。我国许多著名企业，如美的、海尔、格力等也都是这种。

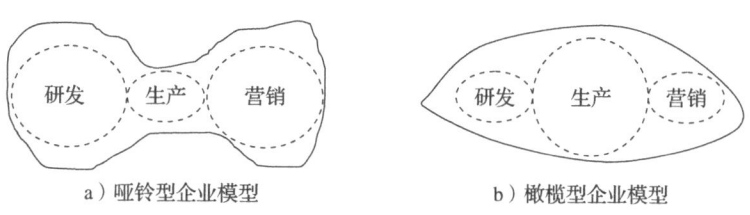

a）哑铃型企业模型　　　　b）橄榄型企业模型

图 2-2　两类典型的企业模型

当一个企业在本土无法建立生产资源优势，无法通过生产运作构建企业竞争优势时，全球化是一个重要的战略选择。早期投资于我国东南沿海的外资企业，它们就是在中国建立生产工厂，利用中国丰富的劳动力资源，通过生产运作能力构建竞争优势的。作为汽车玻璃的生产王国，由著名企业家曹德旺先生创立的福耀集团就是我国企业借助全球化生产体系，通过生产运作建立企业竞争优势的一个典范。近年来，我国劳动力资源短缺成为一个热门话题，国内的许多制造企业也开始走出国门，到国外去建立工厂或者兼并其他国家的工厂。在"一带一路"倡议的推动下，我国许多大型制造企业在东南亚、非洲等国家开始建立海外生产基地，利用当地的劳动力资源优势生产产品，然后销售到世界各地，实现了中国制造的全球化。

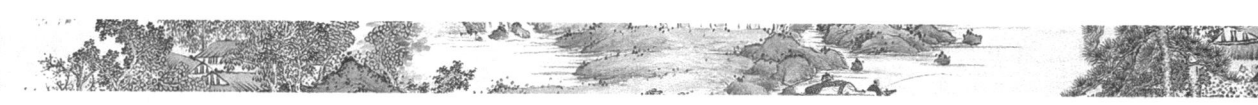

:运作聚焦:

### 加拿大西捷航空成立超低成本航企

综合外媒消息，加拿大西捷航空（以下简称西捷航空）宣布成立一家新的超级低成本航空公司。

西捷航空商务执行副总裁鲍勃·卡明斯表示，随后将公布具体的产品和票价。新公司将主要运营加拿大、美国、墨西哥和加勒比海地区的航班。成立之初，机队将拥有 10 架波音 737-800 客机。新公司成立还需要与飞行员工会签署协议和得到监管部门的批准。

卡明斯表示，西捷航空已经对全球范围内超低成本航空公司成功的案例进行过研究。他说，座椅的密度以及附加收费项目将是新公司主要考虑的因素。

史密斯商学院市场营销学教授 Ken Wong 表示，成立超低成本航空公司将允许西捷航空维持其现有的竞争优势。"总体来说,它这么做是符合逻辑的。近期西捷航空开始思考一种类似'人民的航空公司'的概念并且已经尝试践行这样的理念,但是它在扩大自己的经营范围时面临着一些挑战。"

西捷航空一开始的定位是一家低成本航空公司,但是近年来它开始提供较高的票价选项。它在 2015 年正式推出针对商务旅客的票价产品,已经推出了选座和行李托运等收费项目。

AltaCorp Capital 公司分析师克里斯·默里在一项报告中表示,新成立的超低成本航空公司将保护西捷航空的市场免受侵蚀。"历史上,其他超低成本航空公司如精神航空和瑞安航空都在市场上获得了超额利润,我们相信西捷航空可以获得相似的回报。但是有一些细节必须明确,例如新公司的结构、扩张的步伐、维持低成本运营模式的宗旨以及避免与成本结构相关的法律问题。"

加拿大国家银行分析师卡梅隆·杜尔森表示,西捷航空只有与员工工会协商获得更低的人力工资,新公司才有可能获得成功。"我们也相信,新公司将分去西捷航空干线航班的客流。最后我们担心西捷航空同时执行太多的新政策,包括国际航线的扩张。"

另外一家超低成本航空公司 Jetlines 的首席执行官吉姆·斯科特对西捷航空的新计划表示担忧。"西捷航空这一计划其实相当于在一家新公司内部成立新公司,这并不会增加市场竞争,但是能否实现超低成本航空公司的全部优点,还有待观察。"

由于高税收、较低的人口密度和外国资本所有权规则的限制,超低成本航空在加拿大从未获得过成功。西捷航空首席执行官格雷格·萨瑞茨基表示:"在加拿大没有一家航空公司比西捷航空更适合成立超低成本航空公司。"

资料来源:刘河会,民航资源网,http://news.carnoc.com/list/400/400337.html。

## 2.2 生产运作竞争力

### 2.2.1 竞争力要素及其演变

生产运作作为企业运作层面的一个职能业务,支持企业总体竞争力水平的形成与演变。提高企业竞争力有多种途径,而改善与提高运作管理水平是企业获得竞争力的一个重要途径。通过运作战略的运用,企业可以获得竞争者无法模仿的竞争优势。

生产运作竞争力是一个多维的综合指标。一般认为,生产运作竞争力主要包括四个维度指标:时间、质量、成本、柔性。每一维度指标下还有更细化的指标,把这四种指标综合到一起,我们可以用图 2-3 来表示企业生产运作竞争力模型。

生产运作竞争力与企业竞争力是如何配合以支持企业综合竞争战略的?下面我们来分析一下。

(1) **时间**。企业要缩短产品上市的时间,就必须压缩生产过程的时间。从泰勒时代开始,企业就一直在探索缩短生产周期的方法,从丰田公司的快速换模到现代公司的并行工程技术,出现了各种时间压缩技术。20 世纪 90 年代初出现的**基于时间竞争**(time-based competition)和敏捷制造是制造业在提高时间竞争力方面最突出的表现。时间上的竞争力包括三方面:一是交货时间短,二是准时交货,三是新产品开发时间短。

(2) **质量**。企业的质量内涵是丰富的,而生产过程的质量是企业整体质量最重要的组成部分。始于顾客需求、终于顾客满意、以顾客为核心是现代质量管理的突出特点。对于制造业来说，高质量的生产过程可以生产出令顾客满意的产品。为了满足顾客的质量要求，全面质量管理、ISO 9000 质量管理体系认证、零缺陷质量管理等先进的质量管理方法在运作过程中得到广泛的应用。

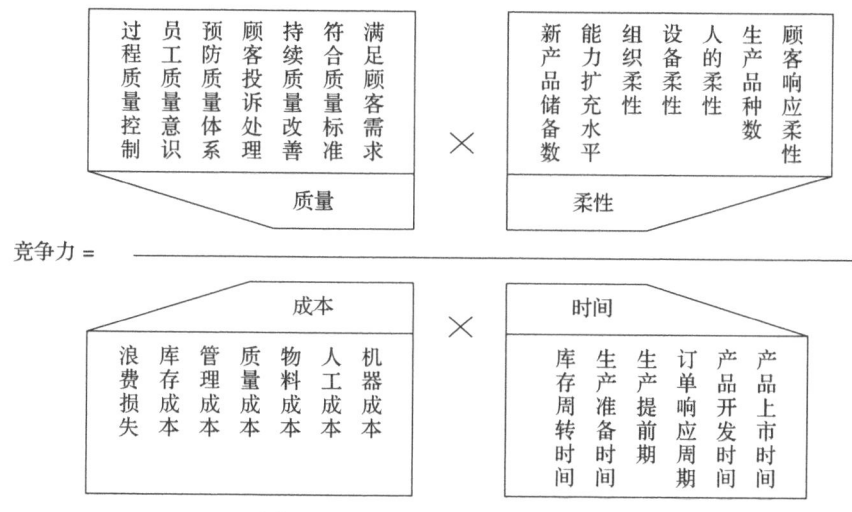

图 2-3　企业生产运作竞争力模型

服务是企业综合竞争力的另一个要素，完善的运作质量可以为服务竞争力提供支持。对制造业来说，质量过硬的产品可以减少维修与索赔等售后服务工作；对服务业来说，服务的过程即产品的消费过程，高质量的运作就是高质量的服务。

（3）**成本**。成本领先是波特提出的企业三大竞争战略中的一个。在市场竞争中，企业通常都遵循低成本竞争的原则。产品与服务的成本由提供产品与服务各过程的支出组成。要降低企业经营成本，降低运作过程的成本是最有效的途径，因为对大多数企业而言，运作成本占经营总成本的大部分。随着市场竞争的激烈化，即使有高质量的产品与服务，如果成本过高，企业也会因为利润微薄而失去竞争力。

为了降低成本，丰田公司提出了非成本主义的运作思想，即通过不断改善生产现场、降低浪费实现低成本，其核心就是零库存、零缺陷。

（4）**柔性**。柔性使企业获得快速应对市场变化的能力。顾客对产品的需求日益多样化，产品生命周期缩短，企业必须开发、生产出顾客需要的产品，因此市场变化是企业柔性能力形成的驱动力。

制造企业的生产系统的柔性由适应能力与缓冲能力来体现。适应能力是一种"以变应变"的能力，包括变化的速度（比如将市场需求转化为生产指令的时间、原材料投入提前期）、变化的范围（比如新产品储备数量、设备或生产线的产品加工范围）。而缓冲能力是一种"以不变应万变"的能力，包括生产扩充能力和库存扩充能力。

除了时间、质量、成本与柔性这几个运作竞争力要素外，还有其他方面的企业竞争力要素，这里所列的仅是其中最为重要的几个。

企业生产运作竞争力要素的构成有一个先后次序问题，也就是企业运作竞争力要素不是同时出现的，应该有一个先后次序。关于竞争力重点要素的构成过程，我们也可以借鉴"沙堆模型"（sand cone model）来分析一个企业组织是如何建立竞争优势的（见图 2-4）。该模型显示竞争优势的建立的确存在先后顺序，而且一个企业的竞争力优势次序的出现是一个累积的过程，即后面出现的竞争优势是在前面已经建立的竞争优势的基础上构建的，不是空中楼阁。

沙堆模型告诉我们，竞争力重点的改变不是牺牲其他的竞争力要素。而传统的观念认为，竞争力重点的改变需要牺牲其他竞争力要素。比如某企业已经将成本领先作为竞争策略，企业已经积累了成本领先的运作体系，那它是否需要放弃这种策略再转入其他策略呢？不需要。企业可以在已有的成本领先的战略基础上进行细分，根据产品市场的特点，建立新的运作战略，比如基于时间竞争、基于柔性竞争、基于质量竞争等。

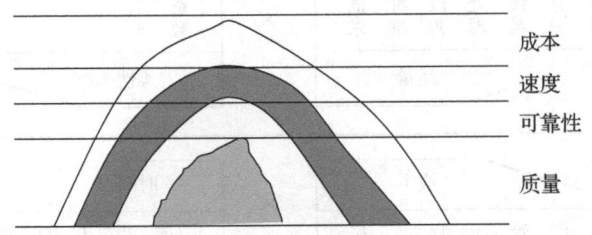

图 2-4 竞争力重点演变的沙堆模型

资料来源：MEREDITH J R. Operations management for MBA [M]. New York: John Wiley & Sons, 2002.

| 运作聚焦 |

**宜家家具的竞争策略**

低成本运作模式是宜家在全球所向披靡的"撒手锏"，这也是其经营理念最核心的反映。

首先，宜家追求以合理、经济的方式开发并制造自己的产品，降低物料的浪费。宜家的设计理念是"同样价格的产品，比谁的设计成本更低"。它用"简单"来降低顾客让渡成本，用"美"来提高顾客让渡价值。宜家采用以"模块"为导向的研发设计体系，把低成本与高效率结为一体，使设计成本和产品成本都得到降低。

其次，宜家在全球范围内进行制造外包、大量采购，最大限度地降低制造成本。它在商品通路上为家具制造商营造"赛马"机制，最大范围地鼓励供应商之间的自由竞争。另外，宜家每年会对其供应商提出固定的压低生产成本的指标，使其能够进入一个制造成本持续下降的良性循环。所以宜家能够以低廉的价格为消费者提供优惠，在市场上也更具竞争力。

再次，宜家在 IT 的支持下精心设计物流体系，采用"平板包装"的方式运输商品。这样不但可以节省仓储及运输费用，大幅降低成本，而且不会影响产品的品质。

最后，宜家鼓励顾客自己动手组装家具，顾客可以选择付费运送或自己动手。这样宜家不仅大大节省了经营成本，还为顾客提供了一个自由轻松的空间。

资料来源：根据宜家网站（www.ikea.com）新闻与管理人网（www.manaren.com）的资料整理。

## 2.2.2 生产与市场的联系：订单资格要素与订单赢得要素

竞争力的提高，可以使企业从顾客手中获得更多的订单。为了描述企业运作战略与市场战略的紧密配合关系，特里·希尔（Terry Hill）于 1989 年提出了两个重要概念，即订单资格要素与

订单赢得要素。[一]

**订单资格要素**（order qualifier）是一家企业的产品或服务参与竞争的基本条件。对制造业而言，一致性的质量、及时交货和产品可靠性是资格要素；对服务业而言，承诺可能是最基本的资格，但是不同的行业有不同的资格标准。例如航空业，安全是明显的资格条件；饮食服务业，洁净是必不可少的资格条件。企业必须在运作管理中提高自己的资格水平，从而提高竞争力。

**订单赢得要素**（order winner）是指企业的产品或服务区别于其他企业的特性或特征。对制造业而言，低成本或低价格、可靠的质量可以成为赢得要素；对于服务业而言，除了价格、质量外，声誉也是一个非常重要的赢得要素。图2-5显示了不同生产类型的订单赢得要素与订单资格要素。

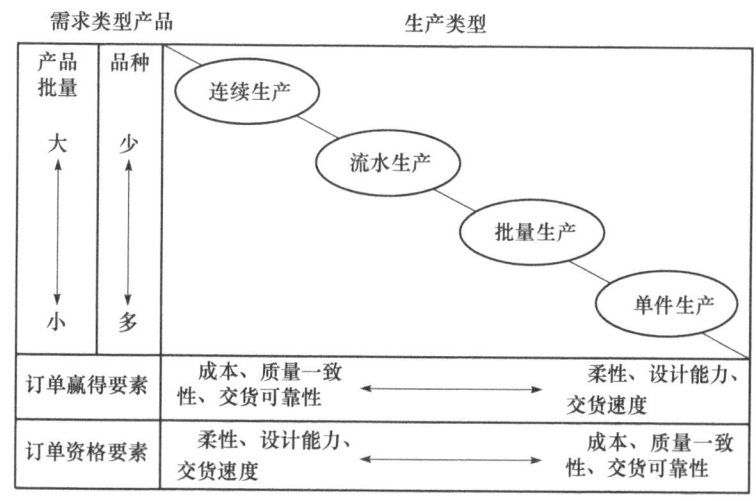

图2-5 不同生产类型的订单赢得要素与订单资格要素

在图2-5中，连续生产与单件生产是生产类型的两种极端情况，它们的竞争要素是相反关系，即连续生产的订单赢得要素就是单件生产的订单资格要素，而连续生产的订单资格要素就是单件生产的订单赢得要素。左上角的连续生产类型属于批量很大、品种很少的情况，因此订单赢得要素一般是成本、质量一致性、交货可靠性等，因为这种生产强调低成本竞争。相反，在右下角的单件生产类型，由于品种很多，每种产品的生产数量很少，因此柔性、设计能力与交货速度等成为订单赢得要素。处于连续生产与单件生产之间的流水生产与批量生产类型的订单赢得要素与订单资格要素是这两种极端情况的混合，并且逐渐从连续生产的订单赢得要素与订单资格要素过渡到单件生产的订单赢得要素与订单资格要素。

|运作聚焦|

### 订单赢得要素与订单资格要素的动态性

订单赢得要素与订单资格要素不是固定的，除了与生产类型本身的特征有关外，也与竞争模

---

[一] HILL T. Manufacturing strategy：text and cases［M］. New York：Irwin，1994.

式有关。市场竞争聚焦什么要素，这个要素就成为订单赢得要素。另外，随着时间的变化，订单赢得要素与订单资格要素在不同的时间也不同，并且两者可能会转化。一个企业的订单赢得要素，在经过一段时间之后，如果其他企业也获得了同样的竞争力，那么这个订单赢得要素就有可能成为行业竞争的订单资格要素。

## 2.3 生产运作战略内容与决策

生产运作战略是支持企业发展战略的一整套措施，用以支持企业的总体战略，并配合其他部门战略的实施。关于生产运作战略的内涵，目前理论界没有一个统一的界定。国际著名的运作管理学家、英国的奈杰尔·斯莱克（Nigel Slack）在其主著的《运营战略》（Operations Strategy）一书中提出，运作战略决策包括如下几个方面：

- 能力战略，包括总能力、工作场所数量与规模、选址及能力分配等；
- 供应战略，包括纵向一体化、网络关系与供应商开发等；
- 流程战略，包括自动化技术、集成化技术、流程与技术的选择、信息技术等；
- 产品战略，包括开发模式、开发流程、开发组织等；
- 组织战略，包括组织结构形式、组织学习与沟通技术等。

根据国内外有关生产运作战略的理论，对生产运作战略决策的范畴与内容进行归纳，如表2-2所示。

表2-2 生产运作战略决策的范畴与内容

| 生产运作战略 | 范畴 | 决策内容 |
| --- | --- | --- |
| 总体竞争战略 | 基于成本竞争 | 经营/运作宗旨 |
| | 基于质量竞争 | 竞争重点与优势 |
| | 基于柔性竞争 | 变革模式 |
| | 基于时间竞争 | 运作绩效目标与考核 |
| | 基于服务竞争 | 售后服务、信息反馈 |
| 生产系统要素调整战略 | 生产系统设计 | 产品开发战略（开发模式、开发组织与策略）<br>生产类型/流程选择战略（自制与外购、流程布置）<br>生产能力战略（选址与能力扩充策略）<br>技术发展战略（自动化水平、制造技术、信息技术）<br>供应链战略（供应链结构与合作关系）<br>管理组织策略（组织结构、人员配置与薪酬系统） |
| | 生产系统运行 | 生产运行模式选择（MTO、MTS）<br>质量保证系统的选择（ISO 9000、TQM、六西格玛）<br>员工管理选择（付薪系统、培训系统）<br>生产计划与控制系统选择（ERP、JIT、TOC） |

### 2.3.1 总体竞争战略

竞争是企业与企业之间的竞争，因此所谓的生产运作总体竞争战略实际上就是企业的生产系统如何运用生产资源获取企业竞争优势的战略。下面对各种竞争战略进行讨论。

### 1. 基于成本竞争的生产运作战略

大多数企业首选这一战略，因为在市场竞争中成本领先是一个非常有效的战略，而且能够使企业获得更大的利润。福特的大量生产方式、丰田公司的零库存生产方式都属于这种竞争战略。但并不是所有行业都适合采用成本领先的竞争战略，比如服装行业，时装生产不适合采用成本领先的战略，而大众化的服装生产适合这种竞争战略。波特认为，基于成本领先的竞争战略包含规模经济性、生产能力利用模式、学习曲线利用、价值链（供应链）关系利用、控制整合、时机的选择、地理位置的选择、机构结构等。⊖

### 2. 基于质量竞争的生产运作战略

质量是产品的一个最基本的竞争力要素，在同样的条件下，用户总是选择质量好的产品。海尔在20世纪80年代就把质量作为竞争战略，格力也把质量作为其最重要的核心竞争力。质量是塑造企业品牌的一个重要基础，没有质量就没有好的产品和服务，企业的品牌就不能长久。为了使企业能长久而健康地发展，企业应该把质量作为最重要的能力来看待，通过实施全面质量管理、六西格玛等先进的质量管理手段提高产品与服务质量。

### 3. 基于柔性竞争的生产运作战略

柔性是指对变化的响应性或者范围的经济性。由于顾客对产品的需求日益多样化，企业必须开发、生产顾客需要的产品，因此市场的变化是企业运作柔性能力形成的驱动力。企业改善生产系统的柔性能力可以从工艺的柔性、人的柔性、设备的柔性、物资供应的柔性、生产组织的柔性等方面入手。柔性制造系统、成组生产、计算机集成制造系统等可以帮助企业实施柔性竞争战略。

### 4. 基于时间竞争的生产运作战略

自从1989年乔治·斯托克（George Stalk）教授首先提出基于时间竞争的概念之后，人们认为20世纪90年代以后是基于时间竞争的时代，表现突出的是美国提出的敏捷制造的概念，后来出现了敏捷供应链的概念。一时间，追求敏捷性的战略成为企业新的竞争制高点。这种基于时间竞争的战略认为顾客要求快速交货，同时产品生命周期缩短，因此企业要求压缩开发周期。

### 5. 基于服务竞争的生产运作战略

现在很多制造企业在生产产品的同时也提供服务，通过服务来提高产品的竞争力。我国企业在提供服务方面与国外先进企业有一定的差距，这主要是因为没有建立良好的顾客信息反馈机制，生产部门没有办法知道产品的质量与特性是否满足顾客的要求，或者顾客信息反馈比较迟缓，使顾客产生抱怨，从而导致企业失去顾客的信赖，这是一种非常不好的现象。世界一流公司（如丰田公司）非常注重顾客信息的反馈，通过售后服务信息反馈来改善产品质量、改进产品设计等，甚至有的企业"服务到脖子"，顾客想要什么产品就做什么产品。

---

⊖ 波特. 竞争优势 [M]. 陈小悦, 译. 北京：华夏出版社, 1997.

## 2.3.2 生产系统要素调整战略

生产系统要素调整战略包括生产系统设计与生产系统运行战略。关于这些方面的战略性选择与决策，在其他章节中将有相应的介绍，本章主要介绍几个系统设计战略，包括产品开发战略、生产类型/流程选择战略、生产能力战略、供应链战略、技术发展战略。

### 1. 产品开发战略

在产品开发战略方面，有三种模式可供选择，即防御战略、进攻战略、冒险战略，不同的战略模式有不同的特点。

（1）**防御战略**。防御战略的目标是适当发展，维持企业的竞争地位，因此该战略的主要创新来源是市场营销，采用低成本生产方式。从创新的程度看，选择防御战略的企业属于模仿型的跟随者，既不是领先者也不做扫尾者，因而这种战略的风险比较小。

（2）**进攻战略**。进攻战略的目的是扩大市场占有率，竞争的领域是用户或技术，企业通过市场与技术两方面获得竞争优势。产品创新程度属于适应型-应用型开发，企业具有迅速的反应/适应能力，由于紧跟领先者之后进入市场，因此有比较高的风险，但这种风险还是可控的。

（3）**冒险战略**。冒险战略的目的是迅速获利，企业进入一个陌生的领域，从产品创新的程度上讲属于先导型-发明型的创新。由于选择这种战略的企业率先进入市场，获得领先者的地位，因此风险大、困难也大。

企业应该根据自身的条件以及外部市场的竞争环境选择产品开发战略。

### 2. 生产类型/流程选择战略

不同的企业有不同的生产类型，而不同的生产类型有不同的特点，企业需要根据产品需求决定采用什么样的生产类型/流程。

在产品特征中，产品的品种与数量（批量）大小对生产类型的选择起决定作用。一般而言，产品的品种与数量关系是对立的，即品种多则批量小，品种少则批量大。根据这个产品特征，企业采用不同的生产类型/流程选择战略进行生产，以取得最佳的效果（见表2-3）。

表2-3 产品-生产类型/流程匹配关系

| 生产类型/流程 | 产品特征 | | | | 竞争优势 | | | |
|---|---|---|---|---|---|---|---|---|
| | 品种很多批量很小 | 多品种批量小 | 品种少批量大 | 品种很少批量很大 | 单位成本 | 可靠性 | 柔性 | 能力调整 |
| 单件生产 | ★ | | | | ↓ | ↓ | ↑ | ↑ |
| 批量生产 | | ★ | | | | | | |
| 流水生产 | | | ★ | | | | | |
| 连续生产 | | | | ★ | ↓ | ↓ | | |

注：★表示匹配，——→表示优势上升方向。

在表2-3中，从左上角到右下角的星号表示生产类型/流程与产品的匹配关系，这个结构叫产品-生产类型/流程矩阵。

一般单件生产的自动化程度比较低、柔性高、能力调整容易，但是单位成本高。相反，连续生产类型的竞争优势在于单位成本低、系统可靠性高,但是柔性、能力调整缺乏优势。

生产类型这种功能与结构的关系说明每一种生产系统结构都有与之相对应的功能优势配对。这里有两个关键点:一是当生产系统需要实现一定的功能目标时,必须采取相应的系统结构;二是任何系统都具有相对优势,没有一个系统可以具备所有竞争优势。企业在选择生产系统时,一方面根据产品的需求特征来确定以何种类型的生产系统来组织生产,另一方面竞争环境也会改变竞争目标需求,企业应适当根据竞争目标的改变进行生产系统的调整。

对于服务业的流程设计,将在第3章进行介绍。

### 3. 生产能力战略

生产能力战略包含如下几个方面。

(1) 能力构建,包括整体能力水平、设施选址、生产设施的规模与数量等。

(2) 能力调整,是指更新能力(扩充能力)的战略,即改变能力形成的时间,调整能力的大小。

(3) 能力柔性,如适应能力、缓冲能力。

下面重点讨论有关生产能力调整战略的问题。

生产能力调整有两种战略:第一种是保守型战略,即能力滞后于需求的战略;第二种是冒险型战略,即能力领先于需求的战略。

图2-6为两种生产能力扩充战略的示意图。图中虚线折线表示冒险型战略的能力扩充曲线,实线折线是保守型战略的能力扩充曲线。

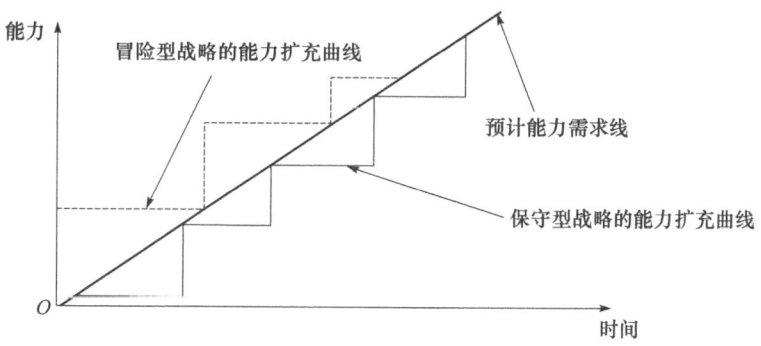

图2-6  两种生产能力扩充战略

冒险型的能力扩充战略指总是使生产能力比能力需求大、存在富余。这种战略的好处是新出现的能力需求能及时获得满足,并且获得经济规模,但是投资风险大,一旦市场需求趋势变化(小于预期),就会导致很大的损失。而对于保守型的能力扩充战略,始终有足够的需求使系统处于满负荷运作状态,单位成本较低,对工厂的资本投资风险较小,但是这种保守型的战略容易导致能力供应不足,无法满足需求,从而导致收入减少,顾客不满增加。

### 应用范例2-2

#### 决策树法用于能力扩充决策

决策树法是一种风险决策方法,能力扩充是对未来若干年后的生产能力的规划,由于企业对未来需求的把握不确定,因此风险决策方法是能力扩充决策的一个常用工具。

某公司考虑未来5年的生产能力扩充计划:一种方案是新建一个工厂,投资500万元;另一种方案是扩建现有的一个车间,投资150万元。不管是新建工厂,还是扩建车间,都需要考虑未来5年的需求:高需求与低需求的概率分别为0.6和0.4。据估计,新建工厂在高需求的时候可获利8 000万元,低需求时可获利5 000万元;扩建车间在高需求时可获利6 000万元,低需求时可获利4 000万元。决策树如图2-7所示。问:应该选择哪种方案?

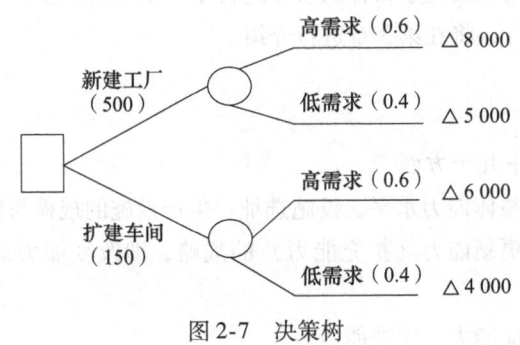

图2-7 决策树

**解**:根据题目条件,两种方案的获利分别为:

新建工厂利润 = 8 000 × 0.6 + 5 000 × 0.4 − 500 = 6 300(万元)

扩建车间利润 = 6 000 × 0.6 + 4 000 × 0.4 − 150 = 5 050(万元)

由此可知应该是新建工厂比较好。

### 4. 供应链战略

供应链或者供应网是生产系统资源管理向外延伸的部分。最近几年,供应链管理之所以成为理论界与企业界关注的热点,是因为企业竞争不再仅仅是企业之间的竞争,还是供应链之间的竞争。因此,供应链战略成为企业生产运作战略的新生长点。

供应链战略问题包括两个方面:一是供应网络关系,如纵向一体化与横向一体化、伙伴关系、市场交易等;二是供应链网络行为管理,包括供应链优化、重构与延迟化策略等。

(1)**本土化与国际化**。供应网络的本土化与国际化是两种不同的供应资源获取战略。这两种战略各有优缺点。本土化供应战略比较容易建立紧密的合作关系,交易成本比较低,信息沟通比较方便,但是供应商选择余地小,缺乏符合国际规范的交易规则。国际化供应战略则可以在全球范围内选择质量最好的供应商,交易规则比较符合国际规范,容易参与国际竞争,但是国际采购的风险高(如汇率波动和国际物流风险),交易成本与沟通成本高。目前我国的制造企业中,大型企业的供应链比较复杂而且长,具有较强的供应商管理能力,国际化采购的物资也比较多,供应网络国际化程度比较高;中小企业由于供应链短,所需物资少,供应商管理能力弱,因此国际化程度不高。但是,无论大型企业还是中小企业,如果单单从成本控制的角度来看,为了降低企业的生产成本,本土化供应战略是一个比较好的战略,也能够降低供应链风险。

(2)**单源供应与多源供应**。企业生产需要的某种物资可以从一个供应商处采购,也可以从多个供应商处采购,这两种不同的做法就产生了两种不同的供应网战略——单源供应战略和多源供应战略。

一般认为,日本企业(如丰田)比较倾向于采用单源供应战略,而欧美国家的企业则比较倾向于采用多源供应。单源供应的好处是企业能够与供应商建立紧密、长期的合作关系,信息透明度高。多源供应有利于减少企业对单一供应商的依赖,提高对供应商的要价能力,减少供应商断供等供应风险。但是,多源供应的质量一致性差,协调供应商的难度增加,管理成本增加。

(3) **纵向一体化与横向一体化**。供应链纵向一体化是供应链网络关系的一个战略决策,纵向一体化有前向一体化(上游纵向一体化)与后向一体化(下游纵向一体化)两种(见图2-8)。一体化有利于提高输入产品与服务的可靠性、降低成本、改善产品与服务质量等,但是它也存在一些缺点,比如缺乏柔性、形成垄断、阻碍创新、对核心业务的注意力分散等。

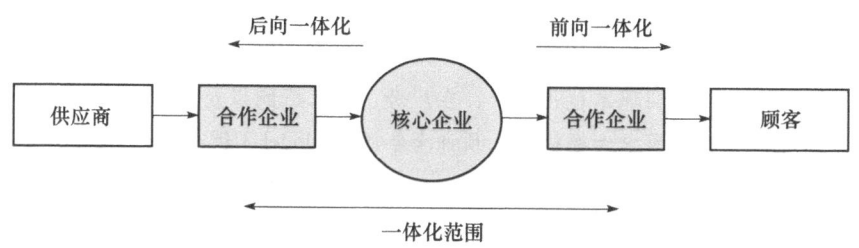

图 2-8 供应链纵向一体化的决策

与纵向一体化相反的供应链战略是横向一体化,即通过业务外包的方式实现企业之间的横向联合。横向一体化战略出现于20世纪80年代,并在90年代得到进一步的推广和流行。90年代,由于计算机与互联网技术的出现,美国企业提出了虚拟企业、敏捷制造的概念,试图通过建立企业合作联盟与日本企业竞争,通过全球横向企业联盟建立竞争优势,以夺回美国制造业的竞争优势。横向一体化强调的是企业之间的合作与协调,通过相互之间的联合取得双赢的效果。

供应链战略到底是纵向一体化好,还是横向一体化好,无论理论界还是实业界都很难说清楚。实际上,纵向一体化与横向一体化是可以相互转化的,也就是说,当市场纵向一体化达到一定程度时,就可能有企业朝相反的方向运动,采取横向一体化战略;反之,当市场中横向一体化达到一定程度时,也有企业朝相反的方向运动,实施纵向一体化战略。

|运作聚焦|

**美国特斯拉在中国建生产基地与供应链本土化**

特斯拉在中国建厂能为国内汽车产业带来什么?国泰君安分析师表示,最大的变化是供应链本土化。这将给国内供应链相关企业带来明确增量。"与手机产业链不同,汽车产业链的长度和深度远超智能手机,有望持续受益的供应商名单会更长。"

从目前情况看,特斯拉核心一级供应商多来自欧美、日本等地,国内企业多作为二级供应商。比如,目前特斯拉的锂电池PACK制造商为日本松下,正极材料和隔膜供应商为日本住友化学,负极材料供应商为日本日立化学,电解液由日本三菱化学生产。

但这一情况正在发生变化。根据媒体报道,LG化学预计将配套特斯拉上海工厂动力电池。这意味着特斯拉的动力电池供应商可能由此前的松下独供转变为松下、LG化学共同供应。为LG化学配套的国产供应链有望成为特斯拉国产化最大的子供应链。

具体来看，特斯拉供应链包括动力总成系统、电驱系统、充电、底盘、车身、中控系统、内饰和外饰等部分，涉及直接、间接供应商100多家。

国泰君安分析师认为，随着特斯拉电动车在中国的产能逐渐铺开，特斯拉 Model 3 的电池、电机、零件壳体均对产业链原材料产生强劲的需求。"上游原材料钴、锰、镍、锂、石墨，中下游的连接器都会产生较大的需求动能。中国充电设备制造商、运营商、集成商等有望进一步提高参与程度，整个动力电池产业链将受益。"

申万宏源证券表示，特斯拉实现本土化生产，将创造巨大的国内市场空间。根据测算，假设 2021 年特斯拉实现 30 万辆产量，单车价值 30 万元，预计电池、材料、高压直流继电器、热管理系统等有望带来 400 亿元以上的市场空间。

中信证券认为，特斯拉实现本地化生产，在厂房、员工薪酬以及动力电池产业链等方面可以降低成本，车价下降将推动需求大幅提升。预计全年国内 Model 3 销量将达到 12 万～15 万辆。

资料来源：新浪财经新闻，2020-01-08，http://finance.sina.com.cn/stock/relnews/us/2020-01-08/doc-iihnzahk2753195.shtml。

#### 5. 技术发展战略

随着科学技术的发展，技术对生产力的推动作用越来越大。生产技术包括生产工艺与生产设备两方面。生产工艺包括生产路线、加工方法、工艺参数与质量标准等，生产设备包括自动化水平、先进计算机集成制造系统、柔性制造系统、数控车床等。

技术发展战略需要考虑如下问题。

（1）生产类型与生产技术的关系。生产类型与生产技术有一定的关系，企业要根据不同的生产类型（如前面讲的几种生产类型，即单件生产、批量生产、大量生产、连续生产等）来选择生产技术。各种生产类型适用的技术不同，如单件生产一般采用具有柔性的自动化生产设备，大量生产只能采用强节拍的装配线，连续生产采用流程式的生产系统等。

（2）适用技术的选择。生产技术日新月异，企业投资是多元的，生产运作管理的技术投入是有限的，企业不可能一出现新的技术就进行更新，应该选择符合自己需要的合适的技术，而不一定选择最先进的技术。

## 2.4 生产运作战略实施

通常企业的生产运作战略不是独立制定和实施的，它是企业经营总体战略下的部门战略，是企业总体战略的一部分。生产运作战略规定了如何实现企业总体竞争战略的一系列举措，因此制定和实施企业的生产运作战略一定要首先确立企业的总体战略。企业总体战略（成本领先、差异化、目标聚焦等）不同，生产运作战略就不同。比如，宜家是一家国际知名的家具生产和销售企业，它的经营战略是低成本（即成本领先战略），因此，宜家公司在生产运作的一系列过程（包括产品设计、供应网络、生产制造过程、物流等）中都按照低成本的战略进行运作体系的设计与管理。

根据国际著名的生产战略学家希尔教授提出的生产战略实施，首先要确定企业的经营目标，然后制定营销策略，接着确定订单赢得要素和订单资格要素，最后制定生产战略。[一]根据这个理论

---

[一] HILL T. Manufacturing strategy: text and cases [M]. New York: Irwin, 1994.

框架的思路,生产运作战略实施大致可以分几个步骤:首先分析企业内外竞争因素以确定企业经营方针,然后制定总体竞争战略和运作目标,根据运作目标制定运作策略,最后对运作绩效进行评价并调整战略。

### 1. 外部/内部因素分析与企业战略模式

制定战略,首先必须分析企业内外因素,做到知彼知己。外部因素包括政治、经济、技术、社会条件、市场条件等;内部因素包括人力资源、设备与工具、资金来源、顾客与供应商关系、技术水平等。

通过内外因素分析,借助SWOT(优势-劣势-机会-威胁)分析方法,可以建立四种战略模式:

- 优势-机会战略模式(SO),即发挥企业内部的优势,利用企业外部的机会;
- 劣势-机会战略模式(WO),即利用外部机会弥补内部条件的不足;
- 优势-威胁战略模式(ST),即利用本企业的优势,回避或减轻外部威胁的影响;
- 劣势-威胁战略模式(WT),即减少内部劣势的同时回避外部威胁,是一种防御性战略。

### 2. 总体竞争战略

根据以上内外因素分析,首先区分企业的订单赢得要素和订单资格要素,也就是明确竞争的重点,如果把低成本作为企业的订单赢得要素,那么企业的总体竞争战略就是低成本战略(如宜家、富士康、沃尔玛等),如果快速交货是企业的订单赢得要素,则企业的总体竞争战略就是基于时间竞争战略(如UPS、ZARA)。

### 3. 运作目标

确定了总体竞争战略并明确了企业运作竞争的重点之后,就需要建立战略目标。运作目标应反映竞争的重点,少而精。另外目标要尽量可度量,避免含糊不清(比如满意、好等),最好都用数据或百分比表示。目标应该有一定的难度,让员工有压力与动力,但也不能脱离实际,以免无法完成。制定生产目标的最好方法是采用标杆法,利用行业的标杆企业做参照,制定企业的生产目标,主要考虑成本目标、质量目标、交货目标与柔性目标等几个方面。

### 4. 运作策略(战术)

为了实现运作目标,需要各种运作策略(战术)的支持。运作策略由日常生产计划与控制手段组成。不同的运作竞争战略需要不同的策略支持。例如,基于质量竞争的战略,就可以采用提高质量的策略,如开展全面质量管理及QC活动、六西格玛质量改善等,而对于基于成本竞争的战略,则可采用减少成本的措施,如开展减少浪费的活动、进行现场目标管理等。

### 5. 运作绩效评价与动态运作战略

制定运作战略并实施以后,企业需要对运作的绩效进行评估,检查运作各种决策与计划的落实情况,为制定下一阶段的运作战略提供决策依据。

企业竞争环境不断改变,运作战略和策略需要随着时间与内外环境的变化而改变,有时企业也会制定新的运作战略。大多数世界级的企业都是通过持续不断的改善,从而最大限度地满足用户要求的。无论是制造业还是服务业企业,它们都能时刻关注环境的变化,调整自己的运作战略并形成世界级的竞争优势。

## 本章小结

本章讨论了生产运作战略的内容和实施方法,基本要点如下。

1. 生产率是衡量企业综合竞争力和生产运作能力的重要指标,生产运作能力在企业竞争力中发挥重要作用,企业应该通过生产运作能力的提升形成企业的竞争优势。

2. 生产运作能力的表现是多维度的,并且会不断变化。在目前的市场竞争环境下,时间、质量、成本、服务构成了企业竞争力的四维指标,这四个方面的综合是企业综合竞争力的表现。与之对应的生产运作竞争力四维指标是时间、质量、成本、柔性。

3. 生产与市场之间不是切割的关系,随着市场竞争的深入,生产与市场之间的关系越来越紧密,联系生产与市场的重要纽带是两个重要的指标:订单赢得要素与订单资格要素。

4. 常见的生产运作竞争模式:基于成本竞争、基于质量竞争、基于柔性竞争、基于时间竞争、基于服务竞争。与之相对的生产系统应采取相应的运作策略。

5. 本章介绍了有关生产运作战略的实施步骤。

## 关键术语

劳动生产率(labor productivity)
基于时间竞争(time-based competition)
订单赢得要素(order winner)
核心竞争力(core competency)
订单资格要素(order qualifier)
横向一体化(horizontal integration)

## 延伸阅读

1. 阅读指南:想了解有关生产与运作战略的理论,可以阅读 *Manufacturing Strategy*: *Text and Case*(Terry Hill, Irwin Inc., 1989、1994),或者 *Operations Strategy*(Nigel Slack, Michael Lewis, Pearson Education Press, 2003)。

2. 网络资源:要想了解更多企业的成功经验,读者可以登录 http://www.haier.com(海尔公司)和 http://www.dell.com(戴尔公司),了解海尔的服务竞争与戴尔公司的定制化竞争策略。

## 选择题

1. 企业的劳动生产率高,则代表(　　)。
   A. 企业总产量高
   B. 生产能力高
   C. 投入产出效率高
   D. 盈利性好
2. 对于时装生产企业而言,(　　)不是其订单赢得要素。
   A. 交货能力
   B. 柔性
   C. 成本
   D. 设计能力
3. 单源供应战略的好处是(　　)。
   A. 对供应商的依赖度低
   B. 供应中断风险低
   C. 质量一致性高
   D. 对供应商的要价能力强

## 论述题

1. 什么是企业的核心竞争力？什么样的运作战略有利于提升企业的核心竞争力？
2. 什么是基于时间竞争？分析实现基于时间竞争的生产运作战略。
3. 柔性对提高企业竞争力有什么样的作用？分析提高企业运作系统柔性的方法与途径。
4. 阐述订单赢得要素和订单资格要素的关系。
5. 横向一体化和纵向一体化的战略思想各有什么优缺点？

## 计算题

1. 某工厂每天生产产品1 500个，单位产品的销售价格为5 000元。消耗资源如下：劳动力200人，每人每天工作8小时，工资是10元/时；原材料200吨，每吨原料2 000元，每天用电500千瓦·时，电价为1.5元/（千瓦·时），固定资产消耗每天20 000元。
   （1）用单位工时的产量计算的该工厂的劳动生产率是多少？
   （2）用单位能源的产值计算的该工厂的生产率是多少？
   （3）考虑全要素的该工厂的综合生产率是多少？
2. 某工厂可用1吨水果原料生产800千克的罐头产品，现在每天购买10吨水果原料，而加工1吨水果原料需要20人工作一天，每天工作8小时。
   （1）用单位工时的产量计算的劳动生产率是多少？
   （2）如果改变生产工艺，用自动化加工设备每天可加工20吨水果原料，劳动生产率提高了多少？

## 讨论案例

### 李宁公司自建生产基地，开始垂直整合供应链战略

裁板、车缝、夹帮、贴底……一双双"李宁"运动鞋在位于广西-东盟经济技术开发区的李宁工厂中生产、包装并被运往各地。2019年5月22日，李宁公司正式启动广西供应基地。该基地涵盖原材料、运动鞋、运动服装等研发制造的集群化供应，助力"中国制造"品牌李宁形成具有中国特色的体育全产业链。

行业分析人士表示，李宁公司自1990年成立以来，供应链体系一直都是以外包的方式布局的。当前我国制造业面临的外部环境、发展契机及李宁公司业务的快速增长，加大了李宁公司对专业产品和供应链快速反应的需求，促使李宁公司将供应链环节进行集聚、整合及转型，以进一步提升企业的核心竞争力。

"整个体育用品价值链很长，以前我倾向于轻资产做品牌端，经营多年再来看，仍然需要把能力向两头延伸，一头是渠道零售，一头是成衣成鞋的生产制造，这使得我们由生产到零售的品牌管理整个价值链上寻找到一个更高效、更持续的模式。"李宁对《棱镜》等媒体表示。

相较于外包代工，李宁表示，虽然自建工

厂财务成本会增加，但投入是必需的，除了生产环节有利润空间外，李宁公司也希望将自身的核心工艺技术沉淀到自建工厂中。"自营这一部分一定是我们认为最有价值的，同时还要创造很多研发、设计、试验的空间。"不过，他并未透露此次投资额。

此外，李宁强调，上游生产环节不会无限扩大，如果全部生产来自自建工厂，那么公司应对市场零售端的调整灵活性就会变弱，难以捕捉零售机会。

在2018年的报告中，李宁公司在新业务介绍中提及，在供应链方面，公司引入新业务供应基地，在研发、生产等维度对供应链体系进行重新梳理和打造，大幅提升鞋产品的品质，优化生产流程的顺畅度。

2018年12月，李宁公司年产500万双运动鞋项目签约，后续衣服、器械、箱包等生产线也将陆续上线。李宁公司的目标是，未来南宁工厂占到集团1/3的产能规模，其余产能继续寻求与外部供应商合作。

并非只有李宁一家选择自建工厂，同业品牌如安踏此前在泉州、厦门、河南商丘等地也规划建设生产基地。

与以往的传统制造型企业面临的生态环境截然不同，李宁公司广西供应基地项目是南宁李宁生态活力体育产业园的重要组成部分。由非凡中国控股有限公司打造的南宁李宁生态活力体育产业园以体育装备制造为核心、以体育运动服务为纽带、以青山绿水为特色，集运动装备研发/设计/制造、工业观光、文化娱乐、教育培训、体育赛事等为一体。李宁公司将新一代的制造业形态以及独具李宁体育特质的城市相关配套设施有机融合，打造出一个自带产业的生态活力体育产业园——区别于以往传统制造业、连接都市与自然的现代制造业的生态系统，塑造出有"温度"的产业基地，进而实现产业升级。

资料来源：懒熊体育，2019-05-27，https://baijiahao.baidu.com/s?id=1634653851746019778&wfr=spider&for=pc。

## 讨论

1. 李宁公司一直以来的经营战略是轻资产、专注于品牌和营销，采用纵向一体化战略，此时开始投资供应链自建生产工厂，采用纵向一体化生产供应网络战略。请从纵向一体化战略和横向一体化战略的优缺点分析李宁公司这样做会遇到什么样的风险及机会。

2. 请查找有关资料，对李宁和安踏的供应链运作战略进行比较。

# 第二篇
PART 2

# 生产与运作系统设计和组织

第3章　产品与服务设计
第4章　设施选址与布置
第5章　工作系统设计与劳动组织

# 第3章
CHAPTER 3

# 产品与服务设计

## § 学习目标

- 熟悉新产品和产品生命周期的概念。
- 了解产品开发的驱动模式和程序。
- 熟悉面向顾客的产品设计和面向环境的产品设计思路。
- 熟悉服务流程-顾客接触矩阵、典型服务流程的特点。
- 了解并行工程和集成产品开发管理模式的基本思想。

## § 引例

### 西门子公司的供应链协同产品开发

德国西门子公司在新产品开发中注重供应商参与产品开发的作用,和供应商一起协同开发产品。

**供应商的角色定位**

西门子公司将其与供应商的协同关系根据供应商的数量、集成深度分为高、中、低三个等级。在协同创新中,供应商具备如下不同的角色。

(1) 合约成员:作为 OEM 产品研发小组成员,直接在 OEM 内部工作。

(2) 系统集成商:负责整体产品的研发与制造,具有与 OEM 相当的能力和责任,与 OEM 共担风险与利益。

(3) 系统供应商(设计或制造):负责系统特定功能的研发与制造,该功能系统中的零件可能分布在产品的不同位置,确保该功能系统与整个产品的兼容性,与 OEM 共担风险与利益。

(4) 子系统或者组件供应商(设计或制造):负责特定组件的研发与制造,较少参与 OEM 的研发流程。

（5）标准件或者根据规格制造的供应商：交付标准件或者根据 OEM 规格制造，几乎不参与 OEM 的研发流程。

**协同组合模型**

西门子公司的 Teamcenter<sup>⊖</sup> 平台提供四种协同集成模式。

（1）嵌入式：供应商直接处于 OEM 的 Teamcenter 环境中。

（2）同步式：供应商在自己的工作平台工作，实现与 OEM 同步数据交互，通过远程邮箱或者 OEM Teamcenter Web 客户端参与 OEM 的业务流程。

（3）异步自助式：供应商在自己的 PLM 和 CAD（计算机辅助设计）中工作，在 OEM 的 Teamcenter 中建立用户，可基于角色查询或者获取数据，通过 OEM Teamcenter Web 客户端参与 OEM 的业务流程，或者采用公文包格式进行数据交互。

（4）异步赞同式：在自己的 PLM 和 CAD 中工作，在 OEM 的 Teamcenter SRM（供应商关系管理）中进行基于事务的数据访问与业务处理，可采用公文包格式进行数据交互。

资料来源：西门子工业软件公司，西门子中央研究院．工业4.0实战：装备制造业数字化之道［M］．北京：机械工业出版社，2015.

思考与讨论：1. 西门子公司是如何与供应商协同进行产品开发的？
2. 供应商参与产品开发会存在什么风险和困难？

## 3.1　产品开发概述

企业成功的关键是拥有一个有市场前途的独特的产品，比如，微软有 Windows、苹果有 iPhone，这些企业的成功都是因为其拥有独特的产品。因此，有一个与众不同的产品是企业成功的基本前提。产品不一定就是实物，可以是有形和无形的。一道独特的菜肴是一个产品，可以用来创业，成立一家菜馆；一个新软件也是一个产品，可以用来创立一家软件企业；一个新的商业模式或者服务商业计划也是一个产品，可以用来成立一家新的商业服务企业。

产品开发属于生产准备工作，它包括从产品概念到产品结构设计、生产工艺的确定、试产等一系列的活动。在产品的生命周期中，产品开发、营销与生产之间存在密切的关系，如图3-1所示。营销为产品开发提供产品需求信息、产品概念和产品规范，产品开发把产品技术概念转化为最终的设计，生产则是按照产品的工艺要求，组织产品加工与装配。因此，产品开发在营销与生产之间建立起了一座桥梁，而且它是多部门协作的活动，需要各部门的大力协作。

产品开发是一项企业创新性活动，在企业生产中所起的作用越来越大，许多企业投入大量的资金进行新产品开发，比如华为、格力电器等。同时，由于市场竞争压力增加、产品生命周期缩短、顾客个性化需求增加，如何高效、低成本地开发出满足顾客需求的产品，是许多企业都面临的一个非常重要的问题。

产品开发就是向市场推出新产品，一般企业的新产品有三种类型。

---

⊖ Teamcenter 是西门子公司推出的面向工业4.0 的产品生命周期管理（PLM）软件，作为一个全球工程协同平台提供单一的产品和过程知识源，在全球范围内促进即时协同和部门协作，实现更高的生产效率。Teamcenter 同时提供了一个简单的、面向全球化集成用途的商品化的物料清单（BOM）解决方案，能管理和发布复杂的业务 BOM，使设计 BOM 和业务 BOM 一致，从而实现虚拟与实际业务领域间的结合，大大增强了一致性。目前国内多家汽车、电子等相关行业企业使用该软件进行产品生命周期的供应商协同业务管理。

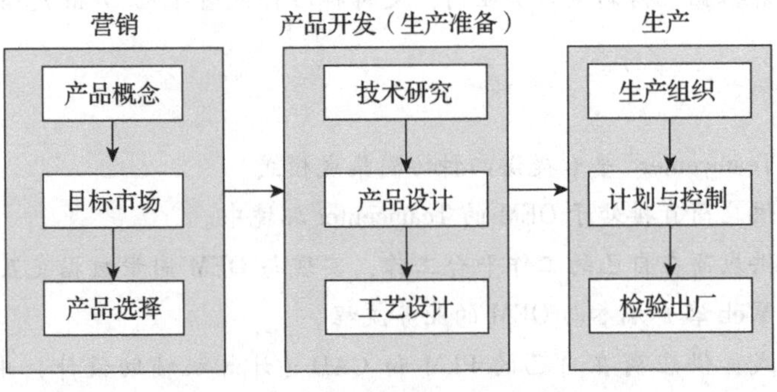

```
   营销              产品开发（生产准备）        生产
┌─────────┐        ┌─────────┐         ┌─────────┐
│ 产品概念 │        │ 技术研究 │         │ 生产组织 │
│    ↓    │   →    │    ↓    │    →    │    ↓    │
│ 目标市场 │        │ 产品设计 │         │计划与控制│
│    ↓    │        │    ↓    │         │    ↓    │
│ 产品选择 │        │ 工艺设计 │         │ 检验出厂 │
└─────────┘        └─────────┘         └─────────┘
```

图 3-1　产品开发把营销与生产联系起来

一是**创新性产品**。这种产品是全新的，现在的市场中还没有。这种产品的创新程度最高，结构与功能都可能与原来的产品不一样，一般需要技术性突破或者某些原理的改变。苹果公司推出的许多产品都是创新性产品，都带有技术突破性。据说国外有人研究一种可以飞的汽车，遭遇交通拥挤时汽车可以飞起来，其目的是解决城市交通拥挤的问题，这种产品虽然目前由于相关法规等其他限制性因素无法在现实中使用，但它是一种具有超前思想的创新性产品。

二是**派生产品**。这种产品是由原来的产品通过一定的改变（结构或者功能）获得的。药品新产品开发较多采用这种模式，通过在原来的药品成分中增加某一成分，或者改变一个化学分子结构就可以派生出其他新产品。另外，汽车行业的电动汽车就是传统汽车的派生产品。

三是**换代产品**。这种新产品的创新程度比派生产品高一点，性能或者功能比原来的产品更好，但是有比较多的相似性。我国的"神舟一号""神舟二号"直到"神舟十五号"飞船等是换代产品。我国军用飞机歼击机系列，如歼7、歼8、歼10、歼20等都是换代产品。微软公司的计算机操作系统 Windows 也进行过多次换代，比如 Windows 2000、Windows XP、Windows 7、Windows 10 等都是换代产品。

对应新产品的不同类型，产品开发也有相应的不同类型。比如，对应全新产品的创新性产品开发，对应派生产品和换代产品的改进型产品开发。另外，还有一种结合创新性基础研究和产品改进及系列化的平台化产品开发。

（1）**创新性产品开发——开发全新产品**。这种产品开发从产品概念创意开始，结构设计、工艺设计和生产流程组织等需要全新设计，工作量比较大。这种产品开发就是所谓的从 0 到 1 的创新，需要从基础研究的积累到技术专利的形成等一步一步走过来，因此这种产品开发的周期比较长、投资比较大、成功率比较低、风险比较大。但是，这种产品开发一旦成功，会给企业带来非常大的竞争优势。许多高科技企业，比如华为、IBM 等都非常注重这种创新性产品开发。一些传统的制造企业如格力也非常注重这种创新性产品开发工作。

（2）**改进型产品开发——对现有产品的改进**。对派生产品和换代产品的开发是在原来产品的基础上进行的，不需要从头开始进行技术开发，可以节省大量的产品开发时间和资源，缩短产品开发周期，加快产品上市，并且市场预期相对可见。但是这种改进型产品开发只能在产品生命周期的一定时期内进行，当产品的生命周期快结束、产品快要退出市场的时候，再对这种产品进行改进就没有价值了。

（3）**平台化产品开发**。这种产品开发是把基础研究的创新性产品开发和改进型产品开发的产品派生技术结合起来的产品开发策略。平台化产品开发是运用通用结构或者基本架构开发多种产品的技术。通过产品平台，企业可以衍生出许多产品，扩大产品线。软件、汽车、电器、药品等行业普遍采用这种产品平台战略。采用平台化产品开发，企业可以获得诸多好处，如降低生产成本、不同产品之间共享零件、降低产品开发复杂性、有利于产品开发团队更好地进行跨项目学习、提高产品更新能力。

在当今市场竞争国际化与企业经营全球化的大背景下，企业为了生存和发展，必须不断提高自己的产品开发能力，不断推出新产品占领市场。影响企业产品开发能力的因素很多。在过去较长的一段时期内，我国一些企业缺乏核心技术和先进的生产工艺与装备，从而限制了企业的产品开发能力。我国电子制造业由于芯片技术受制于西方，民航飞机发动机严重依赖进口，导致我国通信企业受西方打压，民航飞机发展艰难曲折。这些事实告诉我们，企业要开发有竞争力的产品，就必须掌握核心技术和先进的工艺装备。现在，我国企业迎头赶上，中芯国际等芯片企业在追赶国际先进的芯片技术，中国民航发动机产品开发能力也已经有了新突破，C919实现了中国人的大飞机梦。格力和华为等企业能在国际市场上为国争光，都是因为它们拥有国际水平的产品开发能力。发展装备制造业是实现制造强国的重要工作。实现"两个一百年"的奋斗目标和中华民族伟大复兴的中国梦，需要大力推进我国制造业的产品创新能力。

## 3.1.1 产品生命周期与产品开发

根据产品生命周期的概念，产品在市场中的销量或利润的变化分为四个阶段：引入期、成长期、成熟期和衰退期，如图 3-2 所示。

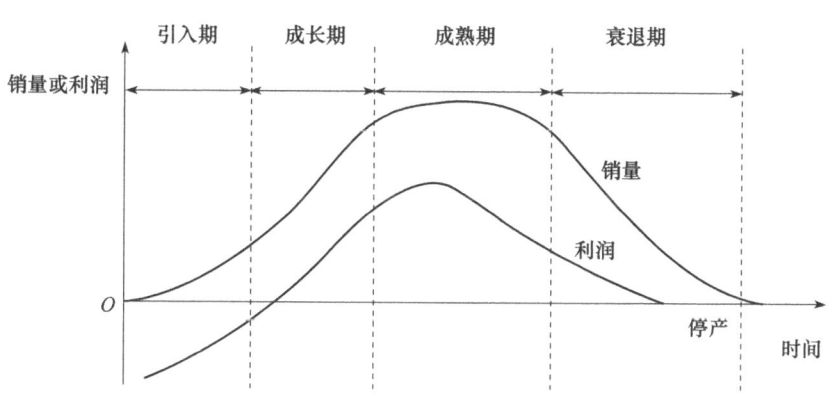

图 3-2　产品生命周期

在产品生命周期的不同阶段，产品开发的重点与策略是不同的，下面分别说明。

### 1. 引入期

这一时期产品的特点是市场需求不明朗，因此产品开发的重点包括以下几点：

- 对产品进行创新设计，确定最有竞争力的产品型号；
- 消除设计中的缺陷；
- 缩短生产周期；
- 完善性能。

## 2. 成长期

这一时期产品的特点是需求增长较快,需要大量扩大生产,因此产品开发的重点包括以下几点:

- 改进产品工艺;
- 降低成本;
- 产品结构标准化与合理化;
- 稳定质量。

## 3. 成熟期

这一时期产品的特点是销量与利润达到最高水平,成本竞争力是关键,因此产品开发的重点包括以下几点:

- 产品系列化与标准化;
- 提高工艺稳定性;
- 服务创新与质量创新;
- 产品局部改革。

## 4. 衰退期

这一时期产品的特点是销量下降,利润降低,预示更新换代的开始,因此产品开发的重点包括以下几点:

- 很少进行产品细分;
- 精简产品系列;
- 决定淘汰旧产品。

企业新产品何时开发、何时投放市场都要根据产品生命周期来做出决策。根据产品生命周期揭示的规律,新产品开发的时机一般可以这样安排:在第一代产品处于成长期的时候开始开发第二代新产品,当第一代产品进入衰退期时恰好第二代新产品进入成熟期。企业的产品开发过程要坚持"生产一代、研制一代、设计一代、构想一代",这样可以保证企业已有的市场份额,保证产品销量与利润的均衡增长,维持企业的竞争力。

### 3.1.2 产品开发的驱动模式

企业进行新产品开发的动力大致有两种,即市场驱动的产品开发和技术驱动的产品开发,但是实际上企业开发新产品大多是出于竞争的需要,市场驱动与技术驱动是同时进行的。

(1) **市场驱动的产品开发**。市场驱动的产品开发就是根据市场的需求进行产品开发,一般通过对市场需求进行调查分析以及对产品的生产成本、技术要求、企业的盈利水平等进行评估后决定是否进行产品开发。企业只有开发出市场需要的产品,才有生命力。许多消费品工业与服务业的产品开发遵循顾客导向的产品开发思想,产品概念与构想都来自对顾客需求的反应,如餐饮业、咨询服务、装修业等。

(2) **技术驱动的产品开发**。技术驱动的产品开发就是根据技术发展与企业的技术创新结果来进行产品开发，以技术引导消费。世界上许多大企业都采用技术驱动的方式进行产品开发，特别是在高新技术领域，如IT行业的英特尔、微软、IBM等基本上遵循着技术领先的开发战略。技术驱动的开发模式能够给企业创造一种先发制人的优势。服务业也有技术驱动的产品开发方式，如银行服务业的自动取款服务、信用卡业务以及出版行业的电子读物等。

### 3.1.3 产品开发的程序

不同行业的产品开发的过程有不同的特点，没有一个统一的模式。一般而言，机械等加工装配企业的产品开发过程的重点在于产品结构设计；流程工业（如纺织、化工、钢铁等）的产品开发过程的重点在于工艺设计或配方的优化；服务业的产品开发过程的重点在于服务理念的创意与服务过程的设计。

通常产品开发可以分为四个阶段，即预先研究（或产品选择）阶段、设计性试制阶段、生产性试制阶段和试生产阶段（见图3-3）。

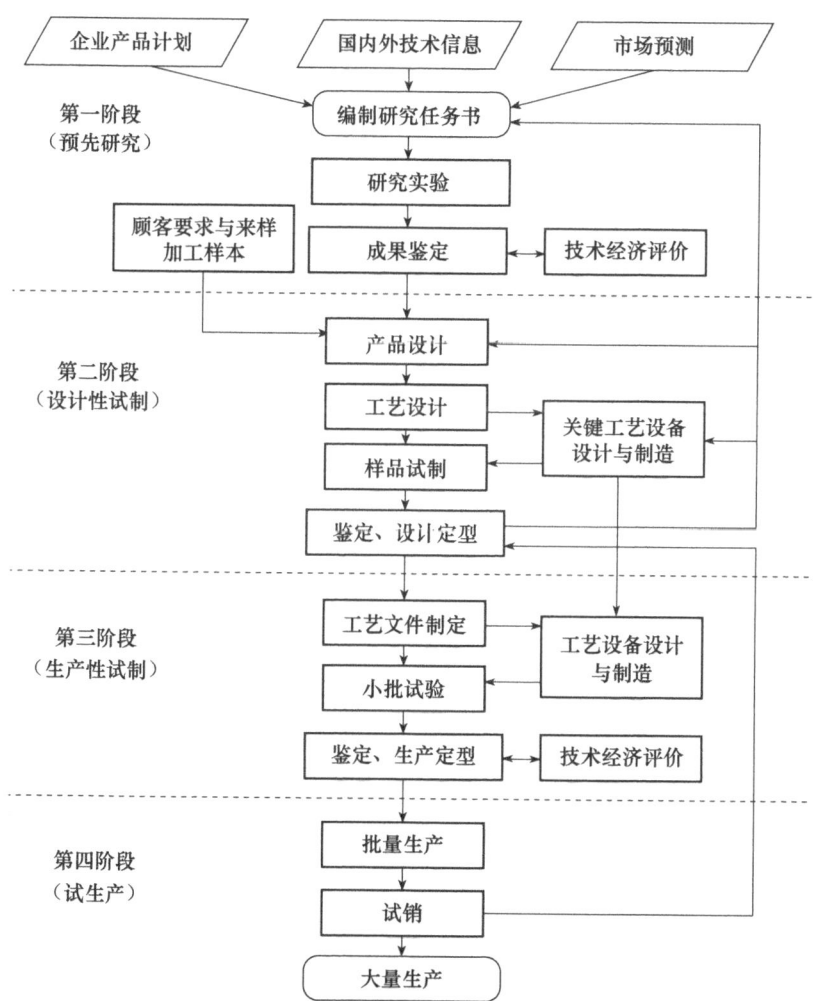

图3-3 工业企业的产品开发过程

在产品开发的过程中,第一阶段非常重要,而在这一阶段产品的构想或选择最重要。选择什么样的产品开发是方向性的问题,如果选择错了,企业将会蒙受巨大的损失。新产品构想主要来自几个方面:顾客、技术部门、销售部门、竞争对手的产品分析、公共产品信息、企业内部其他部门等。另外,购买专利或特许生产是新产品产生的一个快捷途径。企业要善于构筑新产品创新的知识平台,为新产品开发提供知识来源,提高产品开发与创新的能力,减少开发成本,缩短开发周期。

### 3.1.4 产品开发的评价

产品开发的评价是产品开发的一项重要工作,通过评价可以了解产品开发的效果,以便改进产品开发过程。产品开发的评价方法比较多,有试销法、产品鉴定、技术经济分析法等。

为了对产品开发进行评价,企业应成立相应的新产品评价(鉴定)委员会。一个合理的产品评价系统应该包括评价因素、评分等级、各评价因素权重的选择、评价人员的组成。表3-1是某工业企业的新产品评价指标。

**表3-1 某工业企业的新产品评价指标**

| | |
|---|---|
| (1)财务指标<br>　　投资收益率<br>　　预期年销售额<br>　　新增固定资产需要的时间<br>　　达到预期销售额的时间<br>(2)研究与开发<br>　　研究活动需要的时间<br>　　开发活动需要的时间<br>　　研究技术(丰富或陌生)<br>　　专利情况(有或无)<br>(3)市场需求(顾客对产品的接受程度)<br>(4)促销需求(广告与促销需求)<br>(5)产品竞争(竞争产品的数量)<br>(6)产品优势(价格与质量)<br>(7)产品生命周期 | (8)周期性和季节性需求<br>(9)生产<br>　　公司规模(与竞争对手的规模相比)<br>　　原材料(供应能力与方式)<br>　　设备(现有设备和新设备的比例)<br>　　工艺熟练程度(全新、常规、部分新)<br>(10)产品与营销<br>　　与现行产品的关系(全新、有区别)<br>　　对现行产品的影响(销量增加、减少)<br>　　产品购买者的结构(新用户、现有用户)<br>　　潜在用户数<br>　　市场稳定性与趋势(是否稳定、增长)<br>　　技术服务需求(服务需求大或小)<br>(11)环境污染等级 |

### 3.1.5 国际企业产品开发的新特点

从全球的范围看,国际上企业的新产品开发呈现如下几个方面的特点。

(1)技术外包。技术外包是研发活动的一个新趋势。许多企业为了提高自己的核心竞争力,把一些不是本企业专长的非核心技术外包给其他企业,自己集中力量于产品的核心技术开发。

(2)合作开发。合作开发是一种新的产品开发方法,合作的对象包括供应商与用户,特别是供应商参与产品开发,这是目前供应链管理的一个新趋势。

(3)全球化与虚拟化。互联网为企业在全球范围内寻找产品开发的合作伙伴提供了便捷的渠道,因此近年来出现了跨国合作开发产品的新形式,这就是所谓的虚拟产品开发组织。

(4)定制化产品开发。顾客需求的多样化要求企业采用定制化生产,而定制化生产要求个性化的一对一的产品开发模式做支持。

(5)强调环保意识。可持续发展是当今工业发展的一个主题,因此产品开发必须围绕减少对环境的污染与破坏、减少对资源的消耗与浪费,树立环保意识。如何将环保意识与设计结合是今后企业在进行产品开发时必须考虑的问题。

| 运作聚焦 |
| --- |

**商业模式与产品开发**

商业模式在当今市场经济中起着非常大的作用。商业模式不同，企业的经营策略不同，也就决定了企业的内部运作策略和运作体系不同。产品开发与商业模式也存在一定的关系，一般把企业推动的推式商业模式称为 M2C（manufacturing to customer），把顾客拉动的拉式商业模式称为 C2M（customer to manufacturing）。这两种商业模式下的产品开发流程最大的不同在于供应链设计在产品开发过程中的地位不同。在 M2C 商业模式下，供应链设计是在产品设计完成以后，也就是说，只有原料确定以后才考虑供应商的选择和供应链配置。而在 C2M 商业模式下，供应链设计在产品设计之前，企业首先确定供应链结构（包括供应商和分销商），整个供应链配置好以后才进行产品设计。两种商业模式下的产品开发流程如图 3-4 所示。

```
1. 产品预研阶段              1. 产品预研阶段
2. 产品设计阶段              2. 供应链设计阶段
3. 供应链设计阶段            3. 产品设计阶段
4. 试产阶段                  4. 试产阶段
5. 量产阶段                  5. 量产阶段

a）M2C商业模式下的产品开发过程   b）C2M商业模式下的产品开发过程
```

图 3-4　两种商业模式下的产品开发流程

## 3.2　工业产品设计

产品设计是产品开发的核心，它包括从明确设计任务书开始到确定产品的具体结构为止的一系列活动。无论新产品的开发、老产品的改造还是外来产品的仿制、顾客产品定制、产品设计，都是企业产品开发的重要环节。产品设计应遵循如下几条原则：

- 设计用户需要的产品；
- 设计出可制造性（manufacturability）强的产品；
- 设计稳健性（robustness）强的产品；
- 设计绿色的产品（环保意识设计）。

根据这些原则，目前工业产品设计的新思路有面向顾客的产品设计、面向制造与装配的产品设计、面向环境的产品设计等，即 DFX（designing for X）技术。

### 3.2.1　面向顾客的产品设计

面向顾客的产品设计是近年来产品开发的新思路。现在的顾客不再满足于被动地接受企业开发的产品，顾客需求是企业产品开发的源头，因此产品开发应从顾客需求出发，开发顾客需要的产品,这样才有市场。

目前国际上关于面向顾客的产品设计思想受到广泛关注,一些公司开始实施这种产品设计方式,比如总部设在美国密歇根州的罗斯集团,它是一家生产气动阀和其他气控系统的企业,产品用于汽车、铝材和钢材的制造以及林业生产等行业。该公司通过它的 Ross/FLEX 系统了解顾客的需求,与顾客一起详细设计,以此来满足顾客的要求,并迅速、有效地制造出顾客定制的产品。为实现这一目标,该公司设置了一个集成工程师的职位,将市场、工程设计与制造的职能有效地集于该工程师一人。集成工程师的基本职责是"挖掘"特定顾客的想法,并使顾客了解他们的这些想法将对制造工艺提出何种要求。而普通工程师的工作是与顾客交谈,设计阀门,然后制定加工细节。

对于面向顾客的产品设计,企业要了解顾客实际需要的产品功能以及质量要求,产品的成本是否符合顾客的购买需求,超过顾客需求的功能与质量是多余的。下面介绍的两种方法——质量功能配置和价值工程将帮助企业实现这种顾客化的设计要求。

### 1. 质量功能配置

**质量功能配置**(quality function deployment,QFD,也翻译为"质量功能展开")可以将顾客的要求转化为产品设计和工程设计特征,并配置到产品制造过程的各工序和生产计划中,从而保证最终产品最大限度地满足顾客的要求。

QFD 源于日本造船工业。造船工业的生产是订单式生产,一般一次订单只生产一条或少数几条船。由于每个船主的要求都不一样,因而三菱重工在 20 世纪 60 年代后期求助于日本政府,希望开发一种建造巨轮的后勤系统。日本政府就与几所大学签订了协议,创造了一种体系,这种体系能使造船工艺的每一个步骤都符合顾客的要求,这就是 QFD 的起源。

QFD 的基本思想是倾听顾客的意见与明白顾客的要求,然后用一种逻辑体系来确定如何最好地通过可能的渠道实现这些要求,这个逻辑体系就是质量屋的传递过程。

图 3-5 显示了四个质量屋的转换过程:第一个质量屋是把顾客需求转化为产品规划质量屋,质量屋上部的产品特征反映了实现顾客质量要求的技术因素或工程,中间的产品规划矩阵反映了每一个技术因素与顾客需求的关系,通过这样的矩阵关系,可以把顾客需求配置到产品特征上;第二个质量屋把第一个质量屋的产品特征配置到零件特征上;第三个质量屋又把零件特征配置到工艺操作上;第四个质量屋把工艺操作配置到生产要求上。就是通过这样层层的配置关系,产品最后达到了顾客的要求。

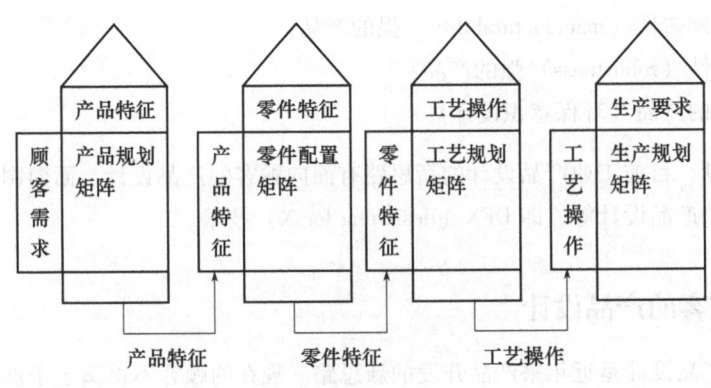

图 3-5 质量功能配置(QFD)基本结构

通过四个质量屋的转换，企业最终把顾客需求转化为对产品设计、生产工艺的要求。

图 3-6 是把顾客对橡胶鞋的需求配置到产品特征（技术要求）上的过程，也就是第一个质量屋，按照此方法，可以进一步完成其他三个质量屋的配置过程。

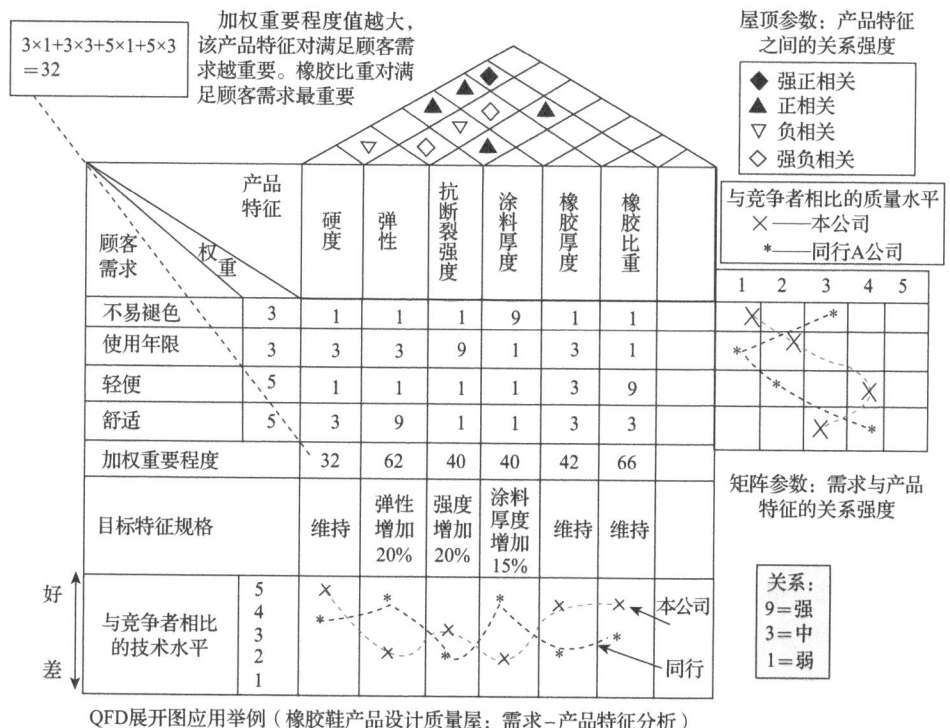

图 3-6　橡胶鞋的 QFD 质量屋构造过程

在质量屋中，屋顶表示产品的各个技术要求之间的关系，在图 3-6 中屋顶表示四种相关关系：强正相关、正相关、负相关、强负相关。质量屋的右边是"与竞争者相比的质量水平"，表示对于每一项顾客质量要求，本公司与竞争者相比处于什么水平，以便为改进质量提供参考。质量屋的中间为关系矩阵，表示顾客的每一项质量要求与产品技术要求的关系，图中用了三种关系：强、中、弱。质量屋下面的"加权重要程度"表示每一项技术要求对所有质量要求的总的重要程度（比如，硬度这一技术要求的加权重要程度 = 3×1 + 3×3 + 5×1 + 5×3 = 32，其余的依此类推），数值越大说明该技术要求越重要。质量屋下面有一项"与竞争者相比的技术水平"，这一指标反映了目前本公司与竞争者相比能够达到的技术水平，以便为技术改进提供参考。

## 2. 价值工程

**价值工程**（value engineering）是对产品设计方案进行技术经济分析的一种科学方法，现已经广泛应用于新产品的研究开发与老产品的技术改造等方面。

价值工程的基本关系式是：

$$V = \frac{F}{C}$$

式中　$V$——价值；

　　　$F$——产品功能；

$C$——产品成本。

价值工程的基本思想就是在确保产品必要功能的前提下,通过有组织地对产品进行功能与成本分析来提高产品的价值。

从上面的公式中可以看出,提高产品价值的途径如下。

- 功能不变,降低成本:$V\uparrow = \dfrac{F\rightarrow}{C\downarrow}$。
- 成本不变,提高功能:$V\uparrow = \dfrac{F\uparrow}{C\rightarrow}$。
- 功能提高,同时降低成本:$V\uparrow\uparrow = \dfrac{F\uparrow}{C\downarrow}$。
- 功能与成本同时提高,但功能提高的幅度比成本大:$V\uparrow = \dfrac{F\uparrow\uparrow}{C\uparrow}$。
- 功能与成本同时降低,但成本降低的幅度比功能大:$V\uparrow = \dfrac{F\downarrow}{C\downarrow\downarrow}$。

一般来说,前三种方法是积极的方法,特别是第三种方法,功能提高的同时降低成本是最佳的选择,因为价值工程的目标是改善功能、降低成本。

价值工程的一般方法程序如下。

**第一步:选择价值工程的对象。**

选择价值工程的对象的方法有经验分析法、ABC 分析法、百分比法。

- 经验分析法。这种方法主要由具有丰富的业务经验的技术人员通过集体讨论共同提出实施价值工程的对象。
- ABC 分析法。这种方法主要按照产品或零件的成本比重大小进行排列,选择占成本比重大而占数量少的产品或零件实施。
- 百分比法。这种方法主要对产品的两个或两个以上的技术经济指标进行比较,选择成本高、利润低的对象进行。

**第二步:收集对象的有关资料。**

收集情报是价值工程的一个重要环节。选择了价值工程的对象后,就需要对相关的信息进行收集,为进行功能分析和创新方案的选择提供依据。

需要收集的情报包括以下几种。

- 企业的基本信息(生产能力、技术、销售情况、规模等)。
- 与技术有关的信息(技术图纸与资料、标准、国内外技术发展)。
- 市场经济信息(国内外同类产品的功能与成本、销售价格走势、顾客需求等)。
- 生产组织信息(生产期量标准、原材料的供应、生产工艺等)。

**第三步:功能分析。**

功能分析是最重要的一步,它有以下三个目的。

- 系统、科学地确定产品或零件的必要功能,消除不必要的功能。
- 明确功能的性质、地位、重要性,以合理分配产品成本。

- 依据所确定的功能，寻找更好地实现功能的方案。

功能分析最终要对零件进行功能评价，得出其功能评价系数：

$$某零件的功能评价系数 = \frac{零件的评价得分}{各种零件的评价总得分}$$

功能评价一般可采用两两对比法进行，采用（0-1）打分法，如果甲零件比乙零件重要，则甲得分为 1 分，乙得分为 0 分。当然，也可以采用其他的方法。

第四步：成本分析。

成本分析就是要分析某零件的成本占总的产品成本的比例，从而得出其成本系数：

$$某零件的成本系数 = \frac{该零件的成本}{全部零件的成本}$$

得出零件的成本系数后，还要确定目标成本与成本的降低幅度：

$$某零件的目标成本 = 产品的目标成本 \times 该零件的功能评价系数$$

$$某零件的成本降低幅度 = 该零件的现实成本 - 该零件的目标成本$$

第五步：价值分析。

价值分析是通过零件的价值系数来确定改进工作的重点与方向。

$$某零件的价值系数 = \frac{该零件的功能评价系数}{该零件的成本系数}$$

根据价值系数的大小，可以判断出哪些零件是重点的改进对象（价值工程对象）。价值系数有以下三种情况。

- 价值系数等于 1，说明该零件的功能与成本分配合理。
- 价值系数小于 1，说明该零件的成本比重偏高，应设法降低成本，特别是价值系数偏离 1 较大的零件，更是改进的重点。
- 价值系数大于 1，说明实现功能的成本偏低。出现这种情况要对功能与成本进行检查，如果是功能过剩，则应降低功能；如果功能合理，则可能是成本偏低，比如采用低劣廉价材料，此时就需要更换材料。

第六步：提出改进方案并实施。

在确定了改进工作的重点与改进方案后，就进入解决问题的阶段。在这个阶段要充分发动各种专业技术人员提出解决方案，然后对各种方案进行评估与筛选，实施改进方案。在方案实施后，还要对实施的效果进行评价。

## 3.2.2 面向制造与装配的产品设计

产品设计除了考虑顾客需求，还要考虑企业内部的生产制造条件能否实现设计要求、是否可制造、加工是否方便与可行、能否装配等问题。这些问题都需要在产品设计阶段考虑，这就是设计中的面向制造的设计（designing for manufacturing，DFM）和面向装配的设计（designing for assembly，DFA）的设计思想，DFM 和 DFA 合起来就是 DFMA。通过 DFMA，设计人员在新产品的设计阶段就可以充分考虑所设计产品的零部件的加工工艺性和装配工艺性，从而使新产品在制造与装配过程中由于设计不当而产生的工程更改次数降到最少。

在 DFMA 设计理论的研究中,人们提出了两条适用于所有设计的公理。

**公理 1**:在设计中必须保持产品及零部件功能的独立性;

**公理 2**:在设计中必须使产品及零部件的信息量最少。

公理 1 是指在一个零件上既不希望出现重复或相同的功能,也不希望一个零件只有一种功能。这就要求在设计过程中产品的零部件具有多种功能,而且这些功能必须相互独立、互不重复,通过这一点实现构成产品零件的数量最少。

为满足公理 2 "信息量最少"的要求,不仅需要构成产品的零部件数量为最少,而且每个零部件的结构必须最简单。只有零部件的结构最简单,零部件所包含的信息才能最少,它才能易于制造。

在应用 DFMA 进行产品设计时,主要做法是使构成产品的零部件数量最少,使每个零部件的功能尽可能多;发展模块化的设计,使设计标准化;选择易于装配的紧固件,在装配中尽量减少调整;使设计的零件易于定位等。

|运作聚焦|

### 宝洁的产品开发:从研发到联发

宝洁共有 7 500 余名研发人员,分布在 9 个国家,每年的研发费用高达 17 亿美元,但是这并不是宝洁创新获得成功的决定性因素。以前,宝洁的创新体制更多地强调内部竞争。雷富礼上任后提出要把竞争放在对外上,对内则要更多地倡导协作。在宝洁,产品创新过程不再被称为研发,而是被称为"联系与开发"(联发),即在开发过程中要加强跨技术、跨学科、跨地域和跨业务部门之间的联系。

这一方面体现在研发与公司目标之间的联系,公司先制定出销量、销售额、利润增长等 3~5 年中期目标,随后各个业务部门再与研发部门协作,进行产品创新;另一方面体现在不同领域研究人员之间的联系上。在开发佳洁士 Whitestrips 美白牙贴时,参与开发的不仅有了解牙齿美白的口腔护理业务部门人员,也有曾开发过新型贴膜技术的研发人员,甚至连织物和家庭护理产品领域的漂白专家也参加了项目开发。

公司鼓励研发人员之间自由地进行知识共享。宝洁有一个"创新网",公司分散在全球各地的研发、设计、市场研究、采购等部门的人员可以通过该网进行交流。"创新网"有一个名为"你来问我来答"的功能。谁在研发过程中遇到困难或有什么需要,就可以把问题贴在网上,然后问题会被转给有相关专业经验的人,而且往往在 24~48 小时内就能找到提供答案的人。网上还有各种技术专业社区,供人们讨论交流。当有人在开发中遇到困难时,这些专业社区就会成为其求教的主要来源。

资料来源:根据宝洁公司的新闻资料整理而成。

### 3.2.3 面向环境的产品设计

随着人类活动的增加,人类对自然资源的利用越来越多,对环境的破坏性越来越明显。工业生产的发展产生了大量对环境不利的影响和对人类健康不利的影响，因此，近年来，越来越多的学者提出如何在产品设计中考虑资源与环境保护的问题，于是产生了一种关于产品设计的新理念——环境意识设计与制造。这是一种面向环境的产品设计。这些新理念要求在产品设计阶段就考虑产品对资源利用与环境的影响因素，以减少对资源的利用与环境破坏，使产品更加节约、更加环保。这些产品设计的新方法包括增加物资循环利用率的**面向可再循环的设计**（design for recyclability，DFR）、提高再制造能力的**面向可拆卸的设计**（design for disassembly，DFD）和为减少材料与资源的使用的**面向简单化的设计**（design for simplicity，DFS）等。

早期的工业设计没有考虑再循环的问题，产生了大量的不可回收的废料，如洗衣机、电冰箱、汽车塑料制品等。由于绝大多数产品没有经过面向翻新与再循环的设计，所以在回收这些材料时非常困难、成本很高。

当考虑产品的可再生性与再制造性时，产品设计不仅要实现材料的再循环，而且应尽量减少再循环过程中材料质量的降低，以便尽可能保持这种材料的利用价值。在大多数情况下，即使材料的品质降低，对该材料进行再循环利用也比把它丢弃好。比如，自助餐厅的聚苯乙烯餐盘可以变成发泡绝缘材料加以利用，或者将PET饮料瓶再循环利用，制作成地毯化学纤维等。

面向产品再循环利用最典型的例子是汽车。汽车回收系统能够高效地回收利用报废的汽车。比如，一辆不再使用的汽车，拆卸厂把有价值的零件都拆卸下来，包括仪表盘、电池、车轮、轮胎、散热器、交流发电机等。拆卸的车身被卖给切割厂，切割厂利用大型的机械将车身切割成各种小块，然后通过一系列的操作将其分类：黑色金属（碳钢与不锈钢）、有色金属（铝、锌、铜等）、残余物（主要是混有金属与液体杂质的各种塑料）。这三类物质在回收链上各有所归：黑色金属进入钢铁厂；有色金属进入分拣厂，在那里不同的有色金属被分拣出来然后销售；那些没有价值的汽车残余物被运到垃圾处理厂。

报废汽车的一些回收零件可以直接投入使用，这些零件包括车轮、车窗和座椅等；其他零件经过翻新以后可以使用，如交流发电机、空调甚至发动机。在发达国家，有95%的汽车得到回收利用。其他的制品利用率相对低一些。根据统计，目前大约有63%的铝罐、30%的纸制品、20%的玻璃和不到10%的塑料制品得到循环利用。因此，如何在产品设计阶段考虑生命周期的再循环与再利用的问题显得非常重要。

如今，越来越多的工业设计人员开始考虑产品的再循环与再利用问题，在产品设计中考虑产品生命周期各阶段的可利用价值。图3-7是产品生命周期各阶段的不同循环利用策略彗星图。

## 1. 产品生命周期评价与面向环境的产品设计

面向环境的产品设计的目的是设计出对环境友好的产品。为了评估产品对环境的影响，产品**生命周期评价**（life cycle assessment，LCA）可以帮助设计者更好地设计对环境友好的产品。关于生命周期评价的概念，国际环境毒理学与化学学会（SETAC）的定义如下：

生命周期评价是一种客观评价产品、过程或者活动的环境负荷的方法，该方法通过识别与量化所有物质和能量的使用以及环境排放，来评价由此造成的环境影响，评估与实施相应的改善环境的机会。生命周期评价包括产品、过程或者活动从原料获取与加工、生产、运输、销售、使用/再使用/维修、再循环到最终处置的整个生命周期。

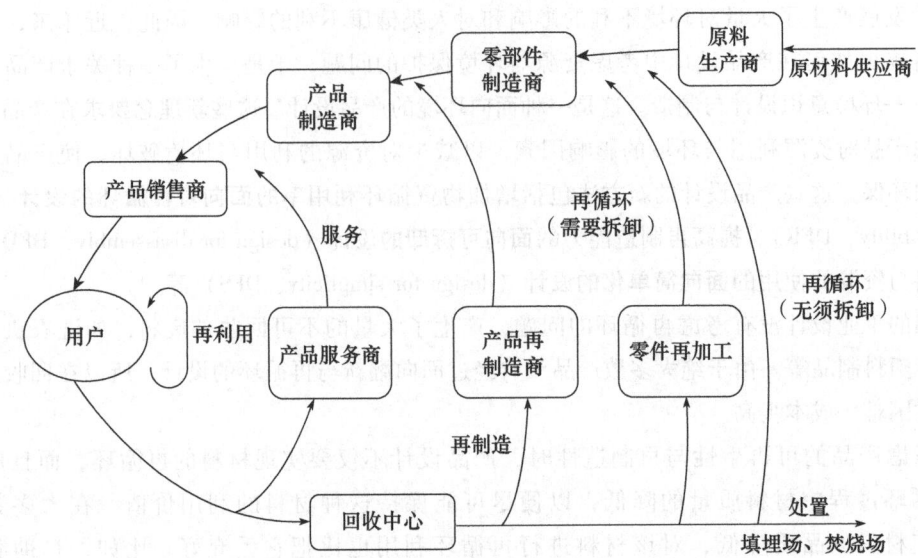

图 3-7　产品生命周期各阶段的不同循环利用策略彗星图

资料来源：ROSE C M. Design for environment: a method for formulating product end of life strategies [M]. California: Stanford University Press, 2000.

生命周期评价是一个复杂的系统，根据产品生命周期的五个阶段（生产前阶段，生产阶段，产品运输阶段，产品使用阶段，翻新、再循环或者处置阶段），列出各阶段的输入与输出的关系，然后评价其对环境的影响。

生命周期评价通过特定产品或者过程的环境因素的评价，获得如何改进其环境表现的信息。如果生命周期评价在产品设计的初试阶段进行，可以用来比较不同设计方案的环境影响度，从而为设计方案评比提供参考。生命周期评价也可以在产品生产或者使用阶段进行，这个时候也能获得改善其对环境影响的信息。

## 2. 面向产品可再制造、再利用的设计策略

DFR 和 DFD 都是**面向环境的设计**（design for environment，DFE）的基本思想。再制造是指通过保留性能尚好的零部件、翻新可再使用的零部件和引入代替零部件（性能相同或者升级的，如电脑主板），以便使丧失功能的产品得到再利用。再制造要求在设计时周密考虑，因为设计会影响产品拆卸和更新的方便程度与可再利用程度，从而决定再制造的可行性。

（1）模块化设计。面向再制造设计的核心概念是模块化设计。如果设计人员能够预见到产品的某一部分可能发生变化或者需要修理更新而产品的其他部分并不需要改变时，应该将可能发生变化的部分设计成一个模块，使其能够有效地进行代替和再循环。这种方法应用成功的例子是电脑与电视的电路板设计。

（2）零部件联结设计。零部件联结方式对产品能否在生命周期结束以后再循环利用有重要的影响，差的联结设计对开展再循环不利。当今产品的零部件很多，一台电冰箱有两三百个零部件，一辆汽车的零部件多达 3 500 个，一架飞机的零部件更是多达 150 万个。设计人员面临的挑战是如何设计产品使其在使用过程中耐用，同时使用完以后易于拆卸。这样易于拆卸的产品，才有可再制造、再循环利用的价值。如果设计的时候减少联结件的数量与种类，采用简

单、常用的联结方式,减少使用拆卸困难和拆卸费用高的联结方式,就容易实现面向再制造的设计目标。

## 3.3 服务产品及流程设计

前面几节我们讨论了制造业的产品开发与产品设计策略问题,类似地,服务业也存在新产品开发的问题,但是服务产品开发与制造产品开发有很大的不同,这是因为服务生产与服务营销是同时进行的,服务产品设计要充分利用营销策略,并且服务产品的设计需要和服务流程同步考虑。本节讨论服务产品开发与流程设计问题。

### 3.3.1 服务产品的分类

关于服务产品有不同的分类方法,其中最典型的服务产品分类方法是根据顾客交互和定制程度与劳动密集程度进行分类。根据这两个维度的关系,可以把服务分为四种类型:服务工厂、服务作坊、大量服务、专业化服务,如图3-8所示。○

(1) **服务工厂**(service factory)。顾名思义,"服务工厂"这种服务过程就像工厂的生产线一样提供标准化服务,"服务批量"比较大。它的特点是劳动密集程度低,同时,顾客

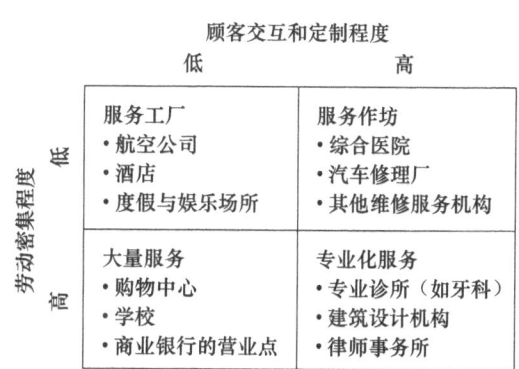

图3-8 服务过程矩阵

定制程度比较低,不同的顾客基本上接受统一的服务。典型的例子有航空公司、酒店行业等。

(2) **服务作坊**(service shop)。该种服务的劳动密集程度低但顾客交互和定制程度高,如综合医院,标准化程度比服务工厂低一些。

(3) **大量服务**(mass service)。有的教科书称大量服务为大众化服务。该种服务的特点是劳动密集程度高,但是顾客交互和定制程度低,和服务工厂一样标准化程度高,但是与服务工厂相比,这种服务由于劳动密集、自动化程度低,因此生产率比较低。

(4) **专业化服务**(professional service)。当顾客交互程度与劳动密集程度都比较高时,这种服务就是专业化服务,也叫个性服务,这种服务的标准化程度低,所以劳动生产率低。典型的例子有专业诊所、律师事务所等。

需要说明的是,服务产品的划分不是绝对的,随着服务流程技术的发展,劳动密集程度与顾客交互程度也会随之发生变化,因此服务产品的划分是相对的,不是绝对的。比如学校,有的学校通过远程电视教学,这种服务的劳动密集程度和交互程度都很低,但是某些特殊学校就是定制教学,交互程度很高。

---

○ 菲茨西蒙斯 J,菲茨西蒙斯 M. 服务管理:第3版 [M]. 张金成,范秀成,译. 北京:机械工业出版社,2003.

### 3.3.2 新服务产品开发

服务业企业与制造业企业一样，只有不断开发新产品，才能在市场中保持长期的竞争力。在设计新服务业务前，我们先介绍新服务产品的类型与特征。

#### 1. 新服务产品的类型与特征

新服务产品就是相对于原来的服务项目而言，服务内容或者服务过程与原来的服务产品不同。因此，对新服务产品的分类一般可以从服务内容的变化程度和服务传递过程的变化程度来划分，如图3-9所示，把新服务产品分成了以下四大类。

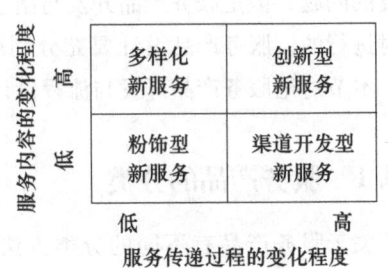

图3-9 新服务分类矩阵
资料来源：戴维斯，阿奎拉诺，蔡斯. 运营管理基础：第4版[M]. 汪蓉, 等译. 北京：机械工业出版社，2004.

**(1) 粉饰型新服务**。如图3-9中两维矩阵的左下角所示，这种服务在服务内容和服务传递过程方面都没有太多变化，推出的新服务产品跟原来的服务产品相似。例如，大学新增的课程、邮局卖明信片、贺年卡，银行代理新理财业务（如缴费、工资支付）等。这种新产品对企业现有服务的运营影响较小，只能对现有服务项目起到粉饰与点缀的作用。开发这种新产品比较容易，需要投入的资源比较少。

**(2) 多样化新服务**。如图3-9中两维矩阵的左上角所示，这种服务提供全新的服务内容，而服务传递过程的变化很小。这种多样化服务产品就像制造企业的多元化产品，在一个生产系统中同时生产不同的产品，但是生产过程没有太大变化。类似地，多样化服务产品利用同样的服务资源，提供更多的服务，比如，旅游度假区不断推出不同的游乐项目，让游客每次去都有新鲜的感觉。

**(3) 创新型新服务**。如图3-9中两维矩阵的右上角所示，这种新服务产品在服务内容与服务传递过程上都与原来的服务产品不同，它是全新的服务内容和全新的服务传递过程的结合。开发这种新服务产品需要有创新思维。我国台湾地区曾经有一家叫诚品书店的企业，它在卖书的同时还提供酒店住宿服务，读者可以在书店里过夜，在阅读的同时可以休息一个晚上。

**(4) 渠道开发型新服务**。如图3-9中两维矩阵的右下角所示，这种新服务产品的特点是服务内容没有什么变化，但是服务传递过程发生了变化，采用新的传递方式。比如，银行传统的服务是柜台式服务，增加自动柜员机以后，服务内容没有变化，但是服务手段变化了，采用了自动化服务手段。另外，百货商店推出手机购物等电子商务服务也属于这种类型。这种新服务产品一般都与服务技术的变化有关，当新技术出现以后，就可以改变服务的传递方式。

#### 2. 新服务产品开发过程

新服务产品与制造业的新产品开发过程类似，都涉及从构想、设计到上市等一系列过程，但是与制造产品开发不同的是，服务是无形的，服务产品开发的重点是服务过程的设计，就像制造产品的工艺设计一样。新服务产品开发过程分为以下几个阶段。

（1）**概念设计阶段**。在这个阶段，创意很重要，企业要考虑提供新内容还是新服务过程（新技术），创意可能来源于顾客，或者在与顾客的接触中产生。企业要明确服务目标、服务顾客定位等。

（2）**分析阶段**。在这个阶段要考虑服务的财务分析及服务过程的资源分析，类似于制造业的可行性研究，即分析这个服务项目的盈亏平衡点、未来的收益性等经济指标，还要分析服务技术的先进性和合理性以及服务资源的可利用性等。

（3）**开发与试运行阶段**。在这个阶段需要进行详细的服务内容与服务过程的设计，包括服务资源规划、服务人员培训、服务检验和初步运行。这个阶段有点像制造业的工艺设计、试生产与调试阶段。

（4）**全面服务开业阶段**。这个阶段在试运行阶段之后，所有的服务设施和服务过程都已经经过检验，可以全面投入服务开业。这个阶段相当于制造业的量产阶段，此时服务系统进入正常服务营业阶段。

### 3.3.3　服务流程设计方法

服务流程设计是服务产品开发的重要环节，正如制造业有生产过程（生产线）的设计一样，服务也要进行服务流程设计。我们重点讨论服务流程设计中服务流程－顾客接触矩阵的概念，然后介绍典型服务流程的特点。

#### 1. 服务流程－顾客接触矩阵

在服务流程设计中，顾客接触程度是一个非常重要的概念，因为顾客接触是服务产品生产与制造业产品生产的最大区别。顾客接触程度不同，服务效果就不一样，因此在服务流程设计中需要考虑顾客接触问题。图 3-10 为服务流程－顾客接触矩阵，该矩阵划分了 6 种不同的顾客接触程度的服务系统，分别是信件联系、网络与在线接触、电话接触、面对面规范接触、面对面宽松接触和面对面顾客化接触。

顾客接触程度不同的服务系统在销售机会和服务效率方面表现不一样。一方面，从销售机会来讲，随着顾客接触程度不断提高，销售机会增加，反之，销售机会减少；另一方面，从服务效率来讲，随着顾客接触程度的提高，服务效率下降，反之，服务效率提高（顾客接触低，顾客干扰下降）。

顾客接触程度不同，对员工技能有不同的要求，对服务系统与管理工作重点、服务技术的使用也有不同的影响。

（1）顾客接触程度对员工技能的要求。比如，顾客接触程度低的服务系统要求员工具有撰写书面材料的能力，像工厂的工人一样应该具有身体操作性能力，而对语言和沟通能力要求比较低。反之，越接近图 3-10 右边的服务流程，顾客接触程度越高，对员工技能的要求更多的是口头沟通能力、心理判断能力等。

（2）顾客接触程度对服务系统与管理工作重点的影响。顾客接触程度低的服务流程（靠近图 3-10 左下角的流程），管理工作重点在于文书性、例行性工作以及工作程序的设计与服务规范的执行等。而顾客接触程度高的服务流程，管理工作重点则在于分析与处理顾客的差异性需求，处理例外的、突发性的工作。

（3）顾客接触程度对服务技术的使用的影响。当顾客接触程度低时，一般采用自动化程度高的办公系统支持服务流程，以提高服务效率，但是当顾客接触程度高时，需要采用人性化的团队工作方式，增加与顾客的沟通和协调。

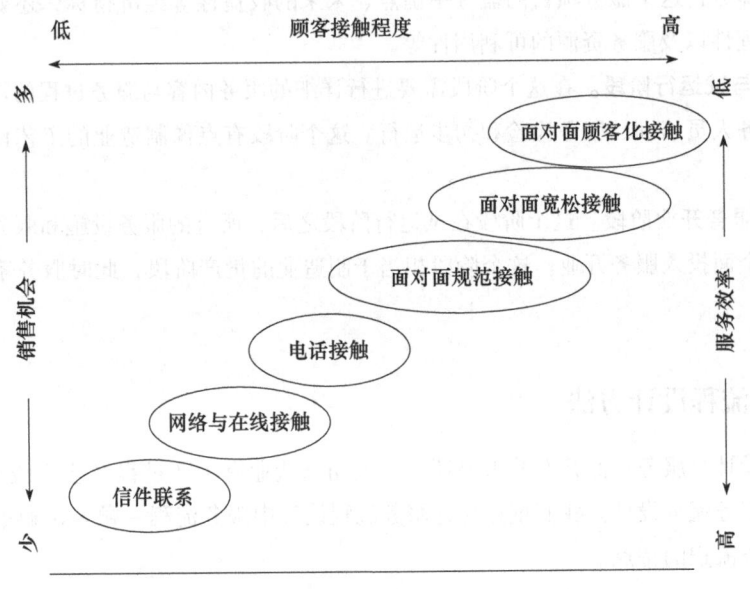

图 3-10　服务流程－顾客接触矩阵

### 2. 典型服务流程

按照顾客接触程度不同，典型的服务流程有三种：第一种是生产线式，顾客接触程度低（几乎无接触）；第二种是自助式，顾客接触有限；第三种是个体维护式，与顾客全面接触。

（1）**生产线式**。该服务流程的典型代表是麦当劳，按照严格的工作程序完成服务过程，就像生产线一样。集体的体检活动也是生产线，每一个体检者都按照统一的要求与程序进行体检，另外，邮局的邮件分件系统采用的也是生产线式的服务流程。

（2）**自助式**。比较典型的是网上缴费系统、自动提款机、自助加油站等服务系统，需要一定的在线与现场支持技术来协助顾客进行自我服务，这种服务系统的生产率低于生产线式，但是可以给顾客更多选择。

（3）**个体维护式**。这种服务流程是最顾客化的流程，完全根据不同顾客的要求提供差异化服务，生产率最低。这种服务流程可以给顾客量身定制其所需要的服务。

除了以上三种典型的服务流程外，还可以按照服务中服务员工与顾客的接触距离分为另外三种典型的服务流程，即前台式服务流程、后台式服务流程、前后台混合服务流程。

前台式服务流程，顾客接触距离比较近，是顾客化程度和接触程度比较高的流程，类似于个体维护式；后台式服务流程，顾客接触距离比较远，就像工厂的生产线远离顾客一样，这种服务流程类似于生产线式；前后台混合服务流程，顾客接触程度和接触距离都介于前台式与后台式服务流程之间，顾客接触程度类似于自助式。

> **运作聚焦**
>
> **旅游景区产品设计策略：迪士尼乐园式还是温泉度假村式**
>
> 随着人们生活水平的提高，人们的旅游消费增加了，如今旅游景区越来越多，市场竞争也越来越激烈，旅游景区如何设计好旅游服务产品，以吸引更多的游客呢？这是对旅游产品开发者的考验。产品开发策略运用得当，可以使旅游景区获得成功，否则，景区生意不好，经济效益自然也不理想。
>
> 从本章介绍的服务产品分类中我们可知，服务有多种类型，适合不同的顾客。旅游产品开发需要对游客有一个定位，也就是先确定服务战略：是提供大众化的旅游服务产品，还是提供专业化的旅游服务产品。服务战略不同，服务产品设计思路就不一样。大众化的旅游服务产品需要多样化的产品，同时满足游客多样化的服务需求；而专业化的旅游服务产品强调专业和高品位。前者就像迪士尼乐园，为游客提供多功能项目旅游产品；后者就像专业的度假村，游客获得的是专业和高档的服务享受。
>
> 迪士尼乐园式的设计思路是：酒店＋娱乐，人们住在酒店，酒店所在的景区里有很多类型的娱乐设施，游客可以观赏、听音乐、探险，还可以享用美食。桂林乐满地度假世界就是这种类型。而另一种以养生和疗养式的旅游项目为主的温泉度假村的产品设计思路是：酒店＋温泉。比如广东从化被称为"温泉之乡"，温泉度假村已成为该地方旅游的一张名片。但是温泉度假村在开发旅游产品时需要考虑专业性和独特性，因为其消费群体一般是中老年人，与迪士尼乐园面向的大众消费群体不同。

## 3.4 先进的产品开发管理模式

市场竞争日益激烈，对企业的产品开发提出了更高的要求。快速、有效开发出满足顾客需求的产品是企业成功的关键。企业需要优化产品开发管理模式，提高产品开发的效率和效益。下面介绍两种先进的产品开发管理模式：并行工程产品开发管理模式和集成产品开发管理模式。

### 3.4.1 并行工程产品开发管理模式

并行工程是 20 世纪 80 年代末 90 年代初出现的一种新的产品开发方法。1988 年 10 月，美国国防分析研究所（IDA）为了解决武器系统的开发周期过长、生产费用过高的问题，向美国国防部提交了《并行工程在武器系统采购中的作用》报告。该报告详尽介绍了美国十几家公司采用并行工程的做法与取得的效果，此报告又被称为 R338 报告。

目前人们普遍接受 R. I. Winner 在 R338 报告中给出的并行工程的定义：并行工程是对产品及其相关过程（包括制造过程和支持过程）进行并行、一体化设计的一种系统化的工作模式。这种模式要求产品开发人员从产品设计开始就考虑整个产品生命周期（从概念构思到产品报废）各个阶段的所有因素，它强调产品设计、工艺设计、分析、制造、装配、市场销售和其他各种活动之间的信息集成与功能集成。

### 1. 并行工程的基本思想

传统的产品开发方法是一种串行的开发方法，串行产品开发方法的缺点主要有：设计与制造脱节，产品的可制造性、可装配性差；产品开发过程中存在多次信息循环与交互，修改工作量大；产品开发周期长、成本高。

并行工程的基本思想体现在如下三个方面：

- 设计时考虑产品生命周期的所有因素，同时生成产品设计规格与相应的制造工艺规格及生产准备文件；
- 设计过程中各种活动交叉并行；
- 与产品生命周期有关的不同领域的技术人员全面参与。

并行工程的目的是优化，它依赖于产品开发过程中各学科、各职能部门人员的相互合作与信息共享。他们通过有效的通信与交流，尽早考虑产品生命周期中的所有因素（如可制造性、可装配性、可维护性等），尽早发现并解决问题，以达到各项工作协调一致，使产品设计从开始就能进行工艺优化，从而实现优化设计。

### 2. 并行工程的基本原则

并行工程的基本原则包括以下几个方面。

(1) **用短信息反馈取代长信息反馈**。串行产品开发方法最大的缺点就是长距离的信息反馈，比如产品试制过程中出现问题，由于制造部门前期不介入产品设计部门的工作，因此设计部门无法预测制造过程中可能出现的问题，只能等待制造过程的结果出来后才对设计进行修改。这种长距离的信息反馈是一种时间与资源的浪费。并行工程就是要消除这种长距离的信息反馈，在产品设计早期，制造部门参与产品设计的讨论，提出修改意见，尽量在早期发现并排除制造过程中可能出现的问题，从而减少了过多的反复与信息循环传递。

(2) **用并行渐进取代串行渐进**。并行工程并不是指所有的活动齐头并进，产品开发仍然按照概念、初步设计、详细设计和试产等几个"里程碑"的阶段性过程进行，这是一种渐进过程。与串行开发模式的渐进方式不同，并行工程采用"预先发布"的并行渐进方法，即在下一开发工作流程开始之前就把关键的设计内容与要求向下阶段发布，使其提前进入状态，从而加快开发进度。

(3) **用系统的思考方法取代孤立的思考方法**。传统的产品开发采用"试凑法"，这是由于缺乏系统性的整体思维方法。各设计阶段与环节是严格按照先后次序进行的，一般只能考虑局部问题，从而导致设计、加工、测试、再设计、再加工、再测试的循环过程，来回试凑与校验。并行工程改变了这种孤立的思考方法，利用不同阶段的信息集成与透明化协作，减少了不必要的浪费。

### 3. 并行工程的团队人员构成

实施并行工程的关键是把各领域的人组成一个多学科开发团队，因此，团队管理在并行工程产品开发管理中是非常重要的内容。

并行工程产品开发团队的成员包括产品生命周期各阶段涉及的各领域的人员，甚至包括顾客与供应商，如图 3-11 所示。

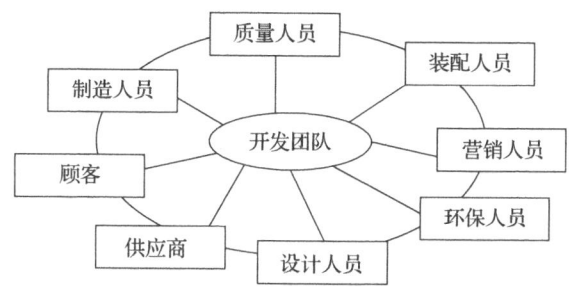

图 3-11　并行工程产品开发团队成员构成

从图 3-11 中可以看出，除了设计人员外，并行工程团队还包括其他领域的三类人员。

（1）企业内部其他领域的人员，主要是制造人员、质量人员、装配人员、营销人员。这些人员参加产品开发的早期活动，有利于防止设计中出现先天性不足，缩短开发时间，减少开发费用。

（2）企业外部的供应商与顾客。顾客参与产品开发活动，企业可以更清楚地了解顾客的需求，能把顾客需求更好地反映到产品设计中，尽早发现顾客需求与设计的偏差，从而减少不必要的反复与修改。供应商参与产品开发，可以使企业了解到产品设计需要的原料及部件能否得到及时满足，减少不必要的浪费，增加产品的可制造性与可装配性。

（3）环保人员。环境是企业产品开发必须考虑的因素。虽然企业在产品设计过程中一般很少邀请环保人员参与产品开发的讨论，但是企业至少应该通过有关途径获取环保方面的信息，考虑其开发的产品是否受到环保有关法律法规的制约。

#### 4. 并行工程的支撑技术

（1）产品数据管理。**产品数据管理**（product data management，PDM）是在数据库基础上发展起来的面向工程应用的信息管理技术，它管理所有与产品有关的信息与过程。具体来说，产品数据管理是对工程数据管理（EDM）、文档管理（DM）、产品信息管理（PIM）、技术信息管理（TIM）、图像管理（IM）的一种概括。产品数据管理在并行工程中发挥核心作用，它统一管理开发过程中的数据与信息。

（2）分布式会议与工作分配的网络系统。并行工程的分布式协同工作需要分布式会议与工作分配的网络系统，以实现协同产品开发，比如西门子公司的 Teamcenter 就是一种能够保证部门和多企业协作进行产品开发的系统工具。随着网络技术的发展，各种先进的信息通信技术（如移动互联网、5G 通信等）为并行工程的远程和多部门、多企业产品协同开发提供了技术保障。

#### 5. 并行工程在非制造业的应用

并行工程产品开发技术在服务业也能起到一定的作用。服务产品开发的重点是服务流程设计，而在服务流程设计中可以运用并行工程的思想，将服务流程中串行的业务流程改为并行的业务流程，这样可以大大缩短服务时间，提高服务效率。比如，在医院的服务流程中，原来患者到医院就医的时候，基本流程是挂号、医生问诊、计价、收费、取药。借助先进的信息技术，现在医生问诊的时候，计价就同时完成了；收费的同时，药房也开始配药，这样可以缩短患者在医院停留的时间。同样，在建筑设计中也可以运用并行工程思想进行房地产开发，以缩短开发周期。

### 3.4.2 集成产品开发管理模式

#### 1. 集成产品开发的起源

**集成产品开发**（integrated product development, IPD）是产品开发的一套模式、理念与方法。集成产品开发的思想来源于美国PRTM公司出版的《产品及生命周期优化法》（*Product and Cycle-Time Excellence*），该书详细描述了这种新的产品开发模式所包含的各个方面。

最先将集成产品开发付诸实践的是IBM。1992年，IBM在激烈的市场竞争中遭遇严重的财务困难，公司销售收入停止增长，利润急剧下降。经过分析，IBM发现其在研发费用、研发损失费用和产品上市时间等几个方面远远落后于业界最佳企业。为了重新获得市场竞争优势，IBM提出了将产品上市时间压缩一半，在不影响产品开发结果的情况下将研发费用减少一半的目标。为了达到这个目标，IBM率先采用了集成产品开发方法。IBM在综合业界最佳实践要素的框架的指导下，从流程重整和产品重整两个方面实现了缩短产品上市时间、提高产品利润、有效进行产品开发、为顾客和股东提供更大价值的目标。

IBM实施集成产品开发的效果不管在财务指标还是质量指标上都得到了验证，最显著的改进在于：

- 产品研发周期显著缩短；
- 产品成本降低；
- 研发费用占总收入的比例降低，人均产出率大幅提高；
- 产品质量普遍提高；
- 花在中途废止项目上的费用明显减少。

#### 2. 集成产品开发的定义

目前集成产品开发没有统一的定义，美国软件工程研究院（SEI）将集成产品开发定义为：集成产品开发是一种面向顾客需求，对贯穿产品生命周期的活动进行及时协同的产品开发系统方法。

集成产品开发强调以市场需求为导向、以信息集成为基础，将产品开发作为一项投资来管理。这种开发模式把研发、生产制造、客户支持等产品开发的各个环节集成到团队中，建立面向市场的、顾客需求导向的、跨部门、多职能参与的产品开发管理体系。这种集成体系包含技术集成、人员集成、管理集成。集成产品开发和并行工程有一些相似之处，集成产品开发应用了并行工程的思想和原理，我们可以这样认为，集成产品开发是并行工程技术的延伸。

#### 3. 集成产品开发管理模式的基本要素

集成产品开发管理模式包括流程重组、产品重组、市场管理三大体系。三大体系有机集成，形成一个协同的、面向市场需求的产品开发系统。集成产品开发管理模式包含两个团队和两个流程。

（1）两个团队。两个团队指的是产品组合管理团队和产品开发项目管理团队。前者负责对产品进行市场分析和投资组合分析，将产品当作一个投资项目来对待是集成产品开发管理模式的重要思想。产品开发项目管理团队负责项目资源和跨部门协调。

（2）两个流程。基于两个团队，集成产品开发管理模式有两个业务流程：市场管理流程和产品开发流程。两个团队围绕两个流程，互相配合、集成协调地开展工作。

集成产品开发管理包含一些重要的概念，比如：

- 产品平台化；
- 模块化产品结构；
- 跨部门团队协作；
- 结构化开发流程；
- 并行工程；
- 优化投资组合。

集成产品开发管理模式是一种先进的产品开发管理模式，目前我国有一些制造企业运用这种开发模式进行产品开发，比如华为就较早采用了这种产品开发管理模式进行产品开发。

## 本章小结

本章讨论了产品与服务设计的有关问题，主要介绍了产品与服务设计的基本策略和方法。3.1 节主要介绍了产品生命周期与产品开发的驱动模式、程序、评价和国际企业产品开发的新特点。3.2 节介绍了工业产品设计的思路与方法，重点介绍了面向顾客的产品设计的方法，如价值工程方法。3.3 节介绍了服务产品及流程设计，重点介绍了新服务产品的类型与特征以及新服务产品开发的流程。3.4 节介绍了先进的产品开发管理模式，包括集成产品开发管理模式和并行工程产品开发管理模式。

## 关键术语

产品开发（product development）
质量功能配置（quality function deployment，QFD）
服务流程-顾客接触矩阵（service process-customer contact matrix）
价值工程（value engineering）
新服务产品开发（new service product development）
集成产品开发（integrated product development，IPD）

## 延伸阅读

1. 阅读指南：要了解更多有关新产品开发的知识，请阅读《21 世纪企业竞争前沿：大规模定制模式下的敏捷产品开发》（大卫·M. 安德森、B. 约瑟夫·派恩二世，机械工业出版社，1999）；了解服务产品及流程设计，请阅读《服务管理：运作、战略与信息技术（原书第 9 版）》（桑杰夫·波多洛伊、詹姆斯·A. 菲茨西蒙斯、莫娜·J. 菲茨西蒙斯,机械工业出版社,2020)。
2. 网络资源:登录海尔公司的网站（http://www.haier.com）了解该企业的产品开发的新理念。

## 选择题

1. 产品系列化和标准化工作应该在产品生命周期的（　　）阶段进行。
   A. 引入期
   B. 成长期
   C. 成熟期
   D. 衰退期

2. 价值工程的含义是（　　）。
   A. 用最小的成本获得最多的产品功能
   B. 产品价值最大化
   C. 企业利润最大化
   D. 产品成本最小化

3. 下面的说法符合自助式服务流程的是（　　）。
   A. 流程标准化程度高
   B. 服务效率高
   C. 个性化程度高
   D. 半自动化水平

4. 顾客接触程度高的服务流程的好处是（　　）。
   A. 销售机会多
   B. 员工操作简单
   C. 生产率高
   D. 标准化程度高

## 论述题

1. 简述产品生命周期四个阶段的产品开发特点。
2. 市场驱动与技术驱动的产品开发模式各有什么特点，分别适合什么类型的产品？
3. 新服务产品开发与新工业产品开发过程有什么不同？
4. 新产品开发有什么国际新趋势？
5. 如何评价新产品开发的成功与失败？海尔根据市场销售额（利润）来评价产品开发部门的业绩，请评价这种做法。
6. 比较三种典型服务流程的特点。
7. 为什么麦当劳的服务效率那么高？如果改用定制化的方式提供服务，你认为麦当劳应该如何改变其服务流程？
8. 观察学生食堂的服务流程类型，哪些是生产线式服务？哪些是自助式服务？哪些是个体维护式服务？
9. 观察如图 3-12 所示的汽车加油站的运作过程，请你把这个服务过程描述出来：包括汽车进入加油站、加油、付款、离开等几个步骤。如果这个加油站改为自助式服务，需要做什么样的流程改动？

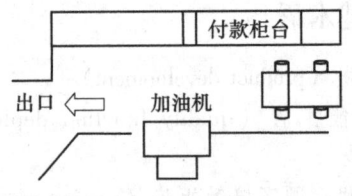

图 3-12　汽车加油站的运作过程

## 讨论案例

### 并行工程在牙膏产品开发中的应用

广州高露洁有限公司是一家中美合资的日用化工企业。高露洁公司总部设在纽约市，是一家处于全球领先地位的消费品公司，主要产品涉及口腔护理、个人护理、家居护理、衣物护理和宠物营养产品等。高露洁在全球 100 多个国家经营业务，市场遍布 200 多个国家和地区，国际品牌包括 Colgate、Palmolive、Mennen、Softsoap、Irish Spring、Protex、Sorriso、Kolynos、Ajax、Axion、Soupline、Suavitel、Fab 以及 Hill 品牌的宠物食品等。1992 年，高露洁公司与广州洁银公司在广州成立了合资企业——广州高露洁有限公司。高露洁从此开始了在中国的业务。

**原来的产品开发流程存在的问题**

（1）遵循传统的串行产品开发，开发周期长，效率低下。在串行产品开发过程中，大部分的开发工作都是按顺序进行的，只有当前面的工作全部完成以后才将信息传递给后续工作；信息传递是单向的，基本没有反馈，如果在后续工作中发现需要修改产品设计，就要返回到前面相应的工序，这会形成大循环，使得产品开发周期过长，信息传递效率低下，产品开发效率低。超感白牙膏的整体开发时间为 13 个月，对于需求变化日益剧烈的日化行业来说，13 个月的时间实在是很长。

（2）产品开发成本高。由于在产品开发初期一切以按时上市为首要目标，公司对降低成本的考虑很少，导致产品开发成本偏高，利润较少，不足以承担后期的产品销售、市场促销、广告等费用，增加了产品退出市场的可能性，可能导致最终产品开发失败。以柔丽衣物柔顺剂为例，虽然该产品已经上市五年了，但是仍然没有盈利。虽然这一结果与广告投入巨大有关，但最主要的原因是产品成本偏高。

（3）缺乏供应链管理思想。高露洁产品开发基本由市场部主导并联合其他相关部门共同完成。现阶段高露洁还没有形成正式的供应链管理体系，产品开发基本上是由高露洁公司独自完成的，在产品开发过程中没有将供应链的上下游企业有机地结合在一起，产品开发无法应用供应链的整体资源优势，从而延长了产品开发时间。例如，在超感白牙膏产品开发过程中，产品包装采用了新的包装技术，想要增加产品货架效果，由于工艺较新，广州高露洁公司指定了复合用的胶水牌号，但是复合好的激光膜很容易从纸板上剥离，始终达不到公司的要求。最后，在延迟上市 2 个星期后，迫于时间压力（因为已经投入了广告和媒体宣传），公司不得不降低标准；上市 1 个月后，公司通过和供应商合作，采用了供应商的建议，更换了胶水牌号，产品质量达到了公司标准。

**并行工程的组织结构**

高露洁公司为了实施并行工程，成立了多领域、跨部门协同产品开发小组，产品开发团队人员组成如图 3-13 所示。

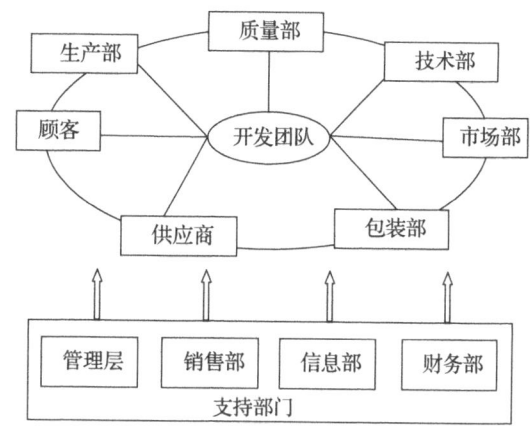

图 3-13 产品开发团队人员组成

**产品开发流程的改变**

通过采用并行工程的思想，产品开发流程进行了一些调整。

（1）在产品开发的前期就考虑后期的开发工作（如在概念设计阶段就考虑配方和包装设计）。

（2）取消了某些不必要的环节（如取消原来的"消费者测试"，项目开发早期就了解消费者的需求，减少开发后期的修改）。

（3）减少项目审批的层级，避免管理层的层层审批。

（4）开发任务交叉并行（如在配方开发阶段就与生产部合作，在样品试制阶段就确定最终的生产工艺）。

通过采用以上措施，开发流程由原来的

43 个步骤压缩到 30 个步骤，减少了 13 个步骤。

**并行工程应用的经济效益评价**

应用并行工程进行产品开发，经济效益主要体现在如下几个方面。

（1）产品开发周期缩短。优化后的产品开发周期由原先的 360 天缩短为 180 天左右，开发周期缩短了约 50%，并且保证了产品开发质量。

（2）开发成本减少。并行工程要求将错误消灭在设计阶段，减少返工，节约了产品开发成本；提高了产品开发成功率，降低了产品开发风险；减少了不必要、不增值的步骤；通过与供应商合作，降低了采购成本。

由于产品开发周期缩短、成本降低，因此产品的市场竞争力提升了。表 3-2 为采用并行工程后超感白牙膏取得的经济效益。

表 3-2　采用并行工程后超感白牙膏的经济效益

| 产品开发时间 | 产品开发成本 | 产品开发质量 | 产品市场竞争力 |
| --- | --- | --- | --- |
| 总体时间缩短了 50% | 产品成本降低 20% | 制造成本降低 20% | 销售收入增加 20% |
| | 开发成本降低 20% | 可制造性提高 | 市场份额增加 1% |
| | 生产成本降低 25% | 可测试性提高 | 利润增加 8% |

资料来源：作者根据企业内部资料整理编写。

**讨论**

1. 高露洁公司并行工程产品开发组织结构有什么特点？要使并行工程组织结构高效运行，需要解决什么问题？
2. 采用并行工程以后产品开发流程有什么变化？
3. 实施并行工程需要获得哪些技术保证与支持？

# 第 4 章
CHAPTER 4

# 设施选址与布置

§ 学习目标

- 了解设施选址的主要考虑因素。
- 熟悉设施选址的几种常见方法。
- 了解设施布置的目标与形式。
- 熟悉几种常用的设施布置方法。
- 了解服务设施布置的一些独特技巧。

§ 引例

### 为什么世界 500 强企业霍尼韦尔要选址武汉

九省通衢的武汉,作为我国中部地区的中心城市,具有明显的区位优势,成为许多国内外大企业选址的重要城市。

2020 年 5 月 19 日,霍尼韦尔公司"新兴市场总部暨创新中心成立仪式"在武汉东湖新技术开发区举行。这也是 2020 年第一个在武汉设立公司的世界 500 强企业。霍尼韦尔新兴市场总部项目将围绕其在中国的智能建筑科技、特性材料和技术、安全与生产力解决方案三大主要业务,针对相关产品(消防报警系统、工控仪器、传感器、检测器、高性能纤维产品、打印和扫描设

霍尼韦尔涡轮增压技术(武汉)有限公司,
工人在生产线上紧张有序地工作

图片来源:武汉市人民政府门户网站。

备、工作流软件、物流自动化数据采集方案、办公数据一体化方案、空气品质管理解决方案等），开展研发、销售、市场开拓以及客户管理等工作。

据悉，霍尼韦尔是最早进入中国市场的美资企业之一，在华深耕超过40年。

"很高兴，我们能成为新冠疫情之后首家落地武汉的世界500强企业。我们对武汉持续发展充满信心，为中国不断扩大开放感到鼓舞，将在中国持续创新，满足本地客户需求。"2020年5月19日，霍尼韦尔公司全球高增长地区总裁沈达理在视频致辞中表示。此时距2019年11月该公司与武汉接触，只过了不到200天。

在谈到为何要选址在武汉时，霍尼韦尔中国区总裁表示，在50多个城市的比选中，我们之所以选择了武汉，是因为：第一，交通便利性，武汉有得天独厚的优势；第二，有客户群，有发散效应，武汉有超过1 000万人，2个小时车程内还有庞大的消费群体；第三，也是最重要的一点，是武汉良好的投资环境、创新氛围和人才资源，这是武汉最终胜出的关键原因。

资料来源：根据武汉市人民政府门户网站资料（http://www.wuhan.gov.cn/sy/whyw/202005/t20200520_1324296.shtml）、一点资讯网资料（http://www.yidianzixun.com/article/0PQHbIai）和新浪网资料（http://hb.sina.com.cn/news/zlzx/2020-05-20/detail-iircuyvi4167283.shtml）整理编写。

思考与讨论：1. 武汉具有什么地理位置优势能吸引霍尼韦尔这家世界著名企业落户？
2. 全球化设施选址决策和本土选址决策有什么不同的特点？

## 4.1 设施选址

设施选址对于企业建立区位优势相当重要。一个企业的发展如何，设施选址有着先天性的影响：选址正确，有利于企业发展；选址错误，企业将蒙受巨大的损失。

选址决策是一种战略决策。理解选址对生产与运作的影响，有助于今后企业的改造与发展；掌握科学的选址决策方法对企业正确选址非常重要。

企业在不同的发展阶段都有可能面临选址的问题：

- 当企业扩充现有的生产能力仍无法满足市场需求时，需要考虑另觅他处寻求发展；
- 当企业资源枯竭无法继续生存时，需要寻找新的投资环境，如渔业、矿产、盐业等企业都会面临这样重新选址的问题；
- 当市场需求发生变化时，企业需要在不同的市场环境中谋求发展，为此企业会面临在哪个地区寻求商业机会的选址问题；
- 当自然灾害或战争等危及企业正常经营时，企业需要选择更安全、稳定的经营环境，这就涉及更换地址的选址问题。

在全球化战略下，选址变得越来越重要。全球生产体系的构建和全球供应链的形成都需要考虑生产设施或者物流设施的选址决策，而且这些决策不仅仅影响一个生产工厂或者一个物流设施的运作，更会影响整个供应链的运作。这种全球化生产或者供应链设施的选址涉及更加复杂的因素，特别是风险因素——政治风险、安全风险、金融风险等，各种不确定性因素导致选址决策需要企业家具备胆量，并能进行战略性思考。

## 4.1.1 选址因素考虑

选址是一个很复杂的决策问题，涉及的因素比较多。考虑的角度不同，选址决策结果就不一样。归纳起来，影响选址的因素主要有四个，即政治因素、经济因素、社会因素和自然因素。其中经济因素是主要考虑因素，下面重点讨论经济因素。

(1) **选择接近原料供应的地区**。原料是企业的基本生产资料，占产品成本的比重比较大，选择一个原料丰富并且价格低的地区对于降低成本是有利的，特别是一些基础工业和半成品加工业，如石油、化工、纺织、钢铁、水泥、采矿等。

由于服务业可以通过提升市场销售份额来抵消增加的原料供应成本，因此对于服务业来说，原料供应不是重点考虑因素。

(2) **选择接近产品消费市场的地区**。产品消费市场容量的大小决定了企业经营的规模。为了增加销量，选择一个产品需求量大的地区是有利的。接近产品消费市场，一方面可以降低产品运输成本；另一方面，企业可以快速捕捉市场信息，进行产品的开发与生产。

服务业对市场的反应比较敏感，因此应该靠近销售市场。对于制造业来说，不同的行业侧重点不同，基础工业以靠近原料供应为主，而消费品工业以接近消费市场为主。

(3) **选择有利于职工生活的地区**。选址会影响职工的生活，因此为了稳定职工队伍，企业应该选择职工生活比较方便的地区。企业周围的生活配套设施，如医院、商业场所、交通、公安、消防等比较齐全，就可以减少企业自身的投资，反之，企业就需要增加生活设施建设投资，负担会加重。

(4) **选择接近能源与动力供应充足的地区**。对于一些需要较大的能源与动力供应的企业而言，如发电厂、钢铁厂、铝厂等，必须考虑选择具有充足的能源与动力供应的地区。

(5) **选择劳动力充足与费用低的地区**。劳动力成本是企业经营成本中最重要的一部分，特别是劳动密集型企业，选择劳动力丰富而且费用低廉的地区有利于企业降低生产经营成本。许多发达国家的企业，由于国内的劳动力费用比较高，于是纷纷到发展中国家投资建厂，主要是看中了发展中国家的廉价劳动力。

(6) **选择劳动生产率高的地区**。劳动力廉价并不一定是一件好事。比如，甲地区的劳动力成本是10元/时，劳动生产率是15件/时；乙地区的劳动力成本是12元/时，劳动生产率是20件/时。从单位产品成本的角度看，甲地区的单位产品成本是 $10/15 = 0.66$(元/件)，乙地区的单位产品成本是 $12/20 = 0.6$(元/件)。因此，劳动生产率比较高的地区才是好的选址地区。

(7) **其他因素**。除了以上因素外，选址还需要考虑其他因素，如政治、文化、自然条件、环保要求等。

在以上各种因素中，不同的行业有不同的考虑侧重点。比如，制造业选址和服务业选址的侧重点就不同，制造业侧重考虑生产成本因素，如原料与劳动力；而服务业侧重考虑市场因素，比如顾客消费水平、产品与目标市场的匹配关系、市场竞争状况等。

## 4.1.2 选址的评价方法

目前选址的评价方法比较多，主要有量-本-利分析法、综合评价法、重心法、引力模型、运输模型法等，这里仅介绍前四种。

### 1. 量-本-利分析法

量-本-利分析法是一种经济评价方法，基本步骤如下：

① 确定每一个备选方案的固定成本与可变成本；
② 绘制不同方案的成本收入曲线；
③ 确定在某一预期的产量或销量下，根据成本最低或利润最高的原则选择一个最佳方案。

量-本-利分析法隐含了如下几个假设：

- 产出在一定范围内，固定成本不变；
- 销售收入可以预测；
- 成本与产出成正比。

图4-1是量-本-利分析法。从图4-1可以看出，当产量低于$Q_1$时，选择地点1是合适的；当产量在$Q_1$和$Q_2$之间时，选择地点2是合适的；当产量大于$Q_2$时，选择地点3是合适的。

以上分析是在假设销售收入（利润）与地点无关的条件下，从成本的角度进行地点比较。但是如果不同地点的销售收入不同，就不能采用这种比较成本的方法，而应该从利润的角度进行比较，即在一定产量的前提下，选择利润最高者：

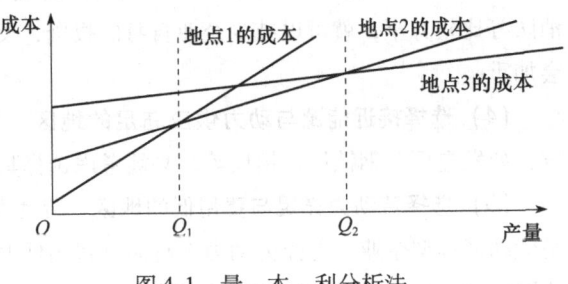

图4-1 量-本-利分析法

$$TR = Q(p - VC) - FC \tag{4-1}$$

式中 TR——利润；
$Q$——产量；
$p$——单价；
VC——单位可变成本；
FC——固定成本。

一般而言，制造业可以采用成本比较方法，而服务业最好采用利润比较法。

**应用范例4-1**

**量-本-利分析法选址应用**

某饮料生产企业为了扩大产能以满足未来的需求，考虑新建一个工厂，为此考察了四个备选地点，这四个地点的固定成本与单位生产成本如表4-1所示。利用量-本-利分析法选择最佳地点。

表 4-1 四个地点的费用

| 地点 | 固定成本/(元/年) | 单位生产成本/(元/件) |
| --- | --- | --- |
| A（武汉） | 250 000 | 18 |
| B（广州） | 350 000 | 16 |
| C（上海） | 450 000 | 15 |
| D（成都） | 200 000 | 20 |

（1）假如产品的销售价格不受生产地点的影响（收入曲线相同），计划年产量为 80 000 件，那么选择哪一个地点合适？

（2）假如不同地点生产的饮料仅在当地销售，价格分别为：$p_A$ = 30 元/件，$p_B$ = 35 元/件，$p_C$ = 37 元/件，$p_D$ = 30 元/件，年产量为 100 000 件，应该选择哪个方案？

**解：**（1）不考虑产品销售的收入曲线，则比较总成本高低来确定方案。

成本曲线：$TC_A = 250\ 000 + 18Q$，$TC_B = 350\ 000 + 16Q$，$TC_C = 450\ 000 + 15Q$，$TC_D = 200\ 000 + 20Q$。TC 为总成本。

当年产量为 80 000 件时，各地点的总成本为：

$TC_A = 250\ 000 + 18 \times 80\ 000 = 1\ 690\ 000$（元/年）

$TC_B = 350\ 000 + 16 \times 80\ 000 = 1\ 630\ 000$（元/年）

$TC_C = 450\ 000 + 15 \times 80\ 000 = 1\ 650\ 000$（元/年）

$TC_D = 200\ 000 + 20 \times 80\ 000 = 1\ 800\ 000$（元/年）

显然，地点 B 的年经营成本最低，因此如果收入相同，仅从经营成本一项来考虑，应该选择地点 B（广州）。

（2）如果考虑收入曲线的影响，应该通过比较利润高低来选择地点。

用 TR 表示利润，代入式（4-1）：

$TR_A = Q(p_A - VC_A) - FC_A = 100\ 000 \times (30 - 18) - 250\ 000 = 950\ 000$（元/年）

$TR_B = Q(p_B - VC_B) - FC_B = 100\ 000 \times (35 - 16) - 350\ 000 = 1\ 550\ 000$（元/年）

$TR_C = Q(p_C - VC_C) - FC_C = 100\ 000 \times (37 - 15) - 450\ 000 = 1\ 750\ 000$（元/年）

$TR_D = Q(p_D - VC_D) - FC_D = 100\ 000 \times (30 - 20) - 200\ 000 = 800\ 000$（元/年）

利润最高的是地点 C，因此，如果不同地点的成本和收入曲线都不同，那么选择地点 C（上海）最佳。

### 2. 综合评价法

量 – 本 – 利分析法只从经济角度考虑选址，实际上选址需要考虑的因素是多方面的，而且各种因素不一定能完全用经济利益来衡量，因此多因素的综合评价法是选址评价中一种常用的方法，特别是大型工程项目评估通常都需要采用多因素的综合评价法。

多因素的综合评价法涉及的是一个多目标的综合评价问题。目前已经有很多关于多目标的评价方法与模型。下面这个例子可以说明如何利用综合评价法进行选址。

### 应用范例 4-2

#### 小饭馆的选址决策

小张是南方某大学商学院的大四学生，家在黑龙江省哈尔滨市。一向很有创业想法的小张决定大学毕业后留在学校所在的城市创业。根据自己的经济实力，他认为要想做大的创业不可能，决定先开一家东北饺子馆，邀请家乡的几个亲戚过来帮厨。根据市场调查，小张认为把饺子馆开在大学周边是比较好的选择，因为饺子馆属于经济型餐饮企业，符合大学生的消费层次需求。另外，从需求量看，除了他所在的大学之外，周边还有几所大学，因此有相当大的消费群体，他做了一次问卷调查，发现大学生对这种具有东北特色的经济型饺子馆是欢迎的，80%的受访者表示有消费欲望。于是，他考察了大学周边的四个地方作为备选地点。

为了比较四个地点的优劣，经过权衡，他将四个因素作为选址的评价指标：①**租金**，这个因素很重要，因为创业初期经济条件有限；②**交通便利**，这个因素也很重要，只有交通便利，人们才愿意去消费，远的地方则不太想去；③**周边环境**，周边商业氛围好的地方，比如周围有其他商店和关联商店，消费者购物的同时可以就餐，这样可以吸引更多消费者；④**客流大小**，如果选的地点客流比较大，则可能有更大的销量，可以增加收入。

四个地点按照以上四个评价指标进行评价，除了租金用金额表示之外，其他项目用打分法（10分为满分）进行打分，分值越高越好，进而得到选址评价表（见表4-2）。

表4-2 选址评价表

| 地点 | 指标 | | | |
| --- | --- | --- | --- | --- |
| | 租金/(万元/年) | 交通便利 | 周边环境 | 客流大小 |
| 地点1 | 10 | 10 | 7 | 8 |
| 地点2 | 5 | 7 | 8 | 6 |
| 地点3 | 8 | 8 | 9 | 7 |
| 地点4 | 7 | 7 | 8 | 6 |

由于这是多指标（目标）的评价决策，因此采用综合评价法，按照不同的指标加权获得每个地点的综合评价值，然后进行比较。基本步骤如下。

（1）原始评价矩阵。表4-2的原始数据用矩阵 $A$ 表示：

$$A = \begin{pmatrix} 10 & 10 & 7 & 8 \\ 5 & 7 & 8 & 6 \\ 8 & 8 & 9 & 7 \\ 7 & 7 & 8 & 6 \end{pmatrix}$$

（2）用如下公式转化原始评价矩阵（指标归一化处理）：

$$b_{ij} = \begin{cases} \dfrac{a_{ij} - \min\limits_{i} a_{ij}}{\max\limits_{i} a_{ij} - \min\limits_{i} a_{ij}} & \text{（当指标为效益型指标时）} \\ \dfrac{\max\limits_{i} a_{ij} - a_{ij}}{\max\limits_{i} a_{ij} - \min\limits_{i} a_{ij}} & \text{（当指标为成本型指标时）} \end{cases}$$

$a_{ij}$ 表示第 $i$ 个地点第 $j$ 个指标的原始值，$b_{ij}$ 表示第 $i$ 个地点第 $j$ 个指标的归一化值。在以上小饭馆选址的四个指标中，只有第一个指标（租金）是成本型指标，其他都是效益型指标，得到矩阵 $B$：

$$B = \begin{pmatrix} 0 & 1 & 0 & 1 \\ 1 & 0 & 0.5 & 0 \\ 0.4 & 0.333 & 1 & 0.5 \\ 0.6 & 0 & 0.5 & 0 \end{pmatrix}$$

（3）确定各指标的权重。确定权重的方法有很多，最常用的方法有专家法、AHP法（层次分析法）。假如采用专家法，赋予各指标的权重向量为 $W = (0.35, 0.2, 0.15, 0.3)$。

（4）综合评价。把归一化的数据矩阵和指标权重矩阵相乘得到各地点的综合评价值：

$$G = BW^{\mathrm{T}} = \begin{pmatrix} 0 & 1 & 0 & 1 \\ 1 & 0 & 0.5 & 0 \\ 0.4 & 0.333 & 1 & 0.5 \\ 0.6 & 0 & 0.5 & 0 \end{pmatrix} \begin{pmatrix} 0.35 \\ 0.2 \\ 0.15 \\ 0.3 \end{pmatrix} = (0.5, 0.425, 0.5066, 0.285)^{\mathrm{T}}$$

从综合评价结果看，地点3是最佳选择。

在综合评价法中，可以采用一些比较简单的做法简化评价过程，比如采用"一票否决"的方法，就是在选择的方案中如果有一项指标低于或高于预先设置的值，就否决这个方案。在上面的例子中，如果小张主要考虑租金的话，他认为租金高于 8 万元就不考虑，那么地点 1 就不再进行评价了，这样可以快速选择方案。

### 3. 重心法

重心法是一种解决单一设施的选址问题的简单方法。它的基本思想是优化设施之间的运输成本。它根据物流系统中不同设施之间的距离与运输量的大小，选择一个到各需求点和供应点之间的距离与运输量乘积最小的地点。

重心法的基本数据模型如下：

$$\min C(x,y) = \sum W_i d_i \tag{4-2}$$

$$x^* = \frac{\sum W_i x_i}{\sum W_i} \tag{4-3}$$

$$y^* = \frac{\sum W_i y_i}{\sum W_i} \tag{4-4}$$

式中    $W_i$——第 $i$ 个供应点（或需求点）的运输量；

        $d_i$——第 $i$ 个供应点（或需求点）与选择的配送中心（中心仓库）的距离；

$(x_i, y_i)$——第 $i$ 个供应点（或需求点）的地理坐标；

$(x^*, y^*)$——待确定的配送中心（或中心仓库）的地理坐标。

使用重心法的基本步骤如下。

① 建立反映地理位置的坐标系（最好用地图）。

② 确定各供应点（或需求点）与待确定的配送中心（或中心仓库）之间的运输量。

③ 计算待确定位置的坐标，选择总运输成本最少的地点。

配送中心或中心仓库的选址一般可以采用这种方法。

### 应用范例 4-3

#### 重心法解决选址问题

由于业务发展需要，公司计划在某地建立一个配送中心，以解决货物的供应问题。现有四个销售点，其每月的销量以及它们的地理坐标如表 4-3 所示。请根据表中的数据确定最佳的配送中心位置。

表 4-3 各销售点的销量与地理位置

| 销售点 | 地理位置坐标 | 每月销量（单位） | 销售点 | 地理位置坐标 | 每月销量（单位） |
|---|---|---|---|---|---|
| 甲 | (10, 50) | 100 | 丙 | (50, 100) | 150 |
| 乙 | (20, 80) | 120 | 丁 | (100, 50) | 200 |

**解**：按照重心法，配送中心的最佳位置：

$$x^* = \frac{\sum W_i x_i}{\sum W_i} = \frac{10 \times 100 + 20 \times 120 + 50 \times 150 + 100 \times 200}{100 + 120 + 150 + 200} = 54.2$$

$$y^* = \frac{\sum W_i y_i}{\sum W_i} = \frac{50 \times 100 + 80 \times 120 + 100 \times 150 + 50 \times 200}{100 + 120 + 150 + 200} = 69.5$$

> **运作聚焦**
>
> **中国宝武集团扩建湛江生产基地**
>
> 宝武集团湛江钢铁基地位于广东省湛江市的东海岛,由原宝钢集团(后与武汉钢铁集团合并更名为中国宝武集团)与广东省国资委联合投资,中国宝武控股的宝钢股份(600019.SH)在合资公司中持股90%。
>
> 选择湛江作为宝武集团新的生产基地,有其经济因素考虑。
>
> 首先,从原生产基地的制约因素看,集团在上海没有继续扩大产能的可能性。上海是宝武集团最重要的钢铁生产基地,出于城市定位所带来的环保压力,宝武集团很难在这座国际大都市继续扩充钢铁产能。在上海之外的地区新建钢铁生产基地,拓展集团钢铁主业的空间,成为现实的战略选择。宝武集团在距离上海约2 000千米的广东布局钢铁基地,就是出于这层考虑。
>
> 其次,从新基地的市场需求看,在湛江建立生产基地属于钢铁产品接近市场。广东是家电、汽车制造业重镇,但钢铁工业基础非常薄弱。从北方地区运来的钢材一度占据广东钢材总消费量的60%,因此广东成为全国最大的钢材输入省。在当地新建大型钢铁生产基地,让钢材实现"自产自用",这从20世纪90年代起就一直在广东省政府的议事日程中。
>
> 最后,从新基地的生产成本优势看,在湛江建立生产基地可以降低原料运输和生产成本。湛江邻海的地理位置,也便于来自澳大利亚和巴西的铁矿石原料就近运输到钢厂。同时,钢材物流和人力成本的节省,以及新设备带来的优势,也能降低湛江钢铁基地的吨钢成本。根据此前的测算,在达产后,吨钢制造成本有望比宝武集团在上海的基地低400元。
>
> 资料来源:根据搜狐新闻资料(2018-07-09, https://www.sohu.com/a/240047748_791449)整理。

### 4. 引力模型

在服务业选址中,市场因素是主要的选址决策考虑因素。对顾客的吸引力是服务业区位优势的体现。为了能够体现服务业这一决策特征,在服务业选址中,有一个很有用的选址模型——引力模型,可以用这一模型来进行服务设施的选址决策。

引力模型的思想来源于物理学中的万有引力概念,两个物体之间的引力与它们之间的距离成反比,与它们的质量成正比。利用引力概念,可以建立服务业的选址模型。该方法的步骤如下:

(1)计算设施的引力($A_{ij}$)。某一服务设施的引力大小可以用如下公式表示:

$$A_{ij} = \frac{S_j}{T_{ij}^\lambda} \tag{4-5}$$

式中 $S_j$——设施$j$的大小(规模);

$T_{ij}$——消费者$i$到设施$j$的时间(或距离);

$\lambda$——经验参数,它反映顾客的行走时间效应(大型购物中心为2,便利店为10或更大值)。

(2)计算设施顾客吸引概率($P_{ij}$)。设施的引力大小决定了服务设施吸引顾客的能力。为了表示某一服务设施吸引顾客的能力,采用顾客吸引概率的概念:

$$P_{ij} = \frac{A_{ij}}{\sum_{j=1}^{n} A_{ij}} \tag{4-6}$$

顾客吸引概率越大，说明设施的吸引力越大，该设施越具有区位优势。

（3）计算设施年平均销售额（$E_j$）。对于服务设施来说，其区位优势最终体现在顾客在该设施的消费量上，因此可以用年平均销量来作为该设施区位优势的最终指标：

$$E_j = \sum_{k=1}^{K} \sum_{i=1}^{m} (P_{ij} C_i B_{ik}) \tag{4-7}$$

式中  $C_i$——$i$ 地区的消费者数量；

$B_{ik}$——$i$ 地区的消费者对产品 $k$ 的年平均消费预算；

$m$——统计地区数；

$K$——年总销售产品数量。

从经济性的角度看，某服务设施的年平均销量越大，则其区位优势越明显，可以将其作为备选对象；再参考其他的选址因素，可以选择一个最佳的方案。

## 4.2 设施布置问题

### 1. 设施布置的目标

设施布置的目的是使生产系统能经济有效地提供顾客需要的产品或服务，因此设施布置必须满足如下几个目标。

（1）使业务过程的成本最低。这一目标要求设施布置保证物流、人流、信息流能够尽量在最短的路径上流动或传递，减少迂回与转折。

（2）经济地利用空间，节约场地。设施布置如果能经济地利用空间，可以大大减少基础设施的建设投资。在土地成本越来越高的城市，设施布置更需要注意节约每一块土地。

（3）提供安全舒适的工作环境。为提高工作效率，设施布置必须为工作者提供一个安全舒适的工作环境，以促进人力资源的利用。

（4）适应市场需求的变化，具有灵活性。市场需求的变化要求设施布置能够适应生产能力不断变化的需要，要有调整的余地。

### 2. 影响设施布置构成与布局的因素

影响设施布置的因素有很多，主要有如下几个方面。

（1）**产品生产与工艺**。产品工艺过程不同，设施布置的方式也不同。比如流程工业由于生产工艺过程连续性高，生产单位一般紧凑布置；而加工装配企业由于工艺过程相对离散化，生产单位可以分散布置。

（2）**企业专业化与协作水平**。不同企业专业化水平要求建立不同的生产单位。比如产品专业化的企业，一般都有完整的工艺阶段，如汽车厂、机床厂等；零件专业化的企业，多数情况下不需要有整个产品的完整工艺阶段，只需要加工零件的工艺过程，如齿轮厂、标准件厂等；对外协作水平高的企业，生产单位相对简单，但是需要协作服务部门。

（3）**生产单位的专业化原则**。对象专业化一般适合大量流水生产设施的布置，而工艺专业化原则适合多品种中小批量生产设施的布置。

（4）**企业的规模**。企业的规模决定了生产单位的组织形式，如大企业同一类型的车间可能再细分为几个车间，而小规模的企业，不同的加工过程可以在一个车间进行。比如一个2万纱锭的小棉纺织厂，其生产车间可以简单分为前纺车间与后纺车间，而一个10万纱锭的棉纺织厂，仅前纺就会有几个车间。

（5）**企业的环境条件**。企业环境对设施布置也有影响，土地面积有限的企业在不影响生产的情况下会尽量采用楼层式的厂房；需要采光的生产车间，则要考虑设施布置的方向。

### 3. 设施布置的形式

设施布置的形式多种多样，主要有如下几种。

（1）**工艺专业化布置**。工艺专业化布置就是按照工艺专业化的流程组织方式来划分生产单位，把完成相同工艺过程的设备与人员放在一起，比如汽车装配厂按照冲压、焊接、涂装、总装、整车检验等不同工艺阶段组成生产单元（见图4-2）。

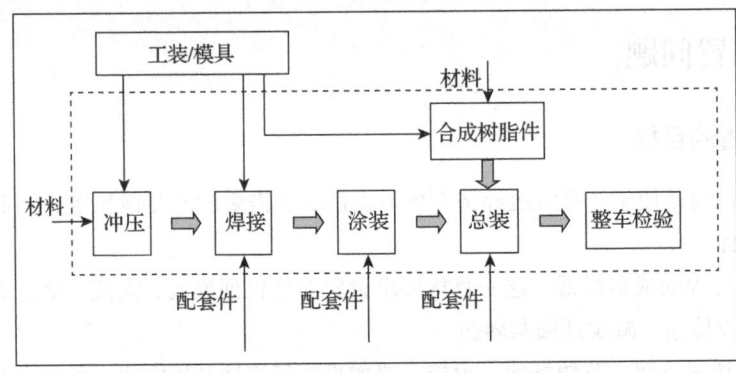

图4-2　按照工艺专业化布置的汽车生产总装线设施布置形式

在服务业的设施布置中也有许多按照工艺专业化形式布置的。比如，医院的设施按照不同科室布置，如放射科、手术室、康复科、输液室等，每个科室就像工厂的车间一样完成特定的医疗服务。同样，饭店按照工艺专业化布置把服务设施安排在不同区域，如厨房、餐厅等。

工艺专业化布置的好处是企业具有灵活性，能够适应产品需求的变化，生产多种产品。但是工艺专业化布置有一定的缺点，就是生产过程物料的运输路线长，设备利用率低，管理复杂。

（2）**对象专业化布置**。对象专业化布置就是按照加工的产品对象的不同，把拥有相同产品对象的设备与人员放在一起组成生产单位。

在汽车制造厂中，除了总装按照工艺过程组织生产单位外，各个零件或者组件的生产按照对象专业化来生产（见图4-3），比如齿轮生产车间、发动机生产车间（分厂）等。按照对象专业化组织生产的优点是能够提高工作的专业化水平，提升工作效率，缩短生产周期，设备利用率高，生产管理简单，但是缺点是对需求变化的适应性差，比较适合大批量生产环境。

（3）**固定位置布置**。在一些大型工程项目的生产设施布置中，常采用固定位置布置方法，如造船厂的后期建造设施的布置，由于产品体积与重量大，不易移动，因此采用固定产品位置而设备与人员根据需要移动到加工位置上的方法。

（4）**成组布置**。成组生产的设施布置是根据零件的结构与工艺相似性原理来组织生产的一种方法，它利用了工艺专业化与对象专业化的特点，适应多品种中小批量生产。成组布置有三种方式：成组加工中心、成组生产单元、成组流水线。

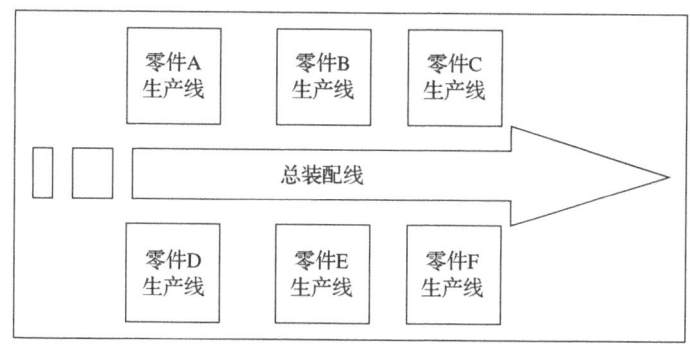

图 4-3 按照对象专业化布置的零件生产单位布置形式

1)成组加工中心。这是一种初级的成组生产方式,是在一个工作地进行成组生产的生产组织形式。当一组零件工艺可以在一台设备上完成时,就会采用这种布置方式。

2)成组生产单元。按照一组或者几组工艺相似、零件相同的工艺路线配置与布置设备,它是完成相似零件全部工序的成组生产组织形式。

3)成组流水线。当产品的结构与工艺相似性较高时,即可采用成组流水线布置,成组流水线生产具有一般流水线生产的特征。

上述各种设施布置形式的特点比较如表 4-4 所示。

表 4-4 各种设施布置形式的特点比较

| 特点 | 工艺专业化布置 | 对象专业化布置 | 固定位置布置 | 成组布置 |
| --- | --- | --- | --- | --- |
| 生产批量 | 中小批量 | 大批量 | 项目生产 | 中小批量 |
| 品种数量 | 多品种 | 少数品种 | 单一品种 | 多品种 |
| 设备利用率 | 较低 | 较高 | 低 | 高 |
| 生产管理 | 复杂 | 简单 | 较复杂 | 较简单 |
| 生产周转 | 较长 | 较短 | 长 | 较短 |
| 工作重点 | 设备工艺管理,资源分配与协调 | 作业标准管理,生产线平衡 | 作业分配与进度控制 | 产品分类 |

(5)**其他布置形式**。除了以上几种常用的设施布置方式外,在实践中,也有企业采用一些独特的生产组织方式,比如丰田公司采用的 U 形生产单位组织方式就是一种独特的方法,这种方法在后续章节中将有详细的介绍。同时,我们还需要注意,在现实中,大多数企业的生产设施布置形式不是单一的,往往混合采用几种形式。比如,某些企业的产品生产过程是工艺专业化,但是在某一具体生产单位中可能采用对象专业化,或在对象专业化的基础上采用工艺专业化等。

## 4.3 设施布置的方法

### 1. 关联分析法

关联分析法,也叫作业相关分析。这种分析方法根据企业各单位之间关系的紧密程度来配置设施的总平面结构,是工艺专业化设施布置的分析方法。

关联分析法的步骤为:

① 划分设施关联的等级与原因；
② 用图或表来表示设施之间的关联关系；
③ 按照关系密切程度高就相邻布置的原则进行初步布置；
④ 根据面积和其他因素调整布置结构。

关系密切程度一般分为六种：绝对重要 A(absolutely important)、特别重要 E(especially important)、重要 I(important)、一般 O(ordinary)、不重要 U(unimportant)、不宜靠近 X，如表 4-5 所示。

表4-5 关系密切程度分类

| 代号 | 关系密切程度 | 代号 | 关系密切程度 |
| --- | --- | --- | --- |
| A | 绝对重要 | O | 一般 |
| E | 特别重要 | U | 不重要 |
| I | 重要 | X | 不宜靠近 |

设施单位之间关系密切的原因，不同的企业有不同的表现形式，表 4-6 是企业设施关系密切的原因举例。

表4-6 关系密切的原因举例

| 代号 | 关系密切的原因 | 代号 | 关系密切的原因 |
| --- | --- | --- | --- |
| 1 | 共用场地 | 6 | 工作流程连续 |
| 2 | 共用人员 | 7 | 做类似的工作 |
| 3 | 使用共同的记录 | 8 | 共用设备 |
| 4 | 人员接触 | 9 | 其他 |
| 5 | 文件接触 | | |

分析设施之间的关系密切程度时，采用如下处理方法：

- 把 A 出现次数最多的优先安排在中心位置；
- 其他设施按照其与已经安排的设施的密切程度布置在已经安排的设施周围；
- 根据实际尺寸与地形地貌和其他相关关系进行调整。

## 应用范例4-4

### 用关联分析法进行设施布置

表 4-7 是一家工厂的生产设施关联分析表，请画出布置合理的工厂平面布置图。

表4-7 生产设施关联分析表

| | 锅炉房 | 食堂 | 办公室 | 原料库 | 生产车间 | 工具库 | 机修车间 | 成品库 | 车库 |
| --- | --- | --- | --- | --- | --- | --- | --- | --- | --- |
| 锅炉房 | | A | O | U | I | A | A | E | U |
| 食堂 | A | | U | I | A | A | E | U | U |
| 办公室 | O | U | | O | E | I | I | O | O |
| 原料库 | U | I | O | | A | O | O | O | I |
| 生产车间 | I | A | E | A | | A | A | I | I |
| 工具库 | A | A | I | O | A | | E | O | O |
| 机修车间 | A | E | I | O | A | E | | U | O |
| 成品库 | E | U | O | O | I | O | U | | I |
| 车库 | U | U | O | I | I | O | O | I | |

**解**：布置的结果如图 4-4 所示。

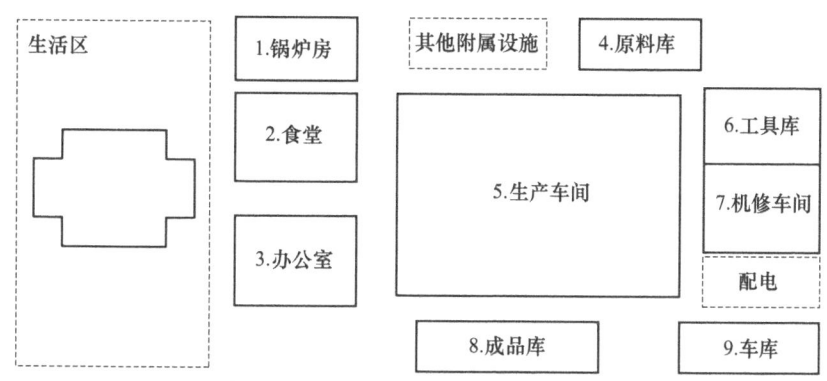

图 4-4 工厂平面布置图（草图）

另外，也可以把定性的关系密切程度转化为定量的关系来分析，如给密切程度赋权：A 为 16、E 为 8、I 为 4、O 为 2、U 为 0、X 为 -8，然后采用权重最大的优先安排，其他根据其权重大小进行调整的方法。

## 2. 往来分析法

往来分析法（运量分析）通过分析设施之间流量（物流、人流、信息流）的大小，把流量大的安排在靠近的位置。往来分析法适合于工艺专业化的设施布置，这种安排方法能够使两个部门之间的流量最小化，其步骤为：

① 根据设施之间的业务过程（工艺过程），初步确定各设施的相对位置；
② 统计各设施之间的流量；
③ 根据流量大小，将流量大的安排在相邻的位置；
④ 根据其他因素进行调整。

### 应用范例 4-5

#### 主题公园的布局

某主题公园的设计者正在构想公园的布局，景点之间游客日流量如表 4-8 所示，请设计合理的主题公园布局。

表 4-8 景点之间的游客日流量　　　　　　　　　　（单位：人）

| | A | B | C | D | E | F |
|---|---|---|---|---|---|---|
| A | | 200 | 250 | 40 | 30 | 105 |
| B | 160 | | 300 | 260 | 123 | 30 |
| C | 300 | 320 | | 500 | 20 | 80 |
| D | 90 | 250 | 385 | | 108 | 210 |
| E | 150 | 108 | 10 | 120 | | 176 |
| F | 80 | 50 | 100 | 270 | 167 | |

**解**：使游客在游览过程中的行走距离最短是设计者要考虑的问题。
（1）根据初步的分析，并参考其他主题公园的布局，做出一个初步的布局图。
（2）根据其他公园的统计数据并结合预测，得到一天中各景点之间的游客日流量数据，如表 4-8 所示。

（3）把客流量大的景点安排在相邻的位置。

（4）根据公园的地理位置与场地的情况进行调整，最后的平面布置草图如图 4-5 所示。

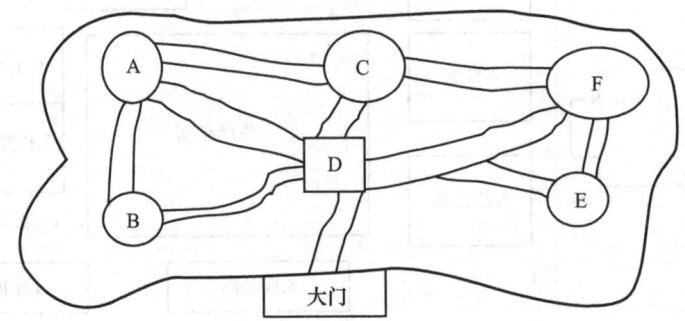

图 4-5　主题公园平面布置（草图）

把表 4-8 三角化，得到表 4-9。

表 4-9　景点之间的游客日流量　　　　　　　　（单位：人）

|   | A | B | C | D | E | F |
|---|---|---|---|---|---|---|
| A |   | 360 | 550 | 130 | 180 | 185 |
| B |   |   | 620 | 510 | 231 | 80 |
| C |   |   |   | 885 | 30 | 180 |
| D |   |   |   |   | 228 | 480 |
| E |   |   |   |   |   | 343 |
| F |   |   |   |   |   |   |

## 4.4　装配线平衡

装配线平衡是产品导向（对象专业化）设施布置的一个重要内容。流水生产线的中心问题是平衡生产线上的每个工作地（工作站），使其按一定的节拍生产，保持均衡的、一致的、连续的生产状态，减少各工作地的时间浪费，提高生产设备与人员的利用率。装配线平衡的目的有以下几种：

- 提高资源的利用率；
- 提高生产过程的连续性与节奏性；
- 减少时间的损失。

**1. 装配线平衡的方法**

（1）计算节拍。装配线平衡首先必须确定生产线的节拍。节拍（用 $r$ 表示）是生产线上连续生产两个相同制品的时间间隔，用公式表示如下：

$$r = \frac{\text{计划期有效工作时间}}{\text{计划期有效产出量}} = \frac{F_e}{N} \tag{4-8}$$

当不考虑废品损失等减产因素时，计划期有效产出量就等于计划期计划产量。由于生产过程中存在废品损失等减产因素,因此计划期有效产出量和计划期计划产量可能不同,当考虑废品损失等减产因素时,计划期有效产出量用如下公式计算:

$$计划期有效产出量 = 计划期计划产量 / (1 - 废品率)$$

**应用范例 4-6**

某厂一条电子生产线,每日工作两班,每班 8 小时,工人统一每班休息 100 分钟,计划生产 800 个电子管,计划废品率是 5%,计算节拍。

**解:**
$$r = \frac{2 \times 8 \times 60 - 2 \times 100}{800/(1-5\%)} = 0.9025 \text{ (分)}$$

(2)计算最小工作地数目。最小工作地数目按照下面的公式计算:

$$S_{\min} = \left\lceil \frac{\sum t_i}{r} \right\rceil \tag{4-9}$$

式中 $t_i$——第 $i$ 个工序的单件工作时间;

⌈ ⌉——向上取整数,如 ⌈2.05⌉ = 3。

(3)组织工作地。按照如下原则组织工作地:

- 保持工序的先后次序;
- 工作地综合作业时间小于节拍,尽可能接近节拍;
- 工作地数目尽量少,但是不能小于最小工作地数目。

在分配作业给各工作地时,可以按照如下两条规则分配作业:

- 优先分配后续作业数较多的作业;
- 优先分配作业时间最长的作业。

(4)计算时间损失系数或效率。时间损失系数为:

$$\varepsilon_L = \frac{Sr - \sum_{i=1}^{s} T_{ei}}{Sr} \times 100\% \tag{4-10}$$

式中 $S$——工作地数目;

$T_{ei}$——第 $i$ 个工作地的综合工作时间。

效率的计算公式为:

$$\eta = \frac{完成作业所需要的总时间}{实际工作地数目 \times 节拍} = \frac{T}{Sr} \tag{4-11}$$

(5)评价方案。通过分析平衡方案的时间损失系数与效率,对平衡方案进行评价,以决定是否继续寻找新的方案。

**应用范例 4-7**

有一条装配线由 10 个工序组成,各工序的工时定额和作业的先后次序如图 4-6 所示。如果节拍为 15 分/件,试进行装配线平衡。

**解:**(1)计算最小工作地数目。

$$S_{\min} = \left\lceil \frac{8+5+6+3+6+5+12+6+4+10}{15} \right\rceil = 5$$

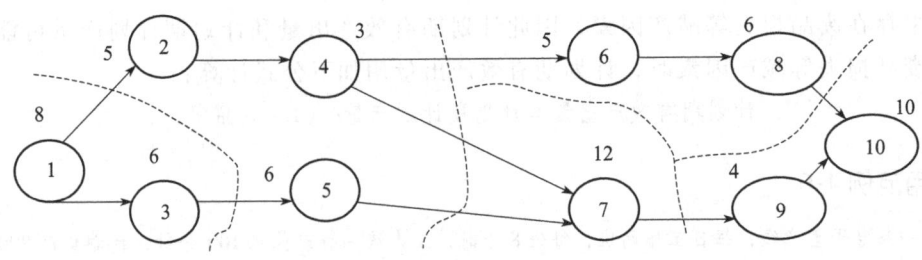

图 4-6 装配线作业图

(2) 组织工作地。由于最小工作地数目是 5，因此工作地的划分最少是 5，根据组织工作地的原则，把整个装配线划分为 5 个工作地。

(3) 计算时间损失系数。

$$\varepsilon_L = \frac{5 \times 15 - (14 + 14 + 12 + 11 + 14)}{5 \times 15} \times 100\% = 13.33\%$$

### 2. 装配线平衡应考虑的问题

以上介绍的是理论上的装配线平衡方法，实际上企业的装配线很少是完全平衡的，有如下因素影响装配线平衡：

- 有些作业互相干扰或不宜靠近，不能放在同一个工作地，否则会影响装配线平衡；
- 人力与空间限制装配线的组织，也影响装配线平衡；
- 合理调整工人，把熟练的工人调到高负荷工序，选派工人做流水线巡回作业，协作高负荷工序完成任务，有利于装配线平衡；
- 采用高效的工具，改造装配线，可以缩短装配时间，有利于装配线平衡；
- 在生产过程中装配线不平衡是正常现象，部分工序采用临时加班方式降低负荷，有利于装配线平衡。

## 4.5 服务设施布置的特殊技巧

前面介绍的各种设施布置方法，是一些通用的方法，对服务业和制造业都适用，此外服务业还有一些与制造业不同的考虑和方法，在这里补充说明。

服务业的内部布置与制造业的内部布置有许多不同的地方。例如，办公室布置和车间设备布置不同的是，办公室布置不是以物流运输成本最小化为目标，而是以信息流最小化为目标。在这样的情况下，办公室的布置应尽可能使办公室人员之间的信息传递途径最短，并且有利于人员的沟通与交流。从办事的效率与工作管理的方便性考虑，办公室布置一般采用工艺专业化的原则布置，比如设置收发室、财务室、接待室、设计室、会议室等。关联分析方法可以用于办公室的布置分析。商店的布置也与工厂车间不同，讲究人流与物流的通畅性，以增加顾客吸引力、充分利用空间为原则。

总结起来，服务业的内部布置与制造业的布置相比，有如下特点。

1) 非线性决策因素对设施布置具有影响。在服务业中，设施内部的布置需要考虑诸如顾客接触、顾客心理、美学效果等一些非线性决策因素，因此很难用数学的优化模型进行求解。

2）徽牌、标志、装饰是重要考虑因素。在服务业的设施布置中，徽牌、标志、装饰有重要的意义：一方面可以增加顾客对服务设施的印象，另一方面在服务过程中起到引导与提示顾客的作用。

好的服务设施布置应该具有如下特征：

- 服务流程简单，一目了然；
- 有利于服务人员与顾客沟通，能增强服务人员与顾客的接触程度；
- 三流（物流、人流、信息流）快捷方便；
- 能照顾顾客的等待心理，有适当的休息与娱乐位置；
- 有纪念性的标志与装饰物品，以提高对顾客的吸引力。

## 本章小结

本章对生产与运作设施选址与布置问题进行了讨论，重点介绍了一些常用的选址与设施布置方法。4.1 节介绍了设施选址；4.2 节介绍了设施布置问题；4.3 节介绍了设施布置的方法；4.4 节介绍了装配线平衡，讨论了装配线平衡的有关问题；4.5 节介绍了服务设施布置的特殊技巧。

## 关键术语

量－本－利分析法（volume-cost-profit analysis）
重心法（center of gravity method）
固定位置布置（fixed position layout）
工艺专业化布置（process oriented layout）
对象专业化布置（product oriented layout）
成组布置（group technology layout）
装配线平衡（assembly line balancing）
节拍（cycle time）

## 延伸阅读

1. 阅读指南：想了解更多有关选址与布置的决策问题，可阅读《运营战略》（奈杰尔·斯莱克、迈克尔·刘易斯，人民邮电出版社，2004）有关选址战略的分析内容和《制造设施设计和物料搬运》（弗雷德·迈耶斯、马修·斯蒂芬斯，清华大学出版社，2006）有关设施布置的方法的相关内容。

2. 网络资源：登录开商网（http://www.kesum.com）了解商业网点规划的有关政策与策略，登录 http://www.manufacturing.net 了解有关设施设计规划的文章。

## 选择题

1. 对于用重心法进行设施选址，下列说法正确的是（　　）。
    A. 选择一个地址，使其在现有设施的地理中心位置
    B. 选择一个地址，使其到其他设施的距离之和最短
    C. 选择一个地址，使其与其他设施之间的物料运输成本最低
    D. 选择一个地址，使其与其他设施之间的运输量最小

2. 工艺专业化布置的优点是（　　）。
    A. 设备利用率高
    B. 生产周期短
    C. 管理简单
    D. 具有适应需求变化的灵活性

3. 对象专业化布置适合于下面哪种场合？（　　）。
   A. 大批量生产
   B. 多品种、中小批量生产
   C. 项目式生产
   D. 多品种单件生产

4. 下面对节拍的说法正确的是（　　）。
   A. 节拍等于单位时间的产出
   B. 节拍等于生产率
   C. 节拍是连续两个产品之间的时间间隔
   D. 节拍是产品在生产线上的通过时间

## ◆ 论述题

1. 设施选址应考虑哪些因素？制造业与服务业在选址方面考虑的因素有什么不同？
2. 影响企业生产单位构成与布局的因素有哪些？
3. 设施布置应遵循哪些原则？
4. 设施布置的形式有哪几种？各种布置形式分别适合于什么样的环境？
5. 服务业的设施布置与制造业有什么不同？讨论服务业设施布置中的非线性决策结构因素。
6. 装配线平衡的目的是什么？为什么说不存在绝对平衡的装配线？

## ◆ 计算题

1. 有一家汽车制造企业，为了扩大生产规模，需要选择一个新的生产基地生产汽车。考虑的因素有 10 个，它们的权重如表 4-10 所示。

表 4-10　考虑因素及其权重

| 序号 | 因素 | 权重 |
|---|---|---|
| ① | 出口外运的条件 | 0.154 |
| ② | 水、电、气的供应 | 0.077 |
| ③ | 加工协作半径 | 0.085 |
| ④ | 交通通信 | 0.092 |
| ⑤ | 技术协作水平 | 0.092 |
| ⑥ | 相关产业水平 | 0.092 |
| ⑦ | 国内市场 | 0.107 |
| ⑧ | 厂址的条件 | 0.123 |
| ⑨ | 和总部的距离 | 0.085 |
| ⑩ | 融资渠道 | 0.092 |

目前有 3 个可供选择的地区方案：甲、乙、丙。这 3 个备选方案，专家评分（采用 10 分制）结果如表 4-11 所示。

表 4-11　评分结果

| 方案 | 因素 | | | | | | | | | |
|---|---|---|---|---|---|---|---|---|---|---|
| | ① | ② | ③ | ④ | ⑤ | ⑥ | ⑦ | ⑧ | ⑨ | ⑩ |
| 甲 | 10 | 7 | 10 | 8.5 | 9 | 9.5 | 9 | 10 | 8.5 | 8.5 |
| 乙 | 8 | 8.5 | 9 | 9 | 8.5 | 9 | 9 | 9 | 9 | 9 |
| 丙 | 9.5 | 9 | 9 | 10 | 8.5 | 10 | 9.5 | 9.5 | 8 |  |

请选择一个最佳的方案。

2. 一家制造工厂现有 4 个销售点，为了节约运输成本，工厂决定建立一个配送中心负责向 4 个销售点集中送货，4 个销售点的地理位置坐标与每周销售量如表 4-12 所示，请确定配送中心的位置。

表 4-12　4 个销售点的地理位置与每周销售量

| 销售点 | 地理位置 $(x, y)$ | 每周销售量（单位） |
|---|---|---|
| A | (300, 100) | 400 |
| B | (250, 300) | 300 |
| C | (500, 300) | 250 |
| D | (400, 250) | 350 |

3. 某公司新建了一个分厂，由 7 个车间组成，并且车间都在一个主厂房内，该主厂房的面积是 40 单位 × 50 单位，各车间的规模如表 4-13 所示。

表 4-13　各车间规模

| 车间 | 长度 | 宽度 |
|---|---|---|
| A | 10 | 10 |
| B | 20 | 10 |
| C | 10 | 10 |
| D | 20 | 15 |
| E | 25 | 20 |
| F | 20 | 20 |
| G | 20 | 20 |

各车间之间的平均年货物运量如表 4-14 所

示。试根据以上数据确定一个合理的车间布置方案。

表 4-14 各车间之间的平均年货物运量 （单位：件）

| | A | B | C | D | E | F | G |
|---|---|---|---|---|---|---|---|
| A | | 100 | 300 | 200 | 150 | 200 | |
| B | | | | 100 | | | |
| C | | 300 | | | 250 | | 150 |
| D | | 350 | 100 | | | 200 | |
| E | | 200 | | | | | 50 |
| F | | | 200 | | | | |
| G | | | 50 | | 100 | | |

4. 一个医院门诊有 10 个部门：挂号、收费、内科、外科、儿科、化验室、X 光室、B 超室、神经科、五官科。这 10 个部门的关系密切程度如表 4-15 所示，请合理规划布局。

表 4-15 医院 10 个部门的关系密切程度

| | 挂号 | 收费 | 内科 | 外科 | 儿科 | 化验室 | X 光室 | B 超室 | 神经科 | 五官科 |
|---|---|---|---|---|---|---|---|---|---|---|
| 挂号 | | A | A | A | A | A | A | A | A | A |
| 收费 | | | A | A | A | A | A | A | A | A |
| 内科 | | | | I | I | E | E | E | O | I |
| 外科 | | | | | I | E | E | E | O | O |
| 儿科 | | | | | | E | E | E | O | I |
| 化验室 | | | | | | | O | O | I | I |
| X 光室 | | | | | | | | O | O | I |
| B 超室 | | | | | | | | | I | I |
| 神经科 | | | | | | | | | | O |
| 五官科 | | | | | | | | | | |

注：A = 绝对重要，E = 特别重要，I = 重要，O = 一般，U = 不重要，X = 不宜靠近。

5. 某装配线的工序顺序及作业时间如表 4-16 所示。

表 4-16 某装配线的工序顺序及作业时间

| 作业编号 | 作业时间/分 | 紧前作业 |
|---|---|---|
| A | 0.4 | — |
| B | 1.5 | A |
| C | 1.0 | A |
| D | 0.8 | A |
| E | 0.6 | B，C |
| F | 0.9 | D |
| G | 0.4 | E |
| H | 0.4 | G |
| I | 0.6 | F |
| J | 0.7 | I，E |
| K | 1.0 | H，J |
| M | 0.4 | K |

假设每天工作 8 小时，午间停机 30 分钟休息，每天的产量为 220 单位，废品率为 2%。根据以上数据，请完成：
（1）画出装配图。
（2）计算节拍。
（3）计算最小工作地数目。
（4）进行装配线平衡。

提示：节拍 = $\dfrac{\text{计划期有效工作时间}}{\text{计划期计划产量}/(1-\text{废品率})}$。

6. 已经知道某装配线的作业顺序和各作业的时间（圆圈旁边的数），时间单位为分钟，如图 4-7 所示。

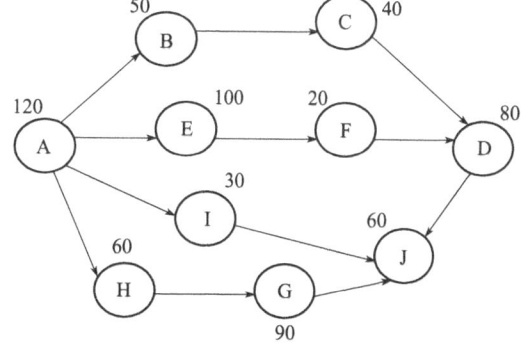

图 4-7 装配线作业图

(1) 假设节拍为120分钟，平衡这条生产线，其效率是多少？

(2) 假设节拍为150分钟，结果又如何？

## ◼ 实践思考

坚持企业主体，创新境外投资方式，优化境外投资结构和布局，提升风险防范能力和收益水平。完善境外生产服务网络和流通体系，加快金融、咨询、会计、法律等生产性服务业国际化发展，推动中国产品、服务、技术、品牌、标准走出去。支持企业融入全球产业链供应链，提高跨国经营能力和水平。——《中华人民共和国国民经济和社会发展第十四个五年规划和2035年远景目标纲要》（第十三章 促进国内国际双循环）

优化区域产业链布局，引导产业链关键环节留在国内，强化中西部和东北地区承接产业转移能力建设。实施应急产品生产能力储备工程，建设区域性应急物资生产保障基地。实施领航企业培育工程，培育一批具有生态主导力和核心竞争力的龙头企业。推动中小企业提升专业化优势，培育专精特新"小巨人"企业和制造业单项冠军企业。加强技术经济安全评估，实施产业竞争力调查和评价工程。——《中华人民共和国国民经济和社会发展第十四个五年规划和2035年远景目标纲要》（第八章 深入实施制造强国战略）

讨论问题：

企业选址时要注重提升服务国家战略能力，以全球视野审时度势，综合多方面因素做出正确决策。请结合《中华人民共和国国民经济和社会发展第十四个五年规划和2035年远景目标纲要》，讨论我国企业在选址时如何适应国家战略需求做出合理投资规划，提升企业在国家产业布局中的地位和作用。

## ◼ 讨论案例

### 某服装公司生产线布置

某服装公司是一家大型跨国企业，在全球多地都有生产工厂，目前该公司在市场竞争中面临多方面的压力，其中成本压力最为明显。根据报道，目前我国纺织服装行业的利润率为3%~8%。在这种微利的竞争环境下，既要在激烈的市场竞争中获得订单，又要保证获得一定的利润，这是该公司希望达成的目标。

目前该公司和其他大多数服装企业一样，属于小批量多品种生产。传统的服装生产流程的布置方式是按照工艺专业化原则布置，即经过来料裁剪、缝制、钉扣、整理熨烫、检验、打包、入库几个关键环节。服装生产是典型的劳动密集型生产，用工量比较大。如果能改进生产布置，就可以降低工人劳动强度，减少用工，节约成本。本案例介绍的就是该公司如何通过改善生产线布置提高生产率、节约成本。

**生产布局和物料流程**

该公司采用订单式生产，按照订单交货。工厂按客户订单要求生产的关键流程包括以下步骤：

① 从客人处收取订单后，工厂按订单数量、要求订购原材料；

② 待原材料到仓后，工厂将会设计出纸样，然后利用计算机辅助设计（CAD）技术排好麦架；

③ 裁床部门将按客户订单要求，将布料剪裁为要求的尺码和数量的裁片；

④ 裁片将被送往车缝车间进行车缝，将裁片车缝为成衣；

⑤ 由质量管理部门进行质量检查；

⑥ 成衣车缝好后将被送到包装部门包装；

⑦ 品质管理部门确认货物合格，成衣就

会被安排出货，经物流运送给相应的客户。

目前该公司生产部门的各个车间按照功能（工艺专业化）布置设计。在这样的生产布局下，整个公司只有一个大裁床向车间提供裁片，两个大车缝车间缝制成衣，一个大的查验区进行品质查验，还有一个大的包装车间，如图4-8所示。

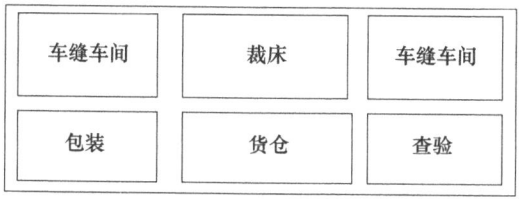

图4-8 车间平面布置图

在这种生产布局下，物料的流动方式为裁床工人将布料按麦架裁好后，将裁片发往车缝车间进行车缝工序，车缝之后，成衣就会被送到品质管理部门进行查验，质量合格后再被送到包装部进行包装，如图4-9所示。

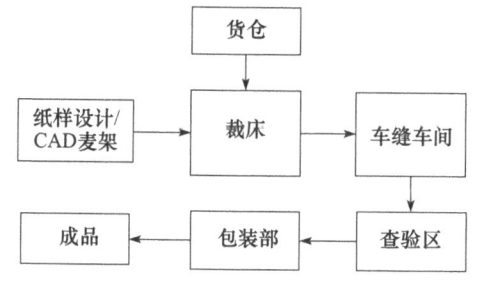

图4-9 生产物料流程图

**对现有的生产布置结构中从裁床到车缝车间物料流程的分析**

从上述整个成衣生产流程中截取该公司从裁床到车缝车间这一段进行数据收集和现状分析。

该公司用手推车将裁片从裁床运到车缝车间，每一个手推车一次可以运送6箱裁片，每箱可以装100件，这样每次每个手推车可以运送600件成衣裁片。装满裁片的每个箱子重3.2千克，每个手推车装满货物时的总重量为19.2千克。一箱裁片的装箱时间为36秒，放置箱子时间为3秒，装满整个手推车的时间为3分54秒。从裁床到车缝车间的距离为21米，工人运送一车装满裁片的箱子到车缝车间需要72秒，将裁片从箱子中卸出的时间为每箱36秒，放置箱子时间为3秒，工人从车缝车间推着空手推车返回裁床的时间是58秒。每个手推车运输裁片一个来回总共需要的时间为9分58秒。

该公司共有40条生产线（白班20条，夜班20条），每条生产线每小时的产量为70件，每个班次的总产量为14 000件，每天两个班次，一天的总产量为28 000件。每个班次需要2个工人在裁床和车缝车间之间运送裁片。每个工人每班需要运送7 000件，也就是70箱。每个工人每班需要运输的重量为70×3.2＝224（千克），因为既要装运又要卸货，所以每个工人每班需要负重224×2＝448（千克）。

通过以上数据的收集和分析，我们发现裁片从裁床运送到车缝车间这个流程存在如下无增值活动，即浪费和不合理之处。

第一，裁片从裁床运送到车缝车间的距离过远，运输时间过长，产生了较多的搬运浪费和等待浪费等，裁片无法及时运到导致很多机器闲置。

第二，工人每班搬运的重量过重，容易导致工人工作疲劳，如果长期做这份工作将会严重损害工人的健康。

第三，需要两个工人专门负责运送裁片，造成人力浪费。

**生产布局改善**

为了消除当前流程中出现的无增值活动，该公司重新规划生产布局。将以前的大裁床、大车缝车间、大包装部、大查验区拆分为一个个小的但具有独立功能的小裁床、小车缝车间、小包装部、小查验区，并将它们分开整合成具有独立完成整件成衣工序的小车间，该公司称之为"小麻雀"，正所谓"麻雀虽小，五脏俱全"。这样整个公司就由原来的一个大车间，转变成若干个具有独立制作成衣功能的"小麻雀"，"小麻雀"的生产布局如图4-10所示。

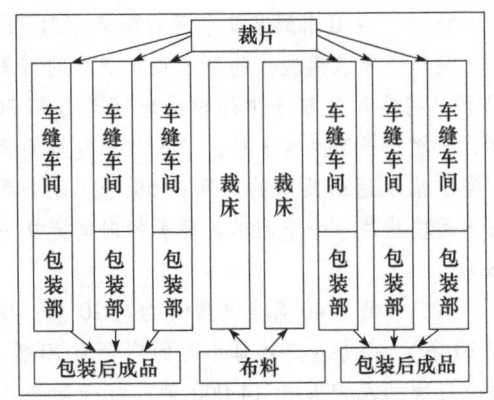

图 4-10 改善后的生产车间布局和流程

### 生产布局优化改善效果

该公司采用新的单元化"小麻雀"生产设施布置以后,产生了较好的效果,具体分析如下。

(1) 节省了劳动力。由于原来的工艺专业化的各个功能部门被重新分割、整合,因此从裁床到车缝车间的距离被缩短至3米。每条生产线的组长自己负责将裁片从裁床运送到车缝车间,这样就不需要搬运工来回运送裁片,裁片也不再需要用手推车来运送,而是直接用箱子运送,这样重量大幅度下降,工人的负重压力也大大下降,不再容易感到疲劳。

(2) 缩短了运输距离。实施旧的生产流程时,将裁片从裁床运送到车缝车间的距离是21米,实施单元化生产布置以后,将裁片从裁床运送到车缝车间的距离缩短至3米,距离缩短了85.7%。由于每次运送数量的减少和运输距离的缩短,因此工人搬运的劳动强度大大

下降,这降低了工人的疲劳程度,提高了工人的生产效率,工人的劳动积极性得到提高。

(3) 节省了物料搬运时间。在改善前的流程中,运送600件成衣的时间是9分58秒(598秒),每100件的运送时间是598/6 = 99.7秒(约100秒)。实施"小麻雀"生产布局后,装卸裁片的时间为36×2 = 72(秒),组长负重一箱裁片运送3米所需的时间为10秒,所需时间一共为72 + 10 = 82(秒)。运送100件的时间为82秒,比原来节省了100 - 82 = 18(秒)。每天每个班次可节约的时间为18×112 = 2 016(秒),即33分36秒。

(4) 提高了产量。"小麻雀"生产布局帮助工厂每天每个班次节省了近34分钟的时间,这样每个班次每天多出了34分钟的生产时间。根据该公司每个班次的日产量为14 000件,每个班次的工作时间为10小时(600分钟),实施"小麻雀"后每天每个班次的产量可以提高14 000/600×34 = 793(件),即每班产量可以提高6%。

资料来源:作者根据企业内部资料整理编写。

### 讨论

1. 该公司原来的工艺专业化的生产设施布置存在什么问题?
2. 按照本章介绍的设施布置的典型形式,改进后的生产布置是一种什么形式的布置方式?它与原来的布置有什么不同,有什么优点?
3. 通过这个案例,谈谈如何理解生产设施布置和产品特点与生产类型之间的紧密关系。

# 第 5 章
CHAPTER 5

# 工作系统设计与劳动组织

## § 学习目标

- 了解工作系统设计的技术与行为方法。
- 熟悉工作测量的方法与标准工作时间制定的方法。
- 了解劳动分工的原则与形式。

## § 引例

### 高铁工匠：中车株洲电机动车组装班的学习型班组

这里没有轰鸣的机器声，300 多个零件经过他们的双手"把玩"后，变成了一台台世界顶级水平的高铁电机。

这个群体就是中车株洲电机公司牵引电机车间动车组装班。凭借精湛的技术、奋斗的精神，他们"玩转"了被称为列车"心脏"的高端牵引电机，让中国高铁平稳地飞驰在神州大地上。

**平均 32 岁的班组获 17 项国家专利**

当前，我国动车组牵引电机的"高、精、尖"产品已有数十种，从"和谐号"到城际动车组，再到"复兴号"……不同型号的电机装配方式不同，电机组操作者需要快速学习掌握不同电机的 300 多种零配件的装配。

学习是这个最基层车间班组挑战不同动力"心脏"的法宝。中车株洲电机公司一直倡导学习型组织建设工作，动车组装班更是担当先锋，在实训中以问题为导向开展"每周一课"和班组学习分享，形成了良好的团队学习氛围。

班组成员易常松在刚进班组时，面对纷繁复杂的工序，不知道从哪里入手，经常感到忐忑不安。班长欧阳享从分辨螺栓规格等级、电机型号等基础知识，到认识每一道工序所需材料的名字、用途、零部件验收，有计划、系统性地给易常松开展培训。易常松勤奋学习开展实操，快速掌握了电机的装配技能。

目前，班组共有成员 20 名，平均年龄 32 岁，100% 是双技能员工，其中高级技师 1 名、技师 2 名、高级工 9 人。截至 2019 年 4 月，班组累计获得国家专利授权 17 项。

**2.6 万余台牵引电机质量"零缺陷"**

2010 年 12 月，"和谐号"跑出 486.1 千米的时速；2016 年 7 月，我国自主研制的两列标准动车组以 420 千米的时速在郑徐高铁交会而过，刷新列车交会速度纪录；2017 年 6 月，中国标准动车组"复兴号"在京沪线双向首发……

这些成绩的取得，离不开中车株洲电机公司动车组装班精益求精、对质量"零缺陷"的严苛要求。

在欧阳享的带领下，班组围绕全面质量管理，树立"一次就把事情做好"理念，针对电机组装过程中出现的问题进行攻关：查阅资料、讨论方案、实施验证，利用"小改造、小革新、小设计、小建设"解决质量异常问题。

自 2011 年以来，动车组装班推行"精益生产"，在人员、场地等各类资源保持不变的情况下，生产效率提升了 150%，建成了中车集团首批精益生产示范线。

班组成员龙文喜欢自己动手改造一些工装、工具，用来减轻劳动负荷，提升工作效率。在他的影响下，班组累计提出工艺改善提案 381 条，有效率达 92.4%。

据统计，中车株洲电机公司动车组装班成立 10 多年来，累计组装交付 2.6 万余台动车牵引电机，以产品质量"零缺陷"为中国高铁的安全运行做出了巨大贡献。

**从"和谐号"到"复兴号"的装配升级**

中车株洲电机公司动车组装班善于通过工艺创新、管理创新来优化成本，旨在创造更多效益，为国家节约更多资源。

遵循既要提升品质又要优化成本的理念，班组全体成员开展头脑风暴，提出人人主导一项降成本项目。

2015 年，中国标准动车组牵引电机进行试制生产。由于轴承装配工序沿用以前"和谐号"的装配方式，轴承出现了高达 30% 的报废率。一套轴承价值 3 000 余元，欧阳享看在眼里急在心里。

他找来了研发工艺的同事，共同分析出了轴承报废的原因。在验证解决方案的一个多月里，他饿了就啃一口面包，困了就在椅子上靠一会儿，最终创新地将"和谐号"的卧式装配改进为"复兴号"的立式装配，从而避免了轴承报废。

2018 年，班组完成降成本项目 11 项；2019 年，已提出电缆线材料定额管理、尾料节省、胶带回收重复利用、产品防护等降成本项目 20 多个。

2019 年"五一"前夕，中车株洲电机公司动车组装班荣获"全国工人先锋号"称号，为这个战斗在高铁"心脏"的工人群体增添了新荣誉。

资料来源：湖南省人民政府网，2019-05-29，http://www.hunan.gov.cn/topic/zl7sn/fdz/201905/t20190529_5343758.html。

思考与讨论：1. 中车株洲电机公司动车组装班作为学习型班组，其"工匠精神"体现在哪些方面？

2. 生产运作系统设计和组织中人的因素如何影响系统的运行？

## 5.1 工作系统设计概述

### 5.1.1 工作研究

工作研究是工作系统设计的基础，它从方法研究与时间研究两方面来研究提高生产效率的方法。工作研究的特点如下。

（1）工作研究着眼于挖掘企业内部的潜力。在不增加人、财、物的前提下，借助现行工作的改善和管理水平的提高来达到提高效率的目的。

（2）工作研究致力于工作方法的标准化。把在实践中已经证明是正确的方法固定下来形成标准，作为培训与考核的依据，以达到提高工作效率的目的。

（3）工作研究把降低成本、提高资源利用率作为基本宗旨。无论是工作方法的改善，还是工作时间的测量，都立足于使生产系统以最小的投入获得最大的产出。

（4）系统、整体的观点是工作研究的指导思想。工作研究首先着眼于整个生产系统的整体优化（程序分析），再深入研究解决关键的局部问题（操作分析），进而解决细微的问题（动作分析），从而达到整体最优化。

工作研究是一种技术方法，它严格按照科学管理原理的思想进行工作设计。"科学管理之父"泰勒对工业工程师进行每一项工作设计提出了以下四个原则：

- 科学地研究工作，用科学的方法进行过程分析、动作研究和时间研究，通过实验为每一项工作找到"最好"的方法；
- 在新方法的基础上选择和培训工人；
- 在生产中贯彻新方法，新方法的贯彻需要领导者的政策支持与保护；
- 提倡工人与领导者充分合作。

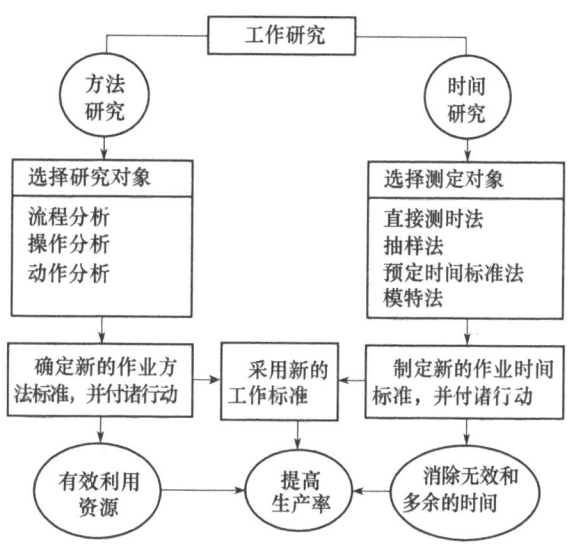

图 5-1 工作研究方法系统图

图 5-1 为工作研究方法系统图。在 5.2、5.3 节中，我们将分别介绍如何利用工作研究的两个基本方法——方法研究与时间研究来进行工作方法设计、时间测量和工时定额的制定。

### 5.1.2 工作系统设计中的行为方法

在历史的发展演变中，工作系统设计形成了两个学派——效率学派和行为学派。行为学派对效率学派的批评主要在于传统的专业化分工中存在的弊端。

- 过分的劳动分工与专业化导致工作单调乏味。长时间从事同一性质的工作容易使人厌烦。
- 缺乏对工人的激励。每一个人都只从事每一项任务的一部分,从而对工作本身难以产生满足感,缺乏对工人的激励作用。
- 工人缺乏对工作本身的决策权和对进度控制的能力。工人被动地接受工作,容易产生意志消沉和疲倦。
- 工人之间缺乏工作沟通与交流,晋升的机会也很少,难以体现个人价值和满足自我实现的要求。

尽管效率方法仍然是工作系统设计中的基本方法,但是行为方法的出现已经为工作系统设计打开了一个新的思路,那就是在设计工作时要更多地考虑个人需求动机,要做到以下几点:

- 提升个人在工作中的决策能力;
- 提供给个人更多的自由支配的时间;
- 工作内容适合个人需求,工作方式有一定的变化等。

行为方法为工作系统设计提供了新的概念与方法,比如工作丰富化、工作扩大化与职务轮换等方法。

### 1. 工作丰富化

工作丰富化的概念是弗雷德里克·赫茨伯格(Frederick Herzberg)首先提出来的。他通过大量的研究提出了著名的双因素理论。在这个理论中,他认为提高生产率依赖于对员工的激励,而激励在于工作本身,因而他提出通过"工作丰富化"来达到激励员工的目的。

1975年,美国的两位学者理查德·哈克曼(Richard Hackman)和格雷格·奥尔德海姆(Greg Oldham)进一步发展工作丰富化的理论,构造了工作丰富化的框架,如图5-2所示。

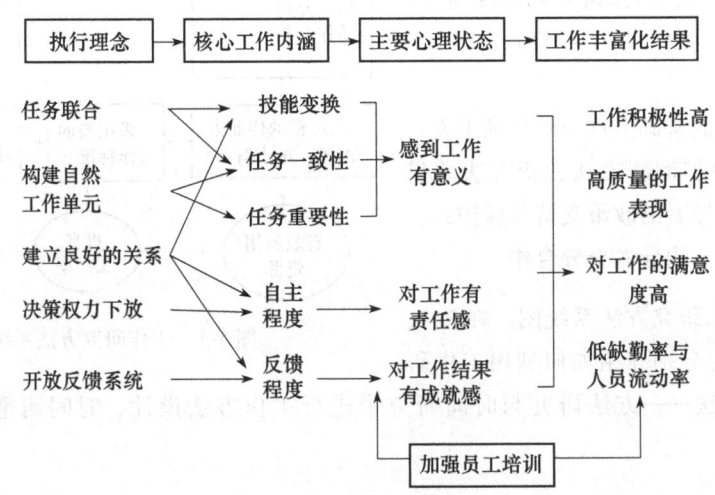

图5-2 工作丰富化的框架

在这个理论框架中,个人工作成果由三种心理状态决定:①感到工作有意义;②对工作有责任感;③对工作结果有成就感。

三种心理状态是通过五种核心工作内涵来实现的,这五种核心工作内涵为:①技能变换;

②任务一致性；③任务重要性；④自主程度；⑤反馈程度。

五种核心工作内涵综合起来就构成了激励的潜在分数。

$$\text{MPS} = \frac{\text{技能变换} + \text{任务一致性} + \text{任务重要性}}{3} \times \text{自主程度} \times \text{反馈程度}$$

它能反映一个工作系统设计对员工的激励程度，如果技能变换多、任务一致性强、任务重要性高、自主程度高、反馈程度高，那么激励程度就高。医生和律师的激励分数一般比较高，而装配线工人、电话接线员等的激励程度较低。为了提高工作的激励效果，设计工作时必须充分体现五种核心工作内涵的需求。

### 2. 工作扩大化与职务轮换

工作扩大化是指增加工作任务的种类，使员工完成一项任务的大部分，他们能感受到自己的工作在最终成果中的重要性，增加成就感，从而提高工作积极性。工作扩大化可以通过把原来分工很细的工作合并为大的作业，让员工完成规定作业之外的作业，如维修、加油等辅助工作来实现。

职务轮换是指在一定的工作范围内让员工交换工作岗位。职务轮换可以给职工提供更丰富、更多样化的工作内容，消除工作的单调与乏味感。采用这种工作方式的员工需要具有多种技能（可以通过岗位培训来实现），这种工作方式有利于增加工作系统的可靠性与灵活性，比如派人顶替缺勤的工人、向瓶颈环节抽调人员等。

|运作聚焦|

**丰田公司的职务轮换**

丰田公司机加工车间有 220 名作业人员，数百台设备，有工段长、班长、组长等管理人员，该车间进行职务轮换的目的是使职工"多能化"，具体做法如下。

（1）定期调动。这是指以若干年为周期的工作场所（主要指班或工段）的变动，职务内容、所属关系、人事关系都发生了变化，主要以基层管理人员为对象。

（2）班内定期轮换。这是指根据情况进行的班内变动，所属关系、人事关系基本不变。班内定期轮换的主要目的是培养和训练多面手。

（3）岗位定期轮换。这是指以 2~4 小时为单位有计划地交替作业。

丰田公司通过班内定期轮换，实现了对作业人员的"多能化"训练。具体的做法是把班内所有的作业工序分成若干作业单位，排出作业轮换训练表，全体作业人员轮换进行各工序的作业，最后使每个人都能掌握所有工序的作业。

$$\text{多能化实现率} = \frac{\sum_{i=1}^{n}（\text{各人已训练完毕且掌握了的工序数}）}{\text{班内作业工序} \times n}$$

式中　$n$——班内人数。

实施岗位轮换，获得了如下的效果。

(1) 有利于安全生产。工作轮换不仅减轻了身体疲劳,而且员工情绪也得到了调节,员工工作时注意力更加集中,减少了事故。
(2) 改善了作业现场的人际关系。
(3) 促进了知识和技能的扩大与积累。
(4) 提高了作业人员参与管理的积极性。

资料来源:门田安弘.丰田生产方式的新发展[M].史世民,等译.西安:西安交通大学出版社,1998.

## 5.2 工作方法分析与标准化

工作方法标准化从工作方法分析开始。工作方法为工人的工作提供指南,为管理者提供指挥调度的依据。本节介绍如何利用工业工程的方法和研究工具进行工作系统的优化设计,提高生产效率。

### 5.2.1 流程分析

流程分析在工作方法设计中非常重要,它能够使我们详细了解生产的流程,因此流程分析是生产管理中一项基本的工作设计内容。

流程分析是指分析由不同的工艺过程组成的整个生产过程。整个生产过程有五种基本生产工艺过程:加工、存储、检验、运输、等待。流程分析就是从这五个方面着手的。

#### 1. 流程分析中的符号标志

流程分析需要采用一系列的符号来表示流程过程,一般采用如下符号表示:

- ○表示加工过程;
- ▽表示存储过程;
- □表示检验过程;
- ⇨表示运输过程;
- D 表示等待过程。

#### 2. 流程分析的基本程序

(1) 选择。选择要分析的工作流程。
(2) 记录。用流程分析的有关图表表示流程方法。
(3) 分析。用 5W1H 提问方法对记录的事实进行分析,按照 ECRS 四个原则进行优化。其中,5W1H 就是 W(what)、W(who)、W(when)、W(why)、W(where)、H(how)。5W1H 表示在流程分析中反复问 5 个问题:做什么工作(what),谁来做这个工作(who),何时做这个工作(when),为什么要做这个工作(why),在哪里做这个工作(where),怎样做这个工作(how)。ECRS 就是 E(elimination)、C(combination)、S(simplification)、R(rearrangement)。E 代表取消,即取消不必要、不增值的活动;C 代表合并,即合并某些活动;S 代表简化,即简化某些活动的操作过程;R 代表重排,即重新安排活动的次序。

（4）建立。通过优化分析建立合理的流程方法。

（5）实施。采取措施使新方法得以实施并维持。

图 5-3 为用于流程分析的流程程序图。在流程程序图中，要记录原来的流程过程、新的流程过程，比较流程时间、距离，有时还要比较流程的用工（人员）数量，通过流程分析，设计的新流程在时间、运输距离、人员方面都能获得改善。

| | | | 统计 | | |
|---|---|---|---|---|---|
| | | 项目 | 改善前 | 改善后 | 节省 |
| 流程名称：加工套筒 | | ○操作次数 | 5 | 4 | 1 |
| 工作场所：三车间 | | ▽存储次数 | 1 | 1 | 0 |
| 研 究 者：李 三　年 月 日 | | □检验次数 | 1 | 1 | 0 |
| 制　　图：陈 工　年 月 日 | | ⇨运输次数 | 3 | 3 | 0 |
| 审　　核：王春明　年 月 日 | | D等待次数 | 1 | 0 | 1 |
| | | 距离/米 | 9 | 9 | 0 |
| | | 时间/分 | 10.45 | 7.50 | 2.95 |

| 改善前 | | | | | | 改善后 | | | | | |
|---|---|---|---|---|---|---|---|---|---|---|---|
| 步骤 | 说明 | 操作符号 | 距离/米 | 时间/分 | 人数 | 改善要点<br>简化（S）<br>重排（R）<br>取消（E）<br>合并（C） | 步骤 | 说明 | 操作符号 | 距离/米 | 时间/分 | 人数 |
| 1 | 车端面 | ○ | — | 0.5 | 1 | C, S | 1 | 车磨端面 | ○ | — | 0.5 | 1 |
| 2 | 磨端面 | ○ | — | 0.1 | 1 | C | 2 | 运输 | ⇨ | 2 | 0.5 | 1 |
| 3 | 运输 | ⇨ | 2 | 0.5 | 1 | | 3 | 车另一端 | ○ | — | 0.2 | 1 |
| 4 | 等待 | D | — | 2.5 | — | E | 4 | 运输 | ⇨ | 5 | 2.5 | 1 |
| 5 | 车另一端 | ○ | — | 0.3 | 1 | S | 5 | 钻孔 | ○ | — | 0.5 | 1 |
| 6 | 运输 | ⇨ | 5 | 2.5 | 1 | | 6 | 装箱 | ○ | — | 0.2 | 1 |
| 7 | 钻孔 | ○ | — | 0.5 | 1 | | 7 | 运输 | ⇨ | 2 | 0.3 | 1 |
| 8 | 装箱 | ○ | — | 0.25 | 1 | S | 8 | 检验 | □ | — | 0.3 | 1 |
| 9 | 运输 | ⇨ | 2 | 0.3 | 1 | | 9 | 存储 | ▽ | — | 2.5 | — |
| 10 | 检验 | □ | — | 0.5 | 2 | S | | | | | | |
| 11 | 存储 | ▽ | — | 2.5 | — | | | | | | | |

图 5-3　流程程序图

## 5.2.2　操作分析

操作分析是分析某一工作站工人的操作过程，使操作者、机器、工具三者有机结合。操作分析有以下三种：

- 人机操作分析——分析一个操作者与机器的关系；
- 联合操作分析——分析多个操作者与机器的关系；
- 双手操作分析——分析一个操作者双手的操作关系。

图 5-4 为人机操作分析的人机操作图。

| 产品: 穿孔卡 | | 操作者: | |
|---|---|---|---|
| 工艺: | | 绘图: | |
| 时间/分 | 人操作内容 | 机器工作内容 | 时间/分 |
| 0 | | | |
| 2 | 从卡片上移去橡皮带 | 空闲 | |
| 4 | 从送卡箱上捡起镇重 | | |
| 6 | 把卡片组放入送卡箱 | | |
| 8 | 把镇重放回送卡箱上原处 | | |
| 10 | 按下启动按钮 | | |
| | 空闲 | 卡片阅读机阅读这组卡片 | 12 |
| | | | 14 |
| | | | 16 |
| | | | 18 |
| 20 | 从输出接卡箱内捡起卡片组 | 空闲 | |
| 22 | 重新把橡皮带套在卡片组上 | | |
| 效率分析: | 工作时间 | 空闲时间 | |
| 人 | 14分 63.6% | 8分 36.4% | |
| 机器 | 8分 36.4% | 14分 63.6% | |

图 5-4 人机操作图

人机操作图可以把生产过程中的工人操作时间和机器运转时间表示出来，以便设法提高时间的利用率。利用人机操作分析，我们还可以分析工人与机器的配合关系，比如一个工人能看管多少台机器。

在人机工作环境下，一个工人能看管的机器数，可以用下列公式计算：

$$N = \frac{t + M}{t} \tag{5-1}$$

式中  $N$——一个工人操作的机器数；

$t$——一个工人操作一台机器所需的时间；

$M$——机器工作时间。

当生产或服务过程由多个人一起承担完成时，就需要进行联合操作分析，分析不同操作者的操作如何相互影响，从而找到最佳的组合方式。比如医院的手术过程，就是多人联合作业的过程，为了保证手术顺利完成，医生、护士的操作必须配合默契，对此可以采用联合操作分析。

### 5.2.3 动作分析

动作分析是最细微的方法分析，它分析在一个固定的工作地点的工作人员的手工工作是否有无效的工作或不合理的动作，从而简化动作，减少工作疲劳，降低劳动强度。动作分析为制定标准动作时间提供了依据。

动作分析在泰勒时代就已开始，泰勒通过选择最好的工人，把最好的工人操作作为工作标准，来训练其他工人。加尔布雷思则采用电影胶片的分析方法来寻找最佳的动作方法。

加尔布雷思通过研究提出了动作的经济化原则，实现了高效而又减少疲劳的作业动作。这些原则主要包括三个方面：关于身体使用，关于作业区布置，关于工具、设备的使用。

动作分析一般采用目视动作分析、动素分析、影片分析等方法。动作分析在一些以手工劳动为主的生产过程中起到了很好的作用，但是在一些机械化与自动化水平比较高的生产过程中，动作分析的作用并不明显。

## 5.3 工作测量与工时定额

### 5.3.1 工作测量的目的

进行工作测量有以下几个目的。

（1）建立合理的劳动时间定额和劳动力定额。企业要建立合理的劳动时间定额与劳动力定额，就必须有工作时间标准作为参照，因此就需要对每一个工作岗位的时间进行测量，对工作时间的测量可以为企业建立劳动时间定额与劳动力定额提供一种依据。

（2）为制定标准工作成本与工资等级提供依据。企业在核定生产作业成本与工资等级的时候，也要依据作业的定额时间，因此工作时间测量是制定生产作业成本与划分工资等级的重要依据。

（3）为工作绩效的评估与奖励提供依据。员工工作效率最重要的评估依据就是工作时间，因此通过时间的测量可以考核不同岗位的工作效率并为制定奖励方法提供依据。

（4）为生产作业计划与生产控制提供参考。在进行工作分配时，车间的管理者需要清楚每个岗位员工的具体工作能力，为此需要对工作时间进行测量。

### 5.3.2 工作时间构成与工时定额

在进行工作时间测量之前，我们先来了解工作时间构成与工时定额这两个概念。

#### 1. 工作时间构成

工业企业工人的工作时间可以分为两大部分：一部分是定额时间，另一部分是非定额时间，如图 5-5 所示。

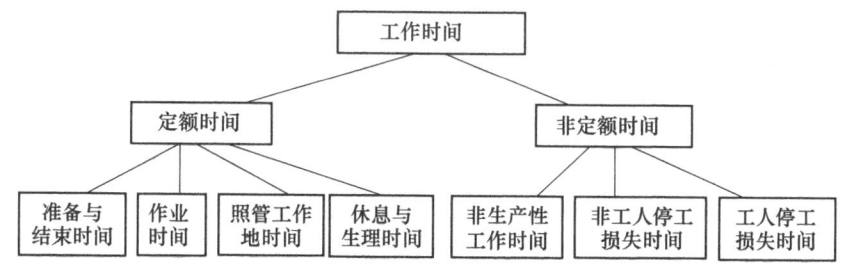

图 5-5 工作时间构成

定额时间是为了完成规定的生产任务所消耗的必要时间，包括准备与结束时间、作业时间、照管工作地时间、休息与生理时间四大类，其中作业时间是主要的。

非定额时间是因工作过程中的停工或执行非生产性工作而消耗的时间。非生产性工作时间包括由于开会、废品返修等所损失的时间。非工人停工损失时间包括由管理、技术或外部原因造成的时间损失。工人停工损失时间包括不遵守劳动纪律所损失的时间，如缺勤。

### 2. 工时定额

工时定额，即工作标准时间，是指在标准工作条件下工人完成单位工作所需的时间，不同生产方式的标准时间构成不一样。

（1）大量生产。在大量生产条件下，由于在工作地固定完成同样的工作，每件产品的准备与结束时间很短，因此准备与结束时间可以忽略不计。大量生产的单件时间定额可以按照如下公式计算：

$$单件时间 = 作业时间 + 照管工作地时间 + 休息与生理时间 \tag{5-2}$$

（2）成批生产。在成批生产条件下，每件产品分摊的准备与结束时间比较多，因此需要考虑准备与结束时间，单件时间定额的计算公式如下：

$$单件时间 = (作业时间 + 照管工作地时间 + 休息与生理时间 +$$
$$准备与结束时间)/每批产品的数量 \tag{5-3}$$

（3）单件生产。在单件生产条件下，需要考虑准备与结束时间，因此单件时间定额的计算公式如下：

$$单件时间 = 作业时间 + 照管工作地时间 + 准备与结束时间 + 休息与生理时间 \tag{5-4}$$

标准时间的制定是在正常时间的基础上通过考虑工人工作能力的评比和适当考虑各种影响因素进行宽放后得到的，因此测定正常的工作时间是标准时间制定的关键。

## 5.3.3 工作测量方法

工作测量方法主要有四种：直接测时法、抽样法、预定时间标准法、模特法。

### 1. 直接测时法

直接测时法是对作业时间直接用时间测量工具测量，然后进行计算得出作业时间的方法，直接测时法的步骤如下。

（1）选择观测对象。一般要选择熟练的作业者，避免选择非熟练者和非常熟练者。另外被观测者的作业是经过标准化的作业，其所进行的工作也处于正常状态。

（2）划分作业单元，制定测时记录表。为了对作业进行测量，需要划分操作者的作业，把它分解成可以进行时间测量的作业单元。

（3）记录观测时间。将测量的作业要素时间记录在准备好的记录表中。

（4）计算作业观测时间。作业观测时间等于各作业要素的平均观测时间之和。

（5）进行作业评定，计算正常时间。通过作业评定，把具体的观测时间转换成按照普通作业者的速度进行作业的时间值，即正常时间。

用评比系数把观测时间转化为正常时间：

$$正常时间 = 观测时间 \times 评比系数 \tag{5-5}$$

（6）考虑宽放时间，制定标准作业时间。在正常时间的基础上再考虑作业过程中由停顿与休

息等因素造成的时间消耗,之后制定的时间才是标准时间。因此,标准时间 = 正常时间 + 宽放时间,用宽放率表示为:

$$标准时间 = 正常时间 \times (1 + 宽放率) \tag{5-6}$$

或采用下式表示:

$$标准时间 = 正常时间 \times \frac{1}{1 - 宽放率} \tag{5-7}$$

宽放时间包括:**生理宽放时间**,即与作业无关的生理需求的时间,如上厕所、饮水等;**疲劳时间**,即消除工作疲劳需要的休息和补偿行为而延误的时间;**作业宽放时间**,即作业过程中不可避免的中断或停滞,如设备维修、刀具更换、切削清理等;**政策宽放时间**,即公司政策做出的宽放,如管理宽放。

宽放时间由企业根据行业与企业的特点制定,一般机械厂的宽放率为:

| | | | | |
|---|---|---|---|---|
| 作业宽放率 | 3%~5% | | 极轻劳动 | 0~5% |
| 车间管理宽放率 | 3%~5% | | 轻度劳动 | 5%~10% |
| 生理宽放率 | 2%~5% | 疲劳宽放率 | 中等劳动 | 10%~20% |
| | | | 重度劳动 | 20%~30% |
| | | | 极重劳动 | 30%以上 |

直接测时法的记录表模式如表 5-1 所示。

表 5-1 直接测时法的记录表模式

| 作业名称: | | 开始时间: | | | | 结束时间: | | | | | 研究者: | | | |
|---|---|---|---|---|---|---|---|---|---|---|---|---|---|---|
| 操作者: | | 测量日期: | | | | | | | | | | | | |
| 作业要素 | | 测量周期/次数 | | | | | | | | | | 总数 | 平均值 | 评比系数 | 正常时间 |
| | | 1 | 2 | 3 | 4 | 5 | 6 | 7 | 8 | 9 | 10 | | | | |
| 1. ×××× | T | | | | | | | | | | | | | | |
| | R | | | | | | | | | | | | | | |
| 2. ×××× | T | | | | | | | | | | | | | | |
| | R | | | | | | | | | | | | | | |
| 3. ×××× | T | | | | | | | | | | | | | | |
| | R | | | | | | | | | | | | | | |
| 4. ×××× | T | | | | | | | | | | | | | | |
| | R | | | | | | | | | | | | | | |
| 5. ×××× | T | | | | | | | | | | | | | | |
| | R | | | | | | | | | | | | | | |
| 备注:T——时间　　R——读数　　宽放率 =<br>标准时间 = 正常时间 × (1 + 宽放率) = | | | | | | | | | | | | | | | |

上面有关标准时间制定的公式中用到了评比系数的概念。评比系数的测定是考虑个人的工作特性与总体的差距(比如工作条件、技能、努力状态、作业的一致性)之后,也就是剔除个人素质的差异,把个人的工作时间转化为同一水平下的时间的修正系数。

测定评比系数有不同的方法,比如美国西屋电气公司的平准化法、客观评比法、综合评比法等。表 5-2 是美国西屋电气公司用平准化法制定评比系数的评比系数修正值参考表。

表 5-2　评比系数修正值参考表（美国西屋电气公司）

| 等级 | 技能熟练程度 | | 努力程度 | | 工作环境 | | 工作一致性 | |
|---|---|---|---|---|---|---|---|---|
| | 符号 | 系数 | 符号 | 系数 | 符号 | 系数 | 符号 | 系数 |
| 特优 | A1<br>A2 | +0.15<br>+0.13 | A1<br>A2 | +0.13<br>+0.12 | A | +0.06 | A | +0.04 |
| 优 | B1<br>B2 | +0.11<br>+0.08 | B1<br>B2 | +0.10<br>+0.08 | B | +0.04 | B | +0.03 |
| 良 | C1<br>C2 | +0.06<br>+0.03 | C1<br>C2 | +0.05<br>+0.02 | C | +0.02 | C | +0.01 |
| 平均 | D | 0 | D | 0 | D | 0 | D | 0 |
| 可 | E1<br>E2 | -0.05<br>-0.10 | E1<br>E2 | -0.04<br>-0.08 | E | -0.03 | E | -0.02 |
| 欠佳 | F1<br>F2 | -0.16<br>-0.22 | F1<br>F2 | -0.12<br>-0.17 | F | -0.07 | F | -0.04 |

　　该表把技能熟练程度、努力程度、工作环境、工作一致性四个因素作为评比系数制定的考虑因素。每个因素按照员工的工作绩效划分为多个等级：特优、优、良、平均、可、欠佳。把"平均"等级作为中间水平，其评比系数为1（或100%），修正值为0，比平均水平高或低的水平分别用一个正或负的修正值进行修正，用1＋修正值表示评比系数。

　　例如，对某工人操作进行评比后得到四个方面的结果（见表5-3）。

表 5-3　评比系数表

| 评比因素 | 等级 | 符号 | 系数 |
|---|---|---|---|
| 技能熟练程度 | 良 | C2 | +0.03 |
| 努力程度 | 良 | C1 | +0.05 |
| 工作环境 | 平均 | D | 0.00 |
| 工作一致性 | 可 | E | -0.02 |
| 合计 | | | +0.06 |

　　表5-3的结果表示该工人的工作效率比平均水平高6%（0.06），因此该工人的工作评比系数为106%（1.06）。根据得到的评比系数，如果某工人完成某项作业的测时为10秒，则该项作业的正常时间＝10×(1＋0.06)＝10.6（秒）。

　　在进行评比系数的测定时，需要注意如下几点。

- 有效操作。评比时不应只注意操作者的速度，还应看其动作是否有效。
- 用力大小。操作者的动作速度与用力大小有关，因此评定时要注意对操作者的用力大小进行适当评比。
- 操作困难程度。操作困难程度不同，操作的速度也不同。对操作者的操作困难程度也要适当予以评比。
- 操作是否需要思考。对于需要思考的操作（如检验工作）的评比，需要具备一定的经验才能正确评价。

## 应用范例 5-1

### 服务作业的时间测量

为测量某自助餐厅服务员的工作标准,进行时间研究。测量将银器放在餐巾中的动作(见表 5-4),求服务作业的标准时间。

表 5-4　时间测量表

| 动作名称 | 平均时间/分 |
| --- | --- |
| 放好餐巾 | 0.05 |
| 将刀、叉、勺放在一起 | 1.00 |
| 用餐巾将银器卷起 | 0.90 |
| 放在盒子里 | 1.05 |

**解**:将该服务作业分解为 4 个作业要素进行观察,然后求出每个作业要素的平均时间。

如果服务员以 110% 的速度工作,其工作效率为 110%,即评比系数。按照正常时间=观测时间×评比系数,得:

第一个动作的正常时间 $=0.05 \times 110\% = 0.055$(分)

标准时间=正常时间×(1+宽放率),所以,如果宽放率为 10%,则有:

第一个动作的标准时间 $=0.055 \times (1+10\%) = 0.0605$(分)

其他动作的标准时间计算方法相同,把所有动作要素的标准时间相加就得到工作过程的标准时间。

### 2. 抽样法

抽样法是 1934 年由 L.H.C. 蒂皮特首先引入工业部门的,是广泛采用的时间研究方法之一。这种方法和直接测时法的不同之处在于,它不是直接对作业时间进行测量,而是通过大量的随机观察确认操作者处于工作状态还是空闲状态,分别记录"空闲"状态与"工作"状态发生的次数,不记录事件的延续时间,然后对样本分析计算出百分比,从而对操作者的实际工作时间和空闲时间做出估计。

(1)抽样法的应用。

1)工作改善。利用抽样法,可调查出操作者或机器的工作或空闲时间的比率,再根据空闲部分的组成细分项目观察记录,找出问题并进行改善。

2)用抽样法制定标准时间。

$$\text{标准时间} = \frac{\text{总观测时间} \times \text{绩效指标} \times \text{工作时间比率}}{\text{观测时间的总产量}} \times (1 + \text{宽放率}) \quad (5\text{-}8)$$

其中

$$\text{工作时间比率} = \frac{\text{工作时间}}{\text{总观测时间}} \times 100\% \quad (5\text{-}9)$$

一般在观测中,可用工作次数除以总观测次数来计算。

式(5-8)中绩效指标是指被抽样者的工作效率评价值,它和直接测时法的评比系数一样,代表被抽样者的工作速度和正常工作速度的比较,用如下公式计算:

$$\text{绩效指标} = \frac{\text{某产量应消耗的正常时间}}{\text{某产量实际消耗的时间}} \times 100\% \quad (5\text{-}10)$$

一般在实际应用中,绩效指标用评比系数表示,因此式(5-10)的绩效指标也就是评比系数。

（2）抽样精度与抽样次数。在抽样法中，有一个最重要的问题是抽样精度与抽样次数。从统计意义上讲，抽样次数多，则精度高，反之，精度低。那么抽样次数为多少才合适呢？

设 $p$ 为观测到的某事件发生的概率，$n$ 为观测的总次数，$m$ 为事件实际发生的次数，则 $p$ 的估计值为：

$$\bar{p} = \frac{m}{n} \tag{5-11}$$

标准偏差为：

$$\sigma_p = \sqrt{\frac{\bar{p}(1-\bar{p})}{n}} \tag{5-12}$$

抽样统计结果一般是正态分布，故当置信度为 95%（实际是 95.45%）时，绝对精度为 $2\sigma_p$。定义抽样的绝对精度为 $\varepsilon$，则有：

$$\varepsilon = 2\sigma_p = 2\sqrt{\frac{\bar{p}(1-\bar{p})}{n}} \tag{5-13}$$

相对精度为 $\vartheta$，则有：

$$\vartheta = \frac{\varepsilon}{\bar{p}} = 2\sqrt{\frac{(1-\bar{p})}{n\bar{p}}} \tag{5-14}$$

工作抽样次数为：

$$n = \frac{4\bar{p}(1-\bar{p})}{\varepsilon^2} \quad \text{或} \quad n = \frac{4(1-\bar{p})}{\vartheta^2\bar{p}} \tag{5-15}$$

因此，只要规定了抽样精度，抽样次数就确定了。抽样精度与抽样目的有关，表 5-5 为不同抽样目的的绝对抽样精度。

表 5-5　抽样目的与绝对精度标准

| 抽样目的 | 绝对精度标准 |
| --- | --- |
| 调查停工中断时间等管理上的问题 | ±(3.5%～3.6%) |
| 工作改善 | ±(2.4%～3.5%) |
| 决定工作地布置等时间的比率 | ±(1.2%～1.4%) |
| 制定标准时间 | ±(1.6%～2.4%) |

（3）抽样法的基本程序。抽样法的操作步骤如下。

1）确定研究的目的。研究的目的不同，观测的次数和方法也不同。比如，如果是简单研究"工作"和"空闲"的比率，那么调查表就只需要"工作"和"空闲"两项；如果是调查造成"空闲"的原因，则应把"空闲"分成类列表。

2）划分抽样对象。抽样对象应和其他非抽样对象明确区分开，如采用在机器或工人身上贴标签等方式。

3）调查前的准备工作。准备工作包括确定观测路线、设计调查表、观测样本和观测时间长度等。

4）选择观测的时间。观测的时间应在选择的时间长度范围内随机确定，以避免失真。

5）观测与记录数据。

6）检查是否需要更多的样本数。

7）数据计算、分析、得出结论。

## 应用范例 5-2

### 抽样法应用于标准时间的制定

某机械厂对装配工序上 10 名工人的工作时间进行测定,以便制定新的工作标准。观测员用 3 天时间对这 10 名工人进行同时观测,观测结果如表 5-6 所示。请根据表中数据制定标准时间。

表 5-6 工作抽样数据表

| 资料 | 来源 | 数据 |
| --- | --- | --- |
| 总观测时间 | 测量 | 13 550 分 |
| 总产量 | 检验部门 | 16 314 件 |
| 观测次数 | 工作抽样 | 720 次 |
| 工作次数 | 工作抽样 | 711 次 |
| 评比系数 | 工作抽样 | 123.6% |
| 宽放率 | 连续观测 | 15% |

**解**:工作时间比率 = 工作次数/总观测次数 × 100% = 711/720 × 100% = 98.75%。

标准时间 = (总观测时间 × 工作时间比率 × 评比系数/总产量) × (1 + 宽放率) = (13 550 × 98.75% × 123.6%/16 314) × (1 + 15%) = 1.167(分)。

(4) 抽样法的特点。和直接测时法相比,抽样法有如下特点(见表 5-7)。

表 5-7 抽样法的优缺点

| 优 点 | 缺 点 |
| --- | --- |
| (1) 观察持续一段时间,受短期波动的影响小<br>(2) 与其他方法相比,更容易被观测人员接受<br>(3) 不需要时间测量工具,可以同时观测几种作业<br>(4) 观测者不需要专门的训练就可以进行<br>(5) 花费的时间与成本比较低<br>(6) 研究可以中断而不影响结果 | (1) 观测精度取决于观测者的判断,主观影响大<br>(2) 不能对工作进行详细的动作分解,难以了解工作的详细过程<br>(3) 抽样法适合观测过程是静态的系统,如果系统是变化的,那么结果是不可靠的 |

### 3. 预定时间标准法

预定时间标准法(PTS)是对人们所从事的所有作业的动作要素进行分解,根据动作的性质与条件,经过详细的观测,制定基本动作的标准时间。当要确定实际某一项作业的时间标准时,就把作业分解成基本的动作要素,从基本动作的标准时间表中查出相应的时间值,累加起来,适当宽放后就得到标准的作业时间。

预定时间标准法是 1924 年美国的西格(A. B. Segur)最先提出的,他最先创立了**动作时间分析法**(motion time analysis,MTA)。之后 1934 年美国无线电公司的奎克(J. H. Quick)创立了**工作因素法**(work factor system,WF)。1948 年,美国西屋电气公司的梅纳德(H. B. Mannard)等人又提出了时间衡量(methods of time measurement,MTM)。由于 WF 与 MTM 是建立在对动作的性质和条件力求详细与精度极高的基础上的,因此掌握起来比较难,使用不方便,而且标准建立的周期比较长。1966 年,澳大利亚的海德(G. C. Heyde)博士在长期研究的基础上提出了**模特排时法**(modular arrangement of predetermined time standard,MOD),简称模特法。

预定时间标准法的好处在于可以避免在直接测时法中工人反应不正常的现象,不会引起工人的不安和对工作造成干扰。

### 4. 模特法

模特法（MOD）是第三代预定时间标准法，具有形象、直观、动作划分简单、好学易记的特点，适用于动作分析与时间标准的制定。

(1) 模特法的基本原理。模特法是根据人机工程学原理来进行人体动作分析的，其基本原理如下。

- 所有人力操作时的动作均包括一些基本的动作。模特法把人在生产实践中的操作动作分解为 21 种。
- 不同的人在相同的条件下做同一动作所需要的时间基本相等。
- 当身体不同部位做动作时，使其做动作所用的时间值互成比例。可以根据手指的一次动作时间单位的量值直接计算其他身体部位的动作时间。

(2) 模特法的时间单位。模特法是将人的操作动作分解后建立以基本动作时间单位为基准的动作分析方法，其基本的时间单位是正常人动作级次最低（单一采用手指动作）、速度正常、能力消耗最低的一次手指动作的时间消耗量，用 1MOD 表示：

$$1\text{MOD} = 0.129\text{s}$$

表 5-8 是运用模特法确定的人的 21 种基本动作的分类与时间值。

表 5-8  模特法的动作分类与时间值

| 动作分类 | 动作名称 | 符号 | 时间值（MOD） |
|---|---|---|---|
| 移动动作 | 手指动作 | M1 | 1 |
| | 手的动作 | M2 | 2 |
| | 前臂动作 | M3 | 3 |
| | 上臂动作 | M4 | 4 |
| | 肩动作 | M5 | 5 |
| 终止动作 | 触碰动作 | G0 | 0 |
| | 简单抓握动作 | G1 | 1 |
| | 复杂抓握动作 | G2 | 2 |
| | 简单放下 | P3 | 3 |
| | 注意放下 | P4 | 4 |
| | 特别注意放下 | P5 | 5 |
| 身体动作 | 踏板动作 | F3 | 3 |
| | 步行动作 | W5 | 5 |
| | 向前探身动作 | B17 | 17 |
| | 坐和站起动作 | S30 | 30 |
| 其他动作 | 校正动作 | R3 | 3 |
| | 施压动作 | A4 | 4 |
| | 曲柄动作 | C4 | 4 |
| | 眼睛动作 | E2 | 2 |
| | 判断动作 | D3 | 3 |
| | 重复修正 | L1 | 1 |

(3) 模特法时间分析记录表格式,如表 5-9 所示。

表 5-9 模特法时间分析记录表

| 零件名称与图号 | | 年 月 日 | | 分析人 | 校对 | 审核 |
|---|---|---|---|---|---|---|
| 工序名称 | | 作业条件 | | | | |
| 作业名称 | | 使用工具 | | | | |
| 设备名称 | | 分析条件 | | | | |
| 序号 | 动作描述 | 分析式 | 次数 | MOD | 时间 | 备注 |
| 1 | | | | | | |
| 2 | | | | | | |
| 3 | | | | | | |
| ⋮ | | | | | | |
| 合计 | | | | | | |

## 5.3.4 时间标准与学习效应和疲劳效应

### 1. 学习效应(学习曲线效应)

工作时间标准不是一成不变的,其中一个很重要的原因就是人在工作中的学习效应。当一个人被安排在一个固定的工作岗位上进行长期工作时,由于不断地积累经验与学习,其工作效率会有所提高,从而能够缩短工作时间,这种效应就是学习效应,描述这种学习效应的方法是学习曲线。学习效应最早是美国波音公司在制造飞机的生产过程中发现的现象。

学习曲线基于以下三个假设:

- 每次完成同一性质的任务后,下一次完成该任务或生产单位产品的时间将缩短;
- 单位产品的生产时间将以一种递减的速率下降;
- 单位产品生产时间的减少将遵循一个可预测的模式。

学习曲线首先在一些手工工作和需要经验的工作环境中获得广泛的应用,比如医生的医术会随从医年限递增而提升。考虑到工作中的这种学习效应,在制定时间标准时,就需要根据工人技能的提高适当调整。

学习曲线的标准形式是一个对数函数:

$$Y_x = Kx^n \tag{5-16}$$

式中 $Y_x$——生产第 $x$ 个产品的劳动时间;

$x$——产品数量;

$K$——生产第一个产品的直接工作时间。

$n = \lg b/\lg 2$,其中 $b$ 为学习率。

学习曲线一般通过统计分析的方法得到,在假设生产条件相对稳定的条件下,通过大量的生产数据模拟,可以得到一个直观的曲线,如图 5-6 所示。

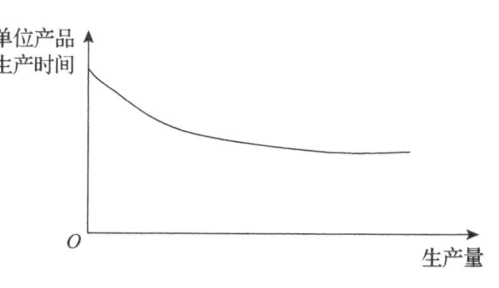

图 5-6 学习曲线

学习曲线经过一定时间后会趋于稳定，稳定时间的长短与行业、生产条件有关。某些行业的学习曲线要经过很长时间才能稳定下来，但是另外一些行业的学习曲线可能会很快趋向稳定，"学习率"几乎为零，如自动生产线。

传统的学习曲线是对经验的拟合，是一种经验型学习曲线。现代工业生产的工作条件与技术水平发生了极大的改变，过去那种靠个人经验积累来提高生产率的时代已经一去不复返，因此一个年长的工人并不一定比一个年轻人工作更有效率。相反，由于技术水平跟不上时代的发展，老工人无法操纵现代生产设备，难以适应现代生产需要而被淘汰，因此现代工业生产中的学习曲线不再是过去那种手工生产的"经验型学习曲线"，而是一种"知识学习曲线"。当工人掌握了一种新的生产工艺与技术时，生产率大大提高。现代技术工人不仅需要通过自己长期的经验积累来提高生产率，更重要的是通过学习新技术、新理论、新知识，来提高生产率，这是新型知识型企业的重要特征。

### 2. 疲劳效应

劳动密集型企业的劳动者在长期的生产过程中，除了学习曲线效应提高生产率、缩短生产时间外，同时还存在着另一个反方向的时间效应——疲劳效应。当员工工作一定的时间之后，一方面由于经验的积累，单位生产时间下降；另一方面，由于疲劳的出现，员工的生产率也存在下降的过程。如果疲劳效应超过了学习效应，生产率不会增加，反而会出现下降（见图5-7）。这时，生产管理者应该给员工一段休息时间（比如停机休息，有的企业每连续工作2小时就有15分钟的休息时间）。这样可以消除疲劳效应对生产率的负面影响。

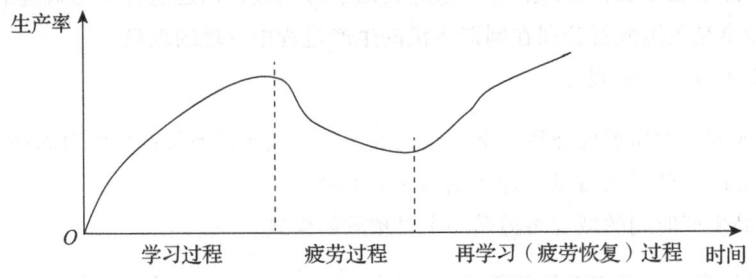

图 5-7　生产率与学习效应、疲劳效应的关系

学习效应和疲劳效应不仅对作业效率产生了影响，对其他生产决策如生产任务分配和工作安排都产生了一定的影响。一个聪明的生产管理者应该注意什么时间能够利用员工的学习曲线效应来提高生产率、缩短生产时间，同时也要知道如何在生产过程中为员工提供合理的休息时间，从而保证员工有较好的学习效果。

|运作聚焦|

### 精心打造班组作业标准化　全力筑牢安全生产防线

党的十九大报告中提出，要建设知识型、技能型、创新型劳动者大军，弘扬劳模精神和工匠

精神，营造劳动光荣的社会风尚和精益求精的敬业风气。在原来"美丽班组"创建的基础上，浙江提出将施工标准化的要求向施工班组延伸，提高施工班组专业化、标准化、规范化和精细化作业水平，开展"美丽班组"创建。

杭州市备塘路（艮山西路-德胜路）地下综合管廊工程（以下简称"备塘路项目"）就是浙江交工实践美丽班组建设的基地。备塘路项目积极响应"美丽班组"创建的号召，贯彻浙江交工理念，从班组作业标准化入手，筑牢项目安全生产防线，全力打造美丽班组。

1989年出生的廖飞是备塘路项目管廊一工区主体结构班组长，年轻的他已经在工地上待了8年时间，备塘路项目是他经历的第6个工地。2018年9月，廖飞因为各项工作突出被浙江交工地下分公司评选为"每月十佳安班会主讲人"，他所带领的班组也被项目部评选为"安全生产先进班组"。

"来到备塘路，第一次听说了'产业工人''作业标准化'等新词，给我感觉很不一样，"廖飞说道，"在这里干活要按照标准做，刚开始嫌麻烦，但是实行一段时间以后切切实实感受到工作环境变好了，有些容易忽略的地方也不会出现纰漏，大伙对于创新也有热情，班组凝聚力跟竞争力都加强了，更重要的是还能增加收入，何乐而不为。"

这是备塘路项目一个班组的缩影。备塘路地下综合管廊项目负责人蔡伟介绍道，为确保提升项目全员安全意识、加强现场文明施工、打造浙江交工市政品牌，早在项目进场之初，备塘路项目就下发了《项目班组安全生产标准化建设考核办法》，依据项目实际，系统性地总结出班组作业标准化操作规范，让班组干活有标准、安全有规范、奖励能兑现。

据了解，备塘路项目考核办法紧紧围绕施工现场的安全文明施工，通过现场抽查，对"6S"管理、班组自检、隐患整改、现场施工安全管理、安全教育等五大方面进行考核，确保提升项目全员安全意识，加强现场文明施工。

"班组是项目的基础，我们创建'美丽班组'就是要打通建设标准化实施的'最后一公里'。"蔡伟告诉笔者，"通过每天的班前会，班组作业标准化意识和安全意识有了明显的提高；通过每周一次的民工学校培训，规范化的学习和技术交底让班组成员做到心中有规矩、做事有标准，安全文明施工牢记于心。"

在做好班组建设的同时，备塘路项目还为班组打造施工现场环保家居式管理：开展施工现场"无烟头"活动；绿化围挡安装雨雾降尘设施和购置除尘雾炮机；成立环保小分队，对施工现场进行常态化日常保洁；要求车辆出入经过洗车池……最大限度地保障施工现场环境。

资料来源：浙江在线，2018-11-05，http://zj.cnr.cn/hzbb/20181105/t20181105_524405323.shtml。

## 5.4 劳动分工与定员管理

### 5.4.1 劳动分工

劳动分工是车间劳动管理的基础，是劳动组织的基本范畴。18世纪英国经济学家亚当·斯密对劳动分工理论进行了研究，阐述了劳动分工对工业化与经济发展的作用。劳动分工是工业现代化的要求与必然结果。

**1. 劳动分工的原则与形式**

劳动分工要遵循如下原则。

（1）劳动分工应尽可能适合劳动者的技术等级与操作技能水平。要避免劳动的价值浪费，比如安排基本生产工人做辅助生产工人的工作，熟练技术工人做普通工人的工作。

（2）劳动分工应保证工人有足够的工作量，保证充分利用工时。不能片面追求劳动分工，从而导致工作负荷不足，浪费工时。

（3）劳动分工应有利于建立与健全岗位责任制，使每个员工有明确的职责。做到人人有职责、事事有人管。

（4）劳动分工应有利于加强劳动者之间的联系与协作。要通过分工保证生产在时间与空间上的密切配合，保证生产均衡协调进行。

（5）劳动分工应有利于提高劳动者的技术水平，培养劳动者的劳动兴趣与促进劳动者全面发展。

根据以上原则，劳动分工的形式主要有如下几种。

- 把生产工作与管理工作、服务工作分开。工厂的工作都是围绕生产进行的，工人是直接生产劳动者，管理者是间接生产劳动者。
- 把不同工艺阶段和工种分开。企业生产过程可以分为不同的工艺阶段，根据不同的工艺阶段，可以把劳动分为不同的工种与操作岗位。
- 把准备性工作与执行性工作分开。生产工艺的不同阶段和各工种都有准备性与执行性工作，把这两种工作分开，让一部分人专门做准备性工作，另一部分人专门做执行性工作，这样有利于发挥个人专长。
- 把基本工作与辅助工作分开。例如在纺织企业中，纺纱与织布是基本工作，车间里的推纱工做辅助工作。
- 按照工作的技术等级进行分工，把技术等级高的工作与技术等级低的工作分开。这样有利于发挥不同技术工人的专长。

**2. 多面手与多机台看管组织**

多面手是一种新的劳动分工形式，是企业生产环境变化的必然要求。一般而言，劳动分工与生产类型或者说与产品的品种和批量有关。大批量生产过程中，劳动分工比较细，而对于单件生产或者多品种小批量生产，如果按照大批量生产的劳动分工形式，很可能导致某些工作负荷不足，造成闲忙不均的现象。多面手可以减少产品换产时转岗的困难，同时避免"一个萝卜一个坑"这样长期从事一种工作所产生的厌烦与枯燥感，促进工人全面发展。因此，多面手的劳动分工形式适应了市场经济条件下企业生产条件的变化，对提高劳动生产率、提高生产灵活性有很大作用。

日本企业把多面手作为减少生产劳动浪费的一个策略来运用，比如，丰田公司通过多能化训练培养多面手员工。关于这方面的内容，本书第14章将有更多介绍。

多机台看管是一个工人或者一组工人同时看管几台设备的劳动分工与组织形式。多机台看管在纺织、机械与电子加工等许多行业被广泛使用。多机台看管不一定需要多面手，看管相同的设备不需要多面手，而当同时看管操作方法与技术要求不同的设备时需要多面手。

在多机台看管中同时看管机台的数量取决于工人离开该机台去巡视其他机台的作业时，该机台能够正常运转的时间长短。比如纺织企业中细纱车间组织多机台看管，到底一个工人能够同时看管几台细纱机呢？一般而言，当纱线的断头率比较高时（断头率是衡量纺纱机正常运作情况的指标之一），也就是机器正常运转时间比较短，看管机台数就少一些。反之，当纱线的断头率比较低时，看管机台数可以多一些。同样，对于机械工厂，多机台看管也是工人完成一个机床的手动操作和巡视工作以后去巡视与操作其他的机台，因此多机台看管的一个前提条件是，每台机床的正常运转时间大于或者等于工人巡视与操作其他机床的时间。

不管什么行业，组织多机台看管的前提是生产过程能够实现人机分离，而且机器自动化水平越高，多机台看管的数量越多。下面分别讨论不同情况下的多机台看管组织。

（1）工人看管同一种设备，完成的作业也相同，每台设备的运转时间与工人看管时间相同。图5-8为3台设备多机台看管的时间配合图。在图5-8中，在一个工人的看管循环中3台设备的加工时间是相同的，当工人完成了设备1的看管作业以后，马上去看管设备2的作业，看管完设备2以后马上去看管设备3的作业。看管完设备3以后回去看管设备1，即开始第2个看管循环。图中的箭头表示工人看管设备的行进路线。

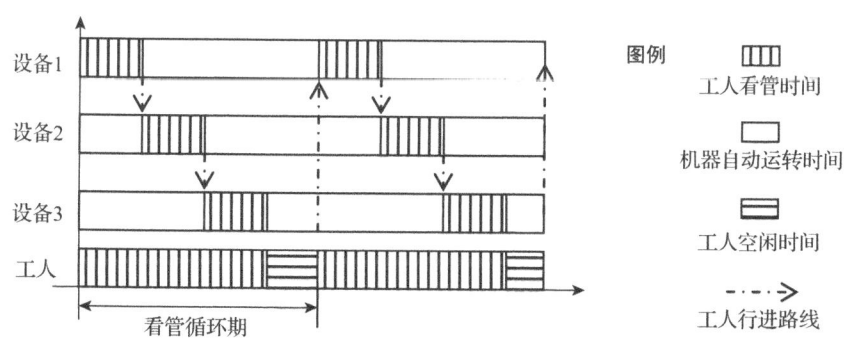

图5-8　多机台看管人机时间配合图（一）

在这种情况下，工人能够看管的机台数可以用如下公式计算：

$$m \leqslant \left\lfloor \frac{t_{机}}{t_{看}} \right\rfloor + 1 \tag{5-17}$$

式中　$m$——看管机台数；

$t_{机}$——设备运转的时间；

$t_{看}$——工人看管时间。

在这个公式中，括号 $\lfloor \ \rfloor$ 表示向下取整数，即取最小的整数，比如，$t_{机} = 17$，$t_{看} = 5$，则 $\lfloor \frac{17}{5} \rfloor = 3$。于是最大看管机台数为 $3 + 1 = 4$。

（2）工人看管同一种设备，每台设备加工不同产品，但是每台设备的工序时间相同，但是看管时间不同。图 5-9 表示工人看管的设备是同一种设备，每台设备工序总的加工时间相同，但是看管时间不同，这一般发生在不同设备加工不同产品的情形中。在这种情况下，工人能够看管的设备台数用式（5-18）确定：

$$\sum_{i=1}^{m} t_{看}^{i} \leq t_{序} \tag{5-18}$$

式中 $t_{序}$——工序的加工时间；

$t_{看}^{i}$——第 $i$ 台设备的看管时间。

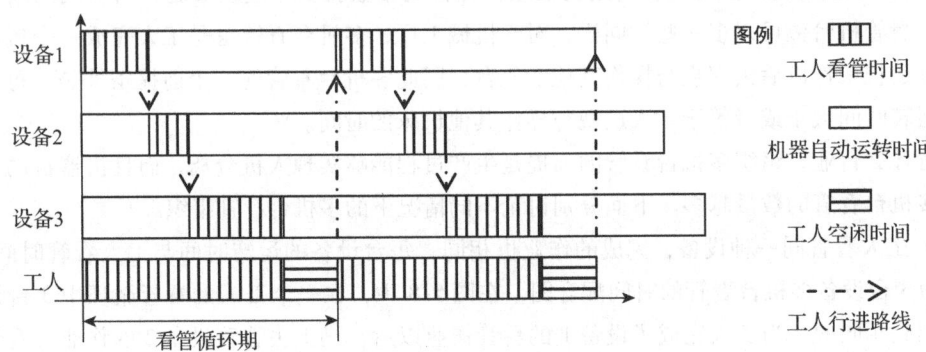

图 5-9 多机台看管人机时间配合图（二）

（3）工人看管不同类型的设备，每台设备完成不同的作业，每台设备的工序作业时间不相同，看管时间也不同。这种情况比较复杂，很难用一个公式来确定看管机台数，一般通过调查分析，根据工人与机器的作业时间编制出多机台看管的作业图表，然后计算工人与机器的负荷系数。工人与机器的负荷系数计算如下：

$$工人负荷系数 = \frac{在看管循环期内工人看管时间之和}{看管循环时间} \tag{5-19}$$

$$机器负荷系数 = \frac{在看管循环期内全部机器的加工时间(机动与看管时间之和)}{看管设备数 \times 看管循环时间} \tag{5-20}$$

组织多机台看管作业，需要做好如下几项准备工作：

- 采取措施，力求使各机台的作业时间及结构符合多机台看管的条件，尽量缩短手动时间，延长机器自动作业时间；
- 适当改造机器的排列结构，比如采用丰田生产方式的 C 形或者 U 形多机器排列方式，减少工人走动路线的长度；
- 做好工作地的供应服务工作，缩短工人做辅助工作与准备工作的时间；
- 培养工人掌握多种机器的操作技能，以扩大看管范围；

- 改造机器的结构，提高机器的自动化水平，安装自动停止装置与信号装置。

### 5.4.2 劳动定员管理

劳动定员包括生产工人的定员与非生产工人的定员，也包括其他辅助工作与管理工作的定员。工业企业劳动定员管理一般采用三级定员管理制度，即厂级定员、车间定员和班组定员管理。厂级定员由劳动人事部门负责，车间定员由车间定额管理员负责，班组定员由班组负责。

劳动定员有不同的编制方法，下面简单介绍几种常见的劳动定员的编制方法。

#### 1. 按照劳动效率定员

这种定员方法按照生产任务的多少与工人劳动效率，结合出勤的因素确定劳动人数。计算公式为：

$$定员人数 = \frac{计划期生产任务总量}{工人劳动效率 \times 出勤率} \tag{5-21}$$

式（5-21）中计划期生产任务总量可以是工作时间，也可以是产品数量。相应地，工人劳动效率可以用工时定额或者产量定额乘以定额完成率来表示。

例如，计划期内某车间每轮班生产某产品的产量任务是 1 000 件/班，每个工人的班产量定额为 10 件/（人·班），定额完成率平均为 125%，出勤率为 80%，则该车间的定员人数为：

$$定员人数 = \frac{1\,000\ 件/班}{10\ 件/(人·班) \times 125\% \times 80\%} = 100(人)$$

也可以这样计算，因为每人每班工作 8 小时，因此产品的工时定额为 8/10 = 0.8（时/件），计划期生产任务总量用时间表示为 1 000 × 0.8 = 800（时/班），于是定员人数为：

$$定员人数 = \frac{1\,000\ 件/班 \times 0.8\ 时/件}{8\ 时/(人·班) \times 125\% \times 80\%} = 100\ (人)$$

以上计算公式是针对一种产品的情况，当生产多种产品时，应该采用工时定额来确定定员人数，计算公式为：

$$定员人数 = \frac{\sum(每种产品计划期产量 \times 单位产品的工时定额)}{计划期的工作时间 \times 定额完成率 \times 出勤率} \times \frac{1}{1 - 计划废品率} \tag{5-22}$$

关于按照工时定额计算定员人数的公式有两点说明。

（1）在式（5-22）中，有的企业还考虑工时利用率的问题，如果是这样，在公式前一项的分母中需要再乘上一个工时利用率系数。

（2）对于式（5-22）中的后一项的计算，本书采用 1/(1 - 计划废品率) 的计算方法，但是也有的书采用（1 + 计划废品率）的计算方法，这两种方法计算结果基本相同。现在多采用本书这种计算方法。

#### 2. 按照设备定员

按照设备定员需要用设备开动台数和每台设备开动班次、工人看管定额以及出勤率来计算。计算公式为：

$$定员人数 = \frac{设备开动台数 \times 每台设备开动班次}{工人看管定额 \times 出勤率} \tag{5-23}$$

### 3. 按照岗位定员

根据岗位的多少以及岗位的工作量大小来计算定员人数。这种方法适合于生产装置连续的企业，比如化工、冶金、炼油、造纸、烟草、机械制造、电子仪表等行业中使用大型联动设备的人员定员。

多岗位共同操作设备的定员人数计算如下：

$$班定员人数 = \frac{共同操作的各岗位生产工作时间的总和}{工作班时间 - 个人需要休息与宽放时间} \tag{5-24}$$

式（5-24）中的"生产工作时间"包括作业时间、布置工作地时间以及准备与结束时间。

例如，某车间有一套化工生产设备，现在有 3 个岗位共同操作，通过工作调查，甲岗位生产工作时间为 200 分钟，乙岗位为 300 分钟，丙岗位为 250 分钟。根据劳动条件，规定个人需要的生理与休息时间为 60 分钟，每人每天工作 8 小时。根据式（5-24），计算该设备的岗位定员人数为：$\frac{200 + 300 + 250}{8 \times 60 - 60} \approx 2$（人）。

## ◆ 本章小结

本章对工作系统设计与劳动组织进行了讨论，重点从"工作方法"与"工作时间"两个方面介绍工作系统设计方法。5.1 节介绍了工作系统设计的技术方法与行为方法；5.2 节介绍了工作方法分析与标准化，包括流程分析、操作分析与动作分析；5.3 节介绍了工作测量方法，重点介绍了直接测时法与抽样法；5.4 节介绍了劳动分工与定员管理。

## ◆ 关键术语

工作设计（job design）
工作研究（work study）

时间研究（time study）
工作抽样（work sampling）

## ◆ 延伸阅读

1. 阅读指南：想了解更多有关工作研究与科学管理原理的内容，读者可以阅读泰勒的《科学管理原理》。

2. 网络资源：登录 http://www.mtm.org 和 http://www.quetech.com，了解时间测量与方法研究的知识。

## ◆ 选择题

1. 专业化作业的好处是（　　）。
   A. 给工人更多自主权
   B. 给工人更多激励
   C. 生产率提高
   D. 实现工作丰富化

2. 下面各项工作的时间类型不属于定额时间的是（　　）。
   A. 清理工作地
   B. 查看机器运转情况
   C. 准备工作

D. 废品返修
3. 下面（　　）不能作为确定宽放率的主要因素。
   A. 休息等生理需求
   B. 缺勤率
   C. 劳动强度
   D. 机器维护时间

4. 下面关于工作丰富化的说法不正确的是（　　）。
   A. 给工人更多自主权
   B. 给工人更多的工作责任
   C. 给工人更多激励
   D. 它是一种团队工作方式

### ◆ 论述题

1. 解释如下概念。
   （1）正常工作时间
   （2）标准时间
   （3）宽放率
   （4）评比系数
   （5）定额时间
   （6）人机操作分析
   （7）双手操作分析

2. 工作设计的技术方法与行为方法各有什么优缺点？

3. 论述工作丰富化与扩大化的区别。

4. 运用直接测时法与抽样法进行工作时间测量、制定标准工作时间有什么不同？

### ◆ 计算题

1. 下面为一次时间测量的记录表，请按照直接测时法确定标准作业时间（完成表中空白部分）。

（时间单位：分）

| 作业要素 | | 测量周期/次数 | | | | | | | | | | 总数 | 平均值 | 评比系数 | 正常时间 |
|---|---|---|---|---|---|---|---|---|---|---|---|---|---|---|---|
| | | 1 | 2 | 3 | 4 | 5 | 6 | 7 | 8 | 9 | 10 | | | | |
| 1 | T | | | | | | | | | | | | | 1.0 | |
| | R | 5 | 35 | 60 | 90 | 120 | 160 | 210 | 280 | 310 | 340 | | | | |
| 2 | T | | | | | | | | | | | | | 0.95 | |
| | R | 15 | 46 | 71 | 100 | 132 | 172 | 220 | 293 | 321 | 348 | | | | |
| 3 | T | | | | | | | | | | | | | 1.1 | |
| | R | 25 | 51 | 80 | 110 | 145 | 185 | 231 | 301 | 330 | 356 | | | | |
| 4 | T | | | | | | | | | | | | | 1.25 | |
| | R | 31 | 57 | 87 | 116 | 150 | 190 | 237 | 308 | 335 | 360 | | | | |
| | | | | | | | | | | | | | | | |

备注：T——时间　　R——读数　　宽放率=10%
标准时间=正常时间×(1+宽放率)=

2. 已知某次时间测量的记录如下，如果时间宽放率为15%，确定该标准作业过程的标准时间。

| 工作单元 | 评比系数（%） | 测量时间/分 | | | | |
|---|---|---|---|---|---|---|
| | | 第1次 | 第2次 | 第3次 | 第4次 | 第5次 |
| 1 | 120 | 13 | 15 | 12 | 13 | 13 |
| 2 | 110 | 23 | 25 | 23 | 24 | 25 |
| 3 | 105 | 5 | 6 | 4 | 5 | 7 |
| 4 | 95 | 9 | 12 | 10 | 8 | 12 |
| 5 | 98 | 15 | 16 | 13 | 14 | 13 |

3. 对工人的操作进行了一个周期的观察，观察7天，工人每天工作8小时，连续观察了500次，发现工作状态有400次，其余为闲暇状态。其间的产量为100件，假设该工人的评比系数为90%，时间宽放率为10%，试确定标准时间。

4. 某超市管理者想评估一下收银员的工作，以决定是否增加人手。该超市出口有5台收银机，对这5个收银员进行了为期3天的抽样观察，这5个收银员每人每天的工作时间为480分钟，平均评比系数为95%，在3天的连续观察中，空闲比率为5%，他们在3天内接待了3 000个顾客，假如宽放率为15%，试确定每接待一个顾客的标准时间是多少？一个小时能接待多少顾客？

## 实践思考

《中华人民共和国劳动法》有以下规定：

第三十六条　国家实行劳动者每日工作时间不超过八小时、平均每周工作时间不超过四十四小时的工时制度。

第三十七条　对实行计件工作的劳动者，用人单位应当根据本法第三十六条规定的工时制度合理确定其劳动定额和计件报酬标准。

第四十一条　用人单位由于生产经营需要，经与工会和劳动者协商后可以延长工作时间，一般每日不得超过一小时；因特殊原因需要延长工作时间的，在保障劳动者身体健康的条件下延长工作时间每日不得超过三小时，但是每月不得超过三十六小时。

讨论问题：

在工作系统设计与劳动组织中，企业在制定员工工作时间标准时一定要遵守法律，维护员工的合法权益。关于员工的工作时间，我国劳动法做出了明确规定。请结合我国劳动法，讨论企业在制定工作时间标准时，如何在维护员工的合法权益、提升员工积极性的同时保证企业的生产效率，实现人性化和标准化的协调一致。

## 讨论案例

### 美达公司的生产流程改善

美达公司是由一家乡镇企业发展而来的，工作流程当中存在加工、检查、停滞、搬运等方面的浪费，导致产品流动停滞，车间的在制品堆积如山，生产提前期长达数月。

李明有多年制造业生产管理经验，学习过工作研究方法，对利用IE（工业工程）方法进行生产流程改善积累了丰富的经验，不久前进入该公司。总经理对李明加入公司表示很欢迎，希望他利用积累的经验，结合公司的实际，对公司的生产线做出改善，提高生产率。

李明详细调查了公司目前的生产流程，收集了有关数据，并使用制品工程分析（流程分析）进行流程研究，其中制品工程分析如下表所示。

**押出成型制品工程分析表（原来的流程）**

| 表题 | | 美耐灯制作押出成型（目前） | | | | 日期 | | | |
|---|---|---|---|---|---|---|---|---|---|
| 作业名 | 流向 | 机械 | 距离/米 | 时间/时 | 人数 | 工程记号 ○ ⇒ □ ▽ | | | |
| 1 PVC来料至押出车间 | ⇒ | 叉车 | 50 | 0.40 | 3 | | | | |
| 2 暂存 | ▽ | 地踏板 | — | 12.00 | — | | | | |
| 3 押出内芯 | ○ | 押出机 | — | 0.07 | 2 | | | | |
| 4 运至打孔机 | ⇒ | 叉车 | 50 | 0.15 | 1 | | | | |
| 5 暂存 | ▽ | 地踏板 | — | 12.00 | — | | | | |
| 6 打孔 | ○ | 打孔机 | — | 0.15 | 1 | | | | |
| 7 运至半品车间（2楼） | ⇒ | 叉车 | 100 | 0.30 | 2 | | | | |
| 8 暂存 | ▽ | 地踏板 | — | 12.00 | — | | | | |
| 9 半品加工 | ○ | 烙铁 | — | 12.00 | 1 | | | | |
| 10 运至押出车间 | ⇒ | 叉车 | 100 | 0.30 | 2 | | | | |
| 11 暂存 | ▽ | 地踏板 | — | 12.00 | — | | | | |
| 12 包外皮 | ○ | 押出机 | — | 0.11 | 2 | | | | |
| 13 运至移印机 | ⇒ | 叉车 | 50 | 0.15 | 1 | | | | |
| 14 暂存 | ▽ | 地踏板 | — | 24.00 | — | | | | |
| 15 印字 | ○ | 移印机 | — | 0.10 | 1 | | | | |
| 16 运至测试工位 | ⇒ | — | 5 | 0.02 | 1 | | | | |
| 17 暂存 | ▽ | 地踏板 | — | 3.00 | — | | | | |
| 18 测试 | □ | 烙铁 | — | 0.11 | 1 | | | | |
| 19 运至高压火花机 | ⇒ | — | 5 | 0.02 | 1 | | | | |
| 20 暂存 | ▽ | 地踏板 | — | 1.00 | — | | | | |
| 21 打高压 | □ | 高压火花机 | — | 0.08 | 1 | | | | |
| 22 运至上轴机 | ⇒ | — | 5 | 0.02 | 1 | | | | |
| 23 暂存 | ▽ | 地踏板 | — | 1.00 | — | | | | |
| 24 上轴 | ○ | 上轴机 | — | 0.11 | 1 | | | | |
| 25 分类 | □ | — | — | 0.05 | 1 | | | | |
| 26 搬运 | ⇒ | 叉车 | 25 | 0.15 | 1 | | | | |
| 27 储存 | ▽ | 地踏板 | — | 72.00 | — | | | | |
| 合计 | | 27项工程 | 390米 | 163.29 小时 | 21人 | 12.54小时（6回） | 1.51小时（9回） | 0.24小时（3回） | 149.00小时（9回） |

经过分析发现，从原料到成品，美耐灯的总制品时间长达163.29小时，而真正的加工时间只有12.54小时，仅占约7.7%。大量的时间耗费在停滞（暂存和等待）上。另外在生产过程中，每个制品要被搬运390米，装卸9次。滞存的产品和多余的搬运装卸增加了公司的成本，详情请看下表。

**押出成型流程整理表**

| 项目 | 工程数量/项 | 距离/米 | 时间/时 | 人数 |
|---|---|---|---|---|
| 加工 | 6 | — | 12.54 | 8 |
| 搬运 | 9 | 390 | 1.51 | 10 |
| 检查 | 3 | — | 0.24 | 3 |
| 停滞 | 9 | — | 149 | — |
| 合计 | 27 | 390 | 163.29 | 21 |

经过分析，李明与相关部门的人员进行协商，决定对生产流程进行改善，其中有两项比较大的改变：一个是送货方式，另一个是设施布置。

（1）改革送货方式。减少每次送货的批量，增加送货频率。当下游工序消化不了来料时，上游工序就要暂停生产。从以前的一次送够一天的用料，改为每两个小时就送一次，但每次仅够下游工序用两个小时。

（2）改变设施布置。目前美达公司以工艺原则布置为主，例如，所有的押出机摆在一起，所有的移印机等机器摆在一起。这样的布置容易使搬运通路交叉重复，并且容易造成等待和中途停顿。而以产品原则布置，即装配流水线的布置根据产品制作流程来决定设备的布置，适合大批量、重复、流动性的生产或者产品虽然经常变化但工艺流程基本一致的生产。它具有以下优点：搬运距离短；配合较流畅；停顿等待的现象较少；方便对各种产品分别进行生产管理。

改善后的生产流程如下表所示。

押出成型制品工程分析表（新的流程）

| | 表题 | | 美耐灯制作押出成型（建议） | | | | 日期 | | | |
|---|---|---|---|---|---|---|---|---|---|---|
| | 作业名 | 流向 | 机械 | 距离/米 | 时间/时 | 人数 | 工程记号 | | | |
| | | | | | | | ○ | ⇒ | □ | ▽ |
| 1 | PVC来料至押出车间 | ⇒ | 叉车 | 50 | 0.40 | 3 | | ● | | |
| 2 | 暂存 | ▽ | 地踏板 | — | 2.00 | — | | | | ● |
| 3 | 押出内芯 | ○ | 押出机 | — | 0.07 | 2 | ● | | | |
| 4 | 打孔 | ○ | 打孔机 | — | 0.15 | 1 | ● | | | |
| 5 | 运至半品车间（1楼） | ⇒ | 叉车 | 25 | 0.15 | 1 | | ● | | |
| 6 | 暂存 | ▽ | 地踏板 | — | 2.00 | — | | | | ● |
| 7 | 半品加工 | ○ | 烙铁 | — | 12.00 | 1 | ● | | | |
| 8 | 运至包外皮装配线 | ⇒ | 叉车 | 25 | 0.15 | 1 | | ● | | |
| 9 | 暂存 | ▽ | 地踏板 | — | 2.00 | — | | | | ● |
| 10 | 包外皮装配线加工 | ○ | 押出机 | — | 0.51 | 6 | ● | | | |
| 11 | 搬运 | ⇒ | 叉车 | 25 | 0.15 | 1 | | ● | | |
| 12 | 储存 | ▽ | 地踏板 | — | 72.00 | — | | | | ● |
| | 合计 | | 12项工程 | 125米 | 91.58小时 | 16人 | 12.73小时（4回） | 0.85小时（4回） | 0.00小时（0回） | 78.00小时（4回） |

资料来源：作者根据企业内部资料整理编写。

**讨论**

1. 分析改善前后的流程，加工、搬运、检查、停滞几个流程过程总共减少了多少步骤？哪些过程减少得最多？

2. 讨论在新的标准流程中流程时间与使用资源（人力）的变化情况。

# 第三篇 PART 3

## 生产与运作系统计划和控制

- 第 6 章　需求管理
- 第 7 章　生产计划
- 第 8 章　库存管理与 MRP 原理
- 第 9 章　生产作业计划与控制
- 第 10 章　服务作业计划与控制
- 第 11 章　项目网络计划方法

# 第6章
CHAPTER 6

# 需求管理

§ 学习目标

- 了解需求管理在生产运作管理中的作用和地位。
- 熟悉主动需求管理和被动需求管理策略。
- 掌握常用的时间序列需求预测方法。

§ 引例

### 大数据驱动智能制造:美的依靠大数据实现顾客需求有效响应

作为国内著名的家电生产企业,美的近年来不断推进数字化与智能制造的升级转型,利用大数据和人工智能技术实现"数据驱动的智能制造"。作为大数据驱动的智能制造的重要一环,美的大数据在按需设计与生产、精准销售等方面发挥着重要作用,比如美的有三个数据平台。第一个数据平台叫"观星台",这个数据平台是用来分析外部顾客需求数据的,它分析来自电商网站的顾客评价和产品需求等信息,通过顾客需求分析改进产品设计,为企业产品设计和生产决策提供信息。第二个数据平台叫"水晶球",这个数据平台是企业内部的数据流平台,它是数字化工厂的数据平台,使企业运营和生产制造各环节的数据都能实现透明、共享。第三个数据平台叫"地动仪",也叫用户画像,它是记录和分析顾客购买行为的数据平台。该数据平台为顾客提供体贴的服务和导购支持。

美的除了自身建立以上三个内部大数据平台驱动企业的智能制造,实现按需生产,还和电商零售巨头京东联合开发了一个CPFR(协同规划、预测与补货)系统,进行协同需求管理和零售库存补给,提高对顾客的需求响应。这是美的和京东在供应链协作方面开展的一个战略合作项目。通过这个项目,京东和美的在销售计划、订单预测、物流补货等方面实现了数据的充分共享,使美的生产计划预测性得到加强，实现了智能化销售库存补货。这种协同具体体现在几个方面。在生产计划协同中，京东通过对历史销量数据的模拟，建立销售数据模型，然后参考促销、天气等其他因素建立未来销量的预测数据，为美的的生产计划和备货计划提供参考。在订单预测协同中，京东将销量预测、备货周期、送货时长、安全库存等信息共享给美的，并提供京东每个仓库的建议补货量。

除了与京东协作推动智能供应链协同需求响应之外，美的也与其他零售企业建立了协作。2019年12月24日，《消费日报》曾报道，美的洗衣机与苏宁携手进入定制时代，以工业大数据驱动"新智造"，实行定制生产。基于"美的T+3模式"及"以用户为中心"的导向，利用美云智数大数据云服务产品"水晶球"进行业务梳理，整合企业的数据资源——企业资源管理（ERP）系统、产品生命周期管理（PLM）系统、供应链关系管理（SRM）系统、高级计划排程（APS）系统、制造执行（MES）系统和客户关系管理（CRM）系统六大运营系统作为决策核心，建立生产资料数据库，实现关键绩效指标（KPI）数字化。

通过多年的数字化和智能制造技术应用，美的不断推进智能制造应用，取得了突破性进展。美的在广州南沙建立的首个智慧工厂，实现了设备自动化、生产透明化、物流智能化、管理移动化、决策数据化的智能化工厂体系，真正实现了大数据驱动的智能制造。该智能工厂比普通生产工厂的效率更高，效益大大提升。在效率方面，一条普通生产线换型需要45分钟，一次组装合格率只有97%，而在智能工厂，生产线换型只要3分钟，一次组装合格率高达99.9%。在效益方面，该智能工厂使原材料和半成品库存减少了80%，整体制造效率提高了44%，空调内销交付周期由过去的20多天缩短到最快3天交付，外销交付周期缩短至24天。

美的通过建立智能制造工厂和推广工业互联网实现智能化生产、网络化协同，其目标是实现真正的C2M个性化定制，让整个产业链闭环以顾客需求为中心实现高效运转。

资料来源：根据相关媒体新闻资料整理而成。

思考与讨论：1. 美的公司是如何通过大数据和产销协同快速响应顾客需求的？
     2. 为什么在C2M（customer to manufacturer）商业模式中需求管理很重要？

## 6.1 需求管理在生产运作管理中的作用与地位

需求管理是生产运作管理的一项重要工作，是企业生产运作管理的起点。没有需求管理，其他生产经营活动就无从谈起。生产是为市场而生产，而需求管理就是通过对需求信息的处理获得有关市场的信息，更好地搞好企业生产、满足市场需求、提高经济效益。

### 1. 需求管理与生产系统设计工作

就生产系统设计工作而言，长期与战略性的需求管理对设计或重新设计生产过程、开发新产品、更新改造设备、制订生产能力计划（包括扩充能力的时间与规模等）都有重要的影响。因为这些生产系统的决策都需要长期的需求预测数据作为基础，所以一旦这些需求信息出现错误，就会导致企业做出错误决策，从而影响企业未来的生产经营。

### 2. 需求管理与生产系统运行计划工作

为了利用好生产资源而进行的计划工作，包括生产计划、劳动力资源计划、进度计划等，都需要用到需求信息。准确的需求信息为提高这些计划工作的有效性提供了保障。

### 3. 需求管理与生产系统控制工作

生产系统控制工作需要需求管理的支持。生产系统控制工作是为了保证产出能满足需求，而需求是不断变化的，如果不能及时得到需求信息，特别是短期的需求信息，生产就不能真正按照需求生产。为了控制生产、库存、劳动和成本，必须有需求信息，特别是短期的需求信息。

## 6.2 需求管理策略

需求管理有两种策略：一种是主动需求管理策略，另一种是被动需求管理策略。主动需求管理策略是指企业主动影响需求的变化、改变需求规律；被动需求管理策略是指企业被动响应需求的变化，用资源满足需求。

### 1. 主动需求管理策略

主动需求管理策略就是企业利用一定的手段影响需求，改变原来的需求规律，例如，通过广告、价格折扣、开发新产品等手段刺激需求、拉动需求。在服务业中，旅游、酒店、航空业常常采用主动需求管理策略。

广告对拉动需求有很好的扩散效应。当更多的客户通过广告了解产品的性能与特征后，他们就很可能产生购买欲望。广告在客户之间的传播，可以巩固与提高产品在市场中的知名度，从而巩固与扩大对于产品的需求。

价格折扣通常是一种改变需求的最有效的方法，因为客户对价格一般是较为敏感的。在旺季，企业可以通过提高价格来抑制需求；反之，在淡季，企业可以通过降低价格来拉动需求。

开发新产品是一种具有战略意义的主动需求管理策略。当企业的既有产品在市场上达到一定的饱和度后，广告与价格诱导等措施很难起到更多的需求拉动作用。这时，企业要提升需求，必须开发出新产品来开拓新的需求空间。开发新产品能挖掘新的需求，为企业创造新的利润源泉。

### 2. 被动需求管理策略

被动需求管理策略是一种响应性策略。被动需求管理策略包括应对高需求的被动需求管理策略（如加班加点、雇用临时工、临时转包生产任务等）和应对低需求的被动需求管理策略（如减产与休假、解雇员工、转移生产任务等）。餐饮业、汽车修理业、城市公交业通常采用被动需求管理策略。

（1）应对高需求的被动需求管理策略。

1）一般情况下，当企业没有更多的能力满足需求而又不想主动改变需求时，最常见的就是采用加班加点的策略。企业通过增加班次、延长工作时间等来满足需求。这种被动策略对订单式生产企业而言是一种司空见惯的做法。

2）雇用临时工对某些行业也许可行，但技术性要求比较高的行业则需要有一定的员工储备。

3）临时转包生产任务是因为企业没有足够的能力满足需求，只好把生产任务转给别的企业，建筑与软件制造业经常使用这种策略。临时转包生产任务存在一定的风险，因为如果承包生产任务的企业不是长期的合作伙伴，那么它就很难对转包生产任务进行质量控制与进度控制。另外，企业在将一部分生产任务转包的同时也把部分利润让给了其他企业。

（2）应对低需求的被动需求管理策略。

1）企业在面对低需求时最常见的策略就是减产。减产一方面会造成企业利润损失，另一方面会导致其他问题，如重新进行员工工作安排、设备的使用与设置等。与减产相联系的策略是休假，因为生产任务减少，所以不得不安排一部分员工休假以缩小生产规模。

2）解雇员工是被动需求管理策略的一种，但不是好的策略。如果解雇以后产品需求增加了，那么重新招聘相关岗位的员工就会增加培训等成本。

3）转移生产任务是一种比较好的被动需求管理策略。当一种产品的需求减少以后，企业可以利用现有的生产资源转向生产其他替代产品，以弥补减少的原有需求，比如对服装厂来说，随着季节更换，春、夏、秋、冬的需求产品跟着更换，生产任务也应该随之转移。

## 6.3 需求预测的程序和方法

### 6.3.1 需求预测的程序

在现实中，不少企业对需求的预测没有规范的程序，比较随意，这种需求预测的结果并不可靠。为了提高预测的准确度与有效性，企业需要建立一个规范的预测工作程序。

需求预测的基本程序如图 6-1 所示。

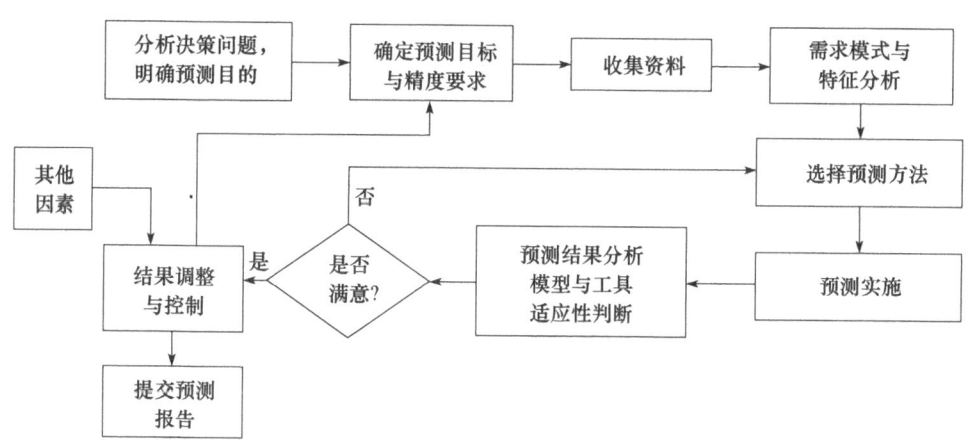

图 6-1 需求预测的基本程序

受时间与地点的影响，需求预测要具体情况具体分析。同一种产品，在不同的时间与地点，需求是不同的，不能用同样的预测方法预测不同条件下的需求。选择正确的预测方法，对于提高需求预测的有效性非常关键。

### 6.3.2 需求预测方法

1. 需求预测方法的分类

据统计，目前世界上已有的预测方法达 100 多种。古时候，人们只能依靠主观判断来做预测，如古代的占卜就是一种定性预测方法。随着科学技术的发展，特别是数学的发展，出现了很多依靠严格的数学模型进行预测的预测方法,即定量预测方法。随着计算机技术的发展,一些更先进、更精确的预测方法不断出现。

根据预测过程依据数学模型还是决策者的个人经验判断,需求预测方法可以分为主观预测法与客观预测法两种,如图 6-2 所示。

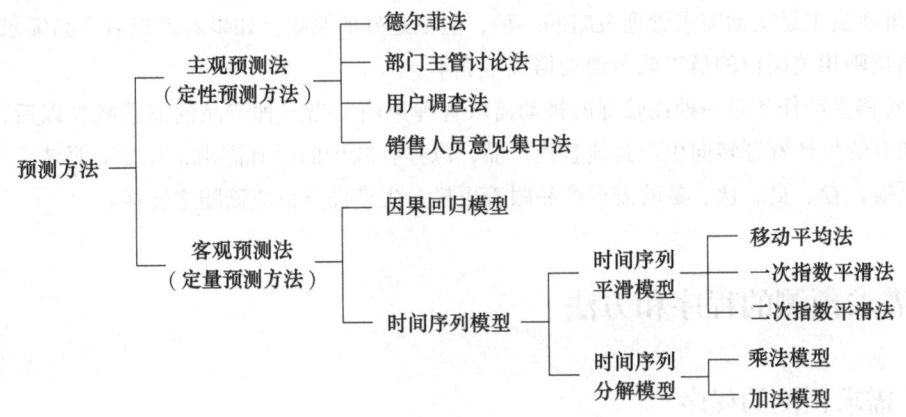

图 6-2　需求预测方法的分类

（1）**主观预测法**。主观预测法是根据预测者的主观判断得出预测结果,这种方法大多是定性预测方法（但并不是所有的主观预测都是定性的）。主观预测法比较适用于没有历史数据或者历史数据残缺不全、信息不准确的情况。主观预测法较多地依靠预测者的个人经验与直觉,误差比较大。常见的主观预测法有德尔菲法、部门主管讨论法、用户调查法、销售人员意见集中法等。

（2）**客观预测法**。客观预测法是依据一定的历史数据,用数学模型客观地推导出未来的需求情况。客观预测法大多为定量的,因此也称为定量预测方法。

不同的定量预测方法有不同的特征,企业在使用时应根据需要进行选择,表 6-1 是常用定量预测方法的特征比较。

表 6-1　常用定量预测方法的特征比较

| 预测方法 | 所需数据量 | 数据特征 | 预测范围 | 准备时间 | 使用难度 |
| --- | --- | --- | --- | --- | --- |
| 一次指数平滑法 | 5～10 个 | 平稳 | 短期 | 短 | 简单 |
| 二次指数平滑法 | 10～15 个 | 有趋势变动但不含季节性 | 短期到中期 | 短 | 稍复杂 |
| 趋势-季节型指数平滑模型 | 每个季度至少 4 个 | 有趋势变动且含季节性 | 短期到中期 | 短 | 一般复杂 |
| 回归趋势模型 | 10～20 个,如果是季节性数据,每个季度 4～5 个 | 有趋势变动且含季节性 | 短期到中期 | 短 | 一般复杂 |
| 因果回归模型 | 每个独立变量 10 个 | 复杂的数据 | 短期、中期或长期 | 长 | 复杂 |
| 时间序列分解模型 | 至少出现 2 个波峰与波谷 | 复杂、季节性的数据 | 短期到中期 | 短到中 | 简单 |

**2. 选择需求预测方法时需考虑的因素与原则**

需求预测方法很多,不同的预测方法对预测工作的效果有很大的影响。一般而言,企业在选择需求预测方法时主要应考虑如下因素。

(1) 决策问题的要求。首先是决策的层次与范围。一般来讲，决策的层次越高、范围越大，决策问题越重要，对预测的要求就越高。例如，对于综合生产计划的决策，应尽量采用多种方法（定性与定量结合）进行预测，以提高预测工作的准确度与有效性。其次是决策的时间水平。决策问题涉及的时间可能只是当前的也可能是长远的，因而预测方法也要分为短期的、中期的或长期的。

(2) 数据的可获得性和准确性。数据的可获得性与准确性会影响预测方法的应用。当数据比较准确时，采用定量预测方法比较合适；当数据本身难以取得或不确保准确时，更适宜采用定性预测方法。

(3) 预测人员对预测方法的掌握水平。预测人员对不同预测方法的掌握水平不同，会有不同的应用偏好，人们更倾向于选择自己比较熟悉的方法。

(4) 预测精度与预测成本。预测成本包括时间成本和进行预测所需要的人力与财力成本。大面积的调查研究有利于提高预测的精度，但是成本也比较高。

选择需求预测方法的基本原则是：简单且实用的方法就是最好的方法。

## 6.3.3 时间序列预测方法的应用

时间序列模型的预测方法是依据过去变化的需求关系来预测未来的需求，可以分为时间序列平滑模型与时间序列分解模型两种。

### 1. 时间序列平滑模型

时间序列平滑模型中比较常用的是移动平均法和指数平滑法（一次指数平滑法、二次指数平滑法等），其中最常用的是指数平滑法。指数平滑法比较简单、直观，被广泛应用于需求预测。下面我们分别加以介绍。

(1) 移动平均法。

简单移动平均预测的公式为：

$$F_{t+1} = \frac{A_t + A_{t-1} + \cdots + A_{t-(n-1)}}{n} = \frac{1}{n}\sum_{i=t-(n-1)}^{t} A_i \qquad (6\text{-}1)$$

式中 $F_{t+1}$——第 $t+1$ 期的预测值；

$A_i$——第 $i$ 期的实际值；

$n$——移动平均的周期数。

加权移动平均预测的公式为：

$$F_{t+1} = \frac{\sum_{i=t-(n-1)}^{t} W_i A_i}{\sum_{i=t-(n-1)}^{t} W_i} \qquad (6\text{-}2)$$

式中 $W_i$——第 $i$ 期的实际值的权重。

如果权重用百分比表示，则 $\sum W_i = 1$，式（6-2）也可以表示为：

$$F_{t+1} = \sum_{i=t-(n-1)}^{t} W_i A_i \qquad (6\text{-}3)$$

### 应用范例 6-1

某产品 2022 年 12 个月的实际销量如表 6-2 所示,利用简单移动平均法与加权移动平均法预测该产品 2023 年 1 月的销售情况。其中,简单移动平均预测的移动周期分为 3 个月与 5 个月两种情况。加权移动平均预测的移动周期为 3 个月,但是权重分配有两种情况:① $W_t = 0.5$、$W_{t-1} = 0.3$、$W_{t-2} = 0.2$;② $W_t = 0.4$、$W_{t-1} = 0.4$、$W_{t-2} = 0.2$。

**解:**

表 6-2 加权移动平均预测

| 时期 $t$ | 实际销量 $A_t$ | 简单移动平均预测 | | 加权移动平均预测 | |
| --- | --- | --- | --- | --- | --- |
| | | $n=3$ | $n=5$ | $n=3$ | $n=3$ |
| 2022 年 1 月 | 36 | | | | |
| 2022 年 2 月 | 37 | | | | |
| 2022 年 3 月 | 35 | | | | |
| 2022 年 4 月 | 40 | 36 | | 35.8 | 36 |
| 2022 年 5 月 | 43 | 37.333 3 | | 37.9 | 37.4 |
| 2022 年 6 月 | 47 | 39.333 3 | 38.2 | 40.6 | 40.2 |
| 2022 年 7 月 | 45 | 43.333 3 | 40.2 | 44.4 | 44 |
| 2022 年 8 月 | 40 | 45 | 42 | 45.2 | 45.4 |
| 2022 年 9 月 | 37 | 44 | 43 | 42.9 | 43.4 |
| 2022 年 10 月 | 31 | 40.666 7 | 42.4 | 39.5 | 39.7 |
| 2022 年 11 月 | 34 | 36 | 40 | 34.6 | 35.2 |
| 2022 年 12 月 | 36 | 34 | 37.4 | 33.7 | 33.4 |
| 2023 年 1 月 | | 33.666 7 | 35.6 | 34.4 | 34.2 |

(2)指数平滑法。指数平滑法依据的基本原理是:①厚今薄古原理,即从信息的作用来说,越靠近当前的数据,对未来的影响越大,越远离当前的数据,对未来的影响越小;②误差反馈原理,它把预测看作一个不断学习的过程,认为可以利用过去的经验不断地调整与修正对未来的预测。

一次指数平滑法的基本公式为:

$$F_{t+1} = \alpha A_t + (1-\alpha) F_t \tag{6-4}$$

式中 $F_{t+1}$——第 $t+1$ 期的预测需求;

$A_t$——第 $t$ 期的实际需求;

$\alpha$——平滑系数。

式(6-4)可以进一步演变为递推公式:

$$F_{t+1} = \alpha \sum_{j=0}^{t-1} (1-\alpha)^j A_{t-j} + (1-\alpha)^t F_1 \tag{6-5}$$

式中 $F_1 = A_1$。

一次指数平滑法在 Excel 中有相应的应用工具,使用时很方便,不需要人工计算。图 6-3 为一次指数平滑法的 Excel 界面。

在应用一次指数平滑法进行预测时要注意平滑系数 $\alpha$ 的选择。$\alpha$ 的取值范围为 0~1,一般的规律是:如果 $\alpha$ 选得小,则预测的稳定性好,但是响应

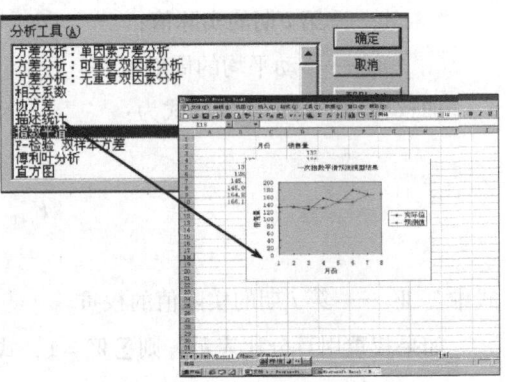

图 6-3 一次指数平滑法的 Excel 界面

性差;如果 α 选得大一些,则响应性好、稳定性差。当需求比较稳定时,选择较小的 α;当需求变动大时,选择较大的 α。

### 应用范例 6-2

某公司产品一年内的销售需求变化情况如表 6-3 所示。

在预测模拟时,初始值设为 $F_1 = A_1$。其他月份按照式(6-4)计算。

表 6-3 某公司销售需求的一次指数平滑预测表

| 月份 | 实际销量(单位) | 不同平滑系数的模拟与预测 | | |
|---|---|---|---|---|
| | | $\alpha = 0.1$ | $\alpha = 0.5$ | $\alpha = 0.9$ |
| 1 | 109 | 109 | 109 | 109 |
| 2 | 123 | 109 | 109 | 109 |
| 3 | 135 | 110.4 | 116 | 121.6 |
| 4 | 145 | 112.86 | 125.5 | 133.66 |
| 5 | 156 | 116.074 | 135.25 | 143.866 |
| 6 | 180 | 120.066 | 145.625 | 154.786 6 |
| 7 | 187 | 126.059 9 | 162.812 5 | 177.478 7 |
| 8 | 190 | 132.153 9 | 174.906 3 | 186.047 9 |
| 9 | 210 | 137.938 6 | 182.453 1 | 189.604 8 |
| 10 | 223 | 145.144 7 | 196.226 6 | 207.960 5 |
| 11 | 231 | 152.930 2 | 209.613 3 | 221.496 |
| 12 | 238 | 160.737 2 | 220.306 6 | 230.049 6 |
| 13(预测月) | | 168.463 5 | 229.153 3 | 237.205 |

**解:** 预测结果如图 6-4 所示。

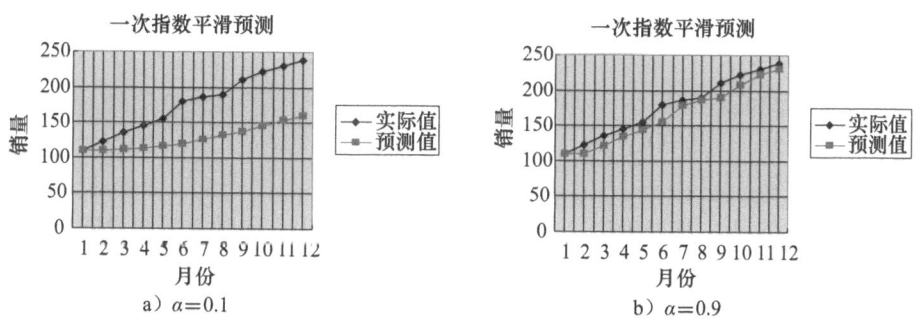

a) $\alpha = 0.1$    b) $\alpha = 0.9$

图 6-4 不同平滑系数的预测结果

从预测模型的模拟结果(表 6-3 和图 6-4)可以看出,针对这个问题,平滑系数越大,预测效果越好。

一次指数平滑法适用于数据平稳的情况。当数据变化趋势较大时,采用一次指数平滑法会出现滞后现象,从而降低预测的精度,此时可以采用二次指数平滑法。二次指数平滑就是对一次指数平滑的数据再进行一次指数平滑,即 $F_{t+1}^{(2)} = \alpha F_t^{(1)} + (1-\alpha) F_t^{(2)}$。式中上标(2)和(1)分别表示二次和一次指数平滑。平滑系数 α 可以和一次指数平滑一样。若需要,也可采用其他更高级的指数平滑方法。

### 2. 时间序列分解模型

时间序列分解模型的建立基于这样的观点:需求随时间而变化是多种成分叠加作用的结果,

即任何一个需求值都是趋势成分、季节成分、周期成分、随机成分共同作用的结果。时间序列分解模型就是试图从时间序列中找出各种成分，对各种成分单独进行预测，然后综合各种成分的预测值得到需求预测值。

（1）时间序列的构成。根据数据的特征，可以把时间序列的成分分为趋势成分、季节成分、周期成分、随机成分。

1) **趋势成分**。所谓趋势成分，就是预测数据随着时间的推移呈现出上升、下降或者停留在一定水平上的趋势。趋势成分的预测一般采用线性回归法，近似认为其服从线性变化规律。趋势成分是需求预测中最容易获得的预测成分。

2) **季节成分**。季节成分是数据按照一年四季的时间交替呈现出的变化规律。企业在对一些带有季节性特点的产品（如服装、家具、服务业的旅游产品等）做需求预测时，需要考虑季节成分。

3) **周期成分**。某些产品的需求在一个比较长的经济周期中呈现规律性的上下波动，这种波动被称为经济周期。周期成分与行业甚至国家的经济周期有关。例如，某行业经过若干年后整体需求下降，再经过若干年后，又出现行业整体需求上升的现象。这种周期性需求的上下波动，一般需要几年甚至十几年才能观察到。在一般的企业预测中，这种长时间的周期成分很难预测。

4) **随机成分**。某些导致需求变动的不确定的随机因素就是随机成分，例如，股票市场经常受到各种政策变动、个别企业的投资与人事变动的影响。随机成分一般也比较难以预测。

（2）时间序列分解模型的应用。时间序列分解模型有两种形式：加法模型与乘法模型。

加法模型的基本公式是：

$$F = T + S + C + \varepsilon \tag{6-6}$$

乘法模型的基本公式是：

$$F = T \times S \times C \times \varepsilon \tag{6-7}$$

式中　$T$——趋势成分；

　　　$S$——季节成分；

　　　$C$——周期成分；

　　　$\varepsilon$——随机成分。

周期成分在实际应用中难以确定，一般被归到随机成分中，同时常常假设随机波动正负相抵，因此一般情况下，时间序列分解模型的应用主要考虑趋势成分与季节成分。

运用加法模型与乘法模型进行需求预测时，会有不同的表现特征：乘法模型外推基量大，季节变动随趋势增加而增加；加法模型外推基量小，季节变动没有放大效应。加法模型与乘法模型的预测曲线如图6-5所示。

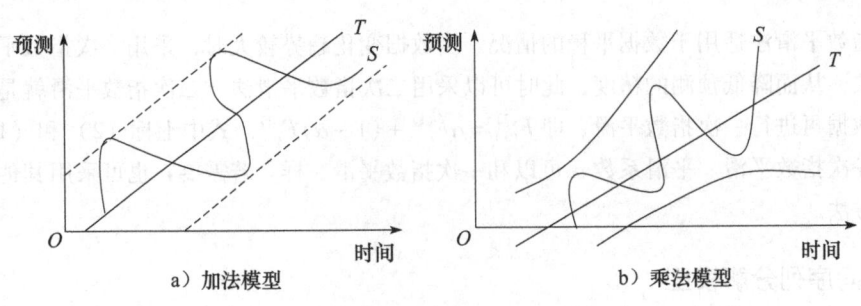

图6-5　加法模型与乘法模型的预测曲线

有趋势波动与季节波动的需求用乘法模型预测,其基本程序如下:

① 利用历史数据确定趋势方程;
② 确定季节系数;
③ 利用趋势方程预测未来趋势值;
④ 用季节系数乘以趋势预测值,得出综合预测值。

下面用一个例子来说明时间序列分解模型的应用。

### 应用范例6-3

某公司2019~2022年的历史销售数据如表6-4所示,用时间序列分解模型预测2023年和2024年的情况。

表6-4 时间序列季节指数计算

| 年份 | 季节序列 $t$ | 实际值 $A_t$ | 趋势预测值 $T_t$ | 季节系数 $A_t/T_t$ | 平均季节系数 SI | 综合预测值 $F_t$ |
|---|---|---|---|---|---|---|
| 2019 | 1 | 362 | 343.985 3 | 1.052 4 | 第一季度 $SI_{春}=0.983\ 7$ | 338.378 3 |
| | 2 | 385 | 361.470 6 | 1.065 1 | | 366.458 9 |
| | 3 | 432 | 378.955 9 | 1.140 0 | | 428.940 2 |
| | 4 | 341 | 396.441 2 | 0.860 2 | | 346.132 8 |
| 2020 | 5 | 382 | 413.926 5 | 0.922 9 | 第二季度 $SI_{夏}=1.013\ 8$ | 407.179 5 |
| | 6 | 409 | 431.411 8 | 0.948 1 | | 437.365 3 |
| | 7 | 498 | 448.897 1 | 1.109 4 | | 508.106 6 |
| | 8 | 387 | 466.382 4 | 0.829 8 | | 407.198 5 |
| 2021 | 9 | 473 | 483.967 7 | 0.977 3 | 第三季度 $SI_{秋}=1.131\ 9$ | 476.079 0 |
| | 10 | 513 | 501.353 0 | 1.023 2 | | 508.271 7 |
| | 11 | 582 | 518.838 3 | 1.121 7 | | 587.273 1 |
| | 12 | 474 | 536.323 6 | 0.883 8 | | 468.264 1 |
| 2022 | 13 | 544 | 553.808 8 | 0.982 3 | 第四季度 $SI_{冬}=0.873\ 1$ | 544.781 7 |
| | 14 | 582 | 571.294 1 | 1.018 7 | | 579.178 0 |
| | 15 | 681 | 588.779 5 | 1.156 6 | | 666.439 5 |
| | 16 | 557 | 606.264 8 | 0.918 7 | | 529.329 8 |
| 2023（预测年份） | 17 | 无 | 623.750 1 | | | 613.583 0 |
| | 18 | | 641.235 4 | | | 650.084 4 |
| | 19 | | 658.720 7 | | | 745.606 0 |
| | 20 | | 676.206 0 | | | 590.395 5 |
| 2024（预测年份） | 21 | 无 | 693.691 3 | | | 682.384 1 |
| | 22 | | 711.176 6 | | | 720.990 8 |
| | 23 | | 728.661 9 | | | 824.772 4 |
| | 24 | | 746.147 2 | | | 651.461 1 |

**解:**

**第一步：利用历史数据确定趋势方程。**

最简单的方法是用目测法确定趋势方程,先把数据绘制在直角坐标图上,找出截距后可以确定趋势方程,也可以利用最小二乘法求出线性趋势方程:

$$T_t = 326.500 + 17.485\ 3t$$

**第二步：确定季节系数。**

利用趋势方程可以求出不同季节的趋势预测值，如表 6-4 中第 4 列所示，表 6-4 中第 5 列为实际值与趋势预测值的比，也就是每个季度的季节系数。第 6 列为平均季节系数，是把各年同一季节的季节系数相加后取平均得到的，如第一季度的平均季节系数为：

$$(1.0524 + 0.9229 + 0.9773 + 0.9823)/4 = 0.9837$$

其他各季度的季节系数计算依此类推，结果如表 6-4 中第 6 列所示。

**第三步：利用趋势方程预测未来趋势值。**

利用趋势方程，我们可以计算出各个时期的趋势值，比如，用趋势方程预测 2023 年和 2024 年的趋势值（见表 6-4 的第 4 列）。

2023 年：

春季：$T_{17} = 326.500 + 17.4853 \times 17 = 623.7501$

夏季：$T_{18} = 326.500 + 17.4853 \times 18 = 641.2354$

秋季：$T_{19} = 326.500 + 17.4853 \times 19 = 658.7207$

冬季：$T_{20} = 326.500 + 17.4853 \times 20 = 676.2060$

2024 年：

春季：$T_{21} = 326.500 + 17.4853 \times 21 = 693.6913$

夏季：$T_{22} = 326.500 + 17.4853 \times 22 = 711.1766$

秋季：$T_{23} = 326.500 + 17.4853 \times 23 = 728.6619$

冬季：$T_{24} = 326.500 + 17.4853 \times 24 = 746.1472$

**第四步：用季节系数乘以趋势预测值得出综合预测值。**

表 6-4 中每一年对应的第 4 列数据（趋势预测值）分别乘以春、夏、秋、冬的平均季节系数（SI），可以得到该年春、夏、秋、冬四个季节的综合预测值，比如：

2023 年：

春季：$F_{17} = T_{17} \times SI_春 = 623.7501 \times 0.9837 = 613.5830$

夏季：$F_{18} = T_{18} \times SI_夏 = 641.2354 \times 1.0138 = 650.0844$

秋季：$F_{19} = T_{19} \times SI_秋 = 658.7207 \times 1.1319 = 745.6060$

冬季：$F_{20} = T_{20} \times SI_冬 = 676.2060 \times 0.8731 = 590.3955$

2024 年：

春季：$F_{21} = T_{21} \times SI_春 = 693.6913 \times 0.9837 = 682.3841$

夏季：$F_{22} = T_{22} \times SI_夏 = 711.1766 \times 1.0138 = 720.9908$

秋季：$F_{23} = T_{23} \times SI_秋 = 728.6619 \times 1.1319 = 824.7724$

冬季：$F_{24} = T_{24} \times SI_冬 = 746.1472 \times 0.8731 = 651.4611$

把以上结果填在表 6-4 的最后一列，就是 2023 年和 2024 年的综合预测值。值得注意的是，预测年份之前的年份（如表 6-4 中的 2019 年、2020 年、2021 年、2022 年）的趋势预测值和综合预测值同样按照上述方法计算，得到的结果在统计学上叫作"拟合结果"，可以用拟合结果和实际值来计算预测的误差和精度（后面一节将介绍），如果误差太大，表明这种预测模型不合适，需要寻找新的预测方法。

## 6.4 需求预测误差与控制

### 6.4.1 需求预测精度测量

前面介绍了各种需求预测方法。在应用这些方法的过程中，人们发现不同的预测方法效果不一样，有的预测较准确，有的误差比较大。为了判断不同预测方法的好坏，需要一些衡量预测效果的指标,以便更好地评价预测结果和选择预测方法,由此产生了误差的判断指标。

### 1. 平均绝对偏差

平均绝对偏差(mean absolute deviation,MAD)是一个被经常使用的误差指标,用来衡量平均每个预测值与实际值之间的绝对偏差程度,也有教科书称其为平均绝对误差(MAE),其公式为:

$$\text{MAE} = \frac{1}{n}\sum_{t=1}^{n}|F_t - A_t| \qquad (6\text{-}8)$$

式中 $F_t$——第 $t$ 期的预测值;
$A_t$——第 $t$ 期的实际值;
$n$——预测期数。

平均绝对偏差指标能够很好地反映预测方法的精度,但缺点是无法判断预测方法的无偏性(偏差是正偏差还是负偏差的问题)。例如,对三个点的预测,一种预测方法产生的偏差($A_t - F_t$)结果是 1,1,1;另一种预测方法产生的偏差($A_t - F_t$)是 -1,-1,-1。按照式(6-8)计算平均绝对偏差时,这两种方法得到的偏差结果是一样的,但是实际上前者是正偏差,后者是负偏差。

### 2. 平均绝对百分比误差

平均绝对百分比误差(mean absolute percentage error,MAPE)的值是取平均每个预测点的误差与实际值的比,用百分比表示,其公式为:

$$\text{MAPE} = \frac{1}{n}\sum_{t=1}^{n}\left|\frac{A_t - F_t}{A_t}\right| \times 100\% \qquad (6\text{-}9)$$

MAPE 的预测能力分为四级,如表 6-5 所示。MAPE 的值越小,表示预测能力越好,一般小于 50% 都可以接受,如果小于 10% 则表示精度非常高。

表 6-5 MAPE 的预测能力

| MAPE | 预测能力 |
| --- | --- |
| 小于 10% | 高度精确 |
| 10% ~ 20% | 良好 |
| 20% ~ 50% | 合理 |
| 大于 50% | 不正确 |

### 3. 平均平方误差

平均平方误差(mean square error,MSE)是用平方值表示误差,取每个预测点的平均值,公式为:

$$\text{MSE} = \frac{1}{n}\sum_{t=1}^{n}(A_t - F_t)^2 \qquad (6\text{-}10)$$

MSE 的值越小,预测精度越高;反之,预测精度越低。这个误差衡量指标与平均绝对偏差一样,可以反映精度,但是无法衡量无偏性效果。

### 4. 平均预测误差

平均预测误差(mean forecast error,MFE)是指预测点的误差平均值,其公式为:

$$\text{MFE} = \frac{1}{n}\sum_{t=1}^{n}(A_t - F_t) \qquad (6\text{-}11)$$

这个指标能够很好地反映预测的误差是正误差还是负误差,但是精度衡量效果较差。

以上各种误差衡量指标各有优缺点,在这些指标当中,最常用的指标是 MAD、MAPE 和 MSE。

## 6.4.2 需求预测误差的控制

需求预测有一个基本假设前提,即假设过去的需求模式在未来仍然存在而且会发生作用,但是这样的假设条件并不一定总成立。一旦真实的需求模式在未来发生了改变,却仍然采用过去的需求模式(需求规律)来进行预测,显然结果是不正确的。

预测的目的是真实反映需求规律,为了更好地实现这一目的,需要对预测结果进行控制,保证预测误差在一定的范围内。如果误差超出这一特定的范围,就应该采取措施校正预测误差,或者采用新的预测方法。

跟踪信号(tracking signal,TS)是用来进行预测监控的指标,计算公式为:

$$\text{TS} = \frac{\sum_{t=1}^{n}(A_t - F_t)}{\text{MAE}} = \frac{n\sum_{t=1}^{n}(A_t - F_t)}{\sum_{t=1}^{n}|A_t - F_t|} \tag{6-12}$$

一般情况下,跟踪信号的值越接近零,预测效果越好,预测模型越能真实地反映需求规律;反之,如果跟踪信号的值比较大,就说明预测模型与实际的需求规律之间拟合效果较差,应该采取更好的方法进行预测。

## ◆ 本章小结

需求管理是企业生产运作管理的基础,是联系生产与市场的桥梁。本章主要介绍了需求管理以及需求预测的有关理论与方法。首先介绍了需求管理策略,包括需求管理的主动需求管理策略与被动需求管理策略;其次介绍了需求预测的程序与方法,重点介绍了时间序列平滑模型和时间序列分解模型的应用;最后介绍了需求预测误差与控制。

## ◆ 关键术语

需求管理(demand management)
需求预测(demand forecasting)
预测误差(forecasting error)
跟踪信号(tracking signal)

## ◆ 延伸阅读

1. 刘思峰,党耀国. 预测方法与技术 [M]. 北京:高等教育出版社,2011.
2. 冯文权. 经济预测与决策技术 [M]. 5 版. 武汉:武汉大学出版社,2008.

## ◆ 选择题

1. 对于一次指数平滑预测,平滑系数越大,则( )。
   A. 预测精度越高
   B. 预测精度越低
   C. 预测响应性越好
   D. 预测稳定性越好

2. 属于主观预测法的是( )。
   A. 德尔菲法
   B. 时间序列分解模型
   C. 因果模型预测
   D. 指数平滑预测法

3. 为了提高预测的响应性,如果用一次指数平滑预测，平滑系数应选（　　）。
A. 接近 0 的比较小的数
B. 大于 1 的数
C. 接近 1 的比较大的数
D. 小于 0 的数

4. 能够反映预测模型的无偏性的误差衡量指标是（　　）。
A. MAE  B. MSE
C. MFE  D. MAPE

## ◆ 论述题

1. 需求管理在企业生产运作管理中有什么作用？
2. 什么是主动需求管理与被动需求管理？各有什么策略？
3. 定性预测方法与定量预测方法有什么不同？
4. 需求预测中时间序列的成分有哪几种？
5. 什么是预测跟踪信号，如何利用它进行预测控制？

## ◆ 计算题

1. 表 6-6 是某公司 1 年的实际销量，请依据这些数据预测下一年度 1 月的销量。

表 6-6　某公司 1 年的实际销量

（单位：件）

| 月份 | 销量 | 月份 | 销量 |
|---|---|---|---|
| 1 | 100 | 7 | 187 |
| 2 | 123 | 8 | 190 |
| 3 | 135 | 9 | 210 |
| 4 | 145 | 10 | 223 |
| 5 | 156 | 11 | 231 |
| 6 | 180 | 12 | 238 |

（1）运用 3 周期移动平均预测法。
（2）当 $\alpha = 0.4$、初始值为 100 时，运用一次指数平滑法进行预测。
（3）计算上述两种预测方法的平均绝对误差（MAE）。

2. 某公司 1 年的市场销量如表 6-7 所示，根据表 6-7 中的数据预测下一年度 1 月的需求。

表 6-7　某公司 1 年的实际销量

（单位：吨）

| 月份 | 销量 | 月份 | 销量 |
|---|---|---|---|
| 1 | 50 | 7 | 128 |
| 2 | 76 | 8 | 150 |
| 3 | 98 | 9 | 170 |
| 4 | 102 | 10 | 189 |
| 5 | 132 | 11 | 201 |
| 6 | 140 | 12 | 220 |

（1）当平滑系数 $\alpha = 0.2$、初始值为 50 时，利用一次指数平滑法进行预测。

（2）当平滑系数 $\alpha = 0.8$、初始值为 50 时，利用一次指数平滑法进行预测。
（3）计算上述两个预测模型的 MAE。哪个模型更好？

3. 某服装公司 2020～2022 年实际销量如表 6-8 所示，试根据这些数据选择恰当的预测方法预测 2023 年各季度的需求量。

表 6-8　某公司 2020～2022 年的实际销量

（单位：万件）

| 2020 年 | 销量 | 2021 年 | 销量 | 2022 年 | 销量 |
|---|---|---|---|---|---|
| 第一季度 | 156 | 第一季度 | 169 | 第一季度 | 178 |
| 第二季度 | 234 | 第二季度 | 245 | 第二季度 | 260 |
| 第三季度 | 170 | 第三季度 | 187 | 第三季度 | 195 |
| 第四季度 | 250 | 第四季度 | 268 | 第四季度 | 289 |

4. 表 6-9 是某公司一系列实际需求量数据及用两个预测模型得到的结果，请计算这两个模型的相关预测误差指标。

表 6-9　某公司的实际需求量数据和预测结果

（单位：件）

| 需求量 | 模型 1 预测结果 | 模型 2 预测结果 |
|---|---|---|
| 2 130 | 2 130 | 2 130 |
| 2 340 | 2 400 | 2 304 |
| 2 609 | 2 503 | 2 450 |
| 2 450 | 2 650 | 2 506 |
| 2 897 | 2 780 | 2 650 |
| 3 001 | 2 902 | 2 780 |
| 2 098 | 3 091 | 2 809 |
| 2 780 | 3 202 | 2 540 |
| 2 450 | 2 560 | 2 430 |

(1) 计算 MAE 和 MFE。

(2) 哪个模型的精度更高？哪个模型的无偏性更好？

## 实践思考

深化供给侧结构性改革，提高供给适应引领创造新需求能力。适应个性化、差异化、品质化消费需求，推动生产模式和产业组织方式创新，持续扩大优质消费品、中高端产品供给和教育、医疗、养老等服务供给，提升产品服务质量和客户满意度，推动供需协调匹配。优化提升供给结构，促进农业、制造业、服务业、能源资源等产业协调发展。完善产业配套体系，加快自然垄断行业竞争性环节市场化，实现上下游、产供销有效衔接。——《中华人民共和国国民经济和社会发展第十四个五年规划和2035年远景目标纲要》（第十二章 畅通国内大循环）

讨论问题：

最近几年，受到国内外经济环境的影响，我国许多企业收到的订单减少，产销业务萎缩，在市场竞争中面临很大压力。面对复杂多变的市场形势，企业准确把握需求、积极挖掘需求是做好需求管理的关键。请结合《中华人民共和国国民经济和社会发展第十四个五年规划和2035年远景目标纲要》，讨论企业应当如何挖掘国内国际市场需求，化解订单不足的危机，增加生产量和销售量，实现收入增长。

## 讨论案例

### 某电子厂的需求预测

最近一段时间，某电子生产厂由于需求预测不准确，导致生产与销售之间不同步，生产计划无法根据市场需求组织生产。

该公司一直以来主要依靠销售人员进行需求预测，即采用销售人员意见集中法。一般每年定期召集各销售部门的负责人进行需求预测，然后经过统计汇总得到公司的需求预测数值，但这种方法的预测精度很低。这种预测方法与该公司的销售政策有关。该公司的销售政策实行提成制，各位业务主管的收入直接与销售收入挂钩，平时与客户的联系也主要是销售人员与客户之间的单线联系，并且一名销售人员对应众多的客户，所以在平时的业务沟通过程中可能会产生信息传递失真的状况。然而，目前公司对这种状况并没有很好的解决办法，也没有派公司的高层主管及时与客户进行沟通。

表6-10的数据是从该公司 ERP 系统中提取的一种非常规产品的销售预测和实际销量的对比情况。该产品为三极电子管产品，只有个别客户使用，但是该公司在平时的需求预测中并没有对常规品种和特殊品种做区分，销售预测也按照与常规品种一样的方式去做，生产部门一样将其列入生产计划。我们可以看出，销售预测和实际销量之间的误差非常明显，可以说这种销售预测根本就没有作用，一点参考价值都没有，误差最大时达到150%。

表 6-10　三极电子管产品销售预测、销售订单和实际销量对比　（单位：件）

| 月份 | 销售预测 | 销售订单 | 实际销量 | 预测与实际误差（%） |
|---|---|---|---|---|
| 1 | 50 000 | 0 | 0 | -100 |
| 2 | 60 000 | 30 000 | 30 000 | -50 |
| 3 | 90 000 | 26 000 | 26 000 | -71 |
| 4 | 50 000 | 45 000 | 45 000 | -10 |
| 5 | 50 000 | 33 000 | 33 000 | -34 |
| 6 | 30 000 | 6 000 | 6 000 | -80 |
| 7 | 30 000 | 39 000 | 39 000 | 30 |
| 8 | 30 000 | 75 000 | 75 000 | 150 |

资料来源：作者根据企业内部资料编写。

## 讨论

1. 该公司采用的这种销售人员主观判断预测方法，你认为有什么不好的地方？如果要继续采用这种方法，应如何改善？
2. 根据前8个月的实际销量，判断需求特征，然后选择一种预测方法进行预测，将预测结果与该公司的销售预测数据（表中第2列）比较。你的方法是否提高了预测精度？
3. 根据历史销售数据，帮助该公司建立合适的预测模型。

# 第 7 章
CHAPTER 7

# 生产计划

## § 学习目标

- 熟悉生产计划的层次结构及滚动式生产计划方法。
- 熟悉生产计划的品种与产量决策及出产进度安排方法。
- 了解生产能力核算和能力调整策略。
- 熟悉服务业的运作计划特点和服务能力规划策略。

## § 引例

**某集团公司的生产计划流程与缺货问题**

小李是某公司新任生产计划部经理,目前公司存在的一个非常严重的问题是断货,就是客户有需求订单,但是生产不能及时交货。小李为此分析了该公司的生产计划情况。

小李了解到,集团公司的计划部负责集团整体的生产计划的制订和调整,各分公司计划科负责集团公司的生产进度计划监督和执行。工作流程(见图 7-1)为:销售部门对下一期的销售预测基本分析和生产部门对下一期的粗生产能力分析等情况汇总到计划部,计划部根据这些基本数据对下一期的生产制订出主生产计划并将计划量合理地分配给各分公司及 OEM 厂商。计划调整主要在以下两种情况下发生。

(1) 当计划量分配不合理时,由各分公司及 OEM 厂商将信息反馈给计划部,计划部再对计划进行调整。

(2) 当需求发生变化时,由计划部对生产主计划进行调整,并相应地要求各分公司及 OEM 厂商对进度计划进行调整。

因为有诸多问题存在,这种调整经常发生,造成生产不能正常进行。这些问题的存在使得计划不能及时下达、超计划要货等现象时有出现并造成产品的断货和缺货。表7-1为小李分析的6~8月的断货情况。小李觉得需要对生产计划等相关工作进行改进，否则计划与执行将会更混乱。

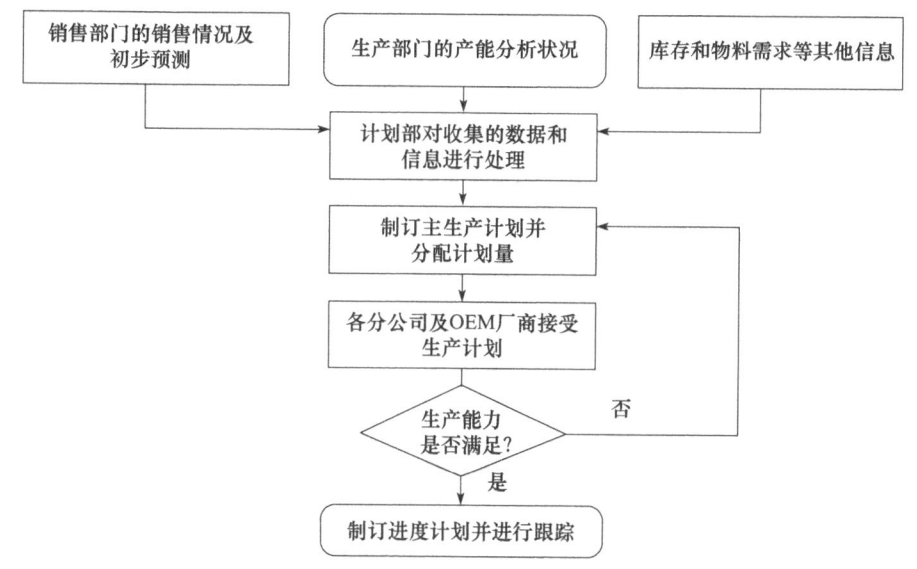

图7-1　某集团公司的计划工作流程

小李遇到的问题是许多制造企业生产管理部门每天遇到问题的一个典型代表。生产计划是一个企业的龙头，只有把生产计划做得完善，生产活动才能正常进行。本章将介绍生产计划的制订方法。

表7-1　断货原因分析

| 月份 | 调运导致断货 | | 超计划量要货 | | 生产未及时供应 | | 需求计划未及时下达 | | 销售部门未报计划要货 | | 其他原因 | |
|---|---|---|---|---|---|---|---|---|---|---|---|---|
| | 次数 | 占比(%) | 次数 | 占比(%) | 次数 | 占比(%) | 次数 | 占比(%) | 次数 | 占比(%) | 次数 | 占比(%) |
| 6 | 5 | 3.3 | 84 | 56.0 | 12 | 8.0 | 9 | 6.0 | 9 | 6.0 | 31 | 21.7 |
| 7 | 3 | 2.3 | 61 | 46.7 | 25 | 19.0 | 10 | 7.6 | 15 | 11.4 | 17 | 13.0 |
| 8 | 1 | 2.1 | 20 | 41.6 | 8 | 16.6 | 8 | 16.6 | 7 | 14.7 | 4 | 8.4 |

注：由于四舍五入原因，占比相加不一定等于100%。

思考与讨论：1. 导致案例中企业断货的原因是什么？
　　　　　　2. "计划不如变化快"是企业生产计划人员常说的一句口头禅，你如何理解这句话的含义？

## 7.1　生产计划概述

### 7.1.1　生产类型与生产计划的特点

按照需求特征来组织生产，生产可以分为订货型生产（MTO）与备货型生产（MTS）两种基本类型，或者叫面向订单的生产与面向库存的生产。

备货型生产是指在没有订单的前提下，按照市场需求的预测确定生产计划量，以补充库存，维持一定的库存水平，这是一种以库存来满足市场需求的生产方式。用户需要的时候直接到商店或企业仓库提货，因此产品交货提前期最短。

订货型生产是指根据订单的要求来组织生产，产品一般没有库存，并且产品的性能、数量、规格和交货期等都可以通过谈判协商的方法确定，然后组织生产。

备货型生产与订货型生产的生产计划的决策过程不同，前者主要是确定产品的品种与产量，而后者主要是确定品种、价格与交货期。表7-2为两种生产类型的生产计划特征。

表 7-2  备货型生产与订货型生产的生产计划特征

| 项 目 | 备货型生产（MTS） | 订货型生产（MTO） |
| --- | --- | --- |
| 计划的主要输入 | 需求预测 | 订单 |
| 计划的稳定性 | 变化小 | 变化大 |
| 计划的主要决策变量 | 品种、产量 | 品种、交货期、产量 |
| 交货期设置 | 准确、短（随时供货） | 不准确、长（订货时确定） |
| 计划周期 | 固定而且较长 | 变化而且短 |
| 计划修改 | 根据库存定期调整 | 根据订单随时调整 |
| 生产批量 | 根据经济批量模型而定 | 根据订单要求而定 |
| 生产大纲 | 详细 | 粗略 |

## 7.1.2  生产计划的层次结构

按照计划的时间长短，生产计划可以分为长期计划、中期计划、短期计划三种形式。

长期计划是管理部门制订的计划，涉及产品开发、生产发展规模、技术发展水平、生产设施的更新改造等。

中期计划是确定在现有的生产条件下生产经营活动应达到的目标，包括产值、产量、品种、利润等，具体表现为生产大纲、产品出产进度计划等。

短期计划是对日常生产活动的具体安排与调度，如物料需求计划、作业计划。短期计划把生产任务分配到车间、工段、班组。

从时间上讲，长期计划一般是对一年以上的经营活动的计划，以年为时间单位；中期计划是半年到一年半左右的计划，以月或季为时间单位；短期计划则是对从一天到六个月的生产活动的安排，时间单位可以是周也可以是天。随着市场变化越来越快，目前许多企业，特别是订货型生产企业，生产计划周期越来越短，计划量变化越来越大。

一般企业的生产计划层次结构模型，如图7-2所示。

离散工业与流程工业的生产计划的重点不同。离散工业由于生产过程和工艺路线复杂，因此生产计划的重点在于低层的作业计

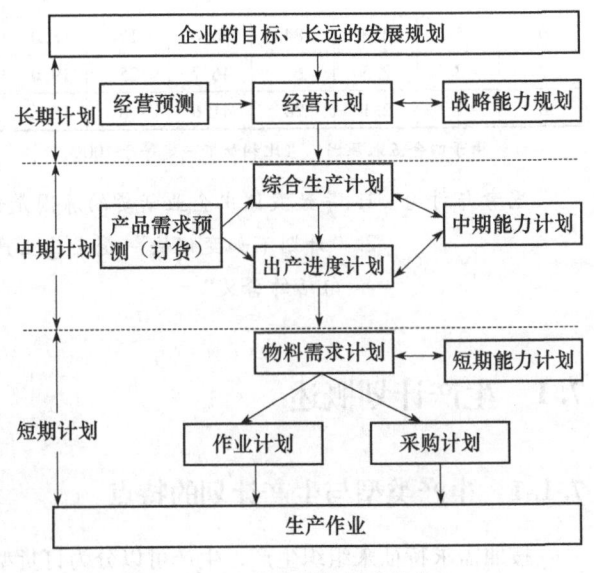

图 7-2  生产计划的层次结构

划的制订与调度。流程工业由于工艺流程简单，物料需求计划变得相对简单，一般按照一定的产品制成率（收成率）来确定各个工艺阶段的生产计划量，但是生产大纲的不同产品的产量优化是流程工业生产计划的重点。

本章主要讨论中期的综合生产计划，关于短期的物料需求计划与作业计划将在后面的各章中详细介绍。

### 7.1.3 生产计划的信息集成

生产计划的制订要依据一定的信息，那么生产计划的决策信息主要来自哪些方面呢？也就是说，我们在制订生产计划时应该考虑哪些因素呢？

为了制订一个完善的生产计划，需要考虑如下几个方面的信息（因素）（见图7-3）。

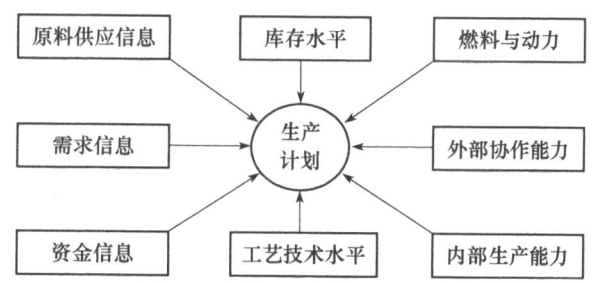

图7-3 生产计划需要考虑的几个方面的信息（因素）

（1）需求信息。需求信息包括预测的需求信息和订货的需求信息。市场预测是一个非常重要的问题，准确有效地预测市场需求的变化，对于制订生产计划是非常重要的。

（2）资源信息。资源信息包括原料供应信息、资金信息、燃料与动力等。掌握资源对于生产计划的有效性非常重要，生产计划的目的就是要充分利用现有的资源，包括内部与外部的资源，并将资源转化为产品。

（3）能力信息。这里的能力是指企业把资源转化为产品的能力，包括内部生产能力（劳动力能力、设备能力）、外部协作能力、库存水平、工艺技术水平等。企业的生产能力包括物的能力因素与人的能力因素。

要使制订的生产计划有效，首先使用的生产信息必须准确可靠。要做到这一点，一要靠企业完善的制度做保证；二要建立企业信息化系统，管理好企业的信息，使信息准确、可靠、一致。

### 7.1.4 生产计划的有效性策略

制订生产计划的目的是把管理者的意志转化为实际的生产行动，利用企业的资源，实现盈利目的，如果计划缺乏有效性，管理者的意志就没有办法实现，为此，必须提高生产计划的有效性。

生产计划的有效性体现在两个层次：一个是计划制订的有效性，另一个是计划执行的有效性。为了提高生产计划的有效性，做好如下几个方面的工作是很有帮助的。

**（1）掌握准确的计划信息。** 前面在讨论计划的信息集成问题时已经提到生产计划需要多方面的信息支持，要使制订的生产计划有效可行，必须保证使用的计划信息准确可靠，特别是使用计算机作为制订计划工具的企业，不同部门的数据必须准确可靠，否则，输入的是垃圾数据，出来的就是垃圾数据，因此加强基础数据的管理，对于提高生产计划的准确性非常重要。残缺的数据、不准确的数据、不一致的数据都不可能产生准确的生产计划，在实施 MRP Ⅱ/ERP 的过程中人们得出这样的结论，即"三分技术、七分管理、十二分数据"，这充分说明数据对计划的重要性。

（2）做好生产计划的综合平衡。由于生产计划的制订是依据各种计划信息进行决策的结果，而且需要企业不同部门的协调才能完成，因此计划涉及不同资源的矛盾、部门利益的冲突，需要进行综合平衡。生产计划综合平衡就是保证在企业现有的生产技术条件和资源约束条件下，正确处理生产经营过程中的各种比例关系，做到合理利用企业的人、财、物，克服薄弱环节，挖掘生产潜力，取得最大的经济效果。

生产计划的综合平衡包括如下几个方面。

第一，生产计划与需求的平衡。生产计划与需求的平衡是生产计划中的一个核心问题。处理生产计划与需求平衡的策略有追赶策略、均衡策略、混合策略等。

第二，生产计划与生产能力的平衡。生产计划只有建立在已有的生产能力的基础上才是有效的，超出生产能力的计划就是不可行的计划，因此制订生产计划时必须考虑生产计划与生产能力的平衡。为此必须对企业的生产能力进行核算，加强生产能力管理，保证企业有足够的生产能力完成生产计划。

第三，生产计划与物资供应的平衡。要完成生产计划，需要物资供应的保证。如果物资供应没有保证，生产计划就有可能延期，导致企业失去市场机会，造成损失。进行生产计划与物资供应的平衡，必须做好物资的预测工作，根据生产任务确定各种物资的需求量，做好物资采购与库存管理工作，和供应商建立良好的合作关系，进行准时化采购。

第四，生产计划与成本财务的平衡。生产计划与成本财务的平衡是为了保证利润目标的实现，使生产所需的资金投入有保证。生产计划与成本财务的平衡，首先要根据企业的经营目标规定成本控制指标，对各种生产费用进行分解，采取措施降低费用，确定产品成本降低率与降低额，然后，根据成本制订企业资金计划、销售收入计划和财务支出计划，采取增收节支的措施，提高经济效益。

（3）采用先进的计划方法与工具。采用先进的计划方法与工具是提升生产计划有效性的一个重要措施。先进的计划方法要求具备简单易行、准确可靠的特点。最常用的生产计划方法是滚动式计划方法，这是一种科学合理的先进的计划方法，一直受企业欢迎。

计算机技术已经广泛应用于生产计划中，如 MRP Ⅱ/ERP 系统，这一方面提高了企业生产计划的效率，另一方面也提高了生产计划有效性。

先进的生产计划方法与工具还有 JIT 拉动式计划方法、最优生产技术（OPT）和约束理论（TOC）。这些方法与工具在企业中常常综合起来同时应用，如采用 MRP/JIT 混合方法或采用 MRP/OPT 混合方法等。

（4）提高生产计划执行的有效性。生产计划能否有效，除了计划制订过程的科学化、合理化外，生产计划的执行过程也必须提高其有效性，为此需要加强生产调度、生产现场的组织管理工作，只有生产计划执行是有效的，生产计划的有效性才能实现。

（5）增加信息反馈。生产计划要有效，必须建立信息反馈机制，增加与生产计划有关的信息反馈，这种信息反馈包括计划与执行过程的信息反馈以及为生产计划提供信息的各部门的信息反馈。只有经常性的信息反馈，才能为计划的及时调整提供决策依据。这个问题将在生产控制中进行深入的探讨。

### 7.1.5 滚动式生产计划方法

（1）**滚动式生产计划的基本模式**。滚动式生产计划的基本模式是把计划分为两个时段进行编制：执行计划与预计计划。执行计划即当前正在执行的计划，是比较详细的计划，一般不可以有变动。预计计划是未来的计划，一般比较粗略，有调整的余地。当预计计划转为执行计划时，需要根据三个方面的信息进行调整：需求的变化、生产条件的变化、上一时段计划执行结果的差异分析。

滚动式生产计划的基本原则是"近细远粗"，按照"预测—计划—执行—调整"的基本工作思路，随着时间的推进不断地滚动前进。在每一计划阶段完成后进入下一阶段计划时，都要根据前一计划循环的计划执行结果调整，使执行计划与预计计划相互衔接、粗细结合、动静结合。

滚动式生产计划需要确定两个时间单位：计划期与滚动期。

- 计划期。滚动式生产计划的计划期是指生产计划的时间跨度，根据生产计划的不同层次，中长期计划一般以年为计划期，中短期计划以季、月、周为计划期。
- 滚动期。滚动期是修订生产计划的时间间隔，一般滚动期是执行计划的时间长度。根据生产计划期的长度，滚动期有季滚动、月滚动、周滚动等。

图 7-4 为滚动式生产计划方法示意图。

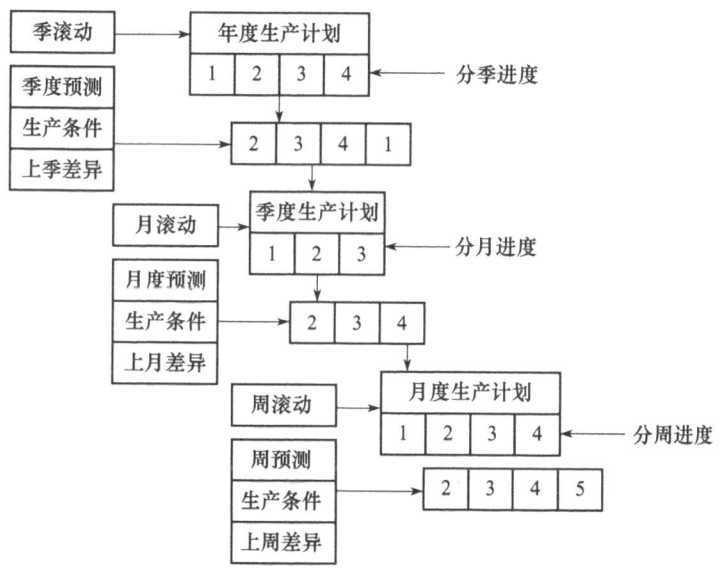

图 7-4 滚动式生产计划方法示意图

（2）**滚动式生产计划的优点**。滚动式生产计划把计划按照时间分段执行，做到了长短结合、粗细结合，提高了计划的科学性与可行性，滚动式生产计划具有如下优点。

- 具有预见性与严肃性。滚动式生产计划近细远粗，一方面充分发挥长期计划对短期计划的指导作用，使短期计划受长期计划的约束；另一方面根据需求与条件的变化进行调整，从而使计划具有预见性与严肃性。
- 有利于提高生产计划的连续性与稳定性。按期滚动生产计划，保证了生产计划的衔接，避免了生产任务的大起大落，从而提高了生产计划的连续性与稳定性。
- 提高了生产计划的灵活性与指导性。在滚动式生产计划中，从预测需求到实施计划，不断根据市场需求的变化和生产经营条件的变化进行修改、调整与补充，从而提高了生产计划的指导意义及其对市场需求变化的适应性。

## 7.2 综合生产计划的编制

综合生产计划也叫生产计划大纲，属于中期生产计划，一般指产品大类年度计划，它规定了某一年度内企业生产的主要经济指标，如品种、产量、产值等。

备货型生产与订货型生产的综合生产计划的决策重点有所不同。备货型生产的决策重点是品种与产量决策，而订货型生产的决策重点是品种、产量、价格与交货期决策。

不管是订货型生产还是备货型生产，综合生产计划的基本任务都是产品品种决策（或订单选择）、产量优化、进度安排。下面我们就重点讨论这几个问题。

### 7.2.1 品种决策

#### 1. 订货型生产的品种决策

在订货型生产中，品种的选择一般由客户订单决定，因此品种的选择实际上就是订单的选择。许多企业常常由于订单选择不当而导致生产不能按期交货，影响了企业的声誉，或者由于生产计划与销售计划不能很好地配合而使生产部门与销售部门之间出现矛盾，因此销售部门在接受生产订单时有必要和生产部门以及其他部门共同制定一个订单选择的决策策略。

订单的选择策略有两种：即时订单选择法和累积订单选择法。即时订单选择法是每接到一份订单即对订单进行评价，做出是否接受订单的决策；累积订单选择法是把接到的订单累积起来，在固定的期间内，从中选择订单并决定订单的优先权。

订单的选择是一个多目标的综合决策问题，当业务部门（销售部门）接到客户的订单后，需要根据企业的实际情况与其他部门从以下几个方面考虑是否接或接多少订单：

- 企业产品战略规划；
- 满足客户质量要求的能力；
- 生产成本与利润大小；
- 满足客户交货期要求的能力；
- 物资供应的能力。

这些问题涉及企业的多个部门，包括生产、工程、物资、质检、财务等部门，企业每接到一份订单，特别是大的生产订单，尽量召开以上相关部门都参加的生产协调会议，评估企业对订单的接受能力，然后做出决策。

大多数企业接受订单都是以利润最大化为主要的决策目标，基于这一目标，订单选择可以采用以下方法：

- 用线性规划、整数规划等确定利润最大的订单组合；
- 在所有订单中，按照某种标准确定订单的优先权，根据优先权选择符合生产能力的订单。

下面介绍利用 0-1 整数规划方法进行单件生产的品种选择。

当企业面对多份订单而生产能力不足以满足所有订单的生产要求时，可以采用 0-1 整数规划方法进行订单选择，0-1 整数规划的模型如下。

目标函数：

$$\max Z = \sum_{i \in \Omega} b_i x_i \tag{7-1}$$

约束条件：

$$\begin{cases} \sum_{i \in \Omega} a_{ij} x_i \leq C_j \\ x_i = 0, 1 \end{cases} \tag{7-2}$$

式中　$x_i$——产品 $i$ 的决策变量（取 0 为不接，取 1 为接订单）；

　　　$a_{ij}$——产品 $i$ 消耗原料 $j$ 的定额量或工序 $j$ 的工时定额；

　　　$b_i$——产品 $i$ 的单位利润；

　　　$C_j$——原料 $j$ 的总用量或工序 $j$ 的能力。

### 应用范例 7-1

某公司接到三份订单 A、B、C，各订单的加工时间和利润如表 7-3 所示，总可用生产能力为 40，试确定公司应该接受哪个订单。

表 7-3　订单的加工时间与利润

| 订单 | A | B | C |
|---|---|---|---|
| 加工时间（单位） | 12 | 8 | 25 |
| 利润（单位） | 30 | 12 | 25 |

**解**：根据上面的条件，这是一个 0-1 整数规划问题，设三份订单决策变量为 $x_1$、$x_2$ 和 $x_3$，取 1 为接受，取 0 为不接受，规划模型为：

目标函数：　　　　　$\max Z = 30x_1 + 12x_2 + 25x_3$

约束条件：　　　　　$12x_1 + 8x_2 + 25x_3 \leq 40$

　　　　　　　　　　$x_1, x_2, x_3 = 0, 1$

0-1 整数规划问题在变量比较少的情况下求解比较简单，但是在变量比较多的时候一般采用启发算法。本例最后的结果是选择订单 A 和 C，总利润是 55。

0-1 整数规划把利润最大化作为订单选择的目标，但是如果考虑多种因素，订单选择是一个多目标的决策问题。决策的准则是多属性的，一般考虑几个方面的准则：①价格（利润）优先准则；②交货期优先准则；③产品竞争力优先准则；④企业合作关系优先准则等。对于这些准则，有的是定性的，有的是定量的，这时候就需要采用多目标的决策方法，如模糊综合评价法或层次分析法。

## 2. 备货型生产的品种选择策略

备货型生产的品种选择的一般原则是：①优先选择需求增加率与利润增长率高的产品；②优先选择有市场发展潜力的产品；③优先选择能树立企业品牌优势的产品；④优先选择国家扶持发展的产品。

目前有以下三种可供企业应用的产品组合策略。

**(1) 波士顿矩阵。** 波士顿矩阵是波士顿公司首创的一种业务分析方法，它通过对销售增长率与相对市场占有率两大指标进行评价分析，在一个两维的平面图（见图7-5）上分析产品组合。

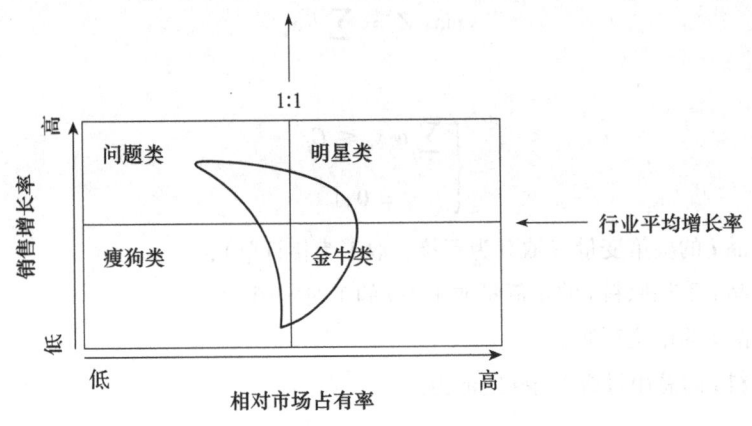

图7-5 波士顿矩阵分析图

波士顿矩阵的横坐标表示企业产品的相对市场占有率，以企业与最大竞争对手的市场占有率之比1:1为分界线；纵坐标是产品的销售增长率，以行业平均增长率为分界线。企业的产品据此可以分为四类。

- 问题类。问题类产品的销售增长率高，但是相对市场占有率低，如新产品。
- 明星类。当问题类产品成功后就会变成明星类产品，如名牌产品。该类产品能保持较高的销售增长率与相对市场占有率，是市场中的领先者。
- 金牛类。当企业某一产品的销售增长率低于行业平均增长率但仍能保持较高的相对市场占有率时，这类产品就是金牛产品。这类产品具备规模经济性与较高的利润率，能为企业带来大量的现金收入，有稳定的销售利润，是企业的大众化产品。
- 瘦狗类。这类产品的销售增长率和相对市场占有率较低，利润率低，有时可能出现滞销与亏损，企业必须根据盈亏情况与市场预测对这类产品进行分析，做出是再生产还是淘汰的决定。

在正常情况下，企业产品的发展要遵循"问题类—明星类—金牛类—瘦狗类"的正常顺序。企业的产品组合应集中在明星类与金牛类；问题类产品不能停，但是也不宜太多；瘦狗类不能太多，要形成一个"月牙形"，如图7-5所示。

**(2) GE矩阵。** 美国通用电气公司提出了另一种业务分析方法——GE矩阵，这种分析法可以用于产品的优化组合。GE矩阵与波士顿矩阵类似，但是波士顿矩阵偏重于分析过去和现在的状况，而GE矩阵偏重于分析现在与未来的状况。

GE 矩阵法按照产品实力与行业吸引力把产品分为三大区域九类，如图 7-6 所示。

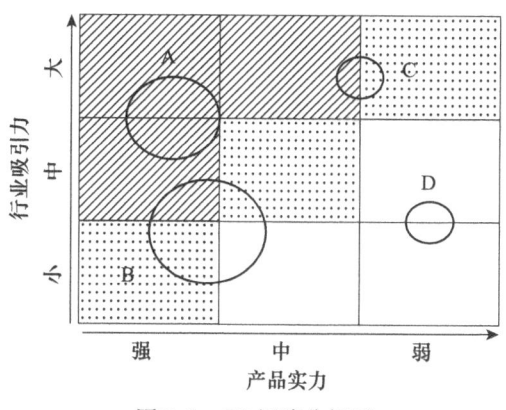

图 7-6　GE 矩阵分析图

GE 矩阵左上角的三个格子表示最强的战略产品单位（如 A），对此企业应该采用投资－拓展策略。从左下角到右上角的对角线上的三个格子表示中等状态的战略产品（如 B 和 C），对此企业应采取选择－盈利策略。右下角的三个格子表示产品的总体行业吸引力很低（如 D），对此企业应采取收割－放弃策略，即有利可图时继续生产，无利可图时应放弃。

（3）**收入－利润顺序法**。收入－利润顺序法是将产品按照销售收入与利润的大小进行排序，也组成一个矩阵图，如图 7-7 所示。

按照收入－利润的大小顺序，产品可分为以下几大类。

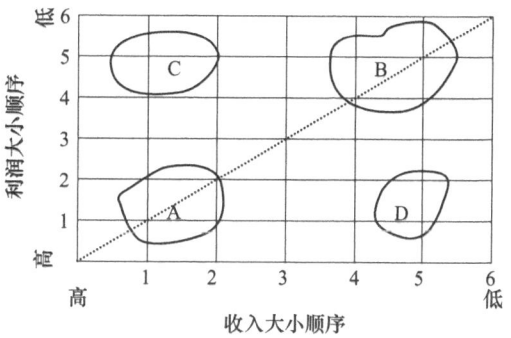

图 7-7　收入－利润顺序图

- 处于左下角位置的产品，如 A，收入与利润都比较高，在市场中有竞争力，属于可继续生产的产品。
- 右上角的产品，如 B，收入与利润都比较低，这类产品有两种可能：一种是已经处于衰退期的产品，应该停止生产；另一种是新产品，处于成长期，顾客不了解，销售额低，工艺技术也不成熟，这种产品可继续生产，并通过扩大宣传与促销提高销售收入。
- 处于左上角的产品，如 C，收入比较高，但是利润不高，可能是由于价格低或成本高，因此应做分析后决定是否继续生产。
- 右下角的产品，如 D，收入不高，利润高，属于可继续生产的产品。

## 7.2.2　产量优化

当生产的产品品种确定以后，生产计划的主要任务就是优化各种产品的计划生产数量，使企业的利润达到最大化。由于产量优化涉及人力、设备、材料、资金等多方面的因素，因此产量优化需要考虑多方面的约束，一般采用线性规划方法。

一个最简单的线性规划模型如下：

目标函数：
$$\max Z = \sum_{i=1}^{n} c_i x_i \tag{7-3}$$

约束条件：
$$\begin{cases} \sum_{i=1}^{n} a_{ij} x_i \leqslant b_j \quad (j=1,2,\cdots,m) \\ x_i \geqslant 0 \end{cases}$$

式中  $x_i$——$i$ 产品的计划产量；

$c_i$——第 $i$ 种产品的单位利润；

$b_j$——第 $j$ 种资源的可用量；

$a_{ij}$——单位 $i$ 种产品需要第 $j$ 种资源的数量。

### 应用范例 7-2

某企业需要生产 6 种产品，各产品需要使用的原料有 4 种，各产品每单位产量对各种原料的使用量、每种原料的最高供应能力、产品的单位利润等基本数据如表 7-4 所示。请确定使该企业的总利润最大的计划产量。

表 7-4  生产计划原始数据

| 项目 | 产品 | | | | | | 可供应量 |
|---|---|---|---|---|---|---|---|
| | $P_1$ | $P_2$ | $P_3$ | $P_4$ | $P_5$ | $P_6$ | |
| 原料 1（单位） | 2 | 3 | 2 | 4 | 2 | 2 | 500 |
| 原料 2（单位） | 2 | 3 | 4 | 3 | 4 | 5 | 680 |
| 原料 3（单位） | 2 | 2 | 3 | 1 | 5 | 2 | 400 |
| 原料 4（单位） | 3 | 3 | 3 | 2 | 1 | 1 | 700 |
| 单位利润（单位） | 18 | 30 | 25 | 21 | 21 | 27 | |

**解：** 根据以上数据，设 6 种产品的产量分别为 $x_1$、$x_2$、$x_3$、$x_4$、$x_5$、$x_6$，可以建立线性规划模型。

目标函数：$\max Z = 18x_1 + 30x_2 + 25x_3 + 21x_4 + 21x_5 + 27x_6$

约束条件：
$$\begin{cases} 2x_1 + 3x_2 + 2x_3 + 4x_4 + 2x_5 + 2x_6 \leqslant 500 \\ 2x_1 + 3x_2 + 4x_3 + 3x_4 + 4x_5 + 5x_6 \leqslant 680 \\ 2x_1 + 2x_2 + 3x_3 + 1x_4 + 5x_5 + 2x_6 \leqslant 400 \\ 3x_1 + 3x_2 + 3x_3 + 2x_4 + 1x_5 + 1x_6 \leqslant 700 \\ x_1, x_2, x_3, x_4, x_5, x_6 \geqslant 0 \end{cases}$$

利用 Excel 求解得：$x_1 = 0$，$x_2 = 121.8$，$x_3 = 21.8$，$x_4 = 0$，$x_5 = 0$，$x_6 = 45.5$。

总利润为 5 427.5。

以上例子是一个配料问题，在约束条件中主要是原料的供应约束。在工业生产中，在更多的情况下，生产计划除了原料的供应约束外，还要考虑工序的能力约束等多种约束条件，因此更加一般性的生产计划线性规划模型如下：

目标函数：
$$\max Z = \sum_{i=1}^{n} c_i x_i \quad (n \text{ 为产品数}) \tag{7-4}$$

约束条件：

（1）原料供应约束：
$$\sum_{i=1}^{n} a_{ij} x_i \leqslant b_j \tag{7-5}$$

(2) 工序能力约束：

$$\sum_{i=1}^{n} m_{ij}x_i \leq s_j \tag{7-6}$$

(3) 产量约束：

$$D_1 \leq x_i \leq D_2 \tag{7-7}$$

(4) 其他约束条件：其他技术与经济指标约束如质量、总产量、总利润等。

在实际中，许多企业的生产除了利润最大化这个目标外，还有其他目标，因此生产计划的决策也是一个多目标的决策问题。多目标的优化一般采用转化为单目标的方法求解，转化的方法有加权法、效用系数法、序列或优先级法、非劣解法等。

### 7.2.3 进度安排

产品品种与产量决定以后，生产计划的最后一步工作就是将生产计划量按照时间进度分阶段（季度或月份）分配到各时间段，合理利用生产能力与企业的各种资源。

#### 1. 非均衡需求处理策略

生产与需求总是存在矛盾，因为需求是变化无常的，所以生产计划能够充分反映需求的变化是计划有效的关键。比较常用的处理非均衡需求的基本策略有三种：均衡策略、追赶策略、混合策略，如图 7-8 所示。

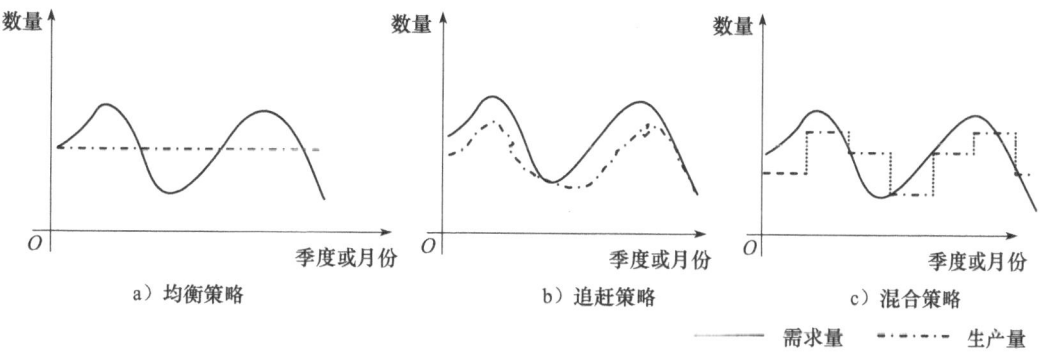

图 7-8 三种处理非均衡需求的策略

**(1) 均衡策略。** 均衡策略是指保持生产率不变，生产维持一定的水平，不随需求而变动。这种策略是通过调节库存来满足市场需求的变化的：当销量降低时，库存增加；当销量增加时，库存减少。

均衡策略适用于需求变化不是很大的情况，如大量生产装配工业、流程工业的生产等。均衡策略生产管理比较方便，有利于生产计划的制订与执行。

**(2) 追赶策略。** 追赶策略是指生产计划量随需求而变，不断追赶需求的变化，这种策略的库存量比较小。追赶策略能够保持准时化生产，即快速满足需求变化，但是生产计划与执行难度大，生产调整的工作量大。追赶策略一般采用加班、减员或外包业务的方法实现。一般订货型生产和需求变化大的备货型生产比较适合于采用追赶策略。

**(3) 混合策略。** 混合策略是将均衡策略与追赶策略混合使用，基本思想是分阶段跟踪需求的变化，采用长期追赶、短期均衡的策略，即从长期看是追赶的，但在短期范围内是均衡的。当需求变化规律不明显以及在混合生产（备货型与订货型）的情况下可以采用混合策略。

混合策略能发挥长期计划与短期计划的优点：一方面，在短期内采用均衡生产计划的方式，便于组织生产，有利于稳定生产秩序与利用设备；另一方面，在长期范围内采用追赶策略，能最大限度地利用流动资金，减少滞销与积压。

采用什么样的策略，企业应比较两种费用：一是变更生产水平的费用；二是库存费用。

（1）变更生产水平的费用。变更生产水平的费用主要包括加班费用、临时外包的加工费用、临时招聘工人与解聘工人的费用、培训工人的费用等。变更生产水平的费用取决于三个因素：紧急改变还是正常改变、当时的生产水平、变更的幅度。

（2）库存费用。库存费用包括提供存储装备和劳务需要的费用以及存储的报废、贬值、占用资金利息等。

一般情况下，当变更生产水平的费用大于维持库存所需要的费用时，采用均衡策略；反之，应采用追赶策略。

在企业制订生产计划的过程中，通过调整生产能力满足需求时，不同的行业有不同的情况需要注意。

- 设备密集型企业的生产计划。一般设备密集型企业（如化工企业）的生产能力相对稳定，很难通过劳动力的变化来调整能力以满足市场需求，这个时候最好采用提高设备利用率、用库存满足需求的均衡策略来组织生产。
- 操作技术要求比较高的行业显然不适合采用调整劳动力的办法，因为符合企业需要的熟练劳动力不是随时都可以招聘到的，企业应该更多地采用加班与人员储备的办法来调整生产。

### 应用范例 7-3

某蚊香厂是一家劳动密集型企业，在生产过程中主要靠劳动力的变化与加班、外包等方式来调整其生产能力以满足需求。表 7-5 是该厂生产数据的有关信息。请分析该厂的生产策略。

表 7-5 某蚊香厂 2022 年的生产数据

| 月份 | 生产计划/件 | 实际产量/件 | 市场预测/件 | 平均在职人数/人 | 实际产量占全年的比例（%）[①] |
|---|---|---|---|---|---|
| 1 | 27 000 | 23 157 | 27 000 | 50 | 8.40 |
| 2 | 35 000 | 32 779 | 35 000 | 82 | 12.00 |
| 3 | 51 118 | 51 118 | 61 000 | 133 | 18.60 |
| 4 | 45 144 | 45 144 | 45 000 | 131 | 16.40 |
| 5 | 19 925 | 19 925 | 33 000 | 127 | 7.24 |
| 6 | 10 282 | 10 282 | 10 000 | 30 | 3.74 |
| 7 | 3 000 | 3 000 | 5 300 | 16 | 1.10 |
| 8 | 1 000 | 1 000 | 3 000 | 15 | 0.36 |
| 9 | 4 000 | 4 000 | 5 000 | 15 | 1.45 |
| 10 | 0 | 0 | 0 | 15 | 0.00 |
| 11 | 31 000 | 20 000 | 15 000 | 45 | 7.30 |
| 12 | 83 000 | 64 754 | 83 000 | 150 | 23.50 |

注：生产计划与市场预测的差异是由于在计划执行过程中生产根据市场波动进行了调整；平均在职人数是月度平均数。

[①] 由于四舍五入原因，最后一列数值相加不一定等于100%。

**解**：表 7-5 中的生产数据表明，该厂采用追赶策略进行生产，通过调节劳动力数量来实现追赶策略。表 7-5 的生产计划、市场预测与实际产量不完全相同，这是执行计划过程中进行调整的结果。

### 2. 不同生产方式的出产进度安排的策略选择

前面提出了三种基本的出产进度安排的策略，但是不同生产方式的出产进度安排有所不同。

（1）**大量大批生产的出产进度安排**。大量大批生产一般是备货型生产，采用均衡策略比较好，各时段的计划可以采用均匀一致的方式，也可以采用递增或抛物线递增的方式。

（2）**成批生产的出产进度安排**。成批生产的品种比较多，而且是定期或不定期轮番生产，因此出产进度安排不仅要对每一产品按季度、月度分配任务，而且要合理安排不同品种的生产进度。具体做法有以下几种：

- 有合同订货的产品，按合同订货要求的数量与交货期安排，以减少库存；
- 产量大的、季节性变动小的产品，按"细水长流"的方式安排；
- 产量小的产品，在符合合同要求的前提下，按照经济批量原则采取集中轮番的方式生产；
- 同一系列的产品，尽可能在同一时期生产，这样有利于组织生产。

（3）**单件小批生产的出产进度安排**。单件小批生产一般是订货型生产，在编制综合生产计划时往往只有一部分订单，出产进度计划比较粗略。在安排时应注意如下几点：

- 小批生产尽量采用"集中轮番"的方式组织生产，以减少同期生产的品种数，提升生产效率；
- 单件产品、新产品和需要关键设备的产品，在满足订货合同的前提下，尽可能分季度、分期、分批交错安排，避免生产技术准备和设备负荷闲忙不均。

### 3. 出产进度安排的经验方法

经验方法是企业广泛采用的出产进度安排的方法。这种方法按照前面提出的产品出产进度的安排策略与原则，根据经验确定各时段的生产计划，然后比较不同方案的成本，选择成本最低的方案。

经验方法的基本步骤如下：

① 决定每个时期的需求量；
② 确定各时期的生产能力；
③ 决定正常生产、加班生产以及需要转包的生产量；
④ 确定正常生产成本、增员/减员成本、库存成本等；
⑤ 计算各方案的总成本，比较各种方案，选择成本最低的方案。

利用经验方法安排出产进度，可以采用表格结合产量曲线图的方式进行分析，然后逐一比较，选择最佳的方案。表 7-6 为出产进度安排分析表。

表 7-6 出产进度安排分析表

| 项目 | 时期（月份） | | | | | | | | | | | |
|---|---|---|---|---|---|---|---|---|---|---|---|---|
| | 1 | 2 | 3 | 4 | 5 | 6 | 7 | 8 | 9 | 10 | 11 | 12 |
| 预测需求 | | | | | | | | | | | | |
| 最大产能 | | | | | | | | | | | | |
| 计划产出 | | | | | | | | | | | | |
| 其中：正常生产 | | | | | | | | | | | | |
| 加班生产 | | | | | | | | | | | | |
| 转包（外协）生产 | | | | | | | | | | | | |
| 库存 | | | | | | | | | | | | |
| 其中：期初库存 | | | | | | | | | | | | |
| 期末库存 | | | | | | | | | | | | |
| 成本 | | | | | | | | | | | | |
| 其中：正常生产成本 | | | | | | | | | | | | |
| 加班生产成本 | | | | | | | | | | | | |
| 转包（外协）合同成本 | | | | | | | | | | | | |
| 增员/减员成本 | | | | | | | | | | | | |
| 库存成本 | | | | | | | | | | | | |
| 延迟交货损失 | | | | | | | | | | | | |
| 总计成本 | | | | | | | | | | | | |

在进行方案比较时，一般能满足如下几个要求的方案是可行方案：满足销售需求、生产均衡性好、成本最低。

表 7-7 和表 7-8 分别为年度生产计划与出产进度安排表。

表 7-7 年度生产计划

| 序号 | 项目 | 计量单位 | 2019 年预计完成 | 2020 年年度计划 | 2020 年年度分季度安排 | | | | 2020 年比 2019 年增加（%） |
|---|---|---|---|---|---|---|---|---|---|
| | | | | | 一 | 二 | 三 | 四 | |
| 1 | 总产值（不变价） | 万元 | | | | | | | |
| 2 | 商品产值（现行价） | 万元 | | | | | | | |
| 3 | 销售的半产品 | 万元 | | | | | | | |
| 4 | 来料加工 | 万元 | | | | | | | |
| 5 | 工业性作业 | 万元 | | | | | | | |
| | 主要产品产量 | 台 | | | | | | | |
| | 其中：甲 | | | | | | | | |
| | 乙 | | | | | | | | |
| | 丙 | | | | | | | | |
| | 丁 | | | | | | | | |
| | … | | | | | | | | |
| 6 | 自制设备 | 台 | | | | | | | |
| 7 | 新产品 | 台 | | | | | | | |
| 8 | 工业总产值 | 万元 | | | | | | | |
| 9 | 净产值 | 万元 | | | | | | | |

表 7-8 出产进度安排表

| 序号 | 产品 | 全年任务/台 | 第一季度 | | | 第二季度 | | | 第三季度 | | | 第四季度 | | |
|---|---|---|---|---|---|---|---|---|---|---|---|---|---|---|
| | | | 1月 | 2月 | 3月 | 4月 | 5月 | 6月 | 7月 | 8月 | 9月 | 10月 | 11月 | 12月 |
| 1 | A | 500 | 40 | 40 | 40 | 45 | 45 | 45 | 45 | 45 | 45 | 40 | 40 | 30 |
| 2 | B | 480 | 30 | 30 | 30 | 35 | 35 | 35 | 35 | 35 | 35 | 30 | 30 | 20 |
| 3 | C | 300 | 50 | 50 | 50 | 50 | 50 | 50 | | | | | | |
| 4 | D | 200 | | | | 50 | 50 | 50 | 50 | | | | | |
| 5 | E | 100 | | | | | | | | 20 | 20 | 20 | 20 | 20 |
| 6 | F | 615 | 50 | 50 | 50 | 55 | 55 | 55 | 50 | 50 | 50 | 50 | 50 | 50 |
| 7 | G | 670 | 55 | 55 | 55 | 55 | 55 | 55 | 55 | 55 | 55 | 55 | 55 | 55 |
| 8 | H | 735 | 60 | 60 | 60 | 70 | 70 | 70 | 65 | 65 | 65 | 50 | 50 | 50 |

## 应用范例 7-4

一家公司生产产品 A 和产品 B（同一系列的两种型号产品），12 个月的需求如表 7-9 所示。为了满足需求避免出现缺货现象，安全库存设为 200 单位。另外正常情况下，生产能力是每月 1 000 单位。

表 7-9 产品需求与生产能力原始数据表

| 月份 | 1 | 2 | 3 | 4 | 5 | 6 | 7 | 8 | 9 | 10 | 11 | 12 |
|---|---|---|---|---|---|---|---|---|---|---|---|---|
| 产品 A 需求（单位） | 400 | 400 | 400 | 300 | 250 | 200 | 300 | 600 | 800 | 1150 | 900 | 800 |
| 产品 B 需求（单位） | 200 | 200 | 200 | 100 | 50 | 100 | 100 | 200 | 200 | 450 | 400 | 300 |
| 合计需求（单位） | 600 | 600 | 600 | 400 | 300 | 300 | 400 | 800 | 1 000 | 1 600 | 1 300 | 1 100 |
| 生产能力（单位） | 1 000 | 1 000 | 1 000 | 1 000 | 1 000 | 1 000 | 1 000 | 1 000 | 1 000 | 1 000 | 1 000 | 1 000 |

**（1）需求分析。**

我们先把表 7-9 中的需求数据用直观的图 7-9 来表示。从图中可以看出，全年的需求是不均衡的，第一季度需求维持比较均衡的水平，每月都是 600，但是从 4 月到 7 月，两种产品的需求都比较低迷，8 月以后，需求又开始增加，10 月需求达到最高峰，合计 1 600 单位，11 月需求又下降。另外，经过计算，全年的平均需求量为 750 单位/月（全年累计需求 9 000 单位/12 月 =750 单位/月）。

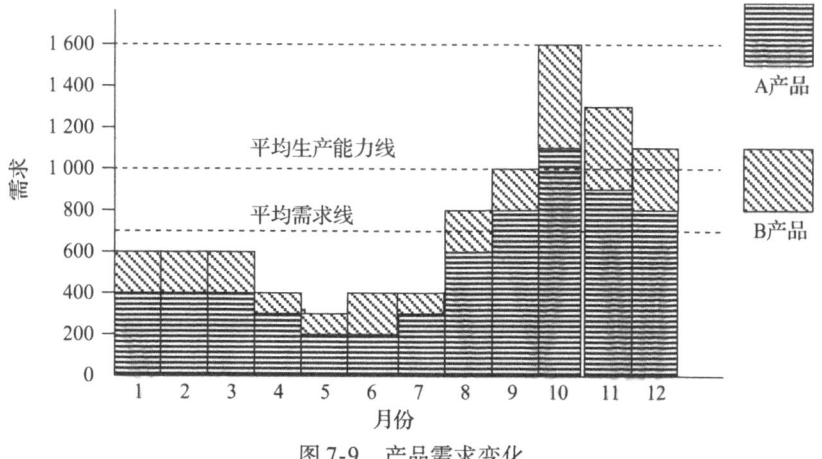

图 7-9 产品需求变化

(2) 产能需求分析。

关于生产能力的概念在下一节有详细的讨论,一般企业安排生产计划会考虑平均生产能力,不能突破最大生产能力,该案例的生产能力是平均生产能力(1 000 单位)。从各个月份的需求看,前 9 个月的能力有保证,但是后 3 个月的能力不足,因此公司在安排生产计划时应尽量利用前半年的生产能力,提高生产能力利用率,这样可以减少后半年繁重的生产任务所带来的加班等生产需求。

(3) 生产计划策略。

按照前面介绍的非均衡需求处理策略,生产计划有三种基本类型。

第一种是均衡生产计划。均衡生产计划使每个月的生产数量保持均衡,都按照平均每月的需求来生产。因为全年的总需求是 9 000 单位,平均月需求是 750 单位,这样按照均衡生产计划每月生产 750 单位。这个计划前面几个月的库存用来填补后面几个月的需求。

第二种是追赶生产计划。追赶生产计划是使生产数量与需求数量保持一致,本案例中当采用追赶生产计划时,后半年的任务重,需要通过加班或者转包等方式完成任务。

第三种是混合生产计划。混合的方法很多,比如前 3 个月每月生产 600 单位,4、5、6 月每月生产 400 单位,7、8、9 月每月生产 800 单位,10、11、12 月每月生产 1 200 单位。但是后 3 个月超过了公司的生产能力,需要通过转包或者增加新工人等方式解决能力不足的问题。

图 7-10 是三种生产计划的累计产量与累计需求过程。

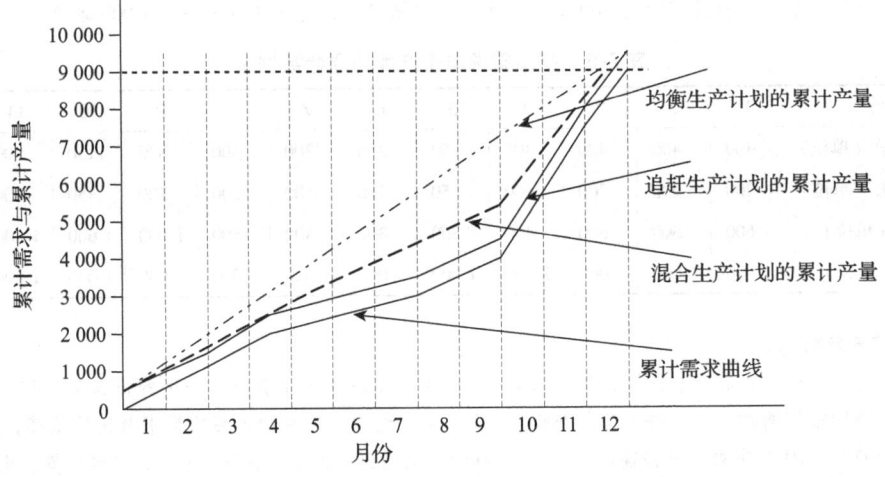

图 7-10 累计需求与累计产量的变化曲线

## 应用范例 7-5

某制造商要制订上半年 6 个月某产品的生产计划。已知信息:现有工人 30 人,采用一班工作制(每天工作 8 小时),每人每天正常可生产 10 个产品;每天加班限度为正常工作时间的 25%(即最多每天工作 10 小时);正常生产成本为 100 元/单位;加班生产成本为 120 元/单位;转包合同生产成本为 150 元/单位;存货持有成本为每单位每月 10 元;延迟交货成本为每单位每月 20 元;招聘临时工成本为 1 000 元/人;解聘临时工成本为 1 500 元/人,临时工与正式工的工资一样。工厂正式工人不解聘。

工厂调整生产能力的策略优先次序:加班;外包;使用临时工。也就是说,在生产中如果正常生产时间满足不了需求,优先考虑加班,当加班满足不了需求时考虑转包或者使用临时工。上半年预测需求信息和每月工作天数如表 7-10 所示。

表 7-10　上半年预测需求和每月工作天数信息

| 月份 | 1 | 2 | 3 | 4 | 5 | 6 | 合计 |
|---|---|---|---|---|---|---|---|
| 预测需求（单位） | 4 000 | 5 000 | 6 000 | 7 000 | 7 500 | 6 500 | 36 000 |
| 每月工作天数/天 | 22 | 19 | 21 | 21 | 22 | 20 | 125 |

**解：**

**(1) 产能分析。**

首先确定产能，分正常生产能力与加班生产能力计算。6个月的工作天数不同，因此产能稍有不同，1月工作时间为22天，2月为19天，3、4月为21天，5月为22天，6月为20天。根据这样的信息可得到每月的正常生产能力（=每人每天生产量×每月工作天数×工人数），加班生产能力按照25%的加班量计算（=正常生产能力×25%）。由于总需求是36 000，而总最大生产能力（正常+加班）为46 875。能力大于需求，因此可以接受生产任务。

**(2) 稳定工人数，改变库存水平满足需求（均衡策略）。**

总需求是36 000单位，因此按照均衡生产计划每月的生产量为36 000/6 = 6 000单位。以现有员工为基础生产，优先用正常生产，不足部分用加班生产弥补。具体的计划如表7-11所示。在这个计划中，由于2月的正常生产能力只有5 700，不足6 000，因此不足的部分到5月生产（这样可以减少库存成本）。

表 7-11　均衡生产计划成本分析表

| 项目 | | 时期（月） | | | | | | 总计 |
|---|---|---|---|---|---|---|---|---|
| | | 1 | 2 | 3 | 4 | 5 | 6 | |
| 预测需求 | | 4 000 | 5 000 | 6 000 | 7 000 | 7 500 | 6 500 | 36 000 |
| 最大产能 | 正常生产 | 6 600 | 5 700 | 6 300 | 6 300 | 6 600 | 6 000 | 37 500 |
| | 加班生产 | 1 650 | 1 425 | 1 575 | 1 575 | 1 650 | 1 500 | 9 375 |
| 计划产出 | | 6 000 | 5 700 | 6 000 | 6 000 | 6 300 | 6 000 | 36 000 |
| 其中：正常生产 | | 6 000 | 5 700 | 6 000 | 6 000 | 6 300 | 6 000 | 36 000 |
| 加班生产 | | | | | | | | |
| 转包（外协）生产 | | | | | | | | |
| 库存 | | | | | | | | |
| 其中：期初库存 | | 0 | 2 000 | 2 700 | 2 700 | 1 700 | 500 | 9 600 |
| 期末库存 | | 2 000 | 2 700 | 2 700 | 1 700 | 500 | 0 | 9 600 |
| 平均库存 | | 1 000 | 2 350 | 2 700 | 2 200 | 1 100 | 250 | 9 600 |
| 成本 | | | | | | | | |
| 其中：正常生产成本 | | 600 000元 | 570 000元 | 600 000元 | 600 000元 | 630 000元 | 600 000元 | 3 600 000元 |
| 加班生产成本 | | | | | | | | |
| 转包（外协）合同成本 | | | | | | | | |
| 增员/减员成本 | | | | | | | | |
| 库存成本 | | 10 000元 | 23 500元 | 27 000元 | 22 000元 | 11 000元 | 2 500元 | 96 000元 |
| 延迟交货损失 | | | | | | | | |
| 总成本 | | 610 000元 | 593 500元 | 627 000元 | 622 000元 | 641 000元 | 602 500元 | 3 696 000元 |

**(3) 追赶策略（利用加班）。**

均衡策略库存成本较大，可以采用追赶策略。每个月都不留库存，需要多少就生产多少。具体计划如表7-12所示。但是在这种情况下，前面3个月的内部生产能力可以满足需求，但是后面3个月的能力不足，需要加班。

表 7-12 追赶生产计划成本分析表

| 项目 | | 1 | 2 | 3 | 4 | 5 | 6 | 总计 |
|---|---|---|---|---|---|---|---|---|
| 预测需求 | | 4 000 | 5 000 | 6 000 | 7 000 | 7 500 | 6 500 | 36 000 |
| 最大产能 | 正常生产 | 6 600 | 5 700 | 6 300 | 6 300 | 6 600 | 6 000 | 37 500 |
| | 加班生产 | 1 650 | 1 425 | 1 575 | 1 575 | 1 650 | 1 500 | 9 375 |
| 计划产出 | | 4 000 | 5 000 | 6 000 | 7 000 | 7 500 | 6 500 | 36 000 |
| 其中：正常生产 | | 4 000 | 5 000 | 6 000 | 6 300 | 6 600 | 6 000 | 33 900 |
| 加班生产 | | | | | 700 | 900 | 500 | 2 100 |
| 转包（外协）生产 | | | | | | | | |
| 库存 | | 0 | 0 | 0 | 0 | 0 | 0 | 0 |
| 其中：期初库存 | | 0 | 0 | 0 | 0 | 0 | 0 | 0 |
| 期末库存 | | 0 | 0 | 0 | 0 | 0 | 0 | 0 |
| 平均库存 | | 0 | 0 | 0 | 0 | 0 | 0 | 0 |
| 成本 | | | | | | | | |
| 其中： | | | | | | | | |
| 正常生产成本 | | 400 000 元 | 500 000 元 | 600 000 元 | 630 000 元 | 660 000 元 | 600 000 元 | 3 390 000 元 |
| 加班生产成本 | | | | | 84 000 元 | 108 000 元 | 60 000 元 | 252 000 元 |
| 转包（外协）合同成本 | | | | | | | | |
| 增员/减员成本 | | | | | | | | |
| 库存成本 | | | | | | | | |
| 延迟交货损失 | | | | | | | | |
| 总成本 | | 400 000 元 | 500 000 元 | 600 000 元 | 714 000 元 | 768 000 元 | 660 000 元 | 3 642 000 元 |

（4）混合生产计划。

这种长期追赶、短期均衡策略尽量利用正常生产时间，减少加班。前 3 个月以相同的产出生产，都是 5 000 单位，后 3 个月都以 7 000 单位均衡生产。具体如表 7-13 所示。前 3 个月的需求比较少，可以产生一定数量的库存来弥补后 3 个月不足的生产能力，但是 5 月会产生 500 单位的延迟交货。

表 7-13 混合生产计划成本分析表

| 项目 | | 1 | 2 | 3 | 4 | 5 | 6 | 总计 |
|---|---|---|---|---|---|---|---|---|
| 预测需求 | | 4 000 | 5 000 | 6 000 | 7 000 | 7 500 | 6 500 | 36 000 |
| 最大产能 | 正常生产 | 6 600 | 5 700 | 6 300 | 6 300 | 6 600 | 6 000 | 37 500 |
| | 加班生产 | 1 650 | 1 425 | 1 575 | 1 575 | 1 650 | 1 500 | 9 375 |
| 计划产出 | | 5 000 | 5 000 | 5 000 | 7 000 | 7 000 | 7 000 | 36 000 |
| 其中：正常生产 | | 5 000 | 5 000 | 5 000 | 6 300 | 6 600 | 6 000 | 33 900 |
| 加班生产 | | | | | 700 | 400 | 1 000 | 2 100 |
| 转包（外协）生产 | | | | | | | | |
| 库存 | | | | | | | | |
| 其中：期初库存 | | 0 | 1 000 | 1 000 | 0 | 0 | 0 | 2 000 |
| 期末库存 | | 1 000 | 1 000 | 0 | 0 | 0 | 0 | 2 000 |
| 平均库存 | | 500 | 1 000 | 500 | 0 | 0 | 0 | 2 000 |
| 延迟交货 | | 0 | 0 | 0 | 0 | 500 | 0 | 500 |

(续)

| 项目 | 时期（月） | | | | | | 总计 |
|---|---|---|---|---|---|---|---|
| | 1 | 2 | 3 | 4 | 5 | 6 | |
| 成本 | | | | | | | |
| 其中： | | | | | | | |
| 　正常生产成本 | 500 000 元 | 500 000 元 | 500 000 元 | 630 000 元 | 660 000 元 | 600 000 元 | 3 390 000 元 |
| 　加班生产成本 | | | | 84 000 元 | 48 000 元 | 120 000 元 | 252 000 元 |
| 　转包（外协）合同成本 | | | | | | | |
| 　增员/减员成本 | | | | | | | |
| 　库存成本 | 5 000 元 | 10 000 元 | 5 000 元 | | | | 20 000 元 |
| 　延迟交货损失 | | | | | 10 000 元 | | 10 000 元 |
| 总成本 | 505 000 元 | 510 000 元 | 505 000 元 | 714 000 元 | 718 000 元 | 720 000 元 | 3 672 000 元 |

在以上三个方案中，成本最小的是追赶策略，即第 2 个方案是较好的方案。

#### 4. 出产进度安排的线性规划模型法

前面讨论的出产进度安排方法的经验方法，不一定能得到最优的结果。所谓最优，就是所得到的生产计划能使生产成本最小或者企业利润最大。以下讨论如何用线性规划模型的方法进行出产进度安排。

参数符号：

$B_0$——初始延迟交货数量（件）；

$D_t$——第 $t$ 期的预测需求（件）；

$I_0$——初始库存（件）；

$K$——每个工人每天可生产的产品数量 [件/（人·天）]；

$n_t$——第 $t$ 期每个工人工作天数（天）；

$W_0$——计划初始工人数量（人）；

$\alpha$——每天工人加班生产时间的比例因子（%）。

目标函数：

$$\min \text{TC} = \sum_{t=1}^{T}(c_t^P P_t + c_t^O O_t + h_t I_t + \pi_t B_t + e_t^H H_t + e_t^L L_t + c_t^S S_t) \tag{7-8}$$

式中　$c_t^P P_t$——正常生产成本（不包括工人工资），其中 $c_t^P$ 为第 $t$ 期正常生产单位产品成本（元/件），$P_t$ 为第 $t$ 期正常生产的数量（件）；

　　　$c_t^O O_t$——加班生产成本，其中 $c_t^O$ 为第 $t$ 期加班生产单位产品的加班费用（元/件），$O_t$ 为第 $t$ 期加班生产的数量（件）；

　　　$h_t I_t$——库存成本，其中 $h_t$ 为第 $t$ 期单位存货持有库存成本（元/件），$I_t$ 为第 $t$ 期库存数量（件）；

　　　$\pi_t B_t$——延迟交货成本，其中 $\pi_t$ 为第 $t$ 期单位货物延迟交货成本（元/件），$B_t$ 为第 $t$ 期延迟交货的数量（件）；

　　　$e_t^H H_t$——增加工人的成本，其中 $e_t^H$ 为第 $t$ 期增加一个员工的费用（元/人），$H_t$ 为第 $t$ 期招聘的工人数量（人）；

　　　$e_t^L L_t$——减少工人的成本，其中 $e_t^L$ 为第 $t$ 期减少一个员工的费用（元/人），$L_t$ 为第 $t$ 期解雇的工人的数量（人）；

$c_t^s S_t$——转包生产成本，其中 $c_t^s$ 为第 $t$ 期单位转包成本（元/件），$S_t$ 为第 $t$ 期转包生产的数量（件）。

约束条件：

(1) 供需平衡（库存平衡）条件。

当 $t > 1$ 时：

$$I_{t-1} + P_t + O_t + S_t - I_t + B_t = D_t + B_{t-1}, \quad t = 2,3,\cdots,T \tag{7-9}$$

当 $t = 1$ 时：

$$I_0 + P_1 + O_1 + S_1 - I_1 + B_1 = D_1 + B_0 \tag{7-10}$$

$$I_t B_t = 0 (库存和缺货不能同时存在的条件) \tag{7-11}$$

说明：式（7-9）等式的左边 = 上期结转库存 + 本期生产（正常 + 加班）+ 转包生产量 − 本期的库存 + 本期的缺货（延迟交货），等式的右边 = 本期需求 + 上期的缺货（延迟交货）。式（7-11）表示库存和缺货不能同时存在，即当存在库存时，就不能存在缺货（延迟交货）；反之，当存在缺货时，就不存在库存，也就是只要 $I_t$、$B_t$ 其中某一个大于 0，则另一个等于 0，或者两者皆为 0。

(2) 需求满足边界条件。

$$I_0 = I_T = 0, \quad B_0 = B_T = 0 (期初和期末没有库存和缺货) \tag{7-12}$$

说明：以上表示期初和期末都没有库存和缺货，也就是计划结束时所有的需求都得到满足。如果期初有库存量 $M > 0$，则期初条件为：$I_0 = M$，$B_0 = 0$。同样，如果期末要求保有一定库存量 $N > 0$，则期末条件为：$I_T = N$，$B_T = 0$。这个条件根据实际问题而定。

(3) 产能约束条件。

正常产能约束：

$$P_t \leq W_t \times n_t \times K \tag{7-13}$$

说明：以上等式右边是第 $t$ 期的工人数乘以该期的每个工人的工作天数乘以每天生产数。也就是第 $t$ 期的最大正常生产能力。

加班产能约束：

$$O_t \leq W_t \times n_t \times K \times \alpha \tag{7-14}$$

说明：以上等式右边是加班生产的最大能力，等于正常生产能力乘以一个加班系数 $\alpha$（如 25%）。

(4) 工人数量的平衡条件。

$$W_t = W_{t-1} + H_t - L_t \tag{7-15}$$

说明：以上等式表示某一期的工人数量等于上一期的工人数量加上本期的招聘人数减去本期的解雇人数。

当 $t = 1$ 时，$W_0 =$ 给定值。

$$H_t L_t = 0 (雇用和解雇不能同时存在的条件) \tag{7-16}$$

(5) 变量取值限制条件。

$W_t$、$H_t$、$L_t$ 都是大于 0 的整数。$P_t$、$O_t$、$I_t$、$B_t$、$S_t$ 是大于 0 的连续（或者整数）变量。

以上模型，如果假设所有的变量均为整数，则模型是一个整数线性规划模型，如果假设工人数是整数，但是其他的生产决策变量和库存变量是连续变量，则模型是混合整数规划模型。

### 应用范例7-6

我们以前面的应用范例7-5的数据为背景，用上面的线性规划方法求解，然后和应用范例7-5的经验启发方法比较，看两种方法的差异。

为了方便模型的求解，我们先把线性规划模型的所有参数需要的取值量按照应用范例7-5的数据确定好，列于表7-14中。

表7-14 模型参数

| | $T$ | | | | | |
| --- | --- | --- | --- | --- | --- | --- |
| | $t=1$ | $t=2$ | $t=3$ | $t=4$ | $t=5$ | $t=6$ |
| $D_t$ | 4 000 | 5 000 | 6 000 | 7 000 | 7 500 | 6 500 |
| $c_t^P$ | 100 | 100 | 100 | 100 | 100 | 100 |
| $c_t^O$ | 120 | 120 | 120 | 120 | 120 | 120 |
| $c_t^S$ | 150 | 150 | 150 | 150 | 150 | 150 |
| $h_t$ | 10 | 10 | 10 | 10 | 10 | 10 |
| $\pi_t$ | 20 | 20 | 20 | 20 | 20 | 20 |
| $n_t$ | 22 | 19 | 21 | 21 | 22 | 20 |
| $e_t^H$ | 1 000 | 1 000 | 1 000 | 1 000 | 1 000 | 1 000 |
| $e_t^L$ | 1 500 | 1 500 | 1 500 | 1 500 | 1 500 | 1 500 |

另外，其他参数为：$K=10$。

**解：**

**(1) 建立优化模型。**

**1) 目标函数。**

目标函数是总成本最小化。成本包括如下几种：正常生产成本、加班生产成本、过剩库存产生的库存维持成本、延迟交货产生的惩罚成本、转包生产成本、招聘工人成本、解聘工人成本。

$$\min \text{TC} = \sum_{t=1}^{T}(c_t^P P_t + c_t^O O_t + h_t I_t + \pi_t B_t + e_t^H H_t + e_t^L L_t + c_t^S S_t)$$

$$= \sum_{t=1}^{6}(100P_t + 120O_t + 10I_t + 20B_t + 1\,000H_t + 1\,500L_t + 150S_t)$$

**2) 约束条件。**

①供需平衡（库存平衡）条件。

当$t>1$时：

$$I_{t-1} + P_t + O_t + S_t - I_t + B_t = D_t + B_{t-1}, \quad t=2,3,\cdots,T$$

当$t=1$时：

$$I_0 + P_1 + O_1 + S_1 - I_1 + B_1 = D_1 + B_0$$
$$I_t B_t = 0 (库存和缺货不能同时存在的条件)$$

②需求满足边界条件。

$$I_0 = I_T = 0, B_0 = B_T = 0(期初和期末没有库存和缺货)$$

③产能约束条件。

正常产能约束：

$$P_t \leq W_t \times n_t \times K$$

参数$K=10$，$n_t$由表7-14中给出。

加班产能约束：
$$O_t \leq W_t \times n_t \times K \times \alpha$$

$\alpha = 25\%$。

④ 工人数量的平衡条件。
$$W_t = W_{t-1} + H_t - L_t$$

当 $t = 1$ 时，$W_0 = 30$。

$H_t L_t = 0$（雇用和解雇不能同时存在的条件）

⑤ 变量取值限制条件。

$W_t$、$H_t$、$L_t$ 都是大于 0 的整数。$P_t$、$O_t$、$I_t$、$B_t$、$S_t$ 是大于 0 的整数变量。

**（2）模型求解。**

用 Excel 对以上模型求解，得到结果如表 7-15 所示。

表 7-15　线性规划求解的结果

| 时期 $t$ | $H_t$ | $L_t$ | $W_t$ | $I_t$ | $B_t$ | $S_t$ | $O_t$ | $P_t$ |
|---|---|---|---|---|---|---|---|---|
| 0 | 0 | 0 | 30 | 0 | 0 | | | |
| 1 | 1 | 0 | 31 | 0 | 0 | 0 | 0 | 4 000 |
| 2 | 0 | 0 | 31 | 0 | 0 | 0 | 0 | 5 000 |
| 3 | 0 | 0 | 31 | 0 | 0 | 0 | 0 | 6 000 |
| 4 | 4 | 0 | 35 | 0 | 0 | 0 | 0 | 7 000 |
| 5 | 0 | 0 | 35 | 0 | 0 | 0 | 0 | 7 500 |
| 6 | 0 | 0 | 35 | 0 | 0 | 0 | 0 | 6 500 |

我们把线性规划模型求解的结果也按照前面的经验方法进行成本分析，得到表 7-16。

表 7-16　线性规划模型求解的生产计划成本分析表

| 项目 | | 时期（月） | | | | | | 总计 |
|---|---|---|---|---|---|---|---|---|
| | | 1 | 2 | 3 | 4 | 5 | 6 | |
| 预测需求 | | 4 000 | 5 000 | 6 000 | 7 000 | 7 500 | 6 500 | 36 000 |
| 最大产能 | 正常生产 | 6 600 | 5 700 | 6 300 | 6 300 | 6 600 | 6 000 | 37 500 |
| | 加班生产 | 1 650 | 1 425 | 1 575 | 1 575 | 1 650 | 1 500 | 9 375 |
| 计划产出 | | 4 000 | 5 000 | 6 000 | 7 000 | 7 500 | 6 500 | 36 000 |
| 其中：正常生产 | | 4 000 | 5 000 | 6 000 | 7 000 | 7 500 | 6 500 | 36 000 |
| 　　　加班生产 | | — | — | — | — | — | — | — |
| 　　　转包（外协）生产 | | — | — | — | — | — | — | — |
| 库存 | | | | | | | | |
| 其中：期初库存 | | 0 | 0 | 0 | 0 | 0 | 0 | 0 |
| 　　　期末库存 | | 0 | 0 | 0 | 0 | 0 | 0 | 0 |
| 　　　平均库存 | | 0 | 0 | 0 | 0 | 0 | 0 | 0 |
| 成本 | | | | | | | | |
| 其中： | | | | | | | | |
| 　　正常生产成本 | | 400 000 元 | 500 000 元 | 600 000 元 | 700 000 元 | 750 000 元 | 600 000 元 | 3 600 000 元 |
| 　　加班生产成本 | | — | — | — | — | — | — | — |
| 　　转包（外协）合同成本 | | — | — | — | — | — | — | — |
| 　　增员/减员成本 | | 1 000 | — | — | 4 000 元 | — | — | 5 000 元 |
| 　　库存成本 | | 0 | 0 | 0 | 0 | 0 | 0 | 0 |
| 　　延迟交货损失 | | — | — | — | — | — | — | — |
| 总计成本 | | 401 000 元 | 500 000 元 | 600 000 元 | 704 000 元 | 750 000 元 | 600 000 元 | 3 605 000 元 |

从表7-16的结果看,与前面的经验法得到的三个方案的结果相比,线性规划方法得到的结果总成本最小,也就是说,用线性规划优化模型可以比经验法得到更好的生产计划。另外,线性规划法得到结果与经验法中的追赶策略的结果接近,都是每月的计划生产量和需求量相等,没有库存和延迟交货,因此线性规划法得到的方案也属于追赶策略。但是和经验法得到的追赶策略不同,线性规划法得到的结果是采用改变工人数量(第1期招聘1人,第4期招聘4人)来实现追赶策略,而经验法的追赶策略则是保持工人数量不变,采用加班实现的。

从以上范例的应用我们可以看出,线性规划模型方法可以为生产计划优化提供一个很好的工具。以上的数学模型只是比较简单的优化模型,考虑的约束条件比较少,如果生产过程比较复杂,需要考虑更多的约束条件,线性规划模型方法就能显示出更多的优越性。随着计算机技术的发展,许多运筹学的数学优化模型的求解可以通过编写优化算法程序来实现,从而增加了数学模型的应用价值,因此越来越多的企业可以利用计算机技术解决生产计划优化问题。

## 7.3 生产能力需求与规划

在综合生产计划的制订中,一项非常重要的内容就是生产计划与能力的平衡,因此了解和掌握企业的生产能力,对于提高生产计划的有效性是非常重要的。下面将讨论如何进行生产能力规划,包括如何进行生产能力的核算、如何提高生产能力的利用率、如何进行生产能力的长期与短期调整等内容。

### 7.3.1 生产能力的定义

企业的生产能力是指企业的设施在一定的时期内,在先进合理的技术条件下所能提供的最大产量。不同的企业,生产能力的度量单位不同,一般而言,工业企业的生产能力以出产的产品数量表示,如多少吨、多少件、多少台等。服务业的生产能力,度量单位比较多,如医院以病床与就诊人数为单位,宾馆以床位为单位,电话公司以接电话的次数为单位,公交公司以投入运营的路线与汽车班次为单位等。

能力可以有不同的划分方式,比如生产能力可以划分为以下三种类型。

(1) 设计能力。企业在建厂时按照当时的设计规划所能达到的生产能力,这种生产能力只能给企业在未来进行生产发展规划与进行各种事故鉴定时提供参考。

(2) 正常能力。企业在现有的正常的生产条件下实际能生产产品的数量。一般企业在设计建厂时要考虑未来的发展需要,要留有余地,所以一般正常能力大于设计能力。生产计划的制订一般以正常能力为参考。

(3) 最大能力。企业在挖掘各种潜在的生产因素的前提下所能达到的生产能力,如加班加点、业务外包等。最大的生产能力是企业的生产极限,企业在安排生产计划时不能超过最大能力。

### 7.3.2 决定生产能力的要素

决定企业生产能力的要素是多方面的,可以用一个鱼骨图表示,如图7-11所示。

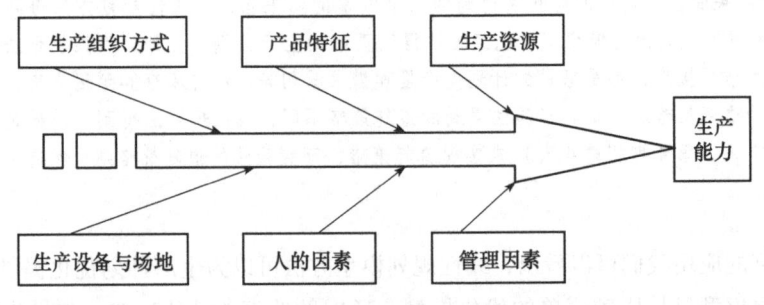

图 7-11 决定企业生产能力的要素

（1）产品特征。产品的结构、工艺复杂程度等对生产能力有影响：如果标准化、系列化、通用化（即"三化"）程度高，则生产能力强；如果产品品种多、工艺复杂，则生产能力弱。

（2）生产组织方式。生产组织方式不同，生产能力也不同，协作、专业化、联合生产有利于提高生产能力。

（3）生产设备与场地。对于大多数工业企业来讲，生产能力主要取决于生产设备的数量和状态（技术、可利用率），而对于劳动密集型企业和服务业来说，场地则是影响生产能力的一个重要因素。

（4）生产资源。原料、动力等资源对于大多数企业而言都是影响生产能力的要素，如水力发电厂需要水资源，棉纺织厂需要棉花，钢铁厂需要焦炭。

（5）人的因素。人是最活跃的生产要素，工人对科学技术的掌握水平、劳动技能的熟练程度、积极性与工作态度都会影响生产能力。

（6）管理因素。管理出效益说明了一个道理，即管理是生产力。劳动组织、生产调度、管理者与员工的关系、员工训练、激励制度等对生产能力都有影响。

| 运作聚焦 |

### 生产能力的动态性

任何企业的生产能力都不是一成不变的，而是动态的，这种动态性表现在以下几个方面。

（1）技术发展改变了生产能力。生产技术的发展变化导致了生产能力的改变，企业需要根据生产技术的发展与需求的变化来适时调整其生产能力。

（2）利用同一种设备生产不同产品的生产率存在差异。对于加工装配型企业而言，用相同的设备加工不同的产品时，由于产品的加工工艺要求不同，生产能力会有差别。

（3）学习效应改变生产能力。在服务行业和以手工劳动为主的工业行业，生产率与劳动者的经验有关，随着劳动者熟练程度的增加，单位产品消耗的时间缩短，生产能力将有所提高。

### 7.3.3 生产能力需求与计划

生产能力计划是指根据一定时期内生产计划的要求改变相应的设备、人力、工具、设施等，并提出相应的改变策略。

## 1. 生产能力计划

生产计划分为长期、中期、短期生产计划，那么对生产能力的需求就有长期生产能力需求、中期生产能力需求、短期生产能力需求三种，如图 7-12 所示。

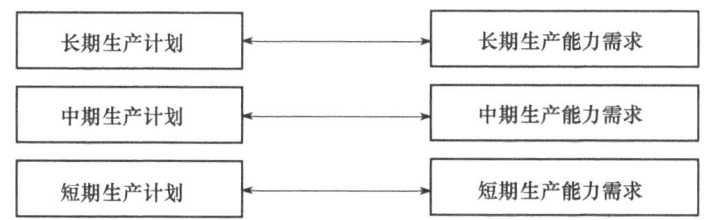

图 7-12　生产计划与生产能力需求的对应关系

对应三种层次的生产能力需求，生产能力计划工作就有三个层次，如表 7-17 所示。

表 7-17　生产能力计划的层次

| 目标与内容 | 计划层次 | | |
| --- | --- | --- | --- |
| | 长期生产能力计划<br>（3～5 年） | 中期生产能力计划<br>（1～2 年） | 短期生产能力计划<br>（1～3 个月） |
| 目标 | 实现长远生产规划 | 提高生产能力利用率 | 充分挖掘现有的生产能力 |
| 设备 | 厂房扩建与设备更新 | 设备与技术更新改造 | 提高设备利用强度 |
| 人员 | 人力资源发展计划 | 职工培训与招聘 | 临时加班与临时招聘 |
| 物资 | 获取资源的计划 | 落实订货计划 | 原料与零件的发送 |

长期生产能力计划与企业长期生产计划相对应，其主要内容包括为实现长远生产规划而实施的厂房扩建与设备更新以及制订的人力资源发展计划、获取资源的计划等。

中期生产能力计划对应于企业中期生产计划，主要是综合生产计划（如年度生产计划），目标是提高生产能力利用率。

短期生产能力计划对应于短期生产计划，如物料需求计划与作业计划，目标是充分挖掘现有的生产能力。

本章重点讨论与综合生产计划相对应的中期生产能力计划问题。关于短期生产能力计划的内容将在物料需求计划与作业计划等章节讨论。

## 2. 生产能力核算

生产计划要制订得合理，就必须建立在现有的生产能力的基础上，因此生产能力核算是制订生产计划的一项基础性工作，是生产能力计划的首要任务。

企业的生产能力核算主要是核算设备的生产能力、场地的生产能力、劳动者的生产能力。

（1）设备的生产能力。设备的生产能力对于流程工业来讲一般是比较明确的，核算的单位一般采用容器或装置的容量单位，如升、吨，或产品的计量单位，如米、件。

离散加工业设备的加工能力是比较模糊的，因为用同样的设备加工不同的产品，其产量是不同的，所以一般采用共同的计量单位，即设备提供的工时，或折算成某一代表产品或假定产品的出产数量。

$$M = \frac{F_e S}{t} \tag{7-17}$$

式中　$t$——产品的定额工时；
　　　$M$——设备组的生产能力（产品数量）；
　　　$F_e$——单台设备的有效工时数；
　　　$S$——设备台数。

$t$ 的取值有三种情况：当加工单一品种产品时，设备的生产能力就用该产品的定额工时 $t$ 来计算；当加工多品种产品时，则选择产量最大的某产品为代表产品，用它的定额工时 $t_d$ 来计算；当加工产品品种很多时，采用假定产品的定额工时 $t_j$ 来计算，假定产品的定额工时 $t_j$ 为：

$$t_j = \left(\sum_{i=1}^{n} t_i \times Q_i\right) \bigg/ \sum_{i=1}^{n} Q_i \tag{7-18}$$

式中　$Q_i$——产品 $i$ 的产量；
　　　$t_i$——产品 $i$ 的定额工时。

### 应用范例7-7

某车间生产4种产品：A、B、C、D。这4种产品在设备上加工的定额工时与年计划产量如表7-18所示。假设设备组有3台设备，采用每天两班制生产，每班工作8小时并且有15分钟的工间休息时间，设备停机检修率为5%，全年以306个工作日计算。请确定该车间的生产能力，并分析该车间的生产能力能否满足计划产量的能力需求。

表7-18　某车间计划产量和产品定额工时

| 产品 | 计划产量/件 | 产品的定额工时/小时 |
| --- | --- | --- |
| A | 50 | 20 |
| B | 100 | 30 |
| C | 125 | 40 |
| D | 25 | 80 |

**解：**

第一步，确定该车间的生产能力。因为该车间可生产多种产品，在相同的时间里生产不同产品时其生产能力是不同的，因此需要选择一种代表产品来核算该车间的生产能力。因为4种产品中C的计划产量最大（125件），因此以C为代表产品来核算该车间的生产能力。

首先计算该车间的设备组的年有效工作时间：

$$3 \times 306 \times 2 \times \left(8 - \frac{15}{60}\right) \times (1 - 5\%) = 13\ 517.55\ (小时)$$

以C为代表产品，该车间的生产能力为：

$$\frac{13\ 517.55}{40} = 338\ (件)$$

（读者可以计算一下用A、B、D分别作为代表产品时，生产能力是多少。）

第二步，将其他产品的产量换算成代表产品的产量来计算总产量，然后以代表产品核算的生产能力和用代表产品计算的总产量来判断该车间的生产能力是否满足要求。

由于C为代表产品，因此将其他产品（A、B、D）的计划产量换算为C的产量，换算公式是：

某产品的产量×该产品的定额工时/代表产品的定额工时

以A为例，其计划产量是50件，换算为代表产品C的计划产量为：

$$50 \times \frac{20}{40} = 25 \text{（件）}$$

同理，B 和 D 换算为代表产品 C 的计划产量为：

$$\text{产品 B：} 100 \times \frac{30}{40} = 75 \text{（件）}$$

$$\text{产品 D：} 25 \times \frac{80}{40} = 50 \text{（件）}$$

在以上计算中，"某产品的定额工时/代表产品的定额工时"称为折算系数。因为 C 为代表产品，所以其折算系数为 1，其换算产量也就是它本身的产量 125 件。

因此，以 C 为代表产品的总计划产量 = 25 + 75 + 125 + 50 = 275（件）。

因为以 C 为代表产品，该车间的生产能力是 338 件，而 4 种产品换算成代表产品 C 的总计划产量是 275 件，因此生产能力满足计划产量的能力需求。

以上数据和计算过程可以用表 7-19 表示。

表 7-19 产品产量与产能核算表

| 产品名称 ① | 计划产量/件 ② | 单位产品定额工时/时 ③ | 折算系数 ④=③/代表产品的定额工时 | 折合产量/件 ⑤=④×② | 以代表产品计算的能力/件 | 代表产品 |
|---|---|---|---|---|---|---|
| A | 50 | 20 | 0.5 | 25 | | |
| B | 100 | 30 | 0.75 | 75 | | |
| C | 125 | 40 | 1 | 125 | 338 | △ |
| D | 25 | 80 | 2 | 50 | | |
| 合计 | 300 | | | 275 | | |

（2）场地的生产能力。某些企业的生产能力主要受场地的限制，场地的生产能力表示为：

$$M = \frac{FA}{at} \tag{7-19}$$

式中 $F$——生产面积的有效利用时间；

$A$——生产面积；

$a$——制造单位产品所需要的生产面积；

$t$——单位产品所需要的生产时间。

（3）劳动者的生产能力。劳动者的生产能力表示为：

$$M = \frac{FD}{t} \tag{7-20}$$

式中 $F$——计划期内每个工人的有效工作时间；

$D$——作业组的工人数；

$t$——工人的平均定额工时。

### 3. 生产能力需求分析

生产能力需求分析是根据生产计划（通过需求预测制订的初步计划）要求，确定需要的生产设备的数量、场地与人力等资源，即确定生产负荷，如表 7-20 所示。

（1）瓶颈资源分析。当通过生产能力需求分析进行资源配置的时候，一定要清楚哪些资源是瓶颈资源，因为瓶颈资源限制了生产，它是制订生产计划的依据，其他生产资源的需求量以瓶颈资源为基准。

表 7-20 生产能力需求分析表

| | 月份 | | | | | | | | | | | |
|---|---|---|---|---|---|---|---|---|---|---|---|---|
| | 1 | 2 | 3 | 4 | 5 | 6 | 7 | 8 | 9 | 10 | 11 | 12 |
| 生产计划产量 | | | | | | | | | | | | |
| 其中 | | | | | | | | | | | | |
| 　产品 1/件 | | | | | | | | | | | | |
| 　　⋮ | | | | | | | | | | | | |
| 　产品 n/件 | | | | | | | | | | | | |
| 能力需求量 | | | | | | | | | | | | |
| 其中 | | | | | | | | | | | | |
| 　机器需求/(台/时) | | | | | | | | | | | | |
| 　人力需求/人 | | | | | | | | | | | | |

**(2) 能力利用率分析**。除了瓶颈资源分析外，能力需求分析还需要分析生产能力的利用率。企业通过分析不同设备的能力利用率，从而为合理搭配各种产品的生产、充分利用设备等生产资源、提高生产的均衡性提供依据。

### 应用范例 7-8

某公司的生产工艺流程有四道工序，某月有四种产品的生产任务，计划产量、每种产品在各道工序的单件工时如表 7-21 所示。求该公司的生产负荷。

**解**：表 7-21 中最后一行是各工序的生产负荷，用直方图表示为图 7-13。

表 7-21 生产能力需求分析表（××月）

| 产品 | 计划产量/件 | 工序（设备）单件工时/时 | | | |
|---|---|---|---|---|---|
| | | A1 | B2 | C3 | D4 |
| 甲 | 100 | 10 | 20 | 15 | 20 |
| 乙 | 200 | 15 | 10 | 30 | 10 |
| 丙 | 300 | 18 | 20 | 25 | 15 |
| 丁 | 150 | 15 | 20 | 10 | 20 |
| 合计 | | 11 650 | 13 000 | 16 500 | 11 500 |

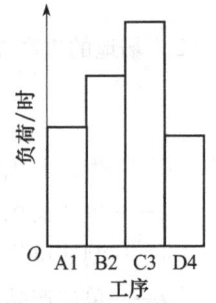

图 7-13 生产负荷统计结果

### 4. 生产能力与生产计划的平衡及调整策略

从能力需求分析中我们发现，生产计划的有效性取决于生产能力与生产计划的平衡，超出生产能力的计划是不可行的，应该进行调整，因此生产能力规划的下一步工作就是进行生产计划与生产能力的平衡，寻找满足生产计划需要的生产能力调整方案。

生产能力与生产计划的不平衡存在两种情况：生产能力大于生产计划；生产能力小于生产计划。

当生产能力大于生产计划，即生产能力过剩时，企业应设法提高能力利用率，减少能力浪费；当生产能力小于生产计划，即生产能力不足时，企业应设法进行生产能力扩充，以促进计划的实施。只有当提升能力无法满足生产任务的要求时，才采取减少任务（即调整生产计划）的办法。

调整生产能力的策略如表 7-22 所示。

表 7-22 调整生产能力的策略

| 生产能力小于生产计划 | 生产能力大于生产计划 |
| --- | --- |
| 延长工作时间和增加班次 | 维持库存 |
| 增加人员与培训 | 搭配产品生产 |
| 利用外部资源 | 开发新产品 |
| 更新设备 | 减少人员 |
| 改进工艺 | 减少班次与工作时间 |

运作聚焦

### 广汽斥巨资在新疆建新厂，产能增 20 万辆/年

在技术的帮助下，广汽传祺的发展势头越来越好，在混合动力以及车身技术和发动机技术方面，广汽传祺在国内名列前茅。车子外观时尚富有科技感，非常符合现在年轻人的审美，定位非常清晰，因此销量逐年上升。因为销量增长，广汽传祺似乎有点供不应求，但它没有选择抬高价格，相反，广汽斥巨资在新疆建新厂，预计产能增加 20 万辆/年。

广汽乘用车在获得国家相关主管部门批准后的 3 个月内在开发区（头屯河区）成立广汽乘用车新疆分公司，投资新建广汽自主品牌新疆项目，并建立全新的生产基地。项目占地约 500 亩，按 20 万辆/年的规模一次规划、分步实施，一期 5 万辆/年，二期实现 10 万辆/年，一期、二期总投资预计 16 亿元，其中固定资产投资预计 13.5 亿元，主要生产广汽传祺系列产品及零部件。

作为广汽传祺在国内的第三个生产基地，同时也是西北部第一个生产基地，乌鲁木齐工厂承担重要产品的生产职能。乌鲁木齐工厂作为广汽传祺一体化生产基地，在产品投产方面考虑的是新能源车型。在 2017 年乌鲁木齐工厂建成后，广汽传祺部分新能源产品将在此投产。除了新能源产品外，部分 SUV 产品也有望在此投产。

坐落于中国西北部的乌鲁木齐工厂不仅进一步扩充了广汽传祺的产能，同时也为广汽传祺打开了西北部地区市场。这也为广汽传祺的百万年销量目标提供坚实的后盾。

2023 年，得益于乌鲁木齐不断优化的营商环境，企业已引入多款车型，并将结合乌鲁木齐"一港五中心"建设的契机，积极拓展周边国家市场。"我们刚来建厂的时候，周边还是一片荒地，现在越来越多的大企业也来投资建厂了，正是因为营商环境越来越好，这片土地的吸引力才越来越大。"广汽新疆公司总经理如是说道。

广汽新疆公司还计划针对中亚地区市场增加车型供给，并结合企业自身需求，积极向产业链上下游延伸。

资料来源：百度百家号：中国日报网，2023-02-27，https://baijiahao.baidu.com/s?id=1758967184115833616&wfr=spider&for=pc。

## 7.4 服务业的生产计划

虽然制造业的生产计划方法可以用于服务业，但是由于服务业与制造业在运作上有差异，因此服务业在生产计划制订与能力规划方面有着不同于制造业的特点。

### 1. 服务业的生产计划制订与能力规划的特点

与制造业相比，服务业在生产计划制订与能力规划方面有如下特点。

（1）追赶策略是服务业的首选策略。由于服务"产品"一般不可以用库存的方式来满足需求，因此服务生产一般采用追赶的方式，即当需求增加的时候扩大服务能力，当需求减少的时候则降低服务能力。

（2）调节生产能力的主要手段是改变人力与场地。服务业大多依靠人力资源与场地的改变来满足需求的变化，因此调节生产能力的主要手段是改变人力资源与场地规模。

（3）服务业使用短期调节比使用长期调节更有效。服务需求的变化使得服务业的管理者更喜欢使用短期能力调节策略，如加班加点、临时招聘与解聘，这种短期调节比长期调节更加有效。

（4）服务业的生产能力更有弹性与模糊性。服务业的服务能力和服务对象、服务人员与服务对象的接触程度等有关，因此，同样的服务机构与服务人员在不同条件下的服务能力差别比较大，从而导致服务业的能力弹性大，也具有更大的模糊性。

（5）服务能力与服务业的经营理念及管理模式之间关系甚密。决定服务业服务能力的因素除了人力资源与场地规模，服务企业的经营理念与服务管理模式在很大程度上也会影响其服务能力，因此服务企业在扩充服务能力时应注意更新管理模式与经营理念。

### 2. 服务能力规划的一些策略选择

服务业在进行能力规划时可参考以下几种策略。

（1）扩大服务领域。当某一服务领域的业务减少时，服务业可以通过扩大服务领域来实现年度营业计划，如在淡季开发互补性服务。

（2）扩建新的营业网点。扩建新的营业网点是服务业扩大服务能力的一个策略选择，但是在扩大营业网点时需要考虑竞争对手的反应，评估风险与收益的关系。

（3）利用价格调节需求。改变价格可以改变对服务的需求，它可以从两方面调节需求量与满足需求的时间，即利用高价格抑制高峰时的需求或将其转移到其他时间段，利用低价格刺激低峰时的需求。

（4）利用促销手段。服务业的生产与销售是同时进行的，巧妙利用促销手段有利于计划的落实与完成，比如广告、展销会等。

（5）服务延伸。服务业可以通过服务延伸来增加利润，保证利润计划的完成，如火车票售票处增加飞机票、船票销售业务，医院开展一条龙医疗护理、营养及心理关怀业务。

以上各种服务能力管理策略，可以用图 7-14 来详细展示。图 7-14 把服务能力管理策略分为两大类：需求端管理策略和供应端管理策略。

从图 7-14 的管理策略中我们看出，服务能力管理要从供应端和需求端两端考虑。一般的做法是，当服务能力不足时，首先考虑在供应端增加服务供给；在没有办法增加服务供给的前提下，再考虑服务需求调节措施（抑制需求和转移需求）。

### 3. 70%服务能力利用率原则

服务企业的运营能力计划是一个非常重要的问题。与制造企业的生产能力计划不同，如何规划合理的服务能力利用率对于服务企业而言至关重要。

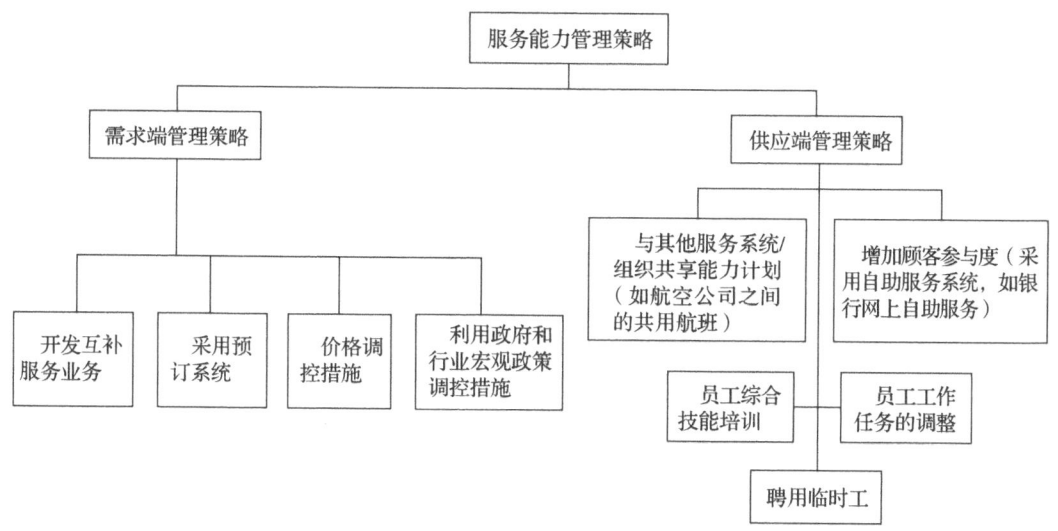

图 7-14　服务能力管理策略

通常，制造业追求比较高的能力利用率，主要是为了减少能力损失，因为在制造业能力损失是一种浪费。为此，制造企业的能力利用率一般在 90% 以上，在特殊情况下超过 100% 都是可能的（在生产任务多的时候为了赶工超负荷运作）。

与制造企业追求高能力利用率不同，服务企业的能力利用率不是越高越好，应该维持在一个比较恰当的水平。理论和实践经验表明，一般的服务系统，顾客服务需求和服务资源的服务能力之间需要保持一个恰当的比例。一般而言，**最佳服务能力利用率是 70%**。也就是说，当服务能力利用率在 70% 左右的时候服务系统处于最理想的服务状态，低于或高于这个比值的服务系统都不是最好的。图 7-15 展示了服务能力利用率区域划分。

在图 7-15 中，服务能力利用率划分为三个区域。

（1）不可服务区。在这个区域（图 7-15 的左上角区），服务需求大于服务能力，有大量的顾客不能获得服务，顾客抱怨增加，服务质量下降。

（2）可服务区。在这个区域（图 7-15 的右下角区），服务需求小于服务能力，所有顾客都可以得到服务，顾客满意度一般比较高，服务质量比较好，服务资源有富余，空闲状态出现。

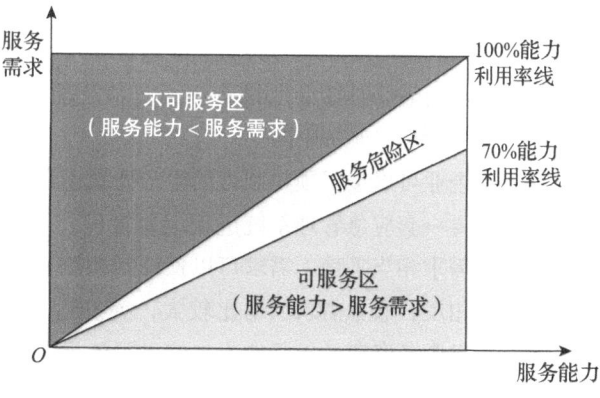

图 7-15　服务能力利用率区域划分

（3）服务危险区。在这个区域（图 7-15 中间三角形区），服务系统的能力利用率处于 100% 和 70% 之间，在这个区域，服务系统处于相对饱和的能力利用状态，一旦服务需求超过服务能力，则进入不可服务区，导致服务系统出现问题，因此它是服务危险区。

## 应用范例 7-9

### 急救中心救护车队的能力规划出了问题

为了阐释70%服务能力利用率原则在服务运营中的重要性,并说明如何恰当规划服务能力利用率,这里用曾经发生在我国某省会城市的一起真实医疗急救事故来举例。事故的原因是该市急救中心的救护车队伍服务能力有限,没有及时赶到救助现场,导致患者死亡。整个事件大致如下。

一位青年胸膜炎急性发作,其母亲拨打急救中心电话。急救中心离该患者的住家距离大约有1000米,但救护车在接到电话半小时之后才到达。由于耽误了救护时间,患者在救护车到达时已经死亡。为此,患者家属起诉急救中心,认为急救中心没有尽到救护责任。但急救中心解释:

- 全市急救中心共17辆车,17位司机,每天5辆值班车,司机连续工作24小时,之后休息2天;
- 有2/3的车辆处于闲置状态,这是因为必须遵守劳动法,不得让司机超负荷工作;
- 另外还有一些车需要维修;
- 根据测算,该市对救护车的平均需求为每天5辆车;
- 当时之所以半小时后到达,是因为值班车都不在,当值班车回来之后急救中心立即调度车辆赶往救助现场。

请你从服务能力管理的角度,分析说明该市急救中心这样安排是否妥当。

**解**:这个应用范例的分析,留给学生在老师的指导下在课堂上进行讨论。同学们在分析讨论时注意以下两点。

(1) 该急救中心的救护车的能力利用率是多少?按照图7-15,该急救中心的能力利用率处于哪个区域?

(2) 结合下文的服务应急计划管理的内容,谈一谈该急救中心今后为了避免类似的事故,在应急管理方面需要做出哪些改善。

通过这个例子,我们可以看到将服务能力利用率控制在一个恰当的水平有多重要。

### 4. 服务应急计划

应急管理通常在政府和公共服务部门使用得比较多,目前没有统一的定义,一般是指为了避免或减少突发性、超出管理者预料的事件对系统的冲击和干扰所采取的一系列应对行动。应急管理的内容通常包括事前预防、事发应对、事中处置和事后恢复四个阶段。随着对新冠疫情的防控,人们对政府提出的加强公共卫生应急管理系统建设的话题变得熟悉起来。其实,不仅仅是政府公共服务部门需要对社会危机有一套应急管理系统和应急管理措施,对于一般的服务企业来说,应急服务管理也非常重要。

与制造企业可以按照预先制订的生产计划正常运行不同,许多服务企业除了正常的运营计划以外,还需要一套应急管理系统进行应急管理。原因是服务企业的需求和制造企业的需求不同。制造企业的需求相当平稳,需求可以预计(预测)并且有一定规律,因此生产计划的执行比较平稳和可控。相反,服务需求波动比较大,突发性现象比较常见,规律难以掌握。当需求突然增加,远远超过服务资源的承受能力,使得服务系统的服务负荷远大于正常能力的时候,如果没有应急措施,会导致服务系统崩溃或者混乱。在这种情况下,仅仅依靠日常的服务运营计划难以保证服务系统的正常运行。因此,为了保证服务系统能在突发需求到来的时候应对自如,减少不必要的损失,服务企业就必须有一套应急管理系统,并制订相应的服务应急计划。

目前,已经有一些服务企业的服务应急管理系统做得比较好,比如广州地铁集团公司,它每年都针对地铁客流突发性高峰期制订相应的应急计划。每年的几个节日是城市地铁客流的高峰期,比如五一、国庆节、元旦等,这些节日的客流远超平时,因此该地铁公司制订了一整套完善的应急计划体系,在车辆调度和人员上岗安排等方面都有预先明确的应急方案。除了这种节日应急计划,该公司对每天的客流高峰也有一定的应急预案,多年来广州地铁集团公司由于服务应急管理措施得力,一直没有出现过重大的安全事故和突发性危机事件,服务工作得到广大市民的好评。

一般而言,以下几类服务企业的服务应急计划对于这些企业的正常运行有着非常重要的作用:医院,旅游、酒店服务企业,民航、铁路和城市公交服务企业,电商物流企业。

按照服务应急计划的时间长度,服务应急计划可以分为两类:长期应急计划(战略应急计划)与短期应急计划(战术应急计划)。长期应急计划需要制订应急物资和人员等长期应急保障计划,短期应急计划根据短期需求的波动采用临时性的资源调整措施来实行。

| 运作聚焦 |

## 北京市加强医疗急救服务能力提升建设

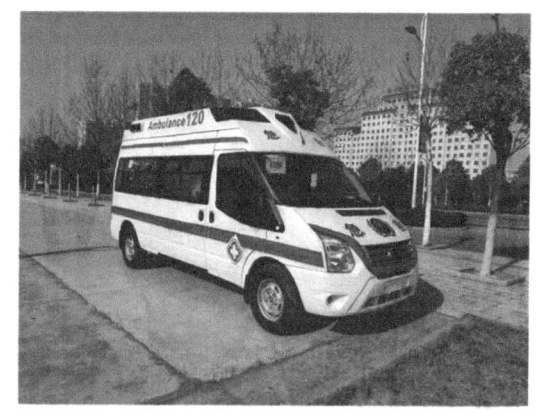

为贯彻落实《北京市院前医疗急救服务条例》,全面提升本市院前医疗急救服务能力和水平,建设适应首都城市战略定位和公共卫生应急管理要求的院前医疗急救服务体系,保障城市安全运行,满足人民群众对优质院前医疗急救服务的需求,北京市人民政府办公厅下发《关于加强本市院前医疗急救体系建设的实施方案》(以下简称《方案》)的通知。

根据《方案》要求,到2022年,本市院前医疗急救服务平均反应时间小于12分钟,急救呼叫满足率不低于95%,服务满意率不低于98%,实现每个街道(乡镇)至少建立一个标准化急救工作站的目标。用于日常院前医疗急救的救护车达到每3万人口配置1辆,常备不少于100辆负压救护车。

**加强应急服务指挥调度管理**

《方案》提出,将本市院前医疗急救呼叫号码统一为"120",实行统一指挥调度,逐步实现一个急救号码面向社会提供服务。将市红十字会紧急救援中心(以下简称999中心)符合条件的车辆和人员纳入120院前医疗急救服务系统(以下简称120系统)。"999"号码回归红十字会"救灾、救助、救护"职能;999中心逐步侧重开展非急救转运服务和航空医疗救援任务。2021年后,本市日常院前医疗急救服务主要由120系统承担,999中心可作为突发事件处置和重大活动保障的补充力量。此外,《方案》指出,将进一步提升呼叫、服务过程中的地理定位精度以及救护车行车路线精准化水平;加强与110、122、119指挥调度平台的互联互通和信息共享;研发应用本市院前医疗急救呼叫手机客户端,方便群众通过多种方式呼叫院前医疗急救服务,完善120指挥调度系统。

**完善院前医疗急救体系规划**

《方案》明确，规划、建设、运行责任主体。按照"市级统一规划、属地政府主建"的原则，实施本市院前医疗急救体系规划和站点建设。市卫生健康委负责统一规划全市院前医疗急救体系建设。各区政府负责按规划落实本辖区建设任务，主要包括急救站点基础设施建设及日常运行维护。将构建覆盖城乡、集约高效、公平可及的院前医疗急救服务体系，缩短急救反应时间，提高急救呼叫满足率，保障急危重患者能够得到及时有效的救治。依托三级医疗机构、二级医疗机构、社区卫生服务中心、养老机构、消防站或其他机构建设急救站点，到2022年，全市急救站点达到465个，其中2021年底前至少完成总任务量的70%。各区按照规划和相关建设标准，确保每个街道（乡镇）至少建立1个标准化急救工作站，并配备必要的车辆和设备。市卫生健康委负责组织对急救站点进行验收，验收合格的即纳入院前医疗急救服务体系投入运行。

**加强急救人员队伍建设**

在人才队伍建设方面，《方案》提出，要从优化管理、拓展职业发展空间和落实激励保障等方面入手，解决院前医疗急救从业人员特别是医师短缺问题。

（1）多途径补充院前医疗急救人员。对专业技术要求高的人员，如医师和调度员等，优先使用编制保障；对其他人员主要通过劳务派遣、购买服务等方式予以补充。支持和引导二、三级医疗机构专业卫生技术人员到院前医疗急救岗位参与工作，相关临床专业医师在晋升副高职称前须到院前医疗急救机构服务半年。建立市属医科类高校供需对接机制，鼓励相关医学院校设置本、专科院前医疗急救专业，以需定教，拓宽急救人才培养渠道。

（2）拓展专业人员职业发展路径。优化院前医疗急救机构职称结构，适度提高高级职称占比。建立符合院前医疗急救工作特点的人员席位序列，明确专职从事院前医疗急救工作的医生、护士和调度员实行席位制管理，与绩效工资挂钩。院前医疗急救机构专业卫生技术人员在晋升副高职称前，须到二、三级医疗机构完成不少于半年的必要能力训练。为45岁以后不能或不愿继续从事院前医疗急救一线工作的人员畅通工作选择路径，优先在医疗卫生系统推荐就业。

（3）深化薪酬制度改革。完善院前医疗急救机构内部绩效考核制度，综合考虑工作强度、服务质量、运行效率、满意度等，设立绩效评价指标，薪酬分配向一线人员倾斜，鼓励"多劳多得、优绩优酬"。建立院前医疗急救机构绩效工资增长机制，实施绩效管理改革。

**持续提升院前医疗急救服务质量**

《方案》要求，要完善院前医疗急救服务监督机制。市、区卫生健康部门要加强对院前医疗急救服务的监管，不断优化服务标准和规范，强化质量控制和督促检查。

（1）加强院前医疗急救从业人员职业道德考核。健全社会监督机制，定期收集媒体和服务对象意见建议，不断改进工作。

（2）加强院前院内急救衔接。严格落实院前院内急救衔接工作规范，推进实施分级分类救护工作，院前医疗急救指挥调度中心根据呼救需求初步判断患者病情轻重缓急并分类调派相应资源，救护车组根据现场判断采取相应救治措施，提高院前医疗急救资源使用效率。

（3）建立院前院内急救信息共享平台，实现院前医疗急救指挥调度中心、救护车及医院信息共享，使医院第一时间了解患者信息，及时做好接诊准备。

（4）拓展急救费用支付方式。积极推进多种支付方式，探索建立院前院内急救一体化收费、线上收费和事后付费等机制。

**加强社会急救能力建设**

《方案》指出，要持续提升社会公众急救知识和技能水平。将急救知识培训纳入全市干部教育网课程和学习强国 app 北京学习平台学习内容。通过"进校园、进社区、进机关、进企业、进农村、进军营"等方式，普及公众急救知识，提高急救技能，每年培训不少于 20 万人次。推进公共场所自动体外除颤仪（AED）等急救设施设备配置。推动本市火车站、地铁站、交通枢纽、长途客运站、公园、景区、大型商场、体育场馆、社区等公共场所按标准配置 AED 等急救设施设备，引导党政机关、企事业单位等主动配置急救设施设备。

资料来源：央广网，2020-07-01，http://health.cnr.cn/jkgdxw/20200630/t20200630_525149898.shtml。

## ◆ 本章小结

本章对综合生产计划的基本原理与方法进行了深入的讨论，7.1 节介绍了生产类型与生产计划的特点、生产计划的层次结构、生产计划的信息集成、生产计划的有效性策略、滚动式生产计划方法等；7.2 节介绍了综合生产计划的编制方法，包括品种决策、产量优化、进度安排策略等；7.3 节介绍了生产能力需求与规划；7.4 节介绍了服务业的生产计划与能力规划策略。

## ◆ 关键术语

综合生产计划（aggregate production planning）
滚动生产计划（rolling production planning）
出产进度（master production scheduling）
服务能力规划（service capacity planning）

## ◆ 延伸阅读

1. 阅读指南：想要了解制造生产计划的原理，读者可阅读《制造计划与控制——基于供应链环境（原书第 5 版）》（托马斯·E. 沃尔曼等，中国人民大学出版社，2008）。

2. 网络资源：登录一家本地制造企业或服务企业的官方网站，了解该公司的生产信息与市场动态。

## ◆ 选择题

1. 备货型生产的综合生产计划的特征是（    ）。
   A. 预测作为主要信息来源
   B. 订单作为主要信息来源
   C. 生产计划变动大
   D. 采用追赶策略制订生产计划

2. 滚动式生产计划的好处是（    ）。
   A. 提高计划的连续性
   B. 生产计划稳定
   C. 可以同时制订不同产品的计划
   D. 生产成本低

3. 采用追赶策略制订生产计划的特征是（    ）。
   A. 经常加班加点
   B. 均衡出产
   C. 按照预测制订生产计划
   D. 生产管理简单

4. 制订生产计划应该以（    ）为依据。
   A. 设计时确定的生产能力
   B. 正常生产能力
   C. 设施的核定生产能力
   D. 最大生产能力

### 论述题

1. 什么是滚动式生产计划？滚动式生产计划有什么好处？
2. 提高生产计划有效性的主要策略是什么？
3. 处理非均衡需求的策略有哪几种，它们各有什么特点，适用于什么场合？
4. 订货型生产与备货型生产的生产计划的重点有什么不同？
5. 服务业的生产能力弹性与模糊性体现在哪里？
6. 综合生产计划主要优化哪几类成本？它们与生产计划中的哪些因素有关？
7. 服务能力利用率的最佳水平是多少？为什么？

### 计算题

1. 某机械加工厂有4个生产车间，目前要生产A和B两种产品，A和B的单位利润分别为10元和5元，4个生产车间的生产能力以及两种产品的生产工艺过程的工时定额如表7-23所示。制订可使利润最大化的生产计划。

表7-23　生产情况　（单位：时）

| 产品 | 甲车间 | 乙车间 | 丙车间 | 丁车间 |
|---|---|---|---|---|
| A | 12 | 32 | 12 | 25 |
| B | 25 | 16 | 23 | 28 |
| 生产能力 | 800 | 1 500 | 900 | 1 200 |

2. 已知某公司的某一产品未来一年的预测需求量如表7-24所示，有关数据如下。

表7-24　预测需求量

| 月份 | 预测需求（单位） | 月份 | 预测需求（单位） |
|---|---|---|---|
| 1 | 532 | 7 | 800 |
| 2 | 650 | 8 | 780 |
| 3 | 760 | 9 | 800 |
| 4 | 870 | 10 | 850 |
| 5 | 890 | 11 | 760 |
| 6 | 920 | 12 | 690 |

正常生产成本15元/单位
转包能力200单位/月
正常生产能力600单位/月
加班生产成本18元/单位
延迟交货成本100元/（月·单位）
转包成本20元/单位
解聘成本500元/人
招聘成本300元/人
库存成本5元/（单位·月）
期初库存为0
加班能力150单位/月

试根据以上有关数据，分别采取追赶策略和均衡策略进行生产计划决策，并比较各方案的成本。

3. 某工厂接到顾客的4份订单，订单的加工时间和利润如表7-25所示，工厂总可用工时为200小时，试确定该工厂如何对顾客的订单合理安排生产。

表7-25　订单加工时间和利润

| | 订单 | | | |
|---|---|---|---|---|
| | A | B | C | D |
| 加工时间/时 | 50 | 75 | 60 | 80 |
| 利润/万元 | 400 | 650 | 500 | 700 |

4. 某工厂的某一车间可以加工A、B、C、D四种产品，假设每年工作日为250天，每天排两班，每班工作时长为7.5小时，设备检修率为5%。四种产品的计划产量和单位产品定额工时如表7-26所示，请根据表中数据分析以下问题。

（1）用A产品作为代表产品，核算该车间的生产能力。
（2）判断该车间的生产能力是否足够。

表7-26　产品计划产量和定额工时

| 产品 | 计划产量/件 | 单位产品定额工时/时 |
|---|---|---|
| A | 50 | 20 |
| B | 150 | 15 |
| C | 100 | 25 |
| D | 50 | 30 |

## 讨论案例

### 生产计划、出产计划

某制造商要制订上半年 6 个月某产品的生产计划。已知信息：现有工人 30 人，采用一班工作制（每天工作 8 小时），每人每天正常生产可生产 10 单位产品。每天加班限度为正常工作时间的 25%（即每天最多工作 10 小时）。正常生产成本为 100 元/单位，加班生产成本为 120 元/单位，转包合同生产成本为 150 元/单位，存货持有成本为 10 元/（单位·月），延迟交货成本为 20 元/（单位·月），招聘临时工成本为 1 000 元/人，解聘临时工成本为 1 500 元/人，临时工与正式工的工资一样。正式工人不解聘。

调整生产能力的策略优先次序：①加班；②转包；③招聘临时工。也就是说，如果在生产中正常生产满足不了需求，优先考虑加班，当加班满足不了需求时考虑转包，或者招聘临时工，需求信息如表 7-27 所示。

表 7-27 需求信息

| 月份 | 预测需求（单位） | 每月工作天数/天 |
|---|---|---|
| 1 | 5 000 | 22 |
| 2 | 5 500 | 19 |
| 3 | 6 000 | 21 |
| 4 | 7 500 | 21 |
| 5 | 7 500 | 22 |
| 6 | 8 000 | 20 |
| 合计 | 39 500 | 125 |

**1. 稳定工人数量，改变库存水平满足需求（均衡策略）**

年总需求是 39 500 单位，因此均衡生产计划的每月生产量为 39 500/6 = 6 583（单位）。请按照本章介绍的生产计划的产出安排策略完成成本分析表，如表 7-28 所示。

表 7-28 均衡生产计划成本分析表

| 项目 | | 时期（月） | | | | | | 总计 |
|---|---|---|---|---|---|---|---|---|
| | | 1 | 2 | 3 | 4 | 5 | 6 | |
| 预测需求 | | | | | | | | |
| 最大产能 | 正常生产 | | | | | | | |
| | 加班生产 | | | | | | | |
| 计划产出 | | | | | | | | |
| 其中：正常生产 | | | | | | | | |
| 　　　加班生产 | | | | | | | | |
| 　　　转包（外协）生产 | | | | | | | | |
| 库存 | | | | | | | | |
| 其中：期初库存 | | | | | | | | |
| 　　　期末库存 | | | | | | | | |
| 　　　平均库存 | | | | | | | | |
| 成本 | | | | | | | | |
| 其中：正常生产成本 | | | | | | | | |
| 　　　加班生产成本 | | | | | | | | |
| 　　　转包（外协）合同成本 | | | | | | | | |
| 　　　增员/减员成本 | | | | | | | | |
| 　　　库存成本 | | | | | | | | |
| 　　　延迟交货损失 | | | | | | | | |
| 总计成本 | | | | | | | | |

## 2. 追赶策略（利用加班）

按照追赶策略，每个月都不留库存，需要多少产品就生产多少。请完成表 7-29。

**表 7-29　追赶生产计划成本分析表**

| 项目 | | 时期（月） | | | | | | 总计 |
|---|---|---|---|---|---|---|---|---|
| | | 1 | 2 | 3 | 4 | 5 | 6 | |
| 预测需求 | | | | | | | | |
| 最大产能 | 正常生产 | | | | | | | |
| | 加班生产 | | | | | | | |
| 计划产出 | | | | | | | | |
| 　其中：正常生产 | | | | | | | | |
| 　　　　加班生产 | | | | | | | | |
| 　　　　转包（外协）生产 | | | | | | | | |
| 库存 | | | | | | | | |
| 　其中：期初库存 | | | | | | | | |
| 　　　　期末库存 | | | | | | | | |
| 　　　　平均库存 | | | | | | | | |
| 成本 | | | | | | | | |
| 　其中：正常生产成本 | | | | | | | | |
| 　　　　加班生产成本 | | | | | | | | |
| 　　　　转包（外协）合同成本 | | | | | | | | |
| 　　　　增员/减员成本 | | | | | | | | |
| 　　　　库存成本 | | | | | | | | |
| 　　　　延迟交货损失 | | | | | | | | |
| 总计成本 | | | | | | | | |

## 3. 混合生产计划

前 3 个月以相同的产出生产，都是 5 500 单位，后 3 个月都以 7 663 单位均衡生产。请完成表 7-30。

**表 7-30　混合生产计划成本分析表**

| 项目 | | 时期（月） | | | | | | 总计 |
|---|---|---|---|---|---|---|---|---|
| | | 1 | 2 | 3 | 4 | 5 | 6 | |
| 预测需求 | | | | | | | | |
| 最大产能 | 正常生产 | | | | | | | |
| | 加班生产 | | | | | | | |
| 计划产出 | | | | | | | | |
| 　其中：正常生产 | | | | | | | | |
| 　　　　加班生产 | | | | | | | | |
| 　　　　转包（外协）生产 | | | | | | | | |
| 库存 | | | | | | | | |
| 　其中：期初库存 | | | | | | | | |
| 　　　　期末库存 | | | | | | | | |
| 　　　　平均库存 | | | | | | | | |
| 　　　　延迟交货 | | | | | | | | |

(续)

| 项目 | 时期（月） | | | | | | 总计 |
|---|---|---|---|---|---|---|---|
| | 1 | 2 | 3 | 4 | 5 | 6 | |
| 成本 | | | | | | | |
| 　其中：正常生产成本 | | | | | | | |
| 　　　　加班生产成本 | | | | | | | |
| 　　　　转包（外协）合同成本 | | | | | | | |
| 　　　　增员/减员成本 | | | | | | | |
| 　　　　库存成本 | | | | | | | |
| 　　　　延迟交货损失 | | | | | | | |
| 总计成本 | | | | | | | |

**讨论**

根据数据，完成以上三种生产计划表格，比较哪个计划的总成本最低。

# 第 8 章
CHAPTER 8

# 库存管理与 MRP 原理

§ 学习目标

- 了解库存问题分类及特点。
- 熟悉库存控制系统的基本策略与应用方法。
- 掌握经济订货批量模型和随机库存问题中安全库存的概念和相关计算方法。
- 掌握 MRP 的基本原理与应用策略。

§ 引例

### RFID 和无人机的结合：开启库存管理新时代

库存盘点（库存货物的查找和清点）是库存管理中的一项重要业务，但是传统的库存盘点作业是依赖手工进行的，费时费力，效率低下。随着信息技术和人工智能技术的广泛应用，如今，库存盘点作业也可以实现智能化和无人化了。

近年来，国际上一些信息技术企业为库存盘点作业提供了一种新的解决方案——将物联网技术 RFID（射频扫描）和无人机技术结合，帮助企业进行库存盘点和管理。

旧金山无人机初创公司 Ware 使用 Skydio 无人飞行器（简称无人机）和复杂的软件来处理仓库行业的库存跟踪。库存跟踪既费力又费时，这使其成为机器人协助的理想目标。Ware 的解决方案是使用无人机捕获仓库货柜的图像，然后使用机器学习算法来处理图像。Ware 并没有尝试生产专用硬件，而是提供了与 Skydio 2 一起使用的软件。Skydio 2 是一种紧凑、便宜且易于使用的无人机，具有出色的感知力，并且能躲避在仓库过道中可能遇到的许多障碍。

Ware 的首席执行官兼联合创始人伊恩·史密斯（Ian Smith）表示："电子商务的飞速发展已导致仓库在过去的 20 年中迅速扩张……再加上处于美国历史低位的失业率，意味着对仓库劳动力的需求超过了供给。仓库越来越希望将自动化和机器人技术作为填补其库存管理部门中这些空白的解决方案。这就是我们创建 Ware 的原因。"大多数仓库和配送中心都力争每年两次或每季度一次对库存进行盘点，但是由于劳动力不足和存在其他优先事项，许多都无法达到这一目标。

RFID 无人机仓库库存管理系统可以带给客户诸多好处。

（1）RFID 无人机能扫描仓库，动态了解每个库存项目的位置，并检查库存管理系统中的信息是否与实际库存信息相符。

（2）RFID 无人机可以了解仓库中装载机的位置信息，RFID 无人机仓库库存管理系统可以高效地捕获数据，并减少手动操作可能出现的错误。

（3）利用互联网技术和 5G 移动技术，系统可以及时把无人机捕获的库存信息共享给有关管理人员，使他们掌握库存信息，及时做出库存补货决策。

（4）相比"RFID+叉车"的方式所具有的高度限制，"RFID+无人机"的方式可以快速定位仓库内所有货物。

资料来源：搜狐网，2020-03-10，https://www.sohu.com/a/379084450_120312300。

思考与讨论：1. 与人工库存盘点作业比较，无人机有什么优点？
　　　　　　2. 你认为未来库存管理可以实现无人化吗？

## 8.1　库存管理概述

从广义来讲，库存是指一切处于闲置状态的未来可用的资源，如人、财、物、信息等。从生产运作管理的角度来讲，库存是指生产过程中处于未加工与未使用状态的物资，如原材料、半成品、成品、工具与维修配件、各种消耗品。

### 8.1.1　库存问题分类

库存问题有不同的分类方法，根据库存物品的需求特征，我们可以把库存问题按照图 8-1 进行分类。

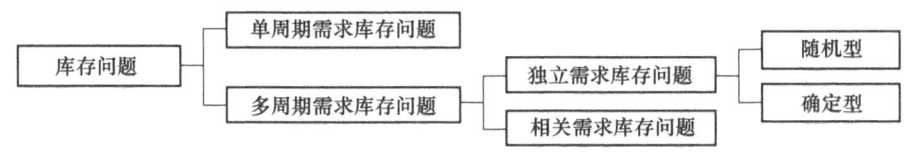

图 8-1　库存问题的分类

#### 1. 单周期需求库存问题

如果对物品的需求是一次性的，这种需求即为单周期需求，对这类物品的库存管理被称为单周期需求库存管理。单周期需求库存问题在实际生活中并不多，主要涉及一些特殊的商品，如为节日准备的商品（中秋月饼、圣诞树）和需求时间短的商品（如纪念品）等。单周期库存物品一般库存时间不长，不存在库存订货点与库存检查期的决策问题，主要决策变量是订货量。由于单周期需求库存订货量决策具有较大的风险，因此优化订货量是单周期需求库存问题的核心。

**2. 多周期需求库存问题**

在实际生活中，库存问题大多是多周期需求库存问题。多周期需求是在较长时间内反复产生的需求，需要不断补充库存，多周期需求库存问题的决策包括：

- 何时订货？
- 每次订多少？
- 多长时间检查一次库存？

对这些问题的回答是多周期需求库存控制的核心。

多周期需求库存问题根据需求物资之间的关系可以进一步分为独立需求库存问题与相关需求库存问题两种。

（1）独立需求库存问题。独立需求是指对不同物资的需求互不相关，需求的变化独立于企业管理者的控制能力，其数量与出现的概率是随机的、模糊的、不确定的，只能预测。在制造企业中，产品的库存问题属于独立需求库存问题。

（2）相关需求库存问题。相关需求是指某一物资的需求与其他物资的需求相关，需求数量和需求时间与其他物资的需求之间存在一定的关系，可以通过一定的数量关系推算得到，比如制造业中半成品与原材料库存就是相关需求库存。半成品与原材料的需求可以通过产品的结构关系和一定的生产比例关系确定，不需要预测。

## 8.1.2 库存成本

成本是库存管理最重要的优化目标，库存成本包括以下几种。

（1）**存储成本**。存储成本是物资存放于仓库中需要支付的费用，包括以下几个方面：

- 资金成本，如果采购的物资是通过贷款与借款的方式投资的，那么企业为此需要支付利息与保险金等；
- 仓库成本，如仓库的管理费用、设备维修费、仓库作业成本等；
- 物资损耗与变质成本，即物资在存储过程中因损耗与变质而导致的损失。

（2）**订货（准备）成本**。订货（准备）成本包括订货费和调整费用。当库存物资来自外部供应者时，库存管理者需要与物资供应者进行物资供应的交易活动，这种订货过程产生的费用是订货费；当库存物资来自库存管理者内部时，即自制的物资，企业要为此进行生产调整，这种因准备、调整工艺而产生的费用就是调整费用。

（3）**缺货成本**。当库存物资无法满足用户的需求从而造成损失时，就产生了缺货成本。缺货成本一方面可能是企业由于失去盈利的机会而导致的机会损失，这是一种机会成本；另一方面可能是企业由于缺货而延迟交货所支付的赔偿，或为此支付的补救费用（如加班费）。

（4）**货物成本**。购买或生产货物需要的费用，与货物的单价和数量有关。

站在库存管理者的角度考虑库存问题，库存管理的目标就是使这四种成本的总和最小化。

### 8.1.3 库存控制系统

多周期库存需要不断补货以满足反复产生的需求，因此多周期库存控制系统的决策问题是如何补货。从理论上讲，有两种类型的库存补给系统：连续检查库存补给系统与周期检查库存补给系统。

（1）**连续检查库存补给系统**。连续检查库存补给系统也叫（再）订货点系统。它的基本思想是：固定一个订货点，连续检查库存，当库存余额低于订货点时，就发出一次订货，其运行模式如图 8-2 所示。连续检查库存补给系统主要面对的决策问题是订货点与订货量的决策，即要回答库存控制中的两个问题：何时订货，每次订多少。

连续检查库存补给系统包含两种基本策略系统：$(Q,R)$ 策略系统和 $(R,S)$ 策略系统。

1）$(Q,R)$ 策略系统。$(Q,R)$ 策略系统的核心是固定一个订货点 $R$ 和订货量 $Q$。当库存减少到订货点 $R$ 或者以下时发出一次订货，并且订货量 $Q$ 是固定的。这种系统也叫定量订货系统。

2）$(R,S)$ 策略系统。$(R,S)$ 策略系统与 $(Q,R)$ 策略系统的不同之处在于它规定了一个最高库存水平 $S$，当库存水平降到订货点 $R$ 或者以下时发出一次订货，但是订货量是可变的，根据每次订货时的库存余量而定，即 $Q_i = S - I_i$，$Q_i$ 为每次订货量，$I_i$ 为订货时的库存余量。这种系统也叫最大最小系统。

本书介绍的是 $(Q,R)$ 策略系统，即定量订货系统。

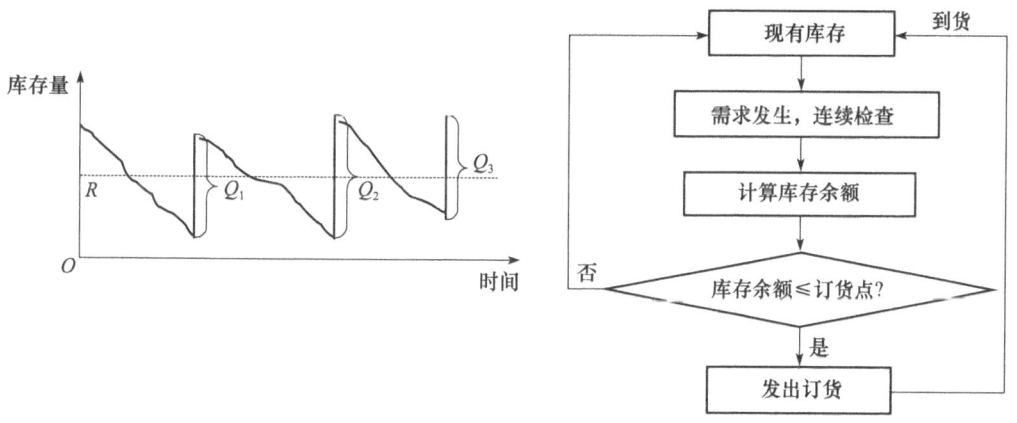

图 8-2  连续检查库存补给系统运行模式

（2）**周期检查库存补给系统**。周期检查库存补给系统也叫定期订货系统。它的基本思想是：固定一个库存检查周期 $t$，到库存检查时间即对仓库进行盘点，计算库存余额，发出一次订货。在两次检查的间隔期间，库存不断减少：当库存满足需求时，发货；当库存不满足需求时，等待检查期到后订货（延迟交货）。其基本运行模式如图 8-3 所示。

周期检查库存补给系统的决策问题是确定检查期与订货量，即回答库存检查周期是多久、每次订货量（或最高库存量）是多少的问题。

**不同补给系统的应用选择**。企业选择库存补给策略，需要根据库存物资的管理要求，并综合考虑不同补给系统的特点与适用条件，以下提出几点参考建议。

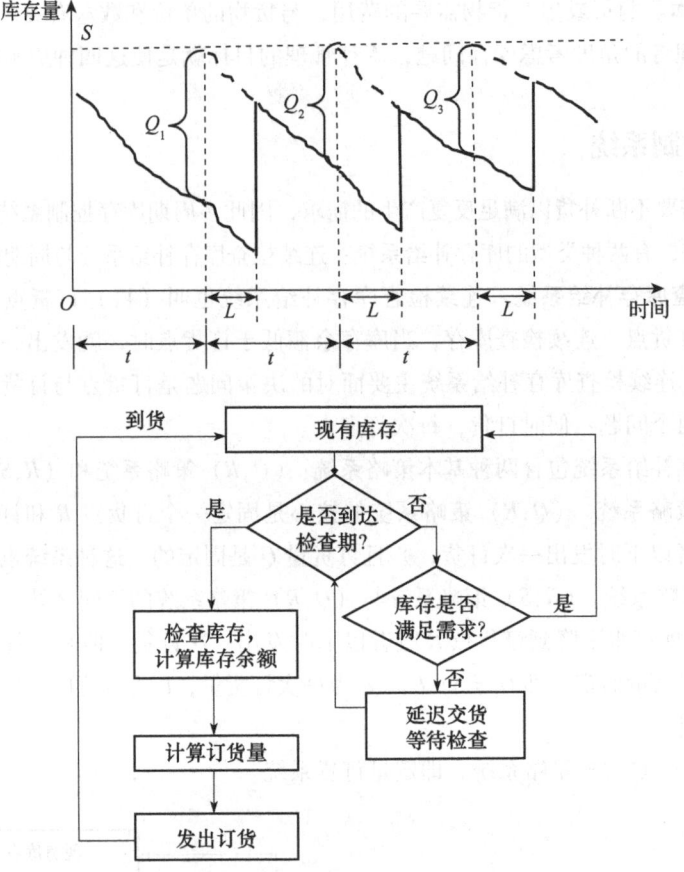

图 8-3 周期检查库存补给系统运行模式

注：$S$ 表示最高库存水平，$t$ 表示库存检查期，$L$ 表示交货期。

1) 适用于连续检查库存补给系统的情况。一般而言，库存管理费用低、计数容易、缺货费用高、贵重、需求没有周期性、在市场上容易采购、需求时间与订货提前期短，这样的物资可以采用连续检查库存控制策略。

2) 适用于周期检查库存补给系统的情况。以下比较适合采用周期检查库存补给系统：库存管理费用高而且库存检查时间长的物资、需求有周期性（如季节性）的物资、不容易计数的物资、缺货费用低的物资、需求时间与订货时间长的物资、需要统一采购的物资。

针对不同的物资，需要采用不同的库存控制策略，因此有必要对物资进行分类管理，根据物资的特点选择合适的库存策略。

### 8.1.4 库存周转问题

从管理的角度看，库存是成本问题，因此库存多，资金积压就多，成本就高，因此为了减少库存成本，一般企业都采取各种措施加快库存物资的流动速度。反映库存流动速度的指标是库存周转率或者库存周转时间。原材料和产品的库存周转率一般用以下公式计算：

$$原材料库存周转率 = \frac{一定时期原材料使用量（或成本）}{原材料平均库存量（或成本）} \quad (次/年或者次/月)$$

$$产品库存周转率 = \frac{一定时期销售产品的数量（或销售产品的成本）}{产品平均库存量（或成本）}（次/年或者次/月）$$

值得注意的是，一般如果是单一品种的物料或者产品，上述公式用数量和用成本作为计算对象计算得出的库存周转率是一样的，但如果是多品种的物料或者产品，用数量和用成本作为计算对象得出的结果则不同，这个时候一般建议采用成本作为计算对象。

周转率的单位是次/年或者次/月，周转率越高，表示周转速度越快。与周转率相关的另一个库存周转指标是库存周转时间，也叫库存维持时间。库存周转时间代表库存在仓库的停留时间，其单位一般是天。由于周转速度快的库存，仓库停留时间就短，因此周转时间和周转率之间有一定关系。库存周转率和库存周转时间的关系如下：

$$库存周转时间 = \frac{库存期间总天数}{库存周转率}$$

比如，如果库存周转率是每月 4 次，则库存期间总天数是 30 天，库存周转天数是 30/4 = 7.5（天）。如果库存周转率是每年 4 次，则库存期间总天数是 365 天，库存周转天数是 365/4 = 91.25（天）。

不同行业的库存周转率差别比较大：保鲜类产品，如牛奶制品等生命周期短的产品或者时尚产品（如 IT 产品、服装等）的库存周转率比较高；耐用消费品，如家用电器和工业用产品的库存周转率比较低。

企业可以从多方面提高库存周转率，降低库存，例如，提高生产过程的连续性，减少停顿；提高需求预测的准确性，减少安全库存；加强和供应商的协作，提高信息透明度，减少交货的不确定性；采用先进的库存管理方法；等等。

### 8.1.5 库存 ABC 分类管理

当库存物资比较多的时候，企业不可能对每一种物资采用同一种方法管理，为了提高库存管理效率，一般采用分类管理方法，其中最重要的分类管理方法是 ABC 分类管理法。这个方法是按照物资资金占用总额和品种数量进行分类，资金占用多、品种数量少的物资重要性高，反之，资金占用少、品种数量多的物资重要性低。依据这样的原则把物资分为 A、B、C 三类：

- A 类物资：资金占用 70%（50%～90%），品种数量占 10%（3%～20%）。
- B 类物资：资金占用 25%（10%～35%），品种数量占 25%（10%～35%）。
- C 类物资：资金占用 5%（3%～15%），品种数量占 65%（50%～70%）。

一般来说，A 类物资需要最严格的控制（如库存记录和预测准确度等），管理权限更高。C 类物资可以采用比较宽松的管理，管理权限比较低，订货批量大，手续简化。通常 A 类物资采用连续检查库存补给系统（定量订货系统），C 类物资采用周期检查库存补给系统（定期订货系统），B 类物资可以采用连续检查库存补给系统或者混合系统（定期订货系统和定量订货系统结合）。

### 8.1.6 服务业的特殊库存管理问题

虽然本书介绍的库存理论和方法主要应用于制造、零售和物流服务业，但是其他的非制造业/服务业也一样存在库存问题，而且这些行业的库存问题比较特殊，需要特殊的处理手段和工具，这里简要介绍一些与人们日常生活关系最密切的服务业的特殊库存管理问题。

（1）医院的药品和血液库存问题。药品和用于治疗的血液是医院的常见库存，但是这些库存和工业品库存不同，属于生命周期短的物品库存，特别是血液库存，需要在短时间内使用。血液的供应通常来源于社会的自愿捐献，因此受到外界的社会血液捐献供给量的影响，波动比较大。

（2）新零售商品库存问题。互联网经济出现以后，零售商的在线销售前台和库存后台之间的连接变得非常重要。在这种新的零售模式下，消费者在线购买行为的变动性比较大，导致需求波动比较大，因此库存信息更新要快，库存补给应该采用连续检查库存补给系统，及时响应消费者需求。

（3）酒店客房和航班座位存量控制问题。通常，人们认为服务是不能存储的，但是有一些特殊的服务，如酒店的客房和航班座位，可以作为一类特殊的"服务库存"。存量控制是服务收益管理的核心内容（需求预测、动态定价、存量控制和超额预订是收益管理的核心内容）之一。通过服务收益管理，这类特殊的"服务库存"可以用于服务能力调整的策略，以满足不同顾客的需求，提高企业的经济效益。

（4）电力库存问题。电力行业是一类特殊服务行业，提供的服务产品是电力。电力的产生有多种途径，如水电、火电、风电、核电、光电（太阳能）等。按照库存理论，电力在输送过程中可称为在途库存，多余的电力可以存储起来。电池是一种存储电力的设备，除了电池，还可以把需求低峰时期的多余电力通过抽水蓄能（电能转化为势能）的方式存储起来，到电力需求高峰时再通过水力发电方式进行再利用。

## 8.2 独立需求库存模型

现代库存理论起源于20世纪初。库存理论的基本思想是优化库存成本，满足顾客需求（服务水平要求）。1913年，美国学者哈里斯（F. W. Harris）最先提出库存模型，即经济订货批量模型（EOQ模型）。本章介绍了几个简单而实用的库存模型：连续检查系统的经济订货批量模型、数量折扣模型、随机需求条件下连续检查系统的订货模型，以及周期检查系统的库存决策。

### 8.2.1 连续检查系统的库存决策

连续检查系统的库存决策中的主要变量是订货批量与订货点，本节介绍三种基本的库存订货决策模型，即经济订货批量模型、价格变动的经济订货批量模型（又称为数量折扣模型）、随机需求条件下连续检查系统的订货模型。

在以下各种模型中，如果不特别声明，各模型的参数含义统一定义如下：$TC$ 为一定时期（年或月）物资的库存总成本，$D$ 为一定时期（年或月）库存物资的需求，$C_s$ 为单位物资的缺货成本，$C$ 为物资的购买单价或单位生产成本，$d$ 为物资的需求率（月或日），$P$ 为生产率，$t$ 为库存检查期，$H$ 为一定时期（与库存时间单位一致，年或月）单位物资的存储成本，$C_o$ 为订货成本（或调整生产准备成本），$L$ 为订货提前期（或生产提前期），$R$ 为订货点，SS 为安全库存，$S$ 为最高库存水平，$Q$ 为订货批量。

## 1. 经济订货批量模型

（1）模型假设。经济订货批量模型是最基本的订货模型，它按照库存总费用最小的原则来决定订货量。其基本假设有：①需求率固定；②订货提前期固定；③订货费用与批量无关；④不允许缺货；⑤一次性交货；⑥存储成本是存储量的线性函数；⑦产品的价格固定。

（2）模型。我们把满足上述基本假设条件的连续检查库存补给（$Q,R$）策略系统称为经济订货批量模型，如图8-4所示。

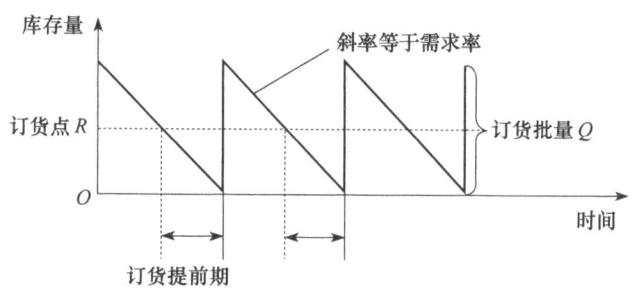

图8-4 经济订货批量模型

由于以上假设中需求率与交货提前期都是确定的，因此我们称这种模型为确定型模型（如果需求率、交货提前期是变化的，则称为随机型模型）。

库存总成本为：

$$库存总成本 = 货物成本 + 订货成本 + 存储成本$$

即

$$TC = DC + C_o \frac{D}{Q} + \frac{Q}{2} H \tag{8-1}$$

1）订货批量。式（8-1）的图像是一条下凹的曲线，如图8-5所示。

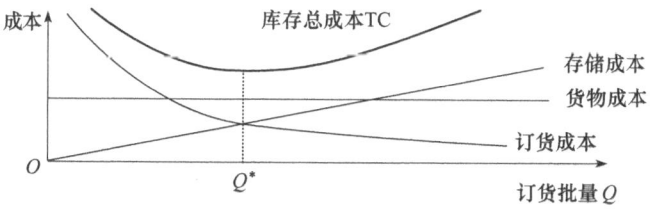

图8-5 成本曲线

经济订货批量就是使库存总成本最低的批量，如图8-5中的$Q^*$，将式（8-1）对$Q$进行求导，得到经济订货批量的基本公式：

$$Q^* = EOQ = \sqrt{\frac{2DC_o}{H}} \tag{8-2}$$

2）订货点。在该模型中，假设需求率与订货提前期是固定的，而且不允许缺货，那么在确定型连续检查库存订货系统中，订货点就是订货提前期内的需求：

$$R = Ld \tag{8-3}$$

### 应用范例 8-1

某公司对某产品的需求 $D=600$ 件/月,订购成本 $C_o=30$ 元/次,订货提前期为 3 天,单位货物每月存储成本为货物价格的 10%,单价 $C=12$ 元/件,求经济订货批量 $Q^*$、每月订货次数、订货点(每月按 30 天计算)。

(1) 计算经济订货批量:

$$Q^* = \text{EOQ} = \sqrt{\frac{2DC_o}{H}} = \sqrt{\frac{2 \times 600 \times 30}{12 \times 10\%}} = 173(件/次)$$

(2) 计算每月订货次数:

$$n = D/\text{EOQ} = 600/173 = 3.47 \approx 4 \text{(次)}$$

(3) 计算订货点:

$$R = (600/30) \times 3 = 60 \text{(件)}$$

经济订货批量模型解决的是简单的单一产品订货决策问题,当库存物品有几百甚至几千种时,该如何处理呢?在这种情况下,一般有三种订货策略:单个订货策略、联合订货策略、混合订货策略。另外,订货批量需要根据供给与需求双方的情况进行调整。

### 2. 价格变动的经济订货批量模型

经济订货批量模型假设商品的价格维持不变,但是在商品交易过程中,供应方通常为了鼓励采购方多订货而采取一些刺激措施。其中最常用的措施是按订货批量提供价格折扣,即订货批量越多,订货价格越优惠,如图 8-6 所示。

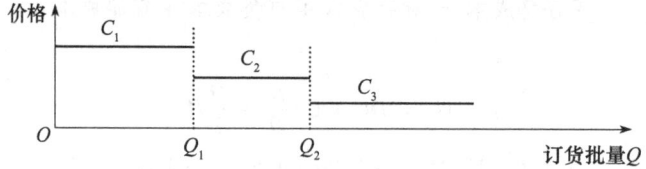

图 8-6 按订货批量提供折扣的价格曲线

价格变动的经济订货批量模型(又称数量折扣模型)的成本曲线与经济订货批量模型的成本曲线不同,由于价格随着订货批量改变而改变,这样存储成本、货物成本都随着价格的变化而变化,如图 8-7 所示。

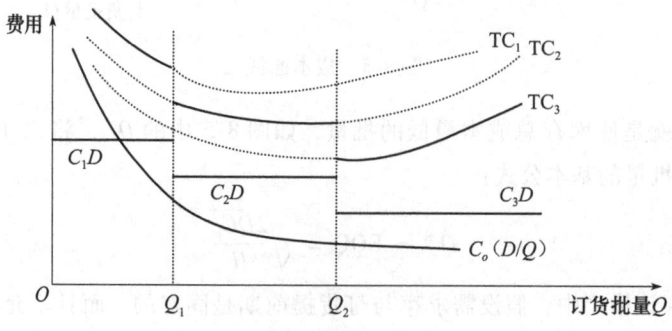

图 8-7 有数量折扣的库存成本曲线

从图 8-7 中可以看出，随着订货批量的变化，总成本曲线不是连续的，而是间断的。在不同的价格条件下都有一个成本最低的订货批量。在这样的情况下，最佳的订货批量如何确定呢？可以按照如下方法处理。

- 从最低的价格开始，计算不同价格条件下的经济订货批量。如果计算出来的 $Q^*$ 不在所给的优惠价格对应的订货批量范围内，则该订货批量不可行。
- 分别计算各经济订货批量下的库存总成本、不同优惠价格下的最小订货批量的库存总成本，选择总成本最低的订货批量。

### 应用范例 8-2

某公司的采购部门正准备向某供应商购进一批商品，该公司进行了需求分析，每年需要的商品量相对稳定，为 2 000 台，订货费用每次为 50 元，单位物品的年库存费用为价格的 20%。供应商为了刺激该公司多采购，给出了一定的价格优惠条件，如表 8-1 所示。请确定最佳的订货策略。

表 8-1　数量折扣

| 订货批量/台 | 单位价格/元 |
| --- | --- |
| 1～249 | 20.00 |
| 250～499 | 19.50 |
| 500～999 | 18.75 |

**解**：分别计算不同价格条件下的经济订货批量。

$$Q_3^* = \text{EOQ} = \sqrt{\frac{2DC_o}{C_3 h}} = \sqrt{\frac{2 \times 2\,000 \times 50}{18.75 \times 20\%}} = 230(\text{台})(\text{不在优惠范围内,不可行})$$

$$Q_2^* = \text{EOQ} = \sqrt{\frac{2DC_o}{C_2 h}} = \sqrt{\frac{2 \times 2\,000 \times 50}{19.50 \times 20\%}} = 226(\text{台})(\text{不在优惠范围内,不可行})$$

$$Q_1^* = \text{EOQ} = \sqrt{\frac{2DC_o}{C_1 h}} = \sqrt{\frac{2 \times 2\,000 \times 50}{20.00 \times 20\%}} = 224(\text{台})(\text{在优惠范围内,可行})$$

比较订货批量为 224 台、250 台（单位价格为 19.50 元）、500 台（单位价格为 18.75 元）时的总成本，选择成本最低的订货批量。

TC(224) = 2 000 × 20.00 + (2 000/224) × 50 + (224/2) × 20 × 20% = 40 894(元)

TC(250) = 2 000 × 19.50 + (2 000/250) × 50 + (250/2) × 19.50 × 20% = 39 887.5(元)

TC(500) = 2 000 × 18.75 + (2 000/500) × 50 + (500/2) × 18.75 × 20% = 38 637.5(元)

因此，最佳订货批量为 500 台。

### 3. 随机需求条件下连续检查系统的订货模型

前面介绍的是需求确定型库存订货决策模型，需求和订货提前期都是固定的。这是理想状态，现实中，需求和订货提前期都是可能变动的，也存在用户的需求不能百分之百满足的情况（缺货）。此时就会面临随机库存问题。

随机库存问题有以下几种类型：①需求变化，订货提前期固定；②需求确定，订货提前期变化；③需求和订货提前期都变化。其中，第一种情况在实际中最普遍，也就是需求变化而订货提前期固定，因此本教材只介绍这种情况。

在随机需求条件下，即使是需求变化而订货提前期固定，要想精确计算订货点和订货批量也是复杂和困难的。为了简化计算，同时也为了方便实践操作，通常来说，随机需求条件下的订货模型中的订货点和订货批量采用的是近似计算方法。在 $(Q, R)$ 策略系统中，订货点一般用订货提前期内的平均需求加上一定数量的安全库存来近似确定，即订货点 = 订货提前期内平均需求 +

安全库存，而订货批量用经济订货批量模型（EOQ 模型）来近似确定。如果需求是变化的，而且变化服从正态分布，在订货提前期固定的情况下，其基本的库存变化如图 8-8 所示。

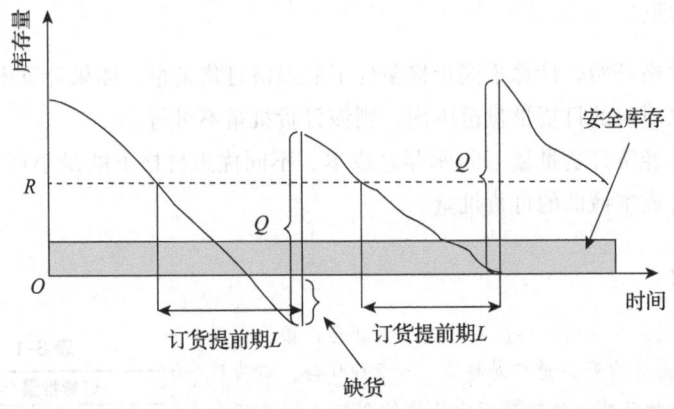

图 8-8　需求变化而订货提前期固定的 $(Q,R)$ 策略系统库存订货模型

从图 8-8 中可以看出，和基本经济订货批量模型一样，当库存水平降低到订货点 $R$ 时发出订货 $Q$。在确定型订货模型中，订货点等于订货提前期内的需求，订货交货以后，库存恰好为零，并立即补充到最高水平。但是在随机需求条件下，订货提前期内的需求是随机波动的，订货点如果设置不恰当，订货交货以后会出现缺货、恰好等于零或者过量库存三种情况。为了避免发生缺货，随机需求条件下订货点水平要比确定需求条件下设置得高一些（因为加上安全库存）。持有库存的根本目的是满足用户（下游企业或者终端消费者）需求，无缺货或者过量库存当然能够满足需求但是会导致成本增加；缺货则会导致不能满足用户需求，经常性缺货会引起用户不满，甚至导致用户流失。因此，确定合适的安全库存和订货点，减少库存缺货，提高库存服务水平就是随机库存管理的重要工作。

**（1）库存服务水平**。库存服务水平是指库存满足需求的能力，衡量库存服务水平有多种方法，可以用循环周期库存服务水平，就是一个交货周期（库存循环周期）的供货数量和需求量之比表示，或者用全年的供货数量和总需求之比表示，也可以用满足订货要求的交货次数和总订货次数之比表示，等等。对于连续检查订货系统，理论上经常使用的库存服务水平用订货提前期内的需求小于等于订货点的概率表示，假设订货提前期内的需求为 $D_L$，订货点为 $R$，则库存服务水平为：

$$P(z) = P(D_L \leq R) \tag{8-4}$$

最佳的库存服务水平也可以采用理论计算方法。理论上，计算库存服务水平需要考虑需求和库存系统的特点，如延迟补货（缺货要补）和失销（缺货不补）等不同的库存控制策略因素，因此是一个比较复杂的数学问题，这里不做介绍。实践中，企业一般是通过经验确定库存服务水平，比如 95%、90%、85% 等。这一指标有时候用不缺货的概率表示，比如，不缺货的概率为 90%。

确定库存服务水平一般考虑如下因素。

1）缺货损失：如果缺货损失比较大，那么库存服务水平需要选择得高一些。

2）产品特点：时尚产品的库存服务水平低一些，耐用消费品的高一些。

3）供应系统：产品的供应系统不同，库存服务水平也不同，供应可靠的系统库存服务水平高，供应不可靠则库存服务水平低一些。远距离供应商的物资库存服务水平低一些，本土供应商的物资库存服务水平高一些。

提高库存服务水平的基本思想是增加安全库存（也叫保险库存量），提高订货点，以此减少缺货损失。图8-9反映了订货点与库存服务水平、缺货概率的变化关系。

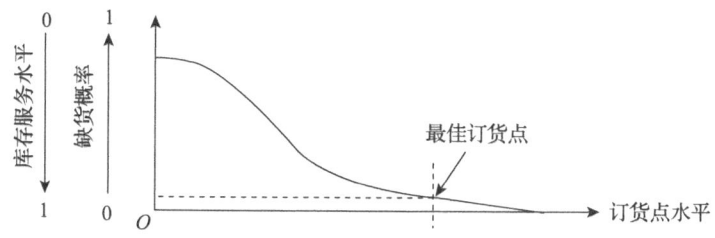

图 8-9　订货点与服务水平、缺货概率的变化关系

订货点高低反映的是库存系统的现货供货能力，订货点高意味着现货供货能力强。现货供货能力与库存服务水平、库存成本之间的关系如图8-10所示。

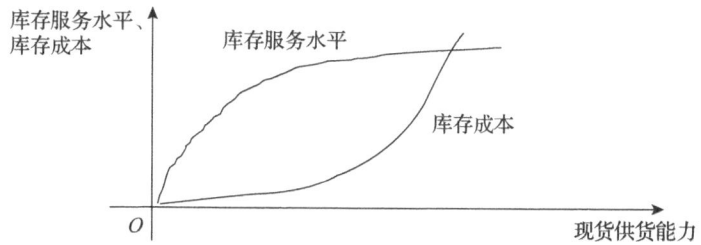

图 8-10　现货供货能力与库存服务水平、库存成本的关系

从图8-9和图8-10可以看出，在刚开始的时候，提高订货点和现货供货能力，库存服务水平上升比较快，成本上升速度不快；但是到达一定水平后，随着订货点和现货供货能力提高，库存服务水平的上升速度变慢，要想继续提高库存服务水平就需要大幅度提高订货点和现货供货能力，但是库存成本会迅速上升。这说明库存服务水平不能一味求高。

明白了库存服务水平和订货点之间的关系，接下来我们讨论如何确定库存订货点。

（2）**订货点**。假设需求服从正态分布，单位时间的需求也服从正态分布，即 $d \sim N(\bar{d}, \sigma_d^2)$，均值为 $\bar{d}$，方差为 $\sigma_d^2$。设订货提前期为 $L$，则订货提前期内的需求分布也服从正态分布，即 $D_L \sim N(\overline{D_L}, \sigma_L^2)$，均值 $\overline{D_L} = \bar{d}L$，方差 $\sigma_L^2 = \sigma_d^2 L$。图8-11显示了需求服从正态分布的订货提前期内需求概率分布。图中标明了订货点、安全库存的位置。图中横线阴影区面积表示订货点 $R$ 能够满足提前期内需求 $D_L$ 的比率，也就是库存服务水平，竖线阴影区面积为缺货概率。

于是，给定库存服务水平，可以得到随机需求下订货点等于订货提前期内的平均需求和安全库存的和，即：

$$R = \overline{D_L} + \mathrm{SS} = \bar{d}L + \mathrm{SS} \tag{8-5}$$

式中　$\bar{d}$——单位时间的平均需求；

　　　$L$——提前期；

　　　SS——安全库存。

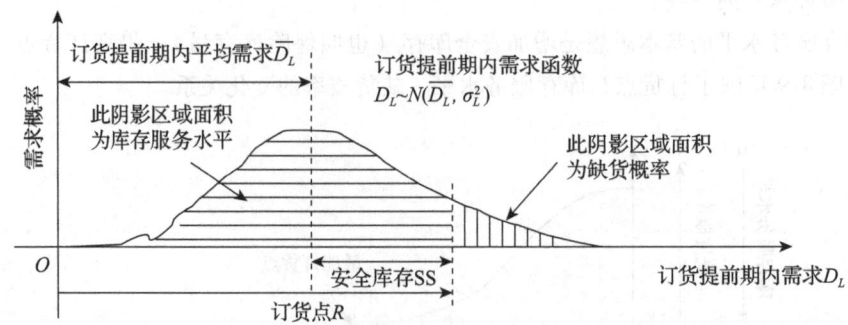

图 8-11 需求服从正态分布的订货提前期内需求概率分布

在以上的订货点公式中，第一项是订货提前期内的平均需求量，是比较好确定的，通过需求数据就可以得到，关键是第二项，即安全库存的确定。安全库存设置主要考虑的因素如下：

- 需求的波动程度；
- 订货提前期的变动程度；
- 平均订货提前期；
- 库存服务水平要求；
- 库存控制策略（连续检查和周期检查系统）；
- 订货频率（订货间隔时间）。

在以上因素中，订货提前期、需求等因素都是比较容易确定的，关键是库存服务水平，不同的库存服务水平导致不同的安全库存。对于定量订货系统的安全库存，用如下方法确定。

**(3) 安全库存**。库存服务水平确定以后，安全库存的计算公式为：

$$SS = z\sigma_L = z\sqrt{L}\sigma_d \quad (8\text{-}6)$$

式中  $z$——库存服务水平系数，或者安全系数。

库存服务水平系数等于与库存服务水平 $P(z)$ 相等的标准正态分布的累积概率对应的分位数，通过查正态分布表得到。在实践中，也有某些企业的做法是依据经验确定安全系数。$\sigma_L = \sqrt{L}\sigma_d$，$\sigma_d$ 为单位时间的需求标准差。

值得注意的是，当计算 $\sigma_L = \sqrt{L}\sigma_d$ 时，要把 $L$ 的时间单位转化为和 $\sigma_d$ 一样的时间单位。比如，$\sigma_d = 10$ 件/月，如果订货提前期 $L = 2$ 个月，则 $\sigma_L = \sqrt{L}\sigma_d = \sqrt{2}\sigma_d$；如果 $L = 2$ 周，则 $\sigma_L = \sqrt{L}\sigma_d = \sqrt{(2/4)}\sigma_d$；如果 $L = 15$ 天，则 $\sigma_L = \sqrt{L}\sigma_d = \sqrt{(15/30)}\sigma_d$。

把式（8-5）和式（8-6）合并，得到需求随机、订货提前期固定条件下的订货点计算公式：

$$R = \bar{d}L + z\sqrt{L}\sigma_d \quad (8\text{-}7)$$

**(4) 订货批量**。理论上，计算随机需求下的经济订货批量的原理和前面确定型的经济订货模型一样，也是利用总库存成本最小化的原理。

$$TC = DC + C_o\frac{D}{Q} + H(Q/2 + SS) + \frac{C_s D \bar{S}(R)}{Q} \quad (8\text{-}8)$$

式中  $C_s$——单位缺货成本；

$\bar{S}(R)$——订货提前期内的缺货量。

通过推导，得到经济订货批量：

$$Q^* = \sqrt{\frac{2D[C_o + C_s \overline{S}(R)]}{H}} \approx \sqrt{\frac{2DC_o}{H}} \tag{8-9}$$

上面的公式表示，需求随机下的经济订货批量和确定型需求下的经济订货批量相比也就是多了一点缺货成本，但是理论计算分析得知，这个缺货成本比较小，计算出来的订货批量和经济订货批量 EOQ 相差不大，因此，一般随机需求下的订货批量仍采用经济订货批量模型公式，即 $Q^* \approx \sqrt{\frac{2DC_o}{H}}$。

### 应用范例 8-3

某公司产品每月需求服从正态分布，均值为 400 台/月，标准差为 30 台/月，订货提前期为 15 天，订货成本为每次 100 元，存储成本为每台每年 5 元。公司希望不缺货的概率是 95%。请用订货点方法确定订货策略。

**解**：这是一个需求随机型订货问题。求解步骤如下。

(1) 计算经济订货批量：

$$Q^* = \text{EOQ} = \sqrt{\frac{2DC_o}{H}} = \sqrt{\frac{2 \times 12 \times 400 \times 100}{5}} \approx 438 \text{（台）}$$

(2) 计算订货点：

因为不缺货的概率为 95%，也就是库存服务水平为 95%。查标准正态分布表，得到库存服务系数 $z = 1.64$。

$$R = \overline{D}_L + z\sigma_L = \overline{d}L + z\sqrt{L}\sigma_d = 400 \times (15/30) + 1.64 \times \sqrt{15/30} \times 30 \approx 235 \text{（台）}$$

### 应用范例 8-4

某大型百货公司过去 12 周的电视销量统计结果如表 8-2 所示。

表 8-2　过去 12 周的电视销量统计　　　　（单位：台）

| 周次 | 1 | 2 | 3 | 4 | 5 | 6 | 7 | 8 | 9 | 10 | 11 | 12 |
|---|---|---|---|---|---|---|---|---|---|---|---|---|
| 销量 | 160 | 171 | 183 | 190 | 167 | 180 | 174 | 182 | 174 | 162 | 168 | 165 |

已知供应商的交货期是 2 周，一次订货费用为 300 元，电视年保管费用为每台 8 元，要求库存满足率达到 95%，采用连续库存补给策略，试确定订货点与经济订货批量（假设需求服从正态分布，每年按 52 周计算）。

**解**：

(1) 确定需求的有关参数：

$$\text{需求的平均值 } \overline{d} = \frac{\sum_{i=1}^{12} d_i}{12} = 173, \text{ 标准差 } \sigma_d = \sqrt{\frac{\sum_{i=1}^{12}(d_i - \overline{d})^2}{11}} = 9.24$$

即需求分布为 $D \sim N(173, 9.24^2)$。

(2) 计算经济订货批量：

$$Q^* = \text{EOQ} = \sqrt{\frac{2DC_o}{H}} = \sqrt{\frac{2 \times 173 \times 52 \times 300}{8}} = 821 \text{（台）}$$

(3) 计算订货点：

$$R = \overline{D}_L + z\sigma_L = \overline{d}L + z\sqrt{L}\sigma_d = 173 \times 2 + z\sqrt{2} \times 9.24$$

由于要求库存满足率为95%，即服务水平达到95%，查正态分布表得 $z = 1.64$，代入上式，得：

$$R = 367(台)$$

（4）计算安全库存：

$$SS = R - \overline{D}_L = 367 - 173 \times 2 = 21(台)$$

（5）计算年订货次数：

$$n = \frac{173 \times 52}{821} \approx 11(次)$$

为了方便读者使用，表8-3列出了常用的服务水平与安全库存系数 $z$ 的对应关系。

表8-3　服务水平与安全库存系数 $z$ 的对应关系

| 安全库存系数 | 服务水平 $P(z)$ | | | | | | | | |
|---|---|---|---|---|---|---|---|---|---|
| | 0.999 | 0.995 | 0.99 | 0.975 | 0.95 | 0.90 | 0.85 | 0.80 | 0.75 |
| $z$ | 3.09 | 2.58 | 2.33 | 1.96 | 1.64 | 1.28 | 1.04 | 0.85 | 0.67 |

## 8.2.2　周期检查系统的库存决策

周期检查系统也叫定期订货系统。周期检查系统的决策主要是确定库存检查期、订货批量。

### 1. 确定库存检查周期

确定库存检查周期（$t$）是周期检查系统的首要任务，可以采用经验法或经济订货间隔期法。

（1）经验法。当企业面临如下的情况时，可以采用周期性库存检查方法控制库存，库存检查周期一般采用经验法确定。

1）考虑自然的工作日历。比如有的企业采用自然的日历周期，按月、季度进行库存盘点。

2）考虑企业的生产周期或供应商的供货周期。当企业的生产计划或供货周期相对稳定时，库存检查、订货周期与生产计划保持同步，企业可以进行组合订货，以减少订货、运输等成本。

3）考虑季节性因素。有些产品的需求是季节性的，需求表现出一定的周期性，这样的产品可以按照需求周期进行盘点。

（2）经济订货间隔期法。企业也可以按照连续检查库存中的库存成本优化方法，建立使库存成本最低的经济订货间隔期，来确定库存检查周期。

$$库存总成本 = 货物成本 + 订货成本 + 存储成本$$

$$TC = CD + \frac{C_o}{t} + \frac{DtH}{2} \tag{8-10}$$

将上式对 $t$ 求导，得经济订货间隔期：

$$T^* = \sqrt{\frac{2C_o}{DH}} \tag{8-11}$$

根据经济订货间隔期来确定库存检查周期，即每经过 $T^*$ 检查一次库存，可以保证库存成本最低。

以上是通过理论计算得到的一个经济订货间隔期（库存检查期），但是实际上，企业很难用这一模型对每一种物资设立一个经济订货间隔期。很多企业确定库存检查周期是从经验出发的，比如企业的物资供应特点、管理制度的要求等，但是这样一个计算模型可以给企业实际管理工作提供一个决策参考。

### 2. 确定订货批量

在确定周期检查系统的订货批量时，企业可以采用目标库存设置法，即设立一个目标库存水平，每次检查库存的时候，按照现有库存水平把库存补给到目标值。如果是随机需求的情况，则企业要考虑建立安全库存，在订货批量中再加上安全库存量，即

$$\text{订货批量} = \text{最高库存水平} - \text{现有库存}$$
$$= \text{检查期内需求} + \text{订货提前期内需求} + \text{安全库存} - \text{现有库存}$$

用公式表示如下：

$$Q_i = \bar{d}(t+L) + \text{SS} - I_i \tag{8-12}$$

式中 $I_i$——第 $i$ 次检查库存时的现有库存。

$Q_i$——第 $i$ 次的订货批量。

其中安全库存根据随机模型的特点而定。如果需求呈正态分布并且提前期固定，则有：

$$Q_i = \bar{d}(t+L) + z\sigma_d\sqrt{t+L} - I_i \tag{8-13}$$

安全库存为：

$$\text{SS} = z\sigma_d\sqrt{t+L} \tag{8-14}$$

### 应用范例 8-5

某公司销售的一种产品的单价为每件 100 元，每天需求的平均值为 100 件，标准差为 15 件，订货提前期为 2 周（14 天），订货费用为每次 100 元，单位产品年存储费用为 10 元，要求用户满足率达到 95%，试确定经济订货间隔期、安全库存和最高库存水平（每年按 365 天计算）。

**解：**

（1）计算经济订货间隔期：

$$t = T^* = \sqrt{\frac{2C_o}{DH}} = \sqrt{\frac{2 \times 100}{100 \times 365 \times 10}} = 0.023\,4(\text{年}) = 8.54(\text{天}) \approx 9(\text{天})$$

（2）计算安全库存为：

公司要求用户满足率为 95%，即服务水平达到 95%，查表 8-3 得 $z = 1.64$。

$$\text{SS} = z\sigma_d\sqrt{t+L} = 1.64 \times 15 \times \sqrt{9+14} = 118$$

（3）计算最高库存水平：

$$S = \bar{d}(t+L) + \text{SS} = 100 \times (9+14) + 118 = 2\,418$$

（4）计算库存总成本：

$$\begin{aligned}\text{TC} &= CD + C_o/T^* + DT^*H/2 \\ &= 100 \times 100 \times 365 + 100/0.023\,4 + 100 \times 365 \times 0.023 \times 10/2 \\ &= 3\,658\,544(\text{元})\end{aligned}$$

> 运作聚焦

<h3 style="text-align:center">VMI 改变库存的管理权</h3>

以上介绍了库存管理的基本模型，这些是传统的也是基本的库存管理方法。基于集成化供应链管理思想的形成，一种新的库存管理策略在企业得到运用，这就是供应商管理库存（vendor managed inventory，VMI）。

VMI 是一种用户和供应商之间的合作性库存管理策略，它改变了传统的谁拥有库存谁管理库存的做法，即把原来用户拥有的管理库存的权限交给了供应商。美国等一些国家的企业已经开始采用这种库存管理系统。国内也有少数企业开始应用类似这种库存管理的方法来改进供应链管理。

VMI 技术主要包括几个方面：①快速的数据传输技术，包括 EDI/互联网、条码技术等；②连续补给程序，即供应商根据用户的库存与销售情况决定商品的补给量；③终端自动化数据采集系统，如 POS 数据收集系统。

企业实施 VMI 可以获得如下好处。

（1）降低成本和提高服务质量。与企业自己管理库存相比，供应商在管理自己的产品方面更有经验、更专业。供应链中企业的服务水平会因为 VMI 而提高，同时企业能够降低库存管理成本。

（2）提高柔性。供应商能更好地控制其生产经营活动，更好地满足用户需求，从而提高整个供应链的柔性。

（3）减少存货投资。无论企业处于扩张期还是压缩期，大多数企业用于投资的资金总是有限的。VMI 会大大减少用户的存货投资。

## 8.3 相关需求库存与 MRP 原理

### 8.3.1 相关需求库存的特点

在 8.1 节中，我们按照需求物资之间的关系，把企业的多周期需求库存分为独立需求库存与相关需求库存两大类。制造过程中的原材料与零部件库存属于相关需求库存，这种相关需求的库存问题有如下特点。

- 制造过程中的原材料、半成品的库存需求量由产品的装配关系决定，这种需求关系可以在生产制造工艺中清晰地反映出来。
- 最终产品的需求一经确定，原材料、零部件等相关需求就可以按照一定的装配关系与工艺计算出来，不需要预测。
- 采用独立需求库存控制方法处理相关需求库存问题，会导致更大的需求波动，既不经济也不合理。

用传统的独立需求库存控制的固定订货点方法来对零部件这类相关需求物料进行库存控制，

不仅会导致更大的需求波动，而且不经济。固定订货点方法基于物料需求是相对稳定的这一假设条件，这样才能采用固定订货点进行库存控制。但是生产过程中每一层零件的需求由上一层零件的需求决定，这种需求往往是不均匀的，从很大批量到零，这样就不能维持稳定的订货点，企业必须不断地改变订货点，而订货点的改变会使需求波动变得更大，越是下级零件需求波动越大。

正因为以上特点，出现了一种新的面向相关需求库存管理的方法——**物料需求计划**（materials requirement planning，MRP）。

MRP 是 20 世纪 60 年代末发展起来的一种以计算机技术为基础的库存控制方法。MRP 的基本思想是围绕物料组织制造资源，实行按需准时生产。按照这样的思想组织生产，即当产品的需求决定以后，生产过程中任何物料的需求都是产品制造工艺和产品结构的函数，物料需求可以通过反工艺顺序的方法按照产品的装配关系确定，并且生产过程中所需要的人力、设备、工具等可以围绕物料的转化组织起来，从而形成一整套新的生产方法体系。

物料需求计划原理可以用图 8-12 来表示。

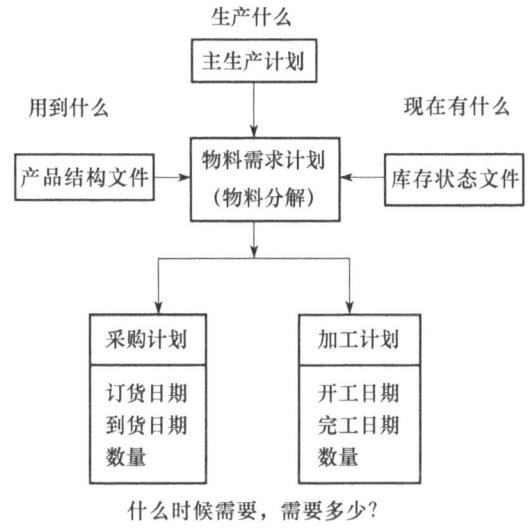

图 8-12 物料需求计划原理

图 8-12 的物料需求计划原理实际上回答了任何制造企业在生产组织过程中都需要回答的四个问题：

- 生产什么（产品需求与进度计划）？
- 用到什么（产品结构文件）？
- 现在有什么（库存状态文件）？
- 什么时候需要？各要多少？

这四个问题也就是人们说的"制造业基本方程"。生产过程的组织就是这样由最终产品开始，按照反工艺顺序的原则逐层对生产物料进行分解，从而确定各层物料的生产与采购计划。

## 8.3.2 MRP 的基本输入

为了制订一个完整的物料需求计划，企业需要大量的输入数据，包括工厂日历、设备数据、员工数据、工艺数据、主生产计划（产品出产计划）、库存状态、产品结构、供应商信息、成本数据等。在基本 MRP 模型中，有三项基本的输入数据：主生产计划、产品结构文件、库存状态文件。

### 1. 主生产计划

主生产计划（MPS）是把综合生产计划转化为具体的产品（或独立零件）出产进度计划，它是对综合生产计划的具体化与细化。主生产计划在综合生产计划与物料需求计划中间架起了一座桥梁。

主生产计划要满足两个约束条件：一是要保证生产总量等于综合生产计划确定的生产总量；二是在决定产品批量、生产时间时，必须考虑资源的约束。

（1）主生产计划的信息来源。主生产计划是指根据实际的需求信息制订出的产品出产进度计划，主生产计划的需求来源主要有预测、客户订货、库存及其他需求（如服务备件等）。

除了以上需求信息，制订主生产计划还需要产品提前期、生产能力等数据。

（2）主生产计划的时间标准。主生产计划的时间标准包括计划时间单位、计划期。

因为主生产计划是对综合生产计划的分解，所以主生产计划的时间单位与综合生产计划的时间单位有关，如果综合生产计划的时间单位是月，那么主生产计划的时间单位一般是周。

计划期是指计划的时间跨度，一般要求比最长的产品生产周期要长，比如产品生产周期是 20 周，那么主生产计划的计划期要大于 20 周，否则零件的投入出产计划会不可行。

（3）主生产计划的分期滚动。与综合生产计划一样，主生产计划也应该考虑计划的柔性，采用滚动的计划方法，企业可以根据实际的内外条件变化对计划进行调整。一般把主生产计划分为三种：①冻结计划；②确认计划；③预计计划。

冻结计划是指执行的计划，一般不能再修改，生产能力在这个时段是确定的；确认计划允许部分修改，生产能力有一部分是可变动的；预计计划是指预测的计划，允许对计划进行修改，生产能力是不确定的。

（4）主生产计划的制订程序。主生产计划的编制基本上遵循三个步骤。

第一步，初步编制计划，在这一过程中，企业主要根据销售计划（预测）、订单、库存等信息进行初步的排产。

第二步，企业在初步计划的基础上编制粗能力计划，决定需要的人力、设备与关键的资源。

第三步，企业平衡生产能力与生产计划，对资源负荷进行平衡，确认后批准并下达最终的主生产计划。

### 2. 产品结构文件

**产品结构文件**（bill of materials，BOM）也叫**物料清单**，是 MRP 的核心文件。它在物料分解与产品计划过程中占有重要的地位，是物料计划的控制文件，也是制造企业的核心文件。

在产品结构文件中，零件处于不同层次，用层次码表示。产品的层次码为最高层，用 0 层表示，其他部件、零件的层次码依次按照层次分解的方法分为 1 层、2 层……有时一种零件同时用于不同的部件，为了计算机处理方便，将同一种零件集中表示在其最低层次上，即采用低层码，以提高计算机的运行效率。

表示产品结构层次关系的产品结构树如图 8-13 表示。

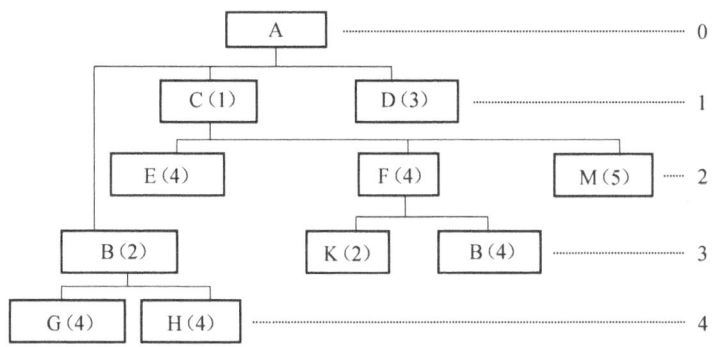

图 8-13　产品结构树

图 8-13 中的产品 A 由三种零部件构成：B、C、D。其中 B 用于两个地方：作为 A 的下级元件和作为 F 的下级元件。B 作为 A 的下级元件，本来应该和 C、D 处在同一层，但是为了方便计算机处理，把它与 F 的下级元件放在同一层次（第 3 层），取同一层次码 3。

BOM 根据不同的用途有不同的类型：用于产品规划与生产计划的计划 BOM、用于产品设计的设计 BOM、用于产品装配的装配 BOM、用于生产工艺维护的工艺 BOM、用于成本核算的成本 BOM。各种 BOM 包含的具体信息有差别。用于生产计划的 BOM，按照展开的方式不同，有单层展开式 BOM、多层展开式 BOM、综合展开式 BOM 等不同形式。图 8-14 为一个 BOM 文件的实际界面。

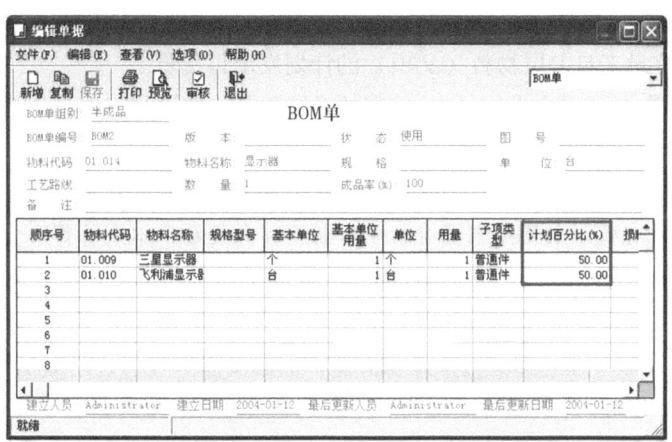

图 8-14　BOM 文件的界面

如何设计与维护 BOM 是一个非常重要的问题，这对物料需求计划以及整个制造资源计划系统的计划准确性有非常大的影响。BOM 的建立与维护，需要工艺、计划、生产、物料、财务等各部门人员共同参与。

为了保持生产计划信息传递的准确性与一致性，企业除了在产品设计阶段保持产品结构的层次关系准确可靠外，还需要建立 BOM 维护与更改制度，确保 BOM 的动态准确性。

### 3. 库存状态文件

库存状态文件是 MRP 的操作文件，MRP 所有数据的操作与存储都要通过库存状态文件。

MRP 中库存状态文件的格式因系统不同而有差别，但一些基本数据项是必备的，比如总需求量、现有数、净需求量、计划接收（发出）订货量等。表 8-4 是一种库存状态文件的格式。

表 8-4　库存状态文件

| 物料号： | | | | 描述： | | | | |
|---|---|---|---|---|---|---|---|---|
| 现有量： | | | | 最大订货量： | | | | |
| 最小订货量： | | | | 安全库存： | | | | |
| 订货批量： | | | | 提前期： | | | | |
| | 第1周 | 第2周 | 第3周 | 第4周 | 第5周 | 第6周 | 第7周 | 第8周 |
| 日期 | | | | | | | | |
| 总需求量 | | | | | | | | |
| 预计到货量 | | | | | | | | |
| 现有数 | | | | | | | | |
| 净需求量 | | | | | | | | |
| 计划接收订货量 | | | | | | | | |
| 计划发出订货量 | | | | | | | | |

库存状态文件的数据主要有两部分：一部分是静态的数据，即在运行 MRP 之前就确定的数据，如表 8-4 的上半部分所示，包括物料号、描述、提前期、安全库存等；另一部分是动态的数据，如表 8-4 的下半部分所示。MRP 在运行时不断变更的是动态数据。下面对库存状态文件中的几个数据进行说明。

（1）**总需求量**（gross requirement）。如果是产品级物料，则总需求量由 MPS 决定；如果是零件级物料，则总需求量来自上层物料（父项）的计划发出订货量。

（2）**预计到货量**（scheduled receipts）。有的系统称其为在途量，即计划在某一时刻入库但尚在生产或采购中，可以作为 MRP 使用。

（3）**现有数**（projected on hand）。现有数指每周期需求被满足后手头有的库存量。

$$现有数 = 上期期末现有数 + 本期预计到货量 - 本期总需求量$$

当现有数为负（<0）的时候，意味着库存不能满足需求，就会产生正的净需求量，需要接收订货来补充库存使现有数大于或等于 0。

（4）**净需求量**（net requirements）。当现有数不能满足需求时就会产生净需求量。

$$净需求量 = 总需求量 - 上期期末现有数 - 本期预计到货量$$

（5）**计划接收订货量**（planned order receipts）。当净需求量为正时，就需要计划接收订货量，以满足净需求。计划接收订货量取决于订货批量，如果采用逐批订货的方式，则计划接收订货量就是净需求量。

（6）**计划发出订货量**（planned order release）。计划发出订货量与计划接收订货量相等，但是在时间上提前一个时间段，即订货提前期。订货日期是计划接收订货日期减去订货提前期。

有的系统包含可供销量（available to promise, ATP），有的系统设计的库存状态文件可能还包括一些辅助数据项，如订货情况、盘点记录、尚未解决的订货、需求的变化等。

### 8.3.3　MRP 的输出内容

MRP 的输出内容主要是生产和库存控制计划与报告，其内容与形式在不同的系统中有差别。

一般来讲，MRP 的输出内容有如下几个方面。

- 计划发出的订单，主要是零部件的投入产出计划、原材料采购或外协件计划。这两种计划是 MRP 的主要输出内容。
- 订单执行的注意事项通知。
- 已发出订单的变动通知。
- 工艺装备的需求计划。
- 库存状态数据。

除了以上输出内容外，MRP 还包括一些辅助报告，具体如下。

- 例外情况报告，如延迟或过期的订货报告、过量的废品与缺件报告等。
- 用于预测需求与库存的计划报告，如采购约定与评价需求的信息。
- 交货期模拟报告，对不同的产品实际交货期进行模拟。
- 执行控制报告，如指出呆滞物品、实际使用量与费用的偏差报告。

### 8.3.4 MRP 的运算逻辑

MRP 的运算逻辑基本上遵循如下过程：按照产品结构进行分解，确定不同层次物料的总需求量；根据产品最终交货期和生产工艺关系，反推各零部件的投入产出日期；根据库存状态，确定各物料的净需求量；根据订货批量与提前期确定最终订货日期与数量。具体的计算过程如下。

（1）计算总需求量。

$$G_i(t) = \sum_{j \in J_i} R_j(t) q_{ji} \ (i = 1, 2, \cdots, n, \ t = 1, 2, \cdots, T) \tag{8-15}$$

式中　$G_i(t)$——物料 $i$ 在 $t$ 时期的总需求量；

　　　$R_j(t)$——物料 $i$ 的父项 $j$ 的计划发出订货量；

　　　$q_{ji}$——物品 $j$ 对物料 $i$ 的单位需求量（产品结构比例因子）；

　　　$T$——计划期的长度；

　　　$n$——产品结构中的物料数；

　　　$J_i$——物料 $i$ 的所有父项的集合。

如果是产品，那么总需求量取决于主生产计划（MPS）。

#### 应用范例 8-6

已知物料 A 和物料 B 都需要用到物料 C 进行生产，根据物料清单（BOM），A、B、C 三种物料的结构关系如图 8-15 所示。图中左侧的"C（2）"表示生产 1 个物料 A 需要 2 个物料 C，图中右侧的"C（3）"表示生产 1 个物料 B 需要 3 个物料 C。已知物料 A 和物料 B 的"计划发出订货量"分别如表 8-5 和表 8-6 所示，请确定物料 C 的总需求量。

解：物料 A 和物料 B 的"计划发出订货量"也叫"计划投入量"，代表的是物料 A 和物料 B 开始生产的数量。表中显示物料 A 在第 1 周和第 2 周分别需要开始投产 50 单位和 100 单位，物料 B 在第 2 周需要开始投产 200 单位。

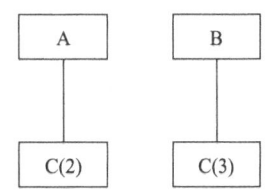

图 8-15　A、B、C 三种物料的结构关系

根据物料结构关系,物料 C 在第 1 周需要 100 单位（$=50\times2$）来满足物料 A 的投产需求,在第 2 周需要 200 单位（$=100\times2$）来满足物料 A 的投产需求和 600 单位（$=200\times3$）来满足物料 B 的投产需求,因此第 2 周物料 C 的总需求为 800 单位（$=100\times2+200\times3$）。物料 C 的总需求如表 8-7 所示。

表8-5 物料A的MRP数据

| 时段 | 第1周 | 第2周 | 第3周 |
|---|---|---|---|
| 计划发出订货量 | 50 | 100 | |

表8-6 物料B的MRP数据

| 时段 | 第1周 | 第2周 | 第3周 |
|---|---|---|---|
| 计划发出订货量 | | 200 | |

表8-7 物料C的MRP数据

| 时段 | 第1周 | 第2周 | 第3周 |
|---|---|---|---|
| 总需求 | 100 | 800 | |

（2）计算现有数。现有数有两种计算模式：一是计算期初现有数,二是计算期末现有数。本书采用计算期末现有数的模式。

$$H_i(t) = H_i(t-1) + S_i(t) - G_i(t) \tag{8-16}$$

式中　$H_i(t)$——物料 $i$ 在时期 $t$ 的期末现有数；

$H_i(t-1)$——物料 $i$ 在时期 $t-1$ 的期末现有数；

$S_i(t)$——物料 $i$ 在时期 $t$ 的预计到货量。

（3）计算净需求量。净需求量是在考虑了现有数和预计到货量后物品在某时期的实际需求,即

$$N_i(t) = G_i(t) - S_i(t) - H_i(t-1) \tag{8-17}$$

式中　$N_i(t)$——物料 $i$ 在时期 $t$ 的净需求量。

如果考虑安全库存,则式（8-17）还要加上一个安全库存量。另外,如果式（8-17）计算结果为负值,则净需求量最后为零。

（4）计划接收订货量与计划发出订货量。当某时期的"净需求"为正的时候,就需要补充库存,即需要确定计划接收订货量和计划发出订货量。

$$P_i(t) = \begin{cases} N_i(t) & \text{按需订货方式(逐批订货法)} \\ L_i & \text{按其他批量规则订货} \end{cases} \tag{8-18}$$

式中　$P_i(t)$——物料 $i$ 在时期 $t$ 计划接收订货量；

$N_i(t)$——物料 $i$ 在 $t$ 时期的净需求量；

$L_i$——物料 $i$ 的订货批量。

以上公式表示,计划接收订货量取决于订货方式。当按需订货时（也叫逐批订货法）,计划接收订货量 $P_i(t)$ 等于净需求量 $N_i(t)$；当按照其他规则订货时,等于某一个特殊的批量 $L_i$。一般不加说明时,MRP 采用的都是按需订货规则,特殊情况或者最底层采购物料才需要考虑其他订货规则。关于批量问题将在后面专门讨论。

确定计划接收订货数量以后,计划发出订货数量就确定了,两者数量是相等的,只是计划发出订货数量要比计划接收订货数量提前一段时间（订货提前期）,即按照以下公式计算：

$$R_i(t - \text{LT}_i) = P_i(t) \tag{8-19}$$

式中 $R_i(t-\text{LT}_i)$——物料 $i$ 在时期 $(t-\text{LT}_i)$ 的计划发出订货量;

$\text{LT}_i$——物料 $i$ 的订货提前期。

以上公式表示,物料 $i$ 在时期 $(t-\text{LT}_i)$ 计划发出的订货数量 $R_i(t-\text{LT}_i)$ 等于物料 $i$ 在时期 $t$ 的计划接收数量 $P_i(t)$。

(5)更新期末库存现有数。当某一时期有计划接收订货量时,就要更新期末库存现有数,把计划接收订货量加到现有数中。

$$H_i(t) = H_i(t) + P_i(t) \tag{8-20}$$

当某一时期有净需求量和计划接收订货量时,库存现有数也可以用如下公式计算:

$$\text{现有数} = \begin{cases} \text{订货批量} - \text{净需求量} & \text{如果不考虑安全库存} \\ \text{订货批量} - \text{净需求量} + \text{安全库存} & \text{如果净需求量包含安全库存} \end{cases}$$

MRP 的逻辑看似简单,利用手工在表上操作就能完成,但是,如果企业生产的产品结构比较复杂、物料比较多,而且要经常反复进行计算的时候,这个过程就比较烦琐。利用计算机编写程序来执行 MRP 操作就很方便,而且不容易出错。图 8-16 是基于本书的计算逻辑的 MRP 计算机程序算法流程。

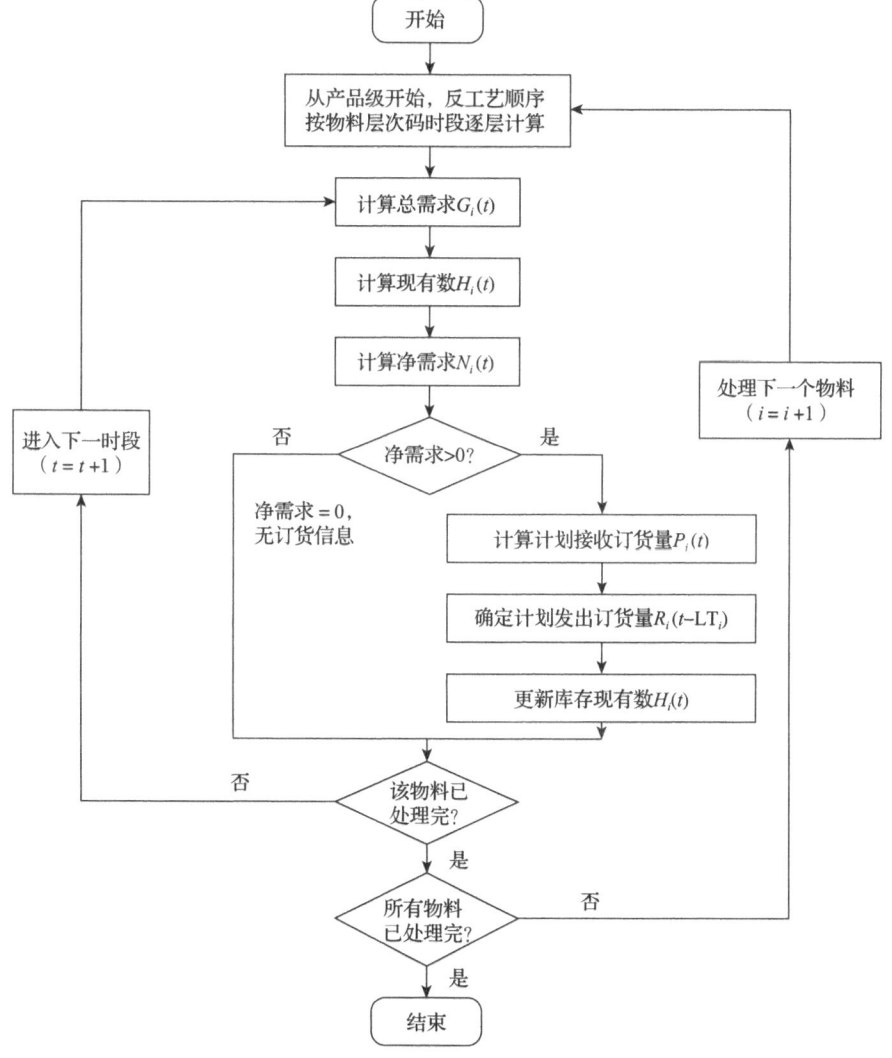

图 8-16 MRP 算法流程

MRP 的数据计算是在库存状态文件表中进行的，手工操作一般做法是按照计划时期，在表格中逐行逐列计算。先计算表中各时期的总需求，其次计算现有数（预计到货量是给定数据，不需要计算），然后计算净需求。当某时期有净需求（即净需求>0）的时候，计算计划接收订货量和计划发出订货量并更新现有数。如果没有净需求（即净需求等于0，如果净需求为负也令其为0），无订货信息，直接进入下一时期，直到所有时期计算结束，再计算其他物料。

图 8-17 是 MRP 的系统界面和输出结果截图。该系统的"毛需求量"就是本书中的"总需求量"，"预计入库量"就是本书中的"预计到货量"，"预计库存量"就是本书中的"现有数"（不同 MRP 系统的用户界面和数据项目是有差别的，这只是一个例子）。

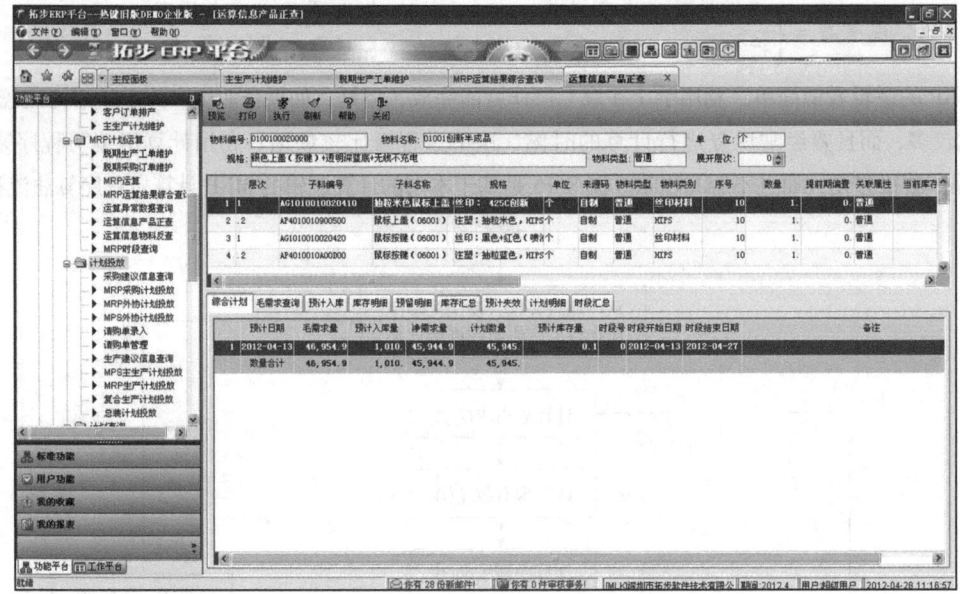

图 8-17　MRP 系统界面和输出结果截图

下面用一个范例来说明 MRP 的基本处理逻辑。

### 应用范例 8-7

已知某种产品的结构树如图 8-18 所示，物料清单如表 8-8 所示，该产品的主生产计划与库存状态如表 8-9、表 8-10 所示，物料需求计划计算过程如表 8-11 所示（所有物料按逐批订货方式订货）。

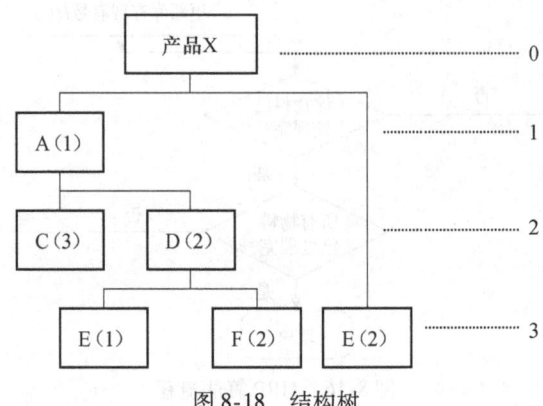

图 8-18　结构树

表 8-8 物料清单

| 行号 | 物料名称 | 物料编码 | 层次 | 父项 | 物料数量 | 单位 |
|---|---|---|---|---|---|---|
| 1 | X | 001 | 0 | — | 1 | 台 |
| 2 | A | 002 | 1 | 001 | 1 | 件 |
| 3 | C | 003 | 2 | 002 | 3 | 件 |
| 4 | D | 004 | 2 | 002 | 2 | 件 |
| 5 | E | 005 | 3 | 004 | 1 | 件 |
| 6 | F | 006 | 3 | 004 | 2 | 件 |
| 7 | E | 005 | 3 | 001 | 2 | 件 |

表 8-9 主生产计划

| 周次 | 1 | 2 | 3 | 4 | 5 | 6 | 7 | 8 | 9 |
|---|---|---|---|---|---|---|---|---|---|
| 需求 | | | | | | 300 | | | 150 |

表 8-10 库存状态

| 编号 | 名称 | 现有库存量/件 | 提前期（周） |
|---|---|---|---|
| 001 | X | 10 | 1 |
| 002 | A | 50 | 1 |
| 003 | C | 0 | 2 |
| 004 | D | 100 | 1 |
| 005 | E | 0 | 2 |
| 006 | F | 10 | 2 |

表 8-11 物料需求计划计算过程

| 物料提前期（周） | 项目 | 周次 | | | | | | | | |
|---|---|---|---|---|---|---|---|---|---|---|
| | | 1 | 2 | 3 | 4 | 5 | 6 | 7 | 8 | 9 |
| 产品 X<br>LT=1 | 总需求量 | | | | | | 300 | | | 150 |
| | 预计到货量 | 100 | | | | | | | | |
| | 现有数 10 | 110 | 110 | 110 | 110 | 110 | 0 | 0 | 0 | 0 |
| | 净需求量 | | | | | | 190 | | | 150 |
| | 计划接收订货量 | | | | | | 190 | | | 150 |
| | 计划发出订货量 | | | | | 190 | | | 150 | |
| 零件 A<br>LT=1 | 总需求量 | | | | | 190 | | | 150 | |
| | 预计到货量 | | | | | | | | | |
| | 现有数 50 | 50 | 50 | 50 | 50 | 0 | 0 | 0 | 0 | 0 |
| | 净需求量 | | | | | 140 | | | 150 | |
| | 计划接收订货量 | | | | | 140 | | | 150 | |
| | 计划发出订货量 | | | | 140 | | | 150 | | |
| 零件 C<br>LT=2 | 总需求量 | | | | 420 | | | 450 | | |
| | 预计到货量 | | 150 | | | | | | | |
| | 现有数 0 | 0 | 150 | 150 | 0 | 0 | 0 | 0 | 0 | 0 |
| | 净需求量 | | | | 270 | | | 450 | | |
| | 计划接收订货量 | | | | 270 | | | 450 | | |
| | 计划发出订货量 | | 270 | | | 450 | | | | |

(续)

| 物料提前期（周） | 项目 | | 周次 | | | | | | | |
|---|---|---|---|---|---|---|---|---|---|---|
| | | | 1 | 2 | 3 | 4 | 5 | 6 | 7 | 8 | 9 |
| 零件 D<br>LT = 1 | 总需求量 | | | | | 280 | | | 300 | | |
| | 预计到货量 | | | | | | | | | | |
| | 现有数 | 100 | 100 | 100 | 100 | 0 | 0 | 0 | 0 | 0 | 0 |
| | 净需求量 | | | | | 180 | | | 300 | | |
| | 计划接收订货量 | | | | | 180 | | | 300 | | |
| | 计划发出订货量 | | | | 180 | | | 300 | | | |
| 零件 E<br>LT = 2 | 总需求量 | | | | | 180 | | 380 | 300 | | 300 |
| | 预计到货量 | | | 200 | | | | | | | |
| | 现有数 | 0 | 200 | 200 | 20 | 20 | 0 | 0 | 0 | 0 | 0 |
| | 净需求量 | | | | | | | 360 | 300 | | 300 |
| | 计划接收订货量 | | | | | | | 360 | 300 | | 300 |
| | 计划发出订货量 | | | | 360 | 300 | | 300 | | | |
| 零件 F<br>LT = 2 | 总需求量 | | | | | 360 | | 600 | | | |
| | 预计到货量 | | | 500 | | | | | | | |
| | 现有数 | 10 | 10 | 510 | 150 | 150 | 150 | 0 | 0 | 0 | 0 |
| | 净需求量 | | | | | | | 450 | | | |
| | 计划接收订货量 | | | | | | | 450 | | | |
| | 计划发出订货量 | | | | | 450 | | | | | |

以上就是基本 MRP 的处理逻辑。在实际应用中，根据企业的实际需要在处理逻辑上有一些问题需要考虑，比如以下方面。

（1）**安全库存**。正如独立需求库存一节所讲的那样，MRP 也需要考虑需求不确定性，通过建立安全库存应对需求波动。**考虑安全库存以后，净需求 = 总需求 – 上期现有数 – 本期预计到货量 + 安全库存**。增加安全库存会引起其他下层物料的需求增加，因此安全库存使用必须慎重。基本的 MRP 处理逻辑中不考虑安全库存。

（2）**耗损率（收成率）**。一些流程工业企业，如化工、食品、纺织等行业的企业，在生产过程中从物料投入到产出，会存在一定的工艺损耗，存在投入和产出不相等现象，这个时候，MRP 的计划接收订货量（也叫计划产出量）和计划发出订货量（也叫计划投入量）数量不等，**计划投入量 = 计划出产量/（1 – 耗损率）**，或者用：**计划投入量 = 计划出产量/收成率**。基本的 MRP 处理逻辑中没有考虑这个因素。

（3）**提前期和计划时间**。基本的 MRP 处理逻辑假设物料的提前期（从下达订货到收到货物的时间）是固定的，而且提前期和计划时间一样，都采用"周"为时间单位，但是现在很多企业的生产计划变动比较大，物料生产和采购交货时间越来越短，MRP 的提前期和计划时间的单位采用"天"更加合适。另外，有的系统对某些物料（特别是产品）的提前期，采用和物料批量有关的做法，一般来说，批量大，提前期长；批量小，提前期短。

（4）**批量策略**。在基本的 MRP 计算逻辑中采用按需订货的规则，净需求 = 计划接收订货量 = 计划发出订货量，但是这样的做法实际中存在一定问题，因此企业应根据需要采用不同的批量策略。关于批量策略将在 8.3.5 节讨论。

## 8.3.5 MRP 的批量问题

在前面的应用范例 8-7 中，大家可以看到，基本的 MRP 逻辑采用逐批订货策略，每种物料在发生订货以后，库存现有数都是 0，以后各时段发生的总需求就用计划接收的订货量来满足。这就体现了 MRP"围绕物料转化，按需组织生产"的基本思想和原理，这是 MRP 的优点。但是，这样按需订货的逐批订货做法有时候会出现一些问题，比如，如果计算出来的净需求量很小（如只有 1 个单位的净需求），仍要进行下达生产和采购需求计划，这样就不经济，特别是对于最低层次的对外采购物料，太小的采购批量在现实中也不可操作。因此，为了节省采购或者生产费用，企业一般采用一定的经济生产批量或者订货批量。在独立需求库存管理中，我们已经讨论了各种经济订货批量模型。在物料需求计划（MRP）中，批量是一个复杂的问题，由于产品的层次结构关系，各层零件的批量都与其上层物料（父项）的需求有关，上层物料的需求时间和数量的变化将影响下层物料的需求时间和数量，而且影响逐层放大直到最低层物料，这种现象被称为 MRP 的"系统紧张"。正因如此，在 MRP 运算中考虑订货批量时需要十分慎重，为了减少系统紧张，一般只在最低层次的物料上考虑批量问题。

目前解决 MRP 的批量问题的模型很多，但是能真正在 MRP 中使用的并不多。比较常见的批量订货方法有以下几种。

（1）**逐批订货法**（lot for lot，简称"LFL"或者"L4L"，也叫"直接批量法""按需订货法""批对批订货法"）。这是 MRP 最常见的批量订货法，通常情况下不加说明则认定 MRP 采用这样的批量规则，应用范例 8-7 采用的就是这种批量订货法。在这种情况下，"净需求量""计划接收订货量"和"计划发出订货量"三者数量相同。

逐批订货法的特点有：①按照需求订货，计算简单，是真正的按需生产；②库存少，但是订货次数多；③适合采购费用比较低的物料。

（2）**固定量订货批量法**（fixed order quantity，FOQ）。固定量订货批量法，简称定量批量法，也是一种比较简单、企业常用的批量订货方法。做法是每次订货都按照一个固定的数量（或者该固定批量的整数倍）订货，这个固定的订货批量一般比净需求量大，因而接收该计划下的订货量以后一般会产生一定库存。采用固定量订货批量法是比较符合实际需要，也比较好管理的，因为它使物料生产或者采购都可以按照均衡的数量进行，生产和采购手续比较简单。这种做法类似于独立需求库存系统的定量订货系统的做法，只是这个固定订货量的确定不是依靠经济订货批量而是经验数据。

定量批量法的特点有：①可以减少采购次数，但是会增加物料的库存成本；②订货时间不固定；③适合采购费用比较高物料。

（3）**固定期订货批量法**（period order quantity，POQ）。固定期订货批量法，简称定期批量法，是指按照一个固定订货间隔期，定期订货，使订货量覆盖一个固定时期的需求。这种做法类似于本章的独立需求库存系统的定期订货系统的做法。定期的订货批量按照如下方法确定：

POQ 订货批量 = 订货间隔期总需求量 − 上期末现有数 − 订货间隔期预计到货量

定期批量法的特点有：①订货次数少，简化订货手续，有利于库存管理；②减少总平均现有库存量；③适合采购费用比较高的物料。

此外，理论界也提出各种批量订货的优化方法，如最大零件收益法（maximum part-period

gain，MPG)、最小总成本法（least total cost，LTC)、零件周期算法（part-period algorithm，PPA)、最小单位成本法（least unit cost，LUC)、Silver-Meal 启发算法等。这些方法一般需要用到库存成本和订货成本数据来进行演算分析，过程稍微复杂，实践应用比较少，因此不做介绍。

以下用一个例子说明固定量订货批量法和固定期订货批量法的应用。

### 应用范例 8-8

以应用范例 8-7 的零件 E 为对象，请用：(1) 固定量订货批量法，批量 =500；(2) 固定期订货批量法，订货间隔期 $P=3$ 周，分别完成零件 E 的订货计划。

**解：**(1) 固定量订货批量法。

表 8-12 为固定量订货批量法下零件 E 的库存状态表。第 1 到第 4 周库存满足需求，不产生订货。在第 5 周如果不订货，则期末现有数 $=20-380=-360<0$，于是产生净需求量 $=360$。订货批量为 500，因此计划接收订货量是 500，计划发出订货量也是 500。第 5 周现有数 =计划接收订货量 -净需求量 $=500-360=140$。第 6 周，总需求量是 300，上期末现有数（140）不足以满足总需求，因此净需求量 $=300-140=160$。订货批量为 500，第 6 周的库存现有数 =订货量 -净需求量 $=500-160=340$。第 8 周总需求量 $=300$，上期末现有数为 340，本期末现有数 $=340-300=40>0$，不产生净需求，不用订货。

**表 8-12　固定量订货批量法下零件 E 库存状态表（订货批量 =500)**

| 零件<br>提前期（周) | 项目 | 周次 | | | | | | | | |
|---|---|---|---|---|---|---|---|---|---|---|
| | | 1 | 2 | 3 | 4 | 5 | 6 | 7 | 8 | 9 |
| 零件 E<br>LT = 2 | 总需求量 | | | 180 | | 380 | 300 | | 300 | |
| | 预计到货量 | 200 | | | | | | | | |
| | 现有数　　0 | 200 | 200 | 20 | 20 | 140 | 340 | 340 | 40 | 40 |
| | 净需求量 | | | | | 360 | 160 | | | |
| | 计划接收订货量 | | | | | 500 | 500 | | | |
| | 计划发出订货量 | | | 500 | 500 | | | | | |

(2) 固定期订货批量法。

表 8-13 为固定期订货批量法下零件 E 库存状态表。第 1 到第 4 周库存都能满足需求，不产生订货。第 5 周净需求量 $=380-20=360$，因此需要订货。按照固定订货期为 3 周，满足 3 周总需求，订货批量 =（第 5、6、7 周总需求量）-第 4 周现有数 -（第 5、6、7 周预计到货量）$=(380+300+0)-20-0=660$。第 5 周库存现有数 =计划接收订货量 -净需求量 $=660-360=300$。第 6 周，因为现有数 $=300-300=0$，所以不需要订货。第 7 周没有需求，不订货，现有数为 0。第 8 周总需求量为 300，需要订货。因为只剩下第 8、9 两周的需求，所以订货量 =（第 8、9 周总需求量）-第 7 周现有数 -（第 8、9 周预计到货量）$=300+0-0-0=300$，第 8 周净需求量是 300，因此期末现有数为 0。

**表 8-13　固定期订货批量法下零件 E 库存状态表（订货间隔期 =3 周)**

| 零件<br>提前期（周) | 项目 | 周次 | | | | | | | | |
|---|---|---|---|---|---|---|---|---|---|---|
| | | 1 | 2 | 3 | 4 | 5 | 6 | 7 | 8 | 9 |
| 零件 E<br>LT = 2 | 总需求量 | | | 180 | | 380 | 300 | | 300 | |
| | 预计到货量 | 200 | | | | | | | | |
| | 现有数　　0 | 200 | 200 | 20 | 20 | 300 | 0 | 0 | 0 | 0 |
| | 净需求量 | | | | | 360 | | | 300 | |
| | 计划接收订货量 | | | | | 660 | | | 300 | |
| | 计划发出订货量 | | | 660 | | | 300 | | | |

比较表 8-11、表 8-12、表 8-13，可以看出以下两点。

（1）从订货次数来看，逐批订货法订货 3 次，而固定量订货批量法和固定期订货批量法只订货 2 次。一般情况下，逐批订货法订货次数比其他的方法都要多。

（2）从库存量来看，逐批订货法平均库存量 = $(200 + 200 + 20 + 20 + 0 + 0 + 0 + 0 + 0)/9 = 48.9$，固定量订货批量法平均库存量 = $(200 + 200 + 20 + 20 + 140 + 340 + 340 + 40 + 40)/9 = 149.9$，固定期订货批量法平均库存量 = $(200 + 200 + 20 + 20 + 300 + 0 + 0 + 0 + 0)/9 = 82.2$。固定量订货批量法的平均库存量最大，逐批订货法的最小。

这个例子说明，不同的订货规则下 MRP 的结果是不同的，订货次数、库存数量、总库存成本都不同。

## 8.4　MRP Ⅱ 与 ERP

### 1. 从 MRP 到 MRP Ⅱ 的必然过程

（1）**计划与能力的协调——闭环 MRP**。基本 MRP 系统隐含了这样一个假设：无限能力，即基本 MRP 系统在制订物料需求计划时建立在无限能力的基础上，由于没有考虑能力约束，这样就很难保证计划是可行的。能力需求计划（CRP）的出现是为了弥补这样的缺陷，增加计划的可行性，在物料需求计划与企业车间生产能力之间寻找平衡，以保证计划的有效性。这就出现了所谓的闭环 MRP 系统，如图 8-19 所示。

闭环 MRP 系统体现了生产管理两个方面的思想：一方面是企业资源的有限性，生产计划必须建立在已有资源的基础上，因此除了物料需求计划外，闭环 MRP 系统还考虑能

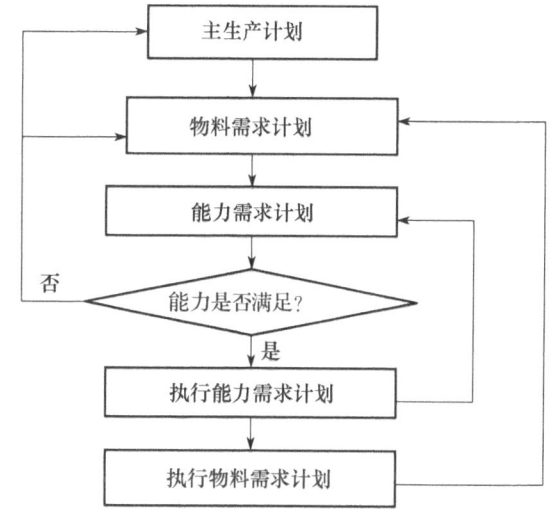

图 8-19　闭环 MRP 系统

力需求计划与作业计划、采购计划等；另一方面，生产计划与控制是一个整体，生产计划必须考虑生产控制信息，应根据控制的结果修订原来的计划或制订未来的计划，这中间就涉及现有的生产控制信息的反馈问题，因此在闭环的 MRP 系统中计划执行与计划制订过程形成了一个闭环。闭环 MRP 比开环的基本 MRP 更加可行有效。

（2）**物流与资金流的统一——制造资源计划（MRP Ⅱ）**。闭环 MRP 主要还是对物料的管理，而企业的生产是物流与资金流的统一，因此当闭环的 MRP 出现后，人们自然会想到，能否将与生产活动有关的管理过程统一起来，对生产管理进行评价与分析（生产成本核算），使企业的经营计划与生产计划保持一致。于是又把成本核算应收账款与应付账款等与财务管理有关的活动连接起来，形成物流与资金流的统一，这就是制造资源计划，用 MRP Ⅱ 表示。

制造资源计划（MRP Ⅱ）以生产计划为中心，将与物料管理有关的产、供、销、财各个环节的活动有机地联系起来作为一个整体进行协调，使它们在生产经营管理中发挥最大的作用。最终的目标是使生产保持连续均衡，最大限度地降低库存与资金的消耗，减少浪费，提高经济效益。

从物料需求计划发展到制造资源计划,这是对生产经营管理过程本质的认识不断深入的结果,是先进的计算机技术与管理思想不断融合的过程。

### 2. MRP Ⅱ 的结构与功能

从 1977 年 9 月奥利弗·怀特(Oliver Wight)提出制造资源计划(MRP Ⅱ)以来,国内外成千上万的软件公司都在开发制造资源计划程序,图 8-20 为 MRP Ⅱ 的工作流程图。

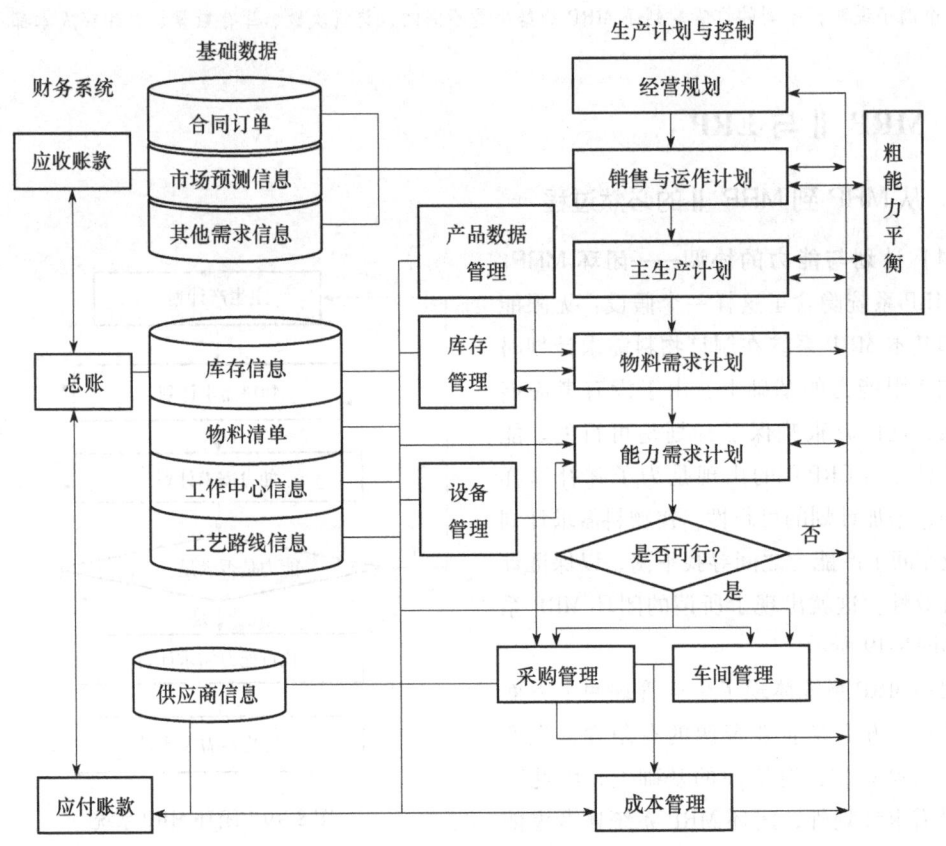

图 8-20　MRP Ⅱ 的工作流程图

虽然不同的开发商开发的 MRP Ⅱ 程序各有特点,但有一些子系统模块是大多数公司都采用的,具体包括以下几方面。

(1)基础数据管理子系统。基础数据管理子系统主要为生产计划的制订提供基础数据,比如物料清单管理、工艺管理、资源管理(设备、人员、工厂日历等)等。

(2)库存管理子系统。库存管理子系统主要是对生产过程中原料、半成品、产品、机物料、标准件等进出仓库的管理,通过库存管理减少占用的库存资金,提高经济效益。

(3)经营计划管理子系统。经营计划管理子系统包括对销售合同的管理、销售计划的制订、需求预测、销售分析与统计等。

(4)主生产计划子系统。主生产计划是物料需求计划的龙头,具有将经营销售计划转为生产计划、建立生产批次与总装配计划、产品出产进度安排、生产计划修改、粗能力平衡、生产计划查询等功能。

（5）物料需求计划子系统。物料需求计划是 MRP Ⅱ 的核心，一般包括对内的零部件的投入产出计划、对外的采购与外协计划和能力需求计划等。

（6）生产作业计划与控制子系统。根据物料需求计划制订车间内部的作业计划，如派工单、工票的生成与打印、各种生产现场数据的收集与统计分析等。

（7）物资采购供应子系统。物资采购供应子系统包括定额制定、定额发料、供应商的评价与管理、物资供应计划、采购合同管理、物资统计分析等采购供应管理内容。

（8）成本核算与财务管理子系统。成本核算与财务管理子系统包括成本标准与成本计划、成本计算、成本差异分析等功能模块，提供基于产品结构、工艺、工序、时间等的成本数据查询，按照生产成本的构成进行材料成本、人工成本、制造费用等的计算与分析。

### 3. 企业资源计划

自 20 世纪 90 年代以来，一种新的管理信息系统——企业资源计划（ERP）在制造资源计划的基础上发展起来，图 8-21 为制造企业从 MRP 到 ERP 的演变过程。

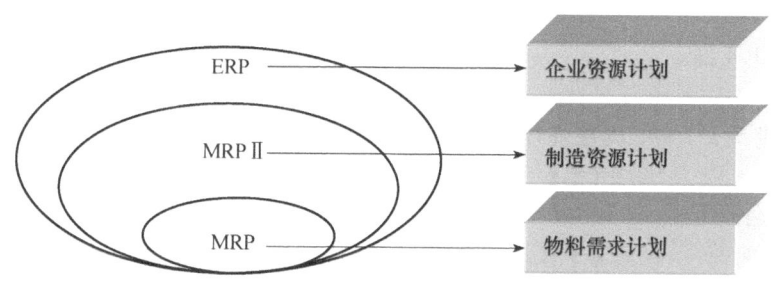

图 8-21 从 MRP 到 ERP 的演变

目前，ERP 系统已经广泛应用于制造与非制造行业，ERP 系统的功能会因开发商与用户的不同而不同。制造型企业资源计划系统包括生产管理、分销与物流管理、采购与供应管理、财务会计管理、人力资源管理、资产管理、工程管理等。总而言之，ERP 具有企业人、财、物、产、供、销各个方面的资源管理功能。出于篇幅限制，感兴趣的读者可以阅读有关 ERP 的教科书与参考书来深入了解。

## 本章小结

本章介绍了库存管理的传统理论与物料需求计划（MRP）的原理。8.1 节介绍了库存管理的基本概念；8.2 节介绍了独立需求库存管理的理论与方法，重点介绍了连续检查系统与周期检查系统的库存决策；8.3 节介绍了 MRP 原理，包括 MRP 的基本输入、输出、运算逻辑等；8.4 节介绍了 MRP 的新发展——制造资源计划与企业资源计划的基本结构和功能。

## 关键术语

库存（inventory）
经济订货批量（economic order quantity）
周期检查系统（periodic review system）
连续检查系统（continuous review system）
物料需求计划（materials requirement planning，MRP）

## 延伸阅读

1. 阅读指南：想了解更多有关库存与MRP的理论和知识，可登录库存管理网站http://www.inventorymanagement.com 和 SAP 网站 http://www.sap.com。

2. 网络资源：想了解更多企业实施ERP的成功经验，读者可以登录https://www.e-works.net.cn/，搜索有关中国企业实施ERP的案例。

## 选择题

1. 下列物品属于独立需求库存的是（　　）。
   A. 原材料　　　B. 半成品
   C. 成品　　　　D. 零件

2. 需求方差变为原来的2倍，则安全库存水平（　　）。
   A. 为原来的2倍
   B. 为原来的1/2
   C. 为原来的1.4倍
   D. 不变

3. 供应商交货期延长1倍，则经济订货批量变为（　　）。
   A. 原来的3倍
   B. 原来的2倍
   C. 原来的1/2
   D. 不受影响

4. 与周期检查库存补给系统相比，连续检查库存补给系统的特征是（　　）。
   A. 安全库存水平低
   B. 容易缺货
   C. 安全库存水平高
   D. 订货批量较大

5. 物资订货成本增加1倍，经济订货批量（　　）。
   A. 增加1倍　　　B. 变为原来的1.4倍
   C. 增加2倍　　　D. 增加1.4倍

6. 下列不属于MRP的输入项目的是（　　）。
   A. 主生产计划　　B. 能力计划
   C. 物料清单　　　D. 库存状态文件

7. 下列（　　）功能是MRP不具备的。
   A. 物料需求计划制订
   B. 库存状态更新
   C. 成本核算
   D. 订货变更通知

8. 闭环MRP是指（　　）。
   A. 考虑能力平衡的MRP
   B. 无限能力的MRP
   C. 加入成本核算的MRP
   D. 采用动态批量的MRP

9. MRP Ⅱ与闭环MRP的区别是（　　）。
   A. MRP Ⅱ增加了成本核算模块
   B. MRP Ⅱ增加了能力平衡功能
   C. MRP Ⅱ增加了库存记录文件
   D. MRP的批量计算不同

## 论述题

1. 独立需求库存问题与相关需求库存问题的不同点在哪里？
2. 解释服务水平、缺货成本、安全库存之间的关系。
3. 连续检查库存补给系统与周期检查库存补给系统在运作上有什么不同？
4. 解释物料需求计划（MRP）的基本原理。
5. 基本MRP存在什么缺点？闭环MRP与基本MRP在功能上有什么不同？

## 计算题

1. 某医院每年的手术手套的需求量大致为1 000双，采购费用为200元，存储费用为每双手套每年1元，采购价格为每双手套10元，采购提前期为7天。采用订货点的方法进行库存控制，订货点与订货量是多少（每年按照250天工作日计算）？

2. 商场某种商品的日需求量服从正态分布，日平均400台，标准偏差为25，订货费用为每次300元，供应商提供的订货要求是最低批量为500，订货提前期为10天，并且给出如下价格：

| | |
|---|---|
| 低于1 000台 | 价格为50元 |
| 1 000~1 999台 | 价格为47元 |
| 2 000~2 999台 | 价格为45元 |
| 3 000台以上 | 价格为42元 |

单位货物年维持费用为单价的20%。试确定经济订货批量（每年按250天计算）。

3. 某公司产品过去12个月的需求情况如表8-14所示。

假设需求服从正态分布，交货期为2周（14天）。一次订货费用为50元，每台产品的月存储费用为2元，要求用户满足率达到90%。

（1）采用连续检查库存的方法，订货点、经济订货批量、安全库存各为多少？
（2）如果采用周期检查库存的方法，经济订货间隔期是多久？安全库存是多少？

4. 已知产品结构、主生产计划（见表8-15）和各零件的库存状态（见表8-16），产品结构树如图8-22所示。确定各物料的投入产出计划（所有物料采用逐批订货方式）。

表8-14 产品需求 （单位：台）

| 月份 | 1 | 2 | 3 | 4 | 5 | 6 | 7 | 8 | 9 | 10 | 11 | 12 |
|---|---|---|---|---|---|---|---|---|---|---|---|---|
| 需求 | 150 | 145 | 160 | 137 | 152 | 170 | 156 | 180 | 149 | 151 | 168 | 171 |

表8-15 产品A主生产计划（总需求量） （单位：件）

| 周次 | 1 | 2 | 3 | 4 | 5 | 6 | 7 | 8 | 9 | 10 | 11 |
|---|---|---|---|---|---|---|---|---|---|---|---|
| 需求 | | | | | | | 50 | 80 | | 100 | 120 |

表8-16 库存状态

| 物料 | 现有库存/件 | 订货提前期（周） |
|---|---|---|
| A | 5 | 1 |
| B | 10 | 1 |
| C | 0 | 2 |
| D | 7 | 2 |
| E | 0 | 1 |
| G | 0 | 3 |
| H | 8 | 2 |

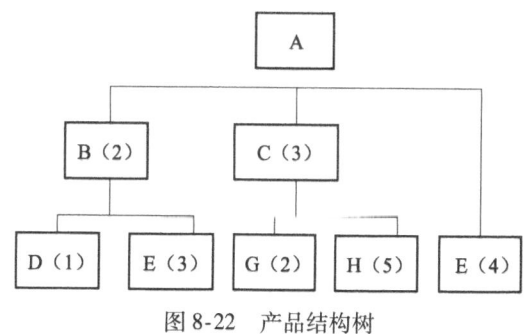

图8-22 产品结构树

## 讨论案例

### JP公司的库存管理问题

#### 一、公司背景

JP公司是一家外资企业集团，在中国内地有9家分公司，主要提供电子代工制造服务，包括全方位的电子设计制造、生产和产品管理服务。主要产品类型包括计算机、打印机、服务器、医疗仪器配件、大型电力供应设备等。JP公司是通过收购一家港资企业进入中国市场的，通过在中国10多年的发展，JP公司的营业额已从2003年的47亿美元增长至2010年的134亿美元，全球员工人数约为10万人。中国是JP公司扩张的主要地区。但是随着人民币不断升值、中国劳动力成本和原材料成本不断上升，特别是电子代工制造行业的竞争程度比其他行业更激烈，电子代工制造企业的利润率非常低（平均为3%~5%），其中物料成本在电子代工制造企业的总成本中占80%~85%，库存的高低、库存周转的效率直接影响整个公司的运营成本，因此高效的库存管理对提升企业竞争优势有着非常重要的影响。

随着业务量的不断增长，JP公司的库存管理的压力进一步加大。JP公司中国分公司服务的客户数有40多家，包括国外的福特、通用和国内的比亚迪、吉利等汽车大公司，产品种类繁多，每一位客户的产品型号多达几百种，有些客户甚至有超过1 000个不同型号的产品。由于产品品种繁多，其物料供应数量也繁多，公司年销售额超过28亿美元，物料采购金额达26亿美元，可想而知物料成本压力巨大。目前该公司供应商数量多达4 600个，其中中国区占70%。由于物料品种多，库存成本压力大，提高库存周转率就成了该公司物料管理的一个重点难题。那么如何在不影响公司服务水平以保证业务量继续增长的同时，降低整个公司的库存水平以提高库存周转率呢？该公司的总经理在思考如何改善库存管理。

## 二、业务流程

JP公司以电子代工制造为主业，公司的运作都是基于客户的需求，当某客户（以下设为A客户）选定JP公司为代工提供商后，JP公司的运作就开始了，其供应链的业务流程大致如下。

（1）A客户向JP公司提供半年或一年滚动需求预测，并提出交货计划和安全库存要求。客户可以每个月或定期更新其需求预测。

（2）JP公司的计划人员在接到A客户的需求预测和交货计划后，将客户需求预测分解成主生产计划和计划订单。主生产计划用来制订物料需求计划，计划订单用来安排具体的生产计划。

（3）计划人员把主生产计划放入系统中，系统根据现有物料库存，制订物料需求计划，采购人员根据物料需求计划向供应商发出采购订单。

（4）供应商发货，仓库部门收货，质量部门对来料进行检查，来料合格后入库，并在系统中记录。

（5）计划人员根据计划订单和物料库存情况安排生产，生产完成后，产品质检合格后入库。库存控制人员根据生产情况对系统原材料和成品数目进行调整。

（6）计划人员根据A客户的交货要求安排发货，并跟踪货物进入客户指定的仓库。

（7）A客户提货后，库存控制人员对系统成品数目进行扣除。

上述业务流程如图8-23所示。

## 三、生产运作特点

（1）各事业部独立运作，独立管理物料和成品库存。因为要面对不同的客户，所以不同的事业部在库存管理的方式和运作上按照客户的要求来进行，各事业部并没有完全统一的库存管理模式。

（2）电子产成品种类和原材料种类众多。由于有不同的客户，产成品种类众多，因而原材料的种类也非常多。以JP广州分公司为例，它有接近30个客户，公司代工的电子产品有上百种，而其中电子元器件的种类更是达上千种。不同的客户会指定不同的供应商，因而上游供应商较多。

（3）客户需求的相对不确定性导致物料库存和成品库存波动很大。不同的客户，其需求量变动不同，一般情况下，客户未来90天的需求量可能完全不同。同时，客户有需求的时间也会频繁地变化，交货期有时候要求往后推，有时候又要求在很短的时间内交货，这样就会经常出现某些物料库存堆积或临时紧急采购某些物料的情况。对JP公司而言，高库存往往是客户需求的大起大落导致的。

（4）电子产品生产的特殊性。在生产电子产品的过程中对静电的防护要求较高，测试流程众多，一旦产品不能通过所有测试，要花较长的时间才能找出原因。

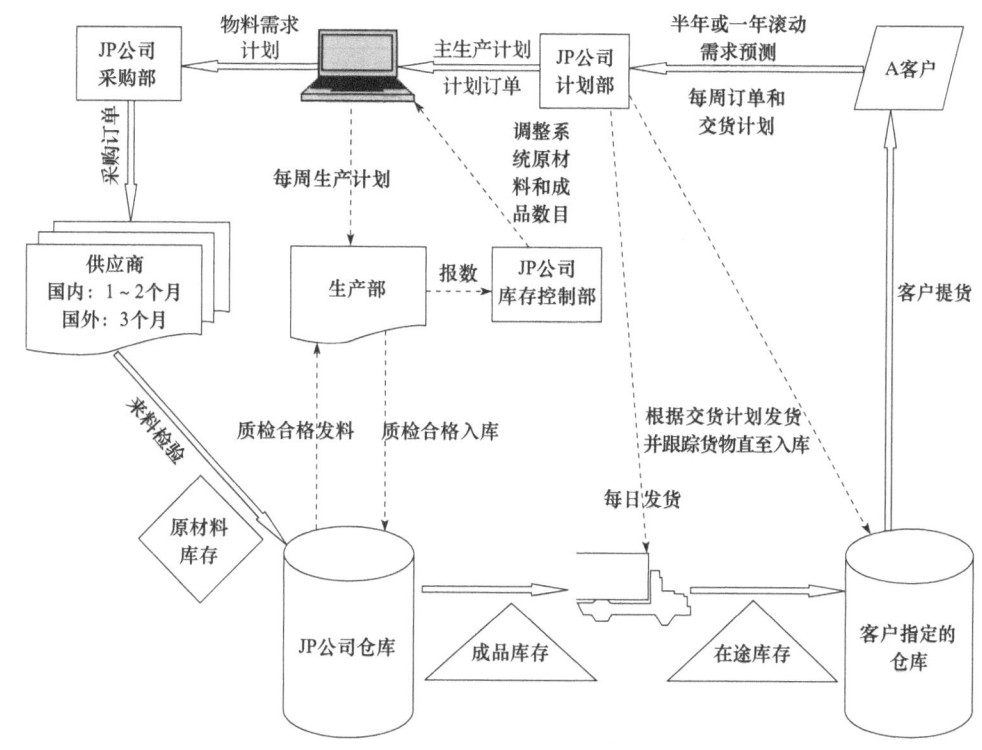

图 8-23　JP 公司某事业部的业务流程图

### 四、JP 公司库存管理中存在的问题

（1）各事业部独立管理库存。不同的事业部，库存管理的方式不一样。JP 公司的组织结构属于典型的矩阵式组织结构，各事业部独立经营管理，自负盈亏。矩阵式管理模式是以产品线或客户为纵轴、以区域机构为横轴的交叉组织管理模式，各产品线对其营运和盈亏负责。虽然矩阵式结构具有灵活、高效、便于资源共享和组织内部沟通等优势，可以适应产品多元化、分散市场以及分权管理等复杂的条件，但是在具有矩阵式组织结构的企业中，由于不同产品线相对独立，各产品线在经营的过程中只对本产品线的营运和盈亏负责，因此具体到库存管理时会只顾本产品线的原料短缺和库存变化。在短期内，有些产品线可以做得非常成功，库存管理可以达到甚至超过公司所设立的目标，但是从长期来看，这种相对独立且分散的管理模式无法整合供应链资源来提高整个供应链的运作效率，从而很难在整体上控制库存，最终会损害公司的长期竞争优势。JP 公司的事业部组织结构如图 8-24 所示。

图 8-24　JP 公司的事业部组织结构图

(2) 电子元器件号码不统一，基本是根据客户的要求设定的。即使元器件的功能一样，但是客户不同，元器件号码就不同。JP 公司是电子代工企业，因此在公司的经营理念中，客户永远是第一位的。不同的客户因为产品设计不同，在制造过程中对 JP 公司会有不同的要求，一般情况下，客户会要求按照它们公司的内部标准来设定元器件号码，所以在很多情况下，即使某些电子元器件的功能相同，但是因为客户不同，元器件号码也不一样，JP 公司在进行原材料采购的时候会出现重复采购，同时各事业部之间不能共享具有同一功能的电子元器件。

(3) 客户需求预测准确性较低，需求经常大幅度变动，导致非正常的库存产生。虽然 JP 公司按照 ABC 分类法对物料进行管理，但是因为客户需求预测不准，所以 ABC 分类中的物料等级会经常变化。JP 公司与客户签订的代工合同中会规定，在 90 天内，客户的需求预测变动可以达到 75%～100%，即订单可以增加 75%～100% 或减少 75%～100%。对于大多数物料来说，一般的采购提前期为 4～8 周，有些物料的采购提前期甚至达 6 个月以上。当客户的需求预测变动以后，这些给供应商的订单并不一定能够取消（虽然客户会为引起需求变动的库存买单，但是 JP 公司必须在客户买单之前承担库存持有和仓储成本），这就造成了不必要的原材料库存。同时，因为客户需求预测不断变化，所以根据 ABC 分类标准分析出来的物料等级也会不断地变化，每个月的 ABC 分类结果都不一样。

JP 公司每年的客户需求都有变化，每种产品每年不同季节的需求波动也比较大。表 8-17 为 JP 公司某事业部 2021 年度的大客户需求活跃产品数量，表 8-18 为 2020 财年及 2021 财年 1 季度按季度划分的客户需求波动情况。

表 8-17 大客户需求活跃产品数量

| 客户名称 | 活跃产品数量/种 |
| --- | --- |
| 客户 H | 24 |
| 客户 F | 4 |
| 客户 A | 71 |
| 客户 J | 44 |
| 客户 S | 12 |
| 客户 O | 53 |
| 客户 R | 20 |
| 客户 E | 38 |
| 总计 | 263 |

表 8-18 按季度划分的客户需求波动情况（销售收入占比）

| 客户名称 | 2020 财年 1 季度 | 2020 财年 2 季度 | 2020 财年 3 季度 | 2020 财年 4 季度 | 2021 财年 1 季度 |
| --- | --- | --- | --- | --- | --- |
| 客户 H | 3% | 7% | 3% | 32% | 41% |
| 客户 F | 6% | 16% | 7% | 14% | 10% |
| 客户 A | 5% | 6% | 8% | 10% | 5% |
| 客户 J | 15% | 6% | 10% | 16% | 13% |
| 客户 S | 34% | 32% | 37% | 12% | 13% |
| 客户 O | 29% | 27% | 29% | 13% | 8% |
| 客户 R | 7% | 5% | 6% | 3% | 8% |
| 客户 E | 1% | 1% | 0% | 0% | 2% |
| 合计 | 100% | 100% | 100% | 100% | 100% |

(4) 部分物料采购提前期过长，间接产生非正常的原材料库存，同时影响产成品的生产，从而导致在制品库存的产生。在电子制造中，部分关键的元器件如 IC、BGA、特殊的电阻或电容等采购提前期很长，有些 BGA 的采购提前期甚至达到 6 个月以上，由于所有向供应商下达的订单并不会在采购提前期上有完美的配合，提前期有长有短，因此在具体采购操作中无法避免物料早到或晚到的情况，这就产生了非正常的原材料库存，特别是在新产品试产的过程中，这种情况经常出现。当其他物料都到齐后，采购提前期最长的物料就是整个生产过程的瓶颈，任何一点失误都会造成生产停顿和非正常的在制品库存。JP 公司事业部 A 主要物料采购提前期如图 8-25 所示。

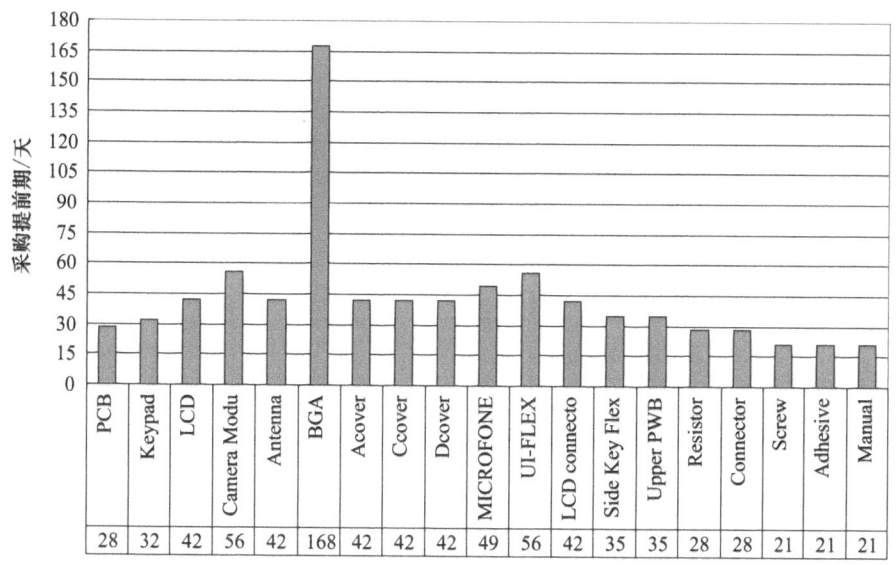

图 8-25　JP 公司事业部 A 主要物料采购提前期

（5）安全库存设置标准不统一，某些物料的安全库存水平设置得过高。由于各事业部的独立性，不同的事业部为了最大限度地满足客户的需求，同样功能的物料有不同的客户物料编码，安全库存设置的标准和水平也不同，经常出现事业部 A 设置的安全库存为 7 天但事业部 B 设置成了 14 天。同时，不同事业部设置安全库存的方法也不尽相同，有的事业部将安全库存设置在原材料上，有的事业部将安全库存设置在成品或半成品上，这样就容易导致对原材料安全库存的计算错误。

（6）客户指定的供应商较多，JP 公司与供应商单独谈判协商的力量较弱，实施 VMI 和 JMI 的供应商比重较低。JP 公司在接到代工制造的合同后会从客户指定的主要供应商处购买物料，对客户指定的供应商基本没有谈判的余地，只是按照客户的要求开展相关的采购业务，当出现问题时，JP 公司只能投诉给客户寻求解决方法，但是客户为了保护自己的利益并不会强迫它的供应商，因此，在物料库存管理上，JP 公司无法与供应商全力推行 VMI 或 JMI 模式。这跟 JP 公司现行的矩阵式组织结构有很大的关系，由于各事业部是相对独立的，物料采购并不能集中于少数的供应商，因此，JP 公司不能大批量集中采购，对供应商的影响力不大，供应商只听客户的，JP 公司无法激励和调动它们的积极性。

资料来源：作者根据企业内部资料整理编写。

## 讨论

1. JP 公司库存管理的主要问题有哪几个方面，造成库存管理不善的原因是什么？
2. 请你向 JP 公司的总经理提出一个解决库存问题、降低库存水平、改善库存管理的方案。

# 第9章
CHAPTER 9

# 生产作业计划与控制

§ 学习目标

- 了解生产作业计划内容和要求。
- 掌握作业排序的基本方法。
- 熟悉生产控制的内容与方法。
- 了解智能制造生产控制策略。

§ 引例

**制造执行系统帮了小陈的大忙**

小陈是南方一家生产智能空气净化器的中美合资企业的生产部经理。公司有一个ERP系统，但是这个系统对于企业车间的作业排程帮助不大。虽然该系统也有生产排程的模块，但根据企业的运行经验，它很难在工厂环境中被真正使用。ERP更偏向于计划层，对生产的实际进度没有反馈机制，更不能帮助和指导工厂分析瓶颈。公司的生产是订单式生产，生产作业计划与控制的压力非常大。

以前小陈做生产排程的时候，只能利用ERP提供的库存和需求信息下达生产任务，但是具体到每一道工序的生产排程，还是一个半手工的过程，因为这个系统不具备对车间作业排程的功能。后来，公司有了制造执行系统（manufacturing executive system，MES），小陈的工作压力大大减轻了，因为这个新的系统帮了他一个大忙，他不再需要花大量的时间在生产排程上。通过MES进行生产排程，手工排程所需的全部信息，包括ERP中的销售订单数据、车间在制品的实时数据、ERP系统中的物料库存数、仓库发料至车间尚未使用的物料数、BOM表中各项物料的消耗数量、工艺逻辑顺序要求、各设备的排产计划和空档期，都实时显示在系统中，小陈可以轻松利用可视化的界面安排订单。

现在，根据 MES 获得的销售订单数据、物料信息和设备可用信息，系统以完全可视化的方式自动、快速地推荐理论最优生产排程，小陈只需要做简单的确认和调解，就可以完成生产排程工作。如图 9-1 所示，这是一个排产计划的输出界面，它显示出了各阶段设备的占用率，小陈只需要根据一些特别的要求，就可以直观地在系统上对各排程进行拖动或调整，完成了排程后，相关计划即刻下发到各设备中心，这取代了邮件下发工单的传统方式。

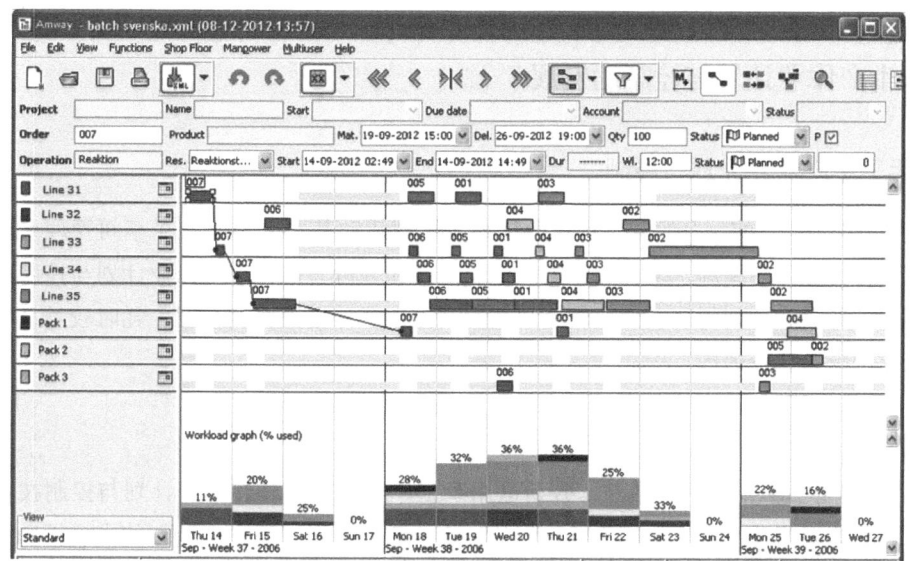

图 9-1　MES 系统的订单排产计划与调整界面

制造执行系统（MES）是 20 世纪 80 年代出现的一种新型的企业生产管理系统。它以生产过程为核心，连接实时数据库和非实时的关系数据库，对生产控制层安排生产作业计划，下达生产指令，进而对整个生产过程的物料、质量、设备、成本等进行控制。

MES 是一座"桥"，是连接 ERP 与过程控制系统（PCS）的一座桥，起到了承上启下的核心作用。MES 为管理与过程控制系统提供了一个通道，将两者有机地构成一个整体，实现信息的无缝链接与共享。对已实施 MES 的企业的调查显示，应用效果最明显的三个方面依次是：实现对物料的追踪与追溯，实现生产过程的可视化，实现生产过程的闭环控制。

思考与讨论：1. MES 帮助小陈解决了什么问题？
　　　　　　2. MES 和 ERP 在生产管理中的功能有什么不同？

生产作业计划与生产控制是工厂底层的生产管理活动，当根据企业资源计划下达生产任务以后，需要把生产任务具体分配到各个机器与人，决定作业任务的具体顺序，既要完成车间的生产作业计划，同时要做好现场作业信息的收集反馈（生产统计），并根据生产进度和计划交货要求调整生产资源的使用。本章引例中的企业利用制造执行系统完成了生产作业计划和控制工作，但是很多企业并没有这种系统，或者会利用其他相应的系统来进行车间生产作业管理。本章将介绍车间作业管理的核心内容：生产作业计划和生产控制。

## 9.1　生产作业计划与控制概述

生产作业计划与控制是工厂底层（车间）的生产管理活动，也是制造企业生产管理中最复杂的管理活动。我们一般把生产管理活动分为三个层次：战略层（strategic level）、战术层（tactical level）和作业层（operational level）。美国20世纪70年代以前的生产管理教科书主要介绍的就是车间级的作业管理内容。车间级的生产作业计划与控制包括下达生产计划、制订日程作业计划、分派任务、决定作业任务的顺序（作业排序）、收集生产进度信息、完成作业统计、跟踪生产进度、根据生产计划和需求变化调整生产作业计划等一系列活动。

### 9.1.1　生产作业计划与控制的发展

#### 1. 手工生产作业计划与控制

20世纪70年代以前，企业的生产作业计划与控制活动基本上只能依靠车间管理人员手工完成，手工进行作业计划编制、手工进行生产作业统计和分析，这种手工作业计划与控制的管理手段比较粗放。首先，计划的准确性比较差；其次，当生产计划需要调整时，耗时较长，导致企业对需求变化的响应比较迟钝。

#### 2. 计算机化生产作业计划与控制

20世纪70年代以后，计算机技术开始运用于工厂的生产管理，生产计划与控制技术慢慢从手工方式转为计算机化方式。车间作业计划的计算机化大大提升了作业计划的准确性和效率，生产控制技术也得到了发展。物料需求计划出现以后，基于物料需求计划的输入输出控制技术、看板控制技术和瓶颈管理技术等先后应用于生产控制。

#### 3. 集成化生产计划与控制技术

20世纪八九十年代，集成化思想在制造企业的生产管理中广泛流行。基于企业内部网的数据库技术的发展，计算机集成制造系统为企业生产计划与控制的集成提供了技术平台。企业资源计划的应用，进一步扩大了企业的生产计划与控制集成空间。企业资源计划系统和制造执行系统等现场作业调度系统之间的数据传输与信息互联，使工厂范围内的生产计划与控制集成成为现实。

#### 4. 数字化与智能化生产作业计划与控制

进入21世纪以后，随着新一代信息技术的出现，生产作业计划与控制也进入了一个新阶段——数字化与智能化时代。智能制造和工业4.0技术出现以后，有许多先进的信息技术进一步推动了生产作业计划与控制技术的发展。最近几年，云系统、大数据、5G技术、物联网技术等都逐渐运用到生产作业计划与控制中。现在，我国一些先进的制造企业，比如海尔、美的等都已建立了基于云平台的生产作业控制系统，通过工厂云平台实现车间联网控制和远程监控。

### 9.1.2　生产作业计划的基本要求

一个科学的生产作业计划应该满足如下两个基本要求。

（1）确保按时交货。按时交货是市场竞争的基本要求，因此，生产作业计划的制订必须以按时交货为前提，企业按照顾客的交货要求来确定各产品的出产时间与数量，并在生产计划的执行过程中及时发现问题，提高准时交货率。

（2）提高企业资源利用率。生产作业计划是通过利用企业资源来完成生产任务的，因此资源的合理利用是一个非常重要的问题。对于生产资源的利用，一要减少资源浪费，尽可能以最少的资源实现最大产出；二要合理调配资源，当面对不同的产品需求时，生产作业计划就需要考虑不同资源的合理使用问题，比如哪些是瓶颈资源、哪些是非瓶颈资源等。企业只有合理利用资源，才能取得最佳经济效益。

### 9.1.3 生产作业计划的内容

生产作业计划的内容有如下几个方面。

（1）**制订生产作业计划的期量标准**。在制订生产作业计划之前，必须有相应的生产组织的标准，这些标准包括作业时间标准，即"期"标准；另一个是作业数量标准，即"量"标准。期量标准是制订合理与科学的生产作业计划的前提。

（2）**能力核算与平衡**。编制生产作业计划需要对设备的负荷状况进行核算，当能力不足时，企业要制定有关能力调整的具体措施。用一句通俗的话来说，企业要做到"看菜吃饭，量体裁衣"，同一生产线生产不同产品时，要兼顾不同产品的能力需求，同时要考虑未来的能力需求。

（3）**编制作业计划与派工**。生产作业计划要明确各产品的具体生产日期，生产数量与生产顺序，执行生产任务的设备、工具与人员等。编制作业计划是一件烦琐的工作，同时也是一件涉及不同部门与人员的工作，因此制订生产作业计划要综合考虑各种因素，使编制的计划切实可行。当计划编制好以后，就需要进行派工，通过派工单等方式将生产任务落实到各工作单位。

（4）**明确有关作业工作要求与特殊处理方法**。生产作业计划除了要明确生产任务与工作分配以外，对于一些特殊的生产任务，比如订单生产环境、顾客的各种特殊交货与加工要求，生产作业计划要给出一定的说明，并提供有关处理办法。

（5）**作业统计与信息反馈**。在编制新的生产作业计划之前，需要了解前一时期的生产任务落实情况，并对这些生产任务的完成情况进行作业统计，然后再编制新的生产作业计划。另外，要把这些信息反馈给生产主管与其他相关部门，为制订下一次的生产作业计划提供依据。

### 9.1.4 不同生产类型的生产作业计划

生产类型不同，生产作业计划也有所不同，具体如下。

（1）**大量生产作业计划**。在大量生产环境下，生产作业计划的主要决策问题在设计生产线时就已经基本确定，比如生产节拍、生产周期、工作标准等，因此，生产作业计划实际上与生产线的设计联系在一起，大量生产作业计划主要确定生产节拍、工作地负荷分配、产品投产顺序、在制品定额等。

（2）**批量生产作业计划**。与大量生产不同，由于批量生产的产品品种增加，生产过程中存在同一生产线要在不同产品的生产任务之间来回转换的问题，因此生产作业计划要考虑生产批量、生产周期与间隔期、生产提前期等。目前，批量生产环境下的企业一般通过物料需求计划来下达生产物料的投入与出产日期，因此，生产作业计划可以直接将物料需求计划输出转化为派工单，从而将生产任务分配给工作地。

(3) **单件生产作业计划**。单件生产与大量生产、批量生产不同,每一次只生产一种或者少数几种产品,因此生产工艺路线复杂,生产作业计划编制的难度高。由于单件生产各项生产活动的时间或者说生产提前期是不精确的,因此编制生产作业计划的关键是制定一个合理的生产进度表,并在生产过程中经常调整作业的资源分配与生产进度。单件生产一般采用甘特图或者网络计划方法等工具编制作业计划。

## 9.2 生产作业计划编制的工作基础:期量标准

编制生产作业计划需要一定的基础数据,这些基础数据就是所谓的作业期量标准。"期"就是时间标准,如生产周期、提前期等;"量"就是相关的生产数量标准,如在制品定额、安全库存等。不同的生产类型,期量标准不同:大量生产的期量标准有节拍、在制品定额、标准作业图表等;批量生产的期量标准主要是生产批量、生产提前期、生产周期、在制品定额等;单件生产的期量标准包括生产提前期、产品装配图等。下面讨论生产周期、生产批量、在制品定额这几个期量标准的确定方法。

### 9.2.1 生产周期

生产周期是从原料投入生产到产品完成的时间间隔。加工装配型企业的产品生产周期由零件的生产周期构成,因此要先确定单工序零件生产周期、多工序零件加工生产周期,最后确定产品装配生产周期。

#### 1. 单工序零件生产周期

单工序零件生产周期可以用公式表示为:

$$T_i = \frac{Qt_i}{Sk} + t_{re} \tag{9-1}$$

式中 $T_i$——工序 $i$ 的零件生产周期(分);

$Q$——零件批量(件);

$t_i$——工序 $i$ 单件零件的生产时间(分/件);

$S$——工序 $i$ 同时工作的工作地数;

$k$——定额完成系数;

$t_{re}$——准备与结束生产时间(分)。

如果转化为以天为单位的生产周期,则表示为:

$$T_i = \frac{Qt_i}{dSk} + \frac{t_{re}}{d} \tag{9-2}$$

式中 $d$——制度规定的每天工作时间(分/天)。

**应用范例 9-1**

假设工厂的某道生产工序生产某一种零件,单件生产时间为 15 分/件,生产批量为 2 000 件,该工序同时有 3 个工作地生产,工厂采用每天两班工作制,每班工作 8 小时,零件加工的定额完成系数为 0.95,准备与结束生产时间为30分钟。求该生产工序的生产周期。

**解：**

$$T = \frac{2\,000(件) \times 15(分/件)}{2(班/天) \times 8(时/班) \times 60(分/时) \times 3 \times 0.95} + \frac{30(分)}{2(班/天) \times 8(时/班) \times 60(分/时)}$$

$$= 10.996\,2(天) \approx 11(天)$$

### 2. 多工序零件加工生产周期

一般零件是经过多道生产工序完成的，零件的生产周期是单工序零件生产周期的累积，用公式表示为：

$$T_j = \rho \sum_{i=1}^{m} T_i + T_z + T_{tp} \tag{9-3}$$

式中　$T_j$——零件的生产周期；

　　　$\rho$——工序平行系数（零件在工序间的移动方式，$0 \leq \rho \leq 1$，当 $\rho = 1$ 时为顺序移动）；

　　　$T_z$——工序自然过程时间（如钢铁企业中工件冷却的时间）；

　　　$T_{tp}$——工序间的运输与等待时间。

式（9-3）中涉及零件移动方式的问题，一般不同的生产流水线，工序之间零件的移动方式有三种形式：平行移动、顺序移动和平行顺序移动。不同的移动方式，零件生产周期的计算方法不同。式（9-3）是综合考虑不同零件移动方式的计算公式。下面分别介绍三种移动方式下的零件生产周期计算方法。

**（1）顺序移动的零件生产周期计算。** 顺序移动是一整批零件完成上一道工序后一次性整体向下一道工序转移的方式。顺序移动的零件生产周期可以用如下公式表示：

$$T_s = n \sum_{i=1}^{m} t_i \tag{9-4}$$

式中　$T_s$——顺序移动的零件生产周期；

　　　$t_i$——第 $i$ 道工序的单件生产时间；

　　　$m$——生产工序数；

　　　$n$——生产零件数。

图9-2 表示顺序移动的零件组织过程与生产周期构成。

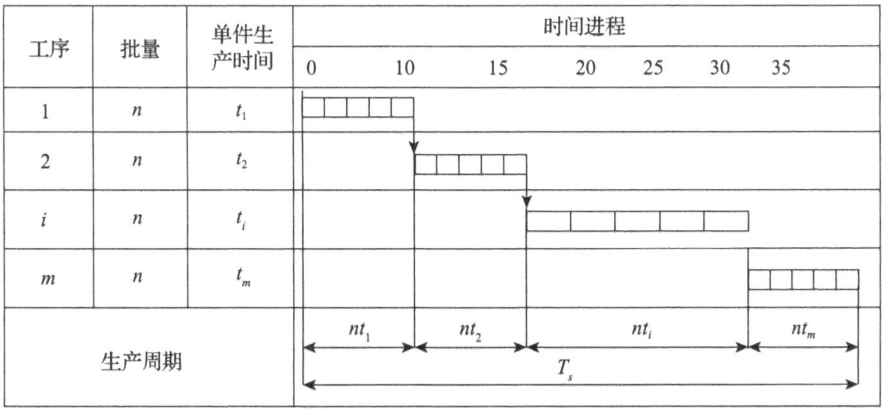

| 工序 | 批量 | 单件生产时间 | 时间进程 |||||||
|---|---|---|---|---|---|---|---|---|---|
|  |  |  | 0 | 10 | 15 | 20 | 25 | 30 | 35 |
| 1 | $n$ | $t_1$ | | | | | | | |
| 2 | $n$ | $t_2$ | | | | | | | |
| $i$ | $n$ | $t_i$ | | | | | | | |
| $m$ | $n$ | $t_m$ | | | | | | | |
| 生产周期 | | | $nt_1$ | $nt_2$ | $nt_i$ | | | $nt_m$ | |
| | | | | | $T_s$ | | | | |

图 9-2　顺序移动的零件生产周期的计算

顺序移动方式下的生产过程比较简单，运输次数少，但是生产周期长，比较适合单件生产时间短、零件小的情况。

**(2) 平行移动的零件生产周期计算。** 平行移动与顺序移动的不同之处在于，一批零件中的某一个零件在完成一道工序以后马上被送到下一道工序。平行移动的零件生产周期的计算公式为：

$$T_p = \sum_{i=1}^{m} t_i + (n-1)t_{max} \tag{9-5}$$

式中　　$T_p$——平行移动方式的零件生产周期；

$t_{max} = \max_{i}\{t_i\}$——各工序单件生产时间的最长时间。

图 9-3 为平行移动的零件生产周期的计算。

| 工序 | 批量 | 单件生产时间 | 时间进程 0　10　15　20　25　30 |
|---|---|---|---|
| 1 | n | $t_1$ | |
| 2 | n | $t_2$ | |
| i | n | $t_i$ | |
| m | n | $t_m$ | |
| 生产周期 | | | $t_1+t_2$　$(n-1)t_2$　$t_i+t_m$　　$T_p$ |

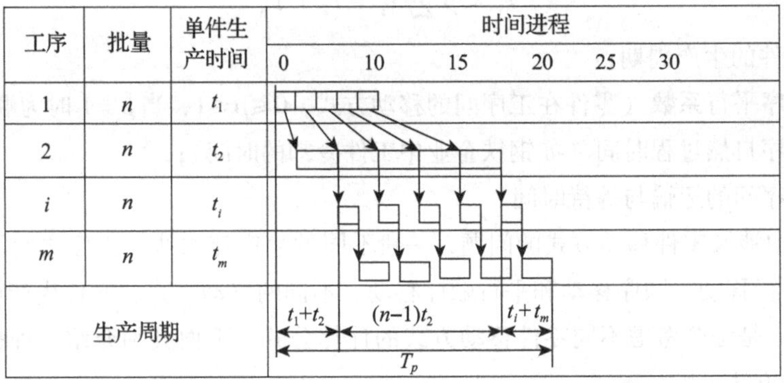

图 9-3　平行移动的零件生产周期的计算

从图 9-3 中可以看出，平行移动的零件生产周期比顺序移动的要短，但是运输次数增加了。另外，平行移动方式会出现设备闲忙不均的现象，设备利用率相对顺序移动方式较低，因为如果后一道工序的加工时间比前一道工序短，那么后一道工序设备将会出现空闲状态；反之，当前一道工序的加工时间短于后一道工序加工时间时，零件会在后一道工序出现等待现象（设备忙）。

**(3) 平行顺序移动的零件生产周期计算。** 为了在缩短生产周期的同时充分利用设备，减少设备空闲，另外一种零件移动方式是把顺序移动与平行移动结合起来的平行顺序移动方式。平行顺序移动的零件生产周期的计算公式为：

$$T_{ps} = n\sum_{i=1}^{m} t_i - (n-1)\sum_{i=2}^{m} \min(t_{i-1}, t_i) \tag{9-6}$$

式中　　$T_{ps}$——平行顺序移动方式下的零件生产周期。

平行顺序移动方式能使各工序的设备连续生产，设备利用率达到如顺序移动的效果，同时又能够使前后工序尽可能如平行移动那样平行加工，缩短生产周期。具体做法是：①当前一道工序的加工时间短于后一道工序，即 $t_i < t_{i+1}$ 时，采用平行移动；②当前一道工序的加工时间长于等于后一道工序，即 $t_i \geqslant t_{i+1}$ 时，以前一道工序最后一个零件的完工时间为基准，向后推移 $(n-1)t_{i+1}$ 时间单位开始后一道工序，即开始第 $(i+1)$ 道工序的加工。也就是说，当零件累积到能够保证后一道工序连续生产的时候才把零件送到后一道工序开始加工（顺序移动），之后零件就可以采用平行移动的方式。

平行顺序移动方式具体的实现过程如图 9-4 所示。

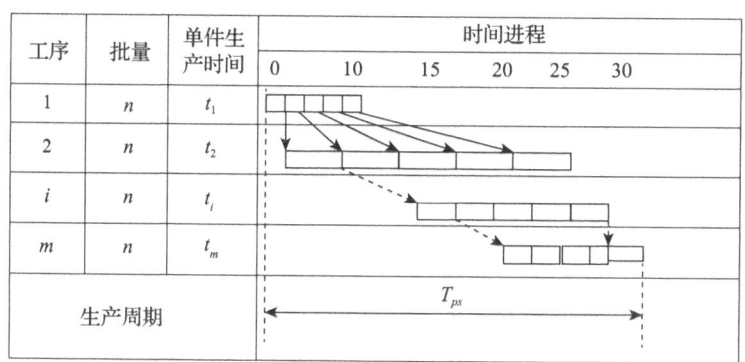

图 9-4 平行顺序移动的零件生产周期的计算

下面用一个例子说明三种移动方式的零件生产周期的计算。

### 应用范例 9-2

某零件的生产批量为 10 件，有 5 道工序，各工序的单件生产时间如下：$t_1 = 3$ 分钟，$t_2 = 5$ 分钟，$t_3 = 8$ 分钟，$t_4 = 6$ 分钟，$t_5 = 10$ 分钟，计算三种移动方式下的零件生产周期。

（1）顺序移动方式下的零件生产周期：

$$T_s = n \sum_{i=1}^{m} t_i = 10 \times (3 + 5 + 8 + 6 + 10) = 10 \times 32 = 320 (分钟)$$

（2）平行移动方式下的零件生产周期：

$$T_p = \sum_{i=1}^{m} t_i + (n-1) t_{\max} = (3 + 5 + 8 + 6 + 10) + (10 - 1) \times 10 = 32 + 90 = 122 (分钟)$$

（3）平行顺序移动方式下的零件生产周期：

$$T_{ps} = n \sum_{i=1}^{m} t_i - (n-1) \sum_{i=2}^{m} \min(t_{i-1}, t_i)$$
$$= 10 \times (3 + 5 + 8 + 6 + 10) - (10 - 1) \times (3 + 5 + 6 + 6) = 320 - 9 \times 20 = 140 (分钟)$$

### 3. 产品装配生产周期

产品是由多个零件装配而成的，产品的生产周期就是从零件投入到产品装配完成所有过程的时间，如图 9-5 所示。

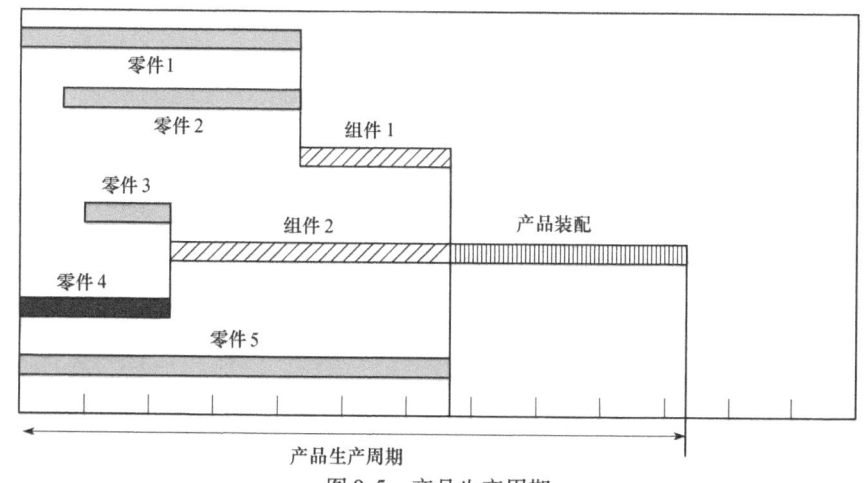

图 9-5 产品生产周期

## 9.2.2 生产批量

生产批量是生产中的一个重要概念,生产批量的大小对生产效果有很大的影响。批量大,生产周期长,在制品多,流动资金占用得多,不利于资金周转。但是,批量小,换产次数多,会消耗更多时间。过去福特公司采用大批量生产;丰田公司则通过缩短换产时间、减少批量,从而减少在制品库存。

### 1. 最小生产批量

生产批量与换产时间有关:换产时间长,批量应大一些;反之,批量可以小一些。根据生产过程换产时间来确定最小生产批量的公式为:

$$Q_{\min} = \frac{t_{ad}}{\delta t} \tag{9-7}$$

式中　$Q_{\min}$——最小生产批量;
　　　$t_{ad}$——换产时间;
　　　$\delta$——设备调整时间损失系数;
　　　$t$——零件单件生产时间。

设备调整时间损失系数与生产类型有关:加工零件大,设备大型,调整工艺复杂,耗费的时间长,损失的时间就多,系数就大一些,生产批量就小;反之,零件小,设备小型,调整工艺简单,耗费的时间短,损失的时间少,系数就小一些,生产批量就大一些。一般 $\delta$ 取 0.03~0.15。

### 2. 经济生产批量

按照成本优化理论,生产过程中的产品与在制品的费用由设备调整费用和存储费用构成:

$$TC = \frac{Q}{2}ic + A\frac{N}{Q} \tag{9-8}$$

对上式求导,得:

$$Q^* = \sqrt{\frac{2AN}{ci}} \tag{9-9}$$

式中　$A$——换产设备调整费用;
　　　$N$——生产总需求量;
　　　$c$——单位零件的生产成本;
　　　$i$——零件存储费用率(%)。

生产批量的确定有两种方法:一种方法是先确定最小批量,根据生产换产过程中的设备调整费用确定经济生产批量,然后再结合企业的实际情况来修正批量;另一种方法是先确定生产间隔期,再根据如下公式确定生产批量:

$$生产批量 = 生产间隔期 \times 平均日产量$$

## 9.2.3 在制品定额

在制品是处于生产过程的零件、组件与产品的总称。在制品定额的大小与批量和生产类型有关。

在制品根据存在的地点分为车间内在制品与车间之间在制品两大类，具体有工艺在制品、运输在制品、工序间流动占用在制品、保险在制品等不同的表现形式。

### 1. 工艺在制品

工艺在制品是在生产线上流动的在制品，包括在加工的、在装配的、在检验的在制品。用公式表示为：

$$Z_c = \sum_{i=1}^{m} S_i q_i \tag{9-10}$$

式中 $Z_c$——在制品工艺占用量（件）；

　　$m$——工序数；

　　$S_i$——工序 $i$ 的设备（工作地）数；

　　$q_i$——工序 $i$ 的设备（工作地）生产数量。

### 2. 运输在制品

运输在制品是在工序之间存在于运输工具中的在制品，运输在制品的数量取决于运输工具与运输距离，还与存放空间有关。

### 3. 工序间流动占用在制品

工序间流动占用在制品是由于前后工序的生产率不一样而存在于工序之间（既不在加工状态也不在运输状态，而是存在于工序中）的在制品。

工序间流动占用在制品是时刻变化的，一般以看管期末为准。工序间流动占用在制品的最大数量可以用如下公式计算：

$$Z_{\max} = t_s \left( \frac{S_e}{t_e} - \frac{S_l}{t_l} \right) \tag{9-11}$$

式中 $t_s$——前后工序同时工作的时间；

　　$S_e$，$S_l$——前后工序的设备（工作地）数；

　　$t_e$，$t_l$——前后工序的单件生产时间。

### 4. 保险在制品

保险在制品是为了防止因前后工序之间出现故障导致生产线中断而设置的在制品。保险在制品的数量根据生产线的可靠性与故障率确定。

流水生产线的车间在制品定额可以用工艺在制品、运输在制品、工序间流动占用在制品与保险在制品的总和来计算。批量生产的在制品可以直接根据在一定时间内投入车间的截至统计时间没有入库的量来确定。

## 9.3 作业排序理论

作业排序是作业计划的基础。合理的作业排序可以缩短生产周期，提高企业按时交货的能力；充分利用设备，提高生产资源利用率；减少在制品数量，提高资金周转率。下面介绍一些比较成熟且实用的排序理论与方法及其在生产作业计划中的应用。

## 9.3.1 单台设备上的作业排序方法

单台设备上多个工件的排序问题是最简单的。当一台设备需要加工多个工件时，虽然整批零件的完工时间不会因为加工顺序的改变而改变，但是不同的加工顺序会导致各单个工件的完工时间发生变化，从而影响工件按时交货。

要解决单台设备上的作业排序问题，可以采用不同的排序规则。排序规则不同，排序结果则不同，以下列出常用的几种排序规则。

- 最短加工时间优先（shortest processing time，SPT）规则；
- 最短交货期优先（earliest due date，EDD）规则；
- 先到先加工（first come first served，FCFS）规则；
- 最短松动时间优先规则（松动时间 = 交货期 − 加工时间，STR）；
- 临界比率最小优先规则（临界比率等于交货期减去当前日期除以加工时间）；
- 综合规则（综合使用两种规则，比如先按照最短交货期优先规则排序，然后按照最短加工时间优先规则排序）；
- 后到先加工规则；
- 随机规则。

一般来讲，评价作业排序可以从以下两个方面考虑。

（1）拖期的工件数或拖期时间。每一个工件都有确定的交货期，加工过程应该确保按期交货，如果发生延期，则应尽量使拖期的工件数最少或拖期的时间最短，这样拖期损失也能够最少（如拖期罚款）。

（2）工件在车间的停留时间或在制品量。工件在车间的停留时间取决于等待时间与加工时间，等待时间越长，停留时间就越长。停留时间长，则车间在制品量大、资金积压多、成本高。

下面以一个例子来说明上述几种规则的应用。

### 应用范例 9-3

有 6 个工件需要在某台设备上加工，各工件的加工时间如表 9-1 所示（工件编号代表工件到达工作地的先后次序），请比较用哪种规则排序更合理。

**解**：按各规则排序的结果如表 9-2～表 9-6 所示，各排序结果比较如表 9-7 所示。

表 9-1　工件的加工时间与交货期　　　　　（单位：天）

| 工件编号 | 1 | 2 | 3 | 4 | 5 | 6 |
| --- | --- | --- | --- | --- | --- | --- |
| 加工时间 | 7 | 8 | 10 | 2 | 5 | 6 |
| 交货期 | 14 | 12 | 20 | 10 | 15 | 18 |

表9-2 按照先到先加工规则排序 (单位：天)

| 作业排序 | 1 | 2 | 3 | 4 | 5 | 6 |
|---|---|---|---|---|---|---|
| 工件编号 | 1 | 2 | 3 | 4 | 5 | 6 |
| 加工时间 | 7 | 8 | 10 | 2 | 5 | 6 |
| 等待时间 | 0 | 7 | 15 | 25 | 27 | 32 |
| 完成时间 | 7 | 15 | 25 | 27 | 32 | 38 |
| 交货期 | 14 | 12 | 20 | 10 | 15 | 18 |
| 拖期时间 | 0 | 3 | 5 | 17 | 17 | 20 |

注：总拖期工件数为5件，平均拖期时间为 (0+3+5+17+17+20)/6=10.33（天），平均流程时间为 (7+15+25+27+32+38)/6=24（天）。

表9-3 按照最短加工时间优先规则排序 (单位：天)

| 作业排序 | 1 | 2 | 3 | 4 | 5 | 6 |
|---|---|---|---|---|---|---|
| 工件编号 | 4 | 5 | 6 | 1 | 2 | 3 |
| 加工时间 | 2 | 5 | 6 | 7 | 8 | 10 |
| 等待时间 | 0 | 2 | 7 | 13 | 20 | 28 |
| 完成时间 | 2 | 7 | 13 | 20 | 28 | 38 |
| 交货期 | 10 | 15 | 18 | 14 | 12 | 20 |
| 拖期时间 | 0 | 0 | 0 | 6 | 16 | 18 |

注：总拖期工件数为3件，平均拖期时间为 (0+0+0+6+16+18)/6=6.67（天），平均流程时间为 (2+7+13+20+28+38)/6=18（天）。

表9-4 按照最短交货期优先规则排序 (单位：天)

| 作业排序 | 1 | 2 | 3 | 4 | 5 | 6 |
|---|---|---|---|---|---|---|
| 工件编号 | 4 | 2 | 1 | 5 | 6 | 3 |
| 加工时间 | 2 | 8 | 7 | 5 | 6 | 10 |
| 等待时间 | 0 | 2 | 10 | 17 | 22 | 28 |
| 完成时间 | 2 | 10 | 17 | 22 | 28 | 38 |
| 交货期 | 10 | 12 | 14 | 15 | 18 | 20 |
| 拖期时间 | 0 | 0 | 3 | 7 | 10 | 18 |

注：总拖期工件数为4件，平均拖期时间为 (0+0+3+7+10+18)/6=6.33（天），平均流程时间为 (2+10+17+22+28+38)/6=19.5（天）。

表9-5 按照最短松动时间优先规则排序 (单位：天)

| 作业排序 | 1 | 2 | 3 | 4 | 5 | 6 |
|---|---|---|---|---|---|---|
| 工件编号 | 2 | 1 | 4 | 3 | 5 | 6 |
| 松动时间 | 4 | 7 | 8 | 10 | 10 | 12 |
| 加工时间 | 8 | 7 | 2 | 10 | 5 | 6 |
| 等待时间 | 0 | 8 | 15 | 17 | 27 | 32 |
| 完成时间 | 8 | 15 | 17 | 27 | 32 | 38 |
| 交货期 | 12 | 14 | 10 | 20 | 15 | 18 |
| 拖期时间 | 0 | 1 | 7 | 7 | 17 | 20 |

注：工件3和工件5松动时间相等，采用随机规则，总拖期工件数为5件，平均拖期时间为 (0+1+7+7+17+20)/6=8.67（天），平均流程时间为 (8+15+17+27+32+38)/6=22.83（天）。

表 9-6  按照临界比率最小优先规则排序　　　　　　　　　（时间单位：天）

| 作业排序 | 1 | 2 | 3 | 4 | 5 | 6 |
|---|---|---|---|---|---|---|
| 工件编号 | 2 | 1 | 3 | 5 | 6 | 4 |
| 临界比率 | 1.375 | 1.87 | 1.9 | 2.8 | 2.83 | 4.5 |
| 加工时间 | 8 | 7 | 10 | 5 | 6 | 2 |
| 等待时间 | 0 | 8 | 15 | 25 | 30 | 36 |
| 完成时间 | 8 | 15 | 25 | 30 | 36 | 38 |
| 交货期 | 12 | 14 | 20 | 15 | 18 | 10 |
| 拖期时间 | 0 | 1 | 5 | 15 | 18 | 28 |

注：总拖期工件数为 5 件，平均拖期时间为 (0+1+5+15+18+28)/6=11.17（天），平均流程时间为 (8+15+25+30+36+38)/6=25.33（天）。

表 9-7  各排序规则的结果比较　　　　　　　　　　　　　　（时间单位：天）

| 排序规则 | 总拖期工件数/件 | 平均拖期时间 | 平均流程时间 |
|---|---|---|---|
| 先到先加工 | 5 | 10.33 | 24 |
| 最短加工时间优先 | 3 | 6.67 | 18 |
| 最短交货期优先 | 4 | 6.33 | 19.5 |
| 最短松动时间优先 | 5 | 8.67 | 22.83 |
| 临界比率最小优先 | 5 | 11.17 | 25.33 |

从表 9-7 中可以看出，最短加工时间优先是最好的排序方式，因为其总拖期工件数、平均流程时间都是最小的；排名第二的是最短交货期优先规则；第三是最短松动时间优先规则；第四是先到先加工规则；第五是临界比率最小优先规则。

### 9.3.2 流水生产线作业排序方法

流水车间的排序问题也叫 Flow-shop 排序问题。Flow-shop 排序问题的特征是所有工件的加工路线一致（方向一致），如果所有工件的加工路线相同，则这是一种同顺序的流水车间排列排序问题，下面将介绍这种情形。

#### 1. Flow-shop 排序问题的描述

流水车间的排序问题可以描述为有 $n$ 个工件 $J_i(i=1,2,\cdots,n)$ 要在 $m$ 台设备 $M_j(j=1,2,\cdots,m)$ 上加工，每一个工件的加工工艺路线一致，选择一个满足一定优化目标的零件加工顺序。排序的优化目标有很多，最普遍的是最长流程时间最短化，最长流程时间也叫作系统的完工时间（makespan）。

设 $w_{ij}$ 为工件 $i$ 在第 $j$ 道工序的等待时间，工件 $i$ 的总等待时间 $w_i$ 为：

$$w_i = \sum_{j=1}^{m} w_{ij} \tag{9-12}$$

设 $p_{ij}$ 为工件 $i$ 在设备 $j$ 上的加工时间，工件 $i$ 的总加工时间 $p_i$：

$$p_i = \sum_{j=1}^{m} p_{ij} \tag{9-13}$$

那么工件在流程中的滞留时间为：

$$C_i = w_i + p_i = \sum_{j=1}^{m} w_{ij} + \sum_{j=1}^{m} p_{ij} \tag{9-14}$$

排序的优化模型为：

$$\min\{C_{\max} = \max(C_1, C_2, \cdots, C_n)\} \tag{9-15}$$

为了分析方便，对以上优化模型约束条件的考虑一般基于如下假设：

- 一个工件不能同时在不同设备上加工；
- 工件在加工过程中采用平行移动方式（当上一道工序完成后立即进入下一道工序）；
- 不允许中断，工件一旦进入加工状态，就一直到加工完成为止，中途不插入其他工件；
- 每道工序只有一台设备；
- 工件数、机器数与加工时间已知；
- 每台设备某一时刻只能加工一个工件。

在以后的排序模型分析中，我们都基于这样的假设条件来分析排序问题。

### 2. 多工件两台设备排序问题的算法

对于多工件两台设备的排序问题，1954 年约翰逊提出的算法是一种比较好的解决方法，该算法的基本步骤如下所示。

- 列出工件（编号为 $i$，$i = 1, 2, \cdots, n$）在设备 1 和设备 2 上的加工时间 $p_{i1}$ 与 $p_{i2}$，并用时间矩阵（表格）表示；
- 从加工时间 $p_{i1}$ 和 $p_{i2}$ 中找出最短加工时间；
- 如果最短加工时间出现在第 1 台设备，则对应的工件应尽可能往前排（先加工）；
- 如果最短加工时间出现在第 2 台设备，则对应的工件应尽可能往后排（后加工）；
- 从加工时间矩阵中删去已经排序的工件，重复以上过程，直到排完所有工件为止。

### 应用范例 9-4

已知有 6 个工件需要在两台设备上加工，单件加工时间如表 9-8 所示。请应用约翰逊算法确定最优解。

表 9-8 加工时间

| $i$ | 1 | 2 | 3 | 4 | 5 | 6 |
|---|---|---|---|---|---|---|
| $p_{i1}$ | 8 | 4 | 7 | 1 | 3 | 10 |
| $p_{i2}$ | 3 | 2 | 6 | 9 | 2 | 5 |

**解**：应用约翰逊算法确定排序过程，如表 9-9 所示。

表 9-9 应用约翰逊算法确定排序过程

| 步骤 | 排序结果 | 备选方案 |
|---|---|---|
| 1 | 4 _ _ _ _ _ | 4 _ _ _ _ 5 |
| 2 | 4 _ _ _ _ 2 | |
| 3 | 4 _ _ _ 5 2 | |
| 4 | 4 _ _ 1 5 2 | |
| 5 | 4 _ 6 1 5 2 | |
| 6 | 4 3 6 1 5 2 | 4 3 6 1 2 5 |

表 9-9 中的第 2 步，由于最短时间是 2，因此有两种可选方案，即先选工件 2 或先选工件 5，最后得出两种不同的排序结果：4-3-6-1-5-2 或 4-3-6-1-2-5。这两种排序的最长流程时间都是 35，所以两种排序都是最优的（见图 9-6）。

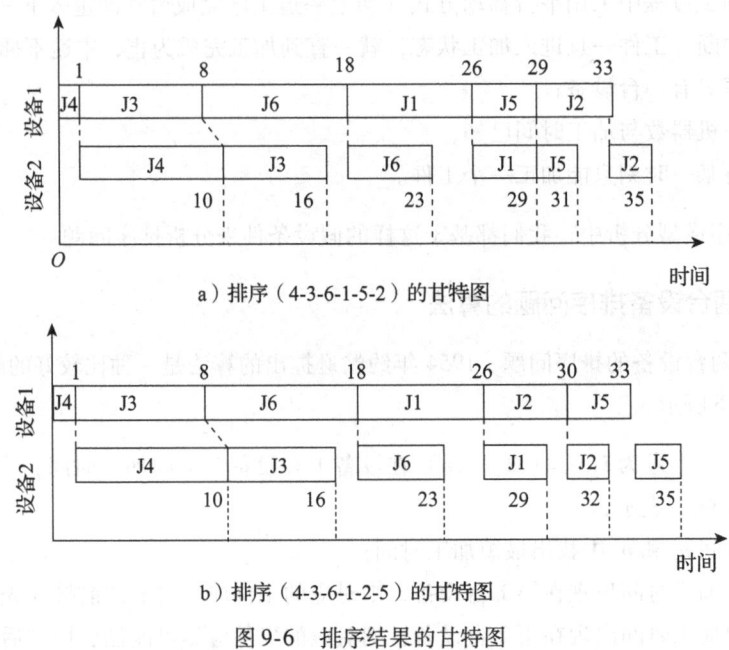

图 9-6 排序结果的甘特图

### 3. 多工件多设备排序问题的启发算法

具有三台以上设备的流水车间的排序问题比两台设备的排序问题复杂得多。小规模多设备流水车间排序问题，可以采用分支定界法找到最优解，但如果是规模比较大的情形，则只能采用启发算法。启发算法是一类近优算法，通常不能保证得到最优解，但通常能得到近似最优结果。下面介绍两种比较好的启发算法。

**关键工件法。** 我国著名生产管理专家陈荣秋教授 1983 年提出了一种比较简便的多工件多设备排序启发算法，称为关键工件法，该方法的基本步骤如下所示。

（1）首先计算每个工件的总加工时间 $p_i = \sum_{j=1}^{m} p_{ij}$，将总加工时间最长的一个工件视为关键工件 $C$，以集合 $C$ 表示。

（2）将剩余的工件按照如下的规则排序：

- 如果 $p_{i1} \leqslant p_{im}$，则按照 $p_{i1}$ 不减的顺序排列得序列集 $S_A$；
- 如果 $p_{i1} > p_{im}$，则按照 $p_{im}$ 不增的顺序排列得序列集 $S_B$。

（3）按照 $(S_A, C, S_B)$ 的顺序组成的排列即为最优排列。

### 应用范例 9-5

已知有 5 个工件要在 4 台设备上加工，加工时间如表 9-10 所示。请用关键工件法确定最优排序。

表 9-10 (5×4) 流水车间工件加工时间

|  | $i$ | | | | |
|---|---|---|---|---|---|
|  | 1 | 2 | 3 | 4 | 5 |
| $p_{i1}$ | 9 | 5 | 2 | 15 | 3 |
| $p_{i2}$ | 6 | 7 | 8 | 5 | 4 |
| $p_{i3}$ | 2 | 8 | 10 | 7 | 9 |
| $p_{i4}$ | 1 | 9 | 12 | 8 | 5 |

**解**：(1) $p_1 = \sum_{j=1}^{4} p_{1j} = (9+6+2+1) = 18$，同理，$p_2 = 5+7+8+9 = 29$，$p_3 = 2+8+10+12 = 32$，$p_4 = 15+5+7+8 = 35$，$p_5 = 3+4+9+5 = 21$。

可知关键工件为 4 号工件，故 $C = \{4\}$。

(2) $p_{i1} \leq p_{i4}$ 的工件是 2、3、5，按 $p_{i1}$ 不减的顺序排列，得 $S_A = \{3, 5, 2\}$，剩下的工件是 1 号工件，因此，$S_B = \{1\}$。

(3) 排序的结果为：3-5-2-4-1。流程时间为 55，排序结果甘特图如图 9-7 所示。

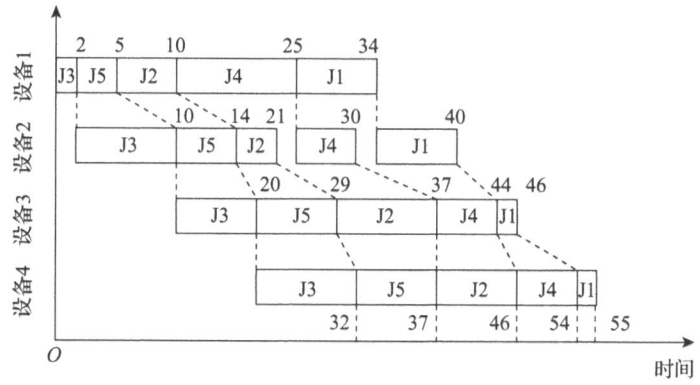

图 9-7 关键工件法排序 (3-5-2-4-1) 甘特图

**CDS 算法**。CDS 算法是由坎贝尔、杜德克、史密斯三人在 1970 年共同提出的启发算法。这种算法的基本思想是把多设备的排序问题转化为两台设备的排序问题，然后利用约翰逊算法排序。该算法的基本步骤如下。

① 将第 1 台设备与第 $m$ 台设备的工件加工时间 $p_{i1}$ 与 $p_{im}$ 组成两组加工时间，应用约翰逊算法得出一个排序方案。

② 将第 1 台、第 2 台设备的工件加工时间相加 $(p_{i1}+p_{i2})$，第 $(m-1)$ 和第 $m$ 台设备的工件加工时间相加 $[p_{i(m-1)}+p_{im}]$，组成两组加工时间，用约翰逊算法得出第 2 个排序方案。

③ 重复上述做法，直到将第 1 台设备的加工时间至第 $(m-1)$ 台设备的加工时间相加 $\left(\sum_{k=1}^{m-1} p_{ik}\right)$，第 2 台设备至第 $m$ 台设备的工件加工时间相加 $\left(\sum_{i=2}^{m} p_{ik}\right)$，组成两组加工时间，利用约翰逊算法得到第 $(m-1)$ 个排序方案。

④ 在这 $(m-1)$ 个排序方案中选择流程时间最短的方案。

### 应用范例 9-6

采用应用范例 9-5 的数据，利用 CDS 算法进行排序。

**解**：由于 $m=4$，故可以组成 3 组两台设备的加工数据表，有 3 种可能的方案，如表 9-11 所示。

**表 9-11 利用 CDS 算法排序的原始数据表**

| $i$ | 1 | 2 | 3 | 4 | 5 |
|---|---|---|---|---|---|
| $p_{i1}$ | 9 | 5 | 2 | 15 | 3 |
| $p_{i4}$ | 1 | 9 | 12 | 8 | 5 |
| $p_{i1}+p_{i2}$ | 15 | 12 | 10 | 20 | 7 |
| $p_{i3}+p_{i4}$ | 3 | 17 | 22 | 15 | 14 |
| $p_{i1}+p_{i2}+p_{i3}$ | 17 | 20 | 20 | 27 | 16 |
| $p_{i2}+p_{i3}+p_{i4}$ | 9 | 24 | 30 | 20 | 18 |

对表 9-11 用 3 次约翰逊算法进行排序，得 3 种排序结果：3-5-2-4-1，5-3-2-4-1，5-2-3-4-1。3-5-2-4-1 和 5-2-3-4-1 都是最优的结果（最长流程时间都是 55，而 5-3-2-4-1 的最长流程时间为 56）。

除了以上两种方法外，还有帕尔默（Palmer）法，该方法是先计算一个斜度指标，用公式表示如下：

$$\lambda_i = \sum_{k=1}^{m}\left(k - \frac{m+1}{2}\right)p_{ik} \tag{9-16}$$

然后按照 $\lambda_i$ 递减的顺序排列，流程时间最短者为最优排序。

以上三种方法，优度最高的是 CDS 算法，其次是关键工件法，最后是帕尔默法；从计算的工作量来讲，关键工件法最简便，帕尔默法次之，CDS 算法最复杂。

### 9.3.3 单件生产作业排序与任务分配

#### 1. 单件车间排序

单件生产作业排序问题是最复杂的一类排序问题。单件车间作业计划与流水车间作业计划不同，由于工件的加工路线多样化，因此其作业排序问题比流水作业排序问题复杂得多。

单件作业排序问题的优化目标和流水作业一样，一般也都是最长流程时间最短化（也可以采用其他目标）。

对于单件生产作业计划排序问题的求解，最初集中在整数规划方法、仿真与启发算法上。随着研究的深入，近年来出现了一些新的智能算法，如遗传算法、禁忌搜索算法、模拟退火算法等。但是，这些方法要么计算过程比较复杂；要么由于假设条件与实际不符，应用效果并不明显；要么由于应用条件有限制，无法在实际中应用。对于这些方法，本书不做介绍，感兴趣的读者可以阅读有关参考书。

#### 2. 任务分配

当车间有多项工作可以由多个任务承担者完成，但是每一个任务承担者做每项工作所花的时间或费用不同时，这样一来产生的经济效益并不取决于加工顺序，而是取决于任务如何分配，这就是任务分配问题。

假设有 $n$ 个任务要分配给 $n$ 个任务承担者（人或机器），用 0–1 整数规划方法表示，任务分配问题的数学模型为：

$$\min Z = \sum_{i=1}^{n}\sum_{j=1}^{n}c_{ij}x_{ij} \tag{9-17}$$

式中 $c_{ij}$——第 $i$ 个任务承担者完成第 $j$ 个任务的时间（或费用）。

约束条件：

$$\sum_{i=1}^{n} x_{ij} = 1 \quad (j = 1,2,\cdots,n) \qquad (9\text{-}18)$$

$$\sum_{j=1}^{n} x_{ij} = 1 \quad (i = 1,2,\cdots,n) \qquad (9\text{-}19)$$

$$x_{ij} = 0,1 \qquad (9\text{-}20)$$

系数矩阵：

$$\boldsymbol{c}_{ij} = \begin{pmatrix} c_{11} & c_{12} & \cdots & c_{1n} \\ c_{21} & c_{22} & \cdots & c_{2n} \\ \vdots & \vdots & & \vdots \\ c_{n1} & c_{n2} & \cdots & c_{nn} \end{pmatrix}$$

任务分配是一个整数线性规划问题，可以用整数规划求解法求解。求解小规划的任务分配问题的经典方法是匈牙利算法（匈牙利数学家 D. König 提出）。下面介绍这种方法的步骤和它的应用。

步骤（1）用系数矩阵每一行减去该行的最小数，使每行出现 0 元素。

步骤（2）用所得的矩阵的每一列减去该列的最小数，使每一行每一列都出现 0 元素。

步骤（3）用最少的线条覆盖矩阵的 0 元素，如果线条数等于矩阵行数（决策变量数 $n$），则已经找到最优方案，进入步骤（5），否则进入步骤（4）。

步骤（4）对于画线后的矩阵，找到没有画线元素中的最小元素，对没有画线的元素进行如下操作：①没有画线的行各元素都减去最小元素；②直线交叉点的元素加上最小元素。

返回步骤（3）。

步骤（5）在新系数矩阵中找到 $n$ 个位于不同行与列的 0 元素，方法是从 0 元素最少的行开始，用圆圈 "○" 圈出这个 0 元素，每行每列只能圈出一个 0 元素。被圈出的 0 元素的位置就是任务分配方案，对应的决策变量 $x_{ij} = 1$，矩阵其他位置对应的决策变量 $x_{ij} = 0$。

### 应用范例 9-7

有 5 项任务需要分配给 5 个工人完成，每个工人完成每项任务的工作时间如表 9-12 所示，试确定最佳任务分配方案，使总的工作时间最短。

表 9-12 任务工作时间

| 工人 | 任务 | | | | |
| --- | --- | --- | --- | --- | --- |
| | J1 | J2 | J3 | J4 | J5 |
| M1 | 20 | 30 | 50 | 16 | 24 |
| M2 | 25 | 35 | 45 | 15 | 23 |
| M3 | 28 | 37 | 57 | 13 | 20 |
| M4 | 24 | 39 | 40 | 17 | 30 |
| M5 | 27 | 34 | 52 | 14 | 25 |

**解：**

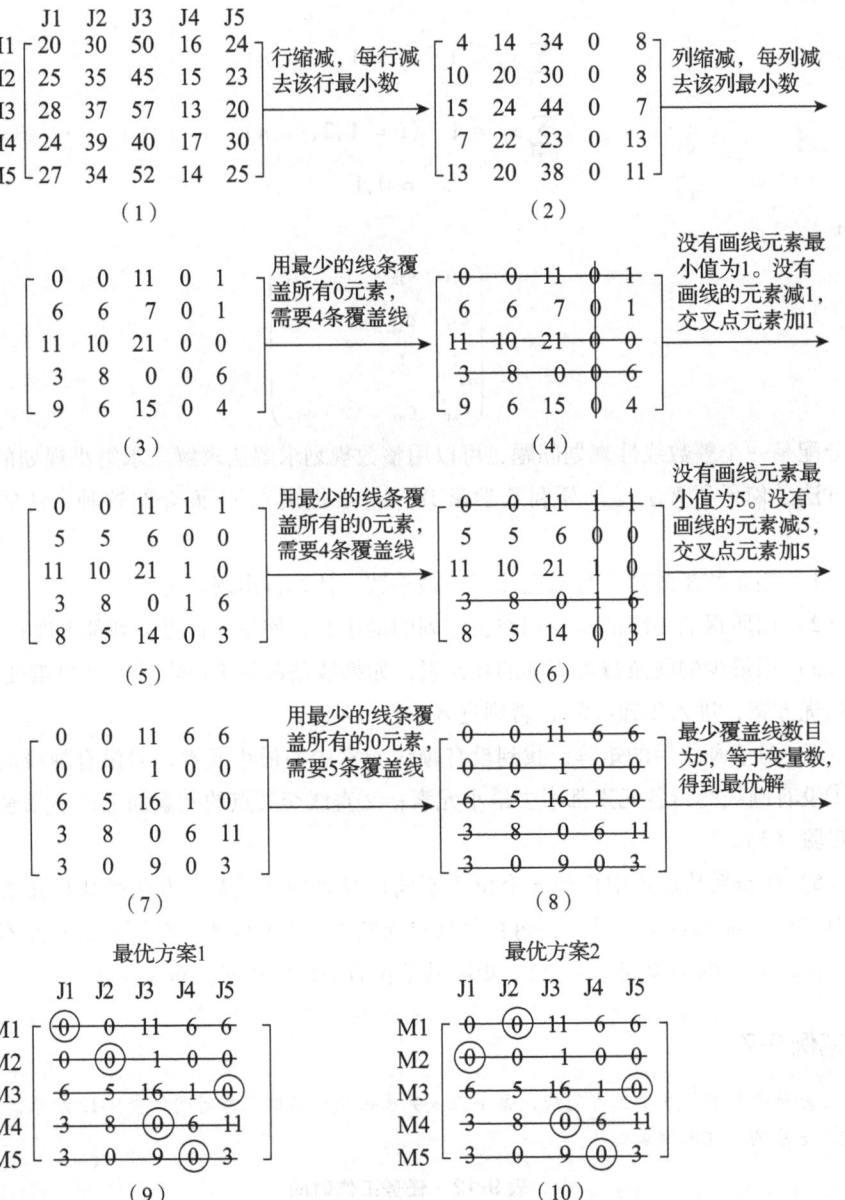

以上求解过程解释如下。

首先，对经过一次行和列缩减以后的矩阵（第3个矩阵），用最少的线条覆盖所有的0元素，得到第4个矩阵，最少的线条数是4，小于变量数5，因此需要进一步做行列缩减变换。

对第4个矩阵，没有画线元素的最小值是1，因此所有没有被画线的元素减去1，交叉点元素加上1，得到第5个矩阵。

对第5个矩阵，用最少线条覆盖所有0元素，得到矩阵6，最少的覆盖线还是4条，因此需要对矩阵元素进行缩减操作。

对第6个矩阵，没有画线的最小元素是5，因此没有画线的元素减去5，交叉点元素加5，得到第7个矩阵。

对第 7 个矩阵，用最少的线条覆盖所有的 0 元素，得到第 8 个矩阵。

对第 8 个矩阵，画线以后，得到 5 条线，因为 $n=5$，因此覆盖线条数等于变量数，停止操作。最后找到 5 个位于不同行与列的 0 元素，用圆圈圈出，如第 9 个矩阵所示。得到最优解为：M1（J1），M2（J2），M3（J5），M4（J3），M5（J4），这个结果对应整数规划模型公式（9-17）解的变量为：$x_{ij}$（表示第 $i$ 工人承担第 $j$ 个任务），分配结果是第 1 个工人承担第 1 个任务，第 2 工人承担第 2 个任务，第 3 个工人承担第 5 个任务，第 4 个工人承担第 3 个任务，第 5 个工人承担第 4 个任务，即 $x_{11}=1$，$x_{22}=1$，$x_{35}=1$，$x_{43}=1$，$x_{54}=1$，其他变量 $x_{ij}=0$。

由于第 8 个矩阵第 1、2 行的左上角有 4 个 0 元素，经过分析可以有另一种选择方案，于是可以得到第 10 个矩阵所示的结果，即第 2 个最优方案。这个结果的解为：M1（J2），M2（J1），M3（J5），M4（J3），M5（J4），对应的解的变量为：$x_{12}=1$，$x_{21}=1$，$x_{35}=1$，$x_{43}=1$，$x_{54}=1$，其他变量 $x_{ij}=0$。

把以上两组解代入目标函数式（9-17）得到的结果都是 129，用 Excel"规划求解"工具可以得到同样的最优解。

用匈牙利算法求解任务分配问题时需要注意如下几点。

第一，寻找覆盖所有 0 元素的线条可以有不同的结果，只要符合最少线条数原则，这些线条能覆盖所有 0 元素，画在哪一行和哪一列都可以。

第二，只有能够覆盖所有 0 元素的线条的最少数量等于变量的数量 $n$ 时，才能停止操作，否则需要对矩阵的行和列反复进行元素变换（加或者减）操作，直到找到 $n$ 条覆盖所有 0 元素的线条为止。

第三，当确定最少的覆盖线条数等于变量数 $n$ 时，才开始选择位于不同行和列的 $n$ 个 0 元素。为了容易判断，用圆圈圈出相应的 0 元素，表示该 0 元素位置对应的变量 $x_{ij}=1$，其他没有画圆圈的位置对应的变量 $x_{ij}=0$。

第四，同一行和同一列不能同时出现两个及两个以上的画圆圈的 0 元素。

## 9.4 生产控制

### 9.4.1 生产控制系统

生产计划要想完成，除了计划本身合理外，生产过程中的执行控制也很重要。制订生产计划之后，生产管理者的任务是保证计划得到一致性的贯彻执行，这就是生产控制问题。生产计划与控制是生产管理的两个方面，它们形成一个闭合的回路，如图 9-8 所示。

**1. 生产控制的层次性与集成性**

按照生产管理的运作空间，生产控制分三个层次。

（1）订货控制。生产控制的第一个层次是订货控制，表现在订单优先权的分配。企业根据需求与生产能力制订综合生产计划和主生产计划，保持需求与综合生产能力的平衡（粗能力平衡）。订货控制属于高层决策问题。

（2）投料控制。制订主生产计划以后，接下来就是进行投料生产，即物料采购计划与零件加工的投入与出产进度安排。这一层次的控制主要是物料的购进跟踪与反馈，保持生产能力与生产计划的平衡（细能力平衡），保证产品能按订货要求的期限出厂。

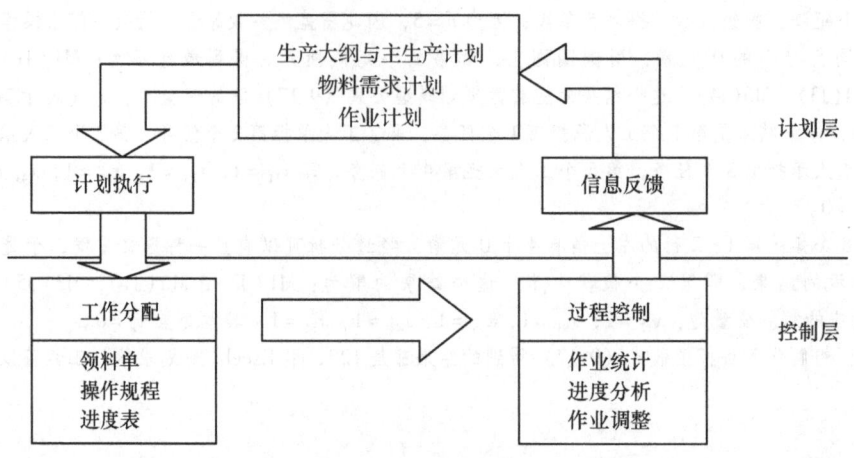

图 9-8 生产计划与控制系统

（3）作业控制。作业控制是最底层的生产控制活动。作业控制的主要任务是按照作业计划的要求分配生产任务（计划执行），然后对生产过程进行实时的监督与跟踪，将计划执行的信息反馈给计划部门以修正计划。作业控制是本章重点讨论的问题。

生产控制既有分步实现的层次性，也有统一管理的集成性。生产控制的集成性包含以下两个方面的含义。

一是企业生产系统是一个统一的系统，必须进行统一指挥调度。在企业统一指挥调度下，上下层计划的执行必须有有效的沟通与信息反馈，这是生产控制的纵向集成问题。生产控制集成化是生产控制发展的一个趋势，随着计算机技术在生产管理中的应用，生产控制的一体化技术为实现从分步控制向一体化控制转变提供了条件。

二是生产过程控制有两种方式：一种是集中控制，另一种是分散控制。这是生产控制的横向集成问题。采用哪种控制方式应视情况而定。某些生产企业需要采用集中控制，如化工企业等，有利于实现集中控制，但是对于一些离散加工制造企业，则应采用集中控制与分散控制相结合的方法。

### 2. 生产调度的有关问题

一般来讲，生产作业控制是通过两方面的工作完成的：一方面是对生产现状进行跟踪分析，流程工业有实时的生产数据采集与分析系统，离散加工业一般也有专人负责生产数据的统计与报告；另一方面是根据分析结果提出调度措施，进行生产调度。下面重点谈谈生产调度工作的原则、方法问题。

生产调度是生产控制的核心环节，生产调度的主要任务有以下几方面：

- 检查生产作业计划的执行情况，掌握生产动态，及时采取必要的调整措施；
- 检查生产作业的准备情况，督促和协调有关部门做好这方面的工作；
- 根据生产需要合理调配生产资源，保证各生产环节、各工作地协调地进行生产；
- 组织厂级和车间级的生产调度会议，协调车间之间、工段之间的生产进度。

（1）生产调度要坚持三大制度，具体如下。

第一，值班制度。工业企业在生产过程中为了保证各轮班正常生产，需要建立调度值班制度。调度人员与车间的轮班一起跟班，随时解决生产轮班中出现的生产问题，填写调度值班工作记录，并在交接班时向下一班调度员汇报有关遗留问题。

第二，会议制度。调度会议是解决生产过程中出现的问题的一种团队管理方法，开好调度会议是搞好调度工作的基础。根据企业的规模大小和生产情况，调度会议的频次与形式多种多样。如果生产问题涉及全厂各个部门，则需要召开全厂性的生产协调度会议，如新产品开发试制、特殊产品的生产等，这种会议一般可以临时召开。日常的生产调度会议一般定期举行，厂级的生产调度会议可以每周举行一次，由主管生产的厂长主持，以解决全厂性的生产问题。车间级的调度会议根据实际召开，参加人员主要是车间生产负责人（车间主任、班组长、统计人员），以解决车间的生产进度问题与涉及车间局部的生产问题。除了例行的调度会议外，日常调度过程中要经常性召开现场调度会议，解决现场突发性与临时性的问题。

第三，报告制度。为了使企业各级管理者都能及时了解生产进展，企业需要建立调度报告制度。调度报告有书面的正式报告与口头非正式的报告两种方式。正式的调度报告是指相关人员按照企业调度工作的要求，定期对某段时间的生产调度情况进行总结性报告，把存在的问题与解决措施或建议制成报告提交给主管生产的厂长，非正式的报告是在调度过程中随时都需要的一种报告。

（2）生产调度的工作原则，具体如下。

1）计划性原则。以计划指导生产，全面完成计划是生产调度的最高目标。虽然调度有灵活性，但是灵活性必须在计划的范围之内。

2）预见性原则。生产调度要有预见性，要及时准确地把握生产信息，及早发现生产过程中的问题，既控制投入，也控制产出；既控制当前的生产，也要规划下一步生产。

3）集中性原则。生产调度工作牵涉多个部门，必须坚持集中统一指挥的原则，维护调度的权威性。

4）关键点原则。生产过程中有很多问题，生产调度人员要善于抓住关键点，把重点放在重要的工序和薄弱的环节上，解决生产瓶颈问题。

5）行动性原则。在生产调度过程中，如果发现生产进度发生了偏差，要采取措施及时补救，要落实于行动。

6）效率性原则。调整生产要及时，行动要果断，不能延误时机。如果行动不果断，一道工序出现的问题会在整条生产线上产生连锁反应，从而造成更大的损失。

（3）生产调度工作方法。在生产调度过程中，掌握一定的工作方法非常重要：一方面需要不断总结经验；另一方面要加强学习与交流。为了提高调度的工作效果，点、线、面相结合是一种比较好的工作方法。点，即重点解决生产过程中的瓶颈问题；线，即对产品的生产进行全线的跟踪；面，即全面把握生产情况，进行全面的管理与调度。

由于企业生产过程的特点不同，不同企业的生产调度工作也有不同的特点。调度者要根据实际采用不同的工作方法。

> **运作聚焦**

### 伊利牛奶的数字化与智能生产控制

伊利集团是我国著名的乳品生产企业,在工业 4.0 的智能制造升级过程中,伊利集团成为行业先锋。工业和信息化部公布了 2015 年智能制造试点示范项目名单,凭借"乳品生产智能工厂试点示范项目",伊利集团成为上榜的乳品企业。

在伊利智能工厂,自动化的生产线配合新一代装箱机器人、码垛机器人、缠绕机器人,极大地提高了生产效率。伊利打造的 MES 系统成为整个生产环节的大脑,通过将所有生产设备连接到系统,实现了对生产过程准确的实时监控。只要通过电脑屏幕或移动设备上显示的数据,工作人员便可了解整个生产环节的详细数据情况,从而保障生产的安全与稳定。MES 系统还与上游联通,通过收集的牧场大数据,伊利建立了牛群产奶量预测模型,根据需求和原料奶情况合理制订生产计划,以智能化的管理提升生产效率和产品品质。

在质量管理环节,伊利集团行业首创推出了产品质量追溯系统,实现了从原料采购到终端消费产品全生命周期的质量追溯管理。受益于这个系统,消费者购买的每份伊利产品都是有身份的。在伊利集团的质量管理体系中,奶源基地从奶牛出生即为其建立养殖档案;在原奶运输过程中,伊利集团实施全程可视化 GPS,随时跟踪原奶状态;原奶入厂后即采用条码扫描,随机编号检测,360 度全方位防范质量风险。

为了让消费者放心食用,伊利集团的产品还借助 MES 系统实现了全程可追溯。通过系统查询,不但能够追溯奶粉的生产时间、产地、工厂,还能够追溯包装上的每一种配料,就连包装袋材质都能追溯。

伊利集团在智能制造领域的成绩受到相关部门的高度认可,它成为工业和信息化部颁布的首批"互联网与工业融合创新试点企业"。伊利集团主导的乳业"智能制造标准研究"项目获批并进入实施阶段。

资料来源:中国财经网,2019-01-21,http://finance.china.com.cn/roll/20190121/4876746.shtml。

## 9.4.2 生产进度控制

生产进度控制是生产控制的三大核心之一(生产控制的三大核心是质量控制、成本控制、进度控制,即 QCD)。生产进度控制是依据生产计划的要求,检查各种产品的投入产出时间、数量以及配套性,以保证产品能准时出厂、按期交货。

造成企业生产进度与计划不同步的原因很多,主要有如下几个方面。

- 考虑不周全,导致计划脱离实际生产条件。
- 生产条件的变化。即使生产计划在制订时是完善的,但是随着时间的推移,生产条件会发生改变,如设备故障、人员变动、材料供应突然改变等,这些都会影响计划的完成。
- 计划改变。市场需求的变化、中途紧急订货或取消订货,导致原来制订生产计划的正常生产条件发生改变。

### 1. 生产进度控制的工作步骤

生产进度控制分为以下三个步骤。

(1) 生产进度统计。生产进度统计是生产进度控制的首要任务。生产进度统计可以用进度统计表表示,如表9-13所示;也可以用累计统计图表示,如图9-9所示。

表9-13 车间作业进度统计表

| 项目 | 日期 | | | | | | | | | | |
|---|---|---|---|---|---|---|---|---|---|---|---|
| | 1 | 2 | 3 | 4 | 5 | 6 | 7 | 8 | 9 | 10 | 11 |
| 计划日产量/台 | 120 | 120 | 120 | 120 | 120 | 120 | | 125 | 125 | 125 | 125 |
| 实际日产量/台 | 100 | 115 | 120 | 110 | 125 | 118 | | 123 | 125 | 120 | 124 |
| 日完成率(%) | 83.3 | 95.8 | 100 | 91.7 | 104 | 98.3 | 休息 | 98.4 | 100 | 96 | 99.2 |
| 计划累计产量/台 | 120 | 240 | 360 | 480 | 600 | 720 | | 845 | 970 | 1 095 | 1 220 |
| 实际累计产量/台 | 100 | 215 | 335 | 445 | 570 | 688 | | 811 | 936 | 1 056 | 1 180 |
| 累计完成率(%) | 83.3 | 89.6 | 93.1 | 92.7 | 95 | 95.6 | | 96 | 96.5 | 96.4 | 96.7 |

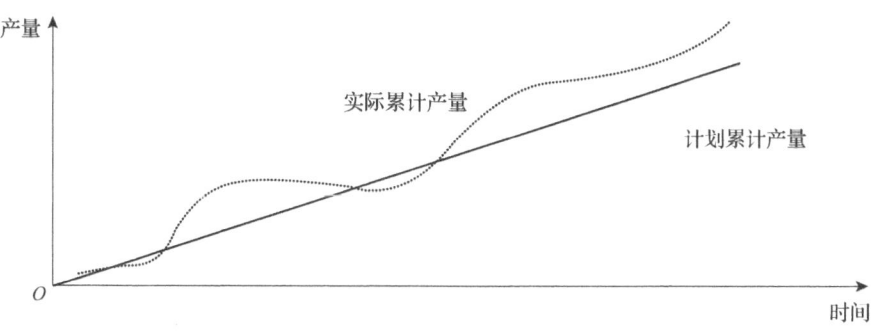

图9-9 生产进度的累计统计图

除了进度统计表与累计统计图外,一些加工装配型企业也可以采用甘特图来表示装配产品的成套性出产情况。

(2) 进度差异分析。通过进度统计表,企业可以进行进度差异分析,根据日程进度分析生产时间进度与产量进度,如果产量进度落后于时间进度,则应采取措施,调整生产计划。

(3) 作业调整。如果实际生产进度偏离了计划,企业就需要采取措施调整未来的作业计划,以确保生产计划按时完成。调整作业计划可以从如下几个方面考虑。

- 改变作业顺序。交货期富余的作业挪后加工,交货期紧迫的作业提前进行,可以通过计算临界比率确定作业的紧迫性。
- 安排加班。加班加点是许多企业经常采用的调整生产任务的方法,当改变作业计划都无法调整生产任务时,最常用的办法就是加班。
- 向其他生产环节求援。当某个生产环节抽不出人员和设备赶工时,可以向其他生产环节求援,如把某条生产线的工人抽调到工作任务紧的生产线,但是这有可能造成其他生产线生产任务拖延。
- 利用外协。当企业内部的生产调整不能满足要求时,企业必须向外寻求支援,如进行外协,把一部分生产任务转包给其他企业。

### 2. 生产进度控制中应注意的几个问题

为了做好生产进度控制,生产管理部门应注意如下几个方面的问题。

- 注意对关键零件和关键工序进度的检查与监督。关键零件与关键工序是影响生产进度的主要环节,因此必须密切关注它们的进度。
- 做好生产过程物资供应,确保物资的准时供应。
- 做好生产作业统计工作,确保信息反馈及时与准确。
- 做好生产现场管理,维持正常的生产秩序,使物流合理化。
- 掌握供需变动的趋势,灵活调整作业计划。

## 9.4.3 在制品管理

在制品管理是生产进度控制的基础工作,在制品管理的任务是对生产过程中各工序原材料、半成品、产品的存储位置与数量以及车间之间的物料流转等进行管理,确保生产进度,提高生产的均衡性与连续性。做好在制品管理,有利于缩短生产周期、加快资金周转、提高经济效益。

在制品管理应重点抓好如下几个方面的工作。

- 建立、健全在制品的收发与领用制度。
- 正确、及时地对在制品进行统计与核查。
- 合理存放与妥善保管在制品。
- 合理确定在制品管理的任务及分工。

|运作聚焦|

**中国商飞总装制造中心智慧数控车间**

中国商飞公司总装制造中心数控机械加工车间主要承担飞机零部件的研制、生产工作,其产品用于 C919 大型客机、ARJ21 新支线客机,也用于波音、空客转包生产项目。自 2017 年下半年起,中国商飞公司总装制造中心专门成立团队,开展智能制造研究,对生产线进行智能化改造,将机器、软件、设备、机器人进行互联互通,建成了以制造执行系统为核心并且可以 24 小时作业的智能生产线。

数控机械加工车间相关负责人介绍,改造后的智能生产线将 600 毫米 × 800 毫米飞机零件的生产效率提高了 1 倍,原来 6 台数控加工中心至少需要 24 名操作工人,现在只需要 3 个人来辅助工作,极大地提升了车间设备利用率和生产管理效率,也可以让技术人员专注于提升、完善生产线标准。目前该条生产线能满足 C919 大型客机 60%的零件生产。

除了生产线的智能化改造以外,数控加工车间还引入增强现实/虚拟现实(AR/VR)装备、智能工具箱、摄影测量系统等设备,实现了多种智能工具在实际生产中的首次应用。维修人员和操作人员戴上 AR 眼镜,通过指尖操作就可以对机床和刀具加工状态快速进行判断;激光扫描零件装置如同机场安检一样对零件进行全方位扫描,能快速得到加工零件的尺寸数据信息,并与三维数模进行比对,零件检测分析速度大幅加快,提升了产品的入库效率。

此外,在管理层面上,智慧数控车间对车间及其内部设备进行实景数字化三维建模,融合人员、设备、环境等信息,实现对车间运行状态、生产管理的三维动态实时管理,打造透明车间。同时,运用人脸识别技术、人员定位技术、智能传感装置等对人员和环境进行管理与监控,打造智能厂区。

据悉,中国商飞公司总装制造中心将在总结智慧数控车间运行经验的基础上,进一步推动智能设计、智能管理、智能生产和智能服务,加快智慧园区建设。中国商飞公司还将充分发挥主制造商的示范引领作用,不断提升民用飞机关键零部件研制攻关能力,将先进技术用于大飞机制造,助推飞机批产提速,加快民用飞机制造向"智造"转型,打造工业4.0时代创新型、智能型民用飞机总装制造中心。

资料来源:http://www.pudong.gov.cn/shpd/news/20180511/006001_e6a8b811-b860-44aa-b220-1388bc72b8d6.htm。

## 9.5 智能制造环境下的生产控制

随着工业制造技术的不断发展,制造生产控制技术也在不断进步。智能制造是新一代制造技术,是工业4.0的核心内容。工业4.0的主要特征是网络化和智能化,它依靠物联网、互联网、大数据、人工智能等先进的技术进行数字化和智能化生产。智能制造包括设备智能化、生产智能化和物流智能化等几个方面。在这种新的制造环境下,车间生产管理需要什么改变呢?本节介绍两个方面的内容:一是讨论智能制造环境下人的因素,二是介绍智能制造环境下的生产控制技术手段。

### 9.5.1 智能制造环境下人的因素

智能制造系统改变了人对生产率的贡献度。随着技术的进步,一线工人和手工生产工作对生产率的贡献度在降低,而工程师和知识性工作的贡献度在增加,如图9-10所示。

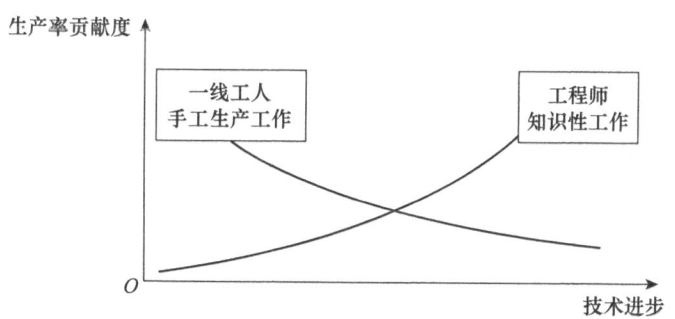

图9-10 技术进步与人对生产率的贡献度的变化

生产中人的因素在改变,生产线智能化水平的提高也改变了生产控制手段。车间生产管理者的工作方式和管理手段在改变。传统的生产控制是通过现场的生产调动人员在现场指挥实现的,但是在新的智能生产系统车间,生产调度更多地依靠数字化和智能化手段。因此,在生产管理中生产管理者要提高其知识运用能力,掌握现代信息技术和各种先进的生产管理工具,发挥工程师的作用,把生产控制的重点放在生产信息处理、分析和沟通上,依靠技术和科技手段进行生产控制。

### 9.5.2 智能制造环境下的生产控制技术手段

智能制造环境下有以下几种生产控制手段。

(1) 基于云平台的工业互联网信息沟通和共享平台。云技术的发展为工业生产控制提供了很好的平台,通过云技术,企业可以大大提升其信息沟通和共享能力,工业互联网使企业不同部门的信息能及时传递,有效提高了企业的现场生产管理信息和高层生产计划、销售计划和交货信息等的同步化。

(2) 基于制造执行系统的作业计划与控制的数字化监控技术。目前越来越多的企业运用各种先进的数字化生产计划和控制技术,而电子看板和电子监控技术的使用,大大改善了企业生产控制的技术手段,帮助企业及时和有效处理生产过程中出现的各种问题,提高企业精准控制的能力。

(3) 基于5G移动互联网技术和手机移动端的生产信息监控。传统的生产控制主要依靠手工统计报表数据进行现场生产监控,信息反馈比较慢。然而,随着移动互联网技术的发展和应用,现在已经有一些管理者借助移动互联网技术将手机作为移动终端,这样车间生产信息可以随时随地被车间生产管理者掌控,这些信息同时还可以传输到企业其他部门人员和高层管理者的手机上,做到"一机在手,生产信息尽在手中",确保他们拥有及时敏捷的生产控制能力。

(4) 基于物联网技术的生产信息跟踪工具。RFID等物联网技术的应用,使得企业可以把每个零件和每个产品的生产信息快速传输到企业的数字化平台,通过数字化平台,企业生产进度信息(包括完工数量、交货时间、质量状况等)都可以得到及时的跟踪和反馈。

(5) 基于大数据分析的生产控制策略。大数据技术,包括机器学习、神经网络等可以为生产控制提供有效的帮助,通过对生产数据进行大数据分析,企业可以精准判断订单流特征、生产质量的动态、设备健康状况等,从而为及时跟踪生产进度、提高生产控制精准性提供科学的依据。

随着工业生产数字化和智能化水平的提高,越来越多的企业在车间生产控制方面越来越先进,如美的、海尔、伊利等一大批先进制造企业,通过数字化和智能化改造与升级,企业生产率水平得到了大大提升,市场竞争力以及综合经济效益和社会效益都得到提高,这是一个基本趋势。生产管理者需要面对新技术革命的到来,不断充实自己的知识,提升自己的能力,适应这种新技术革命的需要,依靠技术进步进行生产现场管理,提高生产管理水平。这是当今企业生产管理者必须面对的新挑战。

### ◆ 本章小结

生产作业计划与控制是运作系统最基层的管理活动,它把中高层计划落实到每一个工作岗位上,并通过控制手段来保证计划的执行。本章讨论了制造业的作业计划与控制方法,9.1节概述了生产作业计划与控制;9.2节介绍了生产作业计划编制的工作基础:期量标准;9.3节介绍了生产作业计划的理论基础:排序方法,主要介绍了单台设备作业排序与多台设备流水作业排序方法;9.4节介绍了生产控制的方法,包括生产调度与进度控制等;9.5节介绍了智能制造环境下的生产控制问题。

## 关键术语

作业计划（operation scheduling）
排序（sequencing）
优先规则（priority rule）
流水车间（flow shop）
单件车间（job shop）
约翰逊算法（Johnson's rule）
生产控制（production control）
生产进度控制（production progress control）

## 延伸阅读

1. 阅读指南：想要了解生产控制的方法，读者可阅读《制造计划与控制——基于供应链环境（原书第5版）》，托马斯·E. 沃尔曼等著，韩玉启等译，中国人民大学出版社出版。

2. 网上资源：想了解更多的企业生产作业管理内容，可登录 https://www.e-works.net.cn/ 搜索中国企业现场管理的案例。

## 选择题

1. 下面各种算法中，属于最优化算法的是（　　）。
   A. 约翰逊算法　　　B. 随机排序法
   C. 关键工件法　　　D. CDS 法

2. 作业排序属于（　　）类型的生产管理问题。
   A. 厂级生产计划问题
   B. 车间管理问题
   C. MRP 的输出问题
   D. 外协管理问题

3. 生产调度属于（　　）类型的管理问题。
   A. 生产计划
   B. 生产后勤管理
   C. 生产控制
   D. 生产系统组织

4. 当车间有多项生产任务，某一加工任务进度落后于计划进度时，应优先考虑（　　）方法。
   A. 加班
   B. 调整加工顺序
   C. 减少生产任务
   D. 外包

## 论述题

1. 解释生产作业计划、排序这两个概念之间的关系。

2. 流程工业和离散工业车间生产作业管理的难点与重点各有什么不同？

3. 流水作业的排序问题与单件车间作业的排序问题各有什么特点？

4. 生产调度的三大制度对做好生产调度工作有什么意义？结合某企业实际谈谈如何做好三大制度。

5. 如果生产进度延误，调整生产作业的方法有哪些？

6. 生产作业统计对于提高生产调度的有效性有什么作用？

## 计算题

1. 有一台机床需要加工5种工件，已知各工件在该机床的加工时间和交货期要求（见表9-14），请按照如下优先调度规则安排作业。
   （1）最短加工时间优先。（2）最短交货期优先。(3) 先到先加工。(4) 最短松动时间优先。

表 9-14　加工时间和交货期

(单位：日)

| 工件编号 | 1 | 2 | 3 | 4 | 5 |
|---|---|---|---|---|---|
| 加工时间 | 4 | 8 | 10 | 3 | 5 |
| 交货期 | 13 | 17 | 20 | 16 | 10 |

2. 某流水车间有两台机床 A、B，有 6 个工件需要在这两台设备上加工，加工时间如表 9-15 所示，试确定最优加工顺序。

表 9-15　加工时间

(单位：日)

| 工件编号 | 1 | 2 | 3 | 4 | 5 | 6 |
|---|---|---|---|---|---|---|
| 加工时间 (A) | 7 | 4 | 6 | 8 | 3 | 8 |
| 加工时间 (B) | 8 | 2 | 5 | 9 | 2 | 10 |

3. 汽车配件厂的工人王师傅在工厂日历的第 100 个工作日接到 10 份加工生产任务，各任务的加工时间与交货期如表 9-16 所示，试按照临界比率最小优先规则确定不同任务的加工顺序。

表 9-16　加工时间和交货期　　　　　　　　　　　　　　(单位：日)

| 任务 | 1 | 2 | 3 | 4 | 5 | 6 | 7 | 8 | 9 | 10 |
|---|---|---|---|---|---|---|---|---|---|---|
| 加工时间 | 15 | 10 | 30 | 5 | 12 | 8 | 15 | 5 | 21 | 13 |
| 交货期 | 150 | 120 | 180 | 126 | 130 | 125 | 145 | 110 | 135 | 125 |

4. 某流水车间有 5 台设备，现有 6 个工件需要在这条流水生产线上加工，工件的加工时间如表 9-17 所示，试用启发算法确定加工顺序（CDS 算法、关键工件法）。

表 9-17　加工时间　　　　　　　　　　(单位：日)

| 工件 | 1 | 2 | 3 | 4 | 5 | 6 |
|---|---|---|---|---|---|---|
| 设备 1 | 3 | 7 | 8 | 4 | 2 | 6 |
| 设备 2 | 4 | 3 | 9 | 5 | 5 | 1 |
| 设备 3 | 2 | 2 | 10 | 9 | 3 | 8 |
| 设备 4 | 5 | 1 | 3 | 7 | 9 | 3 |
| 设备 5 | 7 | 6 | 7 | 8 | 4 | 6 |

## 实践思考

青岛码头工人许振超是"学习型、知识型、创新型"的当代产业工人的代表。他带领团队先后八次刷新集装箱装卸世界纪录，创造享誉全球的"振超效率"，是践行"工匠精神"的优秀代表，先后获得"全国道德模范"荣誉称号、"中华技能大奖"荣誉称号，并荣获全国五一劳动奖章。

作为青岛码头桥吊工人，许振超 20 多年苦练技术，不断学习和创新工作方法，带领工人团队形成一支"人人练技术，人人有绝活"的团队。2003 年，他创造了每小时单机效率 70.3 自然箱和单船效率 339 自然箱的世界集装箱装卸纪录，此后五年先后七次刷新集装箱装卸世界纪录，使"振超效率"成为港航界的一块"金字招牌"。2006 年，许振超和团队进行两年的技术攻关，首次实施集装箱轮胎吊"油改电"技术改造，填补技术空白，节约生产成本 2 000 万元，实现大气污染零排放。他带领团队打造的"48 小时泊位预报，24 小时确报"的服务品牌，每年为公司节约燃油 1.26 万吨，成为青岛港又一块"金字招牌"。

许振超作为一名优秀共产党员、全国人民代表大会代表，时刻关心改革技术工人培训理念。他说，"必须把职业道德的相关内容融入培训全过程,使培训出来的技术工人能有一种职业精神,有良好的职业道德,以此获得社会广泛认可和尊重"。

资料来源：摘编自 2021 年 4 月 22 日《齐鲁晚报》发文,2019 年 7 月 29 日《大众日报》发文。

讨论问题：

当今在制造业和服务业中,新技术、新设备都层出不穷,自动化、数字化、智能化水平越来越高,与此同时,员工的物质需求和精神需求也有了新的特点。作为企业管理者,要学会激励和调动员工的学习与创新热情,使他们成为知识型、创新型员工,提高生产效率,从而提高企业的产出效率。请结合许振超的先进事迹,讨论面对员工的精神需求和物质需求方面的新特点,作为工厂车间或服务企业的管理者,在工作中应该如何更好地培育员工的主人翁精神,发扬许振超所具有的这种学习、创新和精益求精的工作精神。

## 讨论案例

### 中海无纺布制造有限公司的生产控制

中海无纺布制造有限公司是一家全球性无纺布生产制造商在中国设立的生产厂。该厂所在的集团公司的生产能力及收入位于全球无纺布行业第 4 位,总共拥有 21 家工厂,分布于北美洲、南美洲、欧洲及亚洲。2006 年,集团的销售收入接近 10 亿美元,收入比例分别为：北美洲 59%、欧洲 19%、南美洲 17% 及亚洲 5%。

中海无纺布制造有限公司的全年销售收入按不同市场进行分类,医疗市场的收入占 71%,卫生市场约占 29%。中海无纺布制造有限公司的主要产品为纺熔无纺布,其两大无纺布产品为纺粘无纺布（SS）及纺粘熔喷复合无纺布（SMS）。纺熔无纺布生产是高度自动化生产,属于连续流程,必须运行 24 小时,以避免高额的停工与启动费用。大致的生产工艺流程如图 9-11 所示。

该公司目前的生产计划流程如图 9-12 所示。

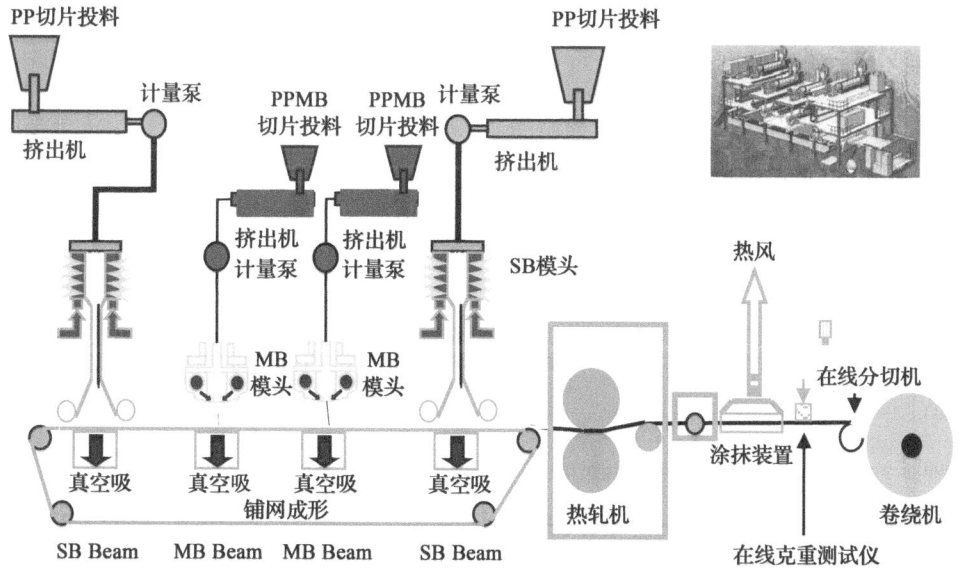

图 9-11 工艺流程示意图

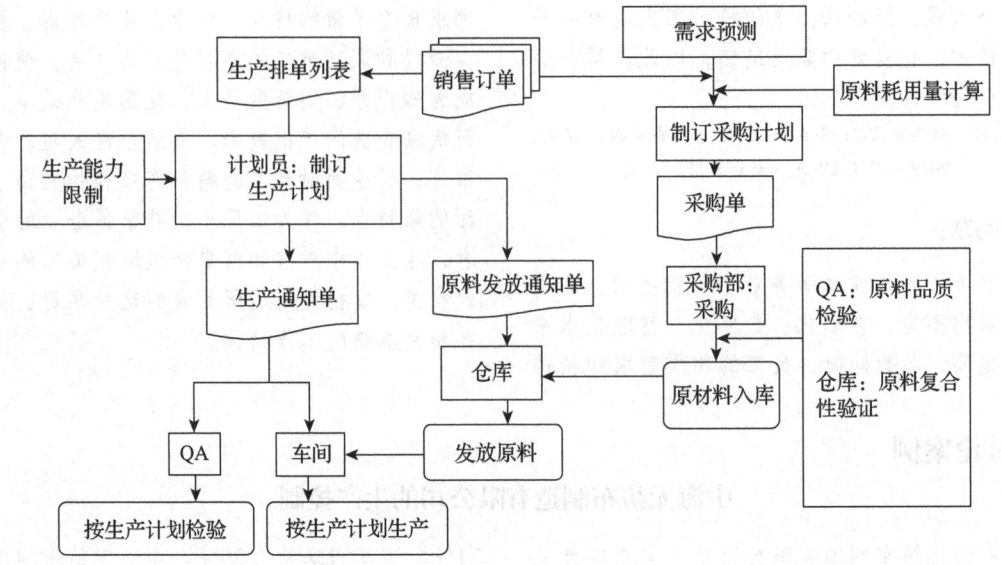

图 9-12　生产计划流程

### 中海无纺布制造有限公司交货问题

中海无纺布制造有限公司对外承诺，从原材料到最终产品的标准生产周期为 45 天。在以往的生产和管理方式下，制造厂生产好的成品，根据交易方式不同，有的直接运往顾客要求的目的地，也有顾客前往工厂提货。根据统计，在 45 天交货期的情况下，完成顾客订单的准确率为 70%，成品的安全库存为 12 天。为保证稳定生产，PP 原料的安全库存为 15 天，色母粒的安全库存为 64 天。最终产品分别销往国内、东南亚、美国、欧洲和其他地区。

对于普通产品来讲，从投料到最终生产出卷材只需要 2 分钟的时间。生产 1 吨只需要一个小时。

以下是有关顾客总体需求与总体交货水平对比分析。

（1）按照时间分析。2019 年每月需求量与实际生产数量如图 9-13 所示。全年来看，每月的平均产能 1 598 吨与平均每月需求 1 597 吨基本持平，但是由于订单的周期性，需求大的月份产能短缺，需求小的月份产能有富余，产能有盈余的月份有 6 月、9 月、12 月，产能短缺的月份有 2 月、3 月、4 月及 8 月，产销基本持平的月份有 1 月、5 月、7 月、10 月及 11 月。产能是影响快速交货的约束因素之一。

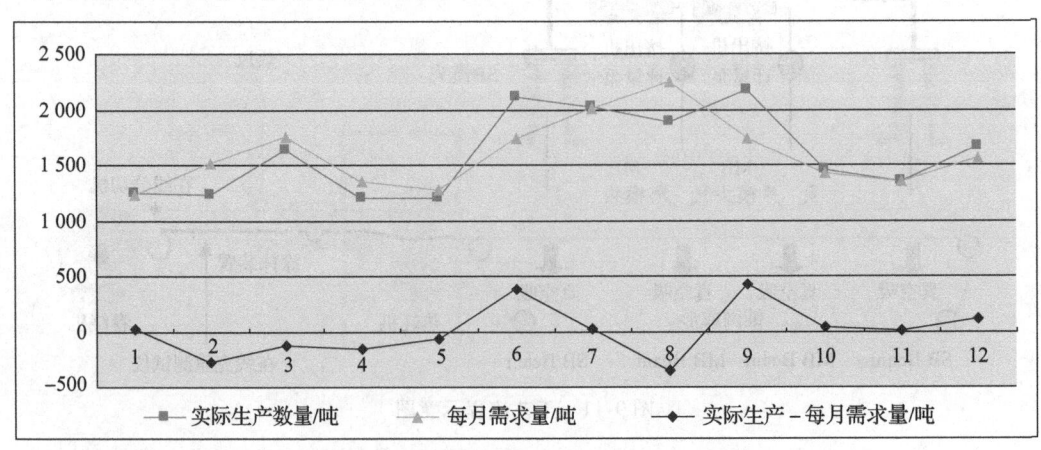

图 9-13　2019 年每月需求数量与实际产出对比图

从图 9-14 可以看出，1~5 月实际产能小于理论产能，但 6~9 月实际产能大于理论产能，10 月持平，11~12 月由于接近年底要减少库存，减少产出。1~5 月由于需求不旺盛，没有全部利用产能，6~9 月体现实际产能的潜力大于设置的理论产能。

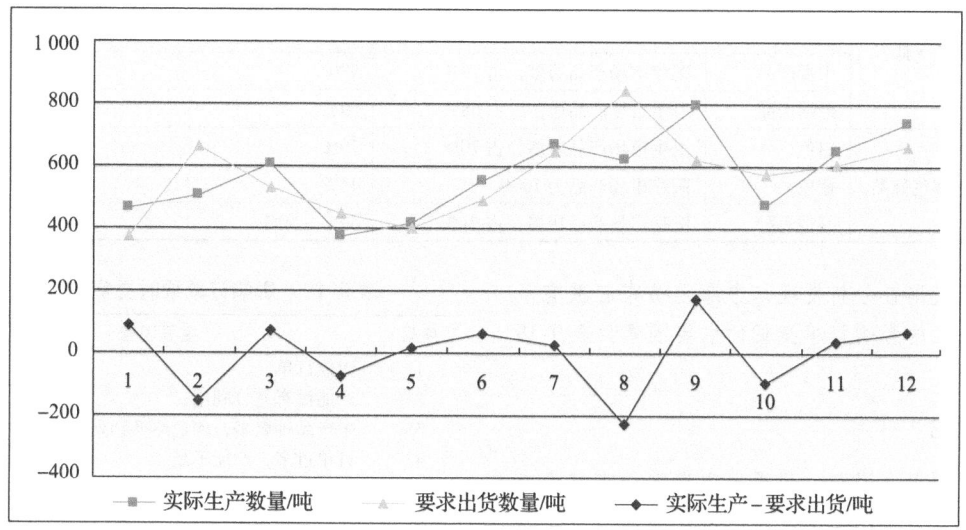

图 9-14  2019 年每月理论产量与实际产出对比图

（2）按照市场与产品划分的交货情况。

卫生市场的交货准确率 76% 远比医疗市场的交货准确率 47% 高得多。主要原因是卫生市场的产品品种较为单一、需求较稳定、规模经济突显。而医疗市场的产品种类繁多，订单数量杂散，生产不稳定因素较强，某些产品生产周期较长。

卫生市场绝大部分的颜色为白色，所以白色的交货准确率最高，为 70%。但由于白色也是医疗市场中较为重要的颜色，而医疗市场的产品的交货率较低，所以稀释了准确率。其他颜色的交货率在 40%~50% 的区间内。图 9-15 是按照不同产品类别的交货准确率情况。

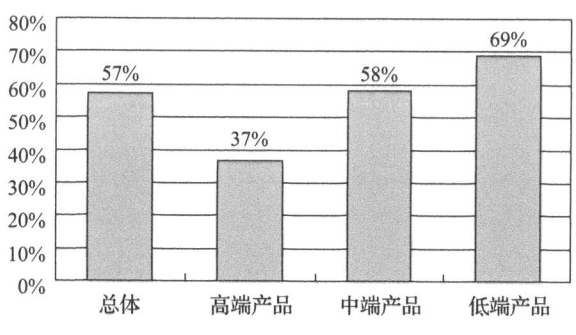

图 9-15  交货准确率（按产品分）

卫生市场的产品主要是低端产品及中端产品，而医疗市场的产品则在三个产品分类中均有涉及，特别是高端产品 100% 为医疗市场产品。

综上所述，将各产品按利润及颜色两个角度进行分类，并对市场销售占比及交货准确性进行总结，如表 9-18 所示。

表 9-18　交货准确性汇总表

| 分类描述 | 产品分类 | 市场产品占比 | 交货准确性 |
|---|---|---|---|
| 按产品利润分<br>（高 > 中 > 低） | 高端产品 | 100%为医疗市场产品 | 由于需要生产步骤多了一个环节，所以交货的生产不确定性更多，导致生产准确率较低，仅为总订单量的37% |
| | 中端产品 | 医疗市场产品居多，占78% | 58% |
| | 低端产品 | 卫生市场产品居多，占68% | 69% |
| 按产品颜色分类 | 白色 | 卫生市场产品居多，占70% | 70% |
| | 蓝色 | 医疗市场产品为100% | 45% |
| | 其他色种 | 医疗市场产品居多，占91% | 40%～50% |

经过调查分析发现，中海无纺布制造有限公司存在的影响订单交货的主要因素如表 9-19 所示。

## 讨论

根据以上资料，请提出中海无纺布制造有限公司提升按时交货率及其快速响应顾客需求能力的策略。

提示：请从以下几方面思考问题：
(1) 生产计划流程。
(2) 订单管理方法。
(3) 设备能力管理。

表 9-19　影响订单按时交货的因素

| 序号 | 主要因素 |
|---|---|
| 1 | 无效订单 |
| 2 | 产能没有充分利用 |
| 3 | 生产品种繁多，颜色更换频繁 |
| 4 | 订单过多，产能不足 |
| 5 | 订单优先权不明 |
| 6 | 生产品种错误 |
| 7 | 成品不能及时发货 |
| 8 | 设备不稳定，周期寿命变短 |
| 9 | 某原材料短缺，造成某类产品发货时间变长 |
| 10 | 经常发生插单，生产计划混乱 |
| 11 | 生产产出降低，由非正常停机等造成 |
| 12 | 实际生产时间比计划时间延迟 |

资料来源：本书作者根据企业内部资料编制。

# 第 10 章
CHAPTER 10

# 服务作业计划与控制

## § 学习目标

- 了解服务作业计划的特点。
- 熟悉排队系统特征和绩效指标。
- 掌握服务人员轮班的计划方法。
- 了解服务作业控制的策略和数字化、智能化服务发展问题。

## § 引例

### 破解住院排队等待的难题：病床"跨科共享"

我国人口众多，长期以来存在医疗资源短缺的问题，人们看病难，住院更难。许多大医院病床有限、病床爆满，导致许多患者需要等待很长时间才能住院治疗，耽误了治疗时间。福建省人民医院为了解决这个难题，推行"病床院内共享"，病床不太紧张的科室将自己空闲的病床拿出来"跨科共享"，借给病床紧张的科室使用。全院集中调配病床，努力破解公立医院"一床难求"的困境，缩短患者无效等待的时间，也让患者少跑腿。

之前和其他大多数医院一样，根据该医院的病床管理制度，病床基本上都由各科室管理，有些科室的床位始终"一床难求"，有些科室则有"住院淡季"。由于存在信息盲区，有时医生为了借一张病床急得团团转。对于患者而言，某个科室的病床满了，他就住不进来了。

有一位 70 多岁的王姓患者，是一位退休教师，患冠心病，总是气喘，双脚也水肿了。心内科医生建议他赶紧住院，可心内科的病床一直爆满，还有 20 多人在等床位，排队的话，王老师至少要等待一周才能入院。老教师的情况不符合急诊和重症，但如果不住院观察，出现紧急情况也很危险。心内科医生赶紧求助住院服务中心，希望能"借床"。当天下午 2 点，该院各科室空床情况就挂在了医院内网上。住院服务中心护士长按照"楼层接近，病种接近"的原则，赶紧从其他科室都心内科"借了"一张病床，王老师当天就住院了。

据医院护理部主任介绍，自全院推行"病床院内共享"以来，住院服务中心负责统一协调床位。如今通过各科室的病床共享，已借床1 000多次，既保证了医疗安全，也减少了患者等待的时间，还可以对病床进行调剂，优先保证疑难危急重症患者使用。

该医院住院服务中心除了跨科室借床以减少患者住院排队等待时间外，还推进各种有利于减少患者排队等待时间的措施。比如，一些做肿瘤放化疗的患者或者择期手术的患者，他们需要住院治疗时可以提前来住院服务中心开单，护士先帮助他们安排抽血、B超、心电图等必要的检查，等有床位时，再通知他们正式办理入院手续（一般在5天内）。

福建省人民医院院长说，无论是"病床院内共享"，还是预约住院，其实都是通过精益化管理，保证公立医院最优质的医疗资源惠及百姓，把方便留给患者。在确保患者安全的前提下，让百姓就医的体验更好。

资料来源：根据《海峡都市报》2018年4月17日的新闻资料整理。

思考与讨论：1. 该医院是如何缓解病人住院排队难这一问题的？
          2. 有没有其他更好的方法可以缓解住院难的问题？

## 10.1 服务作业计划的特点

服务作业计划与制造业的生产作业计划有很大的不同，这是由服务业的作业特点决定的。服务作业计划有如下特点。

### 1. 顾客参与性

由于顾客的参与，服务企业在制订作业计划的过程中需要考虑顾客的影响，这种影响使得作业计划不能完全遵照制造业的作业排序方法及规则。另外，顾客参与性也导致作业完成的不确定性有所增加。

### 2. 服务作业能力弹性

由于服务对象不同，即使同样的服务人员在相同的时间内提供的服务也不同，从而导致服务作业的能力动态性比制造业更大。

### 3. 服务优先权公平性原则

在制造业中，作业优先权一般是基于制造系统来考虑的，即在保证交货要求的前提下使制造成本最低，从而选择最佳的作业调度规则。而在服务业中，由于服务对象来自不同的顾客系统，利益主体不同，排队优先权的选择首先考虑的是服务公平性原则，在此基础上运用例外原则。

### 4. 服务过程的多样化

服务分为标准化服务与顾客化服务两种，即使是标准化服务，服务内容的个性化要求也是存在的，因此在服务作业计划的制订过程中需要考虑顾客的个性化需求。不同的服务内容需求导致服务过程的多样化，而这种多样化的服务过程导致人员调度、服务设施安排的困难有所增加。

### 5. 环境因素的影响

服务业的作业安排与制造业不同的是，制造业的作业过程一般在封闭的车间内完成，受外部环境的影响较少，而服务业的作业过程受环境因素的影响比较大，因此在制订服务作业计划时需要考虑环境的变化。

服务作业计划有以下两类问题：一类是将不同的顾客需求分配到不同的服务系统中的排队问题；另一类是将不同的服务人员安排到顾客需求不同的时间段的人员班次问题。

## 10.2 服务排队管理

在日常生活中，排队等候的现象普遍存在：医院里病人等候就医，超级市场的顾客排队付款，车站的乘客排队等候上车。这些都是我们肉眼可见的**有形的排队现象**。

在互联网时代，随着信息技术的广泛使用，出现了各种互联网和平台服务系统，人们现在遭遇更多的是线上的服务排队问题。每到节假日，人们都感到在12306铁路购票系统、曹操出行、美团外卖等线上服务系统抢票难、约车难、订外卖难。因此，你千万不要以为互联网时代不到现场排队就不用排队了，更多的排队拥堵现象发生在了线上。预约挂号成了医院新趋势，现场排队逐渐减少，但是对于到各大医院就医的人来说，在手机上预约挂号的难度一点也不比现场排队少。这些**无形的排队现象**，就是当今互联网时代的新特点，也是排队管理研究的新热点。

### 10.2.1 排队系统的特征

虽然服务业的多样性导致了各种各样的排队现象，但是不管是什么样的排队现象，任何一个排队系统都有五个特征：①需求群体；②到达过程；③排队结构；④排队规则；⑤服务过程。图10-1描述了一个排队系统的基本结构。

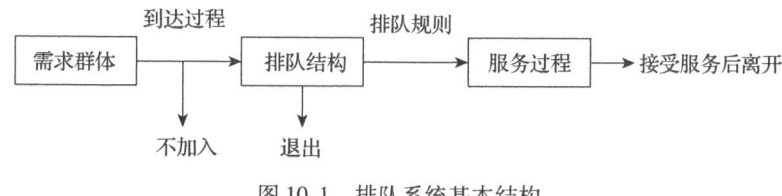

图10-1 排队系统基本结构

### 1. 需求群体

排队系统的需求群体也叫顾客。服务业的需求群体多种多样，通常情况下排队的"顾客"是指人，如银行、医院、商场、机场、地铁等地的顾客。但是，排队的"顾客"有时候也可以是运输工具（如机场跑道上排队等待起飞或者降落的飞机）或者机器设备（如汽车维修或设备维修车间等待维修的汽车或者机床）等其他实体事物。有时候排队的还可能是看不见的信息或者信号，如通信服务器中等待处理的信号、网约车系统的呼叫信号等。

排队系统的需求群体除了顾客类型不同，也有数量和来源的不同。通常情况下，排队系统的顾客来源数量是无限的，比如医院的病人，来自国内不同地区甚至国外，他们从四面八方随机到达医院排队就医，因此从随机过程的角度，这些顾客源是无限的。同样，高速公路收费站排队等待的汽车来源也可以认为是无限的。但是，在某些排队系统中，顾客的来源是有限的，例如工厂里有50台机床，机床出故障以后要到维修车间排队等待维修，每台机床都是维修车间排队系统潜在"顾客"，随时可能出故障并需要维修服务。理论上为了分析方便，除非需求群体非常小，通常都假设需求群体是无限的，并且到达过程是相互独立的。

排队系统的需求群体除了存在类型和数量特征差异，还有心理特征的差异。如果排队系统的"顾客"是人（通常多数情况下是人），顾客排队时的心理特征就有很大的差异，有人排队等待时很有耐心，也有人不耐烦，中途退出排队，还有人不愿意或者拒绝排队。因此服务排队和工厂车间作业排序的需求群体最大的不同就在于需求群体是否具有心理特征。处理这种带有心理特征的排队"顾客"比处理工厂车间没有心理特征的"工件"复杂很多，需要考虑行为因素。这就是行为科学理论在服务运作管理中的作用。很多服务企业缺乏从需求群体角度去研究和解决排队问题的理念，如对于城市的交通拥堵现象，传统的解决车辆排队和拥堵问题的思维是不断扩建城市道路和建立交桥等，但奇怪的是，城市交通越发达城市拥堵却越严重（这是为什么呢？消费者行为相关研究发现，城市交通越发达，就会吸引越多家庭购买小汽车，造成城市家庭汽车拥有量增加，进一步加剧道路拥堵）。后来人们转变思维，不再一味追求服务系统内部的优化改善，而是从研究顾客需求群体角度来分析和解决城市拥堵问题，如不同车牌号车辆分时间段出行、不同路段采取不同收费措施等。

因此，在服务排队管理中，除了研究如何优化服务系统资源和结构外，研究需求群体特征也是解决排队问题的一个很好的办法。

### 2. 到达过程

在通常的服务排队过程中，顾客到达过程是一种自主行为，是随机的。大量的观察表明，顾客到达的时间间隔是服从指数分布的，也就是说，到达时间间隔短的情况出现频率高，到达时间间隔长的情况出现频率比较低。这里用一个汽车加油站的例子说明到达过程的随机性特征。

假设一个加油站从早上8点到9点这一小时内到达等待加油的汽车的数量如表10-1所示。

表10-1 等待加油汽车的数量统计

| 到达加油站汽车序号 | 到达时刻 | 开始加油时刻 | 加油时间/分 | 加油结束时刻 |
|---|---|---|---|---|
| 1 | 8:05 | 8:05 | 5 | 8:10 |
| 2 | 8:10 | 8:10 | 4 | 8:14 |
| 3 | 8:16 | 8:16 | 6 | 8:22 |
| 4 | 8:20 | 8:22 | 3 | 8:25 |
| 5 | 8:21 | 8:25 | 4 | 8:29 |
| 6 | 8:26 | 8:29 | 3 | 8:32 |
| 7 | 8:27 | 8:32 | 4 | 8:36 |
| 8 | 8:32 | 8:36 | 4 | 8:40 |
| 9 | 8:40 | 8:40 | 7 | 8:47 |
| 10 | 8:45 | 8:47 | 5 | 8:52 |
| 11 | 8:50 | 8:52 | 4 | 8:56 |
| 12 | 9:00 | 9:00 | 6 | 9:06 |

从表 10-1 可以看出，加油站排队等待加油的汽车到达时间间隔是随机的，到达间隔分别为 5 分钟、6 分钟、4 分钟、1 分钟、5 分钟、1 分钟、5 分钟、8 分钟、5 分钟、5 分钟、10 分钟。通过大量的数据统计，我们可以计算出平均到达时间间隔，以及单位时间内到达的平均"顾客"数量（即到达率，用 $\lambda$ 表示）：

$$\lambda = 顾客到达排队系统的到达率$$

它表示平均每分钟或者每小时到达的顾客数量。到达的平均时间间隔就是到达率的倒数，即：

$$\frac{1}{\lambda} = 顾客到达排队系统的平均时间间隔$$

它表示每隔多长时间（分钟或者小时）有一个顾客到达排队系统。上面这个例子说明平均时间间隔是 $(5+6+4+1+5+1+5+8+5+5+10)/11 = 5$（分/辆），即每隔 5 分钟到达一辆汽车排队加油。因此，到达率 $\lambda = 1/5 = 0.2$（辆/分），即平均每分钟到达 0.2 辆车。通过大量数据统计可知，顾客到达服从泊松分布，用公式表示如下：

$$p(n) = \frac{(\lambda T)^n}{n!} e^{-\lambda T} = \frac{(\lambda T)^n e^{-\lambda T}}{n \times (n-1) \times \cdots \times 2 \times 1}, \quad n = 0, 1, 2 \cdots \quad (10\text{-}1)$$

式中　$P(n)$——在平均时间间隔 $T$ 到达 $n$ 个顾客的概率。

例如，该加油站每分钟到达 2 辆汽车的概率 $P(2) = \frac{(0.2 \times 1)^2}{2!} e^{-0.2 \times 1} = 0.016\,4$。

### 3. 排队结构

排队系统中，顾客站队的方式称为队列结构，排队系统的结构由队列结构和服务台设置两个部分构成。排队结构设计与场地、顾客人数和需求、管理制度等因素有关。通常排队队列结构有单队列和多队列两种（见图 10-2），在特殊情况下，也会采用混合排队方式（单队列和多队列混合两次排队）。

图 10-2a 是多队列结构，比较常见的如高速公路收费站排队、超市收银台排队、大学食堂买饭窗口排队等。这样的多服务台多队列结构对顾客来说，好处是可以根据需要选择站队；缺点是可能存在不公平，先到的顾客可能站到一个服务台动作比较慢的队伍中，比晚到而站在另外一个动作更快速的服务台前的顾客晚离开服务区，而且这种排队容易导致顾客"窜队"的现象。

图 10-2b 是单队列结构，不管有多少个服务台，顾客都只排成一队，只要前面的服务台有空，顾客就按照顺序前去接受服务，如机场登机排队，早期银行排队也是这样。单队列的好处就是公平，先到先服务（first come fist service，FCFS）；缺点是顾客不能选择服务台，同时这种单队列结构如果排队人数多，队伍很长，会导致顾客产生排队恐惧心理。单队列结构的另一种形式是叫号方式。顾客来到服务区先取一个号码，表示服务先后次序，

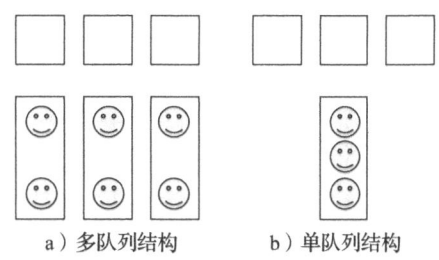

图 10-2　排队队列结构

服务台按照这个号码呼叫顾客去接受服务。现在很多银行就采用叫号方式的单队列排队结构。

除了以上两种典型的常见排队结构，在某些特殊情况下，可以采用混合排队结构，相当于两次排队。顾客首先排成一条单队列，然后接近服务区的时候采用多队列。这样的排队方式主要是

受场地限制而不得不采用的特殊办法。比如某些城市的地铁站，进入地铁只有一条通道，顾客按照单队列进入地铁站台，到达站台后再进入不同位置排队等待上车（第二次排队）。一些火车站和机场的出租车进入揽客区的排队过程也采用类似这样的结构。一般在第一次排队和第二次排队之间由服务人员根据前方排队人数有针对性地指导顾客分流站队。

### 4. 排队规则

多数排队系统使用先到先服务的规则，这种排队规则称为静态规则。静态规则是一种公平规则，在通常情况下，服务系统采用静态规则，但是在某些特殊情况下，服务系统可以根据顾客特征赋予顾客不同的优先权，动态调整排队服务优先次序，即采用动态规则。比如，在医院急救室或超市的快速收银台，可以根据病人或者顾客的情况给予他们不同的优先权，打破先到先服务的规则。这些优先法则包括：预订优先、紧急优先、最大盈利顾客优先、最大订单优先、最优顾客优先和最短服务时间优先等。

### 5. 服务过程

服务过程包括两个基本方面：一个是服务时间的分布，另一个是服务系统的设计。服务时间有固定服务时间和随机服务时间两种。固定服务时间是指每次服务的时间完全相等，这一特征通常局限于机器控制的运作场所，如自动洗车机构。大多数情况下，服务时间是随机的，而且近似服从负指数分布。一般用 $\mu$ 代表系统的平均（期望）服务率，即单位时间内完成的顾客服务数量。

服务时间的负指数分布：

$$P(t \leq T) = 1 - e^{-\mu T} \tag{10-2}$$

式中，$P(t \leq T)$ 为顾客服务时间 $t$ 不超过特定的时间 $T$ 的概率；$\mu$ 为平均服务率，即单位时间内服务的顾客数；服务时间分布的均值 $= \dfrac{1}{\mu}$。在前面的加油站的例子中，服务时间均值是 $\dfrac{1}{\mu} = (5 + 4 + 6 + 3 + 4 + 3 + 4 + 4 + 7 + 5 + 4 + 6)/12 = 55/12 = 4.5833$ 分，服务率 $\mu = 12/55 = 0.2182$ 辆/分。我们可计算出服务时间（加油时间）小于某一个值的概率，比如，我们要计算加油时间小于等于 3 分钟的概率：

$$P(t \leq 3) = 1 - e^{-0.2182 \times 3} = 0.4804$$

服务系统通常用通道数（如服务台的数量）和阶段数（服务必须中断次数或者顺序经过的服务过程次数）来分类。

（1）单通道、单阶段服务系统，如单人理发店、家庭牙医诊所等。
（2）单通道、多阶段服务系统，如洗车服务机构、专业体检服务机构。
（3）多通道、单阶段服务系统，如超市的收银柜台、高速公路收费站。
（4）多通道、多阶段服务系统，如火车站乘车过程（进候车室，经过不同安检门，经过多个检票口检票进入站台，在站台上不同车厢门口排队上车）。

### 10.2.2 排队模型和绩效指标

顾客的到达时间分布、服务时间分布、服务台数量、系统容量限制、顾客源数目、排队规则组合起来形成排队服务模型，用一组符号表示如下：

$$X/Y/Z/A/B/C$$

式中 $X$——顾客到达时间分布,用"$M$"代表到达时间服从指数分布,用"$G$"代表其他分布;

$Y$——服务时间分布,用"$M$"代表服务时间服从指数分布,用"$G$"代表其他分布;

$Z$——服务台数量,用"1"代表单服务台,用"$C$"代表数量为 $C$ 的多服务台;

$A$——系统容量限制,表示服务系统最多接受多少服务对象,用"$\infty$"代表系统容量无限制;

$B$——顾客源数目,表示顾客数目分有限与无限两种,用"$\infty$"代表顾客源无限制;

$C$——排队规则,默认规则是先到先服务(FCFS)。

一般情况下,为了简便,通常只用前面三个符号代表排队模型,后面的符号省略。比如,$M/M/1$ 代表顾客到达时间和服务时间都服从指数分布的单队列、单服务台的排队模型,$M/M/C$ 代表顾客到达时间和服务时间都服从指数分布的单队列、多服务台排队模型。

### 1. 排队系统的绩效指标

衡量排队系统绩效的指标和制造作业排序问题一样,都是从两个角度考虑:一个是从顾客角度,减少顾客等待时间和在服务系统的停留时间;另一个是从企业角度,提高服务系统的资源使用率。

(1)服务系统利用率。排队系统的系统利用率是平均顾客到达率和平均服务率之比。服务系统利用率高,可以提高服务资源利用率,对企业来说是一件好事,但是服务系统利用率高,也会导致顾客排队时间和等待时间延长,顾客抱怨增加。更主要的是,服务系统利用率其实代表的是服务系统的能力利用问题,利用率高也就是能力利用率高,在第 7 章中我们谈到,最佳的服务能力利用率是 70%,因此,服务排队系统的利用率控制在 70% 左右比较合适。

(2)系统和排队列队中的顾客数量。系统和排队队列中的平均顾客数量用 $L_s$ 和 $L_q$ 表示。在队列中的顾客数也叫排队长度,队列短,可能是因为服务能力高,也说明服务效果好;反之,队列长则意味着服务效率太低或者能力不足。系统中的顾客数多,可能导致系统拥挤和顾客满意度下降。因此企业要根据顾客排队实际需求决定服务系统的能力,适当安排服务排队结构。

(3)顾客在系统和排队队列中的时间。系统和排队队列中的人数(长度)多并不总是意味着排队时间长,因此除了系统和排队人数指标,衡量排队系统绩效时还需要考察顾客在系统和排队队列中的时间。顾客在系统中的平均停留时间和在队列中的平均排队时间分别用 $W_s$ 和 $W_q$ 表示。排队时间长短和顾客感受有关,如果服务过程顾客的感受很好,即使排队等待时间长,顾客满意度也会比较高,因此为了缓解顾客排队过程的心理压力,提高顾客排队满意度,企业应该提高排队过程中的顾客感受,比如,提高顾客排队过程的愉悦感,转移顾客的注意力,提高排队环境的舒适度等,让顾客感受到的排队时间比实际排队时间短的时候,顾客感知的服务质量比较高。

### 2. 单服务台、泊松分布到达、负指数分布服务时间排队模型($M/M/1$)

单服务台的排队系统模型如图 10-3 所示。该模型中只有一个服务台,顾客来到服务台前面排队等待服务,顾客源与服务系统容量没有限制,排队规则是先到先服务。

该排队系统的绩效指标计算公式如下。

(1)系统的利用率:

$$\rho = \frac{\lambda}{\mu} \qquad (10\text{-}3)$$

图 10-3 单服务台的 $M/M/1$ 排队系统

(2) 系统中（正在等待的及正在被服务的）的顾客平均数：

$$L_s = \frac{\lambda}{\mu - \lambda} \tag{10-4}$$

(3) 顾客在系统中的平均时间（等待时间 + 服务时间）：

$$W_s = \frac{1}{\mu - \lambda} \tag{10-5}$$

(4) 队列中等待的顾客平均数：

$$L_q = \rho L_s \tag{10-6}$$

(5) 顾客在队列中的平均等待时间：

$$W_q = \rho W_s \tag{10-7}$$

### 应用范例 10-1

假设某个体理发店顾客达到的概率服从泊松分布，达到率为 3 人/时，理发服务时间服从负指数分布，服务率为 4 人/时。根据以上条件，计算排队系统利用率、理发店的顾客平均数、等候理发的平均顾客数、顾客在理发店的平均停留时间、顾客平均排队等待时间。

**解：**

因为顾客到达率 $\lambda = 3$ 人/时，服务率 $\mu = 4$ 人/时，则有：

(1) 系统利用率 $\rho = \frac{\lambda}{\mu} = \frac{3}{4} = 75\%$；

(2) 理发店的顾客平均数 $L_s = \frac{\lambda}{\mu - \lambda} = \frac{3}{4-3} = 3$（人）；

(3) 等候理发的顾客平均数 $L_q = \rho L_s = 0.75 \times 3 = 2.25 \approx 2$（人）；

(4) 顾客在理发店的平均停留时间 $W_s = \frac{1}{\mu - \lambda} = \frac{1}{4-3} = 1$（小时）；

(5) 顾客排队平均等待时间 $W_q = \rho W_s = 0.75 \times 1 = 0.75$（小时）。

### 3. 多服务台、泊松分布达到、负指数分布服务时间排队模型（M/M/C）

一个典型的多服务台的排队系统如图 10-4 所示。在这个系统中，有 $C$ 个服务台，顾客在服务台前排队，随机进入各个服务台接受服务，排队规则是先到先服务，没有顾客源与服务系统容量限制。

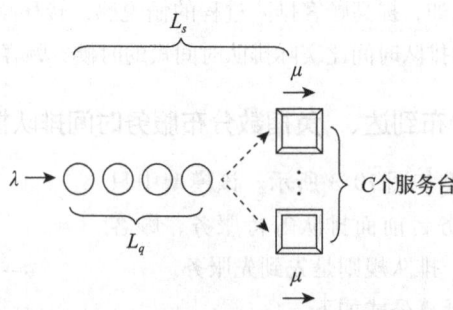

图 10-4 多服务台的 M/M/C 排队模型

多服务台系统相比单服务台系统，唯一区别是增加了同等能力和服务质量的服务台（相同的服务台），因此多服务台系统中 $\rho = \lambda/(C\mu)$，其中 $C$ 为服务台数量。多服务台系统（队列）的平均顾客数量和顾客在系统（队列）中的平均停留（等待）时间计算公式稍微复杂，这里不做介绍。

增加服务台的好处是提高服务率，但是也会增加投资，因此服务台数量要根据顾客排队人数多少来选择。

### 10.2.3　互联网时代的排队管理策略

在互联网时代，许多现场的排队问题转为线上排队问题，企业利用互联网技术，在可以减少现场排队的同时，还可以有计划、精准安排排队。传统的现场排队是自由排队，而互联网时代可以做到有计划地控制排队。

对于有计划的排队管理思想，我们可以从美国航空公司的登机排队管理得到启发。去美国出差旅行坐飞机的人常常有这样的体会，美国机场的登机排队过程跟国内不一样。在国内登机的时候，旅客都是自由到达排队，谁先来谁先排队，谁先登机。在美国，是由航空公司按照旅客购买的机票的座位顺序来安排排队登机的，也就是说，坐在前面（机头）的旅客先排队登机，坐在后面的旅客后排队登机，不管旅客是不是先到候机室。

如图 10-5 所示，飞机的座位分为不同区域，如 A、B、C、D、E、F 区。排队的时候，航空公司会按照旅客的座位区域依次叫号，先叫 A 区，然后叫 B 区，继而叫 C 区……直至最后一个区域的旅客登机。这一做法的好处就是减少飞机上的拥堵和混乱现象。

图 10-5　飞机座位分区图

这种有计划的排队管理思想可以很好地应用到互联网时代的排队管理中。因为在互联网时代，可以有计划地安排预约排队，而不是仅简单地将线下的排队转移到线上。有计划地安排服务系统资源，可以减少顾客排队的时间和提高资源利用率。图 10-6 是一个顾客可以选择服务时间的有计划排队管理系统示意图。顾客根据自己的喜好可以选择不同的服务区间，进入该服务区间。不同的服务区间，可能提供的服务资源不同，收费也不同，因此顾客排队的时间可以根据自己的喜好和需求灵活选择。这种排队管理模式在一些医院已经被采用。

另外，在互联网时代，除了服务机构可以有计划地控制排队，顾客也可以通过服务系统的信息发布或者自我搜索技术来了解排队状况，提前决定进入排队或者不进入排队。比如，行驶在城市中的私家车司机，可以利用自己的车载导航系统获得前方不同道路的汽车排队等待信息，改变行驶路径，避免进入排队紧张的道路进行排队等待。

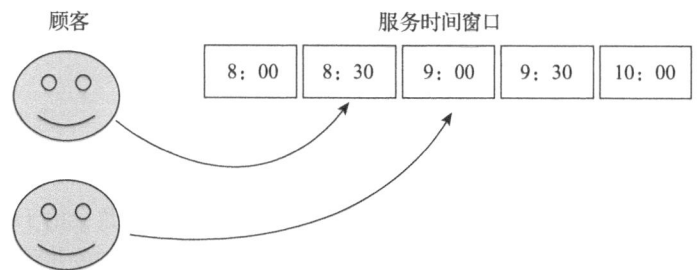

图 10-6　顾客可以选择排队时间的预约系统

## 10.3 工作轮班计划

工作轮班在服务业与制造业中是一个普遍存在的问题。工作轮班计划也是一类排序问题，轮班问题多种多样。企业的工作制度不同，工作轮班的方式也不同，下面重点介绍两种主要的工作轮班计划。

### 10.3.1 以班组为单位的轮班计划

在大多数情况下，企业中上班的人数是固定的，并且按照固定的班组与班次上班，比如一天两班、三班或四班，这时候轮班计划以班组为单位，如何安排不同班组的休息与上班时间是工作轮班计划的主要任务。大规模的工厂与服务企业基本采用这种工作轮班计划。

以班组为单位的轮班计划一般有两班制、三班制、四班制三种。两班制的轮班比较简单，每天分两班，每班上八小时，每隔一周或两周调换一次；三班制的轮班稍复杂些，一般而言，三班制的夜班比较辛苦，因此必须倒班，轮流上夜班。表 10-2 是一种三班倒的轮班计划表。

表 10-2　三班倒的轮班计划

| 班次 | 第一周 | 第二周 | 第三周 | 第四周 |
|---|---|---|---|---|
| 早 | 甲 | 乙 | 丙 | 甲 |
| 中 | 乙 | 丙 | 甲 | 乙 |
| 晚 | 丙 | 甲 | 乙 | 丙 |

三班倒的工作劳动强度大，因为如果连续工作又没有顶班的话，这三个班的人是没有休息日的。为此企业一般采用"四班三运转"的轮班方法，企业业务常年不中断，每天 24 小时正常上班，每天保证有一班在休息，三个班在上班（运转）。表 10-3 为四班三运转的轮班计划表。

表 10-3　四班三运转的轮班计划

| 工作日 | 工作班组 | | | 轮休班组 | 工作日 | 工作班组 | | | 轮休班组 |
|---|---|---|---|---|---|---|---|---|---|
| | 早班 | 中班 | 夜班 | | | 早班 | 中班 | 夜班 | |
| 1 | 甲 | 乙 | 丙 | 丁 | 9 | 甲 | 乙 | 丙 | 丁 |
| 2 | 甲 | 乙 | 丙 | 丁 | 10 | 甲 | 乙 | 丙 | 丁 |
| 3 | 丁 | 甲 | 乙 | 丙 | 11 | 丁 | 甲 | 乙 | 丙 |
| 4 | 丁 | 甲 | 乙 | 丙 | 12 | 丁 | 甲 | 乙 | 丙 |
| 5 | 丙 | 丁 | 甲 | 乙 | 13 | 丙 | 丁 | 甲 | 乙 |
| 6 | 丙 | 丁 | 甲 | 乙 | 14 | 丙 | 丁 | 甲 | 乙 |
| 7 | 乙 | 丙 | 丁 | 甲 | 15 | 乙 | 丙 | 丁 | 甲 |
| 8 | 乙 | 丙 | 丁 | 甲 | 16 | 乙 | 丙 | 丁 | 甲 |

### 10.3.2 以个体为单位的轮班计划

在某些情况下，餐饮和零售业企业在不同时间段所需的工作人员数会由于服务需求而有所不同，有时增加，有时减少，因此轮班上岗人员是按照实际人员需求量来安排的，每一时间段的上班人数都不相同，并且每个人上班没有固定的工作班组。这种轮班方式是以个体为单位的，轮班计划具体落实到个人。

以个体为单位的轮班计划是一种无固定班组的轮班计划,每个人没有固定的工作班组,每个时间段上岗的人员也是不固定的,会随需求量的变化而改变,因此这种轮班问题是最复杂的。无固定班组的人员轮班计划分日工作制轮班与小时工作制轮班两种情况。在小时工作制下,企业一般只需要对每天不同时段的人力进行安排。在日工作制下,除了对每天的上岗人数做出安排外,还需要对休息日做出安排,同时也要考虑单班次与多班次的不同情况,一般情况下考虑单班问题(每天一班)。

解决无固定班组的轮班问题一般采用启发算法,启发算法通常只能得到近优解,不能得到最优解。下面介绍一种制订无固定班组的单班次轮班计划的方法,这种方法可以使每个工作人员每周的两个休息日尽可能连续,还可以做到人员需求量最少,其基本步骤如下所示。

步骤1:根据每周的人员需求量,找出人员需求量之和最小的连续两个工作日,安排一名人员在这两天休息。

步骤2:其他工作日的需求人数减去已经安排休息的一个人。

步骤3:重复步骤1和步骤2,直到全部需求被满足或人员全部安排完为止。

### 应用范例10-2

已知某公司一周内每天的人员需求如表10-4所示,采用每天一班、每人每周5天工作制,编制单班次的轮班计划,使每人每周有连续两天休息日。

**表10-4 一周内每天的人员需求量**

|  | 周一 | 周二 | 周三 | 周四 | 周五 | 周六 | 周日 |
|---|---|---|---|---|---|---|---|
| 需求人数 | 6 | 7 | 5 | 4 | 8 | 9 | 10 |

**解**:根据表10-4,最少需要10个工作人员,按照启发算法制订轮班计划,如表10-5和表10-6所示。表10-5为计划排班过程,表10-6为最终的排班表。

**表10-5 单班次一周工作轮班计划排班过程**

| 人员编号 | 日 期 |||||||
|---|---|---|---|---|---|---|---|
|  | 周一 | 周二 | 周三 | 周四 | 周五 | 周六 | 周日 |
| 1 | 6 | 7 | 5* | 4* | 8 | 9 | 10 |
| 2 | 5 | 6 | 5* | 4* | 7 | 8 | 9 |
| 3 | 4 | 5 | 5* | 4* | 6 | 7 | 8 |
| 4 | 3* | 4* | 5 | 4 | 5 | 6 | 7 |
| 5 | 3 | 4 | 4* | 3* | 4 | 5 | 6 |
| 6 | 2* | 3* | 4 | 3 | 3 | 4 | 5 |
| 7 | 2 | 3 | 3 | 2* | 2* | 3 | 4 |
| 8 | 1* | 2* | 2 | 2 | 2 | 2 | 3 |
| 9 | 1 | 2 | 1 | 1 | 1* | 1* | 2 |
| 10 | 0 | 1 | 0* | 0* | 1 | 1 | 1 |
|  | 0 | 0 | 0 | 0 | 0 | 0 | 0 |

下面对表10-5做出几点说明。

第一,表10-5中连续两天带阴影的单元格所在日即为员工休息日。带星号的日期安排一个员工在这天休息,该日需求人数不减;没有带星号的日期安排该员工上班,因此需求人数减1。比如,第3行周三和周四两天的总需求人数为9(最少),那么安排第1位员工在周三和周四休息,其他时间上班。于是,周三和周四两天需求人数不减,照填到第4行,周一、周二、周五、周六、周日的需求人数各减1人,写在第4行。

从第 4 行开始，其他各个员工照此安排。

第二，安排第 3 个员工休息的时候（第 5 行）有两个选择：周一和周二，或者周三和周四。它们的需求人数之和都是 9，可以安排该员工在周一和周二休息，也可以安排他在周三和周四休息。表 10-5 中我们将该员工安排在周三和周四休息。同样，在后面其他员工的安排中，也可能出现多种选择，因此，这种启发算法得到的结果不是唯一的。

第三，当安排第 10 个员工时，周二、周五、周六、周日这几天都只需要 1 个人上班，周一、周三、周四需要的人数为 0，由于周三和周四连续两天的需求人数为 0，因此安排该员工在周三和周四休息，在周一、周二、周五、周六、周日这五天上班。于是，其他各日期需求人数减 1 以后，每天需求人数都为 0，不需要安排员工了，所以最后一行（第 13 行）的员工编号为空，就是不需要第 11 个员工了，停止安排。

第四，安排第 10 个员工的时候，虽然周一的需求人数为 0，实际上是不需要上班的，但是为了保证每位员工的工作时间一样（5 天工作，2 天休息），我们仍认为第 10 位员工在周一、周二、周五、周六、周日上班，周三和周四休息。

按照上述排班，得到如表 10-6 所示的排班表。

表 10-6  单班次一周工作轮班计划表

| 人员编号 | 周一 | 周二 | 周三 | 周四 | 周五 | 周六 | 周日 |
| --- | --- | --- | --- | --- | --- | --- | --- |
| 1 | ▲ | ▲ | ☆ | ☆ | ▲ | ▲ | ▲ |
| 2 | ▲ | ▲ | ☆ | ☆ | ▲ | ▲ | ▲ |
| 3 | ▲ | ▲ | ☆ | ☆ | ▲ | ▲ | ▲ |
| 4 | ☆ | ☆ | ▲ | ▲ | ▲ | ▲ | ▲ |
| 5 | ▲ | ▲ | ☆ | ▲ | ▲ | ▲ | ▲ |
| 6 | ☆ | ☆ | ▲ | ▲ | ▲ | ▲ | ▲ |
| 7 | ▲ | ▲ | ▲ | ▲ | ☆ | ▲ | ▲ |
| 8 | ☆ | ☆ | ▲ | ▲ | ▲ | ▲ | ▲ |
| 9 | ▲ | ▲ | ▲ | ▲ | ☆ | ☆ | ▲ |
| 10 | ▲ | ▲ | ☆ | ☆ | ▲ | ▲ | ▲ |
| 在岗人数 | 7 | 7 | 5 | 4 | 8 | 9 | 10 |
| 需求人数 | 6 | 7 | 5 | 4 | 8 | 9 | 10 |
| 人员差额 | +1 | 0 | 0 | 0 | 0 | 0 | 0 |

注：▲表示在岗，☆表示休息。

### 10.3.3  线性规划在工作轮班计划中的应用

对于员工每周工作 5 天、连续休息 2 天的轮班问题，可以用一个通用的整数线性规划模型来准确表述。首先定义变量：$x_i$ 为从第 $i$ 天开始工作的员工数量；$b_i$ 为第 $i$ 天所需的员工数量。其次建立如下模型。

$$\min Z = x_1 + x_2 + x_3 + x_4 + x_5 + x_6 + x_7$$

约束条件：

$$x_1 + x_4 + x_5 + x_6 + x_7 \geq b_1 \text{（周一的约束）}$$
$$x_1 + x_2 + x_5 + x_6 + x_7 \geq b_2 \text{（周二的约束）}$$
$$x_1 + x_2 + x_3 + x_6 + x_7 \geq b_3 \text{（周三的约束）}$$
$$x_1 + x_2 + x_3 + x_4 + x_7 \geq b_4 \text{（周四的约束）}$$

$$x_1 + x_2 + x_3 + x_4 + x_5 \geq b_5 (周五的约束)$$
$$x_2 + x_3 + x_4 + x_5 + x_6 \geq b_6 (周六的约束)$$
$$x_3 + x_4 + x_5 + x_6 + x_7 \geq b_7 (周日的约束)$$
$$x_i \geq 0 \text{ 且为整数}$$

这个模型比较简单,手动或者利用一般软件都可以求解。

### 应用范例 10-3

一家餐厅每天 24 小时营业,服务员上岗时间为午夜 12 点、凌晨 4 点、上午 8 点、正午 12 点、下午 4 点和晚上 8 点,每名服务员每个工班持续 8 小时。表 10-7 给出了每天 6 个时段所需员工的最少数量。

**表 10-7 服务时段所需员工数量**

| 时段 | 时间 | 员工需求量/人 |
| --- | --- | --- |
| 1 | 午夜 12 点到凌晨 4 点 | 2 |
| 2 | 凌晨 4 点到上午 8 点 | 4 |
| 3 | 上午 8 点到正午 12 点 | 6 |
| 4 | 正午 12 点到下午 4 点 | 5 |
| 5 | 下午 4 点到下午 8 点 | 6 |
| 6 | 下午 8 点到午夜 12 点 | 3 |

请确定该餐厅在每个上岗时间上岗员工的数量,以使一天营业所需的总员工数量最少。

**解**:把问题转化为如下整数线性规划模型:
$$\min Z = x_1 + x_2 + x_3 + x_4 + x_5 + x_6$$

约束条件:
$$x_1 + x_6 \geq 2$$
$$x_1 + x_2 \geq 4$$
$$x_2 + x_3 \geq 6$$
$$x_3 + x_4 \geq 5$$
$$x_4 + x_5 \geq 6$$
$$x_5 + x_6 \geq 3$$
$$x_i \geq 0 \text{ 且为整数}$$

用 Excel 或商用软件 LINGO 解得:
$$x_1 = 0, \quad x_2 = 4, \quad x_3 = 2, \quad x_4 = 3, \quad x_5 = 3, \quad x_6 = 2$$

相应的日工作制计划如表 10-8 所示。

**表 10-8 服务时段员工安排表**

| 员工 | 时段 1 | 时段 2 | 时段 3 | 时段 4 | 时段 5 | 时段 6 |
| --- | --- | --- | --- | --- | --- | --- |
| A | — | × | × | — | — | — |
| B | — | × | × | — | — | — |
| C | — | × | × | — | — | — |
| D | — | × | × | — | — | — |
| E | — | — | × | × | — | — |
| F | — | — | × | × | — | — |
| G | — | — | — | × | × | — |
| H | — | — | — | × | × | — |
| I | — | — | — | × | × | — |
| J | — | — | — | — | × | × |
| K | — | — | — | — | × | × |

(续)

| 员工 | 时段1 | 时段2 | 时段3 | 时段4 | 时段5 | 时段6 |
|---|---|---|---|---|---|---|
| L | — | — | — | — | × | × |
| M | × | — | — | — | — | × |
| N | × | — | — | — | — | × |
| 在岗人数 | 2 | 4 | 6 | 5 | 6 | 5 |
| 需求人数 | 2 | 4 | 6 | 5 | 6 | 3 |
| 多余人数 | 0 | 0 | 0 | 0 | 0 | 2 |

注：—表示休息，×表示在岗。

:运作聚焦:

## 别管理等待，管理体验

等待是件令人讨厌的事，这一点任何一个曾经为买一盒牛奶而在嘈杂拥挤的超市里等待结账超过半小时的人都会赞同。为了避免顾客因等待而抓狂，公司管理者会想尽一切办法缩短等待时间。但是，管理者需要认识到，等待未必会带来负面影响，只要措施得当，等待甚至也可以成为一种积极的体验。最典型的例子就是迪士尼乐园对游客排队时间的管理。虽然游客花在排队上的时间可能比花在游乐项目上的时间还长，但是园方总是有办法让游客在一天结束时能面带笑容地走出乐园。

缩短时间是生产线上的效率原则，而当涉及人时，这个原则未必行得通。公司在面对以服务为中心的问题时，应当抛开那种适用于生产线的解决方案，学会理解顾客的等待心理，改善服务体验，从而提升盈利能力。

为了帮助公司合理地管理顾客的等待时间，作者提出了以下六点建议。

### 让等待变得不那么突出

顾客记住的是体验中突出的特征，所以只要等待不那么突出，顾客就很容易遗忘它。如果顾客在等待时忙着看电视或者听喜欢的音乐，他们就很容易忘了等待的时间。当顾客注重服务接触的结果而将时间视为与目标分离的障碍时，分散顾客对时间流逝的注意力最容易产生显著的效果。然而，如果顾客关注的是体验，我们则希望顾客尽情享受服务中的每一刻。

### 管理顾客，而不是管理延误

时间是可变的。顾客感觉到的等待时间可能比实际的时间长，也可能比实际的短。有解释的延误比没有解释的延误让人感觉时间更短些。觉得不耐烦、焦虑的等待会让人产生最为负面的情绪。因此，管理者不能只局限在管理等待时间上，而是要直接排解顾客的焦虑和压力。公司需要告知顾客最新的进展情况，并向顾客表明自己已认识到这件事的紧迫性，以安抚顾客对于自己会被遗忘的担心。

### 减少不确定性，增加可预测性

减少不确定性并增加可预测性，可以提升顾客的控制感和满意度。向顾客提供有关等待时间的真实信息，会使他们更安心地等待。在公共场所，钟表、显示预计等待时间的提示器、排号系统等都有助于让顾客感觉等待是可控的，从而对整个体验的印象也更积极。

**操纵环境**

管理者还可以通过操纵环境来提升顾客在等待中的满意度，这些环境因素包括灯光、温度、声音和颜色、引导标志、排队指示和计时装置，以及空间布局和设备、装潢等。例如，在顾客等候时给他们提供舒适的座椅。

**制造积极的末端效应**

如果顾客在交易结束时不满意，他们就会夸大等待时间以及一路碰到的其他障碍。但是，对结果满意的顾客一般会忽略等待时间和其他小问题。当需要通知顾客好消息和坏消息时，管理者应该小心地先透露坏消息，以避免顾客在最后感到不快。

**做到公正**

在空间控制方面，管理者应该遵循先进先出原则，避免拥堵，不要让顾客看到闲散的员工或特殊的排队队列。很多时候顾客在乎的并不是实际等待时间，而是他们是否得到了公平的对待和尊重。

管理者应该停止使用"等待"这一带有负能量的词语，而是要开始考虑"我怎样更好地管理客户与我们在一起的时间"或"我怎样为双方创造更多的价值"。按照这一新思路，他们能找到创造性的方法，将等待从负面体验变为中性甚至积极的体验。

资料来源：比特兰，费雷尔，奥利韦拉. 别管理等待，管理体验 [J]. 商业评论网，2013（7）：96.

## 10.4 服务作业控制

制造业有作业控制问题，服务业同样也有作业控制问题。前面两节介绍了服务排队与工作轮班问题，当服务需求与资源出现矛盾的时候，排队系统会紧张，员工的轮班也会被打乱。因此，服务作业过程需要根据需求与资源供给的矛盾进行调整，这种调整工作就是服务作业控制。本节介绍服务作业控制的几个关键问题，包括服务质量控制、服务效率控制、服务作业标准化与个性化控制、服务作业现场改善和突发事件应急处理。

### 10.4.1 服务质量控制

一般质量控制的内容在第 13 章中有更详细的介绍，本节主要从服务业出发介绍服务质量管理的概念与策略。与制造产品的质量不同，服务质量具有感知性，与服务对象的感觉有关。

服务质量可以用感知服务质量模型描述，如图 10-7 所示。在这个模型中，服务质量与以下五个维度相关。

- 有形性，即服务企业的服务设施、设备、人员仪表。
- 可靠性，即服务企业按照约定，准确、及时、无误地提供服务。
- 响应性，即服务企业员工具有帮助顾客的愿望并能够迅速而有效地解决顾客面临的问题。
- 保证性，即员工的行为能够增强顾客对企业的信心，同时让顾客感到安全。这意味着员工是真诚的，他们拥有解决顾客的问题所必须具备的知识和技能。

- 移情性，即员工设身处地地为顾客着想并对顾客给予关注，同时在营业时间内充分考虑顾客的实际情况。

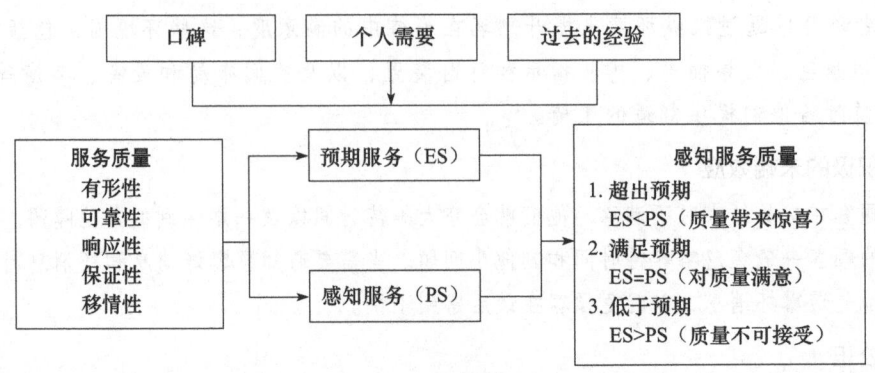

图 10-7　感知服务质量模型

根据感知服务质量模型，服务企业在服务作业管理中对服务质量的控制要制定合理的服务预期，也就是顾客在接受服务之前预期能够得到的服务效果。比如旅游团会预先给旅游者提供本次出游的时间、地点、旅游景点特点、参加本次旅游将获得的体验的介绍，旅游公司也会将该旅游线路中以往旅游者的感受（口碑）或者媒体的报道等信息告诉旅游者，让旅游者在旅游之前就能获得预期的旅游体验。当旅游结束后，旅游者如果很满意，也就是旅游者获得的旅游体验比预期的要好，那么服务质量就比较高；反之，如果旅游者旅游结束后得到的体验比预先的旅游宣传效果差，那么这个旅游团的服务质量就比较差了。同理，在医院的服务质量控制中，如果医院宣传的医疗水平高，患者预期的服务水平就比较高，但是如果患者最后得到的医疗效果比较差，那么这个医院的医疗服务质量就比较差，在患者心目中就会留下不好的印象。

因此，为了提高服务质量，第一，企业不要预先让顾客有太高的期望，特别是不能做出企业达不到的服务效果承诺；第二，在服务过程中，企业尽量向顾客提供一些超出其预期的服务，这样可以提高顾客的满意度。

### 10.4.2　服务效率控制

基于服务和服务过程的特性，服务作业控制应该同时考虑内部效率（如成本效率）、外部效率（如感知服务质量）和能力效率，如图 10-8 所示。

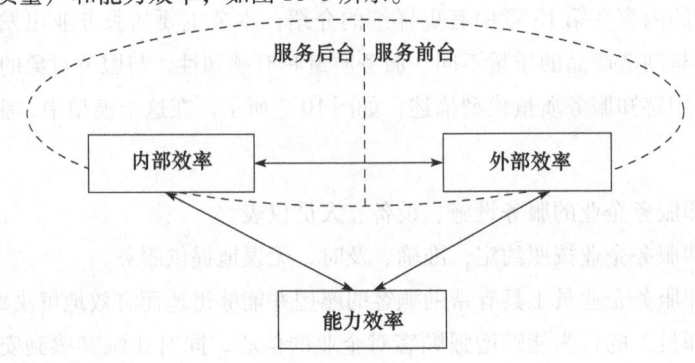

图 10-8　服务效率控制图

内部效率强调在一定数量的生产资源内如何有效地制造产出。外部效率作为服务生产率不可分割的组成部分，属于收益效率的范畴，好的服务一般意味着更多的销售额。当充分利用资源时，内部效率可能较高，但感知服务质量可能很低；当资源较空闲时，感知服务质量提高，但是内部效率低下。能力效率是指如何有效地基于生产能力服务顾客，过剩的供给会降低能力效率，过剩的需求会降低外部效率。有效的资源利用可以对内部效率和外部效率产生积极的影响。在可能的情况下，服务提供商会调整服务能力，使之与服务需求的变化相匹配；或者通过收入管理（如差异定价、预约或预订等）来调节需求，使之与服务能力相匹配。

服务效率与服务流程的设计有关。早期的服务系统设计理念提倡将服务交付系统分为服务前台和服务后台，前台采用"追逐策略"，按照顾客需求调整资源；后台采用"平准策略"（资源均衡使用、均衡产出），从而同时实现快速服务（外部效率）和高生产效率（内部效率）。

顾客干扰是服务效率与服务生产率低的主要原因，因此为了提高服务效率，要尽量减少顾客干扰，另外服务过程的标准化、自动化技术的应用也是提高服务效率的重要途径。

## 10.4.3 服务作业标准化与个性化控制

要控制服务进度，有效的办法之一就是使服务过程标准化，尽量按照标准的规范来开展服务作业，但是过度的服务标准化会导致服务的个性化和人性化丧失，因此，服务业进度控制要注意在什么情况下采用严格的进度控制，在什么情况下应该允许一定的服务灵活性与弹性。

在论述服务业类型时，我们把服务运作分为服务工厂、专业化服务、大量服务与服务车间等不同类型，这是按照顾客接触程度与劳动力密集程度来划分的。航空运输服务属于"服务工厂"类型的服务，是顾客接触程度最低的服务类型，因此更有利于建立标准化的服务过程。在这种情况下，可以利用制造业作业控制的方法进行服务控制，比如由指挥调度中心进行严格的进度控制。医院是一种服务车间，汽车修理厂也是，这类服务过程的不确定性比服务工厂大，作业标准化程度相对比较低，进度控制难以把握。而专业化服务讲究服务个性化，标准化程度最低，因此不能建立太严格的进度控制标准。

## 10.4.4 服务作业现场改善和突发事件应急处理

与制造企业生产现场相对稳定、封闭的工作环境不同，服务作业现场管理有许多不同的特点：不确定性因素多、顾客干扰多、现场突发事件多等。好的服务作业现场管理的表现为：服务流程秩序好，井然有序；服务效率高，顾客不拥堵；服务资源利用率高，服务节奏好；服务者和顾客之间的矛盾和冲突少；服务信息沟通通畅，应变反应快速。

服务企业为了提高顾客满意度，减少突发性事件的发生，要不断改善服务现场管理，健全各种服务作业管理规章制度，提高现场服务人员的服务水平，建立高效的服务作业现场管理团队。以下几点措施对于服务作业现场管理工作有很大帮助。

（1）建立清晰的现场服务指南。在机场、车站、医院、银行、邮局、酒店、政府服务大厅等服务现场，应该有清晰的现场服务指南，这些指南可以在电子显示屏幕上，或者可以是在墙上、地面上的行走路线图。服务作业现场也可以采用现场语音提示，或者设立现场问讯处，或者安排现场引导服务人员等。这些现场服务措施可以大大减少顾客到达服务现场以后由于不熟悉服务流程或者找不到服务设施而到处询问的现象,提高顾客满意度。

(2) 建立顾客分流与分时段服务制度。很多服务企业为了减少顾客拥堵,根据顾客到达的时间和高峰期特点,采用顾客分流和分时段服务的方法减少现场混乱,改善服务秩序。比如,地铁一般在每天的上班高峰期采用客流控制,某些火车站也有顾客进站分时段控制。旅游景区也会在节假日客流比较多的时候采用顾客分流和分时段服务的客流控制措施。

(3) 根据作业现场需求的变化动态调整服务人员上班计划。在前面介绍服务作业人员的排班方法时我们知道,企业需要的服务人员的数量在不同的时间是不同的,不仅每周的每一天不同,就连每一天早上和晚上的不同时间段也不同。因此在服务日程作业计划的执行过程中,企业需要根据现场需求的变化灵活调整服务人员的上班计划。比如,某大型百货超市有12个收银柜台出口,营业时间从上午10点到晚上10点。该超市的经理根据对现场客流的统计发现客流高峰期出现在两个时间段,一个是下午4点到6点,另外一个是晚上7点到9点30分。因此该超市收银柜台的服务人员上班的人数从早上到晚上根据客流进行调整,客流大,收银柜台上班的人多;客流少,则收银柜台上班的人少。

(4) 建立应急预案和应急资源储备。有一些服务企业比较容易出现现场突发事件,这些突发事件有的是不可预测和不可抗的自然事件,比如机场经常因为天气而取消或者推迟航班,导致大量旅客滞留机场。这种服务作业过程中出现的突发性事件如果不能得到及时有效的解决,很可能酿成严重的事故。比如,有一次,我国某城市的机场由于天气变化导致大量的旅客滞留在机场,而航空公司又没有做好顾客现场解释和信息沟通,在超过10小时的等待以后,一些旅客情绪激动,做出了一些过激的行为,如辱骂机场航空地勤服务人员等。虽然机场执行人员现场执法平息了事态,但是这件事情对机场现场管理是一个警醒,提示其今后应更有效地管理服务现场。其他如火车站、医院的人流也比较多,很容易出现排队或者服务过程中出现矛盾和冲突事件,这些服务组织应该有应对突发性事件的预案和应急资源储备,一旦出现问题,及时解决。

(5) 建立服务作业现场信息沟通和快速响应机制。为了及时处理现场出现的各种服务突发事件,服务企业要建立服务作业现场信息沟通和快速响应机制,及时传递服务作业现场的信息。一些服务企业有现场信息监控系统,如银行有监控录像仪,车站候车室也建立了监控系统,有中央信息监控服务中心。这些现场信息监控系统可以为处理现场突发事件提供帮助,更重要的是服务企业要有相应的信息处理机制,一旦现场出现突发事件能有人及时赶到现场处理问题。

| 运作聚焦 |

### 减少医院门诊排队现象

某医院是一家大型医院,虽然建院历史不长,但发展迅速,门诊接诊量近100万人次。但由于门诊楼建设至今已有20多年,医疗服务区域的结构问题和功能问题使门诊服务流程受到了极大的限制,影响了医院的服务效率和效能,同时由于门诊面积较小,在门诊高峰期,就诊患者近4 000人次,加上大部分就诊患者有人陪同,日人流量近8 000人次,从而导致门诊大楼拥挤不堪。

**门诊流程的瓶颈与问题**

在门诊流程中，对患者有价值的服务主要有分科就诊、检验、检查和就诊 4 个环节，而和服务相关的挂号、划价、交费、取药这 4 个环节的等待是造成门诊服务效率低下、流程不畅、患者积压的主要原因。调查统计显示，患者挂号等待的时间均值为 35.50 分钟，收费等待的时间均值为 12.70 分钟，取药等待的时间均值为 12.84 分钟，而诊室诊断时间均值仅为 8.89 分钟。

根据分析，排队的原因主要有以下几种。①就诊时间过度集中。②信息不共享，影响流程的通畅性和连续性；医院职能划分过细，致使患者需要多次重复排队和来回往返。③门诊布局、建筑结构不合理和导医服务患者欠缺，增加了患者的流动量和滞留时间。尽管门诊实施了"一站式"服务，但门诊流程依然是"多站式"的，每个环节都需要排队，在某些时段，患者等待的时间远比医生为其诊病的时间长，造成"三长一短"（即挂号排队时间长、候诊和候检时间长、交款取药时间长、医生看病时间短）现象。

**缩短患者等待时间的措施**

根据这些问题，该医院进行流程再造，充分利用信息技术，解决门诊流程的瓶颈问题，以改善排队现象。具体做法有以下几种。

（1）开发并启用医保自助挂号系统。通过对医院门诊挂号数据的分析发现，来医院就诊的人员中 50% 以上有医疗保险，如果能先把这部分患者纳入自助挂号系统，就能极大地改善门诊排长队挂号的现象。在这种背景下，该院信息管理中心开发出医保自助挂号系统。该系统在设计上没有采用挂号时收费的模式，而是采用挂号费用记账的方式，即到患者就诊结束时一次性结算费用。其操作也较为简便，只要三步就能完成：①插入医疗保险卡后，按屏幕上的医保读卡按钮；②在界面上选择要挂的科室或专家；③按屏幕上的确认挂号按钮，在出票口领取候诊单。这一系统大大加快了医保门诊挂号的速度，门诊挂号时间由平均 1 分 30 秒减少到平均 25 秒。

（2）全面实施门诊医生工作站制度。门诊医生工作站是门诊流程优化和再造的关键。通过实施门诊医生工作站制度，医生通过刷患者的卡获取患者基本信息和病史。工作站系统提供结构化门诊病历模板，记录患者此次就诊的主诉、症状、体征等信息，药品库存和供应情况、药品价格和分装规格，区分医保用药和自费用药，自动检查药品配伍禁忌等，医生可就药品的价格、不良反应等征求患者意见，及时调整处方。

（3）启用自动排队系统，有效缓解门诊排队挂号压力，减少患者候诊拥堵现象。通过候诊单告知患者就诊的楼层和区域，利用患者就诊及时呼叫功能，缓解了门诊候诊区拥堵的情况。此外，各种医技检查、药房配药通过自动化排队服务系统实施条码化与网络化管理，实现与医院信息系统的数据共享。

（4）依托医生工作站，提高药房服务质量。实施医生工作站制度后，门诊药房实施后台摆药，患者在结算费用时即通过语音提示系统等获得到指定窗口取药的信息，缩短了患者取药排队的时间。同时，门诊药房药品的规格、包装、价格、库存等信息一目了然，使医生从繁重的记忆压力中解脱出来，可以减少或避免患者缴费后因药品项目不符或药品缺少等导致处方修改、退药的麻烦。

门诊流程优化后，门诊大厅的拥挤现象有所缓解，患者在门诊各个环节的滞留时间减少，在医院的停留时间缩短，对医院的服务满意度上升。患者成为流程改革的最大受益者。

## 10.5 数字化、自动化与智能化服务及其相关管理问题

近年来,服务企业的服务系统越来越多地将数字化技术、自动化技术和智能化技术作为服务升级改造的投资领域,手机二维码技术、人工识别刷脸技术、微信支付和购物、网上银行、无人超市、无人驾驶汽车、自助导游、智能医疗等先进的自动化和智能化服务作业系统不断出现。许多企业通过这些数字化、自动化和智能化升级改造产生了一定的经济效果,提高了服务效率和服务生产率。

### 10.5.1 数字化、自动化和智能化服务的应用模式

目前,在我国比较流行的数字化、自动化和智能化服务主要有如下几种模式。

(1) **数字化、无纸化办公服务系统**。通过手机或者计算机网络打造无纸化自助式服务系统。这是服务数字化的应用,是网络技术和移动互联网技术等信息技术服务。按照第3章服务流程-顾客接触矩阵的分类,这是网络与在线接触类型,因此效率比较高。比如,网上银行、网上购票(物)、网上注册、网络授课、网络评审等,这可以减少需要的服务人员的数量,节省顾客现场排队时间。

(2) **人机协同自助服务系统**。这种服务系统一般在户外的服务机器进行,需要机器和人的配合才能完成,是数字化和自动化结合的服务系统,没有智能水平。比如,加油站的自助加油服务机、公路自助收费系统、银行的自助存取款机、火车和汽车站里的自助购票系统、餐厅自助点餐系统、无人超市的自动售货机、政务服务的自动缴费系统、学校里的校园卡自助充值服务系统等,都属于这类系统。这种自助服务系统在现实中也比较普遍。

(3) **自动化服务系统**。自动化服务系统一般不需要顾客参与,或者只需要顾客做简单的辅助即可完成服务过程。这种系统一般是数字化和自动化技术结合,并利用人工识别等智能技术,是数字化、自动化和智能化结合的服务。人脸识别过关和安检、人脸识别门禁系统、人脸识别付款系统、银行的自动转账服务等都属于这种类型。

(4) **机器人自动化服务系统**。这是一种自动化和智能化结合的服务系统,以自动化为主,智能化水平较低。这种服务系统可以代替人类从事重复性的、简单的服务作业。目前对于一些重复性的服务工作,已经有企业采用机器人提供服务。博物馆和会议展览馆机器人讲解员、旅游景区机器人导游、医院导医机器人等都属于机器人服务系统。

(5) **高级智能服务机器人**。这是比较高级的应用,比如医院的智能诊疗系统、无人驾驶智能汽车、家庭智能服务机器人、智能教育机器人、体育训练智能机器人、酒店客房服务机器人等,这种机器人具有比较好的深度学习、推理和判断能力,具有类似人工系统中人的自主决策和行动能力。

### 10.5.2 数字化、自动化和智能化服务存在的问题

服务作业数字化、自动化和智能化系统应用得不好,可能产生很大的负面作用,产生不利影响。

日本机器人酒店的失败案例。日本一家叫 Henn na Hotel 的奇异酒店早在 2015 年就开始用机器人代替人工服务，被吉尼斯认证为全球首家以机器人员工为主的酒店。到 2019 年，三年多的时间，这家酒店的机器人员工数量由 80 个增加至 243 个。但是，好景不长，这些机器人由于无法提供人性化服务，频频出现各种服务错误：前台没法帮外国顾客复印护照；运送行李的噪声大、速度慢，而且一旦沾到水系统就会紊乱；机器人舞者没过多久就会损坏或者因电量低而瘫痪在地；客房里的机器人助手则更让人哭笑不得，顾客晚上每隔几小时就会被语音助手的"对不起，我没明白您的意思"的询问吵醒。顾客抱怨不断增加，最后机器人不得不"下岗"。

上述案例告诉我们，服务作业数字化、自动化和智能化的应用过程不会像人们想象的那样美好，在这个过程中也会出现各种问题。这些问题处理不好会弄巧成拙，影响企业的整体服务经营效益。

数字化、自动化和智能化服务主要存在以下问题。

（1）数字化、自动化和智能化服务作业系统安全质量问题。从上面这个案例中我们可以看到，服务作业的自动化和智能化由于技术不成熟会存在一定的安全质量隐患。由于自动化和智能化技术仍存在技术上的缺陷，比如人工智能的学习能力仍比不上人类，无法对现实服务作业过程中出现的各种问题做出像人类一样正确的反应，出现差错和各种不适应人类需求的服务动作和服务行为是必然的，因此企业在运用机器人等智能服务系统的时候，不能放弃人工服务系统，可将其作为应急措施。

（2）数字化、自动化和智能化服务作业系统应用的伦理和隐私问题。随着数字化、智能化服务系统的使用，一些社会伦理和个人隐私问题引起了人们的关注。有些数字化和智能化服务系统需要使用者提供个人信息资料，或者需要通过人脸识别、采集指纹等方式收集个人隐私信息。比如，医院采用智能医疗系统需要采集大量的个人信息进行案例分析与推理，这里就涉及伦理和隐私保护问题。近年来，一些国家和国际组织提出了智能产品研发的道德准则，如韩国政府拟订《机器人道德宪章》、美国信息技术产业委员会（ITI）颁布人工智能政策准则、美国电气电子工程师学会（IEEE）发布第 2 版《人工智能设计的伦理准则》、欧盟出台史上最严的《通用数据保护条例》等。

（3）数字化、自动化和智能化服务作业系统应用的社会公平和公民权益问题。数字化、自动化和智能化服务系统的应用也可能带来社会公平和公民权益保护问题，原因是使用数字化、自动化、智能化产品以后，从服务组织角度看，一些企业使用机器会导致失业、社会贫富差距拉大。从顾客使用数字化、自动化和智能化服务产品的角度看，企业大量应用数字化、自动化和智能化设施会剥夺另外一些人更倾向于使用人工服务系统的权利。比如有些服务银行采用自助银行和网上银行系统，银行柜台大量减少，甚至无人服务，这导致一些老人、残障人士和其他人无法利用人工服务。铁路用手机购票，医院用手机挂号，而老人或者其他残障人不会使用这些数字化、自动化、智能化产品，他们需要（或更喜欢）到现场排队买票或者挂号，但是买不到票、挂不到号（因为大量的号和车票已经不在现场出售），这就剥夺了他们享受服务的权利。人工智能技术产生的这些问题已经引起法律界和学术界的关注。

上述各种问题都是服务数字化、自动化、智能化以后政府、企业和个人需要思考和反思的。安全、道德、规范、公平地应用数字化、自动化和智能化服务系统，在提高企业服务效率的同时提高社会整体福利水平和公民的公平权益，这才是服务运作系统现代化的根本目标。

## 本章小结

本章讨论了服务作业管理问题，介绍了服务作业的特点及排队系统的基本概念、特征与模型；还介绍了员工作业轮班的问题以及服务作业控制中服务质量控制和服务效率控制问题。

## 关键术语

服务作业（service operations）
排队模型（queuing model）
服务生产率（service productivity）
员工排班（employee schedule）

## 延伸阅读

1. 阅读指南：想要了解有关服务作业管理的理论，可以阅读 McGraw-Hill 出版的 *Service Management: Operations, Strategy, Information Technology*（2006）或者 Wiley Publishing 出版的 *Service Management and Marketing: Customer Management in Service Competition*（2007）。
2. 网络资源：登录迪士尼或其他国内旅游企业的网站，了解这些企业是如何处理游客排队问题和提升顾客满意度的。

## 选择题

1. 一个排队系统的顾客达到率为20人/时，服务效率是30人/时，则顾客在系统中的停留时间为（　　）。
   A. 1小时　　　　　B. 0.1小时
   C. 2小时　　　　　D. 5分钟
2. 一个排队系统的顾客达到率为30人/时，服务效率是50人/时，则顾客在排队队列中的平均等待时间为（　　）。
   A. 0.1小时　　　　B. 0.5小时
   C. 1小时　　　　　D. 2小时
3. 一个排队系统的顾客到达率是为20人/时，服务效率是30人/时，则系统中的平均顾客数为（　　）。
   A. 2人　　　　　　B. 3人
   C. 1人　　　　　　D. 4人

## 论述题

1. 服务作业计划的特点是什么？
2. 排队系统中阶段与通道的区别是什么？
3. 当快餐店排队的队伍过长时，一名员工会沿着队伍请顾客点餐。这种方法有什么好处？
4. 如何处理服务作业内部效率与外部效率的关系？

## 计算题

1. 急诊室一周内每天需求的护士人数如表10-9所示。用启发算法制订一份每周每名护士有连续两个休息日且总护士需求量最小的轮班计划表。

   **表10-9　护士需求量**

   单位：人

   | | 星期一 | 星期二 | 星期三 | 星期四 | 星期五 | 星期六 | 星期日 |
   |---|---|---|---|---|---|---|---|
   | 护士人数 | 5 | 5 | 6 | 5 | 4 | 3 | 3 |

2. 办公室主任提出每周值班安排如表10-10所示。用线性规划模型求解所需员工最少并且员

工有连续两个休息日的周值班表。

表 10-10 值班安排

单位：人

| | 星期一 | 星期二 | 星期三 | 星期四 | 星期五 | 星期六 | 星期日 |
|---|---|---|---|---|---|---|---|
| 值班人数 | 6 | 4 | 4 | 4 | 5 | 5 | 6 |

3. 学生宿舍有一个修理店，修理店专门为学生提供修鞋服务，假设来修鞋的学生到达服从泊松分布，平均每小时 5 人，一名师傅修鞋的时间服从指数分布，每双鞋平均需要 10 分钟。试求下列各项的值。

（1）修鞋师傅空闲的概率。
（2）在店内等待修理的鞋的平均数。
（3）一双鞋平均等待修理的时间。
（4）一双鞋在店内停留的时间。

## 讨论案例

### 某邮局的排队现象

为了研究某邮局的排队现象，某大学教授组织了一个学生学习小组，组织学生到学校附近的邮局进行了一次现场考察，利用学到的排队理论分析该邮局的服务情况。

#### 1. 样本概况

学习小组选取了上午 10:50—11:50、下午 1:35—2:35 这两个时段总计 30 个个体进行观察和记录，得到各个体进入系统的时间、开始接受服务的时间及服务完成后离开系统的时间共 30 组数据（见表 10-11）。

表 10-11 原始数据资料

| 编号 | 进入系统 | 时间间隔 | 开始服务 | 等待时间 | 离开系统 | 服务时间 |
|---|---|---|---|---|---|---|
| 1 | 10:50:35 | | 10:58:52 | 8 分 17 秒 | 11:03:04 | 4 分 12 秒 |
| 2 | 10:52:30 | 1 分 55 秒 | 11:03:06 | 10 分 36 秒 | 11:06:30 | 3 分 24 秒 |
| 3 | 10:52:32 | 2 秒 | 11:06:31 | 13 分 59 秒 | 11:09:22 | 2 分 51 秒 |
| 4 | 10:58:22 | 5 分 55 秒 | 11:12:56 | 14 分 34 秒 | 11:17:28 | 4 分 32 秒 |
| 5 | 11:01:23 | 3 分 01 秒 | 11:17:29 | 16 分 06 秒 | 11:19:03 | 1 分 34 秒 |
| 6 | 11:09:38 | 8 分 15 秒 | 11:19:04 | 9 分 26 秒 | 11:23:42 | 4 分 38 秒 |
| 7 | 11:09:54 | 16 秒 | 11:23:44 | 13 分 50 秒 | 11:25:36 | 1 分 52 秒 |
| 8 | 11:12:21 | 2 分 27 秒 | 11:25:37 | 13 分 16 秒 | 11:36:02 | 10 分 25 秒 |
| 9 | 11:18:47 | 6 分 26 秒 | 11:36:02 | 17 分 15 秒 | 11:41:30 | 5 分 28 秒 |
| 10 | 11:19:08 | 21 秒 | 11:41:31 | 22 分 23 秒 | 11:44:44 | 3 分 13 秒 |
| 11 | 11:25:03 | 5 分 55 秒 | 11:44:45 | 19 分 42 秒 | 11:48:51 | 4 分 06 秒 |
| 12 | 11:26:33 | 1 分 30 秒 | 11:48:52 | 22 分 19 秒 | 11:51:24 | 2 分 32 秒 |
| 13 | 11:38:24 | 11 分 51 秒 | 11:51:26 | 13 分 02 秒 | 11:55:15 | 3 分 49 秒 |
| 14 | 11:47:30 | 9 分 06 秒 | 11:55:16 | 7 分 46 秒 | 11:57:02 | 1 分 46 秒 |
| 第一时段平均值 | | 4 分 23 秒 | | 14 分 28 秒 | | 3 分 53 秒 |
| 15 | 13:39:45 | | 14:04:42 | 24 分 57 秒 | 14:04:58 | 16 秒 |
| 16 | 13:44:52 | 5 分 07 秒 | 14:06:48 | 21 分 56 秒 | 14:07:40 | 52 秒 |
| 17 | 13:51:18 | 6 分 26 秒 | 14:07:42 | 16 分 24 秒 | 14:09:54 | 2 分 12 秒 |
| 18 | 13:51:54 | 36 秒 | 14:09:55 | 18 分 01 秒 | 14:11:30 | 1 分 35 秒 |
| 19 | 13:53:03 | 1 分 09 秒 | 14:11:31 | 18 分 28 秒 | 14:13:18 | 1 分 47 秒 |
| 20 | 14:10:19 | 17 分 16 秒 | 14:15:30 | 5 分 11 秒 | 14:21:29 | 5 分 59 秒 |
| 21 | 14:10:20 | 1 秒 | 14:15:31 | 5 分 11 秒 | 14:20:19 | 4 分 48 秒 |

(续)

| 编号 | 进入系统 | 时间间隔 | 开始服务 | 等待时间 | 离开系统 | 服务时间 |
|---|---|---|---|---|---|---|
| 22 | 14:12:03 | 1分43秒 | 14:21:30 | 9分27秒 | 14:29:29 | 7分59秒 |
| 23 | 14:14:22 | 2分19秒 | 14:25:20 | 10分58秒 | 14:27:00 | 1分40秒 |
| 24 | 14:19:45 | 5分23秒 | 14:29:30 | 9分45秒 | 14:30:20 | 50秒 |
| 25 | 14:20:29 | 44秒 | 14:30:22 | 9分53秒 | 14:31:24 | 1分02秒 |
| 26 | 14:21:10 | 41秒 | 14:31:25 | 10分15秒 | 14:36:20 | 4分55秒 |
| 27 | 14:23:49 | 2分39秒 | 14:35:25 | 11分36秒 | 14:38:40 | 3分15秒 |
| 28 | 14:28:05 | 4分16秒 | 14:38:40 | 10分35秒 | 14:40:45 | 2分05秒 |
| 29 | 14:32:45 | 4分40秒 | 14:40:46 | 8分01秒 | 14:42:59 | 2分13秒 |
| 30 | 14:34:50 | 2分5秒 | 14:43:00 | 8分10秒 | 14:45:30 | 2分30秒 |
| 第二时段平均值 | | 3分40秒 | | 12分25秒 | | 2分45秒 |
| 两时段平均值 | | 4分02秒 | | 13分27秒 | | 3分19秒 |

### 2. 数据处理

经整理分析得到两个主要参数，平均每 4 分 02 秒有一人进入系统，即每小时约有 15 人进入系统；平均服务时间为 3 分 19 秒，即每小时系统可服务人数为 18 人。

该邮局属于单一阶段、单一服务柜台，同时满足以下 5 个假设：

- 客户总体无限且有耐心；
- 客户的到达服从泊松分布；
- 系统服务服从指数分布；
- 服务顺序基于先到先服务的规则；
- 等候线的长度不受限制。

所以可利用单通道单阶段模型计算系统相关参数。根据实地取样、计算和统计，得到以下数据。

(1) 顾客到达率：$\lambda = 15$（人/时）。

(2) 系统服务率：$\mu = 18$（人/时）。

(3) 系统利用率：$\rho = \dfrac{\lambda}{\mu} = \dfrac{15}{18} = 0.833\,3$ 或 83.33%。

(4) 系统中没有顾客的概率：$p_0 = 1 - \rho = 1 - 0.833\,3 = 0.166\,7$。

(5) 系统内平均顾客数：$L = \dfrac{\lambda}{\mu - \lambda} = \dfrac{15}{18 - 15} = 5$（人）。

(6) 平均等候顾客数：$L_q = \rho L = 0.833\,3 \times 5 = 4.166\,5$（人），取 4 人。

(7) 顾客在系统中平均停留时间：$W = \dfrac{1}{\mu - \lambda} = \dfrac{1}{18 - 15} = 0.333\,3$（小时），约为 20 分钟。

(8) 平均等候时间：$W_q = \rho W = 0.833\,3 \times 0.333\,3 = 0.277\,7$（小时），约为 16.67 分钟。

上述数据显示，系统的利用率较高，达到 83.33%，但顾客在系统内停留的 20 分钟中将近 85% 的时间（16.67 分钟）处于等待状态，时间相对过长。系统应采取相应的措施，提高服务效率，缩短顾客的等待时间。

根据这些情况，该学习小组利用排队理论进行分析，提出了改善该邮局排队现象的措施。

### 3. 改善排队现象的措施

目前系统存在着两大亟待解决的问题：一是提高系统效率；二是缩短等待时间。这两个问题是正相关的，即系统效率的提高会大大缩短顾客的等待时间。

提高系统效率，即提高每小时服务人数以缩短等候时间，主要有以下两个方法。

(1) 新增一个窗口。若按照现有的服务速度，新增一个窗口可使系统的服务率达到 36 人/时。假设顾客到达率保持不变，系统利用率将降至 41.67%，存在较大的能力缓冲空间。即使顾客因服务效率提高而多到邮局汇款，到达率上升 20%，那么系统利用率也仅为 50%，从成本与收益角度看该方案的可行性有待评估。

(2) 缩短服务时间。缩短服务时间可以从两方面考虑：一方面提升工作人员的熟练程度，如提高打字速度；另一方面加强工作人员与顾客之间的配合，即让顾客清楚他们需要准备哪些东西、怎么做，将取单、填单、排队、汇款的过程规范化，通过服务指导、一般疑难解答等形式来告知。

根据单通道单阶段的排队模型，在保持顾客到达率为15人/时不变的前提下，改进后的系统效率与等待时间等参数如表10-12所示（原系统服务率为18人/时）。

表 10-12　改进后的系统绩效

| 系统服务率/（人/时） | 系统利用率/（%） | 平均服务时间/分 | 平均等候顾客数/人 | 平均等候时间/分 |
| --- | --- | --- | --- | --- |
| 20 | 75 | 3 | 3 | 10 |
| 23 | 65.2 | 2.61 | 2 | 5 |
| 26 | 57.7 | 2.31 | 1 | 3 |

因此，系统服务率应至少提高至23人/时，即提高15%才能满足顾客要求，也符合合理的等待时间3~5分钟。此外，还可从其他方面提高顾客满意度，如提供可供参阅的资料或者在厅内播放较有吸引力的视频转移顾客的注意力、改善服务态度等。

资料来源：本书作者编写。

### 讨论

1. 你有在邮局排队等待的经历吗？讨论一下你家附近某邮局的排队等待现象？
2. 你觉得案例中提出的改善排队等待现象的措施可行吗？你能想出其他方法来改善排队等待现象吗？

# 第 11 章
CHAPTER 11

# 项目网络计划方法

## § 学习目标

- 了解网络计划方法的基本原理与作用。
- 掌握网络计划的时间参数的计算方法。
- 掌握网络计划的时间 – 费用优化方法。

## § 引例

### 北京大兴国际机场项目建设进度快、质量优

2019 年 9 月 25 日,习近平总书记宣布:"北京大兴国际机场正式投运!"举世瞩目的北京大兴国际机场项目完工,仅仅用了 5 年时间,中国人建成了这项超级世纪工程。北京大兴国际机场被国际誉为"世界新七大奇迹"之一。

北京大兴国际机场建设项目以"树立服务国家战略新标杆、打造展示国家形象新国门"为战略导向,以"精品工程、样板工程、平安工程、廉洁工程"为建设目标,以"理念创新、科技创

资料来源:微信公众号——北京日报。

新、管理创新"为指导思想,通过构建自中央到各承建单位的高效协调体系,覆盖场内场外及建设运营全生命周期的立体计划管控体系,从 BIM 设计到数字化施工、监测、管理的精确实时的信息支撑体系,"监理+第三方"的增强型专业化质量安全检测与资金监管体系,成就了卓越的超大规模机场建设业主项目管理新标杆。

大兴国际机场在打造精品工程方面，完工项目一次验收合格率均达 100%；在打造样板工程方面，每个项目、每项工程都实行最严格的施工管理，确保高标准、高质量；在打造平安工程方面，建设了"安全主题公园"，要求所有参建人员必须接受 9 大类、50 项体验式培训，取得"新机场安全培训护照"后方能上岗，保持了"施工安全零事故"的成绩；在打造廉洁工程方面，机场建设指挥部也构建了严密的廉洁风险防控体系。

大兴机场建设有两大项目管理难点。

（1）工期紧张、工程难度大。大兴国际机场是世界上最大的空港，航站楼钢网架结构形成了一个不规则的自由曲面空间，总投影面积达 31.3 万米$^2$，大约相当于 44 个标准足球场。在主航站楼里，与城际铁路、地铁等相连通的交通枢纽的规模相当于北京站，旅客值机中心区域形成的无柱空间可以完整容纳"水立方"，航站楼楼顶的屋面网架用钢量接近"鸟巢"。整个机场用不到 5 年时间完成，工程建设难度巨大。

（2）质量标准严、协同成本高。在项目建设高峰时期，上千家施工单位的 7 万人同时作业，仅主航站楼一天就有 8 000 多名工人同时施工，全过程保持"安全生产零事故"。在如此高难度、高压力的状态下，项目组万众一心、高度协同，通过夜以继日的努力向中国、向世界交出了满意的答卷。

大兴机场的项目进度创造了"中国速度"，仅仅 5 年时间就完成了项目建设，速度之快令世界惊叹。

资料来源：根据网络新闻资料整理（搜狐网，https://www.sohu.com/a/280425696_653579；项目管理网，http://www.zhjs.org.cn/xmgl/anli/157058996311843.html）。

思考与讨论：1. 北京大兴机场项目是如何做到进度和质量两不误的？
　　　　　　2. 修建一座机场和生产一辆汽车在管理上有什么不同？

像北京大兴国际机场这种建设项目，需要有周密的计划才能顺利完成。除了建设项目之外，企业还有许多项目式的管理活动，比如新产品研发、设备大修理、新厂建设、单件产品生产等。本章介绍有关项目式生产活动的计划方法——网络计划方法的应用。

## 11.1 项目与项目管理概述

### 11.1.1 项目的定义

从生产的角度看，项目是单件生产活动。在经济生活中，项目这个概念应用得相当广泛。搞科研的有科研项目，搞工程建设的有工程项目（见图 11-1），搞服务的有服务项目，似乎项目这个词无处不在。国际项目管理协会将项目定义为："为创造独特的产品或服务而进行的一种临时性的工作。"项目由四个相互关联的因素构成：目标、时间、资源和环境。

按照不同的标准，项目可以分为多种类型。

（1）长期项目与短期项目。从时间来讲，项目可分为长期项目和短期项目。长期项目可以跨越数年甚至数十年，比如三峡工程就是一个长期项目；短期项目可以持续数月甚至数小时，比如一次剪彩仪式就是一个短期项目。

（2）大型项目与小型项目。按照项目的工作量大小，项目可分为大型项目和小型项目。大型项目涉及的人、部门和活动比较多，时间也比较长；小型项目一般是部门性的，涉及的人与组织比较少，时间短。在工业企业中，大型项目活动有新产品开发项目、技术改造项目、产品促销与广告项目，而组织工人劳动竞赛是一个小型项目。在服务业中，一次交易会（如广交会）就是一个大型项目，结婚宴会是一个小型项目。

图 11-1　国际空间站是一个由多国联合推进的国际大型合作项目

（3）集体项目与个人项目。从参与人员的数量上来讲，项目可以分为集体项目和个人项目。集体项目是一个多人参加的活动，管理过程需要协调不同的组织与人，管理复杂度高。个人项目是一个人完成的活动，比如一个人承担的科研活动（市场调研、著书）就是一个个人项目。大型集体项目也可以分解为多个小的个人项目。

不管是什么类型，项目都有如下基本特征：

- 有预定的目标；
- 有时间、财务、人力和其他限制；
- 有专门的组织。

满足以上基本特征的一次性、有组织、有计划的活动就是项目。

| 运作聚焦 |

### 港珠澳大桥建设项目

被英国《卫报》称为"现代世界七大奇迹"之一的港珠澳大桥是一座连接香港、珠海和澳门的巨大桥梁，对促进香港、澳门和珠江三角洲西岸地区经济发展具有重要的战略意义。港珠澳大桥主体建造工程于 2009 年 12 月 15 日开工建设，2016 年完成，大桥投资超 700 亿元，约 6 年建成。6 648 米长的"沉管隧道"、主跨 460 米的"双塔钢箱梁斜拉桥"、用钢量相当于 11 个鸟巢、克服多项世界难题、珠海口岸桥头建观景台、澳门口岸设万位停车场。港珠澳大桥全长 50 千米，主体工程"海中桥隧"长达 35.578 千米。总长 6 648 米的"沉管隧道"、主跨 460 米的"双塔钢箱梁斜拉桥"是最具特色的"标志"。港珠澳大桥落成后，成为世界上最长的六线行车沉管隧道、世界上跨海距离最长的桥隧组合公路。

港珠澳大桥是我国继三峡工程、青藏铁路、京沪高铁之后的又一个世界级基础工程。港珠澳大桥是一个桥、岛、隧一体化的集群工程项目，其桥隧组合规模在世界上绝无仅有，技术标准世界最高。有一个令许多专家惊讶的细节，在通航孔桥梁的形式上，大桥办和设计团队在全世界范围内展开咨询，共提出 100 多个方案，这些方案都达到了相当高的水平。这在桥梁建设历史上是从未有过的，一般桥梁工程也会提出几个方案，但数量很少超过 10 个。一位桥梁专家说："这甚至比方案竞赛还要充分。"

在这些背景条件下，完成工程建设需要创新的理念。设计团队提出了四化的理念来指导工程设计，并将其贯彻于工程建设的全过程中。四化就是大型化、工厂化、标准化、装配化。

港珠澳大桥是一个规模空前的宏大工程，设计团队提出，把大桥的主体工程结构物化整为零，分解为大型构件，在陆地上预制。例如把非通航孔梁、桥墩、沉管隧道分解成不同的大尺寸构件，在陆地上预制，然后用大吨位的运输船运输到相应位置，最后用大型起重设备安装。其中，分解后的箱梁可以达到 3 000 吨，180 米长的沉管预制后排水量可以达到 8 万吨。这就是所谓的大型化。

所有的预制构件在陆地上预制，这是一种工厂化生产。这代表着充分依靠我国工业生产能力，把大桥建造向大桥制造的转变。与传统的现场浇筑相比，工厂化是让预制构件处在一种工厂车间的生产状态，大大减少了环境对构件质量的影响，能出厂质量稳定的产品。同时，工厂化生产减少了海上现场浇筑，因此显著减少了施工对生态环境的负面影响。与之对应的是，建设者的工作环境有显著改善，而且，工厂化培养了专业化的作业队伍。

与工厂化相匹配的是标准化。工厂车间生产的产品必然是标准化的。化整为零的港珠澳大桥有大量的相同构件，这些构件在工厂预制，采用统一的工艺，执行统一的标准，质量自然稳定。

化整为零之后的大构件在工厂以标准化方式生产出来之后需要装配、安装，这就是设计团队提出的装配化。桥梁专家孟凡超把这个过程比喻成搭积木，但这肯定是一个伟大的积木，因为国内最大、最先进的海上运输、起吊、疏浚设备将投入其中。

资料来源：《人民日报》，2018 年 10 月 25 日 01 版；央视网，http://news.cntv.cn/2013/11/22/ARTI1385098227469451.shtml；浙江在线，http://china.zjol.com.cn/gat/201810/t20181025_8566269.shtml。

### 11.1.2 项目管理的组织形式

项目管理的组织形式一般有三种类型：职能式项目管理组织、纯项目式项目管理组织、矩阵式项目管理组织。

#### 1. 职能式项目管理组织

职能式项目管理组织和一般企业的组织结构一样按照职能划分，比如划分为生产部、销售部、财务部、技术部、人事部等。这种项目的管理特点是没有固定的项目经理，每一个职能部门都对多个项目负责（履行相应的职能），不同项目的协调是通过职能部门进行的。它的优点是每个职能部门可以最充分地利用本职能部门的资源，职能内部业务管理比较方便；它的缺点是难以把握多个项目的进度与优先权，不同部门之间的沟通比较困难，另外，对顾客的响应性也比较差。

一般而言，当项目规模比较小、项目数量比较多、技术重复性强时，可以采用职能式项目管理组织形式。职能式项目管理组织类似于工艺专业化的生产组织形式。图 11-2 为职能式项目管理组织结构图。

#### 2. 纯项目式项目管理组织

纯项目式项目管理组织与职能式项目管理组织

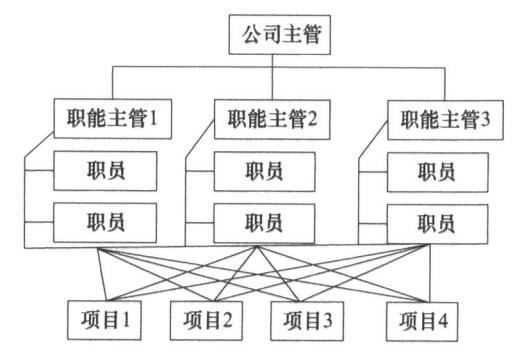

图 11-2　职能式项目管理组织

不同，它是按照项目划分不同的工作小组，即项目小组，每个小组负责一个项目，项目完成后项目成员将解散然后重新组合。

纯项目式项目管理组织的特点是每个项目都有一个项目经理，项目成员只围绕某一个项目展开工作，目标明确而单一，响应顾客要求的速度比较快，对项目进度、质量的控制比较好；项目成员有工作成就感、工作热情高，有利于项目之间开展竞赛。

纯项目式项目管理组织也有缺点，主要是每个项目都可能涉及相同的职能部门，比如财务部门、人事部门，易造成资源浪费；另外，项目结束后，人员重新组合，人员流动大，缺乏工作保障。

纯项目式项目管理组织比较适合于周期长、任务独特、项目数目不多的大型项目。纯项目式项目管理组织类似于工业生产的对象专业化生产组织形式。图 11-3 为纯项目式项目管理组织结构图。

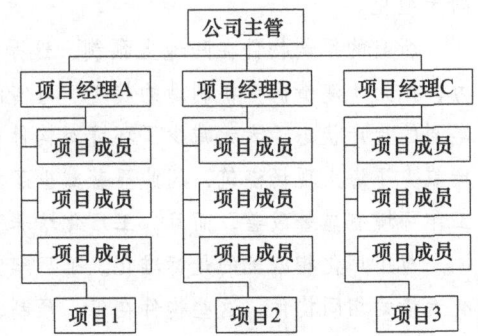

### 3. 矩阵式项目管理组织

图 11-3　纯项目式项目管理组织

矩阵式项目管理组织是结合了职能式项目管理组织与纯项目式项目管理组织特点的一种混合组织形式。它的特点是一方面能发挥职能管理的优点，资源利用率高；另一方面也利用了纯项目式项目管理组织的优点，每个项目都有专人负责与跟踪，每个职员都有专业化工作分工，也有稳定的职能主管。

矩阵式项目管理组织的缺点是每个职员受到来自职能主管和项目经理的双重压力，协调任务比较重。另外，项目经理也会在同一职能部门内争夺资源，当有多个项目需要某瓶颈资源时，各项目经理之间容易出现矛盾与纠纷。

矩阵式项目管理组织（见图 11-4）比较适合于项目需要多个职能部门的配合、技术相对复杂、可进行工作专业化分工、项目数目不太多的情形。工业企业的许多项目，比如技术改造项目、并行工程的产品开发项目、批量生产的软件开发项目都采用矩阵式项目管理组织形式。

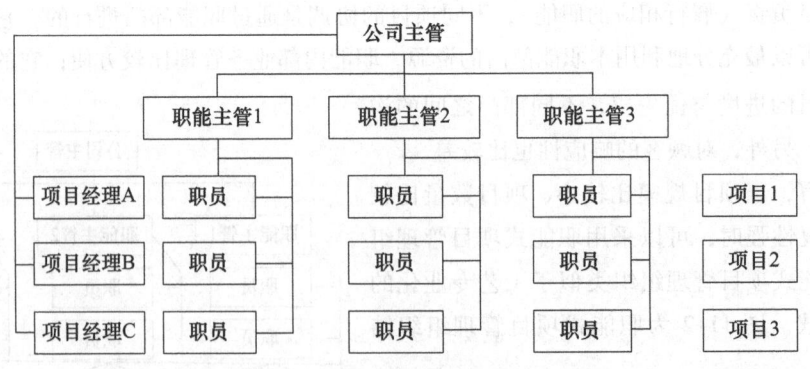

图 11-4　矩阵式项目管理组织

## 11.2 网络计划方法

网络计划方法是项目计划方法中最重要的方法，20 世纪 50 年代，它最先由美国杜邦公司和美国海军采用，之后被广泛应用于各种项目管理。下面介绍该方法的基本原理及其应用。

### 11.2.1 网络图的绘制

网络图有两种形式：双节点网络图与单节点网络图（见图 11-5）。双节点网络图用两个节点连着一条箭线表示，一个作业需要用两个节点代号表示，因此也叫双代号网络图。单节点网络图，每个作业用一个节点表示，也叫单代号网络图。本书重点介绍双节点网络图。

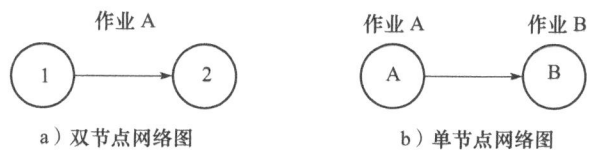

图 11-5 网络图的两种表示方法

绘制网络图要注意以下几个方面的原则。

原则一：网络图中任意两个节点之间只能有一条箭线连接（见图 11-6）。

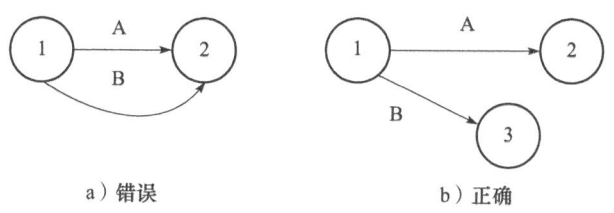

图 11-6 网络图绘制原则一

原则二：网络图只能有一个原点和一个终点（见图 11-7）。

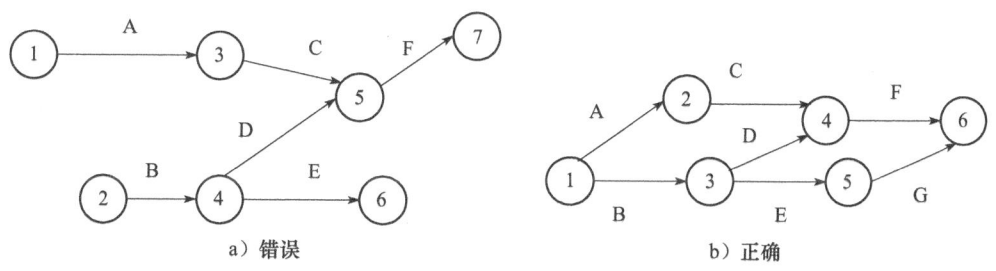

图 11-7 网络图绘制原则二

原则三：网络图不允许出现循环，错误示范如图 11-8 所示。

原则四：网络节点的箭头编号必须大于箭尾编号。网络图编号时的基本原则是从左到右、从上到下（或从

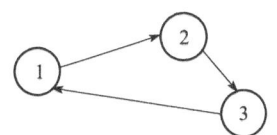

图 11-8 不符合网络图绘制原则三的图

下到上），每一条箭线必须从箭尾到箭头按从小到大的顺序编号，这种编号方法更方便看图与检查，同时也便于计算。

### 11.2.2 网络计划时间参数的计算

网络计划的核心是明确各作业（活动）的时间安排，确定关键路径，然后优化网络计划。本节介绍网络计划时间参数的计算原理。

#### 1. 节点时间参数的计算

网络图中连接作业的开始与结束两个状态的节点（也叫事件）有两个时间状态：最早发生时间与最迟发生时间。

**(1) 节点（事件）最早发生时间**（early time，ET）。节点最早发生时间从原点开始按照网络图的编号顺序从左到右计算，直到终点，假设原点的最早发生时间为0。

如果某一节点只有一条输入线，如图11-9a所示，则该节点的最早发生时间按照如下公式计算：

$$\mathrm{ET}(j) = \mathrm{ET}(i) + t(i,j) \tag{11-1}$$

式中 $t(i,j)$ ——作业 $(i,j)$ 的作业时间。

如果某一节点有多条输入线，如图11-9b所示，则该节点的最早发生时间按照如下公式计算：

$$\mathrm{ET}(j) = \max_i \{\mathrm{ET}(i) + t(i,j)\} \tag{11-2}$$

**(2) 节点（事件）最迟发生时间**（last time，LT）。节点最迟发生时间是以该节点为结束点的作业最迟必须完成的时间，用LT表示。事件最迟发生时间从终点开始计算，反推到开始节点。如果没有特别的工期要求，则终点的最迟发生时间等于它的最早发生时间，即 $\mathrm{ET}(n) = \mathrm{LT}(n)$。其他节点最迟发生时间按照如下方法计算。

如果某一节点只有一条输出线，如图11-10a所示，则：

$$\mathrm{LT}(i) = \mathrm{LT}(j) - t(i,j) \tag{11-3}$$

如果某一节点有多条输出线，如图11-10b所示，则：

$$\mathrm{LT}(i) = \min_j \{\mathrm{LT}(j) - t(i,j)\} \tag{11-4}$$

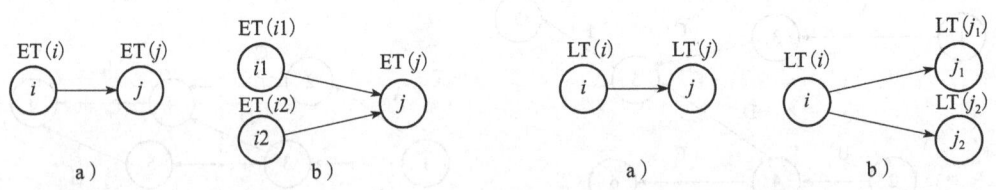

图11-9 节点最早发生时间　　　　图11-10 节点最迟发生时间

节点最早发生时间与最迟发生时间分别用"□"和"△"表示，把相应的时间参数写在里面。

#### 应用范例11-1

已知一网络图如图11-11所示，试计算其每个节点的最早发生时间与最迟发生时间。作业代号后面括号里的数据为作业时间。

**解**：(1) 节点最早发生时间。从原点开始，节点 1 的最早发生时间为 ET(0) = 0，其他节点的最早发生时间为：

$$ET(2) = ET(1) + t(1,2) = 0 + 3 = 3$$
$$ET(3) = ET(2) + t(2,3) = 3 + 5 = 8$$
$$ET(4) = ET(2) + t(2,4) = 3 + 4 = 7$$
$$ET(5) = \max\{ET(4) + t(4,5), ET(2) + t(2,5)\} = \max\{15, 10\} = 15$$
$$ET(6) = ET(3) + t(3,6) = 8 + 10 = 18$$
$$ET(7) = \max\{ET(6) + t(6,7), ET(5) + t(5,7)\} = \max\{21, 26\} = 26$$

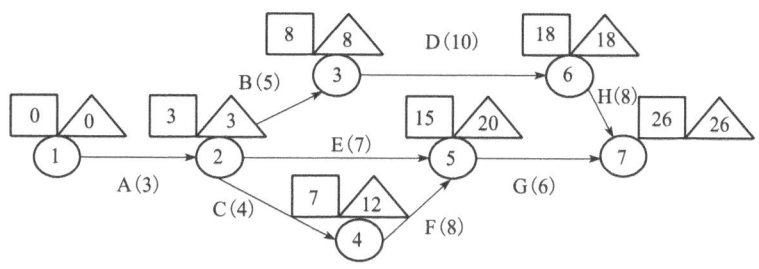

图 11-11　网络图

(2) 节点最迟发生时间。从终点开始，先假设节点 7 的最迟发生时间 LT(7) = ET(7) = 26，则其他节点的最迟发生时间为：

$$LT(6) = LT(7) - t(6,7) = 26 - 8 = 18$$
$$LT(5) = LT(7) - t(5,7) = 26 - 6 = 20$$
$$LT(4) = LT(5) - t(4,5) = 20 - 8 = 12$$
$$LT(3) = LT(6) - t(3,6) = 18 - 10 = 8$$
$$LT(2) = \min\{LT(3) - t(2,3), LT(4) - t(2,4)\} = \min\{12 - 4, 8 - 5\} = 3$$
$$LT(1) = LT(2) - t(1,2) = 3 - 3 = 0$$

如果比较熟练，以上计算过程就可以直接在图上进行，如图 11-11 所示，每一个节点上方的"□"和"△"里面的数据就是计算的结果。

## 2. 作业时间参数的计算

作业也叫"活动"，每一个项目都是由许多作业或活动组成的。每一项作业有四个时间参数：最早开始时间、最早结束时间、最迟开始时间、最迟结束时间。下面介绍这些时间参数的计算方法。

**(1) 作业最早开始时间（ES）与最早结束时间（EF）**。作业最早开始时间等于该作业开始节点的最早发生时间，即

$$ES(i, j) = ET(i) \tag{11-5}$$

作业最早结束时间等于最早开始时间加上作业时间，即

$$EF(i, j) = ES(i, j) + t(i, j) = ET(i) + t(i, j) \tag{11-6}$$

**(2) 作业最迟开始时间（LS）与最迟结束时间（LF）**。作业最迟结束时间用 LF($i, j$) 表示，是该工序最晚必须完工的时间，等于该作业的结束节点的最迟发生时间，用如下公式表示

$$LF(i, j) = LT(j) \tag{11-7}$$

作业最迟开始时间等于最迟结束时间减去作业时间，即

$$LS(i, j) = LF(i, j) - t(i, j) \tag{11-8}$$

作业的四个时间参数与节点时间参数的关系可以用图 11-12 表示。

按照图 11-12 的方法计算应用范例 11-1 中图 11-11 的作业时间参数，结果如表 11-1 所示。

表 11-1 作业时间参数的计算

| 作业代号 | 紧前作业 | 作业时间 | 最早开始时间（ES） | 最早结束时间（EF） | 最迟开始时间（LS） | 最迟结束时间（LF） |
|---|---|---|---|---|---|---|
| A | — | 3 | 0 | 3 | 0 | 3 |
| B | A | 5 | 3 | 8 | 3 | 8 |
| C | A | 4 | 3 | 7 | 8 | 12 |
| D | B | 10 | 8 | 18 | 8 | 18 |
| E | A | 7 | 3 | 10 | 13 | 20 |
| F | C | 8 | 7 | 15 | 12 | 20 |
| G | E, F | 6 | 15 | 21 | 20 | 26 |
| H | D | 8 | 18 | 26 | 18 | 26 |

**（3）作业时差与关键路径**。在项目网络计划中除了以上几种作业时间参数外，还会用到另外一个时间参数——时差。在项目的进度安排中，为了协调多个作业的进度，需要知道各作业的开始或结束时间容许推迟的最大限度。

1）作业总时差。作业总时差是在不影响总工期的前提下，某项作业最迟开始（结束）时间与最早开始（结束）时间的差。某活动$(i, j)$的总时差用公式表示为：

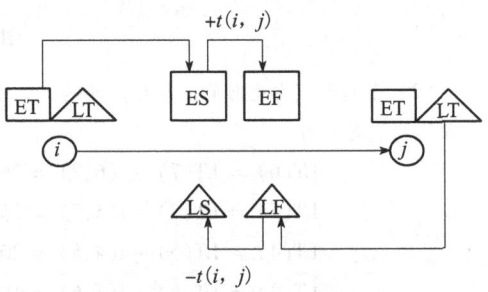

图 11-12 节点时间参数与作业时间参数的关系

$$\begin{aligned} S_T(i, j) &= LS(i, j) - ES(i, j) \\ &= LF(i, j) - EF(i, j) \\ &= LT(j) - ET(i) - t(i, j) \end{aligned} \tag{11-9}$$

总时差也叫总富裕时间或总宽裕时间。

2）作业单时差。作业单时差是在不影响下一个作业的最早开始时间的前提下，该作业可以推迟开始与结束的时间，也叫作自由富裕时间，计算公式如下：

$$\begin{aligned} S_f(i, j) &= ES(j, k) - EF(i, j) \\ &= ES(j, k) - ES(i, j) - t(i, j) \\ &= ET(j) - ET(i) - t(i, j) \end{aligned} \tag{11-10}$$

时差越大，时间机动利用的潜力越大，因而在网络计划中可以利用时差来调整项目的进度，提高效率。

3）关键路径。关键路径是整个项目网络计划图中时间最长的路线，在项目计划与控制中，关键路径扮演着重要的角色，因为它是影响整个项目进度的路线，缩短或延长关键路径，可以缩短或延长项目工期。

关键路径的确定可以有不同的方法，最直接的方法就是把项目中各路线的时间计算出来，然后进行比较，选择最长路线。另外也可以通过计算时差判别，作业组成的总时差为零的路线即为关键路径。

关键路径有如下基本特征。

- 关键路径上各节点（事件）的两个时间参数（最早发生时间与最迟发生时间）相等：

$$ET(i) = LT(i) \tag{11-11}$$

- 关键路径是所有路线中最长的。
- 关键路径上各作业的总时差为零：

$$S_T(i,j) = 0 \tag{11-12}$$

应用范例 11-1 中关键路径的确定可以用表 11-2 表示（星号表示该作业在关键路径上，即为关键作业）。

表 11-2 作业时差与关键路径

| 作业代号 | 紧前作业 | 作业时间 | 最早开始时间（ES） | 最早结束时间（EF） | 最迟开始时间（LS） | 最迟结束时间（LF） | 总时差 $S_T(i,j)$ | 关键作业 |
|---|---|---|---|---|---|---|---|---|
| A | — | 3 | 0 | 3 | 0 | 3 | 0 | ★ |
| B | A | 5 | 3 | 8 | 3 | 8 | 0 | ★ |
| C | A | 4 | 3 | 7 | 8 | 12 | 5 | |
| D | B | 10 | 8 | 18 | 8 | 18 | 0 | ★ |
| E | A | 7 | 3 | 10 | 13 | 20 | 10 | |
| F | C | 8 | 7 | 15 | 12 | 20 | 5 | |
| G | E, F | 6 | 15 | 21 | 20 | 26 | 5 | |
| H | D | 8 | 18 | 26 | 18 | 26 | 0 | ★ |

必须指出的是，在项目中关键路径不是唯一的，同时关键路径与非关键路径也不是固定不变的，在项目执行过程中，某些原因可能导致非关键路径的时间延长，从而使非关键路径变为关键路径，如物资采购进度延误、技术故障、返工等。因此，在项目计划执行过程中，一方面要重点关注关键路径的进度，另一方面要注意其他非关键路径的进度及其与关键路径的密切配合。

### 3. 随机型网络时间参数的计算

前面关于项目网络时间参数的计算是针对确定型网络计划而言的，即项目的每一个作业的时间都用唯一的确定时间参数表示。但是现实中，由于项目作业受到许多不确定因素的影响（如建筑施工受天气、材料供应、施工环境因素等影响），因此项目的作业时间是不确定的。考虑作业时间随机的网络计划就是随机型网络计划。随机型网络计划中每一个作业的完工时间通常采用三种时间估计法表示（即最乐观时间、最可能时间和最悲观时间），用三种时间估计值计算该作业的时间的期望值（平均值）。

（1）**项目期望工期和方差**。随机型网络计划计算的工期是一个期望值，并且存在偏差（方差）。为此，先计算每一个作业的时间期望值和方差，然后根据关键路径确定项目期望工期和方差。

两点连线作业 $(i,j)$ 的作业时间期望值（平均时间）和方差如下：

$$\text{作业时间平均值}: t(i,j) = \frac{a + 4m + b}{6}, \tag{11-13}$$

$$\text{作业时间方差：} \sigma^2 = \left(\frac{b-a}{6}\right)^2 \tag{11-14}$$

式中　$a$——作业最乐观时间（最有利条件下完成该作业的时间）；
　　　$m$——作业最可能时间（正常情况下完成该作业的时间）；
　　　$b$——作业最悲观时间（最不利条件下完成该作业的时间）。

项目工期由关键路径长度决定，如果关键路径包含 $n$ 个作业，那么项目的期望工期与方差为：项目期望工期 = $\sum$（关键路径上的所有作业时间平均值），即：

$$\text{ET} = \sum_{i=1}^{n}(t_1 + t_2 + \cdots + t_n) = \sum_{i=1}^{n}\frac{a_i + 4m_i + b_i}{6} \tag{11-15}$$

项目工期总方差 = $\sum$（关键路径上作业的方差），即：

$$\sigma_T^2 = \sum_{i=1}^{n}(\sigma_1^2 + \sigma_2^2 + \cdots + \sigma_n^2) = \sum_{i=1}^{n}\left(\frac{b_i - a_i}{6}\right)^2 \tag{11-16}$$

**（2）给定工期下的项目完工概率。** 假设随机网络计划中的项目完工时间服从正态分布，并且每个作业的时间相互独立。由此，我们可以计算给定工期下的项目完工概率。

如果给定项目工期为 $D$，项目按期完工的概率可以用如下公式计算：

$$z = \frac{D - \text{ET}}{\sigma_T} \tag{11-17}$$

根据计算得到的 $z$ 值，可以查正态分布表的累积概率值得到项目在给定工期 $D$ 下的完工概率 $p(z)$。

**（3）给定完工概率下的项目工期。** 在某些情况下，项目管理者希望确定给定一个完工概率下的项目工期有多长。这个时候，可以先根据给定的完工概率 $p(z)$，反查正态分布表得到系数 $z$，再按照如下公式计算预计工期：

$$D_z = \text{ET} + z\sigma_T \tag{11-18}$$

式中，$D_z$——期望完工概率为 $p(z)$ 下的预计工期。

### 应用范例 11-2

已知有一个项目的网络图如图 11-13 所示，各作业的工期如表 11-3 所示。

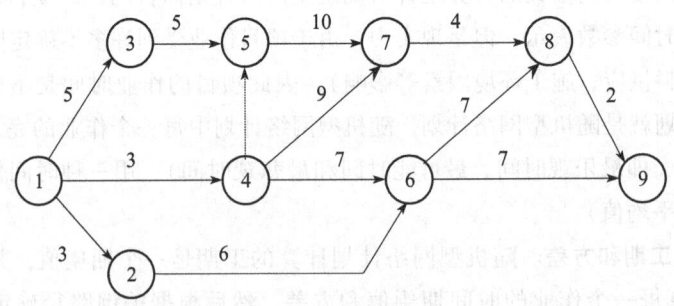

图 11-13　项目网络图

请计算：
（1）项目在 28 天内完工的概率？
（2）若项目按期完工的概率为 95%，则工期应定为多久比较合适？

表 11-3　项目网络参数的统计　　　　　　　　　　　　　　　　（单位：天）

| 作业 | 最乐观时间 a | 最可能时间 m | 最悲观时间 b | 平均时间 $t(i,j)$ | 方差 $\sigma^2$ |
| --- | --- | --- | --- | --- | --- |
| 1-2 | 2 | 3 | 4 | 3 | 1/9 |
| 1-3 | 3 | 5 | 7 | 5 | 4/9 |
| 1-4 | 2 | 3 | 4 | 3 | 1/9 |
| 3-5 | 3 | 5 | 7 | 5 | 4/9 |
| 4-5（虚作业） | | | | | |
| 2-6 | 4 | 6 | 8 | 6 | 4/9 |
| 4-6 | 5 | 7 | 9 | 7 | 4/9 |
| 4-7 | 7 | 9 | 11 | 9 | 4/9 |
| 5-7 | 9 | 10 | 11 | 10 | 1/9 |
| 7-8 | 3 | 4 | 5 | 4 | 1/9 |
| 6-8 | 5 | 7 | 9 | 7 | 4/9 |
| 8-9 | 1 | 2 | 3 | 2 | 1/9 |
| 6-9 | 5 | 7 | 9 | 7 | 4/9 |

**解：** 根据图 11-13 和表 11-3，可以计算各节点的时间参数，如图 11-14 所示。根据图 11-14，可以知道关键路径是 1-3-5-7-8-9，总工期为 26 天。

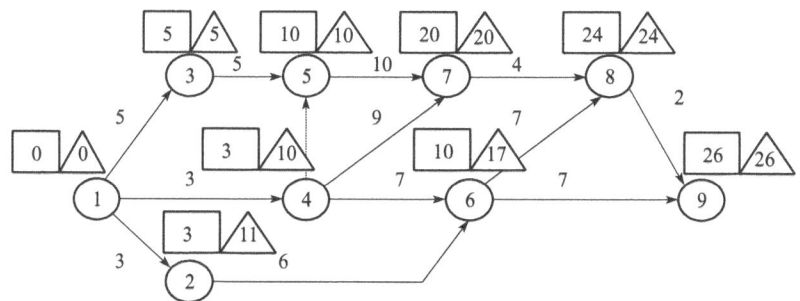

图 11-14　网络时间参数的计算

（1）计算项目在 28 天内完工的概率。

先计算项目工期的方差：

$$\sigma_T^2 = \sum \text{关键路径上所有作业的方差}$$
$$= \sigma_{1-3}^2 + \sigma_{3-5}^2 + \sigma_{5-7}^2 + \sigma_{7-8}^2 + \sigma_{8-9}^2 = \frac{4}{9} + \frac{4}{9} + \frac{1}{9} + \frac{1}{9} + \frac{1}{9} = \frac{11}{9}$$

因此 $\sigma_T = 1.1055$。

项目的完工工期期望值为 28 天，即 ET=28，给定完工工期 D=28，完工概率为：

$$p\left\{z \leqslant \frac{D-\text{ET}}{\sigma_T}\right\} = p\left\{z \leqslant \frac{28-26}{1.1055}\right\} = p\{z \leqslant 1.81\}$$

查正态分布表，z=1.81 时累积概率值为 0.9648（即 96.48%），即项目在 28 天内完成的概率是 96.48%。

（2）计算项目按期完工概率为 95% 的工期。

已知 $p(z)=0.95$，查标准正态分布表得 z=1.65，则

$$D_z = \text{ET} + z\sigma_T = 26 + 1.65 \times 1.1055 = 27.82(\text{天})$$

## 11.3　网络计划的优化

制订网络计划后，为了更加有效地组织项目的资源，使人力、物力、财力都得到最充分的利

用,就需要对网络计划进行优化。网络计划的优化就是在一定的条件(如完工期限)下对时间、费用、资源进行平衡,寻找工期最短、费用最低、资源利用率最高的网络计划方案。网络计划的优化有三种形式:网络时间优化、时间－费用优化、时间－资源优化。下面对前两种做详细讲解。

### 11.3.1 网络时间优化

网络时间优化是在人力、物力、财力有保证的前提下缩短工期。这种优化只是从时间的角度优化网络计划,并不考虑其他因素,因此得到的计划有可能不是最经济的计划。在某些情况下,如时间比较紧急的项目为了赶工即使成本高也要缩短工期,这时可以采取这种时间优化的方法。

由于项目的工期是由关键路径决定的,因此缩短项目工期必须从关键路径开始。

(1) 把串行作业改为并行或平行交叉作业。把串行作业改为并行作业,可以缩短项目的工期。在产品开发项目中,并行工程是一个压缩项目工期的有效方法。

(2) 缩短关键作业的时间。除了把串行作业改为并行作业外,为了缩短工期,还可以把关键路径上某些作业的时间缩短,这样可以不改变作业的工艺顺序。

缩短作业时间,一般可以从如下几个方面着手。

- 从技术上,采用新工艺、新技术。工业企业和建筑企业可以对项目的各种作业工艺进行革新,从而缩短工期。
- 从资源上,合理调配资源,如把非关键作业资源抽调到关键作业,或从计划外抽调资源,应用到关键作业上。
- 从组织上,对关键作业的人员采取力度更大的奖励与惩罚措施,或为关键作业选拔能力更强的人员,以提高工作效率。

### 11.3.2 时间－费用优化

网络时间优化没有考虑费用问题。实际上,当缩短工期时,费用同时也发生了变化,如何在缩短项目工期的同时减少费用,寻找费用最低的工期是项目的时间－费用优化问题。

在介绍时间－费用优化方法之前,先介绍项目的有关费用及其变化。

**1. 直接费用**

项目的直接费用是每个作业直接产生的费用,包括该项作业的人工费、材料费、设备工时费等。

一般而言,作业工期越短,直接费用越多,比如采用先进的自动化生产设备、加班加点,更先进的工艺装备可以大大缩短作业时间,但是这种情况下就需要支付更多的费用。

图 11-15 为直接费用与作业时间的关系。图中 $C_0$、$t_0$ 为正常的费用和正常的作业时间;$C_m$、$t_m$ 分别是赶工的费用与赶工作业时间。它们之间的关系近似于线性反比关系,

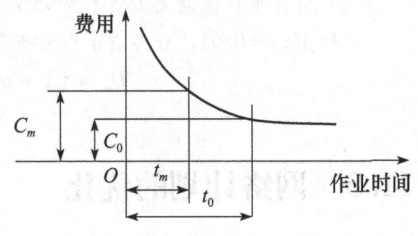

图 11-15 直接费用与作业时间的关系

如某作业 $i$ 的直接费用变化率用如下公式表示：

$$\alpha_i = \frac{C_m^i - C_0^i}{t_0^i - t_m^i} \tag{11-19}$$

式中　$\alpha_i$ 为作业 $i$ 的直接费用变化率。

项目的每一个作业（活动）都有直接费用，项目的总直接费用就可以用如下公式表示：

$$C_Z = \sum_{i=1}^{n} C_0^i \tag{11-20}$$

式中　$C_0^i$——第 $i$ 个作业的直接费用；
　　　$i$——项目的作业数（$i=1,2,\cdots,n$）。

**2. 间接费用**

项目的间接费用是与整个项目进度有关但不能分摊到每一个作业上的费用，比如项目经理的薪金、日常行政管理费用、资金的利息、拖期罚款等。一般而言，间接费用与总工期呈正比关系：

$$C_J = \beta T \tag{11-21}$$

式中，$\beta$ 为单位时间间接费用变化率；$T$ 为项目工期。

项目的总费用是直接费用与间接费用的总和：

$$C_T = C_z + C_J \tag{11-22}$$

项目费用变化可以用图 11-16 的曲线表示。从图 11-16 中可以看出项目的总费用随着工期的变化呈现凹形，费用最低的工期为 $T^*$，而项目时间-费用优化就是确定最低费用对应的工期。

时间-费用优化的步骤如下所示。

（1）从关键路径入手，寻找直接费用变化率最小的作业，采用试探方法压缩其工期，并保证压缩后的作业仍然在关键路径上。

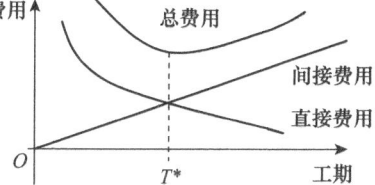

图 11-16　项目费用变化曲线

（2）计算压缩后的直接费用、间接费用和总费用变化量，分别为 $\Delta C_z$、$\Delta C_J$、$\Delta C$。

（3）确定新的关键路径，如果压缩后的总费用 $\Delta C$ 不再减少，则停止，否则回到步骤（1）。

**应用范例 11-3**

已知某项目的网络图如图 11-17 所示，各作业的正常时间、正常费用、赶工时间、赶工费用如表 11-4 所示。该项目每天的间接费用为 400 元，求最佳工期。

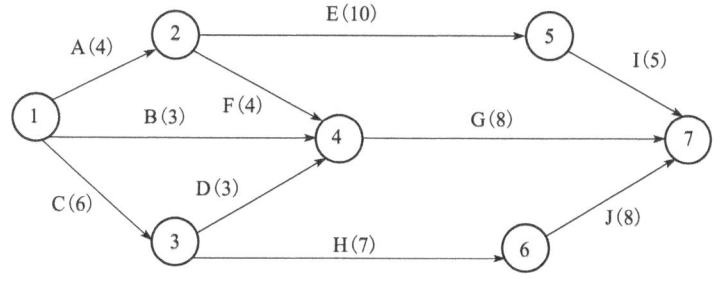

图 11-17　项目网络图

表 11-4  项目费用统计表

| 作业代号 | 节点 | 作业时间/天 | | 直接费用/元 | | 直接费用变化率/ (元/天) |
|---|---|---|---|---|---|---|
| | | 正常时间 | 赶工时间 | 正常费用 | 赶工费用 | |
| A | 1-2 | 4 | 2 | 1 000 | 1 500 | 250 |
| B | 1-4 | 3 | 1 | 800 | 1 800 | 500 |
| C | 1-3 | 6 | 4 | 1 200 | 1 400 | 100 |
| D | 3-4 | 3 | 2 | 600 | 800 | 200 |
| E | 2-5 | 10 | 7 | 2 000 | 2 500 | 166.7 |
| F | 2-4 | 4 | 3 | 1 200 | 1 600 | 400 |
| G | 4-7 | 8 | 8 | 1 600 | 1 600 | 0 |
| H | 3-6 | 7 | 5 | 1 500 | 2 000 | 250 |
| I | 5-7 | 5 | 3 | 500 | 900 | 200 |
| J | 6-7 | 8 | 6 | 800 | 1 200 | 200 |

**解：** 求解步骤如下。

(1) 计算各作业的直接费用变化率，结果如表 11-4 最后一列所示。

(2) 确定关键路径、正常工期与费用。

根据图 11-17 确定关键路径为 C–H–J，总工期为 21 天。总费用等于直接费用与间接费用之和。

直接费用 = 11 200（元），间接费用 = 21 × 400（元）= 8 400（元），总费用为 19 600 元。

(3) 从关键路径入手，寻找直接费用变化率最小的作业，压缩其时间。

关键路径 C–H–J 上的三个作业的直接费用变化率分别是 100 元/天、250 元/天、200 元/天。应从作业 C 开始压缩，压缩两天。第一次压缩后的结果如图 11-18 所示。

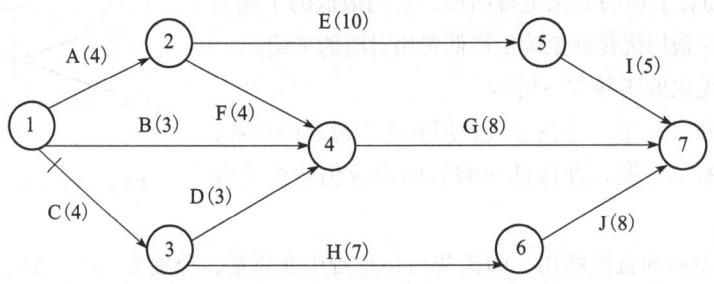

图 11-18  第一次压缩以后的网络图

(4) 压缩后关键路径有两条：C–H–J 和 A–E–I。A–E–I 上直接费用变化率最小的是作业 E，因此应压缩作业 E，但是在压缩 E 的同时另一条关键路径 C–H–J 必须也压缩，这样才能保证 E 还在关键路径上，因此作业 J 也压缩两天，第二次压缩后的结果如图 11-19 所示，费用变化如表 11-5 所示。

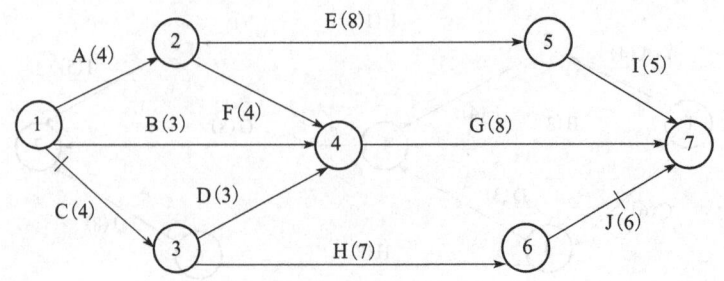

图 11-19  第二次压缩以后的网络图

表 11-5　项目网络计划时间 – 费用优化计算过程　　　　　（金额单位：元）

| 工期 | 赶工作业 | 直接费用变化 $\Delta C_Z(+)$ | 间接费用变化 $\Delta C_J(-)$ | 总费用变化 $\Delta C$ | 总费用 |
|---|---|---|---|---|---|
| 21 天 | 无 | 0 | 0 | 0 | 19 600 |
| 19 天 | C(压缩 2 天) | 200 | -800 | -600 | 19 000 |
| 17 天 | C(压缩 2 天)<br>E 和 J(各压缩 2 天) | 166.7×2 + 200×2 + 200 = 933.4 | -800 - 800 = -1 600 | -666.6 | 18 933.4 |
| 16 天 | C(压缩 2 天)<br>E 和 J(各压缩 2 天)<br>E 和 H(各压缩 1 天) | 166.7 + 250 + 933.4 = 1 350 | -400 - 1 600 = -2 000 | -650 | 18 950 |

（5）第二次压缩后的网络图，关键路径 C–H–J 上能够压缩的作业只有 H，可以压缩 1 天，要压缩它必须同时压缩另一条关键路径 A–E–I，该路线直接费用变化率最小的是 E，可以压缩 1 天，于是把这两个作业同时各压缩 1 天。总工期变为 16 天。费用变化如表 11-5 所示，第三次压缩后的结果如图 11-20 所示。

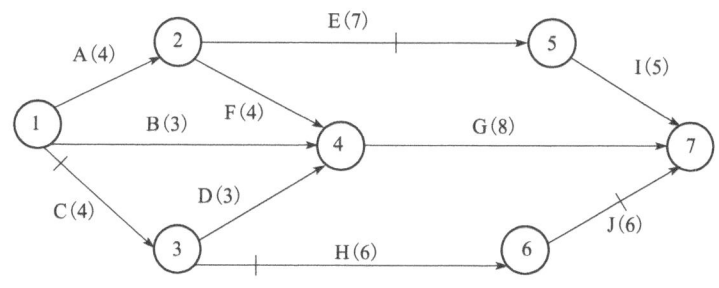

图 11-20　第三次压缩以后的网络图

从第三次压缩后的结果看出，总费用比第二次压缩后增加了，这个方案不可行，因此，最佳的方案是工期为 17 天，总费用为 18 933.4 元。

### 运作聚焦

#### 我国的大飞机 C919 项目

随着我国大飞机项目 C919 的研制成功，全球客机从"AB"格局向"ABC"格局发展。1996 年 12 月，波音宣布收购麦道，全球民用客机市场衍变为空客和波音两家企业之间的超级竞争，形成了势均力敌的"AB 双寡头"局面。2008 年 5 月，中国商用飞机有限责任公司（COMAC，简称"中国商飞"）正式建立，启动我国大飞机研制项目，拟进入全球民用客机市场，推动市场格局向"ABC"发展。

**C919 项目体现了我国的先进制造技术**

制造业转型升级在 C919 研制过程中得到了体现，我国民机制造水平正在逐步与国际接轨。依托飞机产品数据全生命周期管理及协同研制、制造管理等数字平台的建设，C919 实现了数字化设计、试验、制造和管理,流程高度并行、全球优势企业协同制造,全机上百万个零部件和机载系统通过三维无纸化的方式完成生产。2014年9月19日,C919大型客机在上海浦东总装制造中心开始总装,部总装车间引入了机身及全机对接装配、水平尾翼装配、中央翼装配、中机身装配和总装移动5条先进生产线,采用了自动化制孔、钻铆设备、自动测量调姿对接系统、AGV自动运输车、AMS飞机移动系统等设备,有效解决了传统装配过程中存在的制孔效率和装配质量等问题,生产线成为具有国际先进水平的民机部件、总装自动化装配生产线,可实现飞机的自动化装配、集成化测试、信息化集成和精益化管理。国产民机制造精度也因此大幅提高,数字化设计、数字化制造、数字化装配协调的应用效果得到充分验证。

**C919大型客机项目体现了我国项目管理的先进水平**

C919项目是一个大型的复杂项目,涉及的部门和人员多,有国内的科研单位、大学、企业,也有国外的合作单位和供应商,能否保证项目高标准完成,是项目管理团队面临的一个挑战。经过多年的努力,C919项目取得了成功。2017中国项目管理大会暨中国特色与跨文化项目管理国际论坛在云南昆明举行。大会宣布,中国商用飞机有限责任公司C919大型客机项目团队获"2017中国项目管理成就奖"。

中国项目管理成就奖是由中国(双法)项目管理研究委员会(PMRC)设立、每年评选一次的项目管理类奖项。PMRC是中国唯一加入国际项目管理协会(IPMA)的项目管理专业组织。该奖项的设立旨在集中反映和重点推介我国各行业在项目管理领域受海内外认可的突出成就,从而促进中国项目管理成果的推广应用。

国际项目管理协会副主席欧立雄是评奖组委会成员之一,他表示,C919大型客机是我国首次按照国际适航标准研制的150座级干线客机。该客机首飞成功标志着我国大型客机项目取得重大突破,C919大型客机项目是我国民用航空工业发展的重要里程碑。

欧立雄称,C919大型客机合理的项目管理体系为项目的研发和高效推进提供了保障,是该奖项当之无愧的得主。"可以预见,C919大型客机项目研发在受到国内外广泛关注的同时,还将为中国未来的民航事业奠定新的起点"。

资料来源:https://www.sohu.com/a/376076158_121155,http://www.duyunfcw.com/435.html,https://www.sohu.com/a/206597271_123753。

## ◆ 本章小结

本章介绍了网络计划方法的基本原理与方法。11.1节介绍了项目和项目管理的基本概念;11.2节介绍了网络图绘制方法及时间参数的计算;11.3节介绍了网络图优化的方法。

## ◆ 关键术语

项目(project)

网络计划(network plan)

关键路径(critical path)

时间-费用优化(time-cost optimization)

## ◆ 延伸阅读

1. 阅读指南:想了解更多项目计划与控制的知识,读者可以阅读《项目管理:计划、进度和控制的系统方法(原书第12版)》,哈罗德·科兹纳著,杨爱华等译,电子工业出版社出版。
2. 网络资源：读者可以登录网站 https://www.pmichina.org/ 了解项目管理实践相关知识。

## 选择题

1. 网络计划图中的关键路径是指（　　）。
   A. 活动最多的路线
   B. 时间最长的路线
   C. 使用资源最多的路线
   D. 作业最多的路线
2. 采用三种时间估计法进行作业时间估计，某作业的最乐观时间为 3 天，最可能时间为 5 天，最悲观时间为 7 天，则该作业的期望作业时间为（　　）。
   A. 3 天
   B. 5 天
   C. 6 天
   D. 7 天
3. 如果某作业的总时差为零，则表示（　　）。
   A. 该作业为关键路径作业
   B. 该作业不是关键路径作业
   C. 该作业没有消耗资源
   D. 该作业时间不能压缩
4. 在随机网络计划中，通过计算得到期望的总工期为 25 天，标准方差为 2 天，则这个项目能在 25 天内完工的概率是（　　）。
   A. 0
   B. 100%
   C. 50%
   D. 不确定
5. 项目间接费用的变化规律是（　　）。
   A. 与每个单项作业时间成正比
   B. 与整个项目工期成正比
   C. 与每个单项作业时间成反比
   D. 与整个项目工期成反比

## 论述题

1. 项目有哪些基本特征？
2. 项目组织形式有哪几种，各有什么优缺点？
3. 什么是项目的关键路线？它有什么特征？
4. 项目时间优化的途径与方法有哪些？

## 计算题

1. 已知某项目的活动关系与时间如表 11-6 所示，根据表中的数据绘制网络图，计算各活动的最早开始时间、最早结束时间、最迟开始时间、最迟结束时间，并确定工期与关键路径。

表 11-6　活动关系与时间

| 活动代号 | 紧前活动 | 活动时间/天 | 活动代号 | 紧前活动 | 活动时间/天 |
| --- | --- | --- | --- | --- | --- |
| A | — | 3 | H | D | 7 |
| B | — | 4 | I | F | 3 |
| C | — | 2 | J | H, E, I | 2 |
| D | A | 5 | K | F | 7 |
| E | A, B, C | 5 | L | G | 4 |
| F | C | 6 | M | K | 8 |
| G | D | 1 | | | |

2. 已知某项目的作业关系与时间如表 11-7 所示，请绘制网络图，并计算每项作业的期望时间、确定关键路径和项目的期望完工工期。

表 11-7 作业关系与时间

| 作业代号 | 紧前作业 | 最乐观时间 $a$ | 最悲观时间 $b$ | 最可能时间 $m$ | 作业代号 | 紧前作业 | 最乐观时间 $a$ | 最悲观时间 $b$ | 最可能时间 $m$ |
| --- | --- | --- | --- | --- | --- | --- | --- | --- | --- |
| A | — | 2 | 4 | 3 | G | D, F | 6 | 8 | 7 |
| B | — | 4 | 6 | 5 | H | D, F | 8 | 10 | 9 |
| C | — | 5 | 7 | 6 | I | B, E | 1 | 3 | 2 |
| D | A | 7 | 9 | 8 | J | H, I | 4 | 7 | 5 |
| E | C | 2 | 4 | 3 | K | B, E | 3 | 5 | 4 |
| F | B, E | 5 | 8 | 7 | | | | | |

3. 已知某项目的网络图如图 11-21 所示（图中作业代号括号内数据为作业时间）。

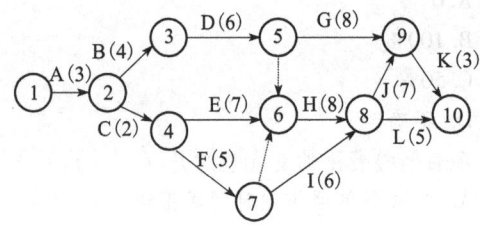

图 11-21

(1) 确定关键路径与总工期。
(2) 求作业的最早开始时间、最早结束时间、最迟开始时间、最迟结束时间。

4. 建造一个房子的作业情况如表 11-8 所示，求作业的最早开始时间、最早结束时间、最迟开始时间与最迟结束时间，并找出关键路径，确定工期。

5. 已知某项目各项作业的正常时间、赶工时间和在正常时间和赶工时间下的直接费用与赶工费用及间接费用情况，如表 11-9 所示。试确定正常完工时间与总成本以及最低成本下的完工工期。

表 11-8 作业情况

| 作业代号 | 作业名称 | 紧前作业 | 作业时间/天 |
| --- | --- | --- | --- |
| A | 清理地面 | — | 3 |
| B | 打地基 | A | 4 |
| C | 砌墙脚（高50厘米） | B | 2 |
| D | 地面混凝土 | B | 1 |
| E | 地板托架 | C, D | 3 |
| F | 砌主体墙 | E | 10 |
| G | 做门窗 | E | 3 |
| H | 做天花板托架 | F, G | 4 |
| I | 上屋顶板木 | F, G | 3 |
| J | 盖瓦 | H, I | 2 |
| K | 铺地板 | H, I | 4 |
| L | 做天花板 | J, K | 2 |
| M | 墙内壁瓷砖 | J, K | 1 |
| N | 安装窗玻璃 | L, M | 1 |
| O | 墙体泥灰层 | N | 2 |
| P | 装电灯 | N | 1 |
| Q | 水暖设备 | N | 2 |
| R | 墙面粉刷 | O, P, Q | 3 |

表 11-9 项目作业

| 作业代号 | 紧前作业 | 正常时间/天 | 赶工时间/天 | 正常费用/元 | 赶工费用/元 | 间接费用 |
| --- | --- | --- | --- | --- | --- | --- |
| A | — | 8 | 5 | 2 000 | 3 000 | |
| B | — | 4 | 2 | 800 | 1 600 | |
| C | A | 5 | 3 | 600 | 900 | |
| D | B | 6 | 4 | 500 | 800 | 每天合计 400 元 |
| E | C, D | 3 | 1 | 1 000 | 2 000 | |
| F | C, D | 4 | 2 | 600 | 1 000 | |
| G | E | 9 | 6 | 1 500 | 2 500 | |
| H | F | 4 | 2 | 750 | 1 000 | |
| I | C, D | 8 | 6 | 1 200 | 1 800 | |

## 讨论案例

### CT 灯具公司新产品导入项目进度计划

某公司是一家全球著名的光源制造商，它是世界两大照明公司之一，总部设在德国慕尼黑，客户遍布全球近 150 个国家和地区。凭借创新照明技术和解决方案，该公司不断开发人造光源新领域，产品广泛使用于公共场所、办公室、工厂、家庭以及汽车照明等领域。

CT 灯具公司（简称 CT 公司）是该制造商在广州创建的合资子公司，主要生产照明控制设备和灯具驱动组件。一直以来，CT 公司只为母公司生产传统照明产品中的电气驱动组件，如电子镇流器、节能灯控制器，后该公司决定导入 LED 灯模块。自从国际顶级赛事采用这种灯光设备后，LED 产品在市场走俏，而传统照明产品的需求量却一直在下降，因此导入 LED 产品是该公司做出的战略调整。

CT 公司首先导入的是一款叫作 Dot XX 的 LED 产品（见图 11-22），该产品主要作为室内或室外装饰，多姿多彩，非常好看，市场销售比较看好。

图 11-22　Dot XX LED 灯串样品图

CT 公司新产品导入项目组织结构如图 11-23 所示。

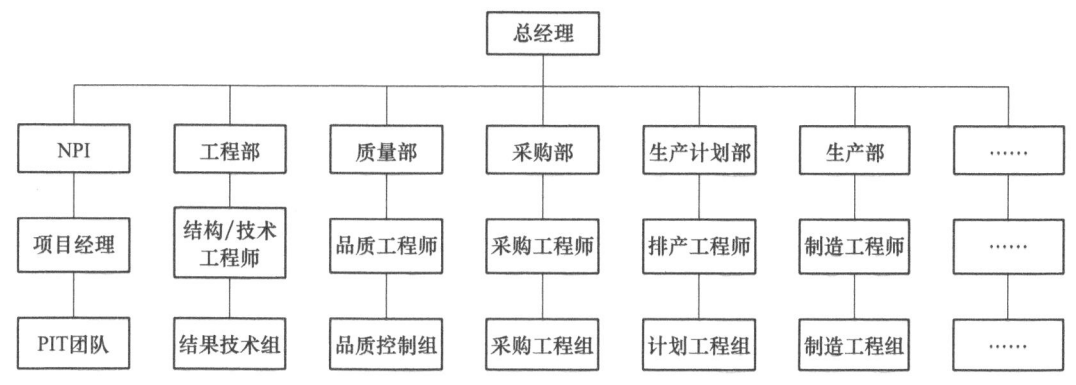

图 11-23　CT 公司新产品导入项目组织结构

在这个矩阵体系中，总经理负责决定是否导入新产品，并且负责审核新产品报价；NPI 项目导入经理则负责新产品导入团队的组建和领导，制订新产品导入计划，对与项目有关的资源配置进行组织协调，管理项目时间进度，负责成本和质量管理，评估项目控制风险，并且对确认工程变更和验证、评审及实施负责；工程部则为新产品导入阶段提供结构等方面的技术支持，主要负责解决新产品导入阶段各项结构和技术问题；质量部主要负责新产品质量的检验和测试，进行供应商品质管理，而测试部也负责对新产品的性能、结构等进行检测；采购部则负责给供应商发放新产品资料，收集供应商的报价，采购物料；生产计划部则对样品试作进行确认，控制量产物料的安排和时间进度；生产部对新产品导入阶段的样品制作和量产负责，并且负责解决制程方面的问题。

该项目从当年 5 月开始,到 9 月 15 日要得到客户对试产结果的认可,只有短短 18 周的时间,而公司以往的新产品导入都是 26~30 周,因而这次 LED 新产品导入明显存在进度风险。表 11-10 是该项目的工作计划表。

表 11-10 CT 公司新产品导入项目计划表

| 任务编号 | 任务名称 | 责任人或部门 | 紧前任务 | 最乐观时间/周 | 最悲观时间/周 | 最可能时间/周 |
| --- | --- | --- | --- | --- | --- | --- |
| A1 | Kick-Off 成立团队 | 项目经理 | 无 | 0.2 | 0.6 | 0.4 |
| A2 | 收集客户产品资料物料清单和产品要求 | 工程部 | A1 | 0.2 | 1 | 0.6 |
| A3 | 确定元件数据表 | 采购部 | A2 | 0.4 | 1 | 0.6 |
| B1 | 为新物料建立 SAP 料号 | 工程部 | A3 | 0.4 | 1 | 0.6 |
| B2 | 设计 PCB 套装图纸 | 生产工程部 | A2 | 0.2 | 0.6 | 0.4 |
| B3 | 建议物料采购信息和供应商资料 | 采购部 | A3 | 0.4 | 1.6 | 1 |
| B4 | SAP 物料清单建立 | 工程部 | B1 | 0.2 | 0.6 | 0.4 |
| B5 | 报价,接收客户订单 | 客服部 | B4 | 0.6 | 2 | 1 |
| B6 | 制定 LED bin 控制流程 | 项目经理/货仓/计划部/生产部(含生产工程部)/工程部/质量部 | A3 | 0.2 | 2 | 1 |
| B7 | 创建客户要求文件,上传 EDOS 文件系统 | 工程部 | A2 | 0.6 | 1 | 0.8 |
| B8 | 按 EDOS 文件创建生产作业指导书和流程图 | 生产工程部 | B7 | 1 | 3 | 2 |
| B9 | 常见来料检测要求文件 | IQC | B1 | 0.2 | 1 | 0.6 |
| B10 | 指定质量控制计划和其他 QA 文件 | QE | A2 | 0.4 | 1 | 0.8 |
| B11 | 一起采购 EP 和 PP 料 | 计划部/采购部 | B2、B3、B5 | 4 | 14 | 6 |
| B12 | 准备测试夹具和程序 | 测试部 | A2 | 4 | 8 | 6 |
| B13 | 准备锡膏钢网和其他生产夹具 | 生产工程部 | B1 | 1 | 4 | 2 |
| B14 | EP 生产,报告和样品交付 | 工程部主导,其他部门协助 | B6、B8、B9、B10、B11、B12、B13 | 1 | 2 | 1.6 |
| B15 | EP 认可 | 客户 T 公司 | B14 | 1 | 3 | 2 |
| C1 | 改善制程 | 生产工程部 | B14 | 0.4 | 1 | 0.6 |
| C2 | 更新辅料包装料用量 | 工程部 | B14 | 0.2 | 0.6 | 0.4 |
| C3 | PP 生产,报告和样品交付 | 所有相关部门 | B15、C1、C2 | 1 | 2 | 1.6 |
| C4 | PP approval | 生产工程部/测试部/质量部 | C3 | 1 | 3 | 2 |

资料来源:作者根据企业内部资料整理编写。

**讨论**

1. 根据上述信息画出该项目的网络计划图,确定关键路径,并计算项目工期。
2. 如果按照原来的计划(18 周),该项目能否按期完成？完工概率是多少？

3. 该公司为了压缩工期，仔细观察行动计划表后发现，B11 这项任务平均时间明显比其他任务要长，这是因为部分物料（例如 ICU1）的交货期很长，要 14 周。项目团队在采购部的努力下，在现货市场找到了这种物料，使得所有物料采购的平均时间从 11 周缩短到 6 周。在这样的调整下，重新确定项目的关键路线与工期。如果按照 18 周的计划，这样调整能完成计划吗？完工概率是多少？

4. 除了上述方法外，还有什么方法可以压缩项目工期？

# 第四篇 PART 4

# 生产与运作系统维护和改进

第 12 章　生产维护与设备管理
第 13 章　质量管理
第 14 章　丰田生产方式与精益生产

# 第 12 章
CHAPTER 12

# 生产维护与设备管理

## § 学习目标

- 了解设备管理在制造与服务系统中的作用与地位。
- 掌握系统可靠性的衡量方法。
- 熟悉设备故障规律和基本设备维护决策。
- 了解全员生产维护的基本思想和内容。

## § 引例

### 打牢生产基础：首钢通钢推进全员生产维护管理

近几年，首钢集团通钢公司（以下简称"首钢通钢"）以保生存、谋发展为第一要务，开始专注于扫浮财、堵漏洞、补短板、强软肋。自 2018 年年初以来，首钢通钢借鉴兄弟单位的先进经验，将推进全员生产维护（TPM）管理纳入工作视野，撬动发展新支点，聚力促使企业管理水平登上新台阶。

**全面导入 TPM 理念**

推进 TPM 管理初期，该公司的一些干部职工并不理解公司为什么要推进 TPM 管理。他们认为，公司多年来推行的定置管理、6S（整理、整顿、清扫、清洁、素养、安全）管理、精益管理等理念已经深入人心，并且收到了一定的成效，是否还有必要另起炉灶？另外，公司减亏任务繁重，大家憋足劲挖潜增效，也担心搞 TPM 管理会分散精力，得不偿失。当时，钢铁市场形势正在转暖,机会难得,到底推不推行 TPM?何时推行?怎么推行?这些问题考验着决策者的智慧和胆识。

2018 年 4 月,首钢通钢在 TPM 项目启动大会上对推进 TPM 管理进行部署动员。60 多年来,首钢通钢形成了独特的管理经验和行为习惯,TPM 管理要想在首钢通钢落地生根,就必须坚持本土化、大众化、多元化,否则就会流于形式,导致 TPM 管理落地因水土不服而夭折。对此,首钢通钢选择了基础条件好、积极性高的型钢连轧厂和第一钢轧厂两家单位作为样板,把推进 TPM 管理重心锁定在现场,第一阶段以改变岗位工作环境、调整职工精神状态为切入点,让职工在短时间内看到实实在在的变化,从而激发其内生动力,提高工作效率。目标导向明确后,样板单位紧密结合自身实际进行顶层设计,并将其与传统管理优势有机融合,使 TPM 管理"通钢化"。

### 扎实推进 TPM 管理

企业生产的长期稳定运行需要设备的长周期稳定运行做支撑,这就对设备维护保全工作提出了更高的标准、更严的要求。以往在首钢通钢,天天接触设备、了解设备性能的操作人员并不需要对设备的运行状况负责,而设备的负责人又远离设备运行现场。自从推进 TPM 管理以来,首钢通钢拆除了像这样的"信息隔绝之墙",积极落实责任体系,让大家都参与到设备管理中来。

在样板单位重点设备旁有一张醒目的设备点检表,上面清楚地记录了设备的正常值及方位等信息。通过对照这张设备点检表,即使不是专业的检修人员,也能在第一时间发现设备问题,及时解决问题,从而延长设备使用寿命。TPM 精益管理机制的实施,保证了设备的稳定运行,促进了该公司的产量、质量、成本、安全、环保等重点指标的优化。

在推进 TPM 管理的过程中,人人都是主导者、推动者和参与者。在正向激励、反向鞭策的作用下,首钢通钢的员工树立起强烈的团队意识,形成了你追我赶、力争上游的竞技态势。第一钢轧厂炼钢维检车间一直是首钢通钢的先进单位,在推进 TPM 管理初期,该车间对此没有足够的重视,没有按规定完成整改,被颁发了"蜗牛奖"。一石激起千层浪,该车间的干部坐不住了,他们迅速带领员工落实整改项目,清理工作现场,对设备定置摆放进行改造。经过大家的共同努力,在下一个月的评选中,他们被评为"金牛奖"。其实,"金牛奖"与"蜗牛奖"的差距就在于是否快速落实整改,把事情做精、做细、做到极致。

### 深耕厚植 TPM 优势

对于企业而言,人是生产力中最活跃、最根本的要素,企业激发内生动力的关键在于充分调动员工的积极性。TPM 管理强调全员参与,其重心在现场,根基在岗位,"灵魂"在班组,只有激发基层活力,让职工的创造热情迸发出来,企业的运行效率才能不断提升。

推进 TPM 管理,职工的积极性空前高涨,让样板单位尝到了甜头,非样板单位也跃跃欲试,第一钢轧厂、型钢连轧厂成为其他单位心中的"取经地",炼铁事业部、运输公司、焦化厂等单位先后加入样板阵营,推进 TPM 管理在首钢通钢"风生水起"。该公司焦化厂一直是环境治理的"老大难"单位,为了解决环境问题,员工迎难而上,主动出击,依托推进 TPM 管理逐步改善工作环境。他们从强化员工环保意识入手,从不符合标准的问题整改做起,使厂区环境有了较大改观。

资料来源: https://www.sohu.com/a/233251352_259527。

思考与讨论：1. 首钢通钢推进 TPM 的目的是什么？
2. 首钢通钢在推进 TPM 的过程中是如何调动员工的积极性的？

## 12.1 设备管理在制造与服务系统中的作用和地位

设备是指在企业生产与服务过程中可长期、反复使用的劳动资料和物质资料的总称。每个企业在生产与服务过程中都需要设备，设备是提高生产率、产品质量与服务质量、经济效益的重要工具。

由于设备在使用中会出现故障与失效，从而影响生产正常进行，因此为了保证生产正常进行，必须对设备进行维修与保养。设备管理无论是在制造业还是在服务业都具有重要作用，占有十分重要的地位。

### 1. 设备管理是企业生产与服务顺利进行的前提

机器设备是生产或服务系统的物质技术基础。工业企业的劳动生产率不仅受员工技术水平和管理水平的影响，还取决于他们所使用的工具和设备的完善程度。设备的技术状态直接影响企业生产各环节之间的协调配合，如果不重视设备维修，设备保养不及时，短期内就会使设备生产效率降低或故障停机损失增加；如果长期失修，就会因设备损耗得不到及时补偿而引起事故或导致设备提前报废，破坏生产的连续性和均匀性。尤其是现代工业企业的自动化程度高、生产连续性强，生产活动逐渐从原来以依靠人力操作为主转为以依靠设备为主，一台关键设备停机就可以使整个企业停产。

### 2. 设备管理是企业安全生产和环境保护的保证

因设备问题导致的人身事故在一些企业时有发生。这种由于设备问题引起的事故不仅扰乱了企业的生产秩序，同时也使企业、职工和社会遭受了损失。因此怎样更加有效地预防设备事故、保证安全生产、减少人身伤亡，已经成为现代设备维护管理的一大课题。另外，设备维护对改善环境也有一定的影响。环境污染在一定程度上是由于设备落后、设备维修管理不善造成的。企业通过设备维修可以减少设备对环境的影响，比如减少粉尘、噪声等。

### 3. 设备管理是保证产品与服务质量的基础工作

随着技术进步，不管是制造业还是服务业，机器设备都越来越多地取代人的工作，特别是智能化制造与服务系统，设备是影响产品与服务质量的主要因素之一。没有可靠的、高精度的设备，要想生产出高品质、高精度的产品和提供优质的服务是不可能的，因此做好设备的维修管理对于提高产品质量有重要的意义。

## 12.2 设备可靠性原理

现代科技迅速发展促使各个领域的各种设备和产品不断朝着高性能、高可靠性的方向发展，各种先进的设备和产品广泛应用于工农业、交通运输、科研、文教卫生等各个行业，设备的可靠性直接关系到人民群众的生活和国民经济建设。本节将从可靠性的定义和串并联系统的可靠性两个方面展开。

### 1. 可靠性的定义

可靠性是指在一定条件下设备或产品正常运行一定时间的概率,记为 $R(\%)$。测量可靠性的基本单位是产品故障率。故障率是指在所有测试的产品中出现故障的产品比率,记为 $FR(\%)$;或者说在一定时间内出现故障的次数,记为 $FR(N)$,如式(12-1)和式(12-2)所示。

$$FR(\%) = \frac{出现故障的产品数}{检测的产品总数} \times 100\% \tag{12-1}$$

$$FR(N) = \frac{出现故障的次数}{运行时间的累计小时数} \tag{12-2}$$

从 $FR(\%)$ 的计算公式可以很容易地推出可靠性的计算公式,即

$$R(\%) = 1 - FR(\%) \tag{12-3}$$

应用最多的衡量设备可靠性的方法是计算平均故障间隔期(MTBF),它是 $FR(N)$ 的倒数,即

$$MTBF = \frac{1}{FR(N)} \tag{12-4}$$

### 应用范例 12-1

假设某设备的运行周期为 200 小时,在此期间共发生了 5 次故障,如图 12-1 所示。设备的运行时间为 180 小时。求该设备的平均故障间隔期。

**解**:根据式(12-2),

$$FR(N) = \frac{出现故障的次数}{运行时间的累计小时数}$$

$$= \frac{5}{180} = 0.027\,778(次故障/时)$$

根据式(12-4),

$$MTBF = \frac{1}{FR(N)} = \frac{1}{0.027\,778} = 36(小时)$$

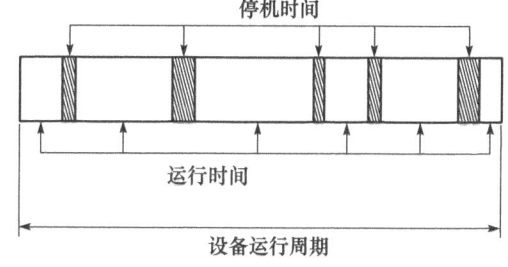

图 12-1 设备运行周期图

### 应用范例 12-2

假设 30 台设备在实验厂进行了 100 小时的测试,其中 2 台出现故障,一台设备在运行 50 小时后出现 1 次故障,另一台设备在运行 60 小时后出现 1 次故障。求该设备的可靠性、平均故障间隔期及一个生产周期(200 小时)的故障率。

**解**:根据式(12-1)和式(12-3),

$$R(\%) = 1 - FR(\%) = 1 - \frac{2}{30} = 93.3\%$$

根据式(12-2),

$$FR(N) = \frac{出现故障的次数}{运行时间的累计小时数} = \frac{2}{30 \times 100 - (100 - 50) - (100 - 60)}$$

$$= 0.000\,687(次故障/时)$$

根据式(12-4),

$$MTBF = \frac{1}{FR(N)} = \frac{1}{0.000\,687} = 1\,455(小时)$$

因此，

$$一个生产周期的故障率 = 0.000\,687(次故障/时) \times 200(小时)$$
$$= 0.137\,457(次故障/生产周期)$$

### 2. 串并联系统的可靠性

一个系统中的设备组装方法或者一台设备的零部件组装方法都会影响这一系统或设备的可靠性。如果其中任何一个设备或零部件出现问题，无论什么原因导致的，整个系统（例如生产系统）或整个设备（例如一辆汽车）都将出现故障。

(1) 串联系统。现在我们来看看串联机件故障对整个系统可靠性的影响。图 12-2 为 $n$ 个机件串联配置图，此时测量系统可靠性（$R_s$）的方法比较简单，公式如下：

$$R_s = R_1 \times R_2 \times R_3 \times \cdots \times R_n \tag{12-5}$$

式中　$R_1$——机件 1 的可靠性；

　　　$R_2$——机件 2 的可靠性。

依此类推。

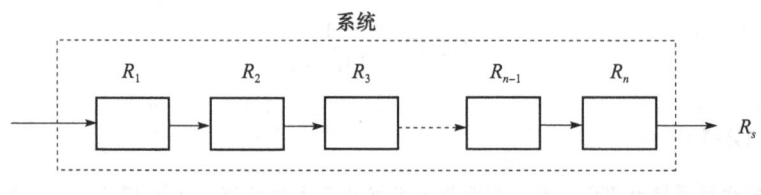

图 12-2　串联配置

式 (12-5) 假设单个机件的可靠性不受其他机件可靠性的影响，即每个机件是相互独立的。另外，在大多数讨论中如果没有特别注明，机件可靠性以概率的形式表示。例如，0.95 的可靠性表示该系统将在 95% 的时间里正常运行，在 5%（=1-95%）的时间里无法正常运行。

### 应用范例 12-3

某系统由 4 个部分串联组成，每个部分的可靠性分别是 0.95、0.90、0.98 和 0.96，那么整个系统的可靠性是多少？

**解**：根据式 (12-5)，

$$\begin{aligned}整个系统的可靠性 R_s &= R_1 \times R_2 \times R_3 \times R_4 \\ &= 0.95 \times 0.90 \times 0.98 \times 0.96 \\ &= 0.80\end{aligned}$$

从应用范例 12-3 可以看出，随着系统中串联机件数量的增加，整个系统的可靠性快速下降。

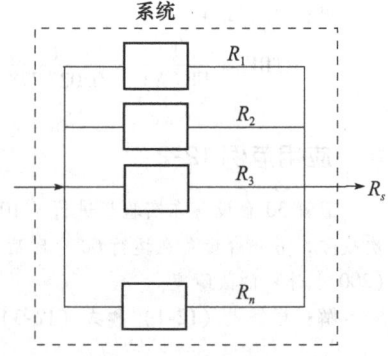

图 12-3　并联配置

(2) 并联系统。要提高系统的可靠性，就要增加冗余，就是为系统的机件备份，这是一种标准的运作管理策略。图 12-3 是 $n$ 个机件的并联配置图，此系统的可靠性为：

$$R_s = 1 - (1 - R_1) \times (1 - R_2) \times (1 - R_3) \times \cdots \times (1 - R_n) \tag{12-6}$$

上述配置叫作并联冗余度。它假设在任何时间都只有一个机件运行，这个机件运行到发生故障为止，然后系统使用下一个平行的机件一直到它发生故障，依此类推，直到 $n$ 个机件均发生故障为止。

### 应用范例 12-4

某系统由 4 部分并联组成，每个部分的可靠性分别是 0.95、0.90、0.98 和 0.96，那么整个系统的可靠性是多少？

**解：** 根据式（12-6），

整个系统的可靠性 $R_s = 1 - (1 - R_1) \times (1 - R_2) \times (1 - R_3) \times (1 - R_4)$
$= 1 - (1 - 0.95) \times (1 - 0.90) \times (1 - 0.98) \times (1 - 0.96)$
$= 0.999\ 996$

从应用范例 12-4 可以看出，随着系统中并联机件数量的增加，整个系统的可靠性也会增加。

（3）串并联综合系统。如果系统中同时存在串联和并联的机件，如图 12-4 所示，那么该系统的可靠性是指组成系统的每一级中至少还有一个机件能工作的概率，计算公式如下：

$$R_s = \prod_{i=1}^{k} [1 - (1 - R_i)^{n_i}] \tag{12-7}$$

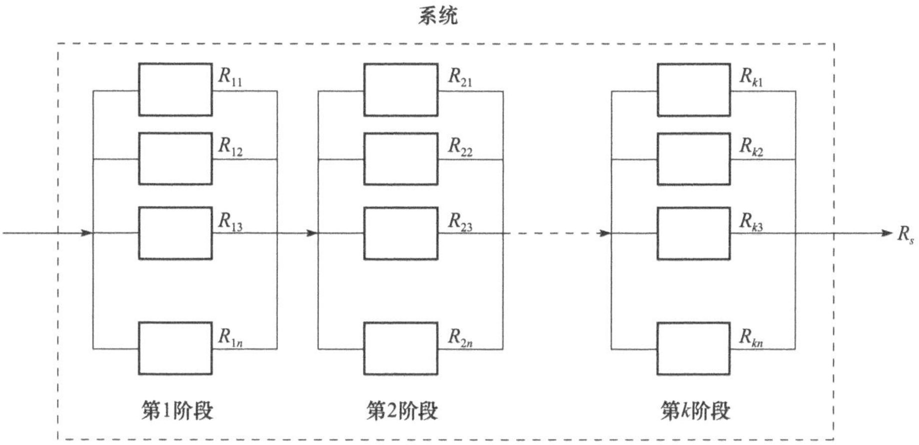

图 12-4 $k$ 级串联且第 $i$ 级有 $n_i$ 个并联机件的综合配置

人们长期关注设备的可靠性，但往往忽视了对使用设备的人本身可靠性的研究。我们同样可以测量人或服务的可靠性，见应用范例 12-5。

### 应用范例 12-5

某银行的贷款审批程序需要经过 3 名员工，每名员工的可靠性分别是 0.90、0.80 和 0.85。银行决定对可靠性最差的员工提供冗余，增加一名可靠性为 0.80 的员工。那么增加之后，整个系统的可靠性是多少？

**解：** 根据式（12-7），

整个系统的可靠性 $R_s = \prod_{i=1}^{k} [1 - (1 - R_i)^{n_i}]$
$= 0.90 \times [1 - (1 - 0.80)^2] \times 0.85 = 0.734\ 4$

因此，通过对一名员工提供冗余，该银行贷款审批过程的可靠性从 0.612（$= 0.90 \times 0.80 \times 0.85$）提高至 0.734 4。

## 12.3 零件磨损与设备故障规律

可靠性原理为分析设备的工作性能提供了一个物理概念，可靠性与零件磨损及设备故障密切相关。一般而言，如果可靠性差，那么设备容易出现故障。我们在研究设备管理时需要进一步了解设备零件磨损规律与设备故障规律。

### 1. 零件磨损规律

在设备使用过程中，一个零件出了问题，特别是关键零件一旦出了问题，则很可能整个设备都不能正常工作。了解零件的磨损规律对于了解机器的故障规律、搞好预防性维修与保养工作有重要意义。

零件从投入使用到报废一般可分为三个阶段：初期磨损期、正常磨损期、剧增磨损期，如图 12-5 所示。

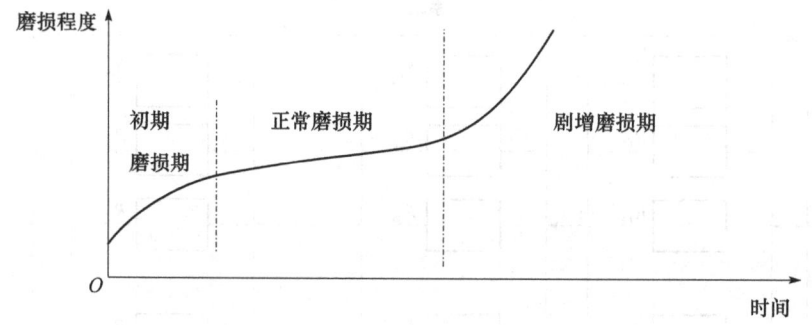

图 12-5　零件磨损曲线

（1）初期磨损期。零件在投入使用初期，一般会存在一个"磨合"或者"跑合"的阶段。在这个阶段，由于零件与零件之间的设计精度与加工精度存在一定的误差，或者在安装过程中安装与安装要求上存在误差，零件不一定配合得很好，导致磨损。比如齿轮之间啮合度不够，刚运行时会产生一定的摩擦，这种零件之间的摩擦会导致一定的零件磨损。这种磨损一般不会导致零件损坏，而是有利于零件之间的配合。但是，如果在磨合期零件之间磨合的效果不好，将会进一步磨损从而影响设备的使用。

初期磨损期时间不会太长，一般设备经过一个较短的磨合阶段后会很快进入正常磨损期。

（2）正常磨损期。经过初期磨损期后的设备如果工作条件正常，应该能在较长时间内正常运转，故障率很低，这个阶段就是正常磨损期。

正常磨损期的零件磨损速度一般比较慢，设备有很好的生产率与加工质量。在这个阶段，设备管理的重点是日常的保养与润滑工作和检点维修工作。

（3）剧增磨损期。当设备经过一定的使用期，各种零件会出现腐蚀、氧化等损坏现象。设备故障增加，这个时期叫剧增磨损期。

该阶段的零件磨损严重，如果零件得不到及时的维修与更换，很容易出现比较大的设备故障。因此，在该阶段，一般需要对某些零件进行更换，以提高设备使用寿命。

### 2. 设备故障曲线

设备的故障率随使用时间的推移有明显的变化，其形状如图 12-6 所示。由于典型的设备故障曲线的形状与浴盆相似，故又称为浴盆曲线。

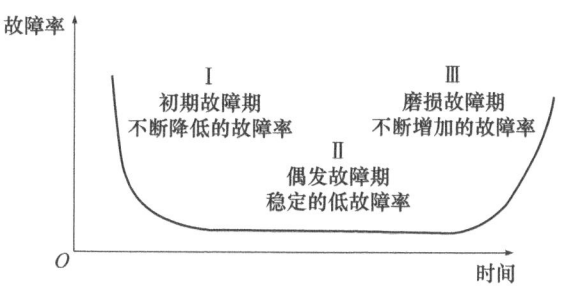

图 12-6 设备故障曲线（浴盆曲线）

第Ⅰ阶段为初期故障期。在这段时间内，大多数故障发生的原因是设备设计、制造缺陷；零件没有跑合；搬运、安装大意；操作者不适应等。减少这段时期故障的措施是慎重地搬运、安装设备，严格进行试运行并及时消除缺陷，而且要抓好岗位培训，让操作者尽快掌握操作技能，提高操作的熟练程度。

第Ⅱ阶段为偶发故障期。这段时期设备处于正常运转阶段，故障率较低，故障的发生经常是由于操作者的疏忽和错误。这一阶段持续时间较长，减少故障率的措施主要是加强操作管理，做好日常维护保养。

第Ⅲ阶段为磨损故障期。由于零部件磨损，故障率上升。为了降低这段时期的故障率，企业要在零件使用期限之前加以修理。因此，维护重点是进行预防性维修。

将上述三个时期的故障信息及维修成果反馈给设备设计制造企业，这样设计制造企业在设计新设备时根据反馈的信息采取对策，以减少日后的设备维修。这就是维修预防。

## 12.4 基本设备维护决策

设备维护管理涉及很多决策问题，比如维修组织形式决策、维护计划决策、备件库存决策、设备更换决策、维护人员决策等。下面重点介绍几个维护决策。

### 12.4.1 维修组织形式决策

维修组织形式不同，维修效果可能不一样。维修组织形式有集中维修、分散维修、委托维修与自行维修等。

（1）集中维修。集中维修是指在企业中设立一个专门的维修部门，这个部门集中负责整个企业的设备维修任务。集中维修的好处是可以集中维修力量、进行维修分工与协作、维修资源利用率高。但是，集中维修也有一定的缺点，如容易出现生产与维修脱节、应急处理速度慢等问题。

（2）分散维修。这种维修组织形式是指在企业的各个生产单位建立相应的维修组织，由其负责本生产单位的设备维修工作。分散维修的优点是可以灵活处理设备问题，维护及时，但缺点是很难处理大的设备问题，同时也导致人员冗余与浪费。

（3）委托维修与自行维修。有的企业把设备维修工作委托给别的企业来完成，也就是通过外包的方式由别的企业来承担维修任务。委托维修可以减少企业维修的工作量，降低设备管理成本。

虽然委托维修能降低维护成本，但是一般工业企业生产线上的专业设备不宜采用委托维修，只在特殊情况下可以考虑由设备生产商维修。某些行业比如电厂、服务业比较适合采用委托维修。工业企业中的某些特殊设备若自己缺乏相应的设备维修人员，或者非技术专有性的设备如试验设备，可以委托设备生产商或者其他专业的设备维修商进行维修。

### 12.4.2 备件库存决策

设备备件是为了在设备出现故障时保证有零件可以更换，企业要储备一定数量的备件。备件管理是设备管理的一项重要内容。备件管理包括备件的技术管理、备件的计划管理、备件的库存管理与备件的经济管理。

备件项目的管理是备件管理中重要的一环。因为设备的零件有很多，如果每个零件都储备备件，会造成大量的库存成本。因此，确定备件项目很重要。备件项目的确定取决于设备磨损规律、使用寿命、故障性质、平均消耗量、价格、设备停工损失、维修水平、备件供应能力等多方面因素。

有一种价值分析法是备件储备项目确定方法。该方法主要将备件的购置成本、库存成本、库存缺货成本作为备件储备价值的分析依据，计算公式如下：

$$V_s = (C_0 + C_n)/C_s \tag{12-8}$$

式中　$V_s$——备件的储备价值；

　　　$C_0$——备件的购置成本；

　　　$C_n$——备件的库存成本；

　　　$C_s$——备件的库存缺货成本（当设备出现故障时，因无此备件而造成的经济损失）。

一般来说，如果 $V_s < 1$，则该备件应该储备；如果 $V_s \geq 1$，则备件不需要储备。

### 12.4.3 设备更换决策

设备使用了一定的年限，故障发生的概率增加，如果继续使用会导致更大的故障，维护成本高，而且一旦发生故障损失更大，这个时候就应该考虑更换新设备。

假设设备使用后的残值为 0，$T_0$ 为初始价值，$n$ 代表设备使用年限，则每年的设备费用为 $T_0/n$。随着设备使用时间的增加，设备费用减少，但是设备故障增加，维护费用增加，其他燃料动力费用等也增加，这叫设备低劣化。这种低劣化每年增加 $\delta$，年平均设备费用为：

$$TC = \frac{\delta}{2}n + \frac{T_0}{n} \tag{12-9}$$

式中　$T_0$——设备初始价值；

　　　$n$——设备使用年限；

$\delta$——每年的低劣化增加值。

为了使总费用最低，对式（12-9）求导，得到最佳的更新年份：

$$n^* = \sqrt{\frac{2T_0}{\delta}} \tag{12-10}$$

## 12.5 设备维修制度

### 12.5.1 设备维修发展

设备维修制度的发展可划分为事后修理、预防维修、生产维修、维修预防、综合设备管理和智能设备维护等阶段。

（1）**事后修理**（breakdown maintenance，BM）。事后修理是指设备发生故障后再修理。这种修理因为事先不知道故障在什么时候发生，缺乏修理前的准备，导致修理停歇时间过长。此外，事后修理是无计划的，常常打乱生产计划，影响交货期。事后修理是比较原始的设备维修制度。

（2）**预防维修**（preventive maintenance，PM）。在第二次世界大战期间，为了加强设备维修，减少设备停工修理时间，出现了预防维修制度。这种维修制度要求设备维修以预防为主，在设备使用过程中做好维护保养工作，加强日常检查和定期检查，根据零件磨损规律和检查结果在设备发生故障之前有计划地进行修理。预防维修有效地提高了设备利用率。

（3）**生产维修**（productive maintenance，PM）。预防维修虽然有上述优点，但有时会过分维修和保养，因此，1954年又出现了生产维修，它以提高企业生产经济效益为目的来组织设备维修。其特点是，重点设备采用预防维修，对生产影响不大的一般设备采用事后修理。这样，一方面企业可以集中力量做好重要设备的维修保养工作，另一方面又可以节省维修费用。

（4）**维修预防**（maintenance prevention，MP）。到了20世纪60年代，人们在设备维修工作中发现，虽然设备的维护、保养、修理工作对设备的故障率和有效利用率有很大的影响，但是设备本身的质量对设备的使用和修理往往起着决定性的作用，因此出现了维修预防的设想，即在设备的设计、制造阶段就考虑维修问题，提高设备的可靠性和易修性，以最大限度地减少以后设备使用过程中的维修，并且一旦发生故障，维修工作也能顺利进行。维修预防是设备维修制度的一个重大突破。

（5）**综合设备管理**。在设备维修预防的基础上，人们从行为科学、系统理论的观点出发，于20世纪70年代初提出了综合设备管理的概念，这一概念进而发展为综合设备工程。综合设备工程概念首创于英国。日本企业在学习与应用综合设备管理概念的时候加入了自身企业文化的因素，比如全员参与、设备改善小组等，从而提出了全员生产维护的概念。

（6）**智能设备维护**。20世纪90年代，随着计算机技术的发展，设备维修也发生了重大变化，新的维修技术出现，比如智能设备维护，它是一种把计算机技术与人工智能技术结合起来的新的设备维护方法。计算机与人工智能技术相结合，可以对设备进行更加精确的监督与检查，帮助企业实时做出设备维修决策。

## 12.5.2 全员生产维护制度

**全员生产维护**（total productive maintenance，TPM）是日本企业在综合设备工程学的基础上提出的全员参与的设备管理体系。

### 1. TPM 的基本思想（"三全"）

（1）全效益。全效益就是要求设备在其寿命周期内的费用最低、输出最大，即设备综合效率最高及损失最小。

（2）全系统。全系统就是从设备设计、制造、使用、维修、改造到更新的管理，有时又称全过程管理。

（3）全员参加。全员参加就是凡是与设备规划、设计、制造、使用、维修有关的部门和人员都参加到设备管理的行列中来。

所以，TPM 是全员参加的、以提高设备综合效率为目标的、以设备寿命周期为对象的生产维修制度。

### 2. TPM 的基本特征（五大支柱）

- 以提高设备综合效率为目标。
- 建立以设备寿命周期为对象的生产维修总系统。
- 设备的规划、使用、保养等所有相关部门都参加。
- 从最高领导层到一线工人全体成员参加。
- 加强生产维修保养思想教育，开展班组自主活动，推广生产维修。

### 3. 全员生产维护的内容

（1）日常点检。首先由技术人员、维修人员共同制定出点检卡；其次由操作工人根据点检的方法在上班时自我检查、记录设备状况；最后维修人员根据操作工人的点检记录，决定是否对设备进行维修。操作工人自己检查设备，能够及时发现设备问题、减少故障。

（2）定期检查。定期检查是维修工人按照计划定期对设备进行检查。定期检查的内容与方法也是预先制定的，维修工人按照规定的时间与检查顺序逐一对设备进行检查。

（3）计划维修。根据日常点检、定期检查的结果编制计划定期维修。计划维修有小修、中修和大修等不同的维修计划，是有计划、预防性地减少故障的措施。

（4）改善性维修。对设备进行结构性改善修改，提高设备的性能与减少故障的发生。

（5）故障维修。当设备出现故障时及时修理，以保证生产的顺利进行。

（6）维修记录分析。故障记录分析对于设备维修很重要，为今后进行日常检查与维修计划的修订提供参考。通过维修记录分析，企业能够有针对性地确定设备维修与保养的重点对象。

（7）开展 5S 活动、TPM 教育。在全员生产维护制度中，员工的参与非常重要，因此企业要经常开展 5S、TPM 等教育与培训活动，以提高员工参与设备维护的意识。

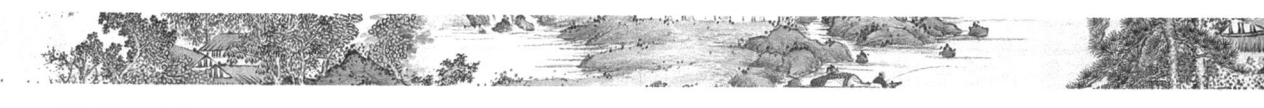

| 运作聚焦 |

### 河南中烟南阳卷烟厂构建设备健康管理体系

每天下班前,河南中烟工业有限责任公司南阳卷烟厂制丝车间维修工都会打开手机上的"智慧制丝"app,按照设备部位、问题描述、处理结果等条目,提报当天设备巡检情况。次日一上班,维修组长就会打开app后台界面,对前一天维修工提报的检修信息逐项进行确认、审批,并依据设备异常情况安排当天维修重点。这已经成为南阳卷烟厂设备维修人员的固定工作模式。

为减少设备小停车现象,做深、做细预防性维修,自2018年下半年以来,南阳卷烟厂应用大数据技术,围绕设备巡检、数据分析、工作量化等要素,搭建了设备巡检提报平台、数据汇总分析平台,建立了积分机制,探索建立设备健康诊断管理体系。南阳卷烟厂依托第三方平台开发了"智慧制丝"app,它集成了多个功能模块,实现了设备状况随时、随地、随手提报、查看和了解。

在设备巡检提报模块,维修工每日提报巡检中发现的设备异常情况及故障表现,后台自动收集数据建立数据库。通过数据分析平台,系统提取分析设备异常数据,找出故障频发部位,维修工可据此进行预防性维修,有效降低了设备故障率。平台还设有积分管理模块,维修工排查故障、维修保养后提报相关工作内容,审核通过后可获得积分奖励。

"从事后紧急抢修到精准预防维修,从纸质化到信息化管理,设备健康诊断管理平台的作用实实在在。"谈起工作上的变化,维修组长崔岩感触颇深,"有数据支撑,我们开展设备预防性维修就更有底气了。"

设备健康诊断管理体系自实施以来,维修工已提报设备巡检信息800余条。通过后台数据汇总分析功能,维修人员目前已探索出皮带、链条等常用件的损坏周期。积分机制的导入进一步增强了维修工的竞争意识,提升了维修效率,大幅降低了设备故障停机率。

资料来源:《东方烟草报》发文"河南中烟南阳卷烟厂构建设备健康管理体系",2019年5月11日。

### 4. TPM的推进过程

推行TPM要从三大要素上下功夫,这三大要素如下。

- 提高工作技能:不管是操作工,还是设备工程师,都要努力提高工作技能,没有好的工作技能,全员参与将是一句空话。
- 改善精神面貌:精神面貌好,才能形成好的团队,团队成员应当共同促进、共同提高。
- 改善操作环境:开展5S等活动,保持良好的操作环境,一方面可以提高员工的工作兴趣及效率,另一方面可以避免一些不必要的设备事故。现场整洁,物料、工具等分门别类摆放,也可缩短设置调整时间。

推行全员生产维护不是一件容易的事情,需要企业的领导层下定决心,而且要有一套较好的开展程序。全员生产维护大体上分成4个阶段和12个具体步骤⊖,如表12-1所示。

---

⊖ 李葆文. 设备管理新思想新模式[M]. 北京:机械工业出版社,2003.

表 12-1 TPM 的推进过程

| 阶 段 | 步 骤 | 主要内容 |
|---|---|---|
| 准备阶段 | 1. 领导层表示推进 TPM 的决心 | 领导层发表推行 TPM 演讲，以表示决心，公司媒体进行相关报道 |
| | 2. TPM 引进宣传和人员培训 | 按不同层次组织培训，宣传教育 |
| | 3. 建立 TPM 推进机构 | 成立各级 TPM 推进委员会和专业组织 |
| | 4. 制定 TPM 基本方针和目标 | 找出基准点，设定目标结果 |
| | 5. 制订 TPM 推进总计划 | 计划从 TPM 引进开始到最后评估为止 |
| 开始阶段 | 6. TPM 正式起步 | 举行仪式，邀请相关公司参加，宣布 TPM 正式起步 |
| 实施阶段 | 7. 提高设备综合效率的措施 | 选定典型的设备，由专业指导小组协助攻关 |
| | 8. 建立自主维修体制 | 明确步骤、方式及诊断方法 |
| | 9. 维修部门制订维修计划 | 开展定期维修、预防维修、备件、工具、图纸及施工管理 |
| | 10. 提高操作和维修技能的培训 | 分层次进行各种技能培训 |
| | 11. 建立前期设备管理体制 | 包括维修预防设计、早期管理程序、寿命周期费用评估 |
| 巩固阶段 | 12. 总结提高，全面推行 TPM | 总结评估，接受 TPM 奖审查，制定更高的目标 |

4 个阶段的主要工作和所起的作用如下。

- 准备阶段：引进 TPM 计划，创造一个适宜的环境和氛围，类似于产品的设计阶段。
- 开始阶段：TPM 活动的开始仪式，通过广告宣传制造声势，相当于下达产品生产任务书。
- 实施阶段：制定目标，落实各项措施，步步深入，相当于产品加工、组装过程。
- 巩固阶段：检查与评估推行 TPM 的结果，制定新目标，相当于产品检查、产品改进过程。

### 12.5.3 设备综合效率

**设备综合效率**（overall equipment effectiveness，OEE）已经成为国际上评估企业设备管理水平的常用指标。影响该指标的主要因素是停机损失、速度损失和废品损失，它们分别由时间开动率（availability）、性能开动率（performance efficiency）和合格品率（rate of quality products）反映出来，据此可得到设备综合效率公式：

$$设备综合效率 = 时间开动率 \times 性能开动率 \times 合格品率 \quad (12-11)$$

式中　时间开动率 = 开动时间/负荷时间

负荷时间 = 日历工作时间 - 计划停机时间

开动时间 = 负荷时间 - 故障停机时间 - 设备调整时间

性能开动率 = 净开动率 × 速度开动率

净开动率 = 加工数量 × 实际加工周期/开动时间

速度开动率 = 理论加工周期/实际加工周期

合格品率 = 合格品数量/加工数量

设备综合效率用复杂的公式来表述主要是为了分析六大损失：设备故障停机（equipment breakdowns）损失、调整停机（setup downtime）损失、设备闲置（equipment idling）损失、设备速度（reduced equipment speed）损失、缺陷（defects）损失及产量（reduced yield）损失。设备综合效率不高是由多种因素造成的，而每一种因素对设备综合效率的影响又不同。在计算设备综合效率的各组成效率的过程中，各组成效率可以分别反映不同类型的损失，如图12-7所示。

全员生产维护体制要求企业设备的时间开动率不低于90%，性能开动率不低于95%，合格品率不低于99%，这样设备综合效率才不低于85%。

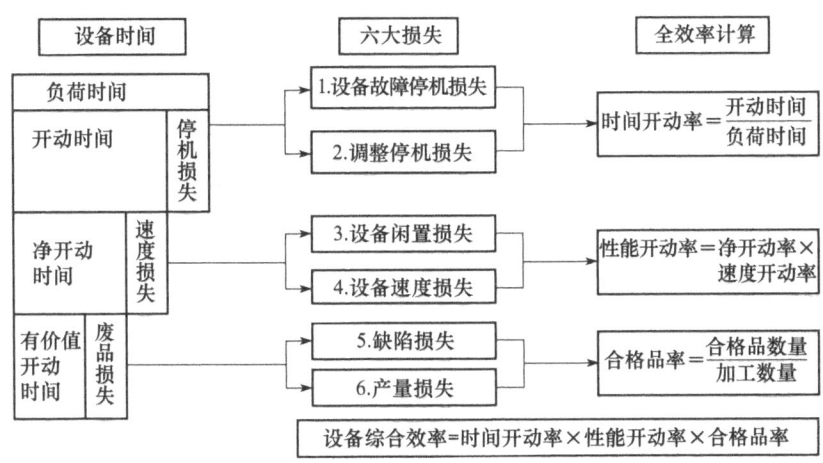

图12-7　设备综合效率与六大损失的关系

### 应用范例12-6

假设某设备一天的负载时间为480分钟，班前计划停机时间为10分钟，故障停机时间为10分钟，更换产品型号设备调整时间为20分钟，产品的理论加工周期为0.7分/件，实际加工周期为0.8分/件，一天的产量是500件，其中有10件废品，计算设备综合效率。

**解**：根据式（12-11），

$$负荷时间 = 480 - 10 = 470（分钟）$$
$$开动时间 = 470 - 10 - 20 = 440（分钟）$$
$$时间开动率 = 440/470 = 93.6\%$$
$$速度开动率 = 0.7/0.8 = 87.5\%$$
$$净开动率 = 500 \times 0.8/440 = 90.9\%$$
$$性能开动率 = 87.5\% \times 90.9\% = 79.5\%$$
$$合格品率 = (500 - 10)/500 = 98\%$$

因此，设备综合效率 = 93.6% × 79.5% × 98% = 72.9%。

|运作聚焦|

### 宝武设备远程智能运维平台为企业保驾护航

设备智能化维护是智能制造的一个重要组成部分。在2021年钢铁行业14项智能制造优秀解决方案中，宝武装备智能科技有限公司（简称宝武智维）推荐的"钢铁行业设备远程智能运维解决方案"位列其中。

设备智能运维的本质是基于设备状态变化趋势的智能决策，与传统设备运维的区别是充分利用了云、大、物、智、移（云计算、大数据、物联网、人工智能、移动通信）等新一代ICT（信息与通信技术）技术，由"感官判断、经验决策"演变为"数据判断、知识决策"。智能运维在国内外都在蓬勃开展，特别是以 GE 航空、陕鼓、三一重工等设备制造企业为代表的设备生产企业，逐步推进从卖产品到卖服务的转变，推动了智能运维的技术、观念进步。而钢铁行业设备本身的复杂性，决定了在钢铁行业开展设备智能运维是一项极具挑战性的复杂系统创新工程。

从引进点检定修制以来，经过 30 余年的发展，设备管理体系已面临挑战，开展设备智能运维是中国宝武钢铁集团（简称宝武）突破当前设备管理体系瓶颈的需要，也是未来设备管理的转型发展方向。

经过多年的专业化发展和不断的整合、融合，宝武智维打通检测、诊断、检修、制造等设备服务环节，形成了系统解决方案服务模式。

在总体设计上，宝武智能运维系统解决方案以打造"设备智能运维新模式"为目标，设计形成了以"三个一"（一个平台、一个专家系统、一套标准化体系）为内涵的基础核心技术和以"系统解决方案"为载体的集成应用。

宝武从 2016 年开始建设智能运维平台，通过迭代升级，现已建成基于工业互联网技术架构的智能运维平台，支持接入设备达百万数量级，形成了 E1～E4 4 个层级的云、边、端系统架构。智能运维平台是包含云、边、端结构的整体，而非仅指云端部分。在传感末端，该平台构建了包含振动、温度、扭矩、水分、清洁度等多种物理参数，无线与有线相结合的传感采集生态体系；在边缘，构建了以规则编辑器为代表的系列无代码、可视化编程工具，实现现场高效人机交互和信号分析预警；在云端，根据智能运维的特点和不同用户的需求，构建了相对完整的面向用户需求的模块化产品群。

以系列算法、模型、规则为核心，宝武智维构建面向状态变化趋势决策的智能专家系统。其主要涉及状态预警技术、故障诊断技术、设备综合评价技术 3 个方面，目前已研发形成工业算法集 6 大类 28 种、系列可复用预警规则库、成熟模型库等，预警准确率、诊断准确率均超过 80%。

以定义"智能运维"，支持实现标准化、规模化快速复制应用为目标，宝武智维构建旨在实现服务一致性的设备运维标准体系。这一举措旨在确保在多地域、多生产基地情况下数据的一致性，数据、语义定义的规范性和数据的高可利用性。

通过大量智维项目的探索和实践，宝武智维已形成一系列面向钢铁生产全工序的系列"产线类、设备类"智能运维系统解决方案产品群，并已在集团内多基地试点应用。同时，在智能运维解决方案基础上，宝武智维探索形成了智维平台服务、智维运营服务两类共赢商业模式，适应用户不同需求，形成"菜单式"的服务模式组合。目前，不同类型的服务模式在多个基地均已有应用实践。

最后，在产品和模式的基础上，宝武智维积极构建了基于平台的"远程智维+近地操维"相结合的智能运维服务体系，以"运维一律远程"为目标，为用户提供 7×24 小时的智能、远程服务。

通过项目推进，宝武智能运维平台在宝武集团内各基地及生态圈用户中已开始广泛部署、应用，目前已部署集团内十大基地，覆盖宝武碳业、宝武环科、宝武清能等多元产业单位，同时扩展至集团外生态圈企业（涟钢、宁钢）。该平台累计已接入设备超 15 万台，数据项超 80 万，有效数据数百太字节（TB），覆盖钢铁行业全工序，并持续扩大设备接入与创新应用。

该平台全面应用于各钢铁生产基地后，支撑钢铁主业效率、质量、产量提升，据测算，目前已创造直接经济效益数千万元、间接经济效益数亿元。在技术进步方面，该平台支撑了中国宝武设备管理技术的持续领先；在知识产权方面，通过完全自主研发，形成完整知识产权，实现关键技术自主可控，并已在行业内推广应用；在人才培养方面，通过构建智能运维人才体系，为智能运维产业化发展奠定基础。该平台的综合技术水平目前已得到国家及行业高度认可，获得了工信部、行业协会及上海市的多个奖项和各类支持。同时，经成果查新，项目综合达到国际先进水平。

宝武设备远程智能运维平台经过几年的发展，目前已面向多区域、全流程、全域设备超大规模、复杂运维场景，建立健全了智能运维的整体架构和技术标准，从数据资产到运维服务，从平台工具到智维应用，从内部运维到外部生态，给出了较为系统的智能运维总体设计及完整的系统解决方案，且积累了一系列覆盖钢铁全工序的基地级典型实践案例经验。

资料来源：中国钢铁新闻网，2021-10-19，http://www.csteelnews.com/xwzx/znzz/202110/t20211019_55739.html。

## 本章小结

设备管理的目的是提高设备的可靠性，这可以通过实施设备维护策略来实现。很多公司通过实施全员生产维护使员工对其所操作的设备有某种"拥有"感，当员工对自己所操作的设备承担起修理或预防维护的责任时，设备故障会少得多。本章介绍了设备可靠性原理和设备维修管理的内容，重点介绍了全员生产维护的思想与方法。

## 关键术语

设备维修（equipment maintenance）
设备综合效率（overall equipment effectiveness，OEE）
平均故障间隔期（mean time between failures，MTBF）
可靠性（reliability）
预防维护（preventive maintenance）
事后修理（breakdown maintenance）
浴盆曲线（bath curve）
全员生产维护（total productive maintenance，TPM）

## 延伸阅读

1. 阅读指南：想深入了解设备维护和可靠性原理，读者可以阅读《设备管理工程 第2版》（巫世晶，中国电力出版社，2013）。

2. 网络资源：想了解更多设备维护和可靠性原理，可登录 http://www.smrp.org/ 或者 http://www.sre.org/。

## 选择题

1. 在设备管理中，MTBF 指的是（　　）。
   A. 平均故障间隔期
   B. 平均故障概率
   C. 平均故障百分比
   D. 平均可靠性水平

2. 在有多个可靠性相同的单个设备的生产系统中，可靠性最高的（　　）。
   A. 串联系统
   B. 串并联系统
   C. 并联系统
   D. 都一样

3. TPM 是（　　）首先提出的设备管理模式。
   A. 美国　　　　B. 德国
   C. 日本　　　　D. 中国
4. 在设备管理中，OEE 指的是（　　）。

   A. 设备综合效率
   B. 设备利用率
   C. 设备可靠性
   D. 设备完好率

## ◆ 论述题

1. 全员生产维护有哪些主要特征？
2. 试阐述设备的故障规律。
3. 设备维护决策包括哪些？
4. 什么是设备综合效率？

## ◆ 计算题

1. 某制造公司对其生产的 100 台设备进行 3 000 小时的测试，在测试进行到一半时，有 10 台设备发生了故障。请计算：
   （1）平均故障率。
   （2）平均每小时每台设备发生故障的次数。
   （3）平均每年每台设备发生故障的次数。
   （4）如果有 500 家公司使用了该设备，请预测一年以后有多少台设备会发生故障。
2. 某串并联系统由 5 个元件构成，如图 12-8 所示，计算整个系统的可靠性。

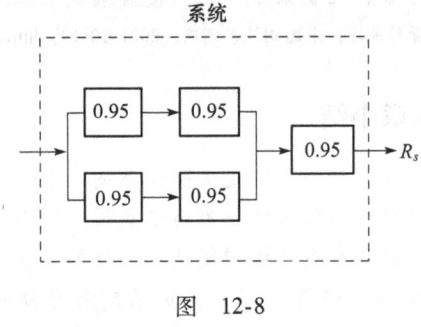

图 12-8

## ◆ 讨论案例

### "数智"如何赋能地铁设备运维

轨道交通系统中的机电专业设备设施数量庞大，它们为乘客提供多方位服务，守护乘客出行安全。然而伴随着设备设施数量、种类不断增加和迭代，传统巡检维修模式下数字化水平不足、流程标准不一致、工作效果追溯困难等问题日益凸显。对此，北京地铁公司（简称北京地铁）积极推进机电专业智能化检修平台建设，将物联网等技术与设备检修深度融合，赋能巡检、维修、预警、管理等各个环节，保障乘客出行更安心、更安全。

#### 为设备办张"身份证"

北京地铁机电分公司承担着电扶梯、站台门、通风空调、给排水、动力照明、FAS、BAS、人防共八大系统设备的维修维护工作，不仅数量繁多且地点分散。因此，在搭建智能化检修平台的过程中，公司首先对所有设备设施进行"四级编码"，大到电扶梯，小到水泵，都为其设定了一串独一无二的"身份编码"，通过一串由字母、数字、短横线组成的编码，工作人员能够快速地识别出该设备所属的专业、系统、大类以及结构等信息。同时，公司将二维码技术与设备管理相结合，为设备进行"贴码"，通过扫码就可以查询到设备使用年限、巡检作业记录以及质检情况等信息。截至 2023 年 5 月底，已有 2.3 万余台（套）设备实现了"持证上岗"，为设备管理向智能化、数字化转型升级打下了基础。

#### 巡检路线"最优化"

巡回检查是地铁设备检查的一项重要工作，日巡检是每天都要进行的一项基础性工作，是保障设备设施正常运行的重要一环。过去，由于每位员工的工作经验存在着一定差异，巡检顺序也不相同，例如有的人习惯于先检查站厅，有的人则选择从机房开始，因此导致了作业过程无法规范化，对于管理人员后续的监督检查也造成一定困难。现在，平台可以根据每座车站不同特点以及当天作业内容匹配出一条巡检"最佳走行路线"，实现"同一座车站、同一条路线"，做到"个性化"与"标准化"的结合。同时，通过平台"路线重现"功能，还可以清楚了解工作人员何时到达某个巡检点、途径位置以及全天或某一时段的巡查次数和频率，为"精准监管"提供更全面的保障。

**告别纸和笔**

智能化检修平台上线后，工作人员在执行日巡检任务时，只需要扫描二维码，按照已经设定好的步骤、标准，进行检查、拍照、测温等操作就可以了。相比以前用"纸笔"进行记录的工作方式，变得更加清晰、便捷。与此同时，在平台的手持终端中已经整合了4 100余条检查内容、470余项标准作业操作规范，使工作人员能够正确、高效地完成常规工作；录入了160余个常见故障处置流程，能够指导工作人员处理突发问题。另外，还综合了设备设施领域相关安全生产法律法规、行业标准，以及常见机电设备的工作原理、电气图纸、故障分析等资料，打造成了可以装在口袋里随身携带的设备设施维修"宝典"。

**快速匹配处置方案，智能决策"更聪明"**

如何进一步降低设备设施的故障率以及缩短处置时间，一直是北京地铁亟待解决的难题。以前，设备故障的诊断更多的是依靠现场工作人员经验进行判断，但如果员工经验不足或处置效率不高，就会给车站客运组织带来不良影响。北京地铁机电专业凭借在行业内多年的技术积累、自主化维修能力的不断提升以及对乘客需求的不断汇总，对设备设施全生命周期的运行规律、典型故障特征及处理方法、对乘客走行的影响程度等进行了全面梳理，总结出一套十分"接地气"的故障处置方法——现场人员只需要在手持终端中输入具体的故障现象，比如电扶梯梯级卡异物、站台门指示灯闪红、空调风扇转速过低等，平台便会"透过现象看本质"，自动匹配出维修建议。在大多数情况下，哪怕是"新手小白"，也可按照流程一步一步操作，快速排除故障。同时，通过对每一次故障处理过程进行复盘，对故障处置流程进行不断优化，可以让平台的自动诊断更"对症"，提供的维修建议更"智能"，将对乘客的出行影响降到最低。

自2022年12月底智能检修平台在金安桥站至杨庄站试运行以来，在检修管理标准化、精细化、科学化方面均取得了成效。2023年4月底，机电专业所有设备的日巡检功能以及电梯、站台门的设备检修功能已经在6号线全线"上线"。

未来，北京地铁还将引入更多智能化、智慧化技术，进一步提升设备设施可靠性，保障乘客出行安全。

资料来源：北京交通官方账号发文（2023-06-13，https：//baijiahao. baidu. com/s？id＝1768554408388542463&wfr＝spider&for＝pc）。

## 讨论

1. 从案例材料看，北京地铁采用了什么"数智"手段来实现地铁设备的智能维护？
2. 从全员生产维护（TPM）的理念考虑，北京地铁公司的设备维护管理还应该做些什么改进？

# 第 13 章
CHAPTER 13

# 质量管理

## § 学习目标

- 熟悉质量与质量管理的定义。
- 熟悉全面质量管理的内涵及其工作方法 PDCA 循环的要点。
- 掌握质量管理的七种常见工具。
- 熟悉质量成本的构成和质量成本特性曲线。

## § 引例

### 两次 737 MAX 空难背后的质量管理问题

**两起空难，相似的结局**

2019 年 3 月 10 日，埃塞俄比亚航空公司（简称"埃航"）的一架波音 737 MAX 型客机起飞后 6 分钟坠毁，机上的 149 名乘客和 8 名机组人员不幸全部遇难，其中包括 8 名中国乘客。然而这不是首起 737 MAX 空难，2018 年 10 月 29 日，印度尼西亚狮子航空公司（简称"狮航"）一架波音 737 MAX 飞机，在从雅加达起飞大约 13 分钟后失联坠毁，机上 189 人不幸全部罹难。

资料来源：我爱模型玩家论坛。

这两架失事飞机都是波音公司生产的 737 MAX-8 客机，均为机龄不超过 1 年的新飞机，而且坠毁的时间都是在飞机起飞几分钟后。更为巧合的是，Flightradar24 数据显示，埃航失事客机的飞行数据记录了飞机最后的轨迹，飞机在起飞后，曾经有过突然下降的迹象随后又有拉升，之后消失在追踪画面中，该现象与狮航客机失事前的飞行轨迹颇为相似。

初步调查表明：狮航空难是由于飞机信号系统接收到一个假信号，信号显示飞机"抬头"，所以飞机自动失速控制系统持续给出了"低头"的指令，机组人员与飞机自动失速控制系统搏斗了很长时间，但最终还是发生了坠机悲剧。而埃航客机在飞行过程中也发生了不正常的爬升与下降及飞行超速的现象，这表明狮航空难后，虽然波音公司进行了安全复查、发布了适航公告等，但是这些措施可能并没有解决 737 MAX-8 飞机的安全隐患和设计缺陷，从而造成了埃航客机失事。

**九大因素共同酿成空难**

2019 年 10 月 25 日，印度尼西亚国家运输安全委员会（KNKT）发布了关于 2018 年狮航波音 737 MAX 坠机事故的最终报告。

虽然机动特性增强系统（MCAS）的设计缺陷是飞机失事的原因之一，但传感器故障、飞机维护不力、飞行员培训不足以及未能注意到同一款飞机以前的问题都是造成事故的原因。

印度尼西亚航空事故调查员 Nurcahyo Utomo 在记者会上表示："据我们所知，造成这一事故的因素有九种。如果有一种因素没有发生，事故可能也不会发生。"

印度尼西亚调查人员发现，防止 737 MAX 失速的机动特性增强系统（MCAS）出现了问题。根据报告，波音公司对于 MCAS 系统的表现有着错误的假设，制造商在飞行员培训中也没有强调新系统的内容。

波音公司改变了 MCAS 原本的设计，将能够对水平尾翼进行调整的角度从 0.6° 提高至 2.5°，相比原始安全测试文件中提到的调整幅度有了大幅提升。这一改动并未及时在提交给美国联邦航空管理局（FAA）的相关文件中更新，因此 FAA 无法对这一变化的安全性进行重新评估。

报告称，在飞行过程中，副驾驶无法快速识别手册中的清单或执行他本该记住的任务，因此他花了长达 4 分钟的时间找到手册中的对应清单。报告还补充说明该副驾驶在日常飞行训练中的表现也很差。

报告还提到，在致命俯冲发生之前，机长在成功将机头拉起 20 次之后将控制权移交给了副驾驶，但没有向副驾驶充分解释当时的情况。承受巨大压力的副驾驶无法保持对飞机的控制。

在飞机维护方面，有多种迹象表明，狮航的传感器是佛罗里达一家公司提供的二手货，传感器存在故障，而狮航飞机维护人员在安装时没有对该迎角传感器（AOA）进行适当测试。报告还发现，飞机的维护日志缺少了 31 页。

另外，报告指出，在事发前一天曾发生同类型飞机传感器失效而导致的不安全飞行事件，当时就应该即时停飞，但狮航没有这样做。

资料来源：新浪财经，http://finance.sina.com.cn/chanjing/gsnews/2019-10-25/doc-iicezuev4935371.shtml。

思考与讨论：1. 造成 737 MAX 质量事故的原因中哪些是人为因素，哪些是机械因素？
2. 严重的质量事故会对航空公司产生什么影响？

## 13.1 质量管理概述

### 13.1.1 质量与质量管理的概念

人类每天的生活都离不开"质量"：人们期望过上好的生活，提高生活品质——物质与精神上的生活质量,包括人们对吃、穿、用、行等物质生活以及对娱乐、学习、情感、荣誉、权力等的追求。如果没有制造商提供高质量的物质生活用品以及服务领域提供的文化与精神上的优质服务,就不可能有高品质的生活。

什么是质量?现代质量管理认为,必须站在用户的角度对质量下定义,也就是要从满足用户需求的角度出发来理解质量概念。

ISO 9000 把质量定义为:产品、体系或过程的一组固有特性满足顾客和其他相关方要求的能力。这个定义的范畴比较宽,除了对产品的质量有要求外,还对产品过程、体系等有要求。

美国著名质量管理大师朱兰(J. M. Juran)给质量下的定义是"质量就是适用性"。所谓适用性,就是产品或服务满足用户需求的程度。

美国质量管理专家戴维·加尔文(David Garvin)教授将产品或服务的质量内涵分为八个方面。

- 性能。产品主要功能达到的技术水平和等级,如电机的功率、洗衣机的噪声(分贝)等。
- 附加功能。为顾客提供更方便、更舒适的附加产品功能,如电视的上网功能、电话的来电显示功能等。
- 可靠性。产品或服务执行特定功能的准确性与概率,如燃气灶用电子打火器打火一次就着的概率、快递信件在规定时间送达收信人手中的概率等。
- 一致性。产品或服务符合说明书规定或服务规定的程度,如汽车百公里耗油量是否超过说明书规定的数量、保健品中的有效成分是否达到规定的标准等。
- 耐久性。产品达到规定的使用寿命或服务达到规定的服务期限,如电灯泡是否达到规定的寿命、服装的颜色是否达到规定的耐褪色标准等。
- 维护性。产品是否容易修理与维护。
- 美学性。产品外观是否美观、是否有吸引力等。
- 感觉性。产品或服务是否给人一种美不可言的感觉,如服装面料的手感、广告用语的口感等。

对于质量管理,ISO 9000 的定义为:指导和控制与质量有关的相互协调的组织活动。这个定义把质量管理视为企业管理的系统工程,只要与质量有关的企业活动,包括内部和外部活动都属于质量管理的范畴,都与质量管理有关。因此,质量管理的工作范围是很广的,包括质量方针、质量目标、质量计划、质量控制、质量保证、质量改进、质量体系等一系列质量相关活动。本书介绍的是和生产与运作管理过程相关的产品生产与服务过程质量管理内容。

## 13.1.2 全面质量管理

**全面质量管理**(total quality management,TQM)在 ISO 8402:1994《质量管理与质量保证术语》中被定义为"一个组织以质量为中心,以全员参与为基础,目的在于通过让顾客满意和本组织所有成员及社会受益而实现长期成功的管理途径"。

### 1. 全面质量管理的内涵

全面质量管理的核心是三个"全":全员参加的质量管理、全过程的质量管理、全面的质量概念。

（1）**全员参加的质量管理**。影响产品质量的因素是多方面的，因此质量管理工作不仅仅是某个环节、某个部门的事情，而是需要企业全体员工参加，需要对职工进行全面质量管理业务的培训，实行严格的质量责任制，广泛开展群众性的质量管理小组活动。只有建立在扎实的群众基础上的全面质量管理才能不断提高产品质量。

（2）**全过程的质量管理**。全面质量管理强调将不合格的产品或服务消灭在其形成的过程之中，为此，企业必须贯彻"防检结合，预防为主"的思想，从事后检验把关转到事先控制上来。另外，全过程的质量管理要求从过去那种仅仅控制生产工序扩大到控制产品全生命周期，即从市场调查开始直到用户服务的各个环节，形成一个周而复始、不断上升的过程，使产品质量不断提高。

（3）**全面的质量概念**。全面质量管理的"质量"概念是全面的，它不仅仅指狭义的产品质量，还应该包括产品制造与服务过程的"工作质量"：设计质量、制造质量、服务质量，即质量管理不仅要管理物，还要管理人与工作过程，要不断提高人员素质（质量意识与质量控制技能），提高工作质量。

### 2. 全面质量管理的工作方法：PDCA 循环

一般认为，全面质量管理的工作方法最早是由美国质量管理专家戴明博士提出的 PDCA 循环，它的基本思想是把质量管理看作一个周而复始的螺旋上升的过程。每次循环活动按照计划（plan）、实施（do）、检查（check）、处置（action）四个过程循环往复、螺旋上升。每经过一次循环，质量获得一次提高，这样质量就会朝着"零缺陷"方向向上滚动（见图 13-1）。下面简要介绍它的基本步骤与方法。

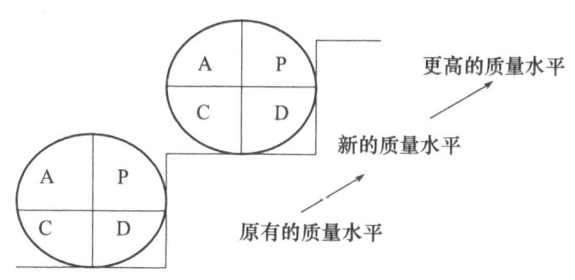

图 13-1 PDCA 循环过程

（1）**计划阶段（P）**。计划阶段的任务是制定质量目标、根据目标制订质量计划。计划内容包括质量目标计划、质量指标计划、质量实施计划。计划阶段有四个步骤：①分析现状，找出存在的问题；②找出问题的原因或影响因素；③找出问题的主要影响因素；④制订措施计划。

（2）**实施阶段（D）**。实施阶段是质量管理的关键，要保证计划能被很好地贯彻执行，必须做到五个到位：人员到位、组织到位、措施到位、监督到位、激励到位。

（3）**检查阶段（C）**。对比执行的结果与计划的结果，评价结果，找出问题。

（4）**处置阶段（A）**。处置阶段一方面要总结成功的经验并把它标准化以便今后参考，另一方面把没有解决的问题纳入下一阶段的计划中。以上步骤归纳为表 13-1。

表 13-1 PDCA 循环的阶段、步骤、主要方法

| 阶　段 | 步　骤 | 主要方法 |
| --- | --- | --- |
| 计划阶段 | 1. 分析现状，找出存在的问题<br>2. 找出问题的原因或影响因素<br>3. 找出问题的主要影响因素<br>4. 制订措施计划 | 排列图、直方图、控制图<br>因果图<br>排列图、相关图<br>回答"5W1H"：<br>● 为什么制订该计划（why）<br>● 要达到什么目标（what）<br>● 何时执行该计划（when）<br>● 由谁来执行计划（who）<br>● 在哪里实施计划（where）<br>● 怎样实施计划（how） |
| 实施阶段 | 5. 执行计划 | |
| 检查阶段 | 6. 检查计划实施的结果 | 排列图、直方图、控制图 |
| 处置阶段 | 7. 总结成功经验，制定标准<br>8. 未解决的问题转入下一个循环 | |

PDCA 循环的四个阶段相互衔接，按顺序执行。每执行一次循环总结一次，提出新的质量目标，不断达到新的高度。另外，质量循环是一个大环套小环、不断促进的过程。整个企业的质量管理活动可以看作一个大的 PDCA 循环过程，而每一个部门或小组也有一个小的 PDCA 循环，企业的质量管理带动部门的质量管理工作，形成一个大环带动小环、大环指导小环的良性循环过程。

## 13.2 质量管理工具

质量管理中常用一些统计工具进行质量数据的分析与控制。常用的统计质量管理工具包括排列图、因果图、直方图、统计表（调查表）、散点图（也叫相关图）、分类表（层别法）、控制图等七种，下面重点介绍几种最常用的工具。

### 1. 排列图

排列图又称帕累托图，是分析质量问题的主次因素的方法，如图 13-2 所示，通过这种方法可以很快找出影响质量的主要因素。

图 13-2 左边表示频数（不合格产品数），右边表示频率（%），图中的折线表示累计频率，横坐标表示质量因素。图中直方块的高度表示每个因素的影响程度，一般按照频数从大到小的顺序在横坐标上从左到右描绘。把因素出现的频数写在直方块的顶端，把累计频率写在折线上。

为了抓住主要因素，一般根据累计频率的大小把不合格品（废品）分为三类：A 类为 0~80%；B 类为 80%~90%；C 类为 90%~100%。图中因素 1 与因素 2 可以归为 A 类因素，因素 3 归为 B 类因素，其他为 C

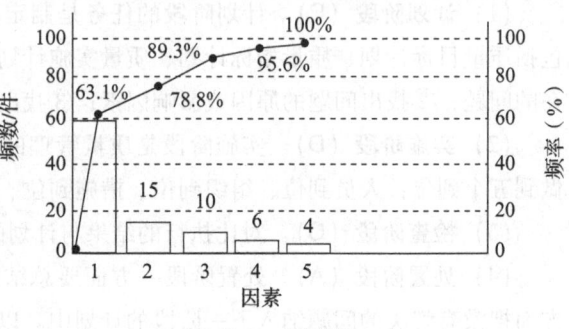

图 13-2 排列图

类因素。

## 2. 因果图

因果图也叫鱼骨图、石川图，它是一种系统地分析质量问题原因的有效方法。一般质量问题的原因涉及五个方面，即"4M1E"：操作者、设备、材料、方法（工艺）、环境。在因果图上，可以根据五种原因再进行深入的分析，从大原因中找小原因，一层层地分析，把所有的原因都找出来，再根据不同的原因采取不同的措施。图 13-3 为因果图的基本形式。

因果图最好与排列图、解决问题的对策表一起使用，这样的"两图一表"对于解决问题很有帮助。应用范例 13-1 是某企业采用两图一表解决变压器质量问题的例子。

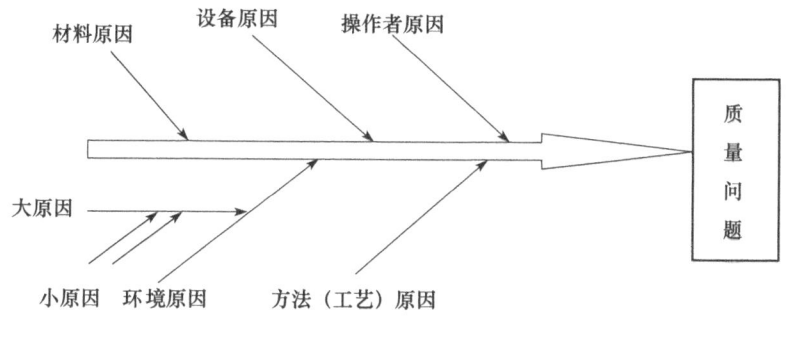

图 13-3　因果图

## 应用范例 13-1

某变压器生产企业在进行产品质量检查时发现产品废品率比较高，于是企业质量管理部门开展质量问题分析，利用"两图一表"（排列图、因果图、对策表）寻找降低废品率的方法。

质量管理部门人员首先通过统计分析得到变压器废品统计表，如表 13-2 所示。

表 13-2　变压器废品统计调查结果

| 废品因素代号 | 废品项目 | 数量/个 |
| --- | --- | --- |
| A | 电压大 | 434 |
| B | 电压小 | 250 |
| C | 出头位置错误 | 60 |
| D | 初次级接反 | 54 |
| E | 碰圈 | 40 |
| F | 不通 | 10 |
| 总计 | | 848 |

从表 13-2 可以看出，A 因素和 B 因素是主要因素，产生的废品数量分别为 434 个和 250 个。于是，该企业的质量工程师和工人师傅一起利用因果分析图集思广益，寻找解决质量问题的方法。他们的做法如下。

第一步：根据排列图找出造成质量问题的主要因素。

根据表 13-2 绘出变压器废品因素排列图（见图 13-4）。从图 13-4 可以看出，造成变压器质量问题的主要因素是电压大（A 因素）、电压小（B 因素）。

第二步：利用因果图找出造成电压大和电压小的主要原因。

第三步：根据利用因果图找出的原因，采取对策，编制对策表。

第四步：落实改进质量的对策。

通过对排列图进行分析，质量工程师和工人师傅把降低变压器废品率的重点放在解决变压器电压大和电压小这两种质量问题上。为此，他们用因果图系统性地分析造成变压器电压大和电压小的因素。

经过分析，质量工程师和工人师傅得到一致的结论，他们认为，造成变压器电压大和电压小问题的因素主要有四个方面：操作者、环境、设备和材料。对这四类因素进一步分析，得到了详细的因素，形成如图 13-5 所示的因果图。根据因果图，他们编制了质量改善的对策表，如表 13-3 所示。对策表着重解决操作者因素中"思想不集中"和"技术不熟练"两个问题、设备因素中"计数表不准"问题、材料因素中"骨架毛刺多"这个问题。对策表列举了解决这些问题的措施和负责人。

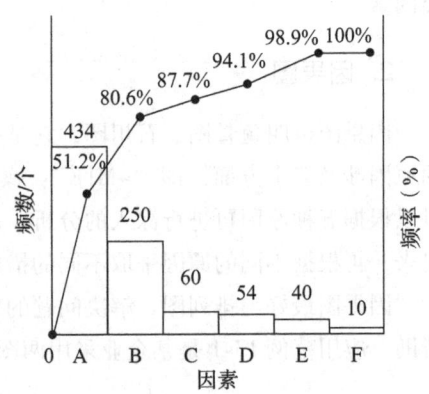

图 13-4　变压器废品因素排列图

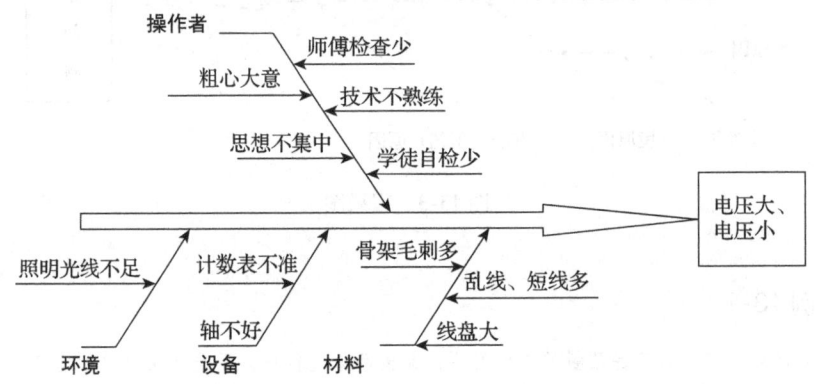

图 13-5　变压器电压大、电压小的因果图

表 13-3　降低变压器废品率的对策表

| 项目 | 问题 | 解决措施 | 时间 | 负责人 |
| --- | --- | --- | --- | --- |
| 1 | 思想不集中 | 加强思想教育 | 1 个月一次 | 质量经理 |
| 2 | 技术不熟练 | 加强技术培训 | 1 个月两次 | 张工程师 |
| 3 | 计数表不准 | 改进设备，可控机上增加一个机械计数器 | 7 个月解决 | 设备科 |
| 4 | 骨架毛刺多 | 加强上道工序的骨架检查 | 每批检查 | 质量检查员 |

### 3. 直方图

直方图是用于工序质量控制的一种数据分布图，是整理质量数据、找出数据分布中心和散布规律的一种有效方法。通过直方图可以判断工序是否处于受控状态，据此调整工序生产措施，达到控制工序质量的目的。

直方图主要用来：①观察数据的散布规律，判断引起质量事故的原因；②计算工序能力，判断加工精度。

通过观察直方图的形状，我们可以判断生产状态是否正常。正常情况下直方图的形状近似于标准正态分布图形,即两边对称的钟形。否则,我们可以认为生产状态出现了偏差。通过长期的实践和摸索,企业可以总结出异常直方图的规律,以此来分析生产状态。图 13-6 是一组典型的异常直方图。

经过长期的分析,人们总结出导致几种异常直方图的原因,如表 13-4 所示。

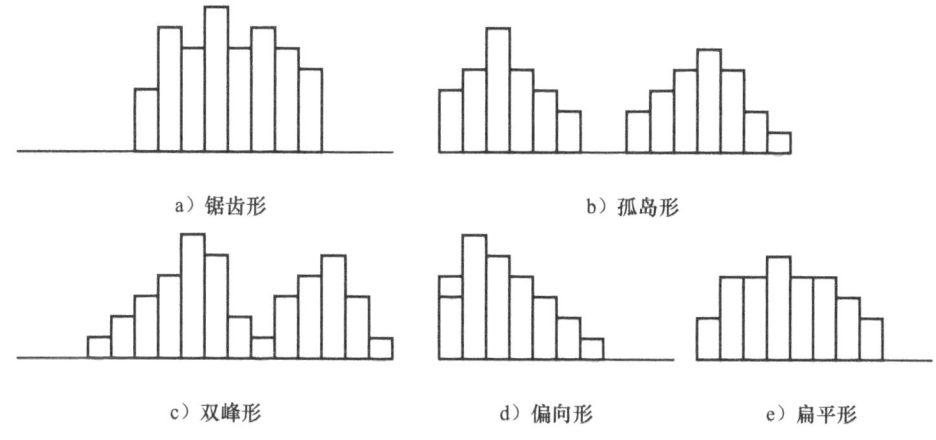

图 13-6　几种典型的异常直方图

表 13-4　几种典型的异常直方图及其形成原因

| 异常直方图 | 形成原因 |
| --- | --- |
| 锯齿形 | 测量方法或读数存在误差,分组不当 |
| 孤岛形 | 加工条件变动,错用仪表,读数错误,不同批号混合在一起 |
| 双峰形 | 两个不同批号或不同规格的产品混合在一起 |
| 偏向形 | 工具磨损,员工疲劳 |
| 扁平形 | 加工习惯(如有意放大或缩小尺寸) |

当然,对于不同制造企业的产品或不同的加工方法,产生异常直方图的原因也不同,这就需要企业质量检验人员进行长期的经验积累,以便在出现类似情况时能快速查出原因,为质量控制提供方便。

### 4. 分类表

分类表也叫层别法、分层法,是一种简单实用的统计不同条件下出现的质量问题的方法。分类的方法有很多,可以按照性质、来源、影响因素等划分。通过分类表可以找到出现问题的原因,为进一步解决问题提供参考。

数据分类的方法具体有以下几种:①按照班次分类;②按照设备分类;③按照材料分类;④按照人员分类;⑤综合多因素分类;⑥其他分类方法。

#### 应用范例 13-2

某铁锅生产企业对铁锅的生产工序进行质量调查,以分析不同设备的产品质量。另外,生产铁锅有两种不同的工艺方法,不同工艺生产的产品质量有一定的差异。于是他们进行了调查,抽查一天内的生产量,对利用两种不同的工艺与设备生产的产品进行分类分析,数据如表 13-5 所示。

表 13-5　铁锅生产质量的综合分类调查表

| 设备 | | 甲工艺 | 乙工艺 | 合计 |
|---|---|---|---|---|
| 设备 A | 漏水 | 2 | 5 | 7 |
| | 不漏水 | 98 | 95 | 193 |
| | 漏水率 | 2% | 5% | 3.5% |
| 设备 B | 漏水 | 3 | 6 | 9 |
| | 不漏水 | 97 | 94 | 191 |
| | 漏水率 | 3% | 6% | 4.5% |
| 设备 C | 漏水 | 5 | 7 | 12 |
| | 不漏水 | 95 | 93 | 188 |
| | 漏水率 | 5% | 7% | 6% |
| 合计 | 漏水 | 10 | 18 | 28 |
| | 不漏水 | 290 | 282 | 572 |
| | 漏水率 | 3.33% | 6% | 4.67% |

从以上结果可以看出，在相同的工艺下，设备 C 的质量差一些，在同样的设备下，乙工艺的质量差一些。因此可以初步断定，最佳的工艺与设备的组合是：甲工艺在设备 A 上生产，而乙工艺在设备 B 上生产，这样可以减少次品。

### 5. 控制图

控制图是最常用的一种统计质量管理工具，是统计过程质量控制（SPC）的核心工具。

控制图可以用于质量诊断、质量控制与质量改进。通过控制图的应用，可以让管理者知道质量是否处于受控状态，并且它能提供有关变化的趋势信息，从而为改进质量提供决策依据。图 13-7 为控制图的一个基本模式。

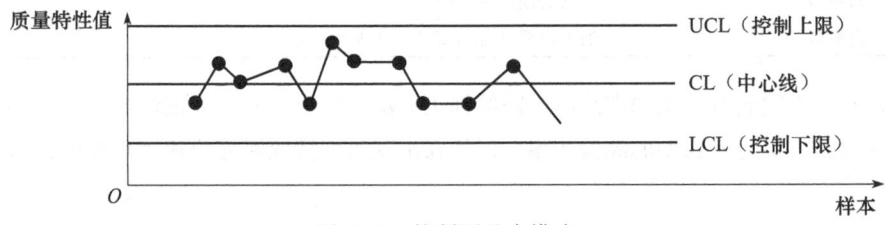

图 13-7　控制图基本模式

在控制图中，中间的一条横线是中心线，用 CL 表示，是控制量的平均值。上下两条线是控制上限和控制下限，分别用 UCL 和 LCL 表示，一般取 3 倍标准方差作为控制上限和控制下限，即 $\mu \pm 3\sigma$。按照这样的方法建立的控制上限和控制下限，可以保证无论质量特性的均值 $\mu$ 和标准差 $\sigma$ 取何值，产品的质量特性落在 $\mu \pm 3\sigma$ 之间的概率为 99.73%，美国学者休哈特就是根据这个事实提出了质量控制图。

控制图有两种：一种是计量值控制图，另一种是计数值控制图。下面分别介绍两种控制图的应用方法。

（1）**计量值控制图：均值 – 极差控制图**。计量值控制图主要用于控制那些质量统计量为连续型数据的质量指标，如重量、压力、温度、高度、长度等。通常这类统计数据是假设服从正态分布的统计量。常用的计量值控制图是均值 – 极差控制图，也称为 $\bar{x} - R$ 控制图，主要用来控制质量特性的均值变化和分散度。$\bar{x} - R$ 控制图的制作过程如下：

第一步：收集数据。从需要管理的工序中抽取样本，为保证数据的代表性，应定时取样，数据量不少于 50 个。

第二步：数据分组。将数据按测量顺序或批数分组，一般组数为 20～25 组，每组包含 2～5 个数据。每组数据即为一次取样的样本，每组数据个数 $n$ 为样本容量。

第三步：计算各组的均值 $\bar{x}$ 与极差 $R_i$，用如下公式表示。

$$\left.\begin{aligned}\bar{x}_i &= \frac{x_{i1} + x_{i2} + x_{ij} + \cdots + x_{in}}{n} = \frac{\sum_{j=1}^{n} x_{ij}}{n} \\ R_i &= x_{max} - x_{min} = \max_{1 \leq j \leq n}\{x_{ij}\} - \min_{1 \leq j \leq n}\{x_{ij}\}\end{aligned}\right\} \quad (13\text{-}1)$$

式中 $x_{max}$，$x_{min}$——第 $i$ 组数据中的最大值和最小值；$n$——样本容量。

第四步：计算总体样本的均值 $\bar{\bar{x}}$ 和平均极差 $\bar{R}$，用如下公式表示。

$$\left.\begin{aligned}\bar{\bar{x}} &= \frac{\bar{x}_1 + \bar{x}_2 + \cdots + \bar{x}_k}{k} = \frac{\sum_{i=1}^{k} \bar{x}_i}{k} \\ \bar{R} &= \frac{R_1 + R_2 + \cdots + R_k}{k} = \frac{\sum_{i=1}^{k} R_i}{k}\end{aligned}\right\} \quad (13\text{-}2)$$

式中 $k$——组数；$\bar{\bar{x}}$——$k$ 组样本的均值（总体样本的均值）。

第五步：计算中心线与控制上限和控制下限。

$\bar{x}$ 控制图：

$$\left.\begin{aligned}\text{中心线：CL} &= \bar{\bar{x}} \\ \text{控制上限：UCL} &= \bar{\bar{x}} + A_2 \bar{R} \\ \text{控制下限：LCL} &= \bar{\bar{x}} - A_2 \bar{R}\end{aligned}\right\} \quad (13\text{-}3)$$

$R$ 控制图：

$$\left.\begin{aligned}\text{中心线：CL} &= \bar{R} \\ \text{控制上限：UCL} &= D_4 \bar{R} \\ \text{控制下限：LCL} &= D_3 \bar{R}\end{aligned}\right\} \quad (13\text{-}4)$$

式中 $A_2$、$D_3$、$D_4$——管理系数，与取样大小 $n$ 有关，可参考表 13-6 选用。

表 13-6 管理系数表

| $n$ | 系数 | | |
|---|---|---|---|
| | $A_2$ | $D_3$ | $D_4$ |
| 2 | 1.880 | — | 3.267 |
| 3 | 1.023 | — | 2.575 |
| 4 | 0.729 | — | 2.282 |
| 5 | 0.577 | — | 2.115 |
| 6 | 0.483 | — | 2.004 |
| 7 | 0.419 | 0.076 | 1.924 |
| 8 | 0.37 | 0.136 | 1.864 |
| 9 | 0.377 | 0.136 | 1.816 |
| 10 | 0.308 | 0.223 | 1.777 |

第六步：在坐标图上描绘 $\bar{x}$ 控制图和 $R$ 控制图。

## 应用范例 13-3

某厂制造线圈，线圈阻抗值的质量要求为 $(15\pm2)$ $\Omega$，在线圈制造过程中按时间顺序取20组子样，$n=5$，测得线圈阻抗值如表13-7所示，试画出 $\bar{x} - R$ 控制图。

表 13-7　$\bar{x} - R$ 控制图数据表

| 序号 ($i$) | 测量值 | | | | | $\bar{x}_i$ | $R_i$ | 备注 |
|---|---|---|---|---|---|---|---|---|
| | $x_{i1}$ | $x_{i2}$ | $x_{i3}$ | $x_{i4}$ | $x_{i5}$ | | | |
| 1 | 15.3 | 14.5 | 16.9 | 14.0 | 14.9 | 15.12 | 2.9 | |
| 2 | 13.0 | 15.2 | 14.2 | 15.1 | 14.3 | 14.36 | 2.2 | |
| 3 | 16.7 | 16.0 | 14.4 | 14.2 | 14.3 | 15.12 | 2.5 | |
| 4 | 14.2 | 14.9 | 13.2 | 17.0 | 15.1 | 14.88 | 3.8 | |
| 5 | 14.5 | 15.6 | 16.9 | 16.4 | 15.8 | 15.84 | 2.4 | |
| 6 | 14.5 | 15.9 | 14.3 | 15.0 | 14.2 | 14.78 | 1.7 | |
| 7 | 15.9 | 15.4 | 15.5 | 14.4 | 13.8 | 15.00 | 2.1 | |
| 8 | 15.1 | 15.2 | 15.0 | 15.7 | 13.6 | 14.92 | 2.1 | |
| 9 | 15.1 | 12.7 | 17.6 | 16.4 | 15.2 | 15.40 | 4.9 | |
| 10 | 16.4 | 16.4 | 14.6 | 14.3 | 14.3 | 15.20 | 2.1 | |
| 11 | 16.0 | 16.2 | 15.7 | 15.6 | 16.0 | 15.90 | 0.6 | |
| 12 | 13.9 | 13.5 | 13.3 | 16.1 | 16.1 | 14.58 | 2.8 | |
| 13 | 15.1 | 14.2 | 13.8 | 16.8 | 15.7 | 15.12 | 3.0 | |
| 14 | 15.3 | 14.6 | 17.3 | 14.2 | 16.9 | 15.66 | 3.1 | |
| 15 | 14.5 | 15.9 | 13.9 | 15.6 | 13.7 | 14.72 | 2.2 | |
| 16 | 13.3 | 15.6 | 14.2 | 14.6 | 13.7 | 14.28 | 2.3 | |
| 17 | 13.6 | 15.2 | 15.2 | 16.5 | 15.6 | 15.22 | 2.9 | |
| 18 | 15.9 | 14.0 | 14.2 | 13.4 | 15.3 | 14.56 | 2.5 | |
| 19 | 14.5 | 15.8 | 16.3 | 14.7 | 14.2 | 15.10 | 2.1 | |
| 20 | 15.1 | 17.0 | 15.4 | 13.1 | 14.7 | 15.06 | 3.9 | |
| 合计 | | | | | | 300.82 | 52.1 | |

由表13-7可得：

$$\bar{\bar{x}} = \frac{\sum \bar{x}_i}{k} = \frac{15.12 + 14.36 + \cdots + 15.06}{20} = \frac{300.82}{20} = 15.041$$

$$\bar{R} = \frac{\sum R_i}{k} = \frac{2.9 + 2.2 + \cdots + 3.9}{20} = \frac{52.1}{20} = 2.605$$

计算控制图的中心线与控制上限和控制下限。

$\bar{x}$ 控制图：

$$\text{CL} = \bar{\bar{x}} = 15.041$$

$$\text{UCL} = \bar{\bar{x}} + A_2 \bar{R} = 15.041 + 0.577 \times 2.605 = 16.544$$

$$\text{LCL} = \bar{\bar{x}} - A_2 \bar{R} = 15.041 - 0.577 \times 2.605 = 13.538$$

$R$ 控制图：

$$CL = \overline{R} = 2.605$$
$$UCL = D_4\overline{R} = 2.115 \times 2.605 = 5.51$$

LCL $= D_3\overline{R}$ 无意义(因为从表 13-6 可知,当 $n = 5$ 时,$D_3$ 无法获得)

根据计算结果可画出控制图,如图 13-8 所示。

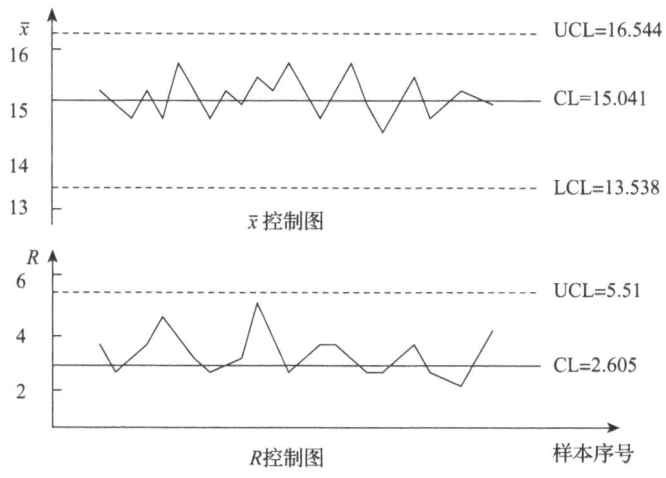

图 13-8　$\bar{x} - R$ 控制图

**(2) 计数值控制图：不合格品率控制图（$p$ 图）和不合格品数控制图（$pn$ 图）**。不合格品率控制图和不合格品数控制图用来控制一定采样数量为 $n$ 的样本中不合格品比率或者不合格品数量的变化情况。此类控制图可以用于质量特性统计量非此即彼的情况，如产品合格与不合格、考试通过与不通过、体育成绩达标与不达标、火车到达正点与不正点（晚点），等等，这类统计量一般用二项分布（0-1 分布）来描述。这类控制图的制作方法如下。当生产过程相当稳定时，产品的不合格品率 $p$ 是一个比较固定的值，若子样的样本数为 $n$，则子样的不合格品率为 $pn$。但是，通常情况下，母体的不合格品率 $p$ 是无法求得的，因此用子样的不合格品率的平均值 $\bar{p}$ 来代替：

$$p \approx \bar{p} = \frac{1}{k}\sum_{i=1}^{k}p_i$$

式中　$k$——子样的组数；

$p_i$——第 $i$ 组的不合格品率。

也可以用如下公式计算子样的不合格品率平均值：

$$\bar{p} = \frac{\text{不合格品总数}}{\text{被检查产品总数}} = \frac{\sum_{i=1}^{k}np_i}{n \times k}$$

式中　$n$——每组（每批）子样的样本数量；

$k$——测量的组数（或批数）。

1) 不合格品数控制图（$pn$ 图）。

$$\left.\begin{array}{l}\text{中心线：} CL = \bar{p}n \\ \text{控制上限：} UCL = \bar{p}n + 3\sqrt{\bar{p}n(1-\bar{p})} \\ \text{控制下限：} LCL = \bar{p}n - 3\sqrt{\bar{p}n(1-\bar{p})}\end{array}\right\} \quad (13\text{-}5)$$

2）不合格品率控制图（$p$ 图）。

$$\left.\begin{array}{l}\text{中心线：} CL = \bar{p} \\ \text{控制上限：} UCL = \bar{p} + 3\sqrt{\dfrac{\bar{p}(1-\bar{p})}{n}} \\ \text{控制下限：} LCL = \bar{p} - 3\sqrt{\dfrac{\bar{p}(1-\bar{p})}{n}}\end{array}\right\} \quad (13\text{-}6)$$

### 应用范例 13-4

某厂生产手表，连续检验了 25 次，每次抽 200 只，检验结果如表 13-8 所示。

表 13-8 手表检验结果表

| 样本序号（$i$） | 样本大小（$n$） | 不合格品数（$pn$） | 样本序号（$i$） | 样本大小（$n$） | 不合格品数（$pn$） |
|---|---|---|---|---|---|
| 1 | 200 | 5 | 14 | 200 | 3 |
| 2 | 200 | 4 | 15 | 200 | 1 |
| 3 | 200 | 1 | 16 | 200 | 5 |
| 4 | 200 | 6 | 17 | 200 | 1 |
| 5 | 200 | 3 | 18 | 200 | 9 |
| 6 | 200 | 4 | 19 | 200 | 1 |
| 7 | 200 | 6 | 20 | 200 | 4 |
| 8 | 200 | 2 | 21 | 200 | 7 |
| 9 | 200 | 6 | 22 | 200 | 2 |
| 10 | 200 | 8 | 23 | 200 | 1 |
| 11 | 200 | 8 | 24 | 200 | 9 |
| 12 | 200 | 4 | 25 | 200 | 8 |
| 13 | 200 | 3 | 总计 | 5 000 | 111 |

计算有关控制参数，据此画出不合格品数控制图，如图 13-9 所示。

中心线：$CL = \bar{p}n = \dfrac{\sum_{i=1}^{k} p_i n}{k} = \dfrac{111}{25} = 4.44$

控制上限：$UCL = \bar{p}n + 3\sqrt{n\bar{p}(1-\bar{p})} = 10.69$

控制下限：$LCL = \bar{p}n - 3\sqrt{n\bar{p}(1-\bar{p})}$ 无意义（负值）

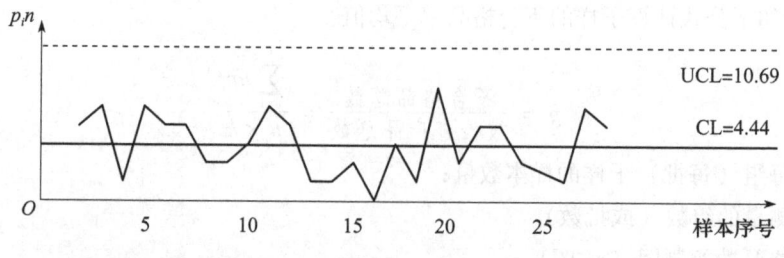

图 13-9 不合格品数控制图（$pn$ 图）

**（3）计数值控制图：$c$ 控制图（$c$ 图）。** $c$ 控制图是计数值中缺陷数控制图，其控制对象是一定单位（面积、长度、体积等）上的缺陷数，如一定长度金属线上的疵点数、一种铸件表面上的气孔数、一部机器发生的故障数等。

$c$ 控制图的基本原理如下：从一批在稳定状态下生产的大量产品中随机抽取样本，以 $c_1$，$c_2$，$\cdots$，$c_n$ 表示样本中各样本的缺陷数，并且认为缺陷数服从泊松分布，根据泊松分布的特点，均值和方差是相等的，如果缺陷数的均值是 $\bar{c}$，则其方差 $\sigma^2 = \bar{c}$，标准差就是 $\sigma = \sqrt{\bar{c}}$。根据 $3\sigma$ 原理，$c$ 控制图的参数为：

$$\left. \begin{array}{l} \text{CL} = \bar{c} \\ \text{UCL} = \bar{c} + 3\sqrt{\bar{c}} \\ \text{LCL} = \bar{c} - 3\sqrt{\bar{c}} \end{array} \right\} \tag{13-7}$$

例如，某出租汽车公司每天都会收到几起关于司机待客的投诉，在连续 9 个星期里，公司接到的顾客投诉电话数为：3，0，8，9，6，7，4，9，8，共计 54 起。计算如下：

$$\text{CL} = \bar{c} = \frac{54}{9} = 6$$

$$\text{UCL} = 6 + 3\sqrt{6} = 13.35$$

$$\text{LCL} = 6 - 3\sqrt{6} \text{ 无意义}(\text{负值})$$

$p$ 控制图与 $c$ 控制图都是计数控制图，选择哪种控制图，要视质量事件的特征而定。当观测值为非此即彼的情况时，例如好或坏、成功或失败、操作或不操作等，选择 $p$ 控制图；当某事件发生的次数可计数、未发生的次数不可计数时，如单位产品的缺陷、单位体积的细菌污染、单位时间内的呼叫设备停机、刑事案件等，这个时候应用 $c$ 控制图。

**（4）控制图的使用与分析**。判断控制图是否正常，主要依据两条准则：点是否出界，界内点排列是否异常。

第一条准则是显而易见的，只要控制图中的数据点超出控制的上下限，就是异常；第二条准则的判断比较困难，一般情况下主要依靠经验来判断。下面列出几种典型的界内点异常排列的特征：①连续 7 个点出现在中心线一侧；②点在中心线一侧多次出现，如连续 11 个点中有 10 个点、连续 14 个点中有 12 个点、连续 17 个点中有 14 个点等；③连续 3 个点中至少有 2 个点在中心线的上方或下方 $2\sigma$ 线（警戒线）外；④点排列呈周期性。

应用控制图进行质量控制，需要考虑如下几个问题。

- 控制地点选择。控制图应该用于关键工序、薄弱环节，它们应该是控制的重点。另外，控制过程的质量指标应该是可以量化的，如果是定性的质量指标，就不太适合用控制图。
- 控制对象选择。一般工艺过程有多个质量指标，可以用单指标也可以用多指标作为控制对象，最好选择重要的质量指标作为控制对象。
- 控制图选择。要根据质量指标的特性决定。如果是计量值指标，应该用均值－极差控制图（$\bar{x} - R$ 控制图）；如果是计数值指标，则用不合格品率控制图（$p$ 图）与不合格品数控制图（$pn$ 图），或缺陷数控制图（$c$ 图）。
- 如何用控制图进行质量预防。通过控制图，我们可以预防、减少质量问题。在利用控制图进行质量的预防性控制时，应贯彻 20 字方针，即"查出异常，采取措施，保证消除，不再出现，纳入标准"。
- 如何利用控制图进行质量改进。如果控制图始终保持一种状态，就起不到改进质量的作用,因此,要根据质量的改进情况不断调整质量控制图的上下界限;要随着质量水平的提高,更加严格确定质量控制的上限与下限。

## 13.3 工序能力分析

### 1. 工序能力指数的定义与计算方法

生产工序(或服务过程)的质量好坏可以用一个能力指数来评判,即过程能力指数。

制造业的过程能力指数也叫工序能力指数。要想理解"工序能力指数"的概念,首先要搞清楚什么是"工序能力"。制造业的工序能力指的是工序在正常状态下稳定加工某种质量的产品的能力,也叫加工精度,用 $B$ 来表示,通常用加工尺寸的分布密度函数的 3 倍标准差宽度表示,即 $B = 3\sigma - (-3\sigma) = 6\sigma$。$\sigma$ 通常用样本的标准差 $s$ 来估计。

图 13-10 表示不同质量特性分布曲线下的工序能力(加工精度)。尺寸分布的标准差越大,即 $\sigma$ 越大,曲线的峰值越小,数据越分散,加工精度就越低,则工序能力越低($B$ 大);反之,加工精度越高,则工序能力越高($B$ 小)。

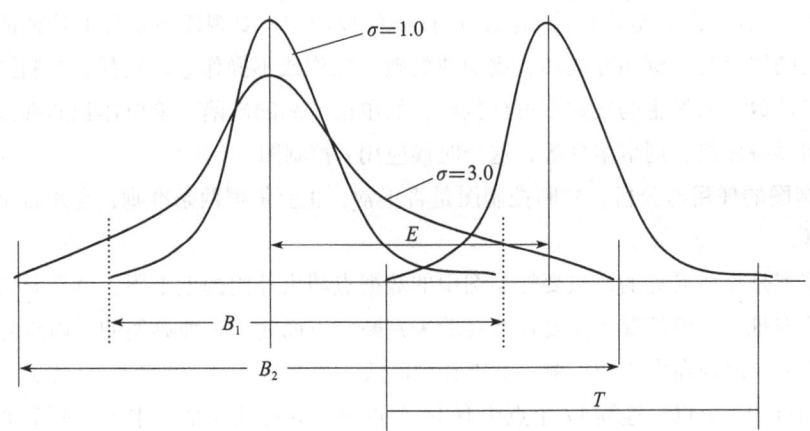

图 13-10 实际分布中心与公差中心的偏差

(1)**双侧公差要求的工序能力指数**。工序能力指数是指公差范围 $T$(质量标准)与工序能力 $B$ 的比值,它表明某工序满足加工精度的程度:

$$C_p = \frac{T}{B} = \frac{T}{6\sigma} = \frac{T}{6s} \tag{13-8}$$

当实际的分布中心与公差中心存在偏差 $E$ 时,应对 $C_p$ 进行修正,采用修正工序能力指数:

$$C_{pk} = C_p k = C_p \left(1 - \frac{|M - \bar{x}|}{T/2}\right) = C_p \left(1 - \frac{|E|}{T/2}\right) = C_p \left(1 - \frac{2|E|}{T}\right) = \frac{T}{6s}\left(1 - \frac{2|E|}{T}\right) \tag{13-9}$$

式中　$M$——公差中心;

$\bar{x}$——实际数据分布中心(均值);

$E$——实际的分布中心与公差中心的偏差;

$s$——样本的质量特性分布标准差。

**(2) 单侧公差要求的工序能力指数**。在某些情况下，质量标准只有下限要求，如电机产品的机械强度、寿命、可靠性等，要求其不低于某个值，并且越高越好；而有时产品质量只有上限要求，如噪声、杂质含量，要求其值越小越好，并且不能超过某一上限。这种情况下的工序能力指数的计算公式如下。

1) 只有下限加工精度要求的情形：

$$C_{pL} = \frac{\mu - T_L}{3\sigma} = \frac{\bar{x} - T_L}{3s} \tag{13-10}$$

式中 $T_L$——质量下限。如果质量均值小于质量下限 $T_L$，则 $C_{pL}=0$，表示没有工序能力。

2) 只有上限加工精度要求的情形：

$$C_{pU} = \frac{T_U - \mu}{3\sigma} = \frac{T_U - \bar{x}}{3s} \tag{13-11}$$

式中 $T_U$——质量上限。如果质量均值大于质量上限 $T_U$，则 $C_{pU}=0$，表示没有工序能力。

### 2. 工序能力判断和提高途径

(1) 工序能力判断。根据工序能力指数水平可以判断工序能力是不足还是过剩，从而采取相应的措施来改进质量，工序能力的判断与处理如表 13-9 所示。

表 13-9 工序能力的判断与处理

| $C_p$ | 工序能力判断 | 处 理 | 备 注 |
|---|---|---|---|
| $C_p > 1.67$ | 特级加工<br>工序能力过剩 | 应考虑放宽管理或设法降低成本 | |
| $1.67 \geq C_p > 1.33$ | 一级加工<br>工序能力充裕 | 如果不是重要工序，可放宽检验，减少抽样检验的次数 | 当 $C_p = 1.67$ 时，不合格品率为百万分之六 |
| $1.33 \geq C_p > 1.00$ | 二级加工<br>工序能力尚可 | 工序必须严格管理，否则容易产生不合格品 | 当 $C_p = 1.33$ 时，不合格品率为万分之六 |
| $1.00 \geq C_p > 0.67$ | 三级加工<br>工序能力不足 | 已出现不合格品，需全数做检查，采取措施改进工序控制 | 当 $C_p = 1.00$ 时，不合格品率为千分之三 |
| $C_p \leq 0.67$ | 四级加工<br>工序能力严重不足 | 立即停止加工，采取紧急措施，提高工序能力 | 当 $C_p = 0.67$ 时，不合格品率为百分之五 |

(2) 提高工序能力的途径。从工序能力指数的计算公式我们可以看到，影响工序能力指数的因素有三个：质量标准 $T$、偏差 $E$ 和质量特性分布标准差 $s$。一般质量标准会越来越严格，因此企业不宜通过放宽质量标准来提高工序能力指数，提高工序能力指数的主要手段应该是降低质量特性分布的标准差，减少质量特性实际分布中心与公差中心的偏差。

提高工序能力，要从"4M1E"，即从操作者、设备、材料、方法（工艺）、环境这几个方面进行。

## 13.4 产品抽样检验

### 13.4.1 抽样检验概述

#### 1. 抽样检验的概念

企业为了保证产品质量合格，必须对产品进行检验。检验的方式有全数检验和部分检验。全数检验适用于精密、贵重的产品，即如果有不合格品将产生严重的后果，即使费用再高也要进行检验。在多数情况下，全数检验既不现实，也不经济，因为检验对产品有破坏性，而且全数检验的费用高，所以企业日常进行的产品检验多数是部分检验，即抽样检验。

抽样检验就是从交验的每批产品中随机抽取预定的样本容量，对照标准逐个检验产品的性能。如果样本中的不合格品数不大于抽样方案中预先规定的最低数目，则判定该批产品合格，予以接收；否则判定该批产品不合格，拒绝接收。

抽样检验以数理统计原理为依据，适当兼顾了生产者与用户的风险损失，具有科学、可靠、简便的优点，比较适用于破坏性检验以及产品数量多、希望降低检验费用的情形。

### 2. 抽样检验方案的种类

抽样检验有单次、两次及多次抽样检验三种。

（1）单次抽样检验。单次抽样检验是最简单的抽样检验，抽样方案用 $(N, n, c)$ 或 $(n, c)$ 表示，即从批量为 $N$ 的产品中随机抽取 $n$ 个产品，$n$ 件产品中的不合格产品数为 $d$，预先规定一个合格判定数 $c$。当 $d \leq c$ 时，则判定该批产品合格；当 $d > c$ 时，则判定该批产品为不合格产品。单次抽样检验的程序如图 13-11 所示。

（2）两次抽样检验。两次抽样检验是在单次抽样检验的基础上增加一次检验。抽样方案的参数有五个，即 $(N, n_1, n_2; c_1, c_2)$，其中 $n_1$ 为第一次抽样的样本大小，$n_2$ 为第二次抽样的样本大小，$c_1$ 为第一次抽样时的合格判定数，$c_2$ 为第二次抽样时的合格判定数。两次抽样检验的程序如图 13-12 所示。

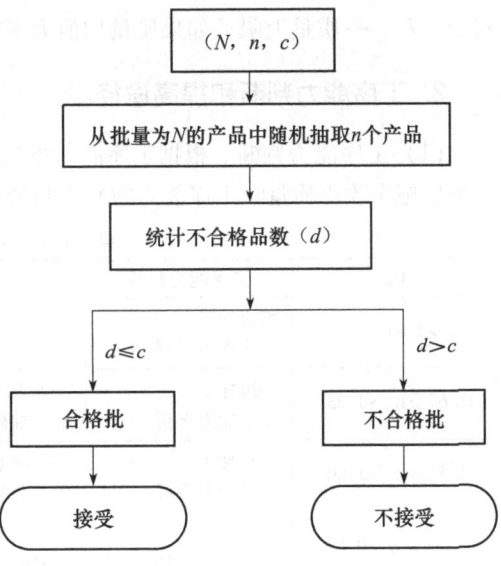

图 13-11　单次抽样检验的程序

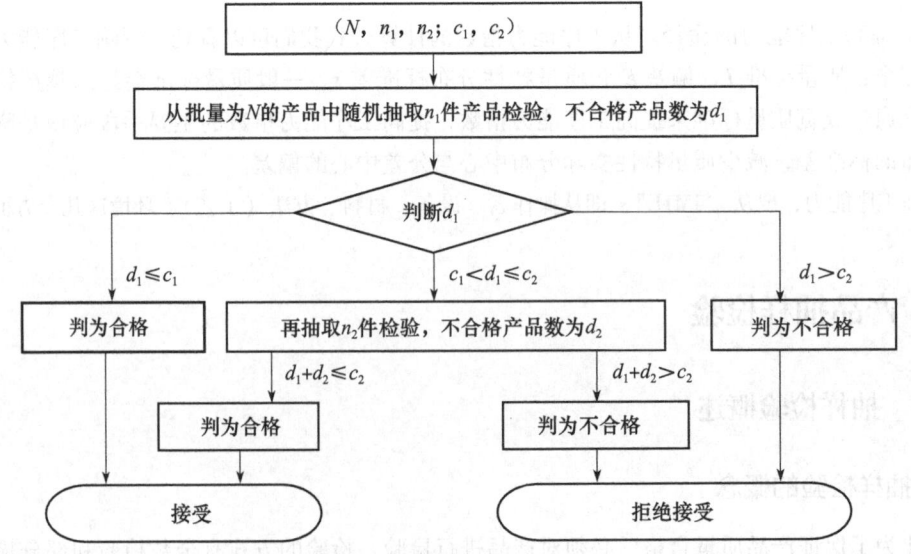

图 13-12　两次抽样检验的程序

（3）多次抽样检验。多次抽样检验是在两次抽样检验的基础上，通过三次以上的抽样对一批产品的合格性进行判断。但是多次抽样检验复杂、费用也高，因此除非有特殊要求，否则企业一般只进行单次或两次抽样检验。

### 13.4.2 抽样方案设计

前面讨论了抽样检验的基本原理，现在来讨论如何确定抽样方案。由于实际的抽样检验是通过查表来确定相应的抽样参数的，因此熟悉各种抽样检验标准及其特点非常重要。目前主要的抽样检验标准有日本的工业标准 JIS-Z-9002、美国军用标准 MIL-STD-105D(E)、国际标准 ISO 2859 和中国国家标准 GB/T 2828。美国军用标准、国际标准与我国的国家标准基本相同。

#### 1. 计数标准型抽样检验方案设计

计数标准型抽样检验方案是最基本的抽样方案。标准型抽样就是严格控制生产者与使用者的风险，按供需双方共同制定的抽样特性曲线所确定的抽样方案进行抽样，就是使抽样特性曲线通过 $(p_0, 1-\alpha)$ 和 $(p_1, \beta)$，保证下式成立：

$$\begin{cases} L(p_0) = 1 - \alpha \\ L(p_1) = \beta \end{cases} \tag{13-12}$$

也就是当一批交验产品的不合格率小于等于 $p_0$ 时，作为优质批产品应以 $1-\alpha$ 的概率接收；当交验批产品质量下降，不合格率达到 $p_1$ 时，作为劣质批产品应以 $\beta$ 的概率拒收。抽样方案确定过程的基本步骤如下。

（1）制定标准。制定质量标准，制定合格与不合格的标准。

（2）商定接受上界 $p_0$ 和拒绝下界 $p_1$。$p_0$ 和 $p_1$ 的制定要考虑生产能力、制造成本、质量要求、检验费用等。考虑双方的风险损失，一般生产者风险 $\alpha = 0.05$，接收方风险 $\beta = 0.10$，并且 $p_1/p_0$ 最好大于 3（一般为 4~10），但是也不宜太大，太大将增加接收方风险。

（3）确定检验批。检验批划分原则是同一批产品的生产条件要相同，批量要适当。批量太小，则检验费用高；批量太大，则发生弃真或存伪的可能性大。

（4）查表确定抽样方案。根据确定的 $p_0$、$p_1$、$\alpha$、$\beta$ 的大小，即可通过查表确定抽样样本容量 $n$ 和接收数 $c$ 的大小。

#### 2. 计数调整型抽样检验方案设计

计数调整型抽样检验是目前使用最广泛的一种抽样检验方法。调整型抽样检验方案的特点是对具有一定要求的交验批产品不采用固定一种验收方案，而是根据交验产品质量的实际情况采用正常、严加、放宽这三种严格程度不等的方案，并用一套转换规则把它们联系起来，即当供应方提供的产品批质量较好时，可以放宽检验；如果供应方提供的产品质量下降，则采用严加检验。

以 GB/T 2828.1—2012 为例说明这一方法。计数调整型抽样方案的确定步骤如下。

（1）合格质量水平（AQL）的确定。合格质量水平（acceptable quality level，AQL）也叫接收质量限，即生产者能够接受的最低不合格率，这是企业能够达到的平均质量水平。AQL 是抽样体系的核心，它是调整型抽样检验方案的主要依据。当产品质量低于 AQL 时，产品不合格。

确定 AQL 主要考虑如下几个因素。

- 按照用户的要求确定。如果用户有特殊的质量要求，应将该质量要求作为 AQL 的标准。
- 根据过去的平均质量水平确定。这适用于品种少、大量生产的情形，这种情况对供方有利。
- 按照产品等级和不合格类别确定。按照实际需要把不合格区分为 A、B、C 三类。不同类别产品的 AQL 不同，重要的产品如果不合格会造成很大的损失，其 AQL 就应定得小些。
- 由供需双方共同确定。基于供需双方的风险进行协商，在充分保证用户的质量要求的前提下考虑生产者能力水平。

（2）检查水平的确定。GB/T 2828.1—2012 规定了七种检查水平：一般检查水平 Ⅰ、Ⅱ、Ⅲ 和特殊检查水平 S-1、S-2、S-3、S-4。检查水平反映了批量与样本大小的关系。如果批量大，样本容量随之增大。

在一般检查中，Ⅱ 级检查为正常检查，Ⅰ 级检查适用于检查费用较高的情形，Ⅲ 级检查适用于检查费用较低的情形。特殊检查适用于破坏性检查或费用较高的检查。因为特殊检查样本较小，所以也叫小样本检查。

（3）抽样方案类型的选择。给定质量水平和检查等级，可以采用不同类型的抽样方案。一般依据管理费用与平均样本数量来决定采取一次抽样、二次抽样或五次抽样。从管理费用来讲，抽样次数越多，费用越高；从平均样本数量来讲，五次抽样小于二次抽样，二次抽样小于一次抽样。

（4）抽样方案的转移规则考虑。一般情况下，抽样检验采用正常检验，但是应根据产品质量的变动调整检查的严格程度，以保护双方的权益，这就是调整型抽样检验的思想。

GB/T 2828.1—2012 规定了三种不同严格程度的抽样方案：正常检验、加严检验、放宽检验。这三种抽样方案的转移规则如下。

- 正常检验转为加严检验。当进行正常检验时，如果连续 5 批有 2 批不合格，或不到 5 批有 2 批不合格，则从下一批开始应转入加严检验。
- 加严检验转为正常检验。当进行加严检验时，如果连续 5 批初检合格，则从下一批开始恢复正常检验。
- 正常检验转为放宽检验。当进行正常检验时，如果下面 4 个条件全部满足，则可以转为放宽检验：①连续 10 批正常检验，初检均合格；②从这连续 10 批（及 10 批以上）抽取的样本中，不合格总数小于等于放宽检验的界限表所规定的数目；③生产正常；④质量部门同意。
- 放宽检验转为正常检验。在进行放宽检验时，如果下列各条件均满足，应当转为正常检验：①有一批未被接收；②生产不稳定或延迟；③负责部门认为恢复正常检验是正当的。
- 加严检验转为暂停检验。如果连续 10 批加严检验仍不能回到正常检验，则应暂停检验，待生产采取措施并确认质量得到改善后再转为严加检验。

（5）抽样方案检验。首先，根据批量确定样本量字码，如表 13-10 所示。根据字码找到对应的抽样方案类型表（不同的抽样方案都有正常、加严、放宽三种抽样严格程度）来检验抽样方案。表 13-11 为正常检验一次抽样方案的部分内容。

表 13-10　样本量字码（GB/T 2828.1—2012）

| 批量 | 特殊检验水平 | | | | 一般检验水平 | | |
|---|---|---|---|---|---|---|---|
| | S-1 | S-2 | S-3 | S-4 | I | II | III |
| 2~8 | A | A | A | A | A | A | B |
| 9~15 | A | A | A | A | A | B | C |
| 16~25 | A | A | B | B | B | C | D |
| 26~50 | A | B | B | C | C | D | E |
| 51~90 | B | B | C | C | C | E | F |
| 91~150 | B | B | C | D | D | F | G |
| 151~280 | B | C | D | E | E | G | H |
| 281~500 | B | C | D | E | F | H | J |
| 501~1 200 | C | C | E | F | G | J | K |
| 1 201~3 200 | C | D | E | G | H | K | L |
| 3 201~10 000 | C | D | F | G | J | L | M |
| 10 001~35 000 | C | D | F | H | K | M | N |
| 35 001~150 000 | D | E | G | J | L | N | P |
| 150 001~500 000 | D | E | G | J | M | P | Q |
| ≥500 001 | D | E | H | K | N | Q | R |

表 13-11　正常检验一次抽样方案（GB/T 2828.1—2012）

| 样本量字码 | 样本量 | 合格质量水平 AQL（%） | | | | | | |
|---|---|---|---|---|---|---|---|---|
| | | 0.10 | 0.25 | 0.40 | 1.0 | 2.5 | 4.0 | 10 |
| | | Ac　Re | Ac　Re | Ac　Re | Ac　Re | Ac　Re | Ac　Re | Ac　Re |
| A | 2 | | | | | | ↓ | ↓ |
| B | 3 | | | | | ↓ | 0　1 | ↓ |
| C | 5 | | | | ↓ | 0　1 | ↑ | 1　2 |
| D | 8 | | | ↓ | 0　1 | ↑ | ↓ | 2　3 |
| E | 13 | | ↓ | 0　1 | ↑ | ↓ | 1　2 | 3　4 |
| F | 20 | ↓ | 0　1 | ↑ | ↓ | 1　2 | 2　3 | 5　6 |
| G | 32 | 0　1 | ↑ | ↓ | 1　2 | 2　3 | 3　4 | 7　8 |
| H | 50 | ↑ | ↓ | 1　2 | 2　3 | 3　4 | 5　6 | 10　11 |
| J | 80 | ↓ | 1　2 | 2　3 | 3　4 | 5　6 | 7　8 | 14　15 |
| K | 125 | 0　1 | ↓ | 1　2 | 3　4 | 7　8 | 10　11 | 21　22 |
| L | 200 | ↑ | 1　2 | 2　3 | 5　6 | 10　11 | 14　15 | ↑ |
| M | 315 | ↓ | 2　3 | 3　4 | 7　8 | 14　15 | 21　22 | ↑ |
| N | 500 | 1　2 | 3　4 | 5　6 | 10　11 | 21　22 | ↑ | |
| P | 800 | 2　3 | 5　6 | 7　8 | 14　15 | ↑ | | |
| Q | 1 250 | 3　4 | 7　8 | 10　11 | 21　22 | | | |
| R | 2 000 | 5　6 | 10　11 | 14　15 | ↑ | | | |

注：表只列出了一部分；Ac 为接收数，Re 为拒绝数；↓表示用箭头下面的第一个方案，↑表示用箭头上面的第一个方案。

## 应用范例 13-5

交验产品批量为 1 000，其合格质量水平 AQL = 1.0%，采用检查水平 II，试求正常、加严、放宽的一次抽样方案，采用 GB/T 2828.1—2012 标准。

**解：**（1）正常检验抽样方案。根据批量与检验水平，从表 13-10 查出样本量字码为 J。由表 13-11（正常检验一次抽样方案）得知字码为 J 和 AQL = 1.0% 的抽样方案为：

$$n = 80, Ac = 2, Re = 3$$

（2）加严检验方案。查 GB/T 2828.1—2012 加严检验一次抽样方案表（见附录 B），得：

$$n = 80, Ac = 1, Re = 2$$

（3）放宽检验方案。查 GB/T 2828.1—2012 放宽检验一次抽样方案表（见附录 B），得：

$$n = 32, Ac = 1, Re = 2$$

|运作聚焦|

## 百年老店李锦记酱油:"100 - 1 = 0"的质量理念

1888年,一个叫李锦裳的青年因得罪乡里恶霸而举家避难来到广东珠海南水镇,以开茶寮、卖牡蛎蚝汤为生。有一次,李锦裳煮蚝时忘记了关火,直到闻到一股浓郁的蚝香味才发现蚝汁熬成了浓稠状,味道鲜美,这就是今天家喻户晓的"蚝油"的原型。为了让乡亲们能分享这一独特的美味,李锦裳反复试制,历经多道工序,最终生产出蚝油,将其作为调味品出售,并于1888年正式设立了李锦记蚝油庄。随后,李锦记逐步发展,从一个小作坊成长为今天拥有220多款产品、远销100多个国家和地区的跨国酱料集团。

### "质量100%坚持",铸就李锦记航天品质

不要小看一瓶小小的酱油,李锦记的酱油从黄豆的挑选到摆上餐桌,背后有一个庞大的质量管理团队在运作,生产过程需经过30多道工序、200多个质量监控点。种植采购、原料运输、食品加工、分销物流、品牌推广、上架销售等每个环节,李锦记都记录在案,这些严苛的管理可谓是李锦记百年鲜味方程式"100 - 1 = 0"的最佳见证。

李锦记坚信,品质是食品企业的生存之本,哪怕只有一丁点的瑕疵,被扣了一分,就足以令消费者对李锦记的信心降为零。只有做到"100 - 1 = 0"的品质管控,每一个细节都严格把关,才能做出让消费者吃得放心、安心的食品,才能赢得更多的消费者。

李锦记坚持"超越标准为标准",实行"从农田到餐桌"的全程管控。多年来,李锦记卓越的产品获得欧盟、日本等市场的认可,以零缺陷通过了美国FDA检测。2008年,李锦记成为北京奥运会酱料供应商;2010年,李锦记酱料产品服务于上海世博会;从2012年起,李锦记入选航天食品,成为宇航员使用酱料,并被授予"中国航天事业合作伙伴"荣誉称号,这在中国企业里可谓凤毛麟角。

### 李锦记200多个质量监控点,确保生产放心酱油

李锦记每一瓶酱油的生产都经过30多道工序、200多个质量监控点。李锦记酱油以传统方法天然酿造,经过良好的消毒和过滤系统才装瓶,确保产品质量。李锦记对酱油的包装物料进行严密的管控,不仅要求供应商在生产包装物料时要严格监控生产过程,生产出来后立即进行包装,同时还会到供应商生产现场对供应商进行审核,以确保物料来货质量。包装容器送抵李锦记生产基地后,李锦记还会检查外观包装情况,验收后再储存在专用的仓库里。生产前,李锦记对所有的包装容器进行检查,倒置洗瓶,并在运输包装容器的输送带上放有塑料罩进行保护,灌装后立即封盖,确保产品质量。

在制造包装方面,李锦记生产基地对酱油的外包装与灌装间进行区域划分。酱油灌装车间是专门的密闭房间。酱油蒸煮后经过过滤到灌装机,通过密封的管道输送,酱油灌装时包装容器与灌装嘴紧密结合,酱油灌装后立即封盖。酱油灌装、封盖是在自动灌装机上进行的,灌装机外围有塑料罩提供保护,酱油从蒸煮到灌装、封盖的过程都在密闭的环境下进行,酱油的整个灌装过程为高温灌装。李锦记每天在生产前后都会对生产使用的容器、管道进行清洗,确保产品质量。

资料来源:搜狐新闻,https://www.sohu.com/a/32727454_161788。

## 13.5 质量成本管理

提高产品质量与产品增值效益,降低质量管理费用,把质量管理的经济性纳入质量管理环节,是现代质量管理的重要组成部分。在质量管理过程中,我们不但要关注产品或服务的质量能否满足用户的需要,同时也要关注为质量管理所付出的代价,尽量以最小的成本获得最大的用户满意度,这是质量成本管理的根本目的。

### 13.5.1 质量成本的构成及质量成本特性曲线

#### 1. 质量成本构成

一般认为质量成本由四部分组成:预防成本、鉴定成本、内部损失成本、外部损失成本。

(1) 预防成本。预防成本是指为了预防不合格品出现或故障发生而投入的各种费用,包括:①质量工作费用(包括为预防产品发生质量故障、保证和控制产品质量、开展质量管理所需要的各种费用);②质量培训费用;③质量奖励费用;④质量改进措施费用;⑤质量评审费用;⑥质量管理人员的工资与附加费用;⑦质量情报与信息费。

(2) 鉴定成本。鉴定成本是指评定产品是否满足规定的质量要求所需要的费用,一般包括:①进货检验费;②工序检验费;③成品检验费;④检测试验设备校准维护费;⑤试验材料及劳务费;⑥检测试验设备折旧费;⑦办公费;⑧专职检验、计量人员工资及附加费。

(3) 内部损失成本。内部损失成本是指产品或服务在交货前未满足规定的质量要求所产生的费用,一般包括:①废品损失;②返工或返修损失;③因质量问题产生的停工损失;④质量事故处理费;⑤质量降级损失等。

(4) 外部损失成本。外部损失成本是指产品出产以后因质量问题导致的费用,包括:①索赔损失;②退换货损失;③保修费用;④诉讼费。

#### 2. 质量成本特性曲线

质量成本中各部分费用与产品的质量水平存在一定的关系,这种关系可以用质量成本特性曲线表示,如图 13-13 所示。

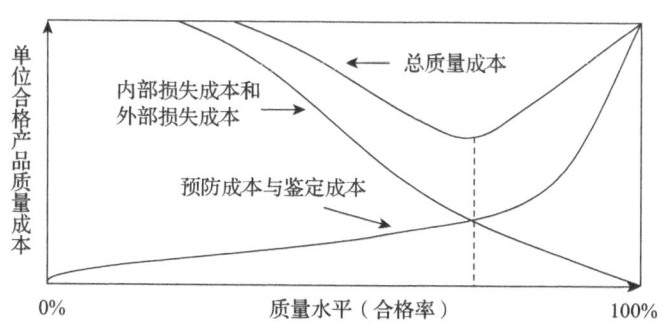

图 13-13 质量成本特性曲线

质量成本特性曲线反映了质量成本各组成部分之间的关系，从图 13-13 中我们看出，随着质量水平的提高，预防成本与鉴定成本上升，而内部损失成本与外部损失成本降低；总质量成本先降低，在某个位置达到最低，然后上升。

### 13.5.2 质量成本管理的内容

质量成本管理的内容主要包括三个方面。

#### 1. 质量成本预测与计划

为了编制质量成本计划，就必须进行质量成本预测。质量成本预测的方法有：①经验判断法；②计算分析法；③比例测算法。

质量成本计划的主要内容包括：①主要产品的单位质量成本计划；②全部产品的质量成本计划；③质量成本的构成比例计划。

编制质量成本计划一方面要参考企业的历史资料，另一方面要参考国内外同行的成本资料，再结合实际产品的生产情况。

#### 2. 质量成本分析与报告

质量成本分析是质量成本管理的重要环节。基于质量成本的核算数据，对质量成本的形成、变动原因进行分析和评价，找出影响质量成本的关键因素和管理上的薄弱环节。质量成本分析表如表 13-12 所示。

表 13-12 质量成本分析表（参考表）

| 分类 | 项目 | 细目 | 费用 | 总计 | 占总质量成本的比例 |
| --- | --- | --- | --- | --- | --- |
| ①预防成本 | 质量工作费用 | | | | |
| | 质量培训费用 | | | | |
| | 质量奖励费用 | | | | |
| | 质量改进措施费用 | | | | |
| | 质量情报与信息费 | | | | |
| | 质量评审费用 | | | | |
| | 质量管理人员的工资与附加费用 | | | | |
| ②鉴定成本 | 进货检验费 | | | | |
| | 工序检验费 | | | | |
| | 成品检验费 | | | | |
| | 检测试验设备校准维护费 | | | | |
| | 检测试验设备折旧费 | | | | |
| | 试验材料及劳务费 | | | | |
| | 办公费 | | | | |
| | 专职检验、计量人员工资及附加费 | | | | |
| ③内部损失成本 | 废品损失 | | | | |
| | 返工或返修损失 | | | | |
| | 因质量问题产生的停工损失 | | | | |

(续)

| 分类 | 项目 | 细目 | 费用 | 总计 | 占总质量成本的比例 |
|---|---|---|---|---|---|
| ③内部损失成本 | 质量事故处理费 | | | | |
| | 质量降级损失 | | | | |
| ④外部损失成本 | 索赔损失 | | | | |
| | 退换货损失 | | | | |
| | 保修费用 | | | | |
| | 诉讼费 | | | | |
| ⑤总质量成本 | | | | | |
| ⑥制造成本 | | | | | |
| ⑦销售费 | | | | | |
| ⑧总质量成本占制造成本的比例 | | | | | |
| ⑨总质量成本占销售额的比例 | | | | | |

（1）质量成本分析。内容包括：①质量成本总额分析，计算本期质量成本总额，并与上期的质量成本进行比较，了解变动情况；②质量成本构成分析，计算各项质量成本占总质量成本的比例，分析构成是否合理，以便寻找降低质量成本的途径；③质量成本与各种经济指标的比较分析，计算质量成本占产值、利润、销售额的比重。

（2）质量成本报告。质量成本报告就是根据质量成本分析的结果，向企业领导和有关部门做出书面陈述，作为制定质量方针、制订计划、评价质量体系的有效性、进行质量改进的依据。

质量成本报告的内容由于呈报对象的不同而不同。送达高层主管的报告尽量以简明扼要的文字、图表说明企业质量成本管理的执行情况，着重报告质量改进与成本降低的效果及改进的潜力。如果送达各中层主管，可以按照车间或科室的实际需要提出专题报告，使他们知道本部门的质量成本情况，从中找出问题的原因并进行改进。

送达中层主管的质量成本报告，最好每月提出一次，也可以每半月一次。送达高层主管的质量成本报告，可以每季度一次，也可以每月一次。

质量成本报告的制定由财会部门与质量管理部门共同承担。

### 3. 质量成本控制与考核

质量成本控制是以降低质量管理成本为目标，把影响质量成本的因素控制在计划范围内的一种质量管理活动。质量成本管理在质量管理中不是孤立的活动，它贯穿于质量管理全过程，由于质量成本是伴随质量管理活动而产生的，因此质量管理不仅要控制产品或服务的质量水平，还要控制好质量管理支出。质量成本管理是质量管理的重要组成部分。

质量成本考核是对质量管理部门、人员开展质量管理活动的消耗与支出进行考核，从经济性角度考核其质量管理绩效。

## 本章小结

本章介绍了质量管理的基本概念、理论与方法。其中 13.1 节介绍了质量与质量管理的概念以及全面质量管理的基本思想与实施方法；13.2 节介绍了常用的统计质量管理工具，重点是控制图的使用方法；13.3 节介绍了工序能力指数的概念与计算方法以及工序能力分析；13.4 节介绍了产品抽样检验；13.5 节介绍了质量成本管理。

## ■ 关键术语

全面质量管理（total quality management，TQM）
PDCA 循环
持续改进（continue improvement）
鱼骨图（fishbone diagram）
直方图（histogram）
相关图（inter-relationship diagraph）

排列图（Pareto chart）
控制图（control chart）
抽样检验（sampling check）
过程能力指数（process quality index）
合格质量水平（acceptable quality level，AQL）

## ■ 延伸阅读

1. 阅读指南：想了解有关质量管理的知识，可以阅读朱兰的著作（如《朱兰质量手册》）和克劳斯比的著作（如《零缺点的质量管理》）等。
2. 网络资源：登录中国质量协会网（http:// www.caq.org.cn）了解国家质量管理的有关方针政策，登录朱兰质量网（http://www.juran.com）了解有关六西格玛等质量管理的理念与方法。

## ■ 选择题

1. 首次提出全面质量概念的是（　　）。
   A. 朱兰　　　　　B. 戴明
   C. 费根堡姆　　　D. 克劳斯比
2. 全面质量管理的 PDCA 循环的 C 指的是（　　）。
   A. 成本（cost）　　B. 控制（control）
   C. 检查（check）　D. 协调（coordination）
3. 分析质量问题的主次因素的统计方法是（　　）。
   A. 排列图　　　　B. 因果图
   C. 控制图　　　　D. 直方图
4. 可用来控制焊接工序的缺陷数的控制图是（　　）。
   A. $\bar{x}$ 控制图　　B. $R$ 控制图
   C. $p$ 控制图　　　D. $c$ 控制图

5. 工序能力指数等于 1，说明（　　）。
   A. 标准公差（标准上下限宽度）等于实际数据的分布曲线的 6 倍方差值
   B. 标准公差等于实际数据分布曲线的 6 倍标准偏差值
   C. 标准公差等于实际数据分布曲线的 3 倍标准差值
   D. 标准公差等于实际数据分布曲线的 3 倍方差值
6. 随着质量水平的提高，下面的说法正确的是（　　）。
   A. 预防成本越来越高
   B. 预防成本越来越低
   C. 总质量成本越来越低
   D. 总质量成本越来越高

## ■ 论述题

1. 如何理解全面质量管理的含义？
2. PDCA 循环的含义是什么？
3. 分析质量问题的主次因素应该用什么统计分析工具？
4. 常用的控制图有哪些？如何选择控制图？
5. 什么叫工序能力指数？工序能力与产品质量之间存在什么关系？提高工序能力的方法有哪些？

6. AQL 代表什么意思？企业一般如何确定 AQL 的大小？

### 计算题

1. 某麦片生产企业产品包装的重量规定是 10 盎司⊖。表 13-13 为抽样检验的结果，请做出均值与极差控制图。该生产工序是否在控制范围内？如果不在，分析质量部门应该采取何种措施。

表 13-13　抽样结果

| 检验次数 | 麦片包装重量/盎司 | | | |
|---|---|---|---|---|
| | 第1包 | 第2包 | 第3包 | 第4包 |
| 1 | 9.7 | 10.2 | 9.9 | 9.8 |
| 2 | 10.2 | 10.3 | 9.9 | 9.7 |
| 3 | 10.4 | 10.1 | 9.7 | 10.2 |
| 4 | 10.2 | 10.3 | 9.7 | 9.9 |
| 5 | 10 | 10.3 | 9.4 | 9.8 |
| 6 | 9.2 | 10.5 | 9.9 | 10.2 |
| 7 | 10.5 | 10.3 | 10.5 | 9.9 |
| 8 | 10.6 | 10.5 | 10.7 | 10.8 |
| 9 | 9.1 | 10.2 | 10.2 | 11.2 |
| 10 | 9.7 | 10.9 | 9.7 | 10.3 |
| 11 | 10.5 | 11.2 | 9.9 | 10.2 |
| 12 | 11 | 10.2 | 10.2 | 9.7 |
| 13 | 10.9 | 10.2 | 10.8 | 9.8 |
| 14 | 11.4 | 10.8 | 11.2 | 10.3 |
| 15 | 10.2 | 10.7 | 10.2 | 10.3 |
| 16 | 9.3 | 11.3 | 10.9 | 10.7 |
| 17 | 10.3 | 10.2 | 9.1 | 10.2 |
| 18 | 10.6 | 9.9 | 9.3 | 10.4 |
| 19 | 11.1 | 9.7 | 9.9 | 10.9 |
| 20 | 10.2 | 9.3 | 10.2 | 9.8 |
| 21 | 10.8 | 9.2 | 10.8 | 9.8 |
| 22 | 9.3 | 9.7 | 11.2 | 9.9 |
| 23 | 9.4 | 10.2 | 10.9 | 10.2 |
| 24 | 9.9 | 10.3 | 9.1 | 10.2 |
| 25 | 9.8 | 10.4 | 9.8 | 10.1 |

2. 从某工序中抽样 20 组，每组包含 200 个样本，得到的废品数如表 13-14 所示，试做出不合格品数的 $pn$ 控制图。

表 13-14　某工序得到的废品数

| 组序号 | 废品数/个 | 组序号 | 废品数/个 | 组序号 | 废品数/个 | 组序号 | 废品数/个 |
|---|---|---|---|---|---|---|---|
| 1 | 23 | 6 | 34 | 11 | 27 | 16 | 25 |
| 2 | 25 | 7 | 29 | 12 | 23 | 17 | 36 |
| 3 | 32 | 8 | 27 | 13 | 27 | 18 | 32 |
| 4 | 31 | 9 | 37 | 14 | 21 | 19 | 28 |
| 5 | 27 | 10 | 31 | 15 | 23 | 20 | 26 |

3. 处理保险索赔部门的经理正在确定本部门的索赔能力。通常处理索赔最少要花 4 天时间。公司承诺在 10 天内处理完所有的索赔要求。处理索赔的平均时间为 8 天，标准差为 1 天。

（1）计算这个部门的过程能力指数 $C_p$ 和 $C_{pk}$。基于过程能力指数，该部门是否应该改进处理过程？

（2）使用相同的数据，但是将处理索赔的平均时间由 8 天改为 7 天，重新计算索赔过程能力指数 $C_{pk}$。

（3）使用原来的数据，但是把标准差由 1 天改为 2/3 天，重新计算过程能力指数 $C_{pk}$。

（4）上述（2）和（3）中哪个更能提高过程能力指数？

4. 某出租汽车公司的客户中心负责接听乘客对司机服务的投诉电话并解决乘客问题。请利用表 13-15 中的数据绘制 $3\sigma$ 控制图。该出租公司的顾客投诉是否在正常范围内？

表 13-15　投诉数据

| 周次 | 投诉数量/次 | 周次 | 投诉数量/次 | 周次 | 投诉数量/次 |
|---|---|---|---|---|---|
| 第1周 | 5 | 第7周 | 9 | 第13周 | 5 |
| 第2周 | 3 | 第8周 | 6 | 第14周 | 6 |
| 第3周 | 4 | 第9周 | 6 | 第15周 | 8 |
| 第4周 | 6 | 第10周 | 7 | 第16周 | 4 |
| 第5周 | 7 | 第11周 | 4 | | |
| 第6周 | 8 | 第12周 | 8 | | |

---

⊖　1 盎司 = 28.349 5 克。

5. 某公司生产产品要经过三道工序，这是质量控制的关键，三道工序实际上各由一台机车完成加工任务，加工能力如表 13-16 所示。

如果标准公差范围为 1.00~1.60 毫米，试判断：哪个工序符合要求？各工序的能力指数是多少？如果公差范围缩小到 1.00~1.40 毫米，情况又将如何？

表 13-16 加工能力

| 工序 | 标准差/毫米 |
| --- | --- |
| 工序 1 | 0.10 |
| 工序 2 | 0.08 |
| 工序 3 | 0.13 |

6. 医院购进一批医疗器具，数额为 10 000 件。根据供需双方达成的协议，AQL 为 1.5%，采用一般检查水平 I 档，如何确定抽样检查方案？

7. 某包装印刷厂的产品检验中有一项很重要的质量指标就是外观检测，要求外观清洁，不能有污点。表 13-17 是该厂质量检验部门某一天对某个批次的产品进行检验的结果数据，请根据这些数据建立质量控制图，并根据数据分析下列问题。

(1) 用排列图分析该工厂的包装产品的外观质量因素。

(2) 如果未来几天，该厂的检验结果中质量缺陷数为 4、6、8、9、9、10、12。请问该厂产品质量是在控制范围之内，还是出现异常？

表 13-17 检验数据

| 样本序号 | 质量缺陷数目/个 | | | 缺陷总数/个 |
| --- | --- | --- | --- | --- |
| | 表面油污 | 图案外观色差 | 表面破损 | |
| 1 | 2 | 1 | 0 | 3 |
| 2 | 3 | 2 | 1 | 6 |
| 3 | 2 | 4 | 3 | 9 |
| 4 | 5 | 2 | 2 | 9 |
| 5 | 3 | 2 | 1 | 6 |
| 6 | 4 | 2 | 0 | 6 |
| 7 | 3 | 1 | 1 | 5 |
| 8 | 5 | 2 | 2 | 9 |
| 9 | 3 | 2 | 1 | 6 |
| 10 | 5 | 3 | 2 | 10 |

8. 某企业加工的产品质量标准为：均值是 50 毫米，上限是 50.05 毫米，下限是 49.95 毫米。负责该工序的甲、乙、丙三位工人当天生产的产品，经过检验结果如下。甲：$\bar{x}=50$ 毫米，$s=0.1$ 毫米；乙：$\bar{x}=49.8$ 毫米，$s=0.05$ 毫米；丙：$\bar{x}=50.01$ 毫米，$s=0.03$ 毫米（$\bar{x}$ 为均值，$s$ 为标准差）。请问哪个工人生产的产品质量最好？

## 实践思考

2022 年 9 月 1 日，2022 年全国"质量月"活动拉开帷幕。时任国务院总理李克强做出重要批示。批示指出：质量是立业之本、强国之基，事关民生福祉。各地区、各有关部门要以习近平新时代中国特色社会主义思想为指导，认真贯彻党中央、国务院决策部署，牢固树立质量第一意识，推动经济发展不断提高质量效益。要加强政策引导，深入推进全面质量管理，优化产业链供应链质量管理。引导企业弘扬工匠精神，落实主体责任，走以质量取胜的路子，着力依靠创新推进质量攻关，打造集质量、标准、技术、品牌等于一体的高品质产品和服务，在市场竞争中锻就中国质量、培育中国精品。要聚焦民生关切，创新监管方式，坚持对质量安全问题"零容忍"，开展质量惠民行动，更好满足人民群众需求。要提升服务效能，广泛开展质量管理等技术服务，助力企业不断增强质量发展能力。各方面共同努力，深入实施质量强国战略，为经济社会高质量发展和国家现代化建设做出更大贡献。

全国"质量月"活动是我国长期开展的一项重大质量活动。我国"质量月"活动是在政府部门的倡导和部署下，以多种形式于每年的 9 月在全国范围内动员全社会尤其是广大企业积极参与，组织开展并旨在提高全民质量意识，营造人人关心质量、重视质量、创造质量、享受质量的良好社会氛围，提升国家质量竞争力的群众性主题活动。

我国的全国"质量月"活动始于1978年。我国质量工作行政主管部门和相关部门在每年全国"质量月"活动期间，都要召开全国性的相关表彰大会和论坛，总结交流全国质量工作取得的成效和经验，对名优产品生产企业、质量管理成绩突出的先进单位和个人进行表彰，并邀请有关著名专家、学者、政府部门领导和企业家代表围绕论坛主题进行广泛深入的研讨和交流。

世界首个全国"质量月"活动起源于日本，日本于1960年11月举行第一次"质量月"活动；1988年10月，美国也开始了一年一度的全国"质量月"活动。

资料来源：中国质量协会网，2022-12-31，http://www.chinatt315.org.cn/zt/zly/quality_re2022.html；中国政府网，2022-09-01，https://www.gov.cn/xinwen/2022-09/01/content_5707885.htm。

讨论问题：

提高产品和服务质量不仅仅是企业的事情，它是一个系统工程，政府、企业、社会大众（消费者）要形成一个共治共管的社会环境。你如何评价开展全国"质量月"活动在提高我国企业质量管理水平方面的作用？对于如何开展全国"质量月"活动以及更好地发挥全国"质量月"的作用，你有什么好的建议？

## 讨论案例

### 上汽通用的卓越品质管理

上汽通用汽车（简称上汽通用）[一]是上海汽车集团旗下的一个合资企业，该公司自建立以来，产销状况良好，2020年全年产销将近150万辆乘用车，到2020年累计销售量达到1 500万辆，成为国内汽车行业的佼佼者。

上汽通用长期以来重视质量管理，在质量管理方面成绩显著，先后荣获"上海市市质量金奖""上海市市长质量奖""全国质量奖"等荣誉。上汽通用汽车从研发质量（产品规划）、制造质量、供应质量、服务质量和数字化全球新产品全生命周期质量管理平台五个方面着手，把质量放在业务发展的最高优先地位，形成了"全民质量""人人都是质量第一人"的良好质量管理氛围。

**1. 研发质量**

上汽通用的质量体系覆盖整条业务链，突出"全员、全时、全程"的"三全"特色。作为汽车生产制造的前奏，产品规划开发是一个复杂的系统过程，直接影响到一款车型投放市场后的表现，关系到大量人力、物力、资金投入后的产出，因此在质量控制中占有举足轻重的地位。作为上汽通用的设计与工程研发中心，泛亚汽车技术中心不仅拥有国际一流的研发硬件设施，同时引进了"六西格玛"设计方法，强调以用户为导向，把质量融入设计。在开发阶段，无论是地表温度达到五六十摄氏度的吐鲁番，还是零下三十几摄氏度的黑河，都是每款车型必须经历的考验。在包含一长串试验项目的名单中，仅一项常规有限耐久性试验就由46种试验子模块构成，包括苛刻的道路载荷使用，城市、高速、制动、长途、驾驶评估等，试验里程超过4万千米，试验时间近1 400小时。

**2. 制造质量**

在上汽通用三大基地的现代化厂房内，先进的工艺装备、高自动化率的柔性生产线都有效保证了高质量制造。以上汽通用北盛新工厂为例，仅车身车间就有机器人105台，其中焊接机器人83台，涂胶和抓料机器人9台，滚边机器人9台，测量机器人4台。这些由ABB、西门子等世界著名自动化技术公司提供的机器人，数量几乎等于一个建制连的"兵力"。同时，防错在生产过程中被广泛应用。总装车间由于多种车型混线生产，零件错装风险高，因此车间利用追溯系统，设计增加了防错功能，通过扫描条形码来检查零件和所装车型是否匹配，如果不匹配，生产线会自动停线报警，确保安装正确。这种防错方法能够保证100%控制错装，使制造过

---

[一] 上海通用汽车于2015年7月1日更名为上汽通用汽车。

程中的质量控制水平又上了一个新台阶。

遵循"满足并超越顾客期望"的质量方针并依据公司的实际情况，上汽通用以 ISO/TS 16949 为主线，创新性地衍生出包括 7 大、31 中、192 子过程在内的质量识别过程，并且各级过程都确定了责任人监控指标的完成情况，保证了质量工具的有效应用。随着业务的发展，上汽通用的精益生产体系在上海、烟台、沈阳、武汉四大生产基地进行复制，推行质量体系的一致性，各项措施具体细化到车间班组，各大基地统一执行，从而保证了不管是哪个工厂生产的汽车，都拥有如出一辙的高品质，由此开创出一条上汽通用质量管理体系的创新建设之路。

### 3. 供应质量

作为中国乘用车行业的领军企业，上汽通用平均每天有超过 4 000 台新车驶下生产线，成为消费者的忠实伙伴。作为一种精密、复杂的高技术产品，每一辆汽车至少有 3 万个零部件，涉及的零部件供应商有 400~500 家。企业的供应商质量管控颇为困难，因为任何一个零部件的微小瑕疵都可能导致产品质量出现问题。

#### "16 步原则"严选供应商

上汽通用在对供应商的选择、能力开发和质量管理方面有一整套严密的体系，严格遵循通用全球供应商开发的"16 步原则"，覆盖从新品立项时对潜在供应商的评审到整个生产周期中对供应商实施质量管理的全部流程。一家新供应商必须通过上海通用汽车采购部、工程部（泛亚技术中心）、物流部三大部门，Q（质量）、S（服务）、T（技术）、P（价格）四大功能块，近 10 次专业评审，才能进入采购体系。

稳定的、高品质的供应商团队为产品品质带来了保障。上汽通用的长期合作供应商数量迅速增长，与上汽通用保持业务往来 3 年以上的供应商已占其国内供应商总数的 80% 以上，保持 5 年以上业务往来的供应商已占总数的 60% 以上。

#### "产品全生命周期"供应商管理

如果说建立完善的供应商前期开发和认可流程，从源头上保证了产品质量，那么"产品全生命周期"的供应商质量管理则从根本上监督并促进了供应商的质量表现。在覆盖供应商早期开发、生产管理以及售后服务的"产品全生命周期"中，上汽通用不仅是监督者，更是参与者，它与供应商一起"死磕"质量品质，实现了与供应商的"双赢"。

上汽通用专门成立了"联合开发中心"，为供应商提供专项培训、业务研讨、技术交流和出口业务等多方面的支持。不仅上汽通用的质量改进小组会深入供应商现场，帮助供应商建立质量保证体系，实现从"质量检验"到"质量预防"的转变，而且在遇到质量技术难题时，由质量专家组成的"豪华阵容"也将入驻供应商现场办公，共同致力于技术攻坚。

此外，上汽通用还帮助供应商开展质量文化建设，如召开供应商质量文化推进总结会、与制造部共同进行供应商班组结对回访、在各生产基地的供应商中推行供应商质量工具培训等，使上汽通用的卓越质量文化影响每一个供应商。

#### 助力供应商打造"四大核心能力"

"零缺陷"是上汽通用对供应商的基本质量要求。除此之外，上汽通用还以帮助供应商全力打造四大核心能力——"质量保障、快速响应、技术创新、成本控制"为己任。

上汽通用始终视供应商为战略合作伙伴，十分注重供应商的能力发展，通过多种方法工具推进和夯实供应商体系管理能力，例如，通过实施产能规划、产能监控、产能控制的全过程管理，建立敏捷、智慧、绿色的供应链，提升供应商的产能响应能力；推动本土供应商积极参与上汽通用全球化采购，获得全球业务；提高关键零件的全过程研发能力，缩小本土供应商与欧美日等供应商的差距；建立新能源、新材料、新工艺和新技术"四新"战略合作新型体系，密切关注新能源产业链核心技术和产品发展趋势，全面帮助供应商提升综合管理能力。

为支持"绿动未来"企业战略，上汽通用还制订发展"绿色供应商"计划，促进供应商的节能减排与资源合理利用。2012 年 12 月，上海通用汽车当选为"上海绿色供应链管理示范项目"首批试点企业。

### 4. 服务质量

上汽通用始终精心架构并不断完善包括服务理念、精益流程、人员培训、硬件设施等在内的一整套服务体系，为顾客提供最专业的服务。多年来，随着汽车销量的猛增、用户群的扩大，上汽通用凭借强大的体系坚持不懈提供优质、体贴的服务，并在模式创新和服务质量上不断提升、不断突破。从开国内品牌服务先河,创立"比你更关心你"的"别克关怀"品牌服务,到推出以"懂车更懂你"为服务理念的雪佛兰"金领结服务",再到凯迪拉克"尊崇有加-凯迪拉克PLUS服务",上汽通用不断为客户提供全方位的尊崇体验和增值服务。同时,随着移动应用和网络的发展以及消费者消费习惯的变化,上汽通用还创新发展数字化服务,三大品牌先后推出了iBuick、My Chevy和MyCadillac手机app终端应用,并积极探索营销、服务与电商平台的结合,在行业内率先构建起从整车销售到售后服务的O2O"一站式"电商模式,为客户提供互联网环境下的全新服务体验。

2019年,上汽通用再次对服务体系和业务模式进行创新和升级,发力锻造"7S模块化经销商服务体系",从新车销售、售后服务、配件、客户关怀、二手车服务、共享、金融服务七大维度,采用数字化全新服务模式,打造功能丰富的线上线下服务平台。

据介绍,上汽通用7S服务体系推出的"二手车服务""共享""金融服务"三大全新功能板块,从提供评估、收购、认证、销售和全面线上支持等二手车全业务链服务,到为客户打造包括可实现救援车、接送车共享的服务衍生共享平台,还有提供多元化、定制化的贷款、保险、融资租赁等金融产品和服务等,都对现有4S模式进行了突破性延展,体现了上汽通用不断提升的服务创新力及对优势资源的高效整合能力。

**5. 数字化全球新产品全生命周期质量管理平台**

上汽通用根据公司战略、顾客与市场需求的变化,搭建了面向全球产品的新产品全生命周期质量管理平台。平台覆盖质量管理全过程,从质量策划、质量控制、质量保证和质量改进四方面落地,设计阶段输入全球客户需求,创新FMEA FIT集成系统,完善设计及工艺开发,搭建PQRR项目质量管理评审系统为平台运行提供流程保障,通过OTA远程系统升级及售后24小时快速响应机制等方法持续提升产品全生命周期客户体验,并通过创新管理流程和质量工具,实现产品全生命周期的闭环质量管理。

基于该平台实施的产品已投放全球市场,获得显著经济效益和社会收益,百辆车抱怨率年均下降10%,售后索赔成本年均下降2亿元,多款出口车型实现全球销量口碑双丰收,并多次荣获"全国质量奖""全国质量技术奖"等荣誉。该平台将持续增强公司核心竞争力,以创新的汽车产品和服务,引领智慧出行,成就美好生活。

资料来源:根据2020年8月4日上海经济与信息化委员会网站发文、2019年3月20日中国质量新闻网发文、2014年09月18日中国新闻网发文、2014年07月25日新华网发文、2015年12月25日一财网发文整理编写。

## 讨论

1. 上汽通用汽车是如何开展全面质量管理的?全面质量管理体现在什么地方?
2. 作为供应商数量众多的汽车企业,上汽通用汽车对供应商的质量管理有什么特色?
3. 结合上汽通用汽车的案例,谈谈你对全面质量管理的理解。

# 第 14 章
CHAPTER 14

# 丰田生产方式与精益生产

§ 学习目标

- 熟悉丰田生产方式的本质与精髓。
- 熟悉丰田生产方式的主要管理方法。
- 了解丰田生产方式的新发展——精益生产的内涵。
- 了解如何在非制造业应用精益生产思想。

§ 引例

### 中车大同公司首条精益生产线"出炉"

中车大同电力机车有限公司（简称"中车大同公司"）举行机车精益生产线量产放行仪式，这标志着公司第一条机车精益生产线达到产品量产标准，正式"出炉"。

与传统生产线不同，精益生产线以"工位制和节拍化"为核心，对现有生产线实施"精益"再造，使资源配置更加科学、资源利用更加高效。

以一款机车的生产制造过程为模型，中车大同公司将产品订单交付作为结点，明确2天1台车的生产安排，精确解构从技术准备到产线运维的机车产品生产全过程，形成了以机车总组装为主生产线，以车体组焊、转向架组装等为支生产线的组织结构，并划分出140个工位，按照精益管理要求实现了生产单元的闭环管理。

"精益生产线建设发轫于企业全流程的价值体系，是迈向精益管理的必经之路，它将机车生产全过程纳入精益管理中，将有效推动机车产品质量和生产效率的持续提升。"中车大同公司总经理付拥军说道。

据了解，基于"模拟+实践"的方式，中车大同公司积极推进精益生产线建设，通过开展仿真验证、项点识别、推演点检，分步骤有序地对整条生产线进行梳理。其间，累计输出工艺更改通知单211份，产线工艺表单884份，工位表单1 232份，设计工装工具392套，并针对11项瓶颈工位情况制定了改进措施，满足了精益生产线建设的标准和要求。

同时，中车大同公司积极调动全体员工的积极性，广泛开展精益改善活动，消除浪费，提升作业的合理化水平；围绕管理流程和生产制造流程，开展多层次、多领域的精益小组竞赛及提案评选等活动，并大力推进工位制建设，加强节拍化生产管理，持续促进精益生产线建设的执行高效化和最优化。

经验证比对，相比同类机车生产过程，精益生产线准备周期缩短了20天，各工位质量一次性交检合格率提升至98%，生产计划兑现率达到100%，节拍兑现率提升至99.85%，机车产品研制的进度得到有效保证，产品质量持续提升。

2020年，中车大同公司的精益管理工作顺利完成了年初设定的目标，中车大同公司整体升级为中车"精益管理二级"企业。未来，中车大同公司将持续推进精益管理体系化、结构化发展，深度融入信息、数字和智能技术，突破精益制造的数字化转型难题，实现业务管理的信息化流转，改善产品制造的保障能力，提升经营管理的软实力，丰富精益管理的价值创造能力。

资料来源：中车研究院网站新闻，2018年10月17日，https://www.crrcgc.cc/yjy/g9946/s18752/t296597.aspx；中车大同公司网站新闻，2021年5月13日，https://www.crrcgc.cc/g5122/s16000/t320542.aspx。

思考与讨论：1. 中车大同公司在精益生产中主要做了哪些方面的工作？
2. 通过精益生产，中车大同公司取得了哪些成果？

## 14.1 丰田生产方式的起源与精髓

### 14.1.1 汽车工业生产的一次飞跃

20世纪初，美国福特公司创立了大批量流水生产方式，开创了现代生产新时代。福特生产系统有两个基本原理：①生产标准化原理；②移动装配线法原理。基于这两个原理，福特公司通过采用严格的劳动分工、计划与执行分离、机械化生产、单一品种的流水生产线等措施实现了大批量生产。这种大批量单一品种生产适应了当时美国市场的发展要求：市场需求由生产推动，企业只要生产出既便宜又好的东西就能赚钱。但是，福特公司的这种生产系统在20世纪后半期受到了挑战：一方面，市场进入了多元化时代，多品种小批量的市场取代了大批量单一品种市场，福特公司专一化的产品生产方式无法适应这种市场多元化的需要；另一方面，福特流水生产线采用的一贯的作业体制也带来了一些负面的效应，如员工产生的缺乏权力感、无意义感、被孤立感等，由于过分注重技术的利用，福特缺乏对人的尊重，导致员工怠工、缺席增加，生产效率的提升受到影响。这两方面成了汽车工业发展的障碍。在这样的历史背景下，一种适应多品种小批量生产的新的生产方式诞生了——丰田生产方式。丰田生产方式的基本思想是"在需要的时候，按照需要的数量生产需要的产品"，因此，人们也把丰田生产方式称为"准时化生产"或 JIT 生产。

准时化生产方式是丰田公司经过 30 多年在 20 世纪 70 年代形成的新的生产方式，这种生产方式在经营理念、生产体制、生产计划与控制、库存观念、生产线布置、员工管理等方面都与福特生产方式不同。研究表明，这种生产方式在人力资源的利用、产品开发周期、在制品库存、工厂占用空间、产品库存、产品质量等方面都比其他的生产经营方式有优越性。从 20 世纪 80 年代开始，丰田生产方式受到全世界的汽车工业以及其他工业的重视，成为继大批量生产方式之后又一次的工业生产变革，汽车工业生产实现了飞跃。

### 14.1.2　准时化生产方式的目标与经营理念

尽管企业的宗旨千差万别，但是任何一个企业的最高经营目标都是获取利润，丰田公司也一样。在如何获取利润方面，有两种不同的经营理念：一种做法是成本主义，即售价＝成本＋利润，这种经营理念指出，要想提高利润，必须提高价格；另一种做法是非成本主义，即利润＝售价－成本，这种经营理念指出，售价是由市场决定的，要想获取利润，只有降低成本。丰田公司采用的就是这种非成本主义的做法。基于这种非成本主义的思想，丰田生产方式追求一种理想的经营目标——不断消除浪费，进行永无止境的改进。

丰田公司认为在生产过程中存在七种浪费，它们有以下表现形式：

- 生产过度的浪费；
- 停工等待的浪费；
- 搬运的浪费；
- 加工本身无效的浪费；
- 库存的浪费；
- 动作的浪费；
- 制造不良的浪费。

这七种浪费是造成生产系统效益低下的根源，企业必须"无情地消除浪费"。为了实现这样的目标，丰田公司提出了两个基本的经营理念：零库存与零缺陷管理。

在丰田公司看来，库存是万恶之源，它掩盖了企业的管理问题，比如机器故障、产品质量问题、原材料供应问题、工艺与工人素质问题等。丰田公司倡导在降低库存—暴露问题—降低库存这样一种无限循环提高的过程中改善生产系统，这是一个永无止境的过程。丰田公司创造了一系列降低库存、减少浪费的方法，如看板控制系统、平准化计划、小批量生产小批量运输、准时化采购、自动化、少人化、现场改善等。

要实现零库存，必须保证每一道工序生产的产品百分之百合格，即零缺陷。丰田公司为了实现零缺陷的质量管理，从 1961 年开始开展全面质量管理活动，在"质量要在本工序创出，确保后工序顺利作业"理念的指导下，通过科学、有效的质量管理，开展了积极发现问题、促进改善、查明质量不良的原因、防止问题再发生、严格按数据进行管理、全员参加等一系列活动。产品质量的提高，为进一步减少库存、降低浪费提供了条件。

为了降低成本与浪费，除了充分利用生产系统的硬件技术与管理方法外，丰田生产方式与福特生产方式的最大不同在于对待工人的态度。丰田公司改变了福特公司把工人当作"活机器"的做法，给予员工充分的尊重与信任，创造性地利用人力资源，发挥小团队的作用。在丰田公司看来，实现企业根本改善的关键是员工，员工是生产现场的主人，因此，在丰田公司，有许多以工人为主体的合理化提案活动及各种各样的质量改善小组，通过发挥员工的主观能动性，大大提高了员工工作的积极性，公司的利润也得到了提高。

归纳起来，丰田公司在生产管理过程中坚持如下三个基本原则：

- 产品的品种与数量都能适应需求的变动，即做到适时适量；
- 各工序给后道工序只提供合格品的质量保证；
- 在为了实现降低成本的目标而充分利用人力资源的同时，给予人更多的尊重。

## 14.2 丰田生产方式的方法体系

准时化生产经营管理方法是经历了几十年的演变形成的，而且还在不断演变，因此，对于丰田生产方式的管理思想与方法，目前不同的人有不同的理解。但是一些比较重要的思想与方法是大多数人公认的，比如丰田公司的牵引生产系统、看板控制系统、弹性作业人数、准时化采购等。

### 14.2.1 准时生产线

丰田公司为了实现准时化生产，对生产线进行了改造，按照流水生产方式组织生产系统，在工厂一级采用对象专业化的方式组织生产设施，同时在工作站建立准时生产单元，如U形生产单元和C形生产单元。图14-1为准时生产单元中的U形生产单元。多个准时生产单元组合起来就形成了准时生产线。

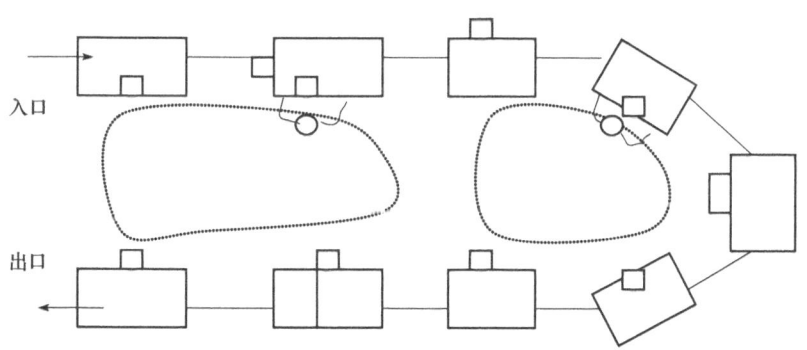

图14-1 U形生产单元

U形生产单元的布置方式有两个方面的好处。第一个方面的好处是可以弹性调整作业人数。为了减少人工浪费，准时生产方式要求生产过程中的人员满负荷工作，当生产节拍改变时，生产单元的工人数也要改变。U形生产单元能够适应这种弹性作业人数的要求，它比长条形的流水作业单元具有更大的作业人数调整弹性。U形生产单元第二个方面的好处是可以减少工人无效劳动浪费。在长条形的生产线中，当一个工人看管多台机器时，工人每一次看管回程都是无效的劳动，而U形生产单元没有这种回程的时间浪费。

此外，U形生产单元还有节省场地、容易开展团队工作、适应多品种少量生产等优点。

操作这样的生产单元要求工人具有多种技能，即多能化，因为在这种生产单元里，每一个工人操作多台机器。这种多机台操作与一般生产线的多机台操作不同。一般生产线的多机台操作是一个工人同时操作多台相同的机器，而准时生产单元里面的多机操作是一个人操作多台不同的机器。

在生产线的布置方面，除了 U 形生产单元的布置方式外，企业还可以采用其他的布置方式（由企业生产工艺的特点决定），比如采用成组布置方式。成组布置也是一种对象专业化的设备布置方式，它能起到降低物料运输成本、缩短生产周期、减少在制品库存等作用。

### 14.2.2 平准化计划

在丰田公司的生产计划系统中，平准化是一个非常重要的环节。所谓平准化，就是完全按照市场需求的节拍来组织物料生产。这种计划方法要求在生产过程中尽量减少每种产品的生产批量，直到需要一台生产一台，每种产品相间出产。

减少生产批量有如下几个方面的好处：

- 降低库存与库存成本；
- 减小生产与库存空间；
- 减少返工量；
- 容易暴露管理缺陷；
- 提高生产系统的柔性；
- 有利于均衡生产。

下面举一个例子说明平准化计划的思想。假设在某时期要生产三种产品 A、B、C，各产品的产量为 10 台，可以有很多种投产顺序，比如以下三种典型方式：

- AAAAAAAAAABBBBBBBBBBCCCCCCCCCC；
- AAAAABBBBBCCCCCAAAAABBBBBCCCCC；
- ABCABCABCABCABCABCABCABCABCABC。

第一种投产方法，每一种产品的生产批量都是 10，当生产第一种产品时，其他的产品要等待比较长的时间。第二种投产方法，每一种产品的生产批量减少为 5，三种产品相间出产，产品等待时间分配得均衡一些。第三种投产方法，每一种产品的生产批量为 1，每一次只生产一台，这种投产方法比第二种方法更均衡，当生产一种产品时，其他产品的等待生产时间更短。

在上述三种投产顺序中，第一种方法最缺乏柔性，第三种方法最有柔性。比如，如果产品 A 的实际需求在中后期发生了变化，第一种方法由于产品 A 已经出产，无法改变产量，第二种方法可以改变一部分，而第三种方法调整的余地更大。因此我们说，平准化生产计划有利于提高生产计划的实时响应能力，能够使生产系统按照实际需求来组织生产。但是这种平准化生产计划需要经常调整生产设备，从一种产品的生产转到另一种产品的生产。这将使生产成本增加，为此，丰田公司要求不断缩短生产工艺的改换时间，即缩短调整准备时间。

### 14.2.3 看板控制系统

丰田公司在制订作业计划指令和进行生产控制时，采用了一种独特的方法——看板。看板是传递生产信息的一种工具。看板管理是丰田生产方式最独特的地方，丰田公司通过看板实现后工序领取零件、小批量生产小批量运送、生产均衡化。

### 1. 看板的作用

看板具有两个基本功能：管理功能与改善功能。

看板的管理功能体现在：一方面，它是生产以及运送的指令；另一方面，看板可以作为生产优先次序的工具。采用看板管理，每一道工序都按照生产看板显示的数量生产，按照运送看板显示的数量运送，没有看板不能生产也不能运送，从而防止了过量生产与过量运送。

除了管理功能外，看板还有改善功能，这种改善功能主要通过减少看板数量、减少库存来实现。JIT 生产方式认为库存不仅是一种浪费，而且掩盖了管理问题，因此必须不断减少库存来暴露问题，然后解决问题。

### 2. 看板的种类与形式

看板是一种生产管理工具，其形式与种类很多，有的采用塑料卡片，有的采用铁制卡片，有的采用某种信号灯或电视显示屏。虽然种类繁多，但是归纳起来看板主要有如下几种类型。

（1）生产看板。生产看板用于指挥工作地的生产。不同生产类型的看板可以有以下不同的形式。

- 当流水线只生产一种产品时，可以采用信号灯作为看板，每一道工序生产的产品被后工序取走时，按下按钮，指示灯亮，表示需要生产；后工序不取走产品，指示灯就不亮。
- 当流水线生产多种产品时，可以用不同颜色的卡片代表不同的产品生产看板。
- 成批生产的看板。当成批生产时，看板需要有生产批量、再订购点、加工设备、加工工件等信息。

不同企业生产看板卡片上的内容与式样都可能不同，图 14-2 是两种生产看板的式样。

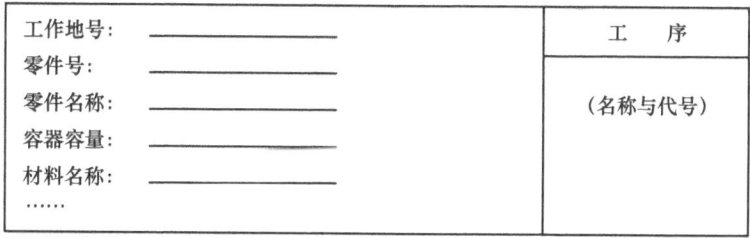

a) 四角形看板

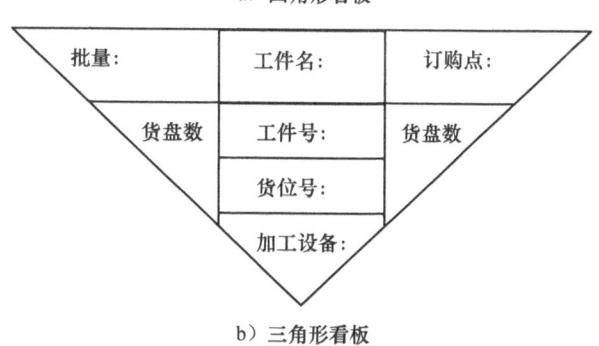

b) 三角形看板

图 14-2　生产看板的式样

（2）传送看板。传送看板有两种：一种是工序之间的传送看板，另一种是外协的传送看板。工序之间的传送看板一般包括的信息有零件号、容器容量、看板号、供方工作地、需方工作地等。外协的传送看板主要在外部供应商供应零件或原料时使用，其主要信息包括供应商名称、货物名称、传送看板号、使用的产品名称与编号、使用（或存放）地点、交货时间、交货数量等。图 14-3 为外协传送看板的式样。

| 看板号： | 交货（使用）地点： | 交货时间： |
|---|---|---|
| 品名与代号：（条形码） | 数量与包装代号： | |
| 供应商： | 用户： | |

图 14-3　外协传送看板的式样

（3）其他看板。除了生产看板与传送看板外，企业有时也采用其他看板，比如临时看板（只在加班时使用的非循环看板）、串联看板（多个工作站同时使用同一看板）等。另外，有的企业把现场管理的信息公告叫作管理看板，这是看板的另一种形式。

### 3. 如何利用看板组织生产

准时化生产方式采用看板进行生产过程控制，这是一种牵引的生产方式，那么如何利用看板组织生产呢？下面我们来分析。

首先我们来分析一种"双卡系统"，即同时采用生产看板与传送看板的生产组织过程，如图 14-4 所示。

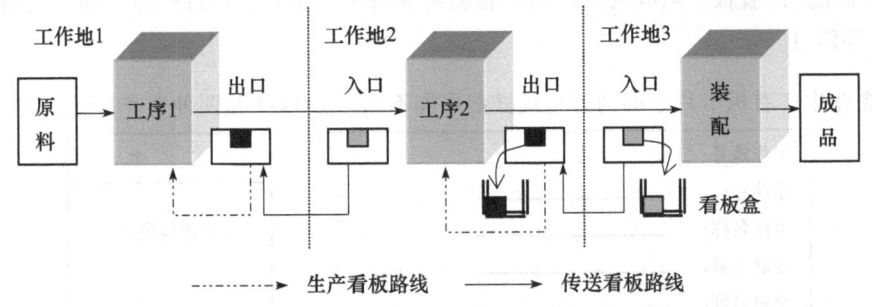

图 14-4　双卡系统

图 14-4 是由三个工作地组成的生产线，工作地 3 为装配工序，工作地 1 和工作地 2 为半成品加工中心。装配工序的生产计划是由装配计划决定的，而各半成品加工中心的加工生产指令由看板驱动。以下通过装配工序 3 与加工工序 2 之间的看板运行过程介绍看板管理方法。

- 装配工序上的工人从入口容器内取走待加工的工件，取下看板放入看板盒中。
- 将装配工序的空容器（附传送看板）送到加工工序 2。
- 将空容器放在工序 2 指定的位置，根据传送看板找到装配工序 3 所需要的物料，然后将盛有该物料的标准容器上的生产看板取下，放入看板盒中。
- 将装配工序的取货看板系在该容器上。
- 将系好取货看板的容器送回装配工序。
- 当工序 2 的空标准容器装满时，将看板盒中的生产看板系其上，等待装配工序来取货。

工序 2 与工序 1 之间的看板管理过程与上面类似。

以上就是采用两种看板的生产组织过程。除了双卡系统外，在很多情况下可以只使用传送看板，不用生产看板，这种看板管理叫"单卡系统"。在单卡系统中，总装配工序有日作业计划，根据装配计划并通过物料需求的计算确定各工作地的日作业计划。每个工作地根据其生产需要，用传送看板从前面一道工序领取所需要的物料。

### 4. 看板使用原则

利用看板组织生产管理，要坚持如下几个原则。

- 无论是生产看板还是传送看板，都必须附在容器上。
- 不合格产品不交给下道工序。
- 不允许使用非标准容器或不按照标准数量放置。
- 凭看板生产与运送，不见看板不生产、不运送。
- 按照看板出现的次序与显示的数量生产，做到适时适量。

看板管理是准时化生产的核心。通过看板来指挥生产现场，最终实现准时化生产的最高目标：在需要的时候，按需要的数量，生产需要的产品。

### 5. 看板数量的计算

看板管理从本质上讲还是库存管理的问题。企业通过看板实现库存最小化的目的。尽管我们说丰田生产方式是无库存的生产方式，但是丰田的生产过程仍然采用的是库存控制模式，只不过其库存控制模式是牵引式而非推进式。

库存控制有两种基本模式：一种是定量模式，另一种是定期模式。与此相对应，准时化生产过程看板的领取模式也有定量与定期两种。丰田公司内部各工序之间的看板全部采用定量领取模式，而外协加工的供应看板都采用定期领取模式。

（1）生产看板的数量。生产看板的数量可以用如下公式计算：

$$N_p = \frac{DT_w(1+\alpha)}{b} \tag{14-1}$$

式中　$D$——对某物料的日需求量；

　　　$T_w$——生产看板循环周期，或者叫生产看板周转周期；

　　　$b$——容器的容量；

　　　$\alpha$——保险系数。

（2）传送看板的数量计算。传送看板的数量计算与生产看板类似：

$$N_t = \frac{DT_t(1+\alpha)}{b} \tag{14-2}$$

式中　$T_t$——传送看板循环周期。

### 应用范例 14-1

某公司零件日需求量为 1 500 件，标准容器的容量是 10 件/箱，每天的生产时间为 8 小时，生产看板循环周期为 0.5 小时，传送看板循环周期为 1 小时，保险系数为 0.2。求每天生产看板与传送看板的数量。

**解**：根据式（14-1）和式（14-2），生产看板和传送看板的数量计算如下。

$$生产看板：N_p = \frac{DT_w(1+\alpha)}{b} = \frac{1\,500\,件/天 \times \dfrac{0.5\,时}{8\,时/天} \times (1+0.2)}{10\,件/箱}$$

$$= \frac{1\,500\,件/天 \times 0.5\,时 \times (1+0.2)}{10\,件/箱 \times 8\,时/天} = 90/8 \approx 12(箱)$$

$$传送看板：N_t = \frac{DT_t(1+\alpha)}{b} = \frac{1\,500\,件/天 \times \dfrac{1\,时}{8\,时/天} \times (1+0.2)}{10\,件/箱}$$

$$= \frac{1\,500\,件/天 \times 1\,时}{10\,件/箱 \times 8\,时/天} \times (1+0.2) \approx 23(箱)$$

以上计算过程中，由于生产看板循环周期和传送看板循环周期分别为 0.5 小时与 1 小时，按照每天生产 8 小时将其转化为天数，因此，$T_w = \dfrac{0.5\,时}{8\,时/天} = 0.062\,5\,天$，$T_t = \dfrac{1\,时}{8\,时/天} = 0.125\,天$。

除了上述计算方法外，丰田公司还根据不同生产工艺阶段的特点确定看板数量。具体的计算方法存在一定的差异。

（3）外协看板的数量计算。外协看板的数量计算和生产工序之间传送看板的数量计算公式一样，但是值得注意的是，外协加工看板一般采用定期领取模式，如果采用定量领取模式，势必增加运输次数，从而增加供应商的运输成本。丰田采用"巡回、混装运输"的方法解决这样的问题，即在规定的时间内，运输车辆到各厂巡回，一次集中装载多个供应商的零件。外协看板数量可以用如下公式计算。

$$外协看板数量 = \frac{每日需求量}{运输工具容量} \times \left(一次运输需要的天数 \times \frac{1+运输间隔期}{每天平均运输次数} + 保险系数\right) \tag{14-3}$$

以上计算的看板数量并不是固定不变的，丰田公司的理念是随着生产现场的不断改善，看板的数量应该不断减少。下面用一个例子说明如何使用这种方法计算看板数量。

### 应用范例 14-2

某汽车厂与零件供应商之间通过看板供应的方式进行零件供应，每天需求量为 100 件，运输工具（卡车）容量是 5 件，保险系数是 0.2，一次运输时间是 1 天（如果实际运输时间是 2 小时，也按照 1 天计算），每天运输次数为 6 次，运输间隔期是原卡片周转 2 次。求看板的数量。

**解**：看板的数量 $= \dfrac{100}{5} \times \left(1 \times \dfrac{1+2}{6} + 0.2\right) = 20 \times (0.5 + 0.2) = 14$（个）

以上是丰田公司计算看板数量的方法。当然，在实施看板供应的时候，由于不同企业采用的准时供应在运作上可能存在一定的差异，比如运输装运方式不同、对运输时间的计算不同，因此企业计算看板数量的方法也有所不同。

### 14.2.4　战略供应商关系

采购过程中存在大量的浪费，必须彻底消灭浪费。丰田公司在采购物资时要求其供应商也按照看板控制的方式进行物资供应，供应商要做到需要的时候就供应，即准时准量。准时采购是把准时化生产的理念延伸到了供应商，使供应商与制造商同步化生产，以消除供应过程中的浪费。

下面谈谈准时采购策略。

第一，在选择供应商方面，企业通过对供应商的筛选，与少数供应商建立长期的合作关系，对供应商采用分层管理的方式，并根据不同物资供应的特点建立不同的供应商合作关系，如表 14-1 所示。

表 14-1 供应商的分层管理

| 供应商类型 | 合作的特点 |
| --- | --- |
| 核心层供应商 | 适用于顾客化物资，采用最紧密的合作，如人员交流、资本投资、共同计划等 |
| 紧密层供应商 | 适用于顾客化产品，采用紧密的合作方式，如联合产品开发部门人员之间的交流 |
| 一般供应商 | 适用于标准化产品、通用产品，产品开发与制造活动之间的协调比较少 |

第二，实施准时采购的供应商一般距离企业比较近，因为只有距离比较近，才有可能实施小批量、频繁供货。

第三，为了更好地实施准时供应计划，需求方（装配企业）应该给予供应商一定的支持与帮助，以使其有能力和积极性改善生产与供应系统，满足准时化供应的要求。

第四，企业不能单方面强制供应商实施准时化供应。企业必须尊重供应商的意见，双方共同协商并就准时化供应的方式与内容达成一致，方可采取行动。

丰田公司每月下旬通过内部订货的方式通知供应商下月的需求量，但是实际交货的时候供应商是按照看板指示的需求数量交货的，从而会导致月订货量与看板指示的数量存在偏差。而一旦供应商不按照看板数量交货，丰田公司就拒绝接受，这样给供应商造成了很大的压力。另外，准时供应系统确实帮助丰田公司减少了大量的库存成本，但是供应商为了满足丰田公司的准时化要求增加了库存成本。为了解决这些问题，丰田公司采取了如下措施。

- 尽量减少每月订货量与看板指示的需求量的差异，差异率控制在 10% 以内，并请求供应商同意这种程度的差异率。
- 在某种型号的汽车停止生产之前通知供应商，如果确有损失，给予供应商补偿。
- 经常提醒供应商，在看板指示到来之前不要生产，以免出现生产过剩现象。
- 供应商应尽量缩短生产周期，为此丰田公司会提供一定的帮助。

|运作聚焦|

### 精益生产："智造"大飞机

中国商用飞机有限责任公司（以下简称"中国商飞"）生产的 C919 和 ARJ21 两款国产飞机取得可喜的成绩。

为了保证质量和安全，飞机制造过程是非常严格的，需要精益求精的工匠精神。为了保证质量，提升经济效益，中国商飞在飞机的生产制造过程中推行精益生产理念，改善生产过程。2002 年 3 月，

波音公司精益制造专家Debra女士来到当时的上海飞机制造厂（以下简称"上飞公司"）凯飞事业部，并带来了全新的生产管理理念——精益制造。

近年来随着精益逐渐成为全球制造业的共识，上飞公司开始了对精益生产、精益制造、精益管理的孜孜追求。

上飞公司组织了精益培训，培训做到了全员覆盖，还建立了精益培训基地；无纸化管理、目视化看板、6S管理、全员设备维护等一系列精益工具和方法在上飞公司得到了越来越广泛的应用。

作为中国商飞的总装制造中心，上飞公司正在从制造大飞机走向"智造"大飞机。

### 对标一流　精益生产

从生产任务的角度来讲，精益能够减少投入、提升效率、提高收益。从文化理念的角度来讲，精益与中国商飞"勤俭研制大飞机"的发展理念相契合。从市场环境的角度来讲，精益是企业提升产品竞争力、有效应对市场竞争的内生动力。

在上飞公司，精益最早起步于专门从事波音转包生产业务的凯飞事业部。凯飞事业部的精益历程大致分为五个阶段：2002年，导入精益理念；2003～2004年，完成精益试点；2005～2008年，开展精益基础活动及推广；2009～2012年，全方位精益并进行局部创新；2013年以后，系统精益、全员精益。比如，通过3P（生产、准备、过程）模拟来识别布局问题点，发掘出最优的布局方案，通过在正式生产前模拟装配流程来寻找改进机会，不断缩短中间环节，进而提升生产效率。

2010年，在引入6S管理的基础上，精益制造正式成为上飞公司降本增效的主要管理途径。同时，上飞公司立足战略发展角度，建立了精益制造管理体系，并结合型号任务需要，不断完善现有机制，持续打造精益现场，设置精益专员，锻炼精益队伍，让精益深入每一个车间、每一个岗位，取得了良好的效果。

### 全员参与　精益原动力

在上飞公司工装制造车间，有一个不到30米$^2$的小教室，里面简单放了十几张课桌、几幅精益宣传画、几张白板。这就是工装制造车间职工自发筹建的精益培训基地。

基地是自发组织的，课件是自己制作的，器材是干部职工自掏腰包购置的，物质条件有限，但对于精益培训，工装车间的干部职工们全心投入、乐在其中。只要不耽误生产任务，大家一有时间就一头扎进培训基地，上内部培训课，交流精益工具和方法，在学习和切磋中提升对精益的认识，提高精益生产能力。

全员参与使得各项精益工具、方法、制度充分发挥作用。

李焕启是工装车间的数控车工，也是精益生产的参与者、精益工具的发明者。数控车床工位经常用到铜棒作为加工原材料，铜棒长短不一，每次用时都得拿尺子量一下大概的长度。就这个"量一下"的简单工序，让李焕启动起了脑筋："能不能改进'量一下'这个流程，节约一些时间，提高一点效率呢？"很快他就有了主意，在原料箱内沿上用墨笔画上尺寸刻度，每次拿材料时，只需将铜棒和刻度对比一下就行。"现在，我只要眼睛扫一下刻度和铜棒，就能知道铜棒的大致长度了。"李焕启笑称，自己也成了精益的受益者。

类似的例子在工装车间乃至上飞公司都不胜枚举。"前几年，上飞公司通过精益实践、人才培养、改善提案等方式推进精益活动，营造全员参与氛围，取得了较好的进展。"上飞公司副总经理黄敏称，"精益活动必须扎根班组，激发职工积极性，才能持之以恒，才能取得实效。"

**持续改进　精益无止境**

2005 年，在美国华盛顿州伦顿的波音工厂，精益技术使波音 737 飞机总装时间又一次刷新了历史纪录。据当时的报道，该工厂只需 11 天即可完成一架波音 737 飞机的总装工作。与引入精益技术之前相比，总装时间至少缩短 50%，工作流程产品存货减少 55%，储备存货减少 59%。

波音 737/757 项目时任总经理卡罗琳·科维在接受媒体采访时说："我们不会仅仅满足于将时间减半，改善我们的生产系统不只是要做得更快，还要把每件事做得更好，不断提高我们的产品质量并改善这些产品的设计和制造流程。"

和百年波音相比，中国商飞在精益企业的征程上还有很长的路要走。

精益无止境。上飞公司将通过建章立制、精益培训、精益到场等精益活动，进一步推进精益生产，逐年提高精益收益，逐步实现精益管理、打造精益企业。

资料来源：根据中国商飞公司官网资料整理，http://www.comac.cc。

## 14.2.5　多能工与少人化

要减少生产过程中的浪费，除了生产计划与控制等管理措施外，减少生产过程中的人力资源浪费也是一项重要的措施。丰田公司在减少人力资源浪费方面有独特的做法——少人化。

丰田生产方式实现少人化的途径有如下几种。

(1) 通过改变设备的配置方式实现少人化。丰田公司采用的准时化生产单元，即 U 形生产单元是实现少人化的重要措施。在 U 形生产单元中，当作业量改变时，可以很方便地改变作业人数。为了充分利用 U 形生产单元节省人力的优势，有时可以把多个 U 形生产单元联合起来，形成联合的 U 形生产单元。

(2) 通过员工多能化训练实现少人化。多能化是准时化生产方式区别于大量生产方式的主要标志之一。丰田公司等一些日本企业要求每个工人掌握其负责的作业工序的多个岗位操作技能，在我国，一些中日合资企业同样有这种要求，有的企业有的工序要求员工掌握七八种技能。员工技能多样化，使弹性减少作业人数成为可能。

要使员工多能化，培训是唯一有效的方法，因此企业应该建立员工技能培训制度。图 14-5 是一个多能工作业培训计划表。

丰田公司为了考核员工的多能化水平，在车间班组设立了一个班组多能化率指标，按下式计算：

$$班组多能化率 = \frac{\sum_{i=1}^{n} G_i}{Mn} \tag{14-4}$$

式中　$G_i$——各人已经训练完毕，并且已经掌握的工序数（岗位数）；

　　　$M$——总的作业数；

　　　$n$——班内工人总数。

通过实施多能化制度，班内、班与班之间、工段与工段之间的人员流动性提高了，打破了传统的大批量生产的固定岗位制度，每一位员工都能适应多种岗位的工作，从而能够灵活适应生产的变动，这为实现职务轮换、减少作业人数提供了保障。

(3) 通过作业标准改善与作业优化组合实现少人化。通过作业标准改善与作业优化组合，也可以减少作业人数，比如把孤立的作业改为员工能够互相支援的作业；把那些需要长期经验的与非直观的作业改为谁都能干的标准作业。为了改善作业标准，企业要善于利用工业工程（IE）的方法，如通过方法研究和时间测量不断规范与改善作业标准。改善作业标准，关键是要对员工进行训练，提高员工的工作熟练程度。

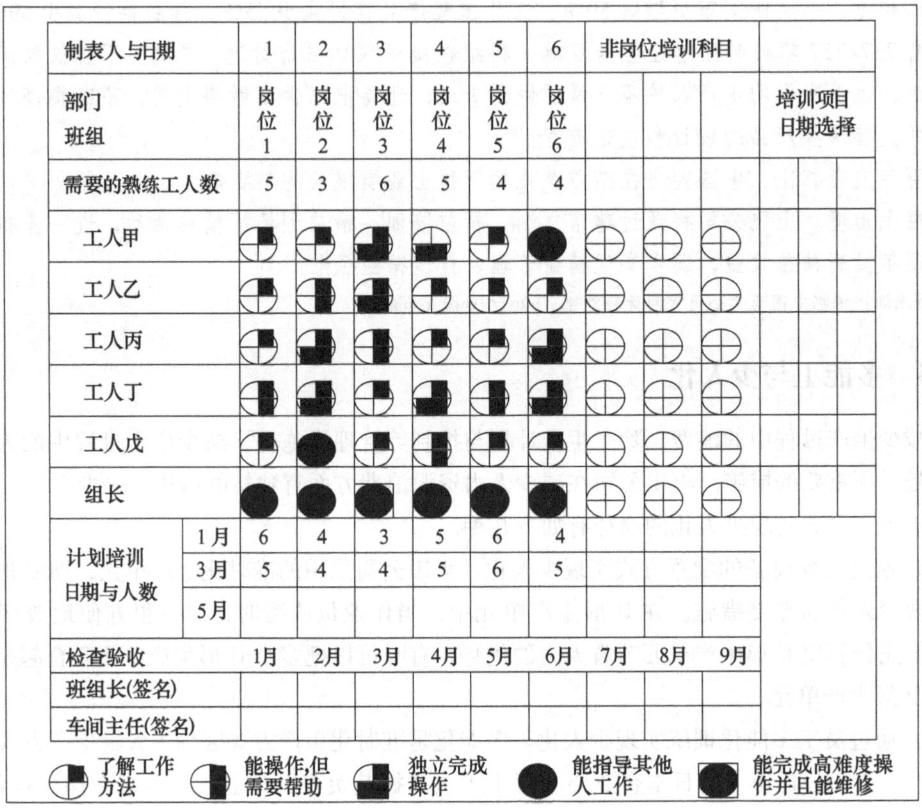

图 14-5　多能工作业培训计划表

（4）通过自动化实现少人化。丰田公司准时化生产中的"自动化"与机械自动化的概念不同。前者指的是自律缺陷控制（autonomous defects control），它除了一般意义上的机械方面的自动化含义外，还包含人的自律。丰田公司的生产方式，一方面强调人的自觉性，通过自我检查、自我监督的现场管理思想来提高人的"自动化"水平；另一方面大量采用一些先进的自动化生产与检测设备，以此降低人工成本。

## 14.2.6　缩短调整准备时间

在多品种的生产线上，当一个设备从一种产品的生产转到另一种产品的生产时，需要改变工艺与模具，这种改变就是生产调整。在批量生产方式下，为了协调生产批量与设备调整时间损失，常采用"最小批量法"和"经济生产批量法"来决定生产批量。

当采用"最小批量法"决定生产批量时，批量大小可以用下式计算：

$$Q_{\min} \geq \frac{t_{ad}}{\delta t} \tag{14-5}$$

式中　$\delta$——设备调整时间损失系数（与生产类型、零件大小有关）；

$t_{ad}$——设备调整时间；

$t$——单件工序时间；

$Q_{\min}$——最小批量。

当采用"经济生产批量法"决定生产批量时，可以用下式计算：

$$Q^* = \sqrt{\frac{2NA}{ci}} \tag{14-6}$$

式中　$N$——零件年产量；

$A$——调整一次设备的费用；

$c$——单位零件的生产成本；

$i$——零件单位库存费用率；

$Q^*$——经济生产批量。

从式（14-5）和式（14-6）中我们看出，要满足小批量生产、小批量运输的准时化生产要求，必须缩短设备调整时间或减少设备调整费用（调整费用的减少是通过缩短调整时间实现的）。图 14-6 显示了成本（费用）与生产批量的关系。

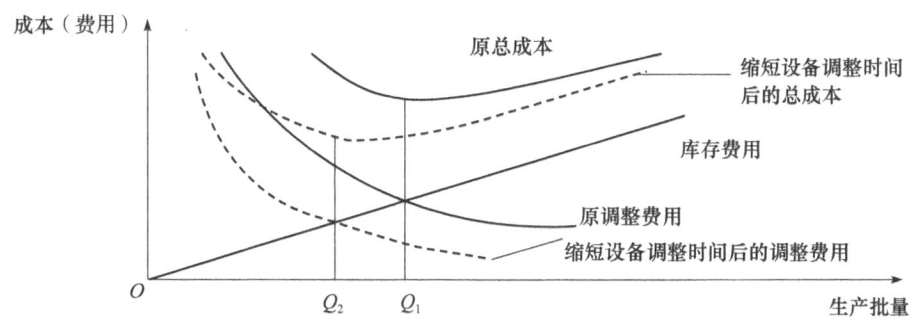

图 14-6　成本（费用）与生产批量的关系

为了缩短设备调整时间、减少调整费用，丰田公司从 20 世纪 60 年代以来就不断地开展推行"快速换模法"，调换工装"向一位数进军"，即把原来几十分钟的换模时间缩短到 10 分钟以内。一般设备的换模时间只有几分钟，小型设备的换模时间甚至只有几十秒，这为减少批量生产创造了有利条件。

为了缩短换模时间，可以采用如下措施。

- 做好不停机进行的外调整（外换模）准备工作。
- 把需要停机完成的内调整（内换模）工作转换为不停机进行的外调整（外换模）工作。
- 缩短停机调整时间（即缩短内换模时间）。
- 训练员工，提高员工换模的技术水平。
- 对设备与工艺装备进行改造。
- 标准化工艺要素。
- 采用辅助装卸工具。
- 在换模工作中推行平行作业与标准作业。
- 采用简单、有效的紧固件。

### 14.2.7 全面质量管理

丰田公司倡导的是"零缺陷",为了实现零缺陷的质量管理,必须进行全面质量管理。

关于全面质量管理的思想、方法与工具在第 13 章已经做了详细的介绍,因此在这里不再进行阐述,下面重点介绍丰田等日本企业质量管理的一些独特做法。

(1) 从源头上控制质量。丰田公司重视源头质量控制,体现在三个方面:第一是在产品的设计上采用价值工程、实验设计、质量功能配置(QFD)等多种方法,对产品设计中的质量问题进行控制,减少由于设计不合理造成的质量隐患;第二是从供应商的质量控制上考虑,要求供应商提供百分百的合格品;第三是每一个岗位都按照"三不"原则("三不"指不接收不合格品、不制造不合格品、不流出不合格品)进行岗位质量控制,杜绝工序中的不合格品流入下道工序。

(2) 重视现场质量管理。丰田公司非常重视现场质量管理问题,并且非常重视现场管理人员与员工发挥的作用。日本一些公司的现场管理职能分工如下。

- 组长:每 8 位作业人员设 1 位组长;
- 领班:每 2 位组长设 1 位领班;
- 督导:每 2~4 位领班设 1 位督导。

不同的管理职位有质量管理的权限分工。组长重点负责生产线上不合格品的控制,协助作业人员在其工作地点遵守作业标准程序和标准作业表,协助领班制定与推行工作标准和质量标准。领班的工作重点是提升生产率、降低成本,如改进工作条件和提高下属的技术与技能,协助督导做好各种活动计划。督导主要处理与人有关的问题,如协助单位经理改善有关生产控制、作业标准程序、质量控制、安全、训练的制度,同时做好员工的潜力开发。

值得一提的是,日本有的企业采取一种叫"晨集"的现场质量改善方法。这种质量改善活动是由督导与作业人员共同在现场解决如何降低不合格品问题的日常改善活动。它是员工每天上班前做的第一件事,其做法是每天上午,将前一天的不合格产品摆放在桌子上,所有的人都站着,大家一起商量提出解决办法,并承诺不会把相同的问题带到今天的工作中。

## 14.3 精益生产

### 14.3.1 丰田生产的新发展:精益生产

1985 年,麻省理工学院的一些教授开始了一项国际汽车计划(IMVP),对日本丰田汽车公司的生产模式进行了研究。1990 年,这项计划的三位领导人詹姆斯·P. 沃麦克、丹尼尔·T. 琼斯和丹尼尔·鲁斯出版了《改变世界的机器:精益生产之道》⊖(*The Machine That Changed the World:The Story of Lean Production*),他们对丰田公司的准时化生产方式给予了很高的评价,认为丰田公司是世界上效率最高、质量最好的汽车制造商之一。他们把丰田公司的这种准时化生产方式进一步概括为精益生产(lean production)。"精益生产"充分反映了丰田生产的两个基本理念:零缺陷与零库存。

1996 年,詹姆斯·P. 沃麦克和丹尼尔·T. 琼斯出版了另一著作《精益思想》⊖(*Lean Think-*

---

⊖⊖ 中文版已由机械工业出版社出版。

*ing: Banish Waste and Create Wealth in Your Corporation*），对企业精益管理的思想做了进一步阐述，提出了企业如何从精益生产转变为精益企业的思想。

1999 年，美国的两位学者布鲁斯·A.汉德生、乔格·L.拉科合作出版了《精益企业：企业精益化之道》一书，进一步阐述了企业如何实现精益生产的基本思想。他们提出了精益企业遵循的以下六个基本原则：

- 安全、整洁、有序的工作场所；
- 根据 JIT 生产计划进行生产；
- 把六西格玛质量管理原则应用于精益企业的产品中，并贯穿整个工艺过程；
- 发挥具有主观能动性的团队的作用；
- 直观管理（可视化管理）；
- 追求完美无缺。

精益生产是对准时化生产的提炼和扩展，因此有人把准时化生产称为"小 JIT"，把精益生产称为"大 JIT"。精益生产除了包括准时化生产的基本思想外，还包括其他更广泛的管理思想，涉及市场预测、产品开发、生产制造、服务、环境保护、供应商关系、组织机构的变革等方面。

在准时化生产的基础上发展起来的精益生产，它所追求的是一种理想的生产方式，其最终目标是以较少的成本获取更多的利润。这种生产方式渗透着许多先进的管理思想与方法，涉及生产系统设计、运行与维护改进等多方面，既有硬的生产技术，也有软的管理方法。它是一种新的生产管理技术，是生产管理一次革命性的突破。

## 14.3.2　精益生产的方法

精益生产只是美国某些学者对以丰田公司为代表的日本汽车企业的生产方式的概括，是丰田公司等日本汽车制造企业在长期的实践中积累形成的，它的思想核心还是准时化生产（JIT）。精益生产包含三个基本理念：经营管理坚持非成本主义思想；过程管理坚持无情消除浪费；对人的管理坚持性善说，充分尊重以人为本的思想。围绕这三个基本理念，精益生产的方法包括产品设计的精益化、设施布置的精益化、人力资源的优化、准时生产计划与控制、战略的供需关系、现场改善、质量管理等。其中有些思想与方法在前面介绍准时化生产时已经介绍过了，下面重点介绍现场改善、产品设计精益化，这些思想也是日本企业在长期实践中总结出的管理经验。

### 1. 现场改善

清洁、安全、有序的工作环境是提高生产率的一个重要手段。丰田公司经过长期的实践，建立了一整套现场改善方法。现场改善工作中最重要的三项内容是标准化工作、5S 活动和可视化管理（目视管理）。下面我们重点介绍 5S 活动和可视化管理。

（1）5S 活动。5S 是 5 个日本名词首字母的简称：清理（seiri）、整顿（seiton）、清扫（seiso）、清洁（seiketsu）、教养（shitsuke）。不过也有人用另外 5 个英文单词（settle、straighten、scavenge、sanitary、schooling）首字母表示。"清理"就是对现场的物品进行清理，把不要的东西清理掉；"整顿"就是对保留下来的物品进行规范摆设，使每一样物品都各归其位；"清扫"就是创造无垃圾、无污染的干净的工作场所;"清洁"就是维持现场干净、整洁的状态;"教养"(或称"素养")就是在现有已经改进的基础上形成良好的习惯与风尚。现在又有人在此基础上加了一个"安全"(safety),变成了6S。

怎样实施5S活动呢?现提出以下几个步骤供参考。

- 组织。成立推行委员会。企业在第一次实施5S活动的时候,应该专门成立一个委员会来规划与领导5S活动。
- 规划。制定实施5S的目标、方针与实施的基本内容,如设置推行目标、拟定活动计划与方法、制订培训计划、制定推行办法、制定考核办法。
- 宣传。要在全企业范围内开展实施5S的宣传活动,形成一种氛围。
- 教育训练。对员工实施5S的有关培训,包括5S内涵培训、5S行动方法培训、IE改善方法培训。
- 实施。在实施5S的时候,最好采用"示范—推广—标准化"这样循序渐进的做法。
- 考核。要建立一套科学的考核制度,对每一个岗位的5S进行定期的检查与考核,并将考核结果作为奖励与惩罚的依据。
- 竞赛与奖励。通过评比检查与竞赛活动,对做得比较好的单位或个人要进行奖励,只有通过奖励或惩罚才能激励员工不断进行改善。

(2) 可视化管理。可视化管理也叫目视管理、直观管理。通过直观的工具显示生产状态,"让问题看得见"是对可视化管理思想的最好概括。

准时化生产中的"看板"是一种典型的可视化管理工具,建筑施工现场的"甘特图"是可视化管理工具,许多工业企业生产车间里面的生产质量控制图表也是可视化管理工具。可视化管理的方法其实在大多数企业日常生产管理中被普遍采用。图14-7是一个生产车间进行可视化管理的一部分工具。

可视化管理最好用直观的图表、不同颜色的信号、装置来显示生产过程状态与要求,尽量一目了然,能够让管理者与工人在工作过程中直观地掌握生产情况,同时也能为其他外来的参观者提供一个快速了解本企业生产情况的途径,而不需要参观者到有关部门去查阅报表。

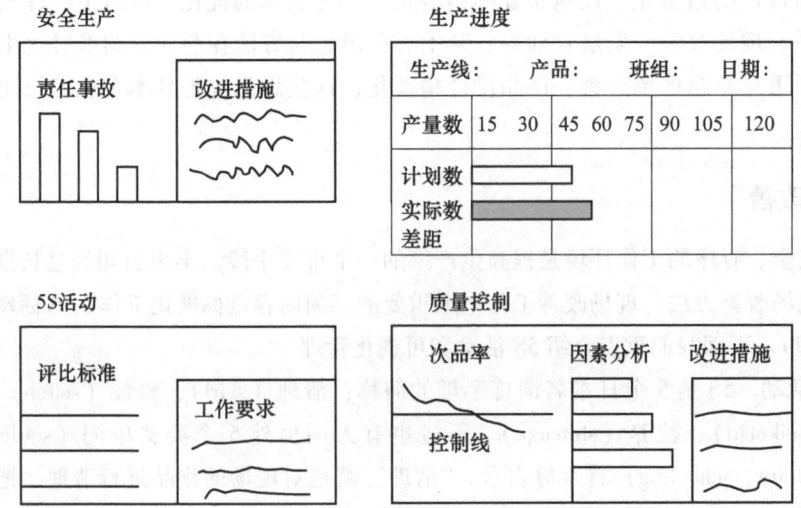

图14-7 一个车间的可视化管理工具

可视化管理的主要用途有如下几个方面。

- 规定产品、零件及其他物品的放置位置。
- 显示生产进度与质量控制状态等其他生产信息。
- 显示生产设备或操作工人的工作状态（开机、停机、事故）。
- 显示操作规则、作业标准与作业程序。
- 显示工厂管理的一般规定、方针政策。

可视化管理发挥得好，可以提高生产管理效率与经济效益、降低成本、提高利润，是一种十分有效的管理手段。

日本以及我国的一些企业在生产现场改善过程中总结出了许多好的经验，比如"三现主义"（现场、现物、现实）、"三不原则"（不放过不合格品、不制造不合格品、不接收不合格品）、"五项主义"（现场、现物、现实、原则、原理）、"三为原则"（以现场为中心、以工人为主体、以车间主任为核心）等。这些好的现场管理经验值得许多企业学习与借鉴。

### 2. 产品设计精益化

丰田公司对产品设计也提出了减少浪费的要求，产品设计必须满足市场多变的要求，减少产品开发成本。丰田公司把新产品开发置于公司经营目标的主轴地位，主要抓了两个方面的工作：一是为生产出能主导市场的有魅力的产品而加强具有长远意义的新技术开发和产品规划；二是为保证开发初期产品的质量、成本，制订周密、可行的开发初期计划。在产品开发方面，丰田公司把质量分析纳入产品开发计划中，也就是从源头上减少由于产品开发不合理导致的浪费与质量问题，主要从如下几个方面加强产品设计管理。

- 根据长期技术开发计划开发新技术，通过切实可行的产品计划争取及时满足市场需求。
- 用质量分析表综合分析市场的质量要求，设定质量目标，制定产品规划图。
- 通过构造分析、可靠性方法、统计质量方法、设计审查等加强故障预防工作。
- 通过重点保证项目的质量分析，保证在各步骤中质量满足要求。
- 开发与应用市场环境下的评价技术，加强评价工作。

在市场快速发展的今天，除了借鉴丰田公司的一些成功做法外，企业还应该适应目前制造技术与管理发展的需要，采用更先进的产品开发管理方法，比如面向可靠性、可生产性的设计工程方法，提高产品设计的可生产性；采用面向顾客的产品设计方法，提高对顾客的响应度；采用并行工程产品开发方法，缩短产品设计时间；采用模块化的设计方法，减少零件变化，等等。

### 3. 如何在企业中引入精益生产管理思想

虽然对于丰田公司的准时化生产，许多企业并不能完全照搬照抄地应用，但是准时化生产与精益生产的许多理念值得所有的企业学习，实际上在国内已经有不少的企业在学习日本企业的生产管理思想，并形成了自己的特色。因此，如何在企业中引入精益生产管理思想是值得关注的问题。

要实施精益生产，必须在全公司范围内进行精益化改造，把精益理念扩展到全公司，使企业从传统的粗放式生产管理模式向精益生产管理模式转变。要成为精益企业，企业应从如下几个方面多加努力。

- 在全公司范围内倡导精益文化。首先应该在企业范围内提倡精益求精、反对浪费的企业文化,把这种精神写入企业的经营方针并落实到企业的各级管理工作中,让每一位员工都深刻理解精益思想对企业竞争力的重要意义。
- 检讨企业生产过程中(并扩大到全公司)的浪费现象与质量缺陷,用系统的方法寻找原因并改进。在全公司范围内广泛开展现场改善活动,特别是全面质量管理(TQM)、全员生产维护(TPM)以及5S活动等。
- 经常性地进行员工训练。准时化生产与精益生产强调以人为本的理念,因此企业应建立员工在岗培训制度,不断提高员工的多能化水平与适应能力,同时建立精干的组织机构,把人力资源应用到最能创造企业价值的活动中去。
- 采用业务流程再造(BPR)、六西格玛等工具,对企业的生产管理以及其他与生产活动相关的业务进行革命性的变革。ISO 9000只提供给企业一个基本的程序化的、标准化的管理平台。企业需要持续改进,把BPR、六西格玛与ISO 9000结合起来应用可以获得持续改进的效果。
- 创造有利于企业精益生产的外部环境,包括广泛的供应与用户关系、社会经济与技术协作体系。企业精益生产离不开与之相连的社会关系,需要供应商、用户以及相关社会系统的支持。为此,企业应把这种精益理念传播给供应商与用户,与其形成精益"生命共同体",共同创造利润。

## 14.4 价值流图分析

**价值流图**(value stream mapping,VSM)是精益生产的一种工具,可以用来分析业务流程中的物料流和信息流,对业务流程中的时间、成本、库存等重要的流程参数进行分析,找出流程中的浪费所在,然后进行改善。

价值流图分析方法主要用一些可视的图形工具描绘流程。图形包括实体,如供应商、车间、设备、操作人员;物料图符号,如库存、运输、看板等;信息图符号,如生产计划、订单等。价值流图按照生产工艺流程的过程顺序,把物料流动过程中的主要参数如库存、时间、成本、提前期等描绘在图中,然后通过价值分析(如哪些活动不增加价值、是否消除)消除不增加价值的活动,提高流程的价值。

价值流图分析应用的步骤如下。

### 1. 选择一个价值流(产品族)

选择一个价值流(产品族),这种产品(或者产品系列)应该是企业最重要的产品,或者是价值流现状不好、需要改善的产品。

### 2. 描绘目前的状态

确定了进行价值流分析的产品(或者产品系列)以后,就要描述该产品(或者产品系列)的价值流现状,主要步骤如下。

(1)获取顾客需求数据。企业做任何改善最重要的是从最终顾客的角度确认产品的价值,否则，即便改善了价值流，也无法满足顾客真正的需求，所以绘图要从了解顾客需求开始。

（2）收集各工序的实际数据及现场在制品库存数据。为了绘制价值流图，需要收集有关流程的数据。数据主要有 C/T（周期时间）、C/O（换模时间）、操作工人数量、工作班次、废品率等。当发现有库存堆积时，要标示库存数量，并记录库存的地点。

由于价值流描绘强调的是现场数据，因此在收集数据的时候，尽量以现场实际情况为准，保证数据真实反映现场操作状态；部分数据如切换时间、废品率等，可以取用历史数据，但取用的历史数据必须是近期的，不能用太久以前的数据。

（3）在图中标示成品及原材料的流动。在图的一端，用一个工厂图标代表原材料供货商，用货车和粗箭头表示原材料运输。

（4）描绘整个产品实现过程中的信息流。价值流图中的每一个过程用一个框表示，框内显示时间、资源、工作班次等信息，两个过程之间如果有库存就用库存符号标示。

图 14-8 是某公司的一个产品系列的现状价值流图。

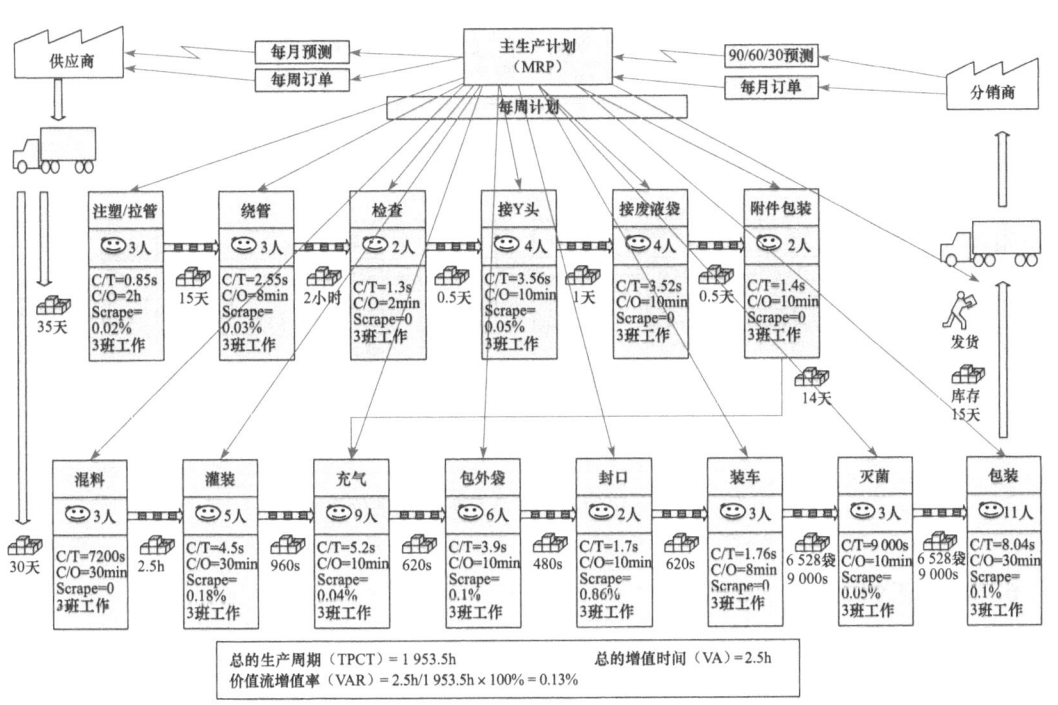

图 14-8 某公司的一个产品系列的现状价值流图

### 3. 现状价值流分析

根据现状价值流图可以容易地对生产体系的现状进行分析，找出有利于增值的最佳方式，然后对生产体系进行改进，从而设计出目标价值流图。

现状价值流分析的重点是分析价值流增值率，图 14-8 为该公司的现状价值流图，从图中可以看出，改善之前，该产品的订货提前期（LT）长达 1 953.5h。其中周期时间，即增值时间（VA）为 2.5h，非增值时间（NVA）为 1 951h。订货提前期 = VA + NVA = 1 953.5h，价值流增值率（VAR）= VA/LT×100% = 2.5/1 953.5×100% = 0.13%。

根据现状价值流图对表中各工序的主要数据进行分析，找出库存、交货提前期等存在的不合理的地方，比如库存是否太多、生产周期是否太长等。

### 4. 未来价值流描绘

通过对现状价值流的分析找出改善价值流的方法，提出有关措施以后，可以建立一个新的未来价值流图，图 14-9 为该公司的这一产品系列的未来价值流图。

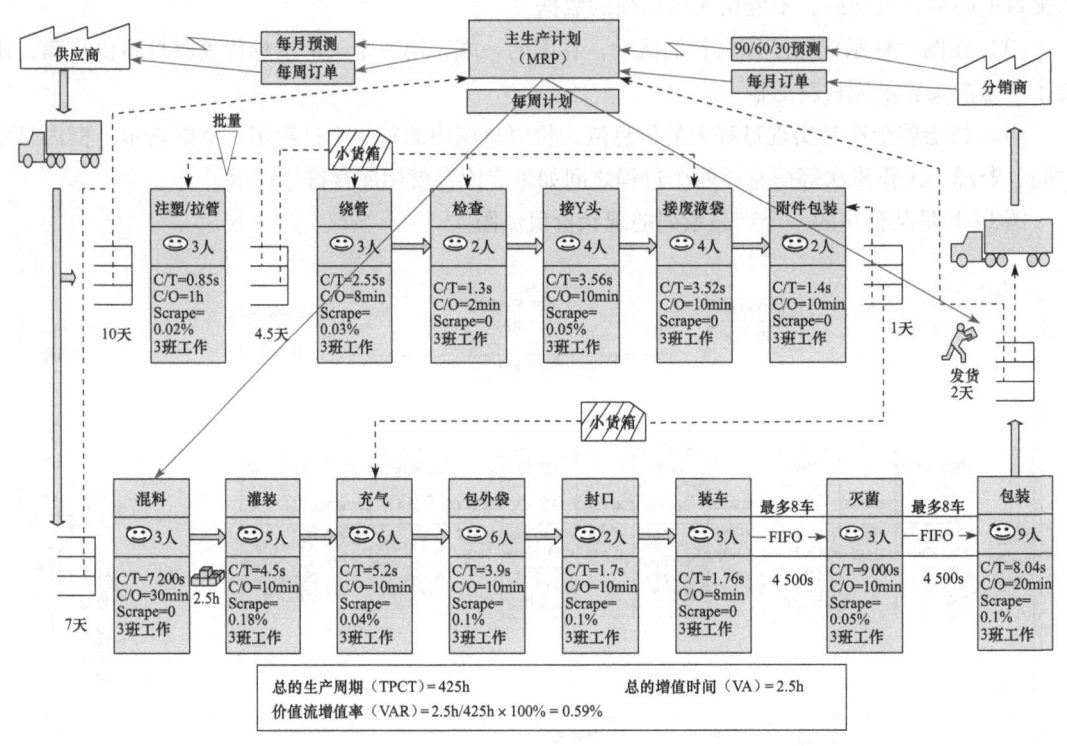

图 14-9　某公司的一个产品系列的未来价值流图

### 5. 价值流改进计划

企业根据现状价值流图和未来价值流图可以找出改进的机会。绘制一个改进机会图，根据改进机会图就可以制订详细的计划，以实现未来价值流图。要实现未来价值流图，企业可以运用丰田生产方式、生产线平衡的方法和技术等。

| 运作聚焦 |

### 美的公司推行精益生产

"原来生活可以更美的。"这是一句人们耳熟能详的广告词，这句广告词背后的企业就是著名家电企业——美的。这一句广告词其实和精益生产的理念是吻合的：持续改善，追求完美。

位于广东佛山市顺德区的美的集团公司（以下简称"美的"）是闻名国内外的一家大型科

技集团，其约有 200 家下属子公司，在海外设立了 60 多个机构，还配置了 12 个战略业务点，同时，还控股了德国库卡集团。继 2016 首次入围《财富》世界 500 强后，至 2022 年美的已连续七次入围《财富》世界 500 强，且排名大幅提升，2022 年以 3 434 亿元的营业收入位居榜单第 245 位。

2019 年，美的总裁方洪波在 2019 中国制造论坛上以"全球产业链重构下的制造业挑战"为题发表演讲，提到企业如何进行产业链重构的问题。他说："首先要做精益生产，在此基础上做自动化，然后是信息化、数字化、智能化，这是一个漫长的过程。"可以看出，美的在企业价值链重构中把精益生产视为首要任务。

实际上，作为一家大型家电企业，美的长期以来不断提升管理水平，向管理要效益。学习丰田生产方式、推广精益生产管理理念就是美的近 20 年来不断超越自己所采取的战略。

美的从 20 世纪末引入精益生产。从时间上分，大概分为以下几个阶段。

2013 年之前，美的处于精益起步阶段，引入了工业工程理论和方法，开展现场改善。此阶段以现场改善为主，多针对各问题点进行相对独立的改善。

2014～2015 年，美的引入价值流拉动，对从物料入厂到成品出厂进行全流程、全系统的分析改善，通过价值-价值流-拉动-流动-完善等方式进行系统性改善。同时美的对以往的改善点进行系统的整合，将推式生产逐步变为拉式生产，通过看板的使用减少在制品，以缩短交货期。

美的的精益生产不仅仅在车间里，甚至推广到了整个供应链，用美的的话说就是"全价值链精益管理"——设计、制造、采购、营销、品质管理、管控。美的精益生产的具体措施包括开展现场 5S 活动、持续改善、标准作业、设备管理、品质管理、看板管理、快速切换等。

美的推行精益生产最重要的经验：一是高层重视，二是全员参与。美的推行精益生产，不同层级的管理者都要参与。高层管理参与战略部署和改善，侧重战略部署。部门领导参与战略部署、改善以及日常管理（份额各占约1/3）。业务主管参与部分战略部署，重点参与改善和日常管理，其中日常管理约占1/2。基层员工参与改善及日常管理，日常管理所占的比重约为3/4。

为了推行精益生产体系，美的基于业务开展的实际情况设置了三级精益生产推进架构。在集团层面，设置专家小组，由其指导整体的改善推进方向。同时，设立各类专家组推进具体问题的解决。在事业部层面，设置事业部精益推进模块，在推进集团精益生产思路的同时，统筹事业部内部的精益生产工作。在工厂层面，设置工厂精益承接团队，结合本工厂实际情况及集团整体部署，逐步使精益生产在本工厂落地。

资料来源：根据相关资料整理而成。

## 14.5 精益生产理念在非制造业中的运用

前面几节，我们讨论了丰田生产方式的准时化生产与精益生产的有关原理、方法。随着这种管理思想的传播，精益化与准时化生产思想除了在工业企业广泛应用外，在服务业也得到了应用，目前准时化思想已经在商业物流企业、零售服务业、银行、邮政、电信部门、客运服务公司以及政府的一些对外服务部门（如各种办证机构、咨询机构等）得到应用。下面讨论如何在服务业中应用精益管理思想，提高服务效能与顾客满意度。

### 14.5.1 应用中需要注意的问题

非制造业（包括政府在内的公共服务部门和服务企业）都可以应用精益生产思想，也就是精益管理思想，但是与制造业不同，非制造业在应用精益管理思想时需要注意如下几点。

#### 1. 非制造业的浪费与制造业不同

前面我们已经介绍了丰田公司提倡消除生产过程中的"七种浪费"，但是，服务业的浪费形式和内涵与制造业不同。制造业的浪费主要是指生产过程中的浪费，是站在企业的角度而言的，是成本问题。而消除服务业的浪费要站在顾客的角度去理解，消除顾客的浪费，是如何提高顾客价值的问题。在服务业，为了提升顾客服务价值，有时候浪费企业的内部成本是值得的，只要能增加顾客价值。

服务业的七种浪费归纳如下：

- 等待浪费（顾客排队等待，工作排队等待）；
- 运输浪费（物品或文书传送时间长）；
- 无效工作浪费（工作反复，如反复检查和审核）；
- 动作浪费（工作设计不合理）；
- 工作质量低（顾客抱怨与投诉）；
- 管理浪费（管理人员冗余，信息沟通不畅，执行力不强）；
- 信息资源浪费（传递的信息无意义、无效果）。

从以上七种浪费可以看出，服务业的浪费大多数要站在顾客的角度去理解，过程中凡是不增加顾客价值的活动都是浪费。

#### 2. 服务业运用精益管理思想，要牢牢把握精益五原则

服务业不应像制造业那样把追求低成本（零库存）、减少浪费作为精益管理的目标，而应该把提高服务流程的顾客价值增值水平和服务质量作为目标，要牢牢把握精益五原则：

- 原则1：从顾客的角度定义产品与服务的价值；
- 原则2：识别企业的价值流；
- 原则3：使工作流动起来；
- 原则4：拉动工作而不是推动工作；
- 原则5：追求尽善尽美。

#### 3. 把提高服务工作准时性、减少顾客等待、提高服务质量作为服务精益管理的目标

在中国这样一个人口众多的大国，服务资源非常有限。由于人口多、服务资源有限，人们对服务业有很多抱怨，其中抱怨最多的是服务不及时和质量低。由于需要服务的顾客很多，而服务资源稀缺，这就导致了一个问题——服务的供应满足不了需求，这是一个卖方砍价能力强于买方、市场信息不对称的"卖方市场"。这种现象在医院等公共服务部门尤为严重。我国一些服务

行业，比如铁路，由于提速（提高服务效率）和增加运力（增加服务资源），顾客等待现象比起过去已经改善了许多，一票难求、火车晚点等现象大大减少，服务质量也大大提高。因此，精益服务管理应该重点抓减少顾客等待、提高服务质量。

**4. 把服务标准化管理与业务流程改善作为精益管理的重点**

服务业推行精益管理，要把服务标准化管理和改善活动作为一个重点。服务业与制造业的最大不同点之一就是，由于顾客干扰等问题，服务流程的标准化水平比较低，因此服务质量难以掌控，同时服务不准时等现象容易发生。所以要提高服务准时性，提高服务质量，搞好服务标准化管理和服务流程改善，消除流程中不增值的活动，提高服务增值水平。

## 14.5.2 典型行业应用精益管理思想的策略

**1. 运输企业**

JIT思想在运输企业的应用比较早，这是准时思想在物资采购供应中的应用与推广的结果，是从日本物流企业的准时化开始的。

近年来，JIT思想在航空公司与汽车客运公司中也逐渐开始应用，国外一些航空公司提供购票、登机、行李发送等一条龙准时化服务，在提高顾客满意度方面取得了很好的效果。

客运公司利用JIT思想可以提高顾客满意度、降低旅客投诉率、降低成本、改善服务形象。客运公司可以从如下几个方面改善服务运作绩效。

- 采用预订票系统，减少排队等待现象。
- 改造服务工作流程，采用一站式服务，减少服务手续（如减少检票与验票次数）。
- 开展现场改善活动，提高现场服务质量。
- 改造候机（车）室的布置，让顾客以最快的速度登机（或上车），减少各种时间浪费。
- 利用各种可视化工具（信号、指示牌等）进行服务可视化管理。

除了以上几个方面的工作外，运输企业应利用JIT思想做好车辆的调度工作，减少车辆闲忙不均的现象，提高车辆、司乘人员的工作效率与自我质量管理水平，从而提高绩效。

**2. 邮政服务部门**

邮政服务部门是人们日常生活中离不开的服务部门，它的服务质量对整个社会至关重要。邮政服务运作过程要求邮件递送快的同时没有差错，减少顾客等待现象，邮件库存管理合理化，减少邮件积压。邮政部门的JIT管理工作可以从如下几个方面入手。

- 利用标杆瞄准法建立准时化邮递服务的目标管理与责任制度。
- 优化邮政物流系统，如建立物流配送中心与指挥调度中心。
- 开展旨在减少邮件错递、漏递的服务质量改善活动。
- 优化现场服务流程，提高工作效率，减少排队等待现象。
- 建立标准化服务模式，规范服务操作规程，并不断缩短服务时间。
- 优化邮件存储系统，减少邮件积压、遗失、损坏现象，如引入可视化管理。

### 3. 餐饮服务业

准时化服务对餐饮业也十分有用。国际上一些著名的餐饮企业,其服务运作采用了制造业的管理方法,大大提高了服务效率与服务质量。比如麦当劳,其采用生产线服务业务流程所取得的成功是众所周知的。麦当劳的服务与众不同:精确的标准化的食品加工过程,标准化的操作和原料用量,干净、整洁的就餐环境,设施设计规划严谨、讲究等。因此,餐饮业也可以借鉴准时化生产的理念提高服务水平。下面谈谈 JIT 思想在餐饮业应用的一点思路。

- 在顾客首先接触的地方放置可视的服务蓝图,这样顾客走入一家酒店或餐厅时能快速知道服务过程以及有关的服务标准与特殊规定,能提前了解服务内容。
- 按照准时化思想改造前台与后台系统,使服务流程简洁化,减少不必要的时间浪费。
- 利用 5S 思想与方法开展现场改善活动,维持一个干净、有序、愉悦的就餐环境。
- 改善服务作业标准,缩短服务时间,采用预订与提前服务等手段减少排队现象。
- 建立准时采购系统。由于顾客都喜欢吃新鲜的食品,因此建立准时采购供应系统、减少食品库存对餐饮企业是非常重要的。
- 建立自我服务系统,如在餐厅放置饮料自动销售机,减少劳动力成本。

### 4. 零售商业企业

零售商业企业也可以利用 JIT 思想进行管理,国际上已经有不少的零售商业企业成功实施了准时化管理(如沃尔玛公司),提高了对市场的响应能力。零售商业企业应用 JIT 思想,可以从如下几个方面着手。

(1) 物流配送系统的准时化管理。对于零售商业企业来讲,物流配送是一个非常重要的环节,因为它占用了大量资金,为此,企业应优化物流配送系统,提高准时化配送能力。比如实行仓库的集约化管理,多点联合配送(连锁商店);实现商品出库和入库的机械化与自动化,以实现 JIT 思想要求的省人化,即减少人力资源成本。

(2) 与供应商建立紧密的合作关系。沃尔玛和宝洁公司的合作是零售商业企业与制造企业合作的典范。1991 年,沃尔玛公司时任总裁戴维·格拉斯向所有商品生产商发出了一封信,向供应商提出了建立合作伙伴关系的倡议:"我们沃尔玛正在朝着顾客导向型经营模式努力,我们想与作为供应商的贵公司发展合作伙伴关系,通过 EDI 或零售连接网络等计算机系统与贵公司共享信息,相信这能为我们共同的顾客消费者带来巨大的利益……我们在需求动向的预测、提前期的缩短、物流管理的改善等方面实行紧密的合作和共同作业是十分重要的……"零售企业与供应商合作,建立产销联盟,可以大大降低商品库存水平,提高对需求的响应能力。

(3) 实行商品的条码化管理,建立店铺信息系统。目前绝大多数大型百货公司和超市实现了商品的条码化与计算机网络化管理,这大大减少了人工的劳动量,同时对商品的追查与跟踪更加方便,大大节省了时间与人力成本。

除了以上三点策略外,企业还可以通过柜台布局的合理化、需求预测与销售管理、现场 5S 活动、人力资源培训等进行持续改善,以达到不断降低成本、减少浪费的目的。

:运作聚焦:

## 精益管理思想在医院的应用

精益管理思想从制造业渗透到服务业,越来越多的服务业企业也在开始运用精益管理思想进行服务过程改善,提高服务水平。下面两则小故事分别介绍了浙江省台州恩泽医疗中心(集团)和广东省中医院的实践,从中我们可以窥见精益管理思想的服务业应用价值。

### 浙江省台州恩泽医疗中心(集团)精益医疗实践

浙江省台州恩泽医疗中心(集团)(以下简称"恩泽")为适应外界医疗市场变化、内部自身发展战略以及持续改进的需求,于2013年开始以卓越运营模型"授权-培养-共识-结果"为改善框架,进行精益战略部署,聚焦使命"让台州人民更健康,为人类健康事业做贡献",以"成为中国医疗卓越运营的典范"为愿景,持续推进精益医疗战略落地。

恩泽推行精益医院管理,从高层领导做起,围绕卓越运营模型十大原则,制定院领导、科主任精益理想行为制度,如《战略墙运营管理理想行为》《不良事件管理理想行为》《合理化建议管理理想行为》《领导与员工访谈理想行为》等。恩泽通过理想行为实践,丰富精益医疗内涵,实现文化推动。在领导的带领下,广大员工从身边的小事做起,积极参与精益活动。自2005年始,恩泽就开展了"我有金点子"合理化建议活动,建立了可视化每日改善建议系统,并开展各类质量主题活动。

消除浪费是精益思想的核心,恩泽在推行精益活动中,非常重视减少浪费。恩泽以患者角度为出发点去考虑问题,围绕患者需求来设计和改进医疗与护理服务流程,同时兼顾医护人员的利益,提高质量、降低成本,想方设法在服务中增加价值。

提高质量是精益思想的另一个支柱。恩泽在追求卓越运营、尽力为患者和员工创造价值的过程中,适时、科学地导入质量管理工具,开展持续的过程改进,成功推动医院各部门的过程改进和创新。2002年,恩泽导入六西格玛管理,相继开展六西格玛、A3、精益医疗、QCC等质量管理方法培训,培养员工解决问题的能力。多年来,六西格玛、精益医疗理念已融入恩泽人的工作方式中,定义问题、分析问题、寻找原因、进行改进,已成为恩泽员工工作和解决问题的科学思维方式,也已成为恩泽的文化。

通过推行精益医疗改善活动,恩泽取得了显著的业务改善,社会效益明显提高。首先,患者的就医体验持续得到改善,恩泽的医疗服务能力得到提高。其次,安全与质量水平提高。住院手术患者死亡、手术并发症、非计划重返手术室等指标逐年下降,住院手术患者死亡率和非计划重返手术室发生率均低于国内基准水平。最后,员工学习能力得到提升,课题立项数目位于省内地市级医院前列。

恩泽的精益医疗体系获得了国内同行的好评,在行业内,恩泽每年举办各种国家级、省级质量管理继续教育学习班,如国家级继续教育项目"六西格玛在医院质量管理中的应用和实践""5S现场管理"等,搭建与同行交流的平台。恩泽下属浙江省台州医院于2013年获得中国"首家精益实践医院"和"台州市政府质量奖"称号;2016年被浙江省医院协会授予"质量安全培训基地",从而让台州医院成功的医疗质量管理体系和方法在全省范围内得到更快的分享与交流,获得业界认可。

**广东省中医院的精益管理实践**

在推行精益实践中,与浙江的恩泽医疗类似,广东省中医院也在推行精益化医院的活动中取得了非常好的效果,成为国内精益医疗的另一个典范。

2016年,广东省中医院成立精益品质促进小组(简称"促进小组"),开展促进精益项目品质的工作。促进小组成员由来自一线的骨干、管理者中认证的精益医疗绿带组成。在精益系统中,促进小组成员充分发挥群策群力的作用,参与医院精益运行机制、精益管理制度、精益人才培养体系的建立,同时承担精益教练的职责,负责辅导、督促、考核、评估工作。

2019年,在第三届精益医疗论坛上,广东省中医院的党委书记从精益系统搭建、精益跨界交流和精益人才培养三个方面介绍了该医院开展精益医疗的实践做法和经验。

精益起源于制造业,其精细化、标准化的生产作业比医疗行业水平更高,很多好的工具、做法很有借鉴价值。因此,广东省中医院每年派出员工前往台州恩泽、蔡司、中集、广汽丰田、本田、安镁等知名企业,向不同行业的标杆单位学习,达到交流互鉴、共同促进的目的。

广东省中医院不断搭建精益学习交流平台,识别和栽培有潜力的员工,举办精益医疗绿带培训班,培养院内优质服务内训师,开设精益领导力课程等,培育精益文化,强调知行合一,让人才在精益的氛围里和组织共同成长。

从无到有,从单点改善到跨部门流程改善再到精益体系建立,精益实践之路上,支撑广东省中医院矢志不渝地前行的是"患者至上、员工为本、真诚关爱"的核心价值观。持之以恒的精益医疗实践,使广东省中医院形成了"精益求精,尽善尽美"的精益文化,在质量管理、流程改造、成本控制、后勤保障、医患满意度双提升等方面都取得了实实在在的成效。

资料来源:根据《中国医院》杂志2018年第4期文章"运用卓越运营模型助推精益医疗战略落地",以及搜狐网资料(https://www.sohu.com/a/323567631_747566)整理而成。

## 本章小结

丰田生产方式是世界级的生产管理模式,这种先进的生产管理方式蕴含多种管理思想与哲理。本章对丰田生产方式的基本思想及其新发展——精益生产的基本原理与方法进行了系统的论述。

14.1节主要介绍了丰田生产方式的起源与精髓,丰田生产方式的核心是不断消除浪费,进行永无止境的改善。

14.2节介绍了丰田生产方式的方法体系,为了减少浪费,丰田公司提出了消除七种浪费的方法,主要方法包括准时生产线、平准化计划、看板管理、全面质量管理、准时采购、少人化、现场改善、改进产品设计、缩短调整准备时间等。各种方法之间是相互联系的,并且形成一个整体。

14.3节论述了精益生产,精益生产是丰田生产方式的延伸与发展,其基本原理是不断改进消除对资源的浪费、协力工作、沟通。企业要实施精益生产,必须在全公司范围内进行精益改造,把精益理念扩展到全公司,从传统的粗放式生产管理模式向精益生产管理模式转变,成为精益企业。

14.4节介绍了价值流图分析,其应用的步骤包括:选择一个价值流(产品族),描绘目前的状态,现状价值流分析,未来价值流描绘,价值流改进计划。

14.5节讨论了精益生产理念在非制造业中的运用,精益生产的理念在服务业同样具有很好的应用前景,许多服务企业已经开始利用丰田的JIT生产与精益运作思想改善企业的管理,提升企业竞争力。

## 关键术语

准时化生产（just in time production）
浪费（waste）
看板（kanban）
平准化计划（level schedule）
U 形生产线（U form production line）
精益生产（lean production）

## 延伸阅读

1. 阅读指南：想了解更多有关丰田生产方式的发展与管理思想，可阅读《改变世界的机器：精益生产之道》（詹姆斯·P. 沃麦克，丹尼尔·T. 琼斯，丹尼尔·鲁斯，机械工业出版社，2015）和《丰田 DNA》（日野三十四，东方出版社，2008）。

2. 网络资源：可登录丰田公司的网站（http://www.toyota.com），了解丰田公司的最新动态与管理新闻。

## 选择题

1. 按照丰田生产方式的概念，下列属于浪费现象的是（ ）。
   A. 工人在加工零件
   B. 工人在运输零件
   C. 工人在包装产品
   D. 工人在接收零件
2. 丰田生产方式的特征是（ ）。
   A. 小批量生产
   B. 大批量生产
   C. 推动式的生产
   D. 鼓励员工工作技能专一
3. 丰田公司采用的看板的功能是（ ）。
   A. 生产指挥与控制
   B. 工人任务分配单
   C. 工人上班的记录卡
   D. 作业统计单
4. 丰田公司采用 U 形生产单元的目的是（ ）。
   A. 减少库存
   B. 提高生产线的连续性
   C. 提高生产线的柔性
   D. 提高生产线的自动化程度
5. 丰田公司实施准时采购的要求是（ ）。
   A. 增加供应商数量
   B. 减少供应商数量
   C. 采用电子商务交易
   D. 实施大批量供应方式

## 论述题

1. 丰田公司的生产方式与福特公司的生产方式的主要区别在哪里？
2. 丰田公司的非成本主义是指什么？丰田公司主张消除哪几种浪费？
3. 要实施丰田生产方式，企业主要应从哪些方面着手？
4. 精益生产的基本原理是什么？要实现精益生产，企业应从哪些方面努力？
5. 服务企业推行精益生产和制造企业有什么不同？

## 计算题

1. 某公司的流水生产线采用看板管理，已知每天的零件需求量为 8 000 件，每个标准容器的容量是 100 件，生产看板循环周期为 1 小时，传送看板循环周期为 0.5 小时，考虑保险系数为 0.2，求看板数量。
2. 某汽车制造企业准备与其某一零件供应商通过看板方式进行准时化供应，已知：零件日需求量为 400 件，容器容量为 5 件，保险系数为 0.05，看板循环周期为 2 小时 30 分。求供应看板数量。

## 讨论案例

### 精益生产在 VS 公司的应用实践

VS 公司是一家有 20 多年历史的输配电设备制造企业，专业制造干式变压器、预装式变电站、组合式变压器、中低压开关柜、干式电抗器、电磁线等高品质的电气设备。VS 公司的产品销往东南亚、中东、澳大利亚等近 20 个国家和地区，公司的产品在用户中享有较好的声誉。

#### VS 公司的生产组织模式

VS 公司的主打产品为干式变压器，干式变压器是典型的大型、小批量、多批次生产产品。VS 公司的生产组织结构如图 14-10 所示。

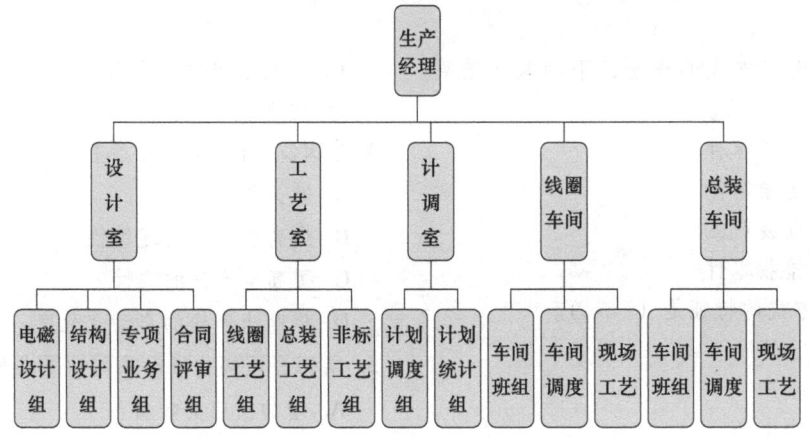

图 14-10　VS 公司的生产组织结构

VS 公司目前采用订单式生产方式，企业严格按客户订单的需求量和订单规定的交货期来进行排产。这种生产方式是从客户的需求出发，由销售部门提交各地客户的订单，在总部进行分类、汇总，根据订单的交货时间和生产数量制订物料采购计划、设计计划，然后安排生产，当产品完工后立即发运，保证将货物按时交付给客户。这种生产方式可以有效降低库存，极大地降低企业的物流成本，同时也能满足用户的实际需求。

#### VS 公司存在的问题与推行精益生产的必要性

目前 VS 公司的生产经营过程存在一些问题，影响了企业的竞争力和经济效益的提升。由于公司采用订单式生产，生产周期偏长，生产成本居高不下，产品质量参差不齐，造成产品质量不能很好地满足客户需求，或者交货期推迟。为了降低成本，提高生产效率，改善产品质量，该公司试图通过推行精益生产来解决生产过程中存在的问题，提高企业经济效益。

#### 精益生产体系的构建

VS 公司精益生产体系的构建包括准备阶段、具体实施阶段和总结推广阶段。其中准备阶段又分为建立项目领导小组阶段、选择试验点阶段、改造组织结构阶段、成员培训阶段；具体实施阶段又分为制定具体绩效目标阶段、现场实施阶段（包括 5S 改进阶段、单元生产实施阶段、全员生产维护实施阶段、全面质量管理实施阶段)、建立管理制度阶段、持续改进阶段;总结推广阶段又分为项目实施效果总结与分析阶段、全面推广可行性分析阶段、全面推广实施阶段。具体步骤如图14-11所示。

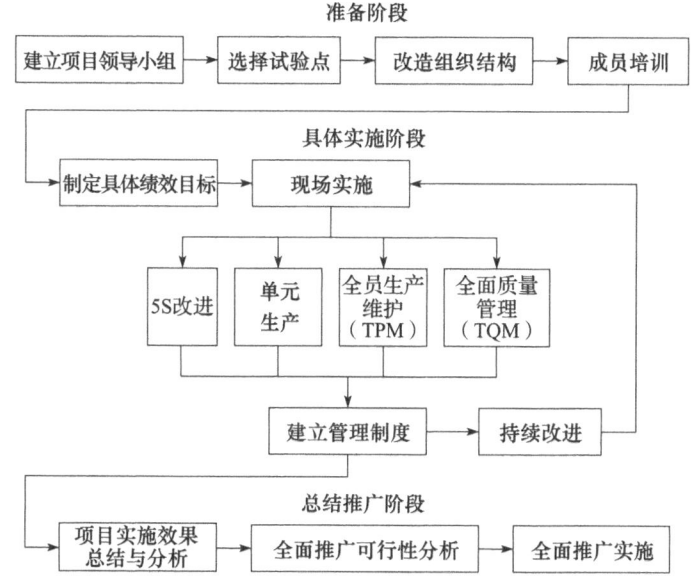

图 14-11　VS公司精益生产实施步骤

**精益生产实施活动**

(1) 生产现场改善活动——5S。5S活动是精益生产中的一项基础性工作,是改善工作环境、提高生产效率、增强员工士气和工作积极性的一项有效措施。为了有效推进5S活动的顺利实施,公司制定了一系列监督考核机制,主要有如下几点。

1) 每月定期检查反馈,由专门的负责人员对班组实施5S的情况进行月度检查,并对实施情况进行总结。

2) 每月研讨制度,每月由不同的员工先分享自己在实际工作中实施5S的经历,然后带动其他员工共同讨论如何将5S活动开展得更好。

3) 实行合理化建议奖励制度,每月对员工提出的合理化建议进行评比,对前三名进行奖励。

(2) 单元化生产。单元化生产是一种适应小批量、多品种生产的生产组织形式,就像丰田公司的U形生产布局一样。它能灵活调整生产人数,有利于开展团队工作,同时节约生产场地。VS公司对变压器铁芯车间上下游工序进行了整合,实现了铁心的单元化生产。图14-12为小容量变压器生产线单元生产布局。

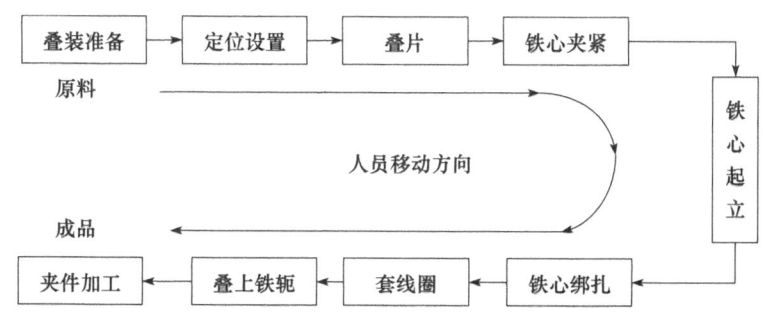

图 14-12　小容量变压器生产线单元生产布局

（3）推行全面质量管理。精益生产强调消除七大浪费，其中包括质量不良浪费，为此，VS公司开展了多种多样的质量改善活动。

1）严格把控质量标准。严格把控质量标准是质量管理的基础。该公司从质量体系出发，根据实际情况对产品质检标准进行梳理，将一些不利于质量标准执行的条款细化。

2）按照全面质量管理全过程的质量管理思想，对设计质量、生产质量、外协质量等进行质量把控，寻找并解决质量问题，并做好预防工作。

3）成立质量改善小组。该公司针对经常重复出现的质量问题成立质量改善小组，开展质量改善活动。

4）加强外协沟通，制定定时反馈沟通机制。针对外协件质量问题，该公司与供应商管理部门一同记录质量问题，制定考核指标，对供应商进行考核。

（4）推行全员生产维护。全员生产维护是精益生产系统的一个重要组成部分。设备状况良好，可以减少设备停机等待浪费，提高设备利用率。VS公司在推行精益生产过程中非常重视设备的全员参与性，以实现零故障的设备管理目标。该公司在推行全员生产维护活动时采用循序渐进的做法，主要做法包括以下几个方面。

1）与5S等现场管理活动相结合，做好设备现场管理，保持清洁的设备工作环境。通过现场改善活动，改善设备工作条件，减少设备故障的人为因素。

2）增强员工的设备维护意识。该公司积极开展设备改善活动，把活动的成果在车间展示，让员工增加设备维护意识。

3）点检机制和保全机制相结合的设备维护制度。该公司通过点检维修和保全维修两种机制进行预防性设备维修管理，提高设备完好率。

资料来源：作者根据企业内部资料编写。

## 讨论

1. VS公司在推行精益生产方面采取的主要措施是什么？这些措施消除了什么浪费？
2. 你认为VS公司的精益生产活动和丰田公司精益生产系统的要求相比，还需要在哪些方面进行改进？

# 第五篇 PART 5

# 生产与运作管理的挑战和创新

第15章 生产运作管理的新思想与新实践

# 第 15 章
CHAPTER 15

# 生产运作管理的新思想与新实践

## § 学习目标

- 熟悉大规模定制的含义和实现策略。
- 熟悉可持续发展 "三角底线"、企业社会责任的内涵和三种碳排放控制政策措施。
- 了解全球化生产运作的风险和经营模式。
- 了解企业数字化策略、关键技术和对生产运作管理的影响。

## § 引例

### 数字化大规模定制：上汽大通与顾客共创价值

上汽大通 MAXUS 用户共创中心的面世，打破了企业与用户沟通的最后一道屏障，从真正意义上实现了"用户共创"。这座第一家开进主机厂的用户共创中心，让企业可以和用户面对面，直面用户的"灵魂发问"，了解用户的真实需求。

拒绝"千篇一律"、颠覆常规，仿佛是这家"不安分"的年轻车企与生俱来的基因。自首创 C2B 大规模个性化智能定制模式、推进企业全面数字化转型以来，上汽大通越来越显露出与传统车企完全不一样的特质，走出了一条不断创新发展的新路。

2015 年，上汽大通宣布转型。在当年的广州车展上，公司更名为"上汽大通汽车有限公司"。这不仅仅是名称的改变，更是上汽大通响应上汽集团整体战略，从一家传统意义上的汽车企业转型为数字化 C2B 业务的跨界车企，正式开启数字化转型之路，引领未来汽车生活新发展的标志。

上汽大通的 C2B 之路并不是从此时才开始的，时间要回到其创立之初。V80 作为一款商用车，其产品属性中本身就蕴藏着用户的需求差异，小批量多品种式生产模式背后，存在着大量的小规模定制需求。上汽大通在前期业务发展中积累了丰富的定制经验，并开始思考 C 端与 B 端之间的根本关系，以及如何通过数字化手段进一步满足 C 端需求。

一切如水到渠成，2018 年 8 月 8 日，以 D90 上市作为标志性事件，上汽大通的 C2B 大规模个性化智能定制模式正式迈进 2.0 阶段。C2B 2.0 实现了全系列产品的智能选配，并从产品制造向服务领域延伸，推进全业务链数据化，通过"数字化研发制造体系""数字化营销体系"和"数字化用户运营"，助推企业的整体数字化转型。

2019 年，C2B 智能定制模式继续进化，将"蜘蛛定制"打造成为覆盖用户选车、购车及用车全生命周期个性化需求的在线营销服务平台，企业数字化转型成果逐一落地。

2021 年，在成都车展现场，上汽大通展示了近 20 款产品，全部为各大产品线的官方改装车，以多维度、大纵深的方式，展示出了它在 C2B 大规模定制领域的深厚实力。

历经十年深耕，上汽大通通过 C2B 大规模个性化智能定制模式，把参与权和决策权交给所有用户，让用户 3 分钟就能"选出"一台理想汽车；同时旗下全系产品均可支持 C2B 大规模个性化智能定制模式，由此成就当之无愧的"中国汽车定制专家"。上汽大通正逐步成为与用户及伙伴数字化直联的跨界车企。

资料来源：中国经济网，2021-11-25，https://baijiahao.baidu.com/s? id =1717362115150322982&wfr = spider&for = pc。

思考与讨论：1. 上汽大通是如何通过数字化实现大规模定制的？
　　　　　　2. 与传统的销售模式相比，基于 C2B 的大规模定制在营销和顾客关系管理方面有什么变化？

## 15.1　大规模定制生产与服务

20 世纪 90 年代末到 21 世纪初，顾客需求发生了很大变化。随着顾客需求多样化和产品生命周期缩短，市场细分越来越明显，传统的以产品为中心、以规模经济为竞争优势的大批量生产模式已经不适应当今快速变化的市场需求。基于时间的竞争战略和以顾客为中心的经营理念驱动着企业"**零距离**"和"**零时间**"响应顾客需求。大规模定制是一种快速响应顾客需求的先进生产经营模式，国内外许多企业已经开展大规模定制生产，比如计算机行业的戴尔、家电行业的海尔、汽车行业的吉利等。大规模定制不仅仅在制造业得到应用，服务业也开始应用大规模定制思想进行服务产品开发与大规模定制服务运营。本节简要介绍大规模定制的基本思想、实施策略，以及服务业的应用问题。

### 15.1.1　大规模定制的含义

大规模定制（也称大量定制、大量顾客化、大批量定制等）最早由斯坦·戴维斯（1987）在其《完美的未来》（*Future Perfect*）一书中提出，约瑟夫·派恩（1993）在其《大规模定制：企业竞争的新前沿》（*Mass Customization：The New Frontier in Business Competition*）一书中系统阐述了大规模定制的基本思想与有关策略，该书成为研究大规模定制生产的经典之作。此后，不少学者对大规模定制生产模式的管理策略与相关技术进行了研究。

大规模定制生产是一种混合生产方式，它将大规模生产的低成本和定制生产的个性化特点结合起来。大规模定制生产的基本原理如图 15-1 所示。大规模定制的思想是把产品生产过程分割成两个阶段。第一阶段：采用大批量生产方式，按照标准化、规模化流程生产通用的原料和半成品，利用了大规模生产的规模经济性、快速交货的优点。第二阶段：利用通用的原料和半成品按照顾客个性化需求配置成多样性的产品，利用了定制生产的柔性和顾客化的优点。最终，企业可以获得既能快速交货，又能实现个性化的综合效果。综合国内外学者的观点，本书对大规模定制的含义概括如下：

大规模定制是一种先进的生产方式和管理模式，它以顾客需求为导向，以先进制造技术为支撑，用系统和整体的观点，把企业、用户、供应商、分销商等集成起来，充分挖掘企业的潜力，将标准化和模块化技术、现代设计技术、并行工程技术和可重构制造系统等先进的技术和思想融为一体，把顾客的个性化定制要求通过产品结构和制造过程重组，全部或者部分转化为批量生产来实现，使其具有大批量生产高效率、低成本的能力，快速满足顾客个性化需求。

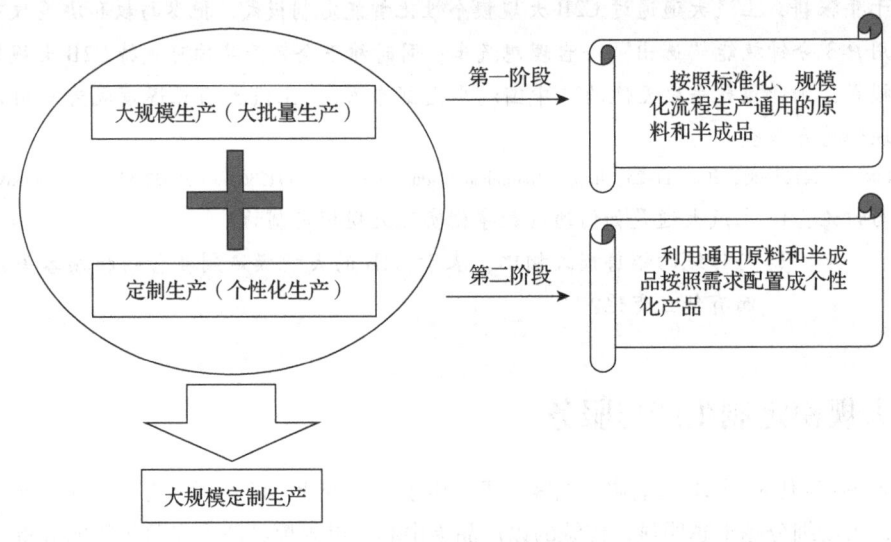

图 15-1　大规模定制生产的基本原理

从制造战略视角看，大规模定制是一种柔性的、顾客差异化战略。它是实现企业敏捷化的一个战略途径，即与传统的基于规模经济的大规模生产不同，它在追求规模经济的同时也追求范围经济。这种生产经营模式用固定但颇具柔性且反应灵敏的加工工艺提供动态的产品流，使企业同时实现低成本与高度个性化定制。作为一种新的生产方式，大规模定制生产模式影响到现有的企业产品开发模式、需求管理、生产系统构成与生产过程组织方式，乃至整个企业的管理系统。因此，它同其他的生产方式相比有其独特的特点。表 15-1 为大规模生产、定制生产与大规模定制生产的不同特征。

表 15-1　大规模生产、定制生产与大规模定制生产的不同特征

| 特征 | 大规模生产 | 定制生产 | 大规模定制生产 |
| --- | --- | --- | --- |
| 经营目标 | 满足统一的市场 | 满足多样化市场 | 满足细分的多样化市场 |
| 产品特征 | 产品生命周期长<br>产品开发周期长<br>需求稳定 | 产品生命周期很长<br>产品开发周期很长<br>需求不确定 | 产品生命周期短<br>产品开发周期短<br>需求分化 |

(续)

| 特征 | 大规模生产 | 定制生产 | 大规模定制生产 |
|---|---|---|---|
| 运作特点 | 按照计划生产<br>追求规模经济<br>生产批量大<br>高效、专业的生产设备<br>稳定的生产过程控制<br>库存量大 | 按照订单生产<br>追求范围经济<br>单件生产<br>通用生产设备<br>按照需求产出控制<br>无库存 | 按照订单生产<br>追求规模经济和范围经济<br>单件批量生产<br>柔性生产设备<br>按照需求产出控制<br>库存少 |
| 竞争力 | 低成本 | 柔性 | 低成本、柔性 |

### 15.1.2 大规模定制的分类

从理论上讲，企业提供的任何产品都是定制的，只是定制的程度不同而已。标准化产品是零定制，没有个性，而完全按照顾客要求设计的产品则是百分之百的定制。因此，基于这样的思路，根据产品定制程度对定制进行分类。约瑟夫·兰佩尔和亨利·明茨伯格按顾客在生产和交付过程中是否定制，将定制水平分为以下五种，具体如图 15-2 所示。

- 完全标准化（pure standardization），如福特生产 T 型车。
- 区分顾客的标准化（segmented standardization），如可口可乐公司生产不同种类饮料。
- 按顾客要求的标准化（customized standardization），如按顾客要求定制汽车。
- 量体裁衣的顾客化（tailored customization），如选择某种面料定制一件衣服。
- 完全定制（pure customization），如定制芭比娃娃。

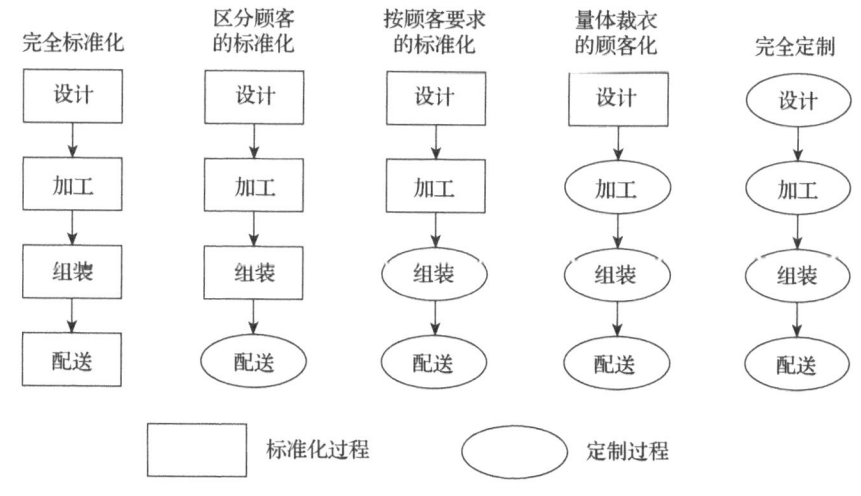

图 15-2　定制水平的划分

詹姆斯·吉尔摩和约瑟夫·派恩根据实证和观察把产品的定制水平分为四种。

- 合作性定制（collaborative customization），企业和顾客进行合作，共同设计和生产顾客需要的产品，这是一种顾客参与式的定制。
- 适应性定制（adaptive customization），企业为顾客提供的是标准化产品，但是产品在使用过程中可以按照用户的不同要求进行调整，如台灯的光线。

- 包装性定制（cosmetic customization），按不同顾客的要求进行不同的产品组合及包装，如个人电脑的配置和一些厂家按顾客需求的捆绑促销。
- 透明性定制（transparent customization），也叫预测型定制，是指企业通过预测和顾客需求分析为顾客提供定制产品，顾客不参与定制过程。

本书作者认为，虽然上述学者从不同的角度对定制水平和方式进行了划分，但是在本质上都是相似的，都是以顾客参与程度的不同为特征进行划分。本书作者根据企业和顾客的参与度划分了三种定制模式，也就是顾客获得定制产品的三种方法，如图15-3所示。

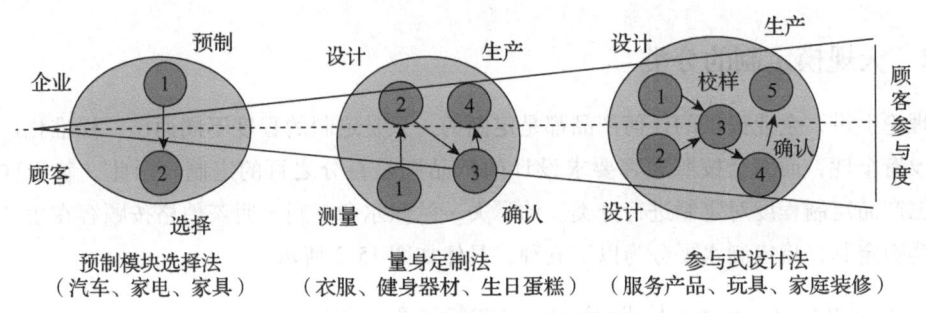

图 15-3　顾客获得定制产品的实现模式

### 15.1.3　大规模定制的实现条件

要实现大规模定制需要一定的条件，以下几个方面是实现大规模定制的基础。

（1）产品设计与开发系统。要建立一种顾客参与的产品设计系统，顾客可以快速参与并体验自己需要的产品性能；要利用并行工程、QFD等先进的产品开发与组织管理技术进行产品开发。

（2）需求管理系统。传统的顾客需求处理系统在大规模定制中需要改变，要利用顾客关系管理、数据挖掘、在线订货等技术挖掘顾客需求，提高对顾客的响应能力。

（3）生产计划与控制系统。要实现大规模定制，需要改变传统的生产计划与控制系统，根据产品组合策略构建不同产品组件，利用成组生产技术进行组件生产，生产计划要有更高的柔性与调整能力，以适应需求变化。

（4）供应链系统。大规模定制模式下供应链系统也要做一定调整，要对供应商进行组合分类，把供应商细分为核心组件供应商、一般外包供应商与临时分包合作伙伴等不同类型；推动供应商参与产品开发，提高供应系统的柔性与适应性。

### 15.1.4　大规模定制生产的策略

实现大规模定制生产的基本思路是把在运作策略与管理方法上矛盾的两种极端生产方式——大量生产与定制生产整合起来生产顾客化的产品，也就是要把标准化生产与个性化生产结合起来。依据这样的思路，可以把生产系统分为两个子系统：一个推式子系统，把原材料加工成大多数产品所需要的公共件；另一个拉式子系统，按照顾客需求拉动的方式生产个性化的产品。

大规模定制的实现途径有很多种，目前学术界提出了各种模式，有的基于产品配置的角度，有的基于流程运作的角度。

### 1. 产品定制策略

大规模定制采用模块化组件制造顾客特别要求的产品，以获得规模经济。这种产品定制的方法属于产品类型学。

模块化是指将一些标准的零件以不同的方式结合形成不同顾客需要的产品的工艺构造方式。产品零件模块化的方法有很多，图 15-4 是几种典型的零件模块化组合方式。

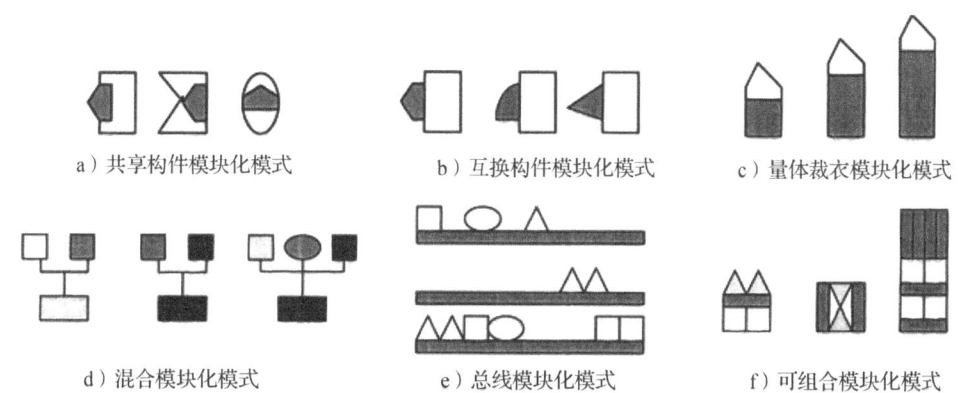

图 15-4　实现大规模定制生产的典型零件模块化组合方式

资料来源：DURAY R，WARD P T，MILLIGAN G，et al. Approaches to mass customization: configurations and empirical validation [J]. Journal of operations management，2000，18（6）：605-625.

### 2. 流程策略

除了产品的零件模块化以外，大规模定制在生产流程方面也需要进行一些调整，建立适应大规模定制生产的业务流程。流程策略主要包括以下几种。

（1）延迟策略。实施恰当的延迟策略，可提升供应链的柔性、降低成本、提高效益、改进顾客服务水平。延迟的实质就是重新设计产品和工艺以使产品差异点延迟，即在设计供应链流程时，尽量使产品的差异点靠近顾客需求点。比如，戴尔公司在生产和销售电脑时，并不是所有的电脑配件都在美国生产，然后按照订单从美国本土运输到顾客手上，而是在美国生产一些主要的公共件，把这些公共件运输到各个分销中心，然后由各分销中心根据当地顾客订单的个性化需求，在当地配置一些个性化配件。这样大大降低了配件的库存成本，同时也加快了顾客响应速度。又如，惠普公司决定，与其让位于新加坡的工厂在打印机运往欧洲之前完成定制工作，不如让位于德国斯图加特附近的分销中心来完成这一工作。公司新设计的打印机有着适用于不同国家的外接电源，供用户使用打印机时插入。分销中心不仅负责产品的定制，还采购完成定制所需的部件（电源、包装和使用说明）。

在零售服务业，为了满足顾客对各种颜色的需求，油漆工厂只是生产通配漆和多种色素，五金油漆商店使用套色板来分析顾客的油漆样本，然后决定按什么比例混合通配漆和色素。这一工艺为顾客提供了无穷多的颜色选择，同时也大大减少了为满足每位顾客对油漆颜色的要求而存储的油漆。现在很多 T 恤零售店也会向顾客提供定制服务，利用热转换技术可在 T 恤上印制顾客想要的任何图案，而 T 恤零售店只需要大规模采购白色的、无图案的 T 恤。

（2）敏捷供应链策略。为了支持大规模定制，企业必须拥有更短的、更敏捷的供应链，这也被称为基于时间的竞争。供应商必须能够按照企业的要求快速提供个性化零件，物流渠道必须能够按照顾客的交货要求实现快速运输。

（3）定制化需求管理策略。大规模定制企业必须能够快速预测与掌握顾客需求变化的动向，建立一种顾客友好的在线顾客订单处理与顾客信息反馈系统，提高企业与顾客之间的沟通能力，比如利用客户关系管理系统（CRM 系统）进行顾客关系管理，利用信息技术来挖掘顾客的需求特征，为产品设计提供依据。

### 3. 定制化组织策略

采用大规模定制生产的组织其结构与普通企业也不同，要采用并行工程的多功能团队开发组织、虚拟工程组织、扁平化组织、网络化工作团队等，提高组织的柔性。

## 15.1.5 数字化大规模定制

最近 10 多年来，企业数字化转型为企业实现大规模定制创造了许多有利条件。数字化使企业能够快速获得顾客需求信息，而且和顾客协同的能力大大加强。比如，企业可以建立大数据，利用顾客画像来快速捕捉顾客需求信息；利用数字化工具，顾客可以在移动互联网终端参与产品设计和了解产品定制实现的过程。一些汽车制造企业，如吉利汽车通过数字化技术，使顾客可以在手机移动终端定制汽车，选择自己喜欢的汽车配置。大连一家服装厂通过大数据和智能生产，使顾客定制服装的成本和时间大大减少，实现了低成本快速定制生产，这就是即时顾客化定制思想的体现。数字化为大规模定制生产插上腾飞的翅膀。

## 15.1.6 大规模定制在服务业的应用

大规模定制不仅仅在制造业应用，服务业也可以采用大规模定制策略进行产品开发和服务运营。比如，餐饮行业就可以根据顾客需要进行大规模定制，快速提供顾客需要的餐饮产品和服务。教育培训机构也可以利用大规模定制策略进行培训课程和内容的定制化。旅游酒店行业可以利用大规模定制，采用标准化设计和销售过程定制结合的方式实现酒店个性化定制服务。随着医疗技术和信息技术的发展，医院也可以开展大规模定制服务。

|运作聚焦|

**海尔的智能互联工厂与大规模定制生产**

海尔认为，在互联网时代，主动权已经由企业转向用户手中，用户的需求越来越个性化、多样化，这就要求企业从以自身为中心转变到以用户为中心，从大规模制造转变为大规模定制。从 2011 年开始，海尔便谋划建设数字化互联工厂，它通过对传统生产模式的颠覆与升级，以给用户带来全流程最佳体验为中心，打造按需设计、按需制造、按需配送的互联工厂体系，使整个制造过程具有高度的柔性，满足了用户的个性化定制需求。海尔成为中国最早探索智能制造的企业之一。

截至 2021 年，海尔已经建成 18 家互联工厂，围绕 COSMO 平台及该平台下的众创汇、海达源，形成了一套全球领先的完整的互联工厂体系，能够为行业在前端生产制造环节提供先进样本支持。具体来说，海尔互联工厂通过"智能交互制造平台"前联研发、后联用户，进而打通整个生态价值链，实现用户、产品、机器、生产线之间的实时互联。在这一过程中，用户碎片化、个性化的需求得以与智能化、透明化的制造体系无缝对接，海尔在整合全球一流资源的前提下为用户创造全流程的最佳体验，将用户从单纯的消费者变为"产消合一"的产消者，真正在全流程制造中贯彻以用户为中心的理念。

资料来源：根据环球家电网资料（http://www.cheari.com/newsdetail.html?id=107588）整理而成。

## 15.2　绿色与可持续生产运作管理

环境和社会问题是政府与企业都需要关注的问题。本节讨论绿色和可持续战略下的生产运作管理，首先介绍基于环境保护的绿色制造与供应链管理的思想及绿色制造与绿色供应链环境下的生产运作管理思想和方法，接着讨论可持续发展概念、基于可持续发展思想的"三角底线"原则，然后讨论企业社会责任下的生产运作和低碳生产策略。

### 15.2.1　绿色制造与供应链

自 20 世纪 90 年代以来，绿色制造与绿色供应链管理的理念开始得到理论界和政府机构的重视。本节将首先介绍该理念的环境背景和绿色产品的定义，其次描述绿色制造的基本技术，最后重点讨论绿色供应链管理的基本原则。

**1. 环保意识与绿色产品**

从 20 世纪 70 年代开始，人类开始反思自身活动与环境的相容性，在各个方面对人口、资源与环境三者之间的关系进行理性思考。1987 年，世界环境与发展委员会在《我们共同的未来》报告中第一次阐述了可持续发展的概念，并且在国际社会达成广泛共识。可持续发展是指经济、社会、资源和环境保护协调发展，既要达到发展经济的目的，又要保护好人类赖以生存的大气、淡水、海洋、土地和森林等自然资源与环境，使子孙后代能够永续发展和安居乐业。1992 年，在巴西里约热内卢召开的地球首脑会议上通过了《21 世纪议程》，第一次把可持续发展从理论推向行动。在《21 世纪议程》中，各国政府提出了详细的行动蓝图，从而改变了世界目前的非持续经济增长模式。行动内容包括：保护大气层，阻止砍伐森林、水土流失和沙漠化，防止空气污染和水污染，预防渔业资源枯竭，改进对有毒废弃物的安全管理，等等。

与此同时，消费者也越来越关注环境问题，并且愿意为绿色产品支付更高的价格。绿色产品是指生产过程及其本身节能、节水、低污染、低毒、可再生、可回收的一类产品，它是绿色科技应用的最终体现。为了把绿色产品与传统产品相区别，许多国家在绿色产品上贴有绿色标志。图 15-5 是中国绿色食品标志。该标志不同于一般商标，它用来标明在制造、配置使用、处置全过程中符合特定环保要求的产品类型。

为了推动我国绿色产业的发展，搞好生态文明建设，提高我国绿色经济发展水平，壮大节能环保、清洁生产、清洁能源等绿色产业，中华人民共和国国家发展和改革委员会同有关部门研究制定了《绿色产业指导目录（2019年版）》，并于2023年组织修订，以更好适应绿色发展新形势、新任务、新要求。在国家的绿色战略和可持续发展战略的指导下，我国各级地方政府都在大力推动绿色产业的发展，不少行业开展绿色品牌评比，公布行业的绿色品牌，如绿色食品品牌、绿色陶瓷品牌、绿色家具品牌等。通过对这些绿色品牌产品的宣传和推广，在社会上形成一种强大的绿色生产、绿色生活的理念，推动绿色经济的发展。

图 15-5　中国绿色食品标志

**2. 绿色制造的基本技术**

**绿色制造**（green manufacturing）是一种综合考虑环境影响和资源效益的现代化制造模式，如图 15-6 所示，其目标是使产品在从设计、制造、包装、运输、使用到报废处理整个产品生命周期中对环境的影响（副作用）最小、资源利用率最高，并使企业经济效益和社会效益协调优化。绿色制造模式是可持续发展战略在现代制造业中的体现。

绿色制造从内容上来讲包括"五绿"，即绿色设计、绿色材料、绿色工艺、绿色包装和绿色处理，其中绿色设计是关键。

（1）**绿色设计**。研究表明，产品 70%～80% 的性能是在设计阶段决定的，而设计成本仅为产品总成本的 10%。绿色设计（green design）的基本思想就是在产品及产品生命周期的设计阶段就充分考虑其对资源和环境的影响，以使在整个产品生命周期内资源利用、能量消耗和环境污染最小，并且使产品及零部件能够方便地分类回收、循环利用。绿色设计包括的内容很广泛，如零部件的标准化、模块化、可拆卸和可回收设计。

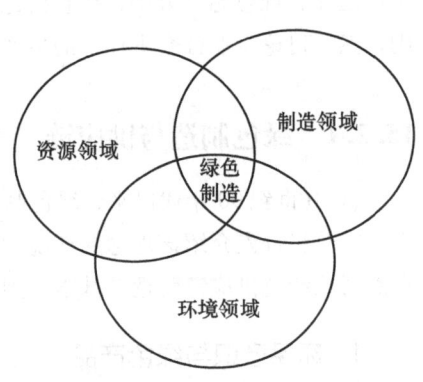

图 15-6　绿色制造模式

（2）**绿色材料**。绿色材料（green materials）是指在原料采取、产品制造、应用和使用以后的再生循环利用等环节中对地球环境负荷最小及对人类身体健康无害的材料。选择绿色材料是实现绿色制造的前提之一。目前绿色材料的研究内容主要包括材料的设计及开发技术、材料的环境协调性和材料的环境协调性评估技术研究。

（3）**绿色工艺**。采用绿色工艺（green technology）是实现绿色制造的重要一环。绿色工艺是指耗能低、耗材少、无废弃物、无污染、无公害、资源综合利用率高的工业生产工艺。在选择工艺方案时要分析对环境影响比较大的因素，如加工方法、机床、刀具和切削液的选择；尽量根据车间资源信息生成具有可选择性的多工艺路线，提高工艺选择便捷化程度，达到节约能源、减少消耗及对操作者健康的危害、降低工艺成本和污染处理费用等目标。

（4）**绿色包装**。绿色包装已经成为一个研究热点。绿色包装（green packaging）是指对生态环境和人体健康无害、能循环利用、可促进国民经济持续发展的包装。产品的包装应摒弃求新、求异的消费理念,简化包装既可以减少资源的浪费,又可以减少环境污染和废弃物的处置费用。另外,产品包装应尽量选择绿色材料。

(5) **绿色处理**。产品的绿色处理(green treatment)在产品生命周期中占有重要的位置,使产品的生命周期形成了一个闭合的回路。绿色处理包括回收利用、循环再用和报废处理。拆卸是实现有效回收的重要手段,只有拆卸才能实现完全的材料回收和可能的零部件再利用。只有在产品的设计阶段就考虑报废后的拆卸问题,才能最终实现产品的高效回收。

### 3. 绿色供应链管理

绿色供应链是指从资源开发到产品消费都以资源消耗最小化、环境破坏最小化为目标的各种业务过程的集合,它是由供应商、制造商、销售商、零售商、消费者、环境、规则及文化等要素组成的系统。相应地,绿色供应链管理是指以可持续发展理论与供应链管理基本原理为指导,对整个绿色供应链内参与的各行为主体之间的物流、信息流与资金流进行计划、组织、领导、协调与控制等,目的是实现资源的最优配置、增加福利、实现与环境相容。

由上述定义可知,绿色供应链管理与传统的供应链管理有着本质的区别,绿色供应链管理应该遵循什么原则呢?[一]

(1) **绿色供应链管理应该体现并行工程的思想,在设计产品的同时设计供应链**。绿色供应链管理的并行思想如图15-7所示。绿色供应链管理实际上是研究产品生命周期的全过程。并行工程要求面向产品的全生命周期,在设计一开始就充分考虑设计下游有可能涉及的影响因素,并考虑材料的回收与再利用,尽量避免在某一设计阶段完成后才意识到因工艺、制造等因素的制约造成该阶段甚至整个设计阶段的方案更改。因此,企业应运用并行工程的思想,对材料的生产、产品制造过程和回收与再利用并行考虑。

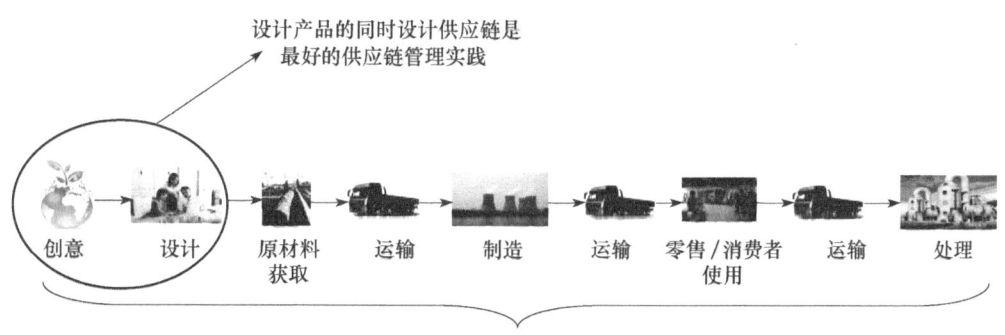

图 15-7 绿色供应链管理的并行思想

(2) **绿色供应链管理应该从系统的角度考虑环境问题**。一般的供应链管理是以顾客需求为中心将供应链各个环节联系起来的全过程集成化管理,它强调在正确的时间和地点以正确的方式将产品送达顾客,但它仅限于供应链内部资源的充分利用,没有充分考虑在供应过程中所选择的方案会对周围的环境和人员产生何种影响、是否合理利用资源、是否节约能源、废弃物和排放物如

---

[一] WILKERSON T. Best practices in implementing green supply chains [R]. North America Supply Chain World Conference and Exposition, LMI, 2005.

何处理与回收等，而这些正是绿色供应链管理具备的新功能。图 15-8 描述了绿色供应链管理应该从全局出发，努力使"对环境友好的"输出最大化，"对环境有害的"输入和输出最小化。

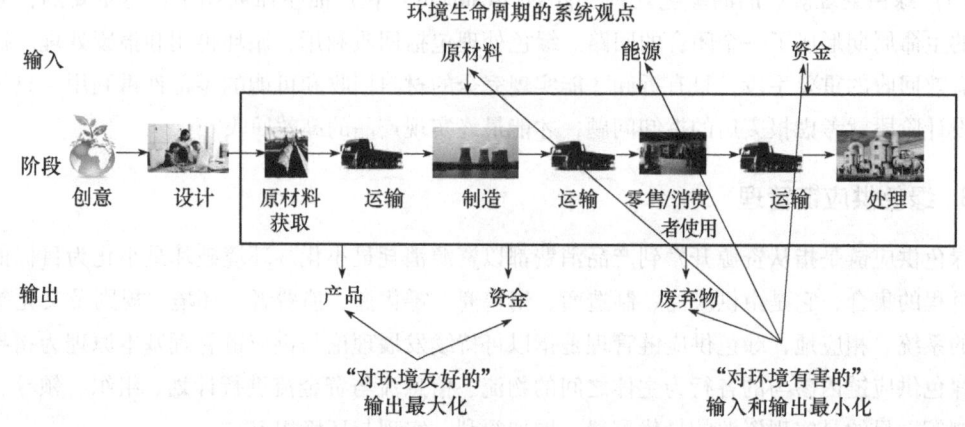

图 15-8　绿色供应链管理的环境考虑

**（3）绿色供应链管理应该将活动准则从成本节约转为价值共创。**在一般供应链管理中，供应链上的强势企业（制造商或零售商或供应商）出于责任或法规等原因会要求它的供应商通过 ISO 14001 环境管理体系认证，达到"绿色供应商"标准。但是这通常会引起供应商的抵触，因为供应商担心成本会增加。实际上，如果企业把"绿色"看作创新和流程再造的催化剂、在未来竞争中赢得先机的条件、企业与环境和社会共赢的必需条件，那么这就是一种大有回报的投资。

### 运作聚焦

#### 纳爱斯成为绿色工厂和生态示范企业

在日常生活中，在购买洗衣产品时，你在商店一定能看到这样两个知名商标——"超能"和"雕牌"，你还会经常看到"超能"产品的电视广告。这些知名品牌产品的生产企业就是浙江纳爱斯集团。

纳爱斯作为国内一家大型的日化企业，在绿色生态文明建设方面卓有成效。2019 年，国家工业和信息化部办公厅公布了新一批绿色制造名单，纳爱斯获评"绿色工厂"，成为行业节能减排和绿色制造的领跑者及参与国际技术竞争的领军力量。同样在 2019 年，国家工业和信息化部公示了第一批工业产品生态（绿色）设计示范企业名单，在"日化产品"类别中，全国、全行业仅纳爱斯一家企业获评。

纳爱斯对绿色生态"一往情深"，身为国家级生态示范企业和国家级绿色工厂早已名声在外，慕名拜访纳爱斯的社会各界人士也都纷纷称赞厂区风景如画。近年来纳爱斯在创建生态设计示范企业期间,又进行了数十项清洁生产、循环利用、节能减排的工艺升级和数百项技术改造,进一步升级了现代化、智能化的生态厂区。

在重点生产工艺方面,纳爱斯不仅掌握核心技术,更引领行业走在国际前沿;各项环保指标持续优于国家及地方规定要求,还不断自我加压,做得更优。纳爱斯拥有先进的油脂工艺,掌握了世界领先的高压水解技术,产品综合能耗仅为传统工艺的一半;皂化废水回收工艺升级,实现业内首创三效连续蒸发工艺,综合能耗比传统工艺减少10%以上,并荣获中国轻工业优秀工程设计奖;全面推进包装轻量化设计,塑料原料年使用量减少3000多吨,原纸年使用量减少2000多吨(根据一棵树能造60千克左右的纸计算,相当于每年少砍伐3万多棵树);全面实施"机器换人"自动化改造,完善了能源管理体系,提升了能耗智能化监管水平,万元产值综合能耗和主要产品综合能耗明显优于行业平均水平,是业内名副其实的领跑者。

企业能耗不断降低,而年销售额保持喜人涨势,其中洗衣液、洗衣粉、洗衣皂、洗洁精等绿色品类更是持续高增长。企业越发展,生态环境与经济效益越好。全国水生态文明城市技术专家组现场评估纳爱斯的环保工作,一致肯定了纳爱斯对环境友好所做的贡献。在国家生态环境部公布的2022年全国大气和水质量排名中,纳爱斯总部所在地丽水的水、气质量均进入全国前十名。这些都是纳爱斯秉持"环境友好、安全健康"实现工业与生态共生共荣的最好佐证。

纳爱斯将坚定不移地践行"环境友好、安全健康"的发展理念,进一步打造生态设计平台,创新更高品质的产品,升级更高水平的工艺,为工业与行业发展做出更大贡献,也为全人类带来更洁净、更美好的生活。

资料来源:纳爱斯新闻(http://www.cnnice.com/news/hqjj/2019820231913.htm);腾讯新闻(https://news.qq.com/a/20191213/010878.htm)。

(4)**绿色供应链管理应该是长期的战略决策,而不是短期的战术决策**。只有这样,企业才会从战略和价值链的角度对供应链中的流程、活动进行监控,采集数据和统计分析,从减少废弃物开始,到控制技术,再到回收/再利用,最后到资源节约,如图15-9所示。

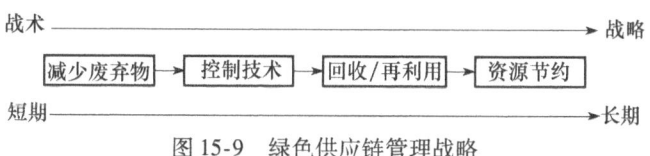

图15-9 绿色供应链管理战略

### 4. 绿色制造与绿色供应链环境下的生产运作管理问题

在环境保护和绿色战略下,基于绿色制造与绿色供应链思想的企业的生产运作管理有什么新的变化呢?从生产管理的角度看,在绿色制造与绿色供应链环境下,生产系统的设计、生产计划与控制、生产物流等方面都需要做相应的调整。

(1)**考虑绿色环保因素的生产设施选址决策问题**。在绿色战略下,生产设施选址决策需要增加环境评估环节。许多地方政府站在绿色发展战略的角度限制某些高耗水、高污染和高排放的工厂的审批,因此,工厂选址要考虑远离城市、居民密度低的地区。

(2)**考虑绿色因素的生产设施布置问题**。在生产设施布置方面,考虑绿色战略的需求,工厂要考虑增加"三废"减排、水循环利用、减少噪声等设施。

(3)**考虑再制造环节的生产线设计问题**。绿色制造强调提高对自然资源的利用率,减少资源浪费，而再制造是能够满足这种要求的策略。目前有不少企业在生产过程中开始回收废旧产品，对其进行拆解再制造，如电子产品、汽车、家电等行业企业。在生产线的设计中，企业需要考虑设计再制造生产环节，如拆解、清洗、检验等再制造生产工序。

（4）**绿色战略下的生产计划与控制问题**。在生产计划与控制环节，如果考虑绿色因素，生产计划就需要做一些调整，比如，产品需求可以分为新产品和再制造产品两种，总生产计划需要量是新产品和再制造产品之和。企业要制定合理的再制造生产需要量，特别是再制造零部件的生产计划量。

（5）**绿色战略下的生产物流问题**。生产物流系统在绿色战略下也需要做相应的调整。比如，回收产品和零件的运输和存储系统的设计与优化，车间的物流包装材料的回收利用，回收产品和零件的物流作业计划与优化，入厂和出厂物流运输车辆的噪声控制、运输排放控制，等等。

## 15.2.2 可持续发展"三角底线"下的生产运作管理

前面讨论的基于绿色制造和绿色供应链的生产运作管理，重点关注的是环境问题。除了环境保护外，社会对企业提出了更高的要求，企业不能只追求增加经济利益、保护环境，也需要关注员工和社会的可持续发展、人和社会和谐发展，成为一个负责任的企业，因此企业的可持续发展包括环境可持续发展、人和社会和谐发展、经济利益可持续发展这三方面，这就是所谓的企业可持续发展的"三角底线"责任。基于"三角底线"责任，企业的经营绩效包含环境绩效、经济绩效和社会绩效，如图15-10所示。

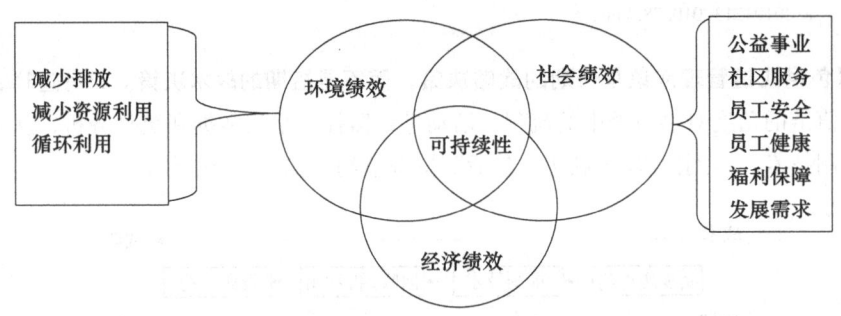

图 15-10　企业可持续性绩效

绿色概念只是关心企业的经济绩效和环境绩效，而可持续性概念关注经济、环境和社会绩效，可持续制造与供应链比绿色制造与供应链多了企业社会责任的内容。

**企业社会责任**（corporate social responsibility，CSR）是一个广义的概念，目前没有一个统一的定义，一般认为企业社会责任是一个道德概念，现在学术界普遍认同的是企业社会责任领域最有声望的学者阿奇·B.卡罗尔（Archie B. Carroll）于1979年给出的定义：企业社会责任是在某一时间点社会对企业的经济、法律、道德和自觉期望。[一]卡罗尔认为，企业社会责任包括经济责任、法律责任、道德责任和慈善责任（见图15-11）。

---

[一] CARROLL A B. The pyramid of corporate social responsibility: toward the moral management of organization stakeholders [J]. Business horizons, 1991, 34(4): 39-48.

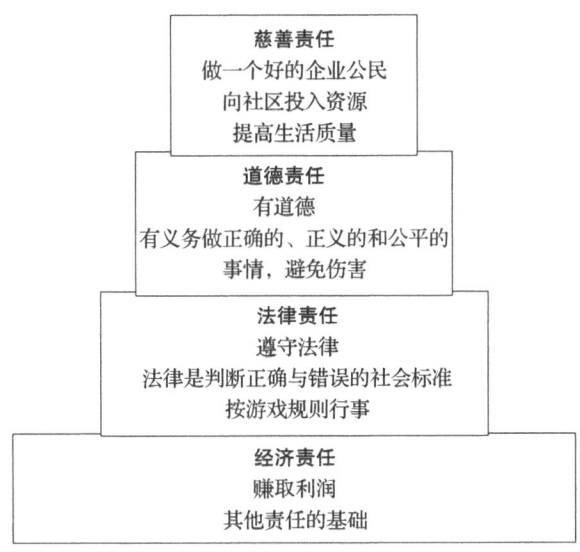

图 15-11 卡罗尔企业社会责任金字塔模型

通常我们所说的企业社会责任不包括经济责任，主要是道德责任和法律责任，并侧重于劳工权益方面的法律责任，企业应关注社会公益事业，关心员工身心健康，不能歧视女工，不招童工，改善工人的工作生活条件，满足员工精神需求与发展需求，等等。从这个角度讲，企业社会责任是不能增加企业经济收入的"负担"，但这种负担是企业责无旁贷的义务。随着社会的进步，企业的这种社会责任会越来越重要，因此企业在生产运作过程中要注意从企业社会责任的角度管理员工，调动员工的积极性，使企业协调实现可持续发展。

### 1. 企业社会责任与生产运作管理

企业社会责任是多方面的，有的责任属于企业整体的责任范畴，由企业其他相应的部门参与承担，有的责任则与生产运作过程有关。生产运作管理过程中的责任主要包括如下几个方面。

(1) 安全生产和工作环境改善。安全生产是企业在生产运作过程中需要特别注意的一项责任。我国政府每年都开展安全生产大检查工作，一些企业每年也会开展安全生产月等活动，目的就是提醒企业管理者生产过程中可能存在的安全问题。虽然如此，不少企业依然发生了安全事故，特别是一些安全事故多发行业，如建筑业、煤矿业、钢铁和化工企业等。为了做好安全生产，许多企业在推行的精益生产现场管理"5S 活动"中加上了安全（safety），即开展"6S 活动"，这是一个非常好的做法。企业通过"6S 活动"可以建立一个干净、整洁、有序、安全的工作环境。另外，一些企业推行日本企业的"防呆"（poka yoke）措施，这也是精益生产的一种现场改善活动，是一种工业工程方法。这种方法可以消除生产工艺或者流程设计中的不合理现象，减少员工工作过程中出差错而引起的安全生产事故。总之，企业可以通过生产运作管理的各种措施来减少安全事故，提高生产安全性。

(2) 员工健康保证与劳动条件改善。企业在组织生产过程中，劳动条件要符合国家有关的规定和要求。有些企业的工作场所存在各种污染，如噪声、粉尘、毒气、辐射等，对员工的身心健康会产生一定的影响，因此企业要改善劳动条件，减少对员工健康的危害。

为了创造有利于员工健康的工作条件，企业在生产车间班组工作安排和工作任务分配过程中要考虑员工的健康需求，适当给予员工一定的休息时间，开展一些娱乐活动。比如工作一定时间以后要合理设置员工工间休息时间，不能让员工过度劳累。另外，保障孕期员工的休息时间，为哺乳期的员工安排哺乳时间等，这些都是保障员工身心健康的有效措施。

为了保证员工健康，企业需要在职业健康安全管理体系认证方面做些工作。2001 年，国家质量监督检验检疫总局㊀颁布了《职业健康安全管理体系规范》（OHSMS），目前国际标准化组织职业健康安全管理体系 ISO 45000 也受到企业重视，有不少企业开展了健康安全管理体系认证工作，这对员工健康和安全管理起到了很好的促进作用。

（3）员工权益保护与营造公平组织。在生产运作管理过程中，企业管理者不能通过损害员工的权益来获得更多的生产产出和经济效益。生产运作领域涉及的员工权益包含多方面，比如员工发展权益（如学习和职业晋升）、员工知情权益（如了解企业的决策和经营信息）、女性员工与男性员工的同工同酬平等权益、享受国家规定的节假日与不能超过规定的劳动时间权益等。通过员工权益保护，企业要营造一个公平的组织环境。

（4）承担社会就业的责任和义务。企业是社会组织，除了员工权益保护外，企业还需要承担一定的社会责任和义务，比如社会赈灾、社区慈善、为社区和社会扩大就业等。作为生产运作系统，为社区和社会解决就业是企业的一项重要义务。

### 2. 低碳生产运作管理理论

环境保护是可持续发展的一个重要组成部分，也是可持续发展的"三角底线"原则之一。长期以来，政府和企业都很重视可持续发展的环境保护问题，除了减少资源消耗和提高循环利用自然资源的能力（如资源回收和再制造）外，减少环境污染是可持续发展中最为重要的一个环节。减少碳排放是减少环境污染的一个重要措施，因此低碳制造、低碳供应链、低碳生产（low carbon production）在理论界和企业界都得到了广泛的重视。

目前，低碳生产运作管理仍在发展中，还没有形成系统的、一致的思想和理论。理论来源于实践，为此，我们需要了解在实践中企业是如何开展低碳生产的，从而为理论研究提供依据。我们首先介绍碳排放控制的有关管理措施和政策，然后介绍企业低碳生产运作的实践做法。

国际上目前有三种控制碳排放的政策措施，就是碳配额、碳交易和碳税。

（1）碳配额。碳配额（carbon cap）是指政府对企业设立一个碳排放的额度，企业的碳排放量不能超过这个排放额度。碳配额根据不同的行业和企业类型设定。广东省是我国较早设立企业碳排放配额的省份，2013 年 11 月，广东省发展改革委员会颁布了《广东省碳排放权配额首次分配及工作方案》，确定了首批控排企业为电力、钢铁、石化和水泥四个行业在 2011 年、2012 年任一年排放 2 万吨二氧化碳（或综合能源消费量达 1 万吨标准煤）及以上的企业，共 202 家。之后，广东省每年公布碳排放配额方案。从每年公布的配额数量看，参与配额的企业不断增加，同时配额量也在增加，2017 年为 4.22 亿吨，2019 年为 4.65 亿吨。之后，我国其他地区也陆续开展碳配额工作，如上海、北京、湖北、重庆等。

（2）碳交易。碳交易（carbon trade）和碳配额工作是联系在一起的，因为有碳配额的限制，政府允许一些碳配额没有用完的企业进行配额交易，将配额转让给其他企业，这就是碳交易。我国碳配额开展早的省份也是碳交易开展早的省份，如广东、北京、天津、重庆、上海、湖北都在

---

㊀ 2018 年 3 月，国家质量监督检验检疫总局不再保留，组建为国家市场监督管理总局。

2013 年开展碳交易（其中，深圳市是我国最早进行碳交易试点工作的城市，于 2012 年 1 月开展）。广东省设有碳排放权交易所，湖北省设有碳排放权交易中心，其他部分省份也有类似的碳排放交易机构。中国碳交易平台每天公布新的交易信息，需要进行碳排放权交易的企业可以在该平台上交易。

（3）**碳税**。碳税（carbon tax）是目前国际上控制碳排放最为重要的手段，欧洲国家比较早开展碳税征收工作，我国尚未正式开展碳税征收工作，处于规划阶段。不同国家，碳税的额度不一样，而且同一国家不同时期碳税的标准也不同。根据世界银行的碳税资料，2014 年，丹麦是 35 欧元/吨，2018 年则降为 29 欧元/吨。瑞典 2014 年的碳税为 168 欧元/吨，2018 年降到 139 欧元/吨。法国碳税从 2017 年的 35 美元/吨提高到 2018 年的 51 美元/吨，2022 年计划提高到 98 美元/吨。亚洲国家中，日本为 7 欧元/吨，新加坡规定 2019～2023 年的碳税为 5 新加坡元/吨。

上述三种碳控制政策实际上是一种惩罚措施，为了减少碳排放，政府还有奖励措施来激励企业减排，如补贴政策。政府对实施减排的企业（投资减排工艺和低碳产品开发）给予一定的经济补贴，以此鼓励企业开展减排工作。

企业碳排放控制措施主要有四种：低碳产品开发、低碳工艺改造、低碳能源应用、低碳物流系统。

**一是低碳产品开发**。目前我们国家大力提倡开发低碳产品，比如汽车制造企业开发电动汽车，新能源汽车可以大大减少汽车的碳排放（汽车的碳排放主要来源于发动机，燃油汽车比电力驱动的汽车碳排放多得多，电力驱动的汽车可以减少碳排放）。还有一些建筑材料企业、家电企业也都在开发低碳建筑产品和低碳家电产品。低碳产品开发的动力来源于两个因素：一是企业的市场投资动力，二是消费者的需求拉动。为了提高企业的低碳产品开发动力，政府需要给予企业一定的补贴，同时也要刺激消费者对低碳产品的购买欲望（如减少新车购置税等）。由于低碳产品与传统产品在功能和使用价值上是有区别的（如汽车的耐用性和动力强度等），因此企业在投资低碳产品开发的时候需要做出平衡。

**二是低碳工艺改造**。企业在生产过程中主要的碳排放来源于生产工艺，不同的生产工艺，其碳排放量不一样。我国政府鼓励企业淘汰落后的生产工艺，采用新型的低碳生产工艺，以降低生产碳排放，采用关（关闭落后工艺）、停（停止使用落后工艺）、转（转而生产其他的产品）的方法。钢铁、煤炭、水泥、化工、建材、食品加工、纺织印染等行业都有通过工艺改造实现低碳生产的可能性，这些行业的生产工艺过程会产生大量的二氧化碳和二氧化硫等污染气体。低碳工艺改造需要一笔不小的投资，企业需要从长远的发展眼光来投资低碳生产工艺改造。

**三是低碳能源应用**。工业企业在生产过程中的碳排放有相当一部分来源于能源动力，如煤炭的燃烧、电力和热蒸汽的使用等。这些能源在使用中都会产生碳排放。为了减少能源使用产生的碳排放，目前有一些企业开始使用新的清洁能源。比如，青岛啤酒集团和广州珠江啤酒股份有限公司等食品饮料企业都在减少锅炉的煤燃烧的碳排放。广州珠江啤酒股份有限公司还利用自身的光伏发电设备进行光伏发电，一方面节约能源成本，另一方面采用光伏电力也能减少碳排放。

**四是低碳物流系统**。生产过程中有三个环节的物流系统：输入端物流（原料物流）、输出端物流（产品物流）、车间物料转运物流。这三个环节的物流系统也会产生一定数量的碳排放。特别是一些物料存储与运输量比较大的企业,如食品加工企业、钢铁企业、化工企业等,这些企业物料的存储和运输比较频繁,增加了企业碳排放控制的压力。为了减少生产物流的碳排放,企业可以采用减少物料运输次数、采用低碳排放物料运输工具、减少物料存储时间和搬运等措施。

| 运作聚焦

## 珠江啤酒荣获绿色企业管理奖

随着绿色和可持续发展战略的实施,许多企业在追求经济效益的同时,注重绿色和可持续发展。广州珠江啤酒股份有限公司(以下简称"珠江啤酒")在绿色可持续发展经营中也取得了很好的效果,荣获"2017年度绿色企业管理奖"等奖项,该奖项主要用于表彰走在全国绿色环境保护工作前列的工业企业单位及管理者;2023年,珠啤股份南沙智能工厂获评国家级绿色工厂。

珠江啤酒作为首批"两型"(资源节约型、环境友好型)试点企业,是广东省第一家、国内同行第一家正式通过清洁生产审核验收的工业企业,是国家环境友好型企业,全面采用先进工艺发展循环经济,先后启动了错流膜过滤、沼气回收综合利用、光伏发电等循环经济项目,其中,沼气回收综合利用项目成为国内啤酒行业第一个联合国清洁发展机制(CDM)项目。珠江啤酒的主要消耗指标处于国内领先、国际先进水平,是酿酒行业清洁生产标杆企业。

珠江啤酒自1985年建厂以来,坚持以可持续发展为战略目标,以绿色环保的理念打造全方位节能工厂,在节能降耗、清洁生产、低碳经济、环境保护等方面的实践得到各级政府、同行、社会的充分肯定,连续多次获得"广东省环保诚信企业(绿牌)"称号,有力地推动着中国啤酒行业向低污染、低成本、高效率的新型工业化方向发展。今后,珠江啤酒将加快转型升级步伐,狠抓节能环保,坚定不移地走绿色发展道路,实现经济效益与环境效益的"双赢"。

一是完善环保管理网络,明确管理责任。珠江啤酒的环保工作采用总经理负责制,成立由总经理担任组长、主管生产副总经理担任副组长、各相关职能部门及生产单位负责人为组员的环保工作领导小组,指定生产部为领导小组常设办公室,完善环保管理工作网络,明确管理责任。

二是健全环境管理制度,提高环境风险管理水平。珠江啤酒严格遵守国家与地方环境方针政策、法律法规,制定并完善环境风险应急体系《污水处理运行应急预案》《放射源应急预案》《氨泄漏应急预案》等预案文件,定期进行演练,最大限度地预防和控制潜在的污染事故发生,实现危险废物安全处置率为100%。

三是深化能源模式改革,节能减排。珠江啤酒响应广州市"退二进三"政策,产能搬迁南沙,采用集中供热购买蒸汽的方式,实现锅炉废气污染物零排放;同时大力发展光伏发电,积极推进天然气、生物质燃料等清洁能源的使用。

四是发展循环经济,变废为宝。珠江啤酒根据《废物管理规定》建立固体废物管理组织架构,从产生、收集、贮存、处置各个环节对固体废物进行严格管理,确保酒糟、废酵母等资源性固体废物再利用率为100%。2016年,珠江啤酒共回收二氧化碳17 923吨,固体废物资源化再利用率达98.64%。

五是推动上下游产业链发展低碳经济。珠江啤酒要求各供应商本着对保护环境高度负责的态度,获得ISO 9000、ISO 14000等相关资质证明,并在采购合同条款中明确供应商的环保责任;制定严格的采购质量标准，定期组织对原辅材料供应商的生产环境进行检查，加强接收把关并严格考评，既降低成本，又维护环境。

资料来源：伊谢，第一农经网，http://rum.1nongjing.com/201705/182910.html，2017年5月27日。

## 15.3 全球化生产运作管理

### 1. 全球化的时代背景

全球化已经成为当今世界经济的一个主要趋势。随着经济全球化，制造业的全球化趋势越来越明显，越来越多的企业意识到全球化的意义，参与全球竞争。

区域性政治和经济联盟及全球化经济政策推动了全球化。世界各地区都有一些区域性政治和经济联盟，这为经济全球化带来了便利。比如"金砖五国""上海合作组织""亚太经济合作组织""欧盟""非洲联盟""东盟"（东南亚国家联盟）等，它们对推动全球化起到了不同的作用。

中国自2001年加入世界贸易组织（WTO）以来，中国企业参与全球化生产分工体系的脚步加快。加入WTO，中国企业可以享受更多国家的低关税待遇和最惠国待遇等，这降低了我国企业进入其他国家的壁垒，当然也降低了其他国家企业进入我国的门槛，提升了我国与其他国家贸易往来的便利性。"一带一路"倡议也进一步推动了我国的企业全球化。

自20世纪90年代以来，全球化的速度加快。世界上知名的企业都是全球化经营的企业。耐克、苹果、戴尔、丰田、三星、波音、空中客车等著名企业都通过全球化生产体系和全球化合作生产网络进行分工合作，共同展开市场竞争。下面我们看一看日本、美国和中国的企业全球化典型案例，通过它们的全球化经营之路了解全球化的时代背景。

**案例1：丰田公司的全球化经营**

日本丰田汽车公司是汽车行业的著名企业，不仅它的丰田管理模式是世界汽车行业的典范，丰田公司自身也是一家全球化经营的企业典范。丰田公司一直坚持以生产制造为业务核心，秉持以生产为中心的经营之道，也就是第2章讲的"橄榄型"企业模型。

丰田公司在20世纪80年代以前主要以出口贸易为主，向国外销售汽车；80年代开始在海外建立生产工厂，1986年，丰田公司的第一家美国工厂在肯塔基州建立，之后陆续在其他的国家建立工厂。20世纪90年代，丰田公司进入中国，目前在中国有多家生产工厂和汽车相关产业的合资工厂。

丰田公司除了在日本有母公司和生产工厂外，同时在五大洲有多家独资和合资生产工厂，成了一家真正的全球化跨国经营的企业。根据丰田公司网站公布的数据，截至2023年初，丰田公司在全球五大洲都有工厂，在亚洲和北美洲的工厂最多，亚洲有26家，北美洲有13家，南美洲有3家，欧洲有6家，非洲有4家。

**案例2：苹果公司的全球化经营**

苹果公司也是全球化经营的国际著名企业，是高科技领域企业的全球化经营典范。与丰田公司的全球化经营战略不同，苹果公司采用的是"哑铃型"企业经营战略，即把产品开发和产品销售这两个环节作为核心业务，而其他的生产环节外包给世界各地的代工厂，通过"贴牌生产"的模式，依靠全球各地的代工厂协作完成。

与丰田公司的全球化策略不同，苹果公司对全球供应链的依赖度很高，大量的全球供应商成为苹果公司的协作生产伙伴（苹果公司拥有700多家全球供应商），这些协作生产伙伴按照苹果公司的技术要求生产其所需要的部件或产品，它们是苹果公司快速响应的敏捷供应链系统的组成部分。

图15-12是苹果公司2017年、2019年和2021年这三年的供应商分布。从数据来看，这三年相比，苹果公司的不同地区的供应商数量分布没有太大变化。2021年中国地区的供应商数量略有减少，东南亚地区略有增加，美国地区的供应商也比2019年有所增加，日本地区基本持平。总体上来看，全球化的战略基本没有改变。

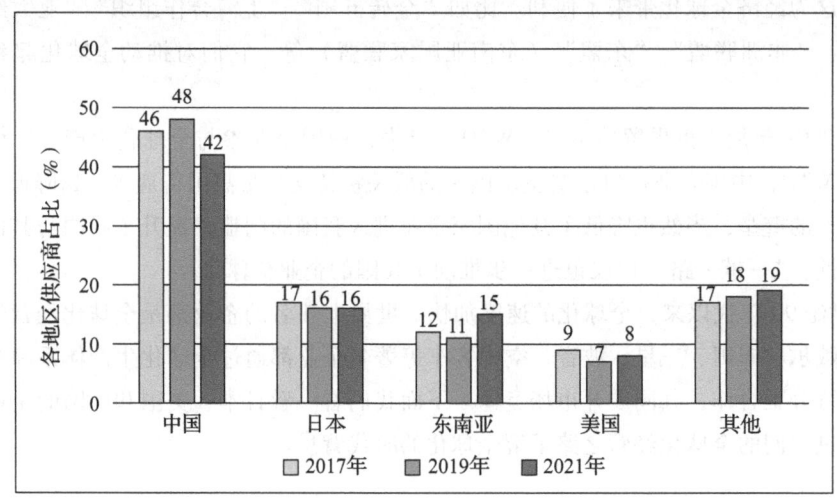

图15-12　2017年、2019年和2021年苹果公司供应商分布

资料来源：https://www.chinabaogao.com/data/202211/616857.html。

### 案例3：美的公司的全球化经营

与日本、美国这些发达国家的企业全球化经营相比，中国企业虽然全球化经营起步晚一些，但是进步很快。最近20年，中国企业全球化速度比较快，特别是在"一带一路"倡议下，中国企业的国际化越来越明显。中国企业的国际化经营以出口贸易为第一步，之后是海外投资、并购等，然后才是建立海外合资和独资工厂，美的公司（以下简称"美的"）就是其中一个代表。

美的是我国比较早开展全球化经营的企业，在全球化经营进程中经历了代工出口、海外设厂、海外并购几个阶段。

1988年，美的取得自营进出口权，当年出口创汇810万美元。

2007年，美的在越南建立首个海外生产基地。

2007年，在中白两国政府的大力支持下，美的与白俄罗斯地平线集团联合成立了"美的-地平线"合资公司，开始在当地生产微波炉，美的因此成为中国第一家在白俄罗斯投资的实体企业。

2008年，美的与开利结成全球战略联盟，深化在家用和商用空调的研发、制造、销售、服务等领域的合作。随后，美的开利在全球设立多个生产基地。

2010年，美的收购埃及Miraco公司32.5%的股权，建立埃及生产基地。

2011年，美的收购开利在巴西、阿根廷的空调工厂。

2012年，美的又与开利合建印度生产基地。

2016年，美的接连收购日本东芝家电业务、德国库卡公司，从新兴市场向发达国家市场扩张，从家电领域向新兴科技领域延伸。

2022年，美的海外市场营业收入达到1 426.45亿元，占其整体营业收入之比高达41%，同比增长3.63%，海外电商销售收入同比增长14%。美的建立了以美国、巴西、德国、日本、东盟市场为突破口的全球化战略，2022年新增合作客户超过3 000家。

2023年，美的在全球拥有约200家子公司、35个研发中心和35个主要生产基地，业务覆盖200多个国家和地区。2023年2月，美的入选"2022福布斯中国可持续发展工业企业TOP50"。

### 2. 全球化经营的好处和风险

（1）企业全球化经营的好处如下。

1）全球化生产可以降低生产成本。在低成本的国家建立工厂或采购零件组装产品然后出口到世界各地，可以降低产品成本。

2）全球化经营可以获得资源比较优势。世界各国具有不同的资源比较优势，有的国家具有廉价劳动力的比较优势，有的国家具有技术比较优势，有的国家具有原料比较优势，有的国家具有产业链协作比较优势，等等。通过全球化，在不同的国家建立生产基地、研发中心或者采购和销售分支机构，可以利用不同国家的比较优势，提高企业竞争力。

3）全球化经营可以拓展市场，打破贸易壁垒。不同国家的社会制度不一样，因此不同国家的市场管理制度不同，为了保护本国的市场不受外国经济冲击，一般国家对进入本国的外国商品都有一定的限制（如进口配额许可制度、关税制度），这是一种贸易保护制度。在产品销售国建立生产基地在当地销售而非在本国生产通过出口的方式进入销售国，可以避免贸易壁垒的限制，从而拓展产品销售市场。

4）全球化经营可以降低商业风险。俗话说，"鸡蛋不要放在一个篮子里"，这是一种规避风险的策略。商业风险有很多种，其中一种风险就是国家商业环境风险，当一个国家或地区出现对商业环境不利的条件时，企业的经营就会受到影响，比如某个国家出现政治动荡或经济衰退。如果能把投资分散到世界各国，就可以减少损失。

（2）全球化经营也存在一定的经营风险，具体如下。

1）全球化经营的汇率波动风险。在国际贸易中，汇率是一个非常重要的交易影响因素，由于汇率波动的不可预期性会对企业的利润产生很大的影响，因此全球化经营的企业在不同国家之间开展商品进出口业务的时候要考虑汇率波动风险。

2）全球化经营的市场风险。国际市场风云变幻，难以预测，出口导向的企业面对变幻莫测的出口国家的市场，有时候要经受比较大的市场风险。

3）全球化经营的国际政治风险。全球化经营也可能存在政治风险，当一个国家的领导人更换或政府发生权力斗争时，其经济政策往往也会变化，从而影响该国外国投资者的利益。

### 3. 全球化经营模式

企业在市场上竞争主要基于两个方面：市场和资源。市场和资源的利用有两个策略：集中策略或分散策略。基于市场和资源的两维利用，企业全球化经营模式有三种。

（1）市场全球化——国际贸易模式。在这种模式下，企业生产设施在本土，生产资源集中，但是市场分散到世界各地，通过出口贸易的方式进行市场国际化，从而参与国际市场竞争。由于生产资源位于本国，因此生产经营的风险比较低。一般企业初期参与国际竞争的时候，比较多采用这种国际化经营模式，把它作为全球化的第一步。

（2）资源全球化——国际投资模式。这种经营模式是顾客集中在本土，而资源分散到国际，通过国际投资寻找国际资源。这种情况适用于在国内缺乏生产资源，需要向国外寻找资源的企业。我国的钢铁企业就属于这种情况，由于国内铁矿石的供应满足不了钢铁企业的生产需求，因此我国钢铁企业一般从巴西、澳大利亚、加拿大、印度、南非等国家进口铁矿石，并且在巴西和澳大利亚投资建立铁矿石企业开采铁矿石。

（3）市场与资源全球化——跨国经营模式。这种经营模式的顾客和资源都是分散的，也就是说企业的顾客分散于世界各地，生产资源也在不同的国家，真正的跨国企业是这种模式。这种模式是全球化经营的最高等级形式，对企业的国际化经营能力要求比较高，一般较大规模的跨国公司采用这种经营模式。

这三种模式的基本关系如图 15-13 所示。

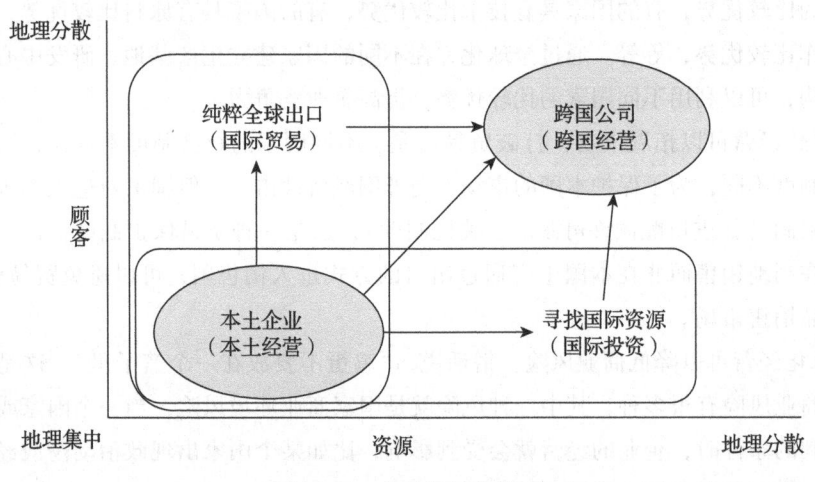

图 15-13　全球化经营模式

### 4. 全球化生产运作的基础

企业要实现全球化生产运作，必须建立一定的基础，其中最重要的是三个方面的基础：全球化生产体系构成、全球供应链、全球信息和通信技术基础。

（1）全球化生产体系构成。全球化生产体系由分工合作的不同企业构成，在全球化生产体系中形成了三类优势互补的生产企业。

第一类企业叫原始设备制造商（original equipment manufacturer，OEM），也有人称之为原始品牌制造商（original brand manufacturer，OBM）。这种企业一般经过了长期的发展，拥有自己的品牌、制造技术和销售渠道，在和企业形成生产合作体系的时候，重点放在产品开发和技术创新、销售渠道上，只做关键生产活动（如产品的最后组装），其他生产任务分包给其他的企业。

第二类企业叫原始设计制造商（original design manufacturer，ODM）。这种企业拥有设计开发产品和制造产品的能力，但是没有销售渠道，在和其他企业形成生产合作体系的时候，一般只从事设计和生产任务。

第三类企业叫合同制造商（contract manufacturer，CM）。这种企业在生产制造方面具有比较好的优势，比如工艺优势、低成本优势。在和其他企业形成生产合作体系的时候，这种企业就专注于生产环境，利用生产规模效应获得利润。

在这三类企业中，OEM 由于具有长期的国际化经营经验，在销售渠道方面具有较高的品牌知名度，因此具有很好的市场影响力，在合作生产体系中成为龙头企业。其他类型的企业通过与品牌龙头企业的合作，在全球范围内构成一个分工合作的生产体系，各类企业充分发挥各自的优势。图 15-14 为全球化生产体系构成。

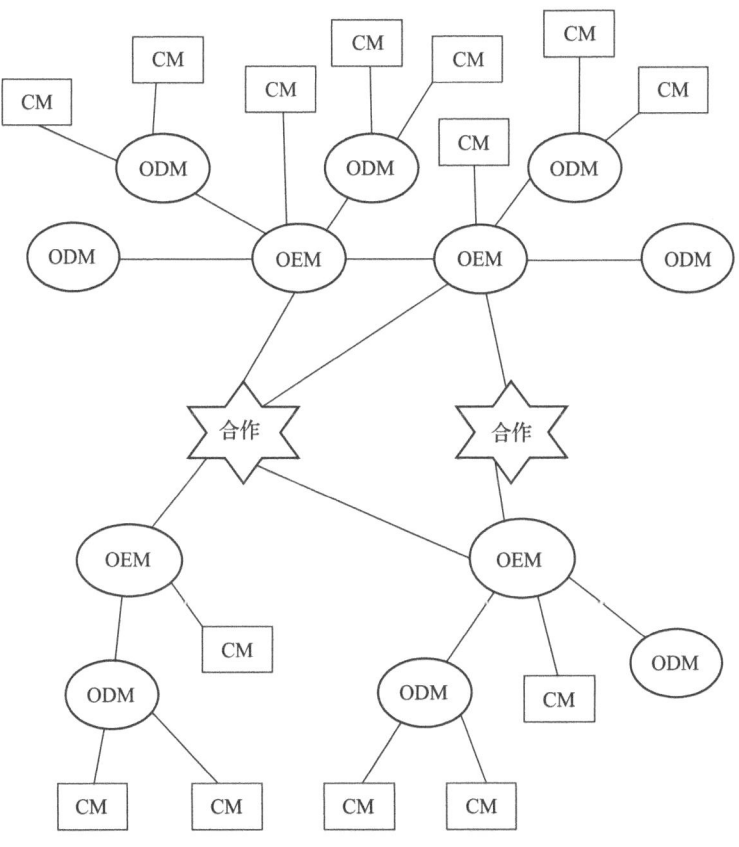

图 15-14　全球化生产体系构成

（2）全球供应链。作为全球化生产运作的基础，全球供应链扮演着重要的角色。由于产品的生产活动在不同的国家进行，产品也在不同的国家销售，因此需要高效和快捷的供应链连接全球的供应链结点企业。然而，由于国际物流特别是海运物流时间长，因此存在较大的交货不确定性，运输不及时导致供应不及时，从而影响生产和销售，产生缺货和库存积压，最终会造成整个供应链内部各个企业的经济损失。全球供应链比本土供应链风险更大。为了降低跨国运输的不确定性，减少库存和缺货，企业应采用本土化采购的策略，尽可能在当地（生产国所在地）进行本土化采购。日本丰田公司采用全球化生产策略，在世界各地（美洲、亚洲、欧洲、非洲等国家）建立合资工厂，这些位于不同国家的生产工厂都需要零件供应商。为了减少供应链风险，丰田公司也采用供应商本地化策略，比如在中国，丰田公司的主要合资生产工厂位于广州，有许多供应商就来自中国各地甚至广州本地。当然，作为跨国生产的基础，哪些供应商应该在本地，哪些供应商应该来自其他国家，这是值得企业考虑的重要问题。针对这个问题，企业要从整体供应链运作战略的角度考虑，是选择敏捷供应链战略还是精益供应链战略。这两种供应链战略对供应商选择及其地理分布的考虑是不同的。

（3）全球信息和通信技术基础。全球化生产运作需要快速、可靠的全球信息和通信技术作为基础，云计算技术、互联网技术等已经成为全球化的重要实施工具。通过云服务/互联网技术把OEM、CM、ODM、分销商等全球生产合作伙伴连接起来，构成一个全球工厂互联的全球生产信息支持系统。目前，我国海尔公司、美的公司都在世界各地建立了全球化生产工厂，通过互联网，海尔和美的实现了工厂信息互通互连，提高了自身全球化协作生产和市场响应能力。

### 5. 全球化生产运作管理的策略

与本土化生产不同，全球化生产运作由于其独特的经营环境而面临一些独特的问题，企业需要采用区别于本土生产的策略，以下简单介绍几个方面的运作策略。

（1）全球化生产的设施选址策略。选址是一个重要的战略决策，影响选址的因素很多，第4章已经详细介绍过，全球化生产设施选址与国内生产设施选址相比要考虑更多国家层面的政治和经济因素，如国家的税收政策、进出口关税、进出口配额、劳工政策。另外，全球化生产设施等方面选址是多设施选址，企业需要站在全球供应链的角度考虑生产设施的选址，从供应链结构配置、供应链风险等方面考虑。

（2）产品与工艺技术策略。一方面，企业需要考虑是否需要在全球范围内采用统一的标准工艺生产标准化的产品；另一方面，企业要考虑全球化产品开发管理的问题。对于产品生产工艺是标准化还是差异化的问题，这里我们可以用一个例子来说明。比如，可口可乐公司可以在全球范围内生产统一口味的饮料，它通过控制饮料生产工艺，以保证在世界各地的饮料口味的一致性。但是，可口可乐公司也可以根据不同地区的顾客的口味需要，确定不同地区的饮料生产工艺，以生产差异化的产品。对于产品开发管理的问题，全球化生产企业和本土企业也有不同的特点。一些跨国生产企业，特别是汽车企业，比如日本的丰田、中国的吉利，在海外建立生产基地的同时还建立研发部门，利用当地的技术资源开发产品，这样一方面可以减少人力资源的投入，另一方面可以实现本土化产品开发。

（3）技术转移和知识产权保护问题。随着全球化经营活动的开展，全球化生产运作涉及技术转移和知识产权保护问题。技术转移的方式有多种，常见的有许可生产、合资、补偿转让等。在合资过程中，技术保密和知识产权保护对合资双方而言是一项重要内容。并购也涉及技术转移和知识产权问题，并购企业和被并购企业之间要签署技术转移协议，内容涵盖技术人员的利用、知识产权保护等。

（4）全球化生产的劳工关系和跨文化管理问题。全球化经营需要处理不同文化背景下的组织和人员问题，如文化冲突、语言障碍和沟通等。企业应利用当地的人力资源，提高当地管理人员的比重，减少国内派驻国外生产基地的管理人员的数量，实现管理人员本土化，这样可以减少文化冲突和管理沟通障碍。

文化冲突对于全球化经营的企业有弊也有利，跨国企业可以在国外的生产工厂组织内通过跨文化融合和学习产生新的管理思想。在中国东南沿海地区，如广东、江苏、浙江等地，有许多中外合资或外商独资的企业，在管理层中，中方管理人员占多数，外方管理人员占少数。在这些企业中，中方管理人员和外方管理人员共同参与管理，中方管理人员可以吸收外方管理人员的先进思想和经验，同时，外方管理人员也通过与中方管理人员的交流，学习中国优秀的传统管理文化及具有东方儒家特色的管理理念和人文精神，从而形成包容东西方管理文化的新管理模式。

## 15.4　企业数字化转型与生产运作管理

最近几年，我国企业数字化转型如火如荼展开，数字化成为企业发展中的新里程碑，广泛涉及数字化运营、数字化营销、数字化生产制造、数字化供应链等众多领域。

《中华人民共和国国民经济和社会发展第十四个五年规划和2035年远景目标纲要》（以下简称《规划纲要》）第五篇"加快数字化发展　建设数字中国"中明确指出：

迎接数字时代，激活数据要素潜能，推进网络强国建设，加快建设数字经济、数字社会、数字政府，以数字化转型整体驱动生产方式、生活方式和治理方式变革。

数字化转型的主战场是推进产业数字化转型，《规划纲要》在推进产业数字化转型部分明确指出：

实施"上云用数赋智"行动，推动数据赋能全产业链协同转型。在重点行业和区域建设若干国际水准的工业互联网平台和数字化转型促进中心，深化研发设计、生产制造、经营管理、市场服务等环节的数字化应用，培育发展个性定制、柔性制造等新模式，加快产业园区数字化改造。深入推进服务业数字化转型，培育众包设计、智慧物流、新零售等新增长点。

生产运作管理数字化成为许多企业数字化转型的关键环节，数字化生产运作已经成为生产运作管理的新发展趋势。

### 15.4.1　数字经济、数字化管理

#### 1. 数字经济

随着信息技术的发展，数字经济已经成为一个热点话题。什么是数字经济？根据中国信息通信研究院《中国数字经济发展报告（2022年）》中的定义，数字经济是以数字化的知识和信息作为关键的生产要素，以数字技术为核心驱动力量，以现代信息网络为重要载体，通过数字技术与实体经济深度融合，不断提高经济社会的数字化、网络化、智能化水平，加速重构经济发展的治理模式的新型经济形态。

数字经济主要包括四个方面：一是**数字化产业**，即信息通信产业，包括电子信息制造业、电信业、软件和信息技术服务、互联网行业等；二是**产业数字化**，包括工业互联网、智能制造、车联网、平台经济等融合型新产业、新模式、新业态；三是**数字化治理**，包括但不限于多元治理，以"数字技术＋治理"为典型特征的技管结合，以及数字化公共服务等；四是**数据价值化**，包括

但不限于数据采集、数据标准、数据确权、数据标注、数据定价、数据交易、数据流转、数据保护等。

数字经济（digital economy）和互联网经济（internet economy）、新经济（new economy）、网络经济（web economy）这些新概念既相似又相关。它们反映的都是和互联网技术、大数据、人工智能、移动通信等信息技术相关的经济活动。基于社会发展的角度，有人认为，人类社会已经进入"信息化时代"或者说"数字经济时代"。这说明网络化和数字化确实是当今社会发展的一个重要特征。

我国积极推动数字技术和数字经济的发展，从全球范围来看，特别是在电子商务、平台经济领域，我国走在全球前列。数字支付手段（如二维码扫码支付、"刷脸"支付等）目前在西方国家发展较为缓慢，但是在中国，数字支付手段已经广泛深入到生活当中，成为经济发展不可缺少的一个组成部分。在学术界，中国学者也对数字化、数字经济做了大量研究。

### 2. 数字化管理

当今时代，数字化管理（digital management）已经成为企业竞争的新武器。那么，什么是数字化管理呢？学术界很多人热衷谈论数字化转型，但是很少讲数字化管理。目前对于什么是数字化管理，学术界没有统一定义。本书汇总各类资料，给出一个比较有代表性、比较全面的数字化管理的定义：

数字化管理是指利用计算机、通信、网络等技术，通过统计技术进行量化并可视化管理对象与管理行为，实现企业研发、计划、组织、生产、销售、服务、创新等职能的管理活动数据在不同部门与人员之间进行实时共享和利用，提高管理效率。

从这个概念可以看出，数字化管理的内涵比较丰富，主要是指利用数字化技术和手段使企业经营过程中的各方面管理活动实现数字化，包括数字化生产管理、数字化物流管理、数字化供应链管理、数字化营销管理、数字化客户关系管理、数字化人力资源管理、数字化服务管理等。数字化是信息化的延伸，也可以认为数字化管理是企业信息化管理的"2.0版本"。数字化比信息化更加注重数据技术的应用和数据可视化，充分利用移动互联网、人工智能、大数据、云计算、区块链等先进技术，强调社会化协同和商业模式的创新。

## 15.4.2 企业数字化策略和支撑技术

### 1. 企业数字化转型的三维价值模型

企业通过数字化可以打造一种新的商业环境：透明、共享、敏捷、协同、互联。通过数字化，企业可以获得价值提升。对内提升生产、人才、流程、技术和安全等维度的管理能力；对外可以发挥平台效应，建立平台生态，提升客户价值。

企业数字化对企业各个业务部门的价值潜能有所不同。研究数据显示，对于工业设备制造商，研发、制造和供应链领域数字化的贡献最大；对于消费品行业的企业，则营销领域数字化的贡献最大。

企业数字化转型根据不同的需求可以从三个维度展开，形成三种战略（见图15-15）。其中三个维度分别是：数字化经营（或称数字化市场经营）、数字化企业管理、数字化商业模式。

（1）数字化经营。数字化经营也可以称为数字化销售。这个维度的数字化是指通过销售渠道数字化、服务和客户体验的数字化来增强企业的市场竞争力。通过数字化可以敏捷响应顾客需求，更加精准地进行客户营销和服务。

（2）数字化企业管理。这个维度的数字化主要功能是实现企业内部管理和业务流程的数字化，比如，供应链数字化、生产制造数字化、部门业务数字化（如财务和人力资源管理的数字化等）。通过数字化提高企业内部运作效率、降低成本。

（3）数字化商业模式。这个维度的数字化主要是指通过数字化实现企业商业模式的转变和创新，或者开发新的商业模式，如云社区、产业云平台、工业云平台等。典型的例子如汽车企业，利用人工智能技术开发无人驾驶汽车业务，实现了汽车业务联网，并建立了车联网平台等。

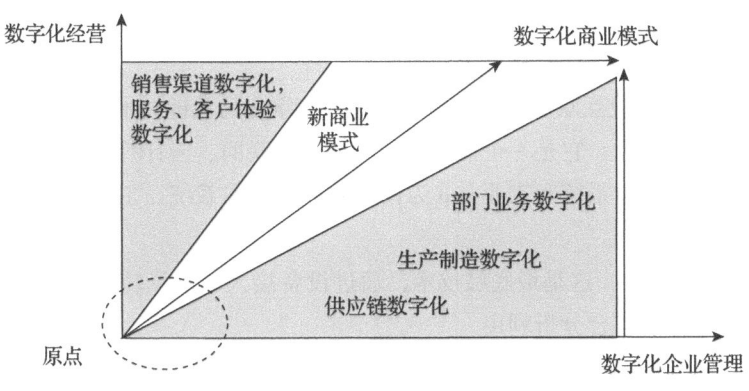

图 15-15　企业数字化转型的三维价值模型

## 2. 数字化技术

数字化技术涉及多种先进的信息技术、自动化和智能技术，而且这些技术在发展更新之中，包括已经成熟的企业资源计划（ERP）、产品生命周期管理（PLM）、制造执行系统（MES）等，都是数字化的基础技术。下面重点介绍几种较新的数字化关键技术。

（1）5G 和物联网技术。5G 是指第五代移动通信技术（目前 6G 正在研制当中）。5G 具有速度和精度高、低延时、海量连接等特点，在智能手机、智能家居、工业自动化、自动驾驶、云办公等系统广泛应用。物联网是一种由多种设备构成的智能服务系统，它通过智能感知设备，按照约定协议，连接物、人、系统和信息资源，实现对物理和虚拟世界的处理并做出反应。射频扫描（RFID）技术是物联网最核心的数据摄取技术之一。经过 RFID 摄取的数据由传输系统进入数据分析和处理设备进行处理并发布。物联网已经广泛应用于供应链信息传输、产品质量监控、公共安全和远程控制系统。

（2）数字孪生技术。数字孪生是最近几年企业数字化过程中的一个时髦词语，英文是"digital twin"，也译为"数字双胞胎"。数字孪生是指充分利用物理模型、传感器、运行历史等数据，集成多学科、多尺度的仿真过程。它所呈现的结果作为虚拟空间中对实体产品的镜像，反映了相对应物理实体产品的全生命周期过程。

数字孪生技术主要可以实现以下功能。

- 可视化呈现。通过感知设备采集现场数据，对物理实体各要素进行监控和动态可视化描述与展示。
- 智能诊断。分析历史数据,诊断系统功能和性能变化的原因。
- 预测。通过数据分析,对系统的未来状况进行预测,提高系统的预防性维护管理能力。
- 辅助决策。在分析过去和预测未来状况的基础上,对系统进行决策指导,提出对策。

数字孪生技术在制造业领域,可以实现产品从设计、生产到维护全过程的数字化,通过信息集成实现生产过程的可视化,形成从分析到控制再到分析的闭合回路,优化生产工艺和流程。

在服务业领域,数字孪生技术也可以提高服务的精准性、可靠性和效率。比如智慧医疗运营管理系统,以数字孪生为依托,助力医院实现信息聚合、数字建模、三维映射,搭建一个智能化数字空间,依托数据治理、知识图谱、轻量建模技术,提升医院的运营管理效率。数字孪生智慧医疗的一般功能主要包括线上查房、移动护理、住院服务等,智慧医院具有管理信息化、提升医护效率、促进医患沟通和改善住院条件等优势。

(3) 工业互联网。工业互联网是企业智能制造和数字化的关键技术。工业互联网是由美国通用电气公司首先提出的概念。它是一个借助通信网络、物联网、云计算、大数据、人工智能等构成的以开放平台、工业操作系统和工业 app 为核心的产业生态系统。工业互联网从技术体系结构上看,主要包括以下四部分。

数据采集层(边缘层):这是最底层技术,通过设备接入、协议转换和边缘计算等技术把设备的数据采集到云端进行综合分析利用。

基础设施层(IaaS 层):这是网络技术层,通过服务器、存储设备、网络等支撑企业的应用。

工业平台层(PaaS 层):这是核心层,是一个可扩展的工业操作系统,可以进行工业大数据分析、机器学习、可视化等工业数据建模分析。

工业应用层(SaaS 层):这是用户应用层,可以提供业务运行、设计、生产、供应链和设备管理等多方面的工业应用,同时可以接入其他供应商、用户等。

根据国内外工业互联网的应用调查数据,工业互联网在设备健康管理、生产监控、流程系统优化、生产管理优化、供应链管理等方面有较好的应用效果。

### 15.4.3 数字化和精益生产的融合

当前,我国企业大力推行数字化转型,以提高企业生产效率和降低成本,特别是人力成本。在第 14 章中我们介绍了丰田生产方式和精益生产的基本思想和方法,精益生产思想至今仍是当今世界最先进的生产运作管理思想之一。在相当长的时间内,精益生产思想也是企业降本增效、提高经济效益的最重要的管理思想之一。那么,数字化和精益生产的关系如何?如何处理两者的关系?

企业数字化转型和推行精益生产并不矛盾,而且是互补的,主要体现在以下几个方面。

- 数字化转型之前需要改善企业业务流程和运作系统,推行精益生产思想可以改善流程和提高人员素质,为数字化转型打下基础。
- 精益生产思想营造的持续改善文化是企业数字化成功推行的文化基础。
- 企业数字化转型的目标和精益生产的经营目标一致,都是创造更大的顾客价值,实现企业价值最大化。用精益价值流思想驱动数字化转型可以有效提升数字化转型的效果。

根据精益生产思想和数字化管理的内在联系，本书构建了精益生产和数字化转型的融合策略模型，如图 15-16 所示。

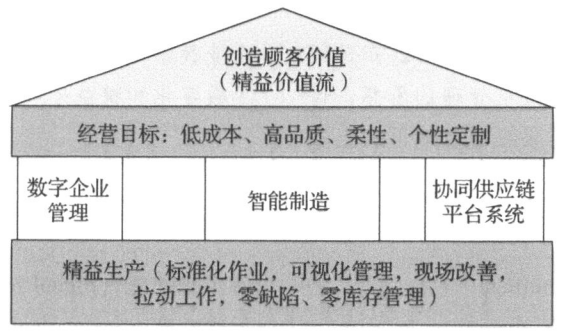

图 15-16　精益生产和数字化转型的融合策略模型

其中，精益生产是企业数字化的基础，涵盖标准化作业，可视化管理，现场改善，拉动工作，零缺陷、零库存管理。中间层是数字化企业管理、智能制造和协同供应链平台系统。再往上是企业的经营目标，即低成本、高品质、柔性和个性化定制。顶部的最终目标则是创造顾客价值。

┊运作聚焦┊

### 美的集团：在数字化底座上奔腾跃升

庞大如大象，如何保持猎豹一般的敏捷，在环境错综复杂的丛林中奔跃腾挪，抓住转瞬即逝的机会？

作为在全球拥有 10 多万名员工、全年营业收入 3 000 多亿元的科技巨头，美的过去十年坚持问题导向，持续投入 170 多亿元，以数字化引领企业变革，最终锻造出敏锐感知市场变化、高效响应客户需求的非凡能力。

作为美的旗下第二家"灯塔工厂"，美的微波与清洁事业部旗下的微波炉顺德工厂投资 13 亿元，以精益制造为基础，融合"5G + 工业互联网"等技术，构建起自动化物流体系、大规模柔性定制、基于数字孪生的技术中控大屏，实现数字化运营与工业 4.0 全面应用，完成了由"精益制造专家"向"绿色灯塔工厂"的进阶，用占地仅 45 万米$^2$ 的工厂，创造出年产值超 170 亿元、全球每两台微波炉大约就有一台在此诞生的奇迹。

数字化转型的成果显而易见：美的打造的"灯塔工厂"数量已升至 5 家，在全球"灯塔网络"的先进工业分类中数量领先。"灯塔工厂"内部逐渐实现产品质量稳定、生产成本降低、人员工作量下降、订单交期缩减。同时，伴随着数字化技术的普遍使用，美的对"灯塔工厂"已有相当健全的复制机制，各个工厂的智能制造体系、工业互联网平台、基础软件架构等被要求全面统一，"灯塔工厂"案例经验被推广应用于集团 30 多个工厂。

资料来源：根据佛山在线网站资料（2022-12-06，http://www.fsonline.com.cn/p/302255.html）整理编写。

## 本章小结

15.1 节介绍了大规模定制生产与服务的思想和实现策略，讨论了数字化大规模定制以及大规模定制在服务业的应用；15.2 节介绍了绿色与可持续制造和供应链管理的思想，讨论了绿色和可持续制造与供应链环境下的生产运作管理的问题；15.3 节介绍了全球化生产运作管理的背景和运作策略；15.4 节讨论了企业数字化转型对生产运作管理的影响，提出了数字化和精益生产融合的思想和策略。

## 关键术语

绿色制造（green manufacturing）
绿色供应链（green supply chain）
大规模定制（mass customization）
数字化管理（digital management）
低碳生产（low carbon production）
全球化生产运作（global production operations）

## 延伸阅读

1. 阅读指南：要了解大规模定制策略，读者可以阅读《大规模定制：企业竞争的新前沿》（约瑟夫·派恩著，操云甫等译，中国人民大学出版社出版，2000）；要了解绿色制造，读者可以阅读《绿色制造理论的理论与技术》（刘飞、曹华军和张华著，科学出版社出版，2020）。

2. 网络资源：读者可以登录中国工信产业网（https://www.cnii.com.cn/gxxww/lszz/）以及中国工业合作协会绿色制造专业委员会网站（http://www.cicgmc.com/wzsy）了解有关绿色制造的相关政策和企业信息。

## 论述题

1. 举例说明服务业如何开展大规模定制服务。
2. 什么叫延迟策略？企业采取延迟策略的好处是什么？
3. 可持续发展的"三角底线"指的是什么？
4. 全球化生产有什么好处和风险？

## 讨论案例

### 吉利的全球化运作

吉利汽车集团（简称吉利）是著名的中国自主品牌汽车制造商，全球化经营是吉利不断追求的目标。吉利从国内到国外，从单一产品贸易的"走出去"到深度参与当地工业化的"走进来"的思维转换，进一步促进吉利控股集团在"一带一路"倡议下互联互通，共同繁荣，实现全球化战略布局。吉利控股集团在中国、美国、英国、瑞典、比利时、马来西亚建有世界一流的现代化汽车整车和动力总成制造工厂，拥有各类销售网点超过 4 000 家，产品销售及服务网络遍布世界各地。

**1. 全球化生产基地**

吉利除了国内的生产工厂，还积极拓展海外生产基地建设，形成全球化生产体系。目前，吉利主要有 7 个海外生产基地。

（1）吉利白俄罗斯工厂。吉利（白俄罗斯）汽车有限公司（BelGee）新工厂 2015 年动工兴建，一期产能为 60 000 辆整车。吉利白俄罗斯工厂最终规划产能可达 120 000 辆，制造 GX7 SUV、海景 SC7、SC5 和熊猫 CROSS

等四款车型，辐射包括俄罗斯、乌克兰等市场。

（2）吉利英国工厂。在英国的考文垂，吉利建立有一家工厂。这个工厂的建立不仅可以为伦敦提供出租车，而且可以为英国提供1 000个以上的工作岗位，这对于工业规模逐渐衰退的英国来说无疑是有利的。

（3）吉利埃及工厂。吉利与埃及嘉宝尔集团（GB Auto）签署了CKD（全散件）供货组装合作协议和埃及总经销协议，双方在当地合作共建的装配生产线正式运行。双方将在埃及开罗工厂以CKD形式组装吉利产品，其首款车型为帝豪EC7，产能方面初期为3万辆/年。

（4）吉利印度尼西亚工厂。吉利印度尼西亚工厂位于雅加达附近，生产方式是散件组装，年设计产能为3万辆，目前主要装配和生产吉利自由舰车型。

（5）吉利乌拉圭工厂。吉利乌拉圭工厂生产线于2013年3月建成，同年8月第一辆成品车组装完成下线。该厂设计产能约为2万辆/年，主要生产帝豪EC7车型，供应乌拉圭及巴西的市场。

（6）吉利斯里兰卡工厂。斯里兰卡是吉利品牌在南亚非常重要的市场，随着新组装生产线投入使用，工厂产量可大幅增加，同时组装质量也会较之前有所提高，这为吉利品牌在当地的持续发展奠定了稳定基础。

（7）吉利埃塞俄比亚工厂。2011年6月18日，在埃塞俄比亚组装的第一辆吉利"自由舰"小轿车在位于提格雷州首府默克莱市的MIE公司（Mesfin Industrial Engineering PLC）厂房内下线，标志着吉利汽车正式落户埃塞俄比亚。

**2. 全球化供应链体系**

2019年，吉利汽车集团、浙江利民公司与韩国大义集团三方合作签约仪式在上海举行，三方合作正式达成协议，这标志着吉利汽车零部件全球供应体系的新模式正式确立，此模式就是指吉利携手国内实力派零部件企业与世界级公司合作，瞄准世界一流，共同打造更具世界竞争力的产品和品牌，从而带给用户性能更好、质量更好、服务更好、性价比更高的汽车。

在此前的吉利供应体系中，供应商包括纯粹的内资企业、外商独资企业、中外合资企业，还有吉利参股的内资企业和吉利与外方的合资企业，但是这种以整车厂家为纽带、牵手一家内资企业和一家外资企业的合作方式是第一次，以这样的三方合资模式成立的零部件企业将为三方的发展带来巨大的效益：外方零部件厂家的先进技术、工艺、管理和中方零部件厂家的成本、劳动力优势紧密结合，而且本来存在着竞争关系的中外零部件厂家，通过整车厂家的穿针引线结成了合作伙伴；作为牵头和共同的客户，吉利也能获得技术、性能、品质等方面具有更高层次而同时又具有成本优势的零部件供应。用户将在这样的国际合作中获得更富有竞争力的，综合了技术、质量、性能、服务和成本优势的汽车。

这充分显示出立志成为世界级汽车企业的吉利得到了全球供应商的认可，而这种认可和合作必将加快吉利成长为世界级汽车企业的步伐。合作签约仪式上，有法国的佛吉亚，德国的大陆、海拉、博泽、莱尼，瑞典的奥托立夫和日本的友信等数十家声誉卓著的海外汽车零部件厂家到会，包括全球500强企业在内的众多零部件厂家共同参与吉利供应商平台的角逐。

资料来源：根据吉利汽车集团官网资料（https:www.geely.com）和网络新闻整理。

## 讨论

1. 你认为吉利在全球化过程中会遇到什么风险（技术、贸易和市场等方面），如何避免全球化过程中的风险？
2. 最近几年，我国一些行业的企业在全球化过程中，某些关键零件依赖从供应商处进口，因此受到西方国家的限制，导致供应链中断。作为全球化经营的企业，你认为吉利应如何应对这种"卡脖子"问题？

# 附录 A
Appendix A

## 标准正态分布表

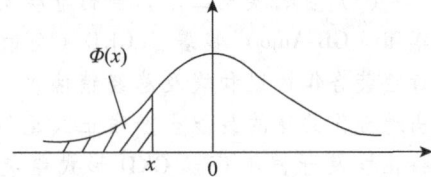

$$\Phi(x) = \int_{-\infty}^{x} \frac{1}{\sqrt{2\pi}} e^{-\frac{t^2}{2}} dt = P(X \leq x)$$

| x | 0.00 | 0.01 | 0.02 | 0.03 | 0.04 | 0.05 | 0.06 | 0.07 | 0.08 | 0.09 |
|---|---|---|---|---|---|---|---|---|---|---|
| 0.0 | 0.500 0 | 0.504 0 | 0.508 0 | 0.512 0 | 0.516 0 | 0.519 9 | 0.523 9 | 0.527 9 | 0.531 9 | 0.535 9 |
| 0.1 | 0.539 8 | 0.543 8 | 0.547 8 | 0.551 7 | 0.555 7 | 0.559 6 | 0.563 6 | 0.567 5 | 0.571 4 | 0.575 3 |
| 0.2 | 0.579 3 | 0.583 2 | 0.587 1 | 0.591 0 | 0.594 8 | 0.598 7 | 0.602 6 | 0.606 4 | 0.610 3 | 0.6141 |
| 0.3 | 0.617 9 | 0.621 7 | 0.625 5 | 0.629 3 | 0.633 1 | 0.636 8 | 0.640 6 | 0.644 3 | 0.648 0 | 0.651 7 |
| 0.4 | 0.655 4 | 0.659 1 | 0.662 8 | 0.666 4 | 0.670 0 | 0.673 6 | 0.677 2 | 0.680 8 | 0.684 4 | 0.687 9 |
| 0.5 | 0.691 5 | 0.695 0 | 0.698 5 | 0.701 9 | 0.705 4 | 0.708 8 | 0.712 3 | 0.715 7 | 0.719 0 | 0.722 4 |
| 0.6 | 0.725 7 | 0.729 1 | 0.732 4 | 0.735 7 | 0.738 9 | 0.742 2 | 0.745 4 | 0.748 6 | 0.751 7 | 0.754 9 |
| 0.7 | 0.758 0 | 0.761 1 | 0.764 2 | 0.767 3 | 0.770 3 | 0.773 4 | 0.776 4 | 0.779 4 | 0.782 3 | 0.758 2 |
| 0.8 | 0.788 1 | 0.791 0 | 0.793 9 | 0.796 7 | 0.799 5 | 0.802 3 | 0.805 1 | 0.807 8 | 0.810 6 | 0.813 3 |
| 0.9 | 0.815 9 | 0.818 6 | 0.821 2 | 0.823 8 | 0.826 4 | 0.828 9 | 0.831 5 | 0.834 0 | 0.8365 | 0.838 9 |
| 1.0 | 0.841 3 | 0.843 8 | 0.846 1 | 0.848 5 | 0.850 8 | 0.853 1 | 0.855 4 | 0.857 7 | 0.859 9 | 0.862 1 |
| 1.1 | 0.864 3 | 0.866 5 | 0.868 6 | 0.870 8 | 0.872 9 | 0.874 9 | 0.877 0 | 0.879 0 | 0.881 0 | 0.883 0 |
| 1.2 | 0.884 9 | 0.886 9 | 0.888 8 | 0.890 7 | 0.892 5 | 0.894 4 | 0.896 2 | 0.898 0 | 0.899 7 | 0.901 5 |
| 1.3 | 0.903 2 | 0.904 9 | 0.906 6 | 0.908 2 | 0.909 9 | 0.911 5 | 0.913 1 | 0.914 7 | 0.9162 | 0.917 7 |
| 1.4 | 0.919 2 | 0.920 7 | 0.922 2 | 0.923 6 | 0.925 1 | 0.926 5 | 0.927 8 | 0.929 2 | 0.930 6 | 0.931 9 |
| 1.5 | 0.933 2 | 0.934 5 | 0.935 7 | 0.937 0 | 0.938 2 | 0.939 4 | 0.940 6 | 0.941 8 | 0.943 0 | 0.944 1 |
| 1.6 | 0.945 2 | 0.946 3 | 0.947 4 | 0.948 4 | 0.949 5 | 0.950 5 | 0.951 5 | 0.952 5 | 0.953 5 | 0.954 5 |
| 1.7 | 0.955 4 | 0.956 4 | 0.957 3 | 0.958 2 | 0.959 1 | 0.959 9 | 0.960 8 | 0.961 6 | 0.962 5 | 0.963 3 |
| 1.8 | 0.964 1 | 0.964 8 | 0.965 6 | 0.966 4 | 0.967 1 | 0.967 8 | 0.968 6 | 0.969 3 | 0.970 0 | 0.970 6 |
| 1.9 | 0.971 3 | 0.971 9 | 0.972 6 | 0.973 2 | 0.973 8 | 0.974 4 | 0.975 0 | 0.975 6 | 0.976 2 | 0.976 7 |
| 2.0 | 0.977 2 | 0.977 8 | 0.978 3 | 0.978 8 | 0.979 3 | 0.979 8 | 0.980 3 | 0.980 8 | 0.981 2 | 0.981 7 |
| 2.1 | 0.982 1 | 0.982 6 | 0.983 0 | 0.983 4 | 0.983 8 | 0.984 2 | 0.984 6 | 0.985 0 | 0.985 4 | 0.985 7 |
| 2.2 | 0.986 1 | 0.986 4 | 0.986 8 | 0.987 1 | 0.987 4 | 0.987 8 | 0.988 1 | 0.988 4 | 0.988 7 | 0.989 0 |
| 2.3 | 0.989 3 | 0.989 6 | 0.989 8 | 0.990 1 | 0.990 4 | 0.990 6 | 0.990 9 | 0.991 1 | 0.991 3 | 0.991 6 |
| 2.4 | 0.991 8 | 0.992 0 | 0.992 2 | 0.992 5 | 0.992 7 | 0.992 9 | 0.993 1 | 0.993 2 | 0.993 4 | 0.993 6 |
| 2.5 | 0.993 8 | 0.994 0 | 0.994 1 | 0.994 3 | 0.994 5 | 0.994 6 | 0.994 8 | 0.994 9 | 0.995 1 | 0.995 2 |
| 2.6 | 0.995 3 | 0.995 5 | 0.995 6 | 0.995 7 | 0.995 9 | 0.996 0 | 0.996 1 | 0.996 2 | 0.996 3 | 0.996 4 |
| 2.7 | 0.996 5 | 0.996 6 | 0.996 7 | 0.996 8 | 0.996 9 | 0.997 0 | 0.997 1 | 0.997 2 | 0.997 3 | 0.997 4 |
| 2.8 | 0.997 4 | 0.997 5 | 0.997 6 | 0.997 7 | 0.997 7 | 0.997 8 | 0.997 9 | 0.997 9 | 0.998 0 | 0.998 1 |
| 2.9 | 0.998 1 | 0.998 2 | 0.998 2 | 0.998 3 | 0.998 4 | 0.998 4 | 0.998 5 | 0.998 5 | 0.998 6 | 0.998 6 |
| 3.0 | 0.998 7 | 0.999 0 | 0.999 3 | 0.999 5 | 0.999 7 | 0.999 8 | 0.999 8 | 0.999 9 | 0.999 9 | 1.000 0 |

# 附录 B
## Appendix B

# 抽样检验表

**正常检验一次抽样方案主表（GB/T 2828.1—2012）**

| 样本量字码 | 样本量 | 接收质量限（AQL） | | | | | | | | | | | | | | | | | | | | | | | | |
|---|---|---|---|---|---|---|---|---|---|---|---|---|---|---|---|---|---|---|---|---|---|---|---|---|---|---|
| | | 0.010 | 0.015 | 0.025 | 0.040 | 0.065 | 0.10 | 0.15 | 0.25 | 0.40 | 0.65 | 1.0 | 1.5 | 2.5 | 4.0 | 6.5 | 10 | 15 | 25 | 40 | 65 | 100 | 150 | 250 | 400 | 650 | 1 000 |
| | | Ac Re | Ac Re | Ac Re | Ac Re | Ac Re | Ac Re | Ac Re | Ac Re | Ac Re | Ac Re | Ac Re | Ac Re | Ac Re | Ac Re | Ac Re | Ac Re | Ac Re | Ac Re | Ac Re | Ac Re | Ac Re | Ac Re | Ac Re | Ac Re | Ac Re | Ac Re |
| A | 2 | ↓ | ↓ | ↓ | ↓ | ↓ | ↓ | ↓ | ↓ | ↓ | ↓ | ↓ | ↓ | ↓ | ⇩ | 0 1 | ⇧ | ⇩ | 1 2 | 2 3 | 3 4 | 5 6 | 7 8 | 10 11 | 14 15 | 21 22 | 30 31 |
| B | 3 | | | | | | | | | | | | | ⇩ | 0 1 | ⇧ | ⇩ | 1 2 | 2 3 | 3 4 | 5 6 | 7 8 | 10 11 | 14 15 | 21 22 | 30 31 | 44 45 |
| C | 5 | | | | | | | | | | | | ⇩ | 0 1 | ⇧ | ⇩ | 1 2 | 2 3 | 3 4 | 5 6 | 7 8 | 10 11 | 14 15 | 21 22 | 30 31 | 44 45 | ⇧ |
| D | 8 | | | | | | | | | | | ⇩ | 0 1 | ⇧ | ⇩ | 1 2 | 2 3 | 3 4 | 5 6 | 7 8 | 10 11 | 14 15 | 21 22 | 30 31 | 44 45 | ⇧ | |
| E | 13 | | | | | | | | | | ⇩ | 0 1 | ⇧ | ⇩ | 1 2 | 2 3 | 3 4 | 5 6 | 7 8 | 10 11 | 14 15 | 21 22 | 30 31 | 44 45 | ⇧ | | |
| F | 20 | | | | | | | | | ⇩ | 0 1 | ⇧ | ⇩ | 1 2 | 2 3 | 3 4 | 5 6 | 7 8 | 10 11 | 14 15 | 21 22 | ⇧ | | | | | |
| G | 32 | | | | | | | | ⇩ | 0 1 | ⇧ | ⇩ | 1 2 | 2 3 | 3 4 | 5 6 | 7 8 | 10 11 | 14 15 | 21 22 | ⇧ | | | | | | |
| H | 50 | | | | | | | ⇩ | 0 1 | ⇧ | ⇩ | 1 2 | 2 3 | 3 4 | 5 6 | 7 8 | 10 11 | 14 15 | 21 22 | ⇧ | | | | | | | |
| J | 80 | | | | | | ⇩ | 0 1 | ⇧ | ⇩ | 1 2 | 2 3 | 3 4 | 5 6 | 7 8 | 10 11 | 14 15 | 21 22 | ⇧ | | | | | | | | |
| K | 125 | | | | | ⇩ | 0 1 | ⇧ | ⇩ | 1 2 | 2 3 | 3 4 | 5 6 | 7 8 | 10 11 | 14 15 | 21 22 | ⇧ | | | | | | | | | |
| L | 200 | | | | ⇩ | 0 1 | ⇧ | ⇩ | 1 2 | 2 3 | 3 4 | 5 6 | 7 8 | 10 11 | 14 15 | 21 22 | ⇧ | | | | | | | | | | |
| M | 315 | | | ⇩ | 0 1 | ⇧ | ⇩ | 1 2 | 2 3 | 3 4 | 5 6 | 7 8 | 10 11 | 14 15 | 21 22 | ⇧ | | | | | | | | | | | |
| N | 500 | | ⇩ | 0 1 | ⇧ | ⇩ | 1 2 | 2 3 | 3 4 | 5 6 | 7 8 | 10 11 | 14 15 | 21 22 | ⇧ | | | | | | | | | | | | |
| P | 800 | ⇩ | 0 1 | ⇧ | ⇩ | 1 2 | 2 3 | 3 4 | 5 6 | 7 8 | 10 11 | 14 15 | 21 22 | ⇧ | | | | | | | | | | | | | |
| Q | 1 250 | 0 1 | ⇧ | ⇩ | 1 2 | 2 3 | 3 4 | 5 6 | 7 8 | 10 11 | 14 15 | 21 22 | ⇧ | | | | | | | | | | | | | | |
| R | 2 000 | ⇧ | | 1 2 | 2 3 | 3 4 | 5 6 | 7 8 | 10 11 | 14 15 | 21 22 | ⇧ | | | | | | | | | | | | | | | |

注：⇩——使用箭头下面的第一个抽样方案。如果样本量等于或超过批量，则执行100%检验。

⇧——使用箭头上面的第一个抽样方案。

Ac——接收数。

Re——拒收数。

**加严检验一次抽样方案主表（GB/T 2828.1—2012）**

| 样本量字码 | 样本量 | 接收质量限（AQL） | | | | | | | | | | | | | | | | | | | | | | | | | |
|---|---|---|---|---|---|---|---|---|---|---|---|---|---|---|---|---|---|---|---|---|---|---|---|---|---|---|---|
| | | 0.010 | 0.015 | 0.025 | 0.040 | 0.065 | 0.10 | 0.15 | 0.25 | 0.40 | 0.65 | 1.0 | 1.5 | 2.5 | 4.0 | 6.5 | 10 | 15 | 25 | 40 | 65 | 100 | 150 | 250 | 400 | 650 | 1 000 |
| | | Ac Re | Ac Re | Ac Re | Ac Re | Ac Re | Ac Re | Ac Re | Ac Re | Ac Re | Ac Re | Ac Re | Ac Re | Ac Re | Ac Re | Ac Re | Ac Re | Ac Re | Ac Re | Ac Re | Ac Re | Ac Re | Ac Re | Ac Re | Ac Re | Ac Re | Ac Re |
| A | 2 | ↓ | ↓ | ↓ | ↓ | ↓ | ↓ | ↓ | ↓ | ↓ | ↓ | ↓ | ↓ | ↓ | ↓ | ↓ | 0 1 | ↓ | ↓ | 1 2 | 2 3 | 3 4 | 5 6 | 8 9 | 12 13 | 18 19 | 27 28 |
| B | 3 | ↓ | ↓ | ↓ | ↓ | ↓ | ↓ | ↓ | ↓ | ↓ | ↓ | ↓ | ↓ | ↓ | ↓ | 0 1 | ↓ | ↓ | 1 2 | 2 3 | 3 4 | 5 6 | 8 9 | 12 13 | 18 19 | 27 28 | 41 42 |
| C | 5 | ↓ | ↓ | ↓ | ↓ | ↓ | ↓ | ↓ | ↓ | ↓ | ↓ | ↓ | ↓ | ↓ | 0 1 | ↓ | ↓ | 1 2 | 2 3 | 3 4 | 5 6 | 8 9 | 12 13 | 18 19 | 27 28 | 41 42 | ↑ |
| D | 8 | ↓ | ↓ | ↓ | ↓ | ↓ | ↓ | ↓ | ↓ | ↓ | ↓ | ↓ | ↓ | 0 1 | ↓ | ↓ | 1 2 | 2 3 | 3 4 | 5 6 | 8 9 | 12 13 | 18 19 | 27 28 | 41 42 | ↑ | ↑ |
| E | 13 | ↓ | ↓ | ↓ | ↓ | ↓ | ↓ | ↓ | ↓ | ↓ | ↓ | ↓ | 0 1 | ↓ | ↓ | 1 2 | 2 3 | 3 4 | 5 6 | 8 9 | 12 13 | 18 19 | 27 28 | 41 42 | ↑ | ↑ | ↑ |
| F | 20 | ↓ | ↓ | ↓ | ↓ | ↓ | ↓ | ↓ | ↓ | ↓ | ↓ | 0 1 | ↓ | ↓ | 1 2 | 2 3 | 3 4 | 5 6 | 8 9 | 12 13 | 18 19 | ↑ | ↑ | ↑ | ↑ | ↑ | ↑ |
| G | 32 | ↓ | ↓ | ↓ | ↓ | ↓ | ↓ | ↓ | ↓ | ↓ | 0 1 | ↓ | ↓ | 1 2 | 2 3 | 3 4 | 5 6 | 8 9 | 12 13 | 18 19 | ↑ | ↑ | ↑ | ↑ | ↑ | ↑ | ↑ |
| H | 50 | ↓ | ↓ | ↓ | ↓ | ↓ | ↓ | ↓ | ↓ | 0 1 | ↓ | ↓ | 1 2 | 2 3 | 3 4 | 5 6 | 8 9 | 12 13 | 18 19 | ↑ | ↑ | ↑ | ↑ | ↑ | ↑ | ↑ | ↑ |
| J | 80 | ↓ | ↓ | ↓ | ↓ | ↓ | ↓ | ↓ | 0 1 | ↓ | ↓ | 1 2 | 2 3 | 3 4 | 5 6 | 8 9 | 12 13 | 18 19 | ↑ | ↑ | ↑ | ↑ | ↑ | ↑ | ↑ | ↑ | ↑ |
| K | 125 | ↓ | ↓ | ↓ | ↓ | ↓ | ↓ | 0 1 | ↓ | ↓ | 1 2 | 2 3 | 3 4 | 5 6 | 8 9 | 12 13 | 18 19 | ↑ | ↑ | ↑ | ↑ | ↑ | ↑ | ↑ | ↑ | ↑ | ↑ |
| L | 200 | ↓ | ↓ | ↓ | ↓ | ↓ | 0 1 | ↓ | ↓ | 1 2 | 2 3 | 3 4 | 5 6 | 8 9 | 12 13 | 18 19 | ↑ | ↑ | ↑ | ↑ | ↑ | ↑ | ↑ | ↑ | ↑ | ↑ | ↑ |
| M | 315 | ↓ | ↓ | ↓ | ↓ | 0 1 | ↓ | ↓ | 1 2 | 2 3 | 3 4 | 5 6 | 8 9 | 12 13 | 18 19 | ↑ | ↑ | ↑ | ↑ | ↑ | ↑ | ↑ | ↑ | ↑ | ↑ | ↑ | ↑ |
| N | 500 | ↓ | ↓ | ↓ | 0 1 | ↓ | ↓ | 1 2 | 2 3 | 3 4 | 5 6 | 8 9 | 12 13 | 18 19 | ↑ | ↑ | ↑ | ↑ | ↑ | ↑ | ↑ | ↑ | ↑ | ↑ | ↑ | ↑ | ↑ |
| P | 800 | ↓ | ↓ | 0 1 | ↓ | ↓ | 1 2 | 2 3 | 3 4 | 5 6 | 8 9 | 12 13 | 18 19 | ↑ | ↑ | ↑ | ↑ | ↑ | ↑ | ↑ | ↑ | ↑ | ↑ | ↑ | ↑ | ↑ | ↑ |
| Q | 1 250 | ↓ | 0 1 | ↓ | ↓ | 1 2 | 2 3 | 3 4 | 5 6 | 8 9 | 12 13 | 18 19 | ↑ | ↑ | ↑ | ↑ | ↑ | ↑ | ↑ | ↑ | ↑ | ↑ | ↑ | ↑ | ↑ | ↑ | ↑ |
| R | 2 000 | 0 1 | ↑ | ↓ | 1 2 | 2 3 | 3 4 | 5 6 | 8 9 | 12 13 | 18 19 | ↑ | ↑ | ↑ | ↑ | ↑ | ↑ | ↑ | ↑ | ↑ | ↑ | ↑ | ↑ | ↑ | ↑ | ↑ | ↑ |
| S | 3 150 | | | 1 2 | | | | | | | | | | | | | | | | | | | | | | | |

注：↓——使用箭头下面的第一个抽样方案。如果样本量等于或超过批量，则执行100%检验。

↑——使用箭头上面的第一个抽样方案。

Ac——接收数。

Re——拒收数。

**放宽检验一次抽样方案主表（GB/T 2828.1—2012）**

| 样本量字码 | 样本量 | 接收质量限（AQL） | | | | | | | | | | | | | | | | | | | | | | | | | |
|---|---|---|---|---|---|---|---|---|---|---|---|---|---|---|---|---|---|---|---|---|---|---|---|---|---|---|---|
| | | 0.010 | 0.015 | 0.025 | 0.040 | 0.065 | 0.10 | 0.15 | 0.25 | 0.40 | 0.65 | 1.0 | 1.5 | 2.5 | 4.0 | 6.5 | 10 | 15 | 25 | 40 | 65 | 100 | 150 | 250 | 400 | 650 | 1 000 |
| | | Ac Re | Ac Re | Ac Re | Ac Re | Ac Re | Ac Re | Ac Re | Ac Re | Ac Re | Ac Re | Ac Re | Ac Re | Ac Re | Ac Re | Ac Re | Ac Re | Ac Re | Ac Re | Ac Re | Ac Re | Ac Re | Ac Re | Ac Re | Ac Re | Ac Re | Ac Re |
| A | 2 | ↓ | ↓ | ↓ | ↓ | ↓ | ↓ | ↓ | ↓ | ↓ | ↓ | ↓ | ↓ | ↓ | ↓ | 0 1 | ↓ | ↓ | 1 2 | 2 3 | 3 4 | 5 6 | 7 8 | 10 11 | 14 15 | 21 22 | 30 31 |
| B | 2 | ↓ | ↓ | ↓ | ↓ | ↓ | ↓ | ↓ | ↓ | ↓ | ↓ | ↓ | ↓ | ↓ | 0 1 | ↑ | ↓ | ↓ | 1 2 | 2 3 | 3 4 | 5 6 | 7 8 | 10 11 | 14 15 | 21 22 | 30 31 |
| C | 2 | ↓ | ↓ | ↓ | ↓ | ↓ | ↓ | ↓ | ↓ | ↓ | ↓ | ↓ | ↓ | 0 1 | ↑ | ↓ | ↓ | 1 2 | 2 3 | 3 4 | 5 6 | 6 7 | 8 9 | 10 11 | 14 15 | 21 22 | ↑ |
| D | 3 | ↓ | ↓ | ↓ | ↓ | ↓ | ↓ | ↓ | ↓ | ↓ | ↓ | ↓ | 0 1 | ↑ | ↓ | ↓ | 1 2 | 2 3 | 3 4 | 5 6 | 6 7 | 8 9 | 10 11 | 14 15 | 21 22 | ↑ | ↑ |
| E | 5 | ↓ | ↓ | ↓ | ↓ | ↓ | ↓ | ↓ | ↓ | ↓ | ↓ | 0 1 | ↑ | ↓ | ↓ | 1 2 | 2 3 | 3 4 | 5 6 | 6 7 | 8 9 | 10 11 | 14 15 | 21 22 | ↑ | ↑ | ↑ |
| F | 8 | ↓ | ↓ | ↓ | ↓ | ↓ | ↓ | ↓ | ↓ | ↓ | 0 1 | ↑ | ↓ | ↓ | 1 2 | 2 3 | 3 4 | 5 6 | 6 7 | 8 9 | 10 11 | ↑ | ↑ | ↑ | ↑ | ↑ | ↑ |
| G | 13 | ↓ | ↓ | ↓ | ↓ | ↓ | ↓ | ↓ | ↓ | 0 1 | ↑ | ↓ | ↓ | 1 2 | 2 3 | 3 4 | 5 6 | 6 7 | 8 9 | 10 11 | ↑ | ↑ | ↑ | ↑ | ↑ | ↑ | ↑ |
| H | 20 | ↓ | ↓ | ↓ | ↓ | ↓ | ↓ | ↓ | 0 1 | ↑ | ↓ | ↓ | 1 2 | 2 3 | 3 4 | 5 6 | 6 7 | 8 9 | 10 11 | ↑ | ↑ | ↑ | ↑ | ↑ | ↑ | ↑ | ↑ |
| J | 32 | ↓ | ↓ | ↓ | ↓ | ↓ | ↓ | 0 1 | ↑ | ↓ | ↓ | 1 2 | 2 3 | 3 4 | 5 6 | 6 7 | 8 9 | 10 11 | ↑ | ↑ | ↑ | ↑ | ↑ | ↑ | ↑ | ↑ | ↑ |
| K | 50 | ↓ | ↓ | ↓ | ↓ | ↓ | 0 1 | ↑ | ↓ | ↓ | 1 2 | 2 3 | 3 4 | 5 6 | 6 7 | 8 9 | 10 11 | ↑ | ↑ | ↑ | ↑ | ↑ | ↑ | ↑ | ↑ | ↑ | ↑ |
| L | 80 | ↓ | ↓ | ↓ | ↓ | 0 1 | ↑ | ↓ | ↓ | 1 2 | 2 3 | 3 4 | 5 6 | 6 7 | 8 9 | 10 11 | ↑ | ↑ | ↑ | ↑ | ↑ | ↑ | ↑ | ↑ | ↑ | ↑ | ↑ |
| M | 125 | ↓ | ↓ | ↓ | 0 1 | ↑ | ↓ | ↓ | 1 2 | 2 3 | 3 4 | 5 6 | 6 7 | 8 9 | 10 11 | ↑ | ↑ | ↑ | ↑ | ↑ | ↑ | ↑ | ↑ | ↑ | ↑ | ↑ | ↑ |
| N | 200 | ↓ | ↓ | 0 1 | ↑ | ↓ | ↓ | 1 2 | 2 3 | 3 4 | 5 6 | 6 7 | 8 9 | 10 11 | ↑ | ↑ | ↑ | ↑ | ↑ | ↑ | ↑ | ↑ | ↑ | ↑ | ↑ | ↑ | ↑ |
| P | 315 | ↓ | 0 1 | ↑ | ↓ | ↓ | 1 2 | 2 3 | 3 4 | 5 6 | 6 7 | 8 9 | 10 11 | ↑ | ↑ | ↑ | ↑ | ↑ | ↑ | ↑ | ↑ | ↑ | ↑ | ↑ | ↑ | ↑ | ↑ |
| Q | 500 | 0 1 | ↑ | ↑ | ↓ | 1 2 | 2 3 | 3 4 | 5 6 | 6 7 | 8 9 | 10 11 | ↑ | ↑ | ↑ | ↑ | ↑ | ↑ | ↑ | ↑ | ↑ | ↑ | ↑ | ↑ | ↑ | ↑ | ↑ |
| R | 800 | ↑ | ↑ | ↑ | 1 2 | 2 3 | 3 4 | 5 6 | 6 7 | 8 9 | 10 11 | ↑ | ↑ | ↑ | ↑ | ↑ | ↑ | ↑ | ↑ | ↑ | ↑ | ↑ | ↑ | ↑ | ↑ | ↑ | ↑ |

注：↓——使用箭头下面的第一个抽样方案。如果样本量等于或超过批量，则执行100%检验。

↑——使用箭头上面的第一个抽样方案。

Ac——接收数。

Re——拒收数。

# 参考文献

[1] 陈志祥. 现代生产与运作管理 [M]. 广州：中山大学出版社，2002.
[2] 陈志祥. 生产管理学科的发展与未来 [C]//陈宏民. 中国管理科学与工程发展报告. 上海：上海三联书店，2004.
[3] 陈志祥. 生产运作管理教程 [M]. 北京：清华大学出版社，2010.
[4] 陈志祥. 生产运作管理基础 [M]. 北京：电子工业出版社，2010.
[5] 陈荣秋. 生产计划与控制：概念、方法与系统 [M]. 武汉：华中理工大学出版社，1995.
[6] 陈荣秋，马士华. 生产与运作管理 [M]. 5版. 北京：高等教育出版社，2021.
[7] 陈荣秋，马士华. 生产运作管理 [M]. 6版. 北京：机械工业出版社，2022.
[8] 陈荣秋，胡蓓. 即时顾客化定制 [M]. 北京：科学出版社，2008.
[9] 范中志. 工业工程基础 [M]. 2版. 广州：华南理工大学出版社，1996.
[10] 江志斌，李娜，王亚丽，等. 服务型制造运作管理 [M]. 北京：科学出版社，2016.
[11] 刘丽文. 生产与运作管理 [M]. 5版. 北京：清华大学出版社，2016.
[12] 马士华，崔南方，周水银，等. 生产运作管理 [M]. 4版. 北京：科学出版社，2022.
[13] 潘家轺，刘丽文，石涌江，等. 现代生产管理学 [M]. 北京：清华大学出版社，1994.
[14] 韩福荣. 现代质量管理学 [M]. 4版. 北京：机械工业出版社，2018.
[15] 李晓，刘正刚，王雷，等. 数字化运营管理：微课视频版 [M]. 北京：清华大学出版社，2021.
[16] 森德勒. 工业4.0：即将来袭的第四次工业革命 [M]. 邓敏，李现民，译. 北京：机械工业出版社，2014.
[17] 吴玉瑞，马士华. 现代生产管理学 [M]. 武汉：华中理工大学出版社，1994.
[18] 秦现生. 质量管理学 [M]. 北京：科学出版社，2002.
[19] 李伯虎，张霖，等. 云制造 [M]. 北京：清华大学出版社，2015.
[20] 周三多，蒋俊，邹一峰. 生产管理 [M]. 2版. 南京：南京大学出版社，1998.
[21] 谭建荣，冯毅雄. 大批量定制技术：产品设计、制造与供应链 [M]. 北京：清华大学出版社，2020.
[22] 波特. 竞争优势 [M]. 陈小悦，译. 北京：华夏出版社，2005.
[23] 雅格布斯，蔡斯. 运营管理：第15版 [M]. 苏强，霍佳震，邱灿华，译. 北京：机械工业出版社，2020.

[24] 潘德，纽曼，卡瓦纳. 6σ管理法：追求卓越的阶梯 [M]. 刘合光，等译. 北京：机械工业出版社，2001.

[25] 菲茨西蒙斯 J A, 菲茨西蒙斯 M J. 服务管理：运作、战略与信息技术：第7版 [M]. 张金成，范秀成，杨坤，译. 北京：机械工业出版社，2014.

[26] 沃麦克，琼斯，鲁斯. 改变世界的机器：精益生产之道 [M]. 余锋，张冬，陶建刚，译. 北京：机械工业出版社，2015.

[27] 沃麦克，琼斯. 精益思想：白金版 [M]. 沈希瑾，张文杰，李京生，译. 北京：机械工业出版社，2015.

[28] 派恩. 大规模定制：企业竞争的新前沿 [M]. 操云甫，等译. 北京：中国人民大学出版社，2000.

[29] 海泽，伦德尔，蒙森. 运作管理：第12版 [M]. 李果，张祥，等译. 北京：中国人民大学出版社，2020.

[30] 霍尔韦格，皮尔. 第二汽车世纪 [M]. 陈荣秋，等译. 北京：机械工业出版社，2006.

[31] 门田安弘. 新丰田生产方式：第3版 [M]. 王瑞珠，李莹，译. 保定：河北大学出版社，2008.

[32] 大野耐一. 丰田生产方式 [M]. 谢克俭，李颖秋，译. 北京：中国铁道出版社，2014.

[33] BERMAN S, KORSTEN P, BELL R. 未来企业之路：洞察全球顶尖企业愿景与制胜策略 [M]. 华晓亮，冯月圻，编译. 北京：北京大学出版社，2010.

[34] SCHMENNER R W. 服务运作管理 [M]. 刘丽文，译. 北京：清华大学出版社，2001.

[35] 西门子工业软件公司，西门子中央研究院. 工业4.0实战：装备制造业数字化之道 [M]. 北京：机械工业出版社，2015.

[36] 科伦. 全球化制造革命 [M]. 倪军，陈靖芯，等译. 北京：机械工业出版社，2015.

[37] 埃文斯，林赛. 质量管理与卓越绩效：第11版 [M]. 中国质量协会，编译. 北京：中国人民大学出版社，2021.

[38] OAKLAND J S, PORTER L J. Total quality management: text with cases [M]. Oxford: Butterworth-Heinemann Ltd, 1995.

[39] GREENE J H. Production and inventory control handbook [M]. 3rd ed. New York: McGraw-Hill, 1997.

[40] SWINK M, MELNYK S A, COOPER M B, et al. Managing operations across the supply chain [M]. New York: McGraw-Hill, 2011.

[41] YOUNG S T. Essentials of operations management [M]. California: Sage Publications, 2010.

[42] NAHMIAS S. Production and operations analysis [M]. 6th ed. New York: McGraw-Hill, 2009.

[43] SLACK N, CHAMBERS S, JOHNSTON R. Operations management [M]. 4th ed. Englewood: Prentice-Hall, 2004.